OkOkOk 알찬 예제로 배우는

「일러스트레이터 CS6」

우석진 · 이승환 · 최재혁 지음

illustrator CS6

일러스트레이터는 미술, 디자인, 일러스트레이션 등 산업 전반에서 홍보와 시각적 커뮤니케이션을 위한 미디어 제작 도구로써 대표적인 자리매김을 하고 있습니다. 관련된 분야의 대학생 여러분과 현장에서 뛰고 있는 그래픽 디자이너는 창의적인 아이디어와 어도비사의 대표적인 드로잉 프로그램인 일러스트레이터를 활용하여 최고의 결과물을 만들어 낼 수 있습니다.

일러스트레이터는 드로잉 기반의 그래픽 데이터를 만들어 내며 산업과 예술 분야에서 창의적인 결과물을 만들어내는 훌륭한 도구입니다.

디자이너에게 가장 중요한 창조력과 아이디어를 표현해내는데 중요한 역할은 창의적인 사고와 드로잉 능력으로 표현될 수 있습니다. 아무리 멋있는 결과물이라 해도 결과물 속에 디자이너의 창의적인 아이디어와 커뮤니케이션을 위한 메시지가 포함되어 있지 않다면 보잘 것없는 그림에 불과할 것입니다. 앞으로 효율적인 드로잉 방법을 알찬예제들과 함께 기본기와 홀용 능력을 키워보시기 바랍니다.

본 도서는 일러스트레이터 예제들을 제작해 보며 프로그램의 활용 능력과 노하우를 전달해 드립니다.

알찬예제로 배우는 일러스트레이터 CS6는 보다 쉽고, 재미있고, 알차게 일러스트레이터를 익히고 디자인 감각과 실전 노하우를 학습할 수 있도록 핵심적인 기능들과 활용 예제들을 체계적으로 구성하여 여러분들의 지단 감각과 드로잉 실력을 높여드립니다.

이 도서를 통하여 드로잉 실력을 한 단계 업그레이드 할 수 있는 기회가 되었으면 좋겠습니다. 끝으로 본도서를 통하여 디자인 시대를 이끌어 나아갈 멋진 주역으로 거듭나시길 바랍니다.

저자 우석진 · 이승환 · 최재혁

| OkOkOk 알찬 예제로 배우는 시리즈만의 ⑦ 대 특징 |

1. 실습과 실전 문제 중심으로 구성되어 있습니다.

하나의 실습을 진행하는데 있어, 먼저 소스와 완성 샘플을 보여주고, 전체적인 제작 포인트를 제시하여, 예제에 접근하는데 필요한 기본 골격을 확실히 심어준 상태에서 따라해 볼 수 있어 빠른 이해 및 다양한 응용이 가능합니다.

2. 반복 학습에 따른 실력의 극대화를 구축하였습니다.

하나의 섹션이 시작될 때마다 전체적인 개요를 잡아주고 실습에 들어감과 동시에, 해당 섹션의 마지막에서 실전 문제를 통한 응용력을 키워 반복 학습에 따른 능률의 극대화를 꾀했습니다.

3. 예제의 양과 질적인 면에서 알차게 구성했습니다.

일상생활이나 업무에 조금만 응용하면 사용할 수 있는 예제들만을 엄선하여 단계별 난이도 조정에 따라 배열해 놓아, 기초부터 차근차근 실력을 향상시킬 수 있습니다.

4. 베테랑 강사들의 알찬 노하우를 제공합니다.

실습 중간중간에 필자들이 현장에서 강의하면서 교안에 빽빽하게 써놓았던 자기만의 노하우 및 학생들의 집중적인 질문을 받았던 핵심 사항을 [강의노트]와 [보충수업]이라는 제목하에 달아 놓아 고스란히 자신의 재산으로 만들 수 있습니다.

5. 강의 교재로 알맞게 구성하였습니다.

일선에서의 교육에 맞도록 최대한 실습 위주로 만들었고, 기능에 대한 설명은 한눈에 볼 수 있게끔 부록에서 일목요연하게 정돈시켜 놓았습니다. 특히, 시간 배분에 따른 문제점을 해결하고자 3부에서 예제별로 단원을 나누어 놓아, 골라서 강의할 수 있도록 선택의 폭을 넓혔습니다.

6. 홈페이지에 접속하여 교재 자료를 다운로드할 수 있습니다.

본 교재에 사용된 각종 이미지와 예제 파일은 (주)교학사 홈페이지(www.kyohak.co.kr) [IT/기술/수험서]→[도서 자료]에 등록되어 있습니다. 교육시 필요한 자료들은 언제든지 이곳에서 다운로드하시면 됩니다.

7. 독자들에게는 스스로 마스터할 수 있는 능력을 배양합니다.

매 단원 직접 해보기 및 실전 문제를 통해 다양한 응용력을 키우고, 의문사항은 저자 이메일이나 교학사 도서문의를 통해 언제든지 문의 및 해결하여 자신을 한 단계 업그레이드시킬 수 있습니다.

| 일러두기 |

본문은 예제 중심으로 구성되어 있습니다. 따라서 모든 예제들을 따라하기 전에 꼭 '소스 미리보기'를 먼저 보십시오. 소스 미리보기에서는 어떤 파일을 가지고 어떤 결과를 만들어 내는지 한눈에 확인할 수 있습니다. 뿐만 아니라 그 예제를 만들어 가는데 꼭 필요한 '제작 포인트'가 가 서술되어 있어 쉽게 섹션의 핵심 기능을 알고 시작할 수 있습니다. 이 책은 PC 사용자를 중심으로 화면과 키를 설명하고 있습니다. 만약 매킨토시 사용자라면 다음 사항을 기억하십시오, 작업을 빠르고 효율적으로 처리할 수 있는 단축키에서 PC의 Alt 키는 Option 키로, Ctrl 키는 ⌘키로 대체하여 사용하면 됩니다.

Part01 일러스트레이터 CS6 인터페이스
일러스트레이터 CS6의 구성과 툴과 패널의 기능들을 알아봅니다.

Part02 일러스트레이터 CS6 기본기 마스터하기
일러스트레이터 CS6에서 툴을 이용하여 초보자도 쉽게 따라할 수 있는 예제를 제시하여 쉽고 재미있게 따라하며 툴의 기능들을 익힐 수 있습니다.

Part03 일러스트레이터 CS6 디자인 실무
2부에서 익힌 기능들을 이용하여 좀 더 실무적인 연습을 할 수 있도록 하였습니다. 명함, 청첩장 만들기, 현수막 만들기 등 실무에서 많이 이용하는 디자인과 기능들을 습득할 수 있습니다.

■ 부록 CD-ROM의 구성 ■

Source/Artwork 폴더
본문에 나오는 직접해보기와 실전 문제 연습에 필요한 예제 파일이 담겨 있습니다.

섹션 설명

섹션에서 다룰 내용에 대한 전체적인 개념을 설명합니다. 본문에 대한 이해도를 높이기 위한 코너이므로 필독해 주세요.

직접 해보기

실제로 만들어 가는 과정을 따라하기 식으로 설명하여 누구나 쉽게 예제를 만들어 나갈 수 있고 알찬 기능을 익힐 수 있도록 구성하였습니다.

소스 미리보기

본문에서 배울 예제의 준비 파일과 완성 파일을 미리 보여주어, 전체적인 흐름을 잡을 수 있도록 하였습니다.

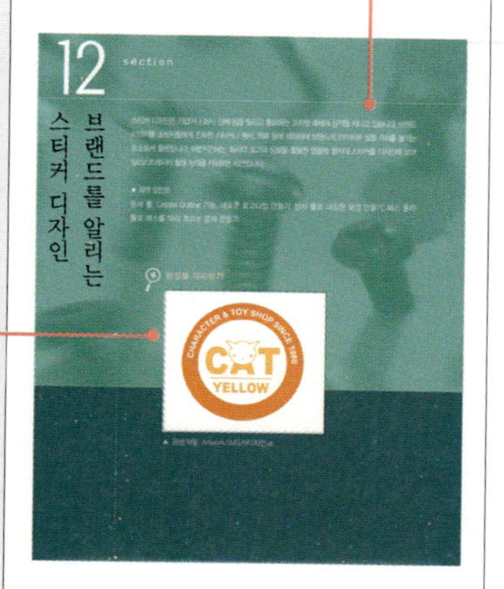

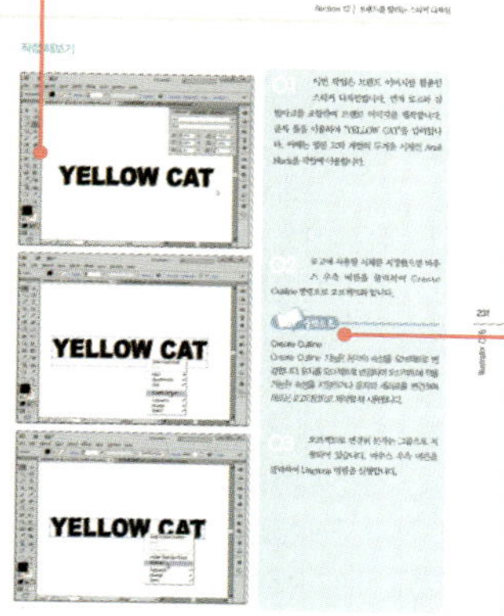

강의노트

알아두면 도움이 되는 내용, 막히는 부분을 더 쉽게 이해할 수 있도록 설명해 줍니다.

보충학습

해당 섹션에서 설명한 부분 이외에 좀더 고급적인 기능이나 알아두면 큰 도움이 될 부분을 기술하고 있습니다.

실전 문제

앞에서 배운 내용을 응용하여 혼자서 실습해 볼 수 있도록 실습 예제를 수록하였습니다. 준비 파일과 완성 파일을 보여주고 실습에 필요한 간단한 힌트도 제공합니다.

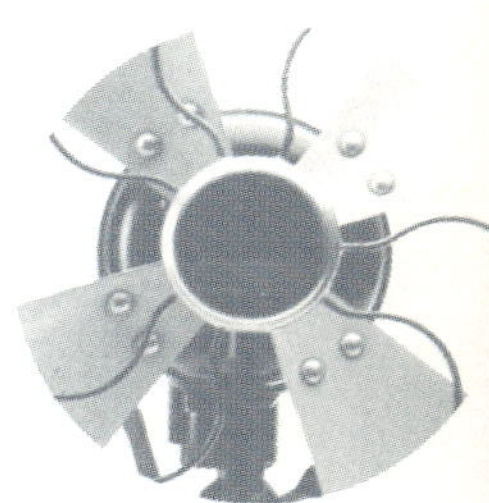

| Contents |

Part 01 · 일러스트레이터 CS6 인터페이스

Section 01. 일러스트레이터 CS6 인터페이스 … 10
- Illustrator 1. 일러스트레이터 CS6의 인터페이스 구성 … 11
- Illustrator 2. 툴 박스(Tool Box) … 12
- Illustrator 3. 툴과 패널 사용하기 … 16

Part 02 · 일러스트레이터 CS6 기본기 마스터하기

Section 02. 선택 기능과 도형 도구 익히기 … 22
- 직접 해보기 선택 툴(Selection Tool) … 23
- 직접 해보기 직접 선택 툴(Direct Selection Tool) … 26
- 직접 해보기 그룹 선택 툴(Group Selection Tool) … 28
- 직접 해보기 마술봉 툴(Magic Wand Tool) … 29
- 직접 해보기 올가미 툴(Lasso Tool) … 33
- 직접 해보기 사각형 툴(Rectangle Tool) … 34
- 직접 해보기 둥근 사각형 툴(Rounded Rectangle Tool) … 35
- 직접 해보기 원형 툴(Ellipse Tool) … 36
- 직접 해보기 다각형 툴(Polygon Tool) … 37
- 직접 해보기 별형 툴(Star Tool) … 38
- 직접 해보기 플레어 툴(Flare Tool) … 39
- 실전문제 … 41

Section 03. 패스와 브러시 도구 익히기 … 44
- 직접 해보기 펜 툴(Selection Tool) … 45
- 직접 해보기 포인트 추가 툴(Add Anchor Point Tool) … 48
- 직접 해보기 포인트 삭제 툴(Delete Anchor Point Tool) … 48
- 직접 해보기 방향점 전환 툴(Convert Anchor Point Tool) … 49
- 직접 해보기 직선 툴(Line Tool) … 50
- 직접 해보기 곡선 툴(Arc Tool) … 51
- 직접 해보기 나선형 툴(Spiral Tool) … 52
- 직접 해보기 사각 그리드 툴(Rectangular Grid Tool) … 53
- 직접 해보기 원형 그리드 툴(Polar Grid Too) … 54
- 직접 해보기 페인트브러시 툴(Paintbrush Tool) … 55
- 직접 해보기 연필 툴(Pencil Tool) … 56
- 직접 해보기 스므스 툴(Smooth Tool) … 57
- 직접 해보기 패스 지우개 툴(Path Erase Tool) … 58
- 직접 해보기 블롭 브러시 툴(Blob Brush Tool) … 58
- 직접 해보기 지우개 툴(Eraser Tool) … 60
- 직접 해보기 나이프 툴(Knife Tool) … 61
- 실전문제 … 62

Section 04. 문자와 오브젝트 변형 도구 익히기 64

직접 해보기 문자 툴(Type Tool) 65
직접 해보기 영역 문자 툴(Area Type Too) 67
직접 해보기 패스 문자 툴(Type on a Path Too) 68
직접 해보기 세로 문자 툴(Vertical Type Tool) 69
직접 해보기 세로 영역 문자 툴(Vertical Area Type Tool) 69
직접 해보기 세로 패스 문자 툴(Vertical Type on a Path Tool) 69
직접 해보기 회전 툴(Rotate Tool) 71
직접 해보기 반사 툴(Reflect Tool) 73
직접 해보기 크기 조절 툴(Scale Tool) 74
직접 해보기 기울기 툴(Shear Tool) 75
직접 해보기 리세이프 툴(Reshape Tool) 76
직접 해보기 넓이 툴(Width Tool) 77
직접 해보기 워프 툴(Warp Tool) 78
직접 해보기 트월 툴(Twirl Tool) 79
직접 해보기 퍼커 툴(Puker Tool) 79
직접 해보기 블롯 툴(Bloat Tool) 80
직접 해보기 스캘럽 툴(Scallop Tool) 80
직접 해보기 크리스털라이즈 툴(Crystallize Tool) 81
직접 해보기 링클 툴(Wrinkle Tool) 81
직접 해보기 자유 변형 툴(Free Transform Tool) 82
직접 해보기 세이프 빌더 툴(Shape Builder Tool) 82
직접 해보기 라이브 페인트 버킷 툴(Live Paint Bucket) 83
직접 해보기 라이브 페인트 선택 툴(Live Paint Selection Tool) 84
직접 해보기 투시 그리드 툴(Perspective Grid Tool) 85
직접 해보기 투시 오브젝트 선택 툴(Perspective Selection Tool) 86
실전문제 89

Section 05. 그라디언트와 효율성 도구 익히기 92

직접 해보기 메쉬 툴(Mesh Tool) 93
직접 해보기 그라디언트 툴(Gradient Tool) 94
직접 해보기 블렌드 툴(Blend Tool) 99
실전문제 102

Section 06. 그라디언트와 효율성 도구 익히기 106

직접 해보기 심볼 스프레이 툴(Symbol Sprayer Tool) 107
직접 해보기 심볼 시프터 툴(Symbol Shifter Tool) 108
직접 해보기 심볼 스크런처 툴(Symbol Scruncher Tool) 108
직접 해보기 심볼 사이저 툴(Symbol Sizer Tool) 109
직접 해보기 심볼 스피너 툴(Symbol Spinner Tool) 109
직접 해보기 심볼 스테이너 툴(Symbol Stainer Tool) 110

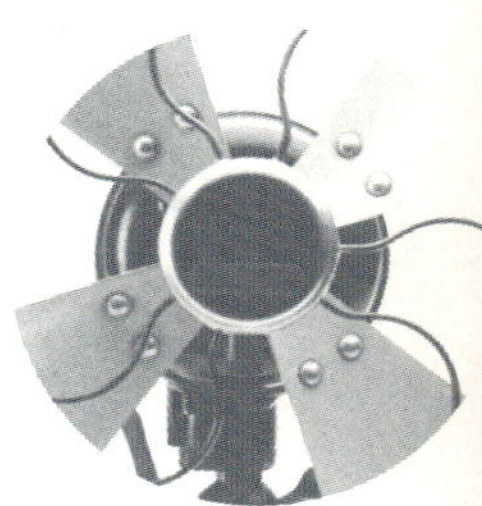

| Contents |

직접 해보기 심볼 스크리너 툴(Symbol Screener Tool) 110
직접 해보기 심볼 스타일러 툴(Symbol Styler Tool) 111
직접 해보기 그래프 툴(Graph Tool) 112
직접 해보기 아트보드 툴(Artboard Tool) 115
직접 해보기 손 툴(Hand Tool) 116
직접 해보기 돋보기 툴(Zoom Tool) 117
직접 해보기 프린트 타일링 툴(Print Tiling Tool) 118
직접 해보기 분할 툴(Slice Tool) 118
직접 해보기 분할 선택 툴(Slice Selection Tool) 118
실전문제 120

Part 03 일러스트레이터 CS6 디자인 실무

Section 07. 기본 도형을 응용한 새로운 오브젝트 만들기 122
직접 해보기 123
실전문제 152

Section 08. 웹 아이콘 만들기 154
직접 해보기 155
실전문제 178

Section 09. 웹 버튼 만들기 180
직접 해보기 181
실전문제 195

Section 10. 깜찍한 말풍선 만들기 196
직접 해보기 197
실전문제 210

Section 11. 세련된 사인보드 디자인 212
직접 해보기 213
실전문제 228

Section 12. 브랜드를 알리는 스티커 디자인 230
직접 해보기 231
실전문제 244

Section 13. 단체의 이미지를 높이는 엠블럼 디자인 246
직접 해보기 247
실전문제 260

Section 14. BI를 활용한 패키지 디자인   262
직접 해보기   263
실전문제   280

Section 15. 시선을 주목시키는 POP 디자인   282
직접 해보기   283
실전문제   292

Section 16. 세련된 명함 디자인   294
직접 해보기   295
실전문제   309

Section 17. 비즈니스를 위한 서식 디자인   310
직접 해보기   311
실전문제   327

Section 18. 모던한 스타일의 청첩장 만들기   330
직접 해보기   331
실전문제   346

Section 19. 행사를 전달하는 현수막 디자인   348
직접 해보기   349
실전문제   356

Section 20. 계절의 분위기를 연출하는 베너 디자인   358
직접 해보기   359
실전문제   374

Section 21. 기업의 이미지를 알리는 리플렛 디자인   376
직접 해보기   377
실전문제   397

Section 22. 세이프를 활용한 광고디자인 만들기   398
직접 해보기   399
실전문제   415

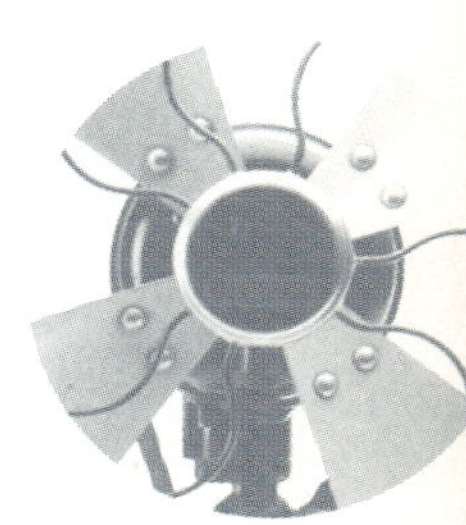

일러스트레이터 CS6
인터페이스

일러스트레이터의 기능을 다룰 수 있다는 것이 디자이너와 전문가로서의 자질을 갖추었다는 뜻으로 해석될 수는 없을 것입니다. 일러스트레이터는 여러분들의 상상력과 창조력을 시각화 시켜주는 도구일 뿐이기 때문입니다. 따라서 프로그램의 기본기능과 활용 능력을 갖추고, 창조적인 아이디어를 발상하고 드로잉할 수 있는 감각이 뒷받침되어야 일러스트레이터를 활용한 창의적인 활동과 전문 디자이너로서 발돋움할 수 있게 될 것입니다. 앞으로 도서의 예제들을 제작해 보면서 전문적인 일러스트레이터의 자질과 프로그램 활용 능력을 키워보시기 바랍니다. 일러스트레이터에서 오브젝트 제작, 색칠하기, 편집 등의 다양한 기능을 이용하려면 작업 공간을 효율적으로 활용하는 방법을 배워야 합니다. 작업 공간은 툴 박스, 메뉴 바, 컨트롤 패널, 도큐먼트, 그리고 필수적인 패널들로 활성화됩니다.

Illustrator 1. 일러스트레이터 CS6의 인터페이스 구성

일러스트레이터 CS6의 인터페이스는 작업을 능률적으로 수행할 수 있으며, 각각의 패널에 접근하지 않아도 쉽고 빠르게 많은 기능을 사용할 수 있도록 인터페이스가 변화되었습니다. 또한 툴 박스의 툴들이 보다 심플하고 깔끔하게 정리됨과 동시에 좀 더 세분화되어 표시되고 있습니다. 일러스트레이터에서의 작업은 아트보드 이외에 어떤 곳에서도 가능합니다.

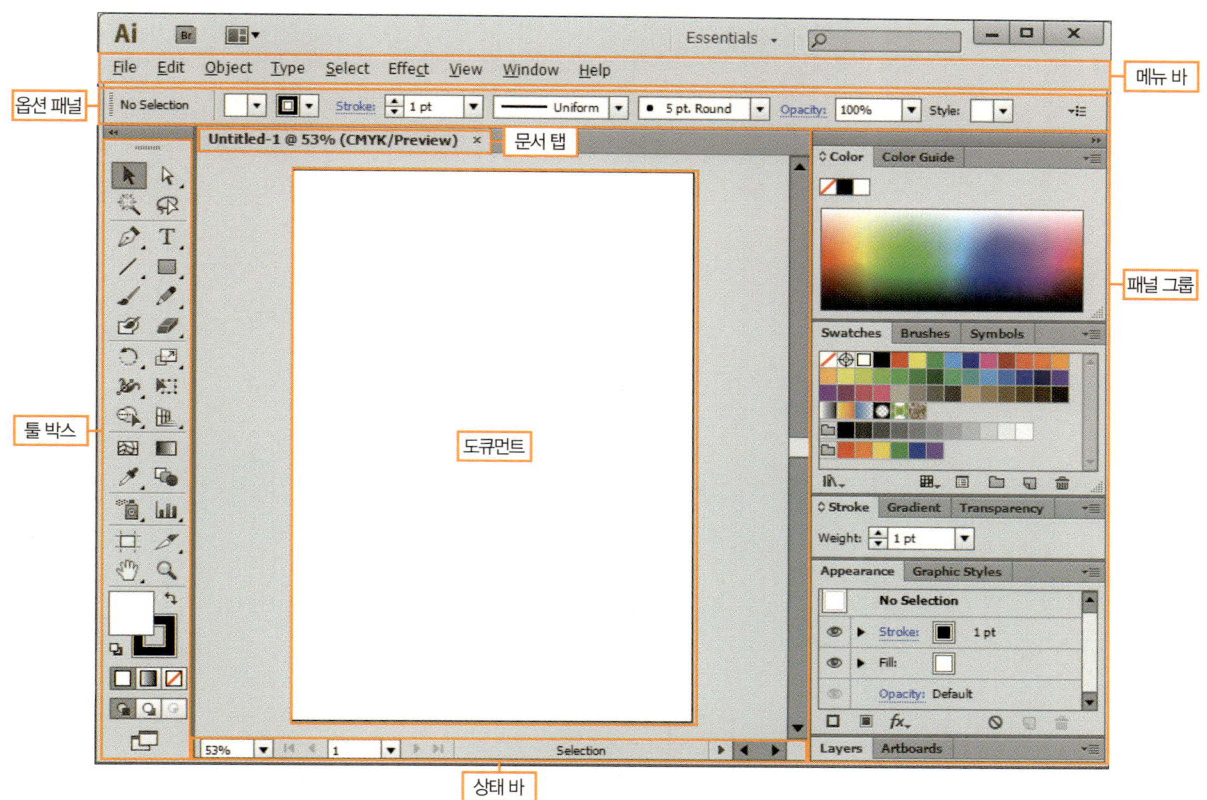

Illustrator 2. 툴 박스(Tool Box)

일러스트레이터 CS6의 툴은 각 특성에 따라 반드시 필요한 도구들로 그룹화하여 구분됩니다. 툴 박스는 이런 툴들을 한 곳에 모아놓은 것이며, 사용자의 필요에 따라 선택할 수 있습니다. 또한 영문 모드에서는 단축키를 이용하여 빠르게 선택하여 사용할 수 있습니다.

기본 툴 상자 살펴보기

일러스트레이터 툴을 기능별로 구분하면 선택 툴, 그리기 및 색칠하기 툴, 편집 툴, 보기 툴 그리고 Fill & Stroke 컬러 선택 상자 등의 도구들이 있습니다. 기본 툴 상자에서는 각 기능에서 핵심이 되는 기본 툴들이 나타납니다. 마우스로 선택을 하면 활성화되면서 흰색으로 바뀌게 됩니다. 작업 도중 Tab 키를 누르면 화면에 나타났던 툴 박스와 패널 들이 일시적으로 모두 사라지게 됩니다. 다시 Tab 키를 누르면 다시 보이게 됩니다. 이 때 Shift + Tab 키를 누르면 툴 박스를 제외한 패널들이 사라지게 됩니다.

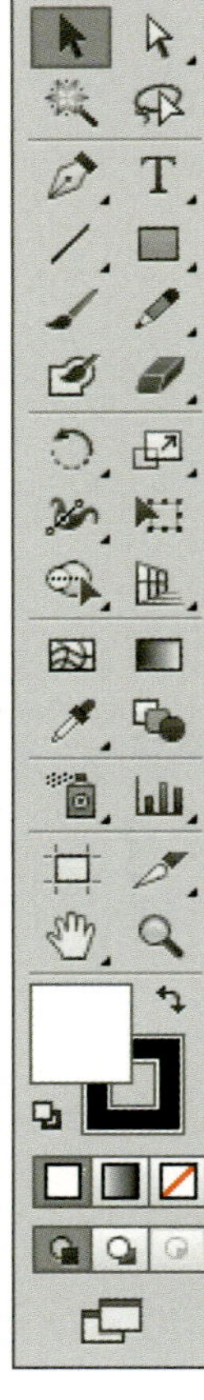

1. **선택 툴(Selection Tool)**
   오브젝트를 선택하거나 이동시킵니다.

2. **직접 선택 툴(Direct Selection Tool)**
   오브젝트를 구성하는 앵커 포인트, 세그먼트를 선택합니다.

3. **마술봉 툴(Magic Wand Tool)**
   비슷한 속성의 오브젝트를 선택합니다.

4. **라쏘 툴(Lasso Tool)**
   드래그한 영역을 선택합니다.

5. **펜 툴(Pen Tool)**

오브젝트를 드로잉 합니다. 앵커포인트와 세그먼트로 오브젝트를 나타냅니다.

6. **문자 툴(Type Tool)**

문자를 입력하는 툴입니다.

7. **직선 툴(Line Segment Tool)**

선을 그립니다.

8. **사각형 툴(Rectangle Tool)**

다양한 도형의 형태를 그립니다.

9. **페인트 브러시 툴(Paintbrush Tool)**

마우스, 타블렛을 이용하여 붓으로 그림을 그립니다.

10. **연필 툴(Pencil Tool)**

연필처럼 자유롭게 드로잉하는 툴입니다.

11. **블롭 브러시 툴(Blob Brush Tool)**

오브젝트를 자유롭게 드로잉 합니다.

12. **지우개 툴(Eraser Tool)**

오브젝트를 지울 수 있습니다.

13. **회전 툴(Rotate Tool)**

오브젝트를 회전시킵니다.

14. **크기 조절 툴(Scale Tool)**

선택한 오브젝트의 크기를 확대/축소할 때 사용합니다.

15. **넓이 툴(Width Tool)**

선 속성으로 두께가 적용된 스타일을 나타낼 수 있습니다.

16. **자유 변형 툴(Free Transform Tool)**

오브젝트의 형태를 자유롭게 변형합니다.

17. **세이프 빌더 툴(Shape Builder Tool)**

패스파인더 기능으로 적용 가능한 오브젝트의 편집 기능을 직관적으로 적용합니다.

18. **투시 그리드 툴(Perspective Grid Tool)**

근감으로 표현되는 드로잉 개체를 편리하게 그릴 수 있도록 투시 그리드를 표시하고, 안내선에 맞추어 오브젝트를 변형하는 기능을 합니다.

19. **메쉬 툴(Mesh Tool)**

메쉬 포인트를 이용하여 다양한 그라디언트 형태를 나타낼 수 있습니다.

20. **그라디언트 툴(Gradient Tool)**

그라디언트 효과를 적용합니다.

21. **스포이드 툴(Eyedropper Tool)**

오브젝트의 색상을 추출합니다.

22. **블렌드 툴(Blend Tool)**

서로 다른 오브젝트의 중간 과정을 자동으로 생성할 수 있습니다.

23. **심볼 스프레이어 툴(Symbol Sprayer Tool)**

심볼 패널에 등록한 오브젝트를 스프레이 뿌리듯이 드로잉 합니다.

24. **막대 그래프 툴(Column Graph Tool)**

사용자가 입력한 데이터를 표로 만들어 줍니다.

25. **아트보드 툴(Artboard Tool)**

하나의 도큐먼트에 다양한 크기의 아트보드를 만들어 관리할 수 있습니다.

26. **분할 툴(Slice Tool)**

웹용 이미지를 만들기 위하여 오브젝트에 분할 영역을 만들고, 분할 영역의 이미지를 개별적으로 저장할 수 있습니다.

27. **손바닥 툴(Hand Tool)**

도큐먼트를 이동시킵니다.

28. **돋보기 툴(Zoom Tool)**

도큐먼트를 확대/축소 시킵니다.

29. **컬러 모드(Color Mode)**

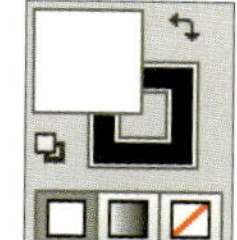

  a. 면(Fill-X): 오브젝트의 면 색상을 지정하거나 없앨 수 있습니다.

  b. 선(Stroke-X): 오브젝트의 선 색상을 지정하거나 없앨 수 있습니다.

  c. Swap Fill & Stroke(Shift+X): 면과 선의 속성을 교체합니다.

  d. Default Fill & Stroke(D): 기본 색상으로 면과 선의 속성을 나타냅니다.

  e. Color(◇): 단일 색상을 적용합니다.

  f. Gradient(◊): 그라디언트 색상을 적용합니다.

  g. None(/): 면과 선의 속성을 없앨 수 있습니다.

30. **드로잉 모드(Draw Mode)** 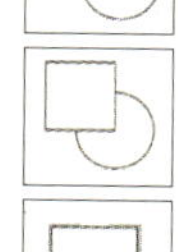

  a. Draw Normal(Shift+D): 오브젝트가 순차적으로 쌓이게 됩니다.

  b. Draw Behind(Shift+D): 오브젝트가 아래쪽에 순차적으로 놓이게 됩니다.

  c. Draw Inside(Shift+D): 지정된 오브젝트 안쪽으로 드로잉됩니다.

31. **스크린 모드(Screen Mode)**

도큐먼트를 표시할 때 불필요한 부분들을 숨길 수 있습니다. 작업공간을 넓게 활용할 수 있습니다.

```
✓ Normal Screen Mode
  Full Screen Mode with Menu Bar
  Full Screen Mode
```

숨은 툴 살펴보기

일러스트레이터 CS6의 기본 툴 박스에서는 메인이 되는 툴들만 보이고 나머지 툴들은 가려서 보이지 않게 됩니다. 숨어 있는 툴들을 사용할 때는 삼각형 화살표가 있는 툴을 누르고 있으면 나머지 연관성 있는 툴들이 나타나게 됩니다. 또한 [Alt] 키를 누른 상태에서 각 툴을 클릭하게 되면 연관된 툴들로 순차적으로 바뀌면서 선택됩니다. 이렇게 가려진 툴들은 화면에 보이도록 툴 박스와 분리할 수 있습니다. 이때는 각 툴을 누르면 나타나는 우측 가장자리의 삼각형 부분을 클릭하면 됩니다.

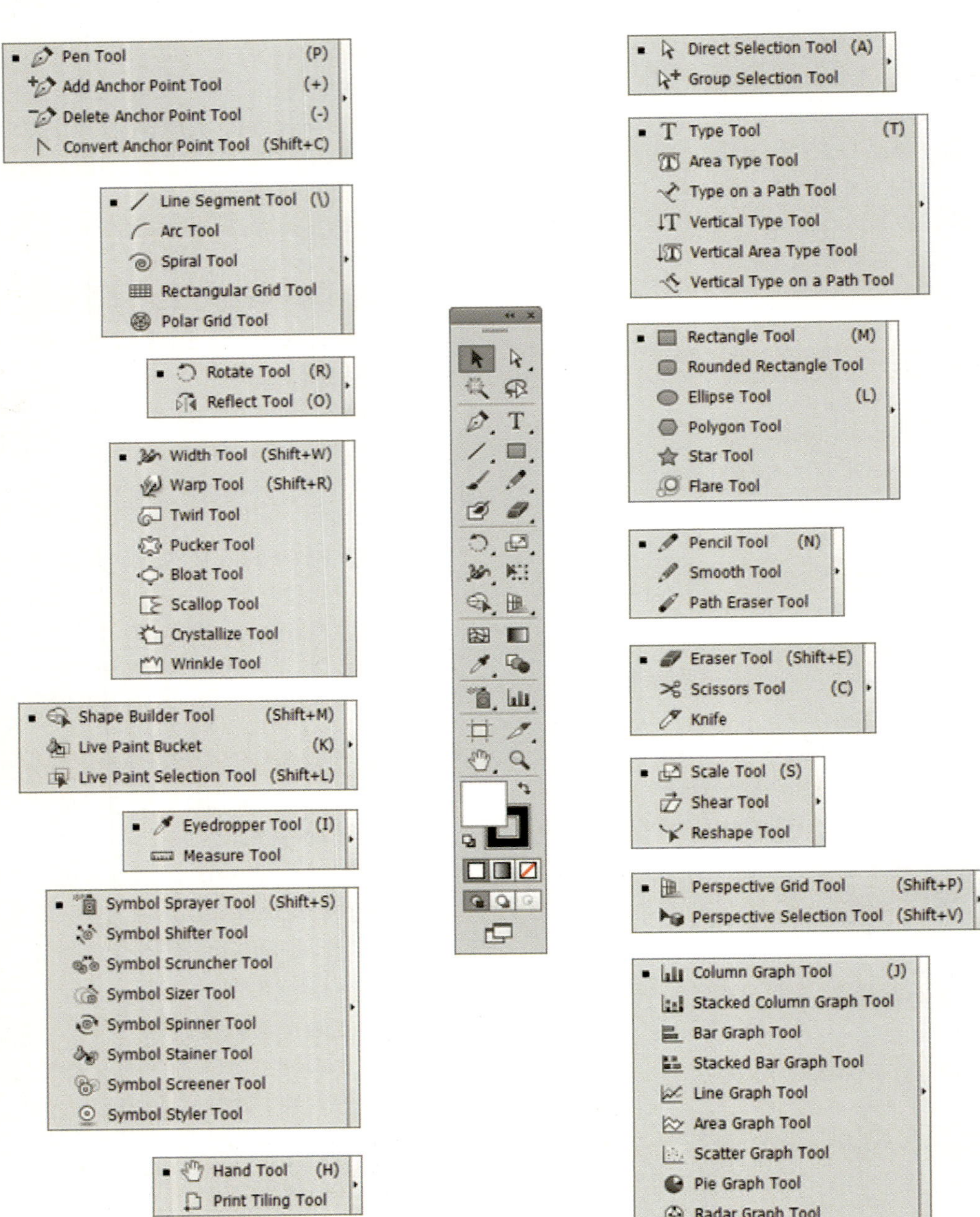

❶ 선택 툴(Selection Tool)
❷ 직접 선택 툴(Direct Selection Tool)
❸ 그룹 선택 툴(Group Selection Tool)
❹ 마술봉 툴(Magic Wand Tool)
❺ 라쏘 툴(Lasso Tool)
❻ 펜 툴(Pen Tool)
❼ 기준점 추가 툴(Add Anchor Point Tool)
❽ 기준점 삭제 툴(Delete Anchor Point Tool)
❾ 방향 전환 툴(Convert Anchor Point Tool)
❿ 문자 툴(Type Tool)
⓫ 영역 문자 툴(Area Type Tool)
⓬ 패스 문자 툴(Type on a Path Tool)
⓭ 세로 문자 툴(Vertical Type Tool)
⓮ 세로 영역 문자 툴(Vertical Area Type Tool)
⓯ 세로 패스 문자 툴(Vertical Type on a Path Tool)
⓰ 직선 툴(Line Segment Tool)
⓱ 곡선 툴(Arc Tool)
⓲ 나선형 툴(Spiral Tool)
⓳ 사각형 그리드 툴(Rectangular Grid Tool)
⓴ 원형 그리드 툴(Polar Grid Tool)
㉑ 사각형 툴(Rectangle Tool)
㉒ 둥근 사각형 툴(Rounded Rectangle Tool)
㉓ 원형 툴(Ellipse Tool)
㉔ 다각형 툴(Polygon Tool)
㉕ 별형 툴(Star Tool)
㉖ 플레어 툴(Flare Tool)
㉗ 페인트 브러시 툴(Paintbrush Tool)
㉘ 연필 툴(Pencil Tool)
㉙ 스므스 툴(Smooth Tool)
㉚ 패스 지우개 툴(Path Eraser Tool)
㉛ 블롭 브러시 툴(Blob Brush Tool)
㉜ 지우개 툴(Eraser Tool)
㉝ 가위 툴(Scissors Tool)
㉞ 나이프 툴(Knife Tool)
㉟ 회전 툴(Rotate Tool)
㊱ 반사 툴(Reflect Tool)

㊲ 크기 조절 툴(Scale Tool)
㊳ 기울이기 툴(Share Tool)
㊴ 리세이프 툴(Reshape Tool)
㊵ 넓이 툴(Width Tool)
㊶ 왜곡 툴(Warp Tool)
㊷ 비틀기 툴(Twirl Tool)
㊸ 구김 툴(Pucker Tool)
㊹ 팽창 툴(Bloat Tool)
㊺ 조개 툴(Scallop Tool)
㊻ 크리스틸 툴(Crystallize Tool)
㊼ 주름 툴(Wrinkle Tool)
㊽ 자유 변형 툴(Free Transform Tool)
㊾ 세이프 빌더 툴(Shape Builder Tool)
㊿ 라이브 페인트 버킷 툴(Live Paint Bucket)
51 라이브 페인트 선택 툴(Live Paint Selection Tool)
52 투시 그리드 툴(Perspective Grid Tool)
53 투시 오브젝트 선택 툴(Perspective Selection Tool)
54 메시 툴(Mesh Tool)
55 그라디언트 툴(Gradient Tool)
56 스포이드 툴(Eyedropper Tool)
57 측정 툴(Measure Tool)
58 블렌드 툴(Blend Tool)
59 심벌 스프레이어 툴(Symbol Sprayer Tool)
60 심벌 이동 툴(Symbol Shifter Tool)
61 심벌 스크런처 툴(Symbol Scruncher Tool)
62 심벌 사이즈 툴(Symbol Sizer Tool)
63 심벌 회전 툴(Symbol Spinner Tool)
64 심벌 색상 툴(Symbol Stainer Tool)
65 심벌 투명도 툴(Symbol Screener Tool)
66 심벌 스타일 툴(Symbol Styler Tool)
67 칼럼 그래프 툴(Column Graph Tool)
68 분할 칼럼 그래프 툴(Stacked Column Graph Tool)
69 바 그래프 툴(Bar Graph Tool)
70 분할 바 그래프 툴(Stacked Column Graph Tool)
71 선 그래프 툴(Line Graph Tool)
72 영역 그래프 툴(Area Graph Tool)

- ⑬ 분산 그래프 툴(Scatter Graph Tool)
- ⑭ 파이 그래프 툴(Pie Graph Tool)
- ⑮ 레이더 그래프 툴(Radar Graph Tool)
- ⑯ 아트보드 툴(Artboard Tool)
- ⑰ 슬라이스 툴(Slice Tool)

- ⑱ 슬라이스 선택 툴(Slice Selection Tool)
- ⑲ 손 툴(Hand Tool)
- ⑳ 프린트 타일링 툴(Print Tiling Tool)
- ㉑ 돋보기 툴(Zoom Tool)

Illustrator 3. 툴과 패널 사용하기

일러스트레이터 CS6 툴과 패널의 특징과 활용 방법을 이해하면 작업의 효율성을 높일 수 있답니다. 그러면 각 툴들의 특징적인 기능에 대해 알아보겠습니다.

1

마우스 커서를 선택하고자 하는 툴 위에 올려놓으면 툴의 이름과 단축키가 나타납니다. 툴 박스에서 툴을 클릭하거나, 선택하고자 하는 툴에 대한 단축키를 이용하면 툴을 선택할 수 있습니다.

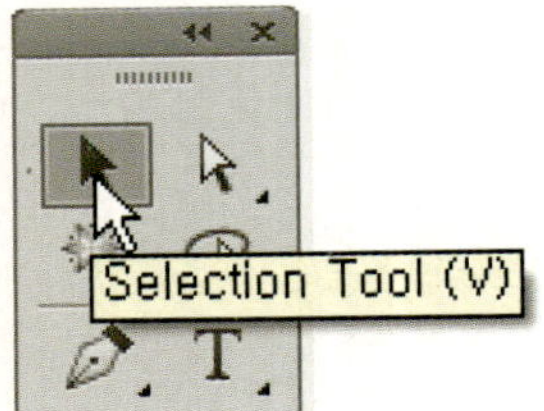

2

추가적인 툴을 선택하려고 할 때에는 마우스 버튼을 누르고 있으면 추가적인 툴이 나타납니다. 툴 박스 오른쪽 아래 작은 검은색 삼각형은 추가적인 툴이 있다는 뜻입니다. 툴을 클릭하고 마우스 버튼을 눌러서 툴 메뉴를 펼친 다음 원하는 툴을 선택할 수 있습니다.

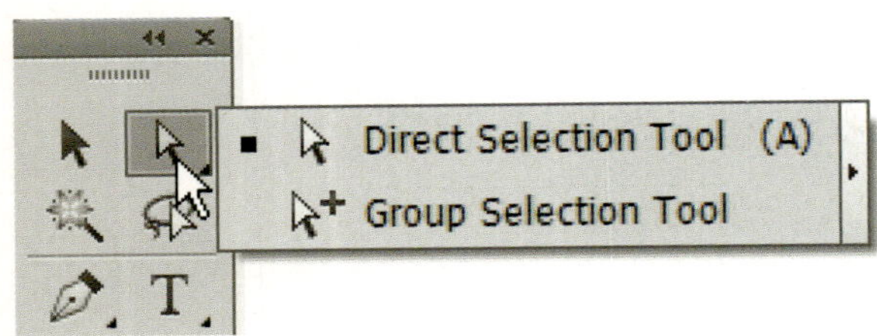

3

툴 박스는 2줄이나 1줄로 나타낼 수 있습니다. 툴 박스의 좌측 상단에 이중 화살표를 클릭하면 툴들이 한 줄로 정렬됩니다. 다시 이중 화살표를 클릭하면 2줄로 정렬되어 화면 공간을 사용자가 원하는 방식대로 활용할 수 있습니다.

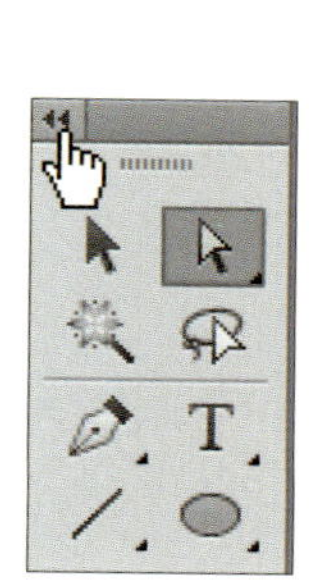
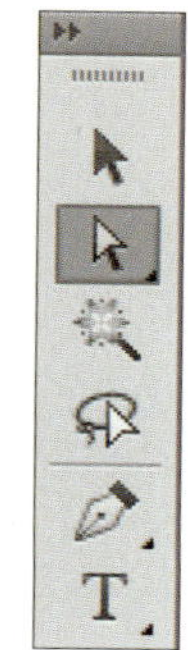

4

툴 박스는 분리하여 위치를 조정할 수 있습니다. 툴 박스의 상단 바를 누르고, 드래그하면 분리됩니다. 툴 박스를 클릭 드래그해서 원하는 위치에 배치할 수 있습니다.

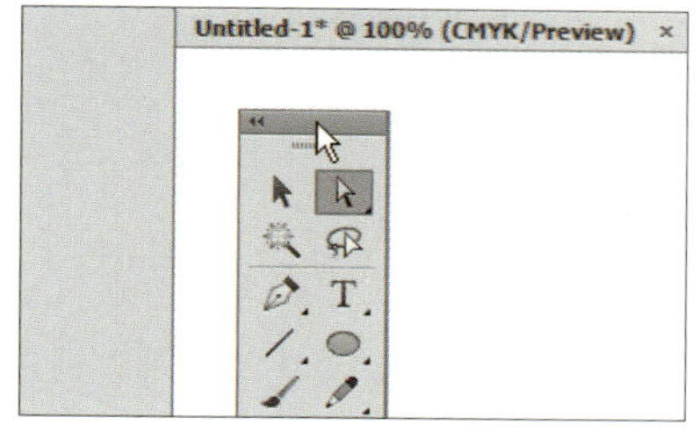
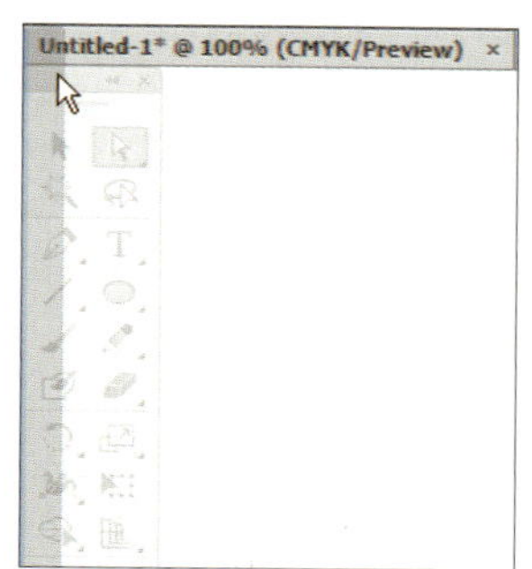
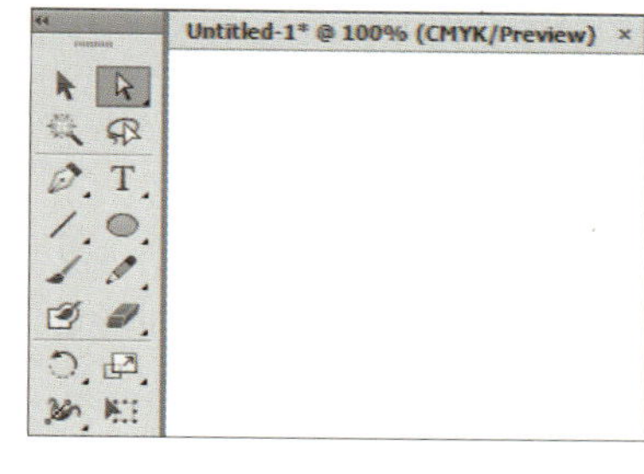

5

메뉴바 밑에는 툴을 선택했을 때 실행 가능한 옵션과 명령, 오브젝트와 관련된 기능이 표시되는 옵션 패널이 나타납니다. 옵션 패널의 좌측에 옅은 점선 바를 클릭해서 도큐먼트로 드래그합니다.

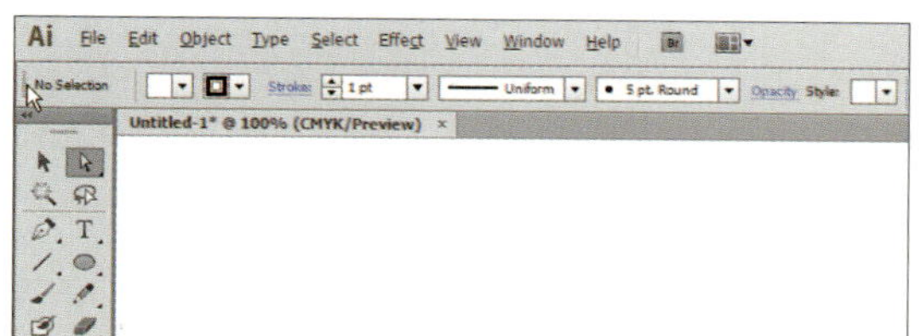
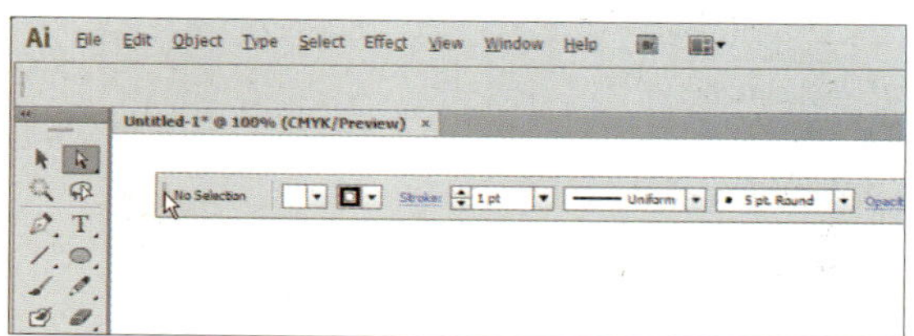

옵션 패널이 분리되어 작업 공간 하단에 배치할 수도 있고 사용자가 원하는 공간에 재배치할 수 있습니다.

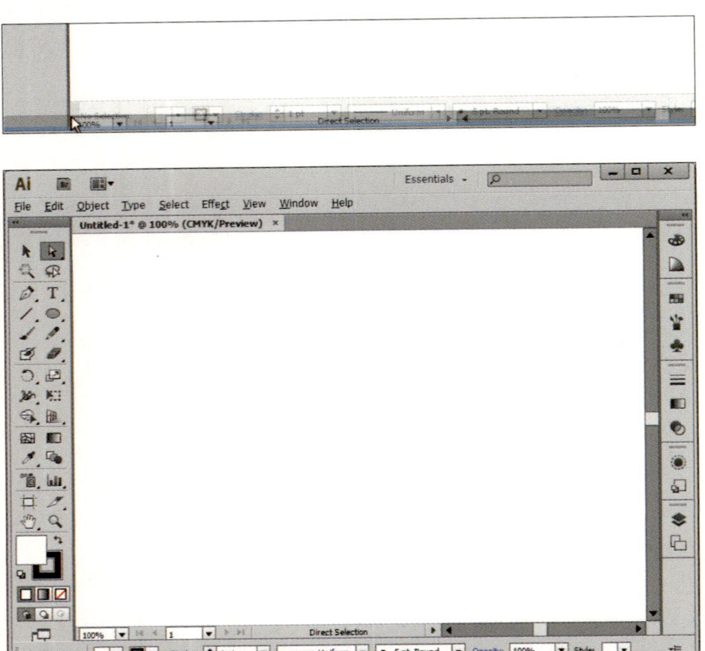

일러스트레이터

6

메뉴바 밑에는 툴을 선택했을 때 실행 가능한 옵션과 명령, 오브젝트와 관련된 기능이 표시되는 옵션 패널이 나타납니다. 옵션 패널의 좌측에 옅은 점선 바를 클릭해서 도큐먼트로 드래그합니다.

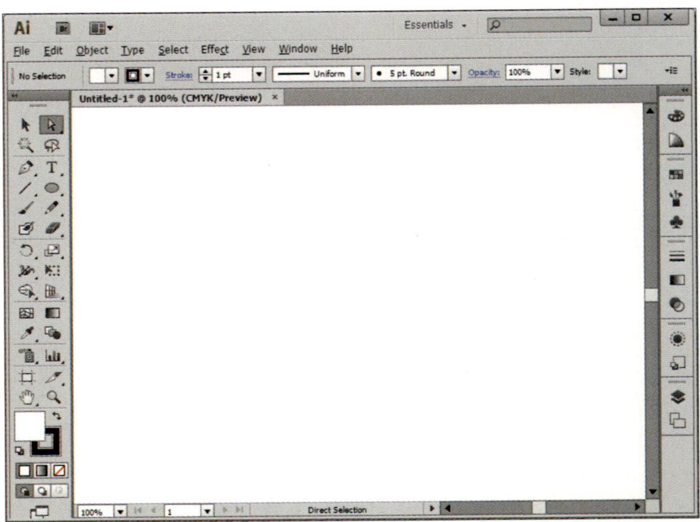

7

아이콘 형태로 보이는 패널을 확장할 때에는 패널 그룹바의 오른쪽에 보이는 이중 화살표를 클릭하면 확장됩니다.

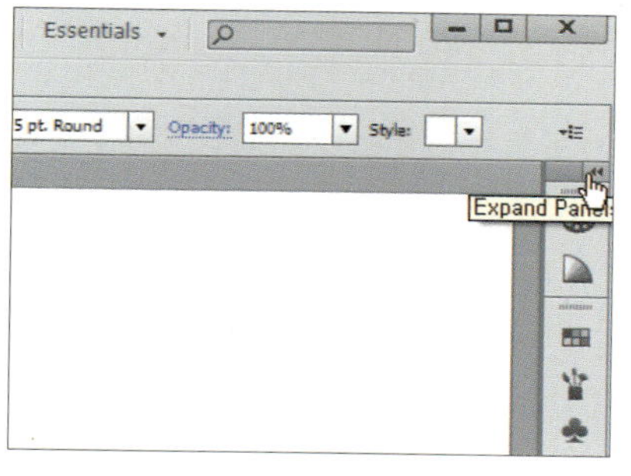

Illustrator

8

아이콘 형태의 패널보기에서 선택한 패널만을 확장할 때에는 패널 아이콘을 클릭합니다. 스와치 패널을 클릭하면 다른 두 패널이 함께 나타납니다. 패널들은 하나의 그룹으로 묶여 있습니다. 패널 그룹의 각 탭을 클릭하면 선택한 패널이 펼쳐집니다.

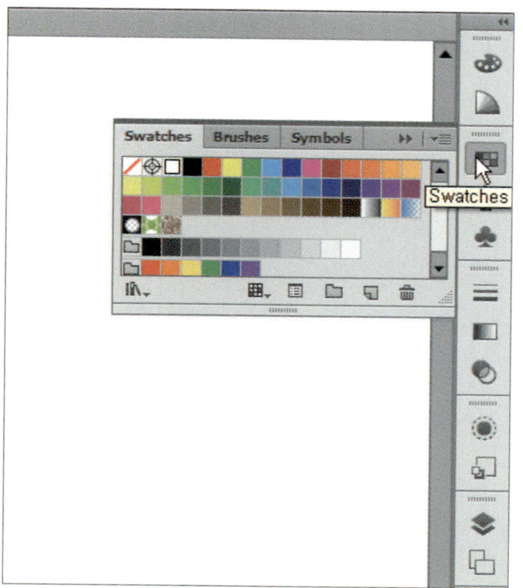

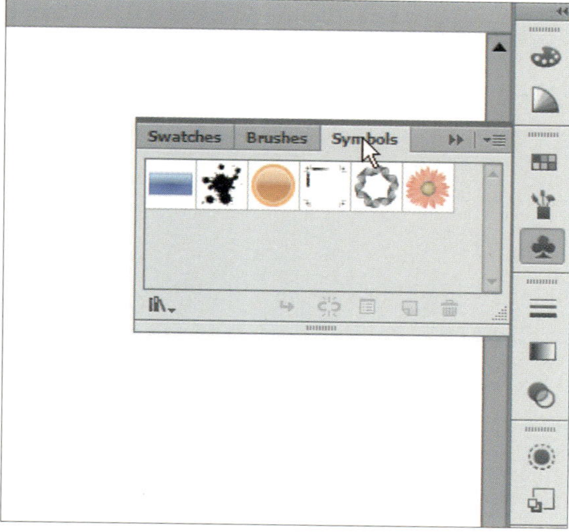

9

기본 패널에서 보이지 않는 패널을 보이게 하려면, 해당 패널을 Window 메뉴에서 선택합니다. [Window]−[Pathfinder]를
클릭하면 패스파인더 패널이 도큐먼트에 열리고, 관련된 패널이 그룹으로 묶여 나타납니다.

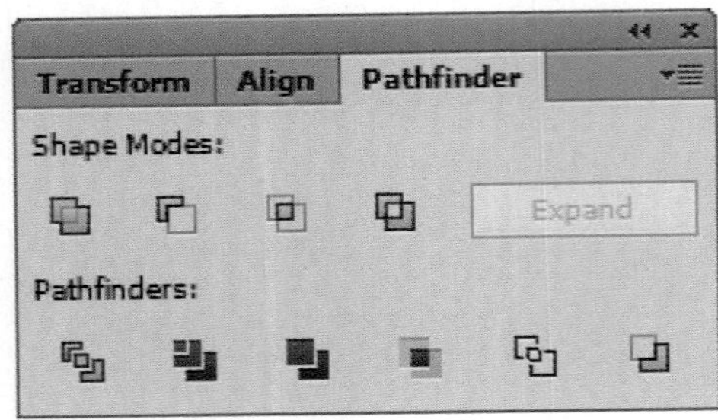

10

도킹되어있는 기본 패널 그룹에 새로운 패널 그룹을 추가할 때에는 패널 그룹바를 드래그해서 컬러 패널 아래쪽에
배치합니다. 컬러 패널 그룹에 파란 선이 보이면 마우스를 놓습니다.

일러스트레이터

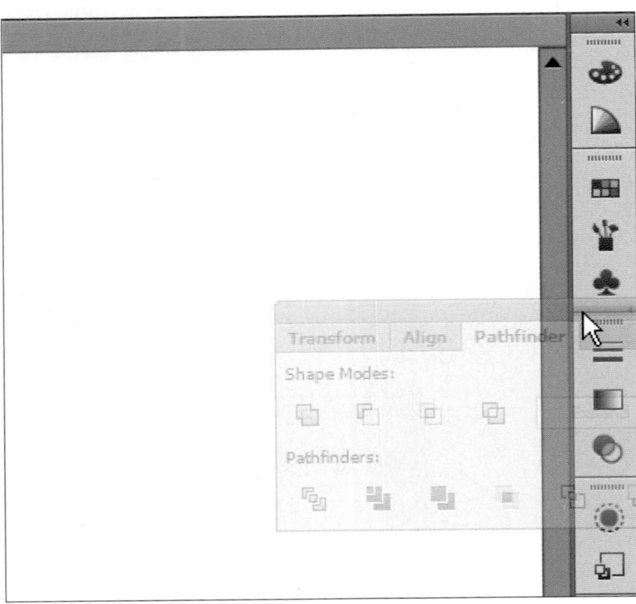

11

자주 사용하는 패널을 그룹으로 묶어서 패널 독에 배치하면 원하는 기능을 빠르게 적용할 수 있습니다.

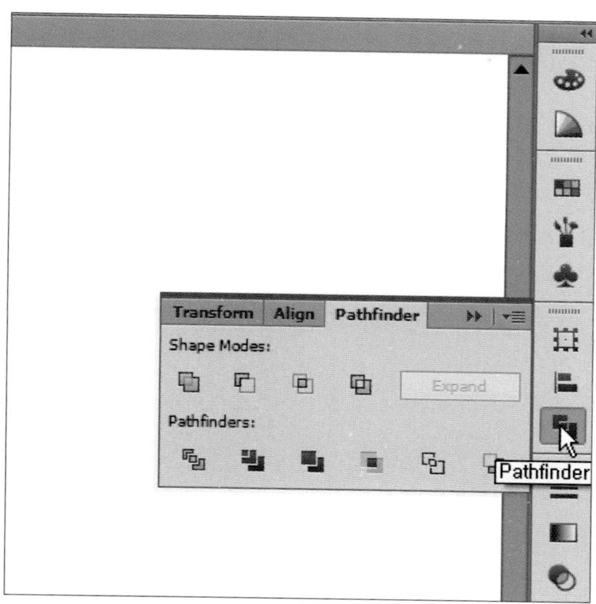

02 section

선택 기능과 도형 도구 익히기

이번 과정에서는 일러스트레이터를 운용하기 위한 작업 환경과 오브젝트의 선택과 이동 편집을 위한 선택 툴 기능, 오브젝트 제작의 기본이 되는 도형 툴에 대해 알아보겠습니다. 선택 툴은 다양한 오브젝트의 편집 기능을 갖추고 있으며 도형 툴은 일러스트레이터에서 제작되는 모든 오브젝트의 기본이 된다고 해도 과언이 아닐 만큼 활용도가 높습니다. 이번 단원에서는 선택 기능과 도형 도구를 이용한 다양한 오브젝트를 만들어 보고, 이를 응용할 수 있는 능력을 키워 봅니다.

■ 제작 포인트

선택 툴(Selection Tool), 직접 선택 툴(Direct Selection Tool), 그룹 선택 툴(Selection Tool), 마술봉 툴(Magic Wand Tool), 올가미 툴(Lasso Tool), 사각형 툴(Rectangle Tool), 둥근 사각형 툴(Rounded Rectangle Tool), 원형 툴(Ellipse Tool), 다각형 툴(Polygon Tool), 별형 툴(Star Tool)

 완성물 미리보기

직접 해보기 선택 툴(Selection Tool)

선택 툴은 오브젝트를 선택하고 이동, 복사, 변형 등을 할 수 있는 도구로서 일러스트레이터 작업에서 가장 많이 사용되고 있습니다. 일러스트레이터의 모든 작업은 대부분 오브젝트를 선택한 상태에서 이루어지고 있습니다.

O1 [File]−[Open] 명령으로 Source/part02−01.ai 오브젝트를 불러옵니다.

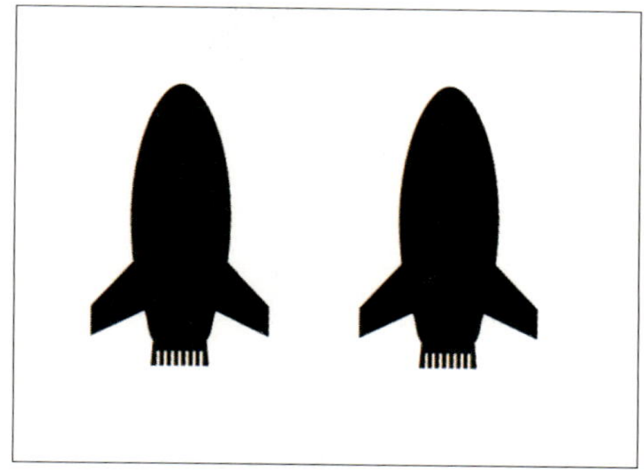

O2 선택 툴로 오브젝트를 클릭하면 바운딩 박스가 표시됩니다. 바운딩 박스는 오브젝트를 감싸는 8개의 조절점으로 이루어진 사각형으로 크기조절, 회전, 변형 등의 편집 작업을 할 수 있습니다.

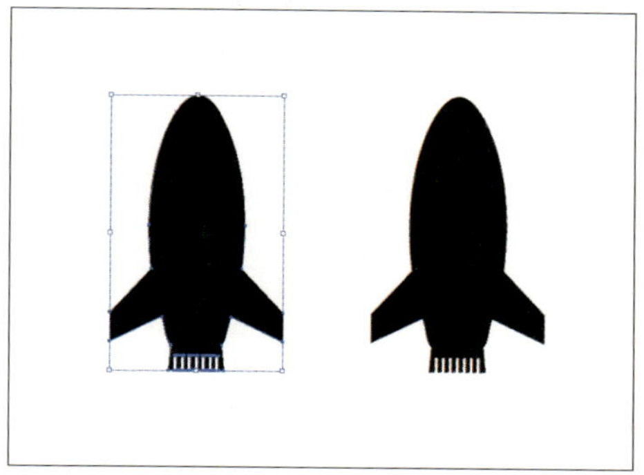

O3 하나 이상의 오브젝트를 선택할 때에는 Shift 키를 누르고 추가적으로 선택하면 됩니다. 선택을 해제할 때에는 도큐먼트 빈 영역을 클릭하거나 단축 기능으로 Ctrl + Shift + D 를 누릅니다.

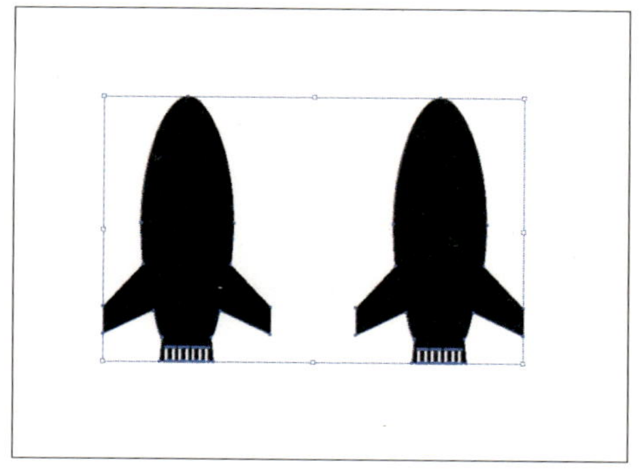

오브젝트 선택 해제하기
선택된 오브젝트의 선택을 해제할 때는 도큐먼트 빈 공간을 클릭하면 됩니다.

Illustrator

04 마우스로 드래그하면 드래그한 영역의 오브젝트들이 모두 선택됩니다.

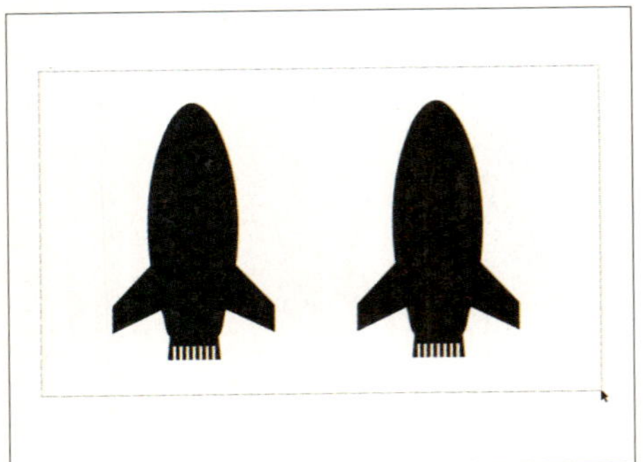 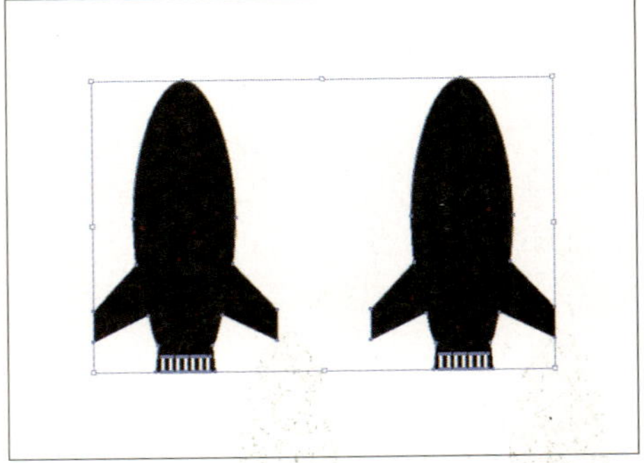

05 선택된 오브젝트들 중에서 개별적으로 선택 해제를 할 때에는 [Shift] 키를 누르고 클릭합니다.

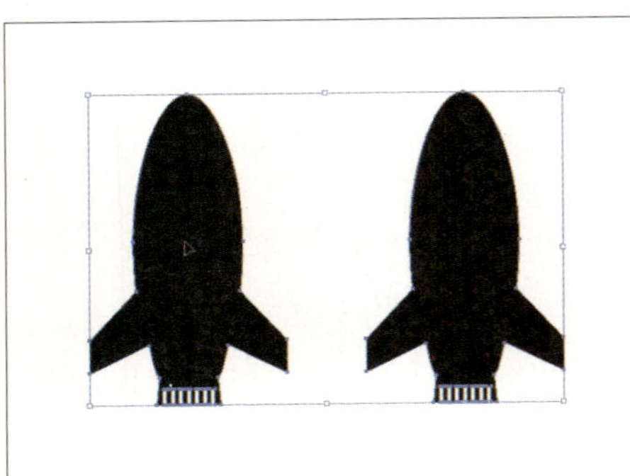 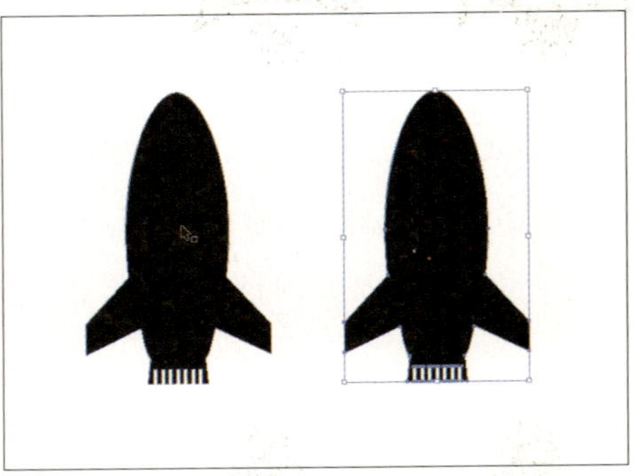

06 오브젝트를 복사할 때에는 [Alt] 키를 누르면서 오브젝트를 드래그합니다. 드래그한 방향으로 복사본이 만들어 집니다.

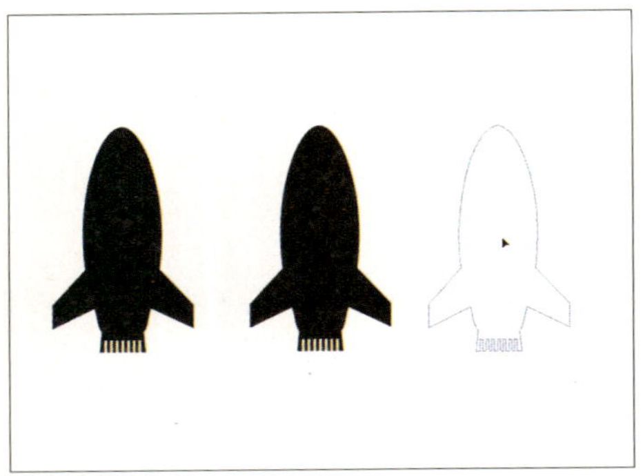 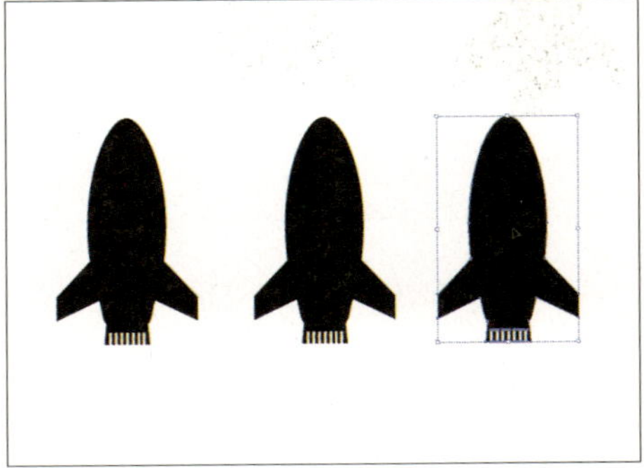

오브젝트 복사

복사하고자 하는 오브젝트를 선택한 후 [Alt] 키를 누르고, 드래그하면 똑같은 오브젝트가 하나 더 만들어지게 됩니다. 이때 [Shift] 키를 같이 눌러주면 수평. 수직 45° 방향으로 정확하게 이동됩니다.

작업 취소 명령

이전 단계에서 작업된 기능을 취소할 때에는 [Ctrl]+[Z] 명령을 실행합니다.

07 오브젝트를 선택한 다음 툴 박스의 면 색상 버튼을 더블 클릭하거나 스와치 패널에서 색상을 변경할 수 있습니다.

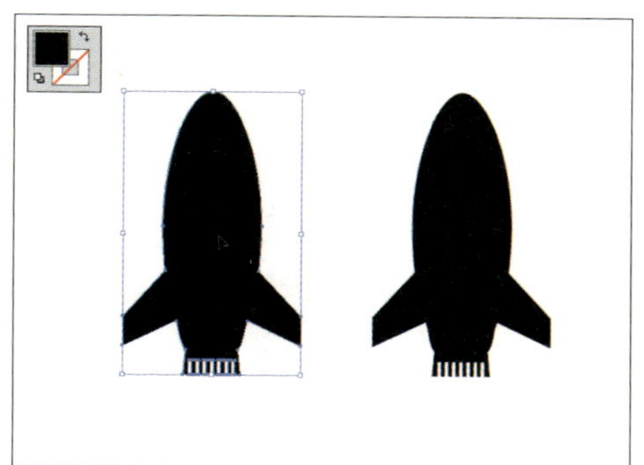 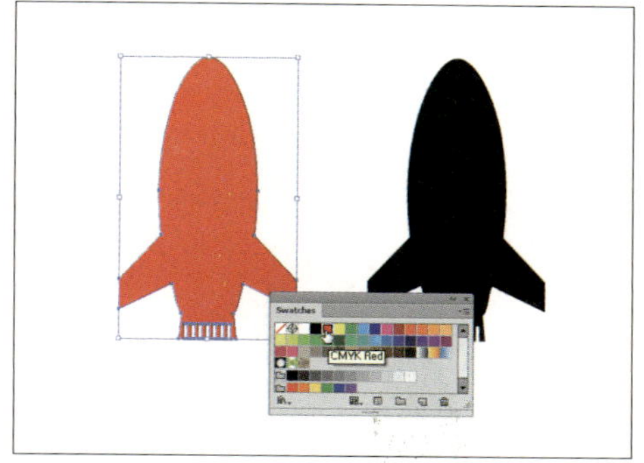

08 오브젝트는 면과 선으로 나타낼 수 있습니다. 툴 박스에서 면과 선을 나타내는 버튼을 클릭하여 색상과 속성을 변경할 수 있습니다. 선 버튼을 클릭하면 선 색상을 지정하는 버튼이 앞쪽으로 놓이게 됩니다. 그러면 스와치 패널에서 원하는 색상을 지정합니다.

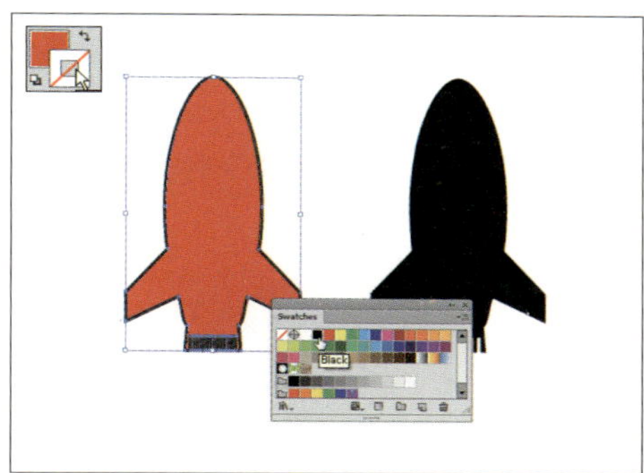

보충수업 **바운딩 박스와 오브젝트 크기 조절**

선택 툴로 클릭한 오브젝트는 외곽을 감싸는 바운딩 박스가 나타납니다. 8개의 조절 핸들을 움직여서 크기 조절이나 회전, 변형 등의 작업을 할 수 있습니다.

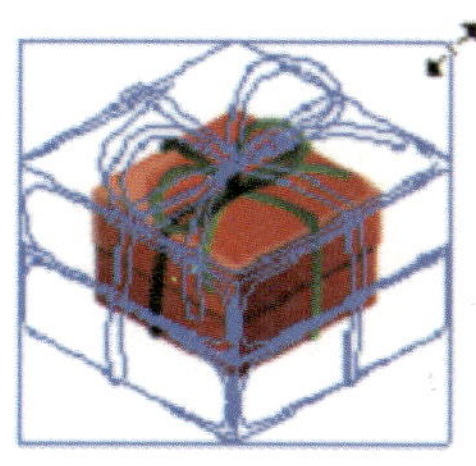 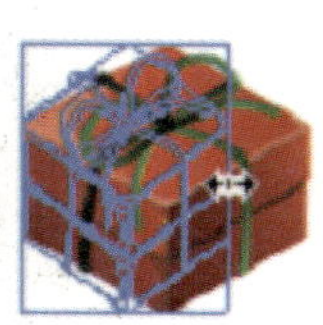 

직접 해보기　직접 선택 툴(Direct Selection Tool)

직접 선택 툴은 오브젝트를 구성하는 앵커 포인트와 세그먼트, 방향 선을 조정하여 모양을 변경하거나 이동, 삭제할 때 사용하는 수정 도구입니다.

O1　로켓 오브젝트의 둥근 모서리를 드래그하면 앵커 포인트가 선택됩니다.

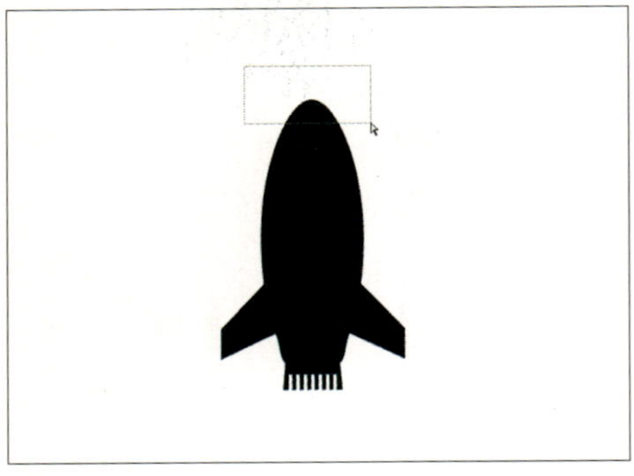

O2　포인트를 드래그하여 오브젝트의 모양을 수정할 수 있습니다. 위치를 조정할 때에는 Shift 를 누르고 드래그하면 수직 방향으로 정확히 조절할 수 있습니다. 위치가 조정되었으면 도큐먼트 빈 영역을 클릭하여 선택을 해제합니다.

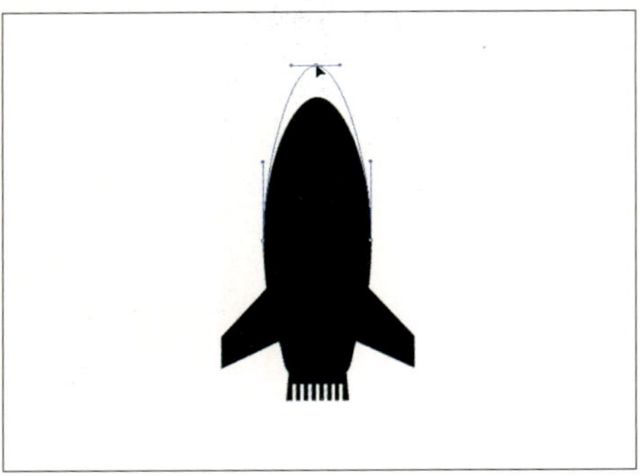

O3　로켓의 날개 부분을 드래그하여 선택합니다. 오른쪽 날개도 추가로 선택하려고 한 다면 Shift 를 누르고, 날개를 드래그 합니다.

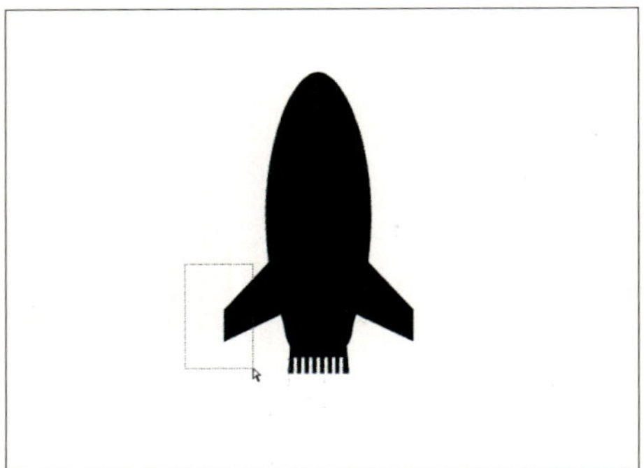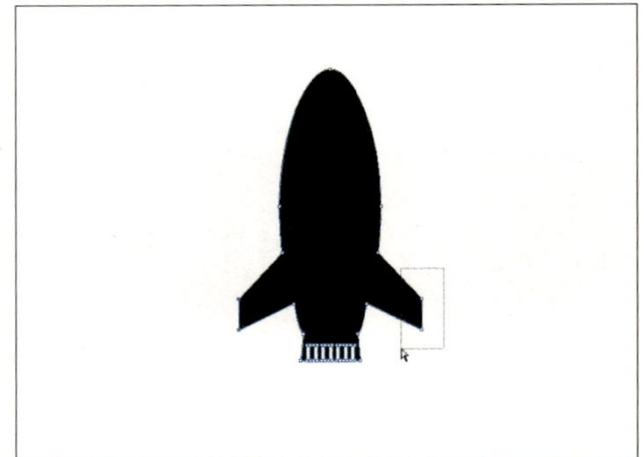

O4 앵커 포인트 위쪽에 마우스 포인트를 놓고, 밑으로 드래그하면 양쪽 모양을 함께 변경할 수 있습니다.

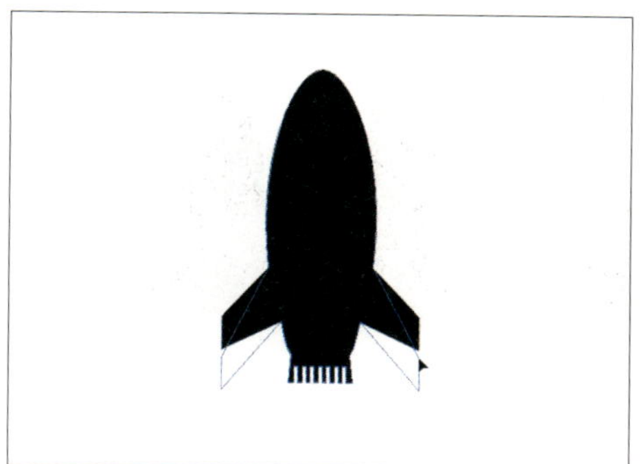 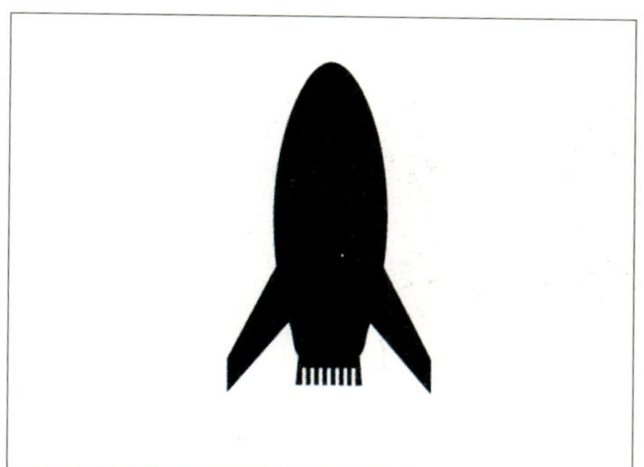

O5 함께 조정할 앵커 포인트를 드래그하여 선택할 수 있습니다. 두 개의 로켓 모서리 부분을 드래그하여 선택 한 다음 모양을 조정합니다.

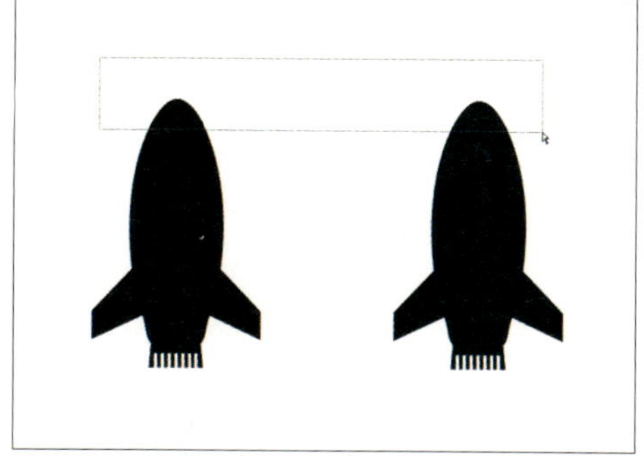 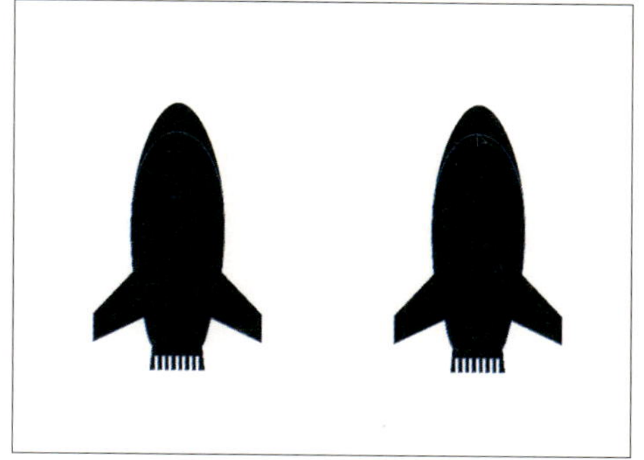

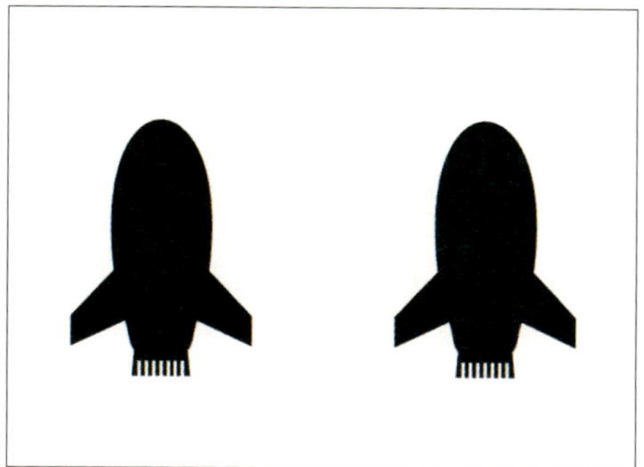

O6 직접 선택 툴로 오브젝트 안쪽에서 [Alt]를 누르고, 드래그하면 복사 기능이 적용됩니다. 선택 툴로 복사하는 기능과
동일합니다.

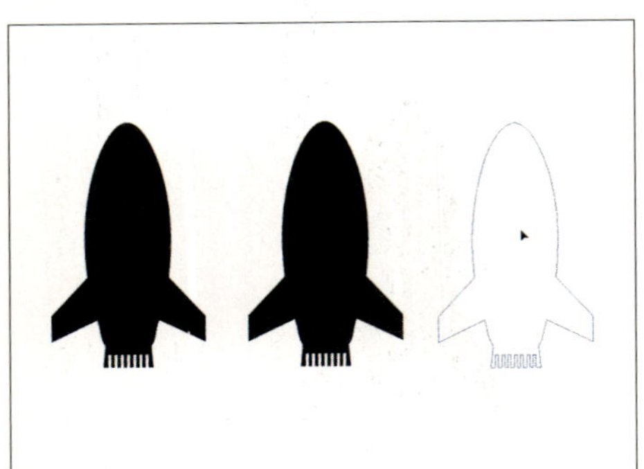 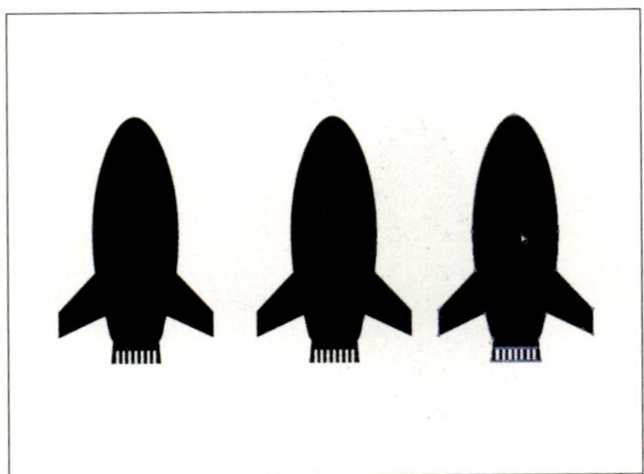

직접 선택 툴의 전환
선택 툴로 작업 도중에 오브젝트의 앵커포인트를 부분적으로 선택할 때에는 [Ctrl]를 눌러보세요. 마우스 포인터가 직접 선택 툴로
전환됩니다. [Ctrl]을 누른 상태에서 앵커 포인트, 패스를 선택하여 직접 편집할 수 있습니다.

직접 해보기 그룹 선택 툴(Group Selection Tool)

그룹 선택 툴은 그룹으로 묶여진 오브젝트들을 쉽게 선택할 수 있는 도구입니다.

O1 Source/part02-02.ai 오브젝트를 불러옵니다. 레몬 오브젝트 안쪽의 점들은 색상 별로 그룹 속성이 적용되어 있습니다.
그룹 선택 툴로 오렌지 색 점을 클릭해 보세요. 그러면 점 하나가 선택됩니다. 다시 한번 클릭하면 그룹 속성의 오브젝트가
모두 선택됩니다.

○2 스와치 패널에서 색상을 교체해 보세요.

오브젝트의 그룹

오브젝트를 제작하면서 관련된 개체들은 그룹으로 묶어서 관리하는 것이 편리합니다. 그룹 속성을 적용할 오브젝트를 모두 선택한 다음 Ctrl + G 명령으로 적용할 수 있습니다.

그룹 선택 툴의 활용

그룹 선택 툴은 그룹 속성의 오브젝트에만 적용되므로 그룹으로 묶인 오브젝트를 한번에 선택할 때 유용하게 사용됩니다.

오브젝트의 면과 선 속성

일러스트레이터에서 만들어지는 오브젝트에는 면과 선으로 구성되어 있으며, 툴 박스의 색상 버튼에서 면과 선의 속성을 선택할 수 있습니다. 면과 선을 나타내거나 없앨 수 있고, 색상을 적용할 수 있습니다.

직접 해보기   마술봉 툴(Magic Wand Tool)

마술봉 툴은 동일한 속성을 가지고 있는 오브젝트를 한 번에 선택할 수 있는 도구입니다.

○1 Source/part02-03.ai 오브젝트를 불러옵니다. 마술봉 툴을 선택하고 흰 색상의 면 속성으로 구성된 별을 클릭합니다. 흰 색상의 면 속성으로 구성된 별 모양 오브젝트들이 한꺼번에 선택됩니다.

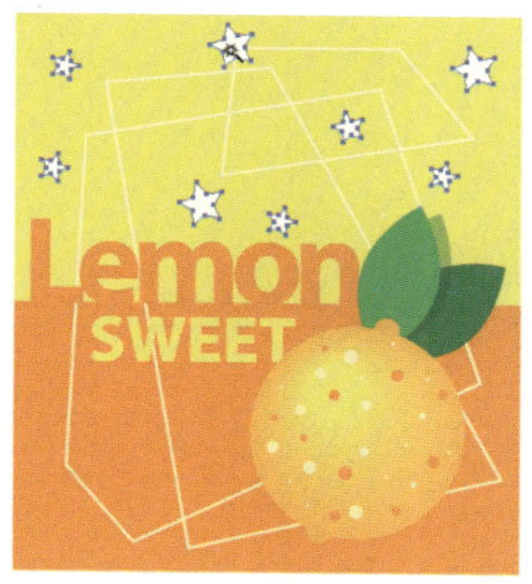

O2 스와치 패널에서 원하는 색상으로 교체해 보세요.

O3 선 속성으로 구성된 라인 이미지의 색상을 빠르게 변경할 수 있습니다. 마술봉 툴로 선을 클릭해 보세요. 동일한 선 속성의
오브젝트들이 한꺼번에 선택됩니다. 툴 박스에서 선 버튼을 클릭한 다음 스와치 패널에서 흰 색으로 변경합니다.

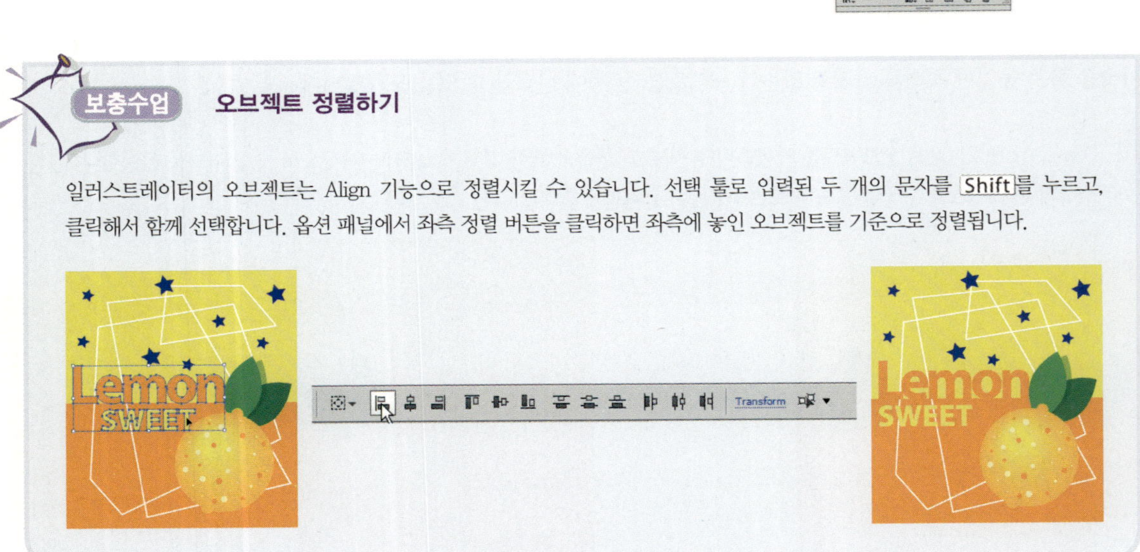

일러스트레이터의 오브젝트는 Align 기능으로 정렬시킬 수 있습니다. 선택 툴로 입력된 두 개의 문자를 Shift 를 누르고,
클릭해서 함께 선택합니다. 옵션 패널에서 좌측 정렬 버튼을 클릭하면 좌측에 놓인 오브젝트를 기준으로 정렬됩니다.

이번에는 아래쪽에 놓인 문자의 좌측을 기준으로 정렬시켜 보겠습니다. Ctrl +Z를 눌러서 이전 단계로 되돌린 다음 다시 두 개의 문자를 함께 선택합니다. 선택된 상태에서 "SWEET" 문구를 다시 한번 클릭해 보세요. 경계선이 두껍게 표시됩니다. 정렬의 기준이 되는 오브젝트가 선택되었다는 것입니다. 옵션 패널에서 좌측 정렬 버튼을 누르면 "SWEET" 문구의 좌측을 기준으로 정렬됩니다.

보충수업 그룹 속성의 오브젝트 만들고, 편집하기

마술봉 툴로 별을 클릭해서 동일한 색상의 별 오브젝트를 모두 선택합니다. 마우스 우측 버튼을 클릭하면 빠른 실행 명령 목록이 활성화 됩니다. Group 명령을 적용하세요.

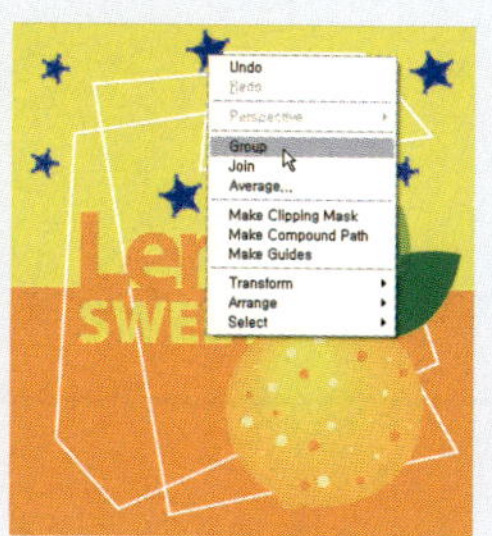

그룹 속성의 오브젝트를 클릭하면 하나로 선택됩니다. 스와치 패널에서 다른 색상을 적용해 보세요. 그룹으로 지정된 모든 오브젝트의 색상이 변경됩니다.

그룹 속성의 오브젝트를 개별적으로 편집하기 위해서는 Isolation 모드로 전환 한 다음 작업을 진행할 수 있습니다. 그룹 속성의 오브젝트를 선택 툴로 더블 클릭해 보세요. 그룹 속성의 오브젝트만 활성화되고 나머지 오브젝트들은 편집이 불가능한 비활성화 상태로 보이게 됩니다. 도큐먼트의 문서 탭 아래쪽에는 현재 편집 상태를 나타내고 있습니다. Group 표시가 보이면 그룹 상태의 오브젝트를 편집하는 모드를 나타내고 있는 것입니다.

편집할 몇 개의 오브젝트를 함께 선택하고 색상을 변경한 다음 작업이 완료되었으면 빈 영역을 더블 클릭합니다. Isolation 모드가 해제됩니다.

마술봉 툴

마술봉 툴은 동일하거나 비슷한 속성의 오브젝트를 한꺼번에 선택하는 도구입니다.

마술봉 툴 옵션 패널

마술봉 툴을 더블클릭하면 옵션 패널이 열립니다. Tolerance 수치 값을 조절하여 색상 영역의 범위를 조절할 수 있습니다.

직접 해보기 올가미 툴(Lasso Tool)

올가미 툴은 복잡한 오브젝트를 자유롭게 드래그하여 원하는 포인트와 패스 부분을 선택할 수 있는 도구입니다.

O1 Source/part02-04.ai 오브젝트를 불러옵니다. 수박 오브젝트가 열리면 거친 검은색 줄무늬 모양을 수정해 봅니다.

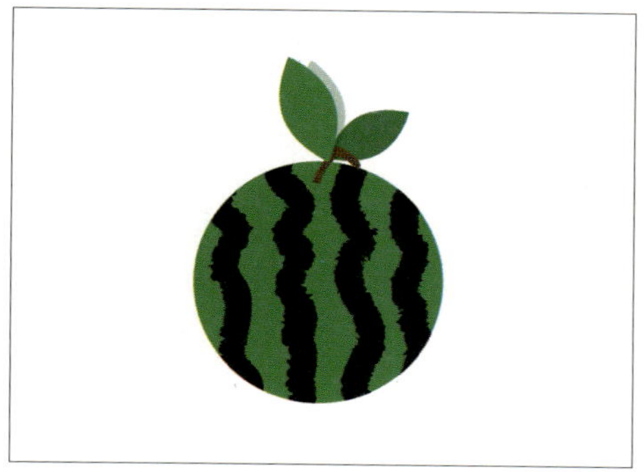

O2 Ctrl + Y를 누르면 오브젝트를 외곽선 모양으로 나타낼 수 있습니다. 올가미 툴을 선택하고, 그림처럼 드래그하여 줄무늬 패스 모양을 수정할 부분을 드래그하여 선택합니다.

O3 드래그한 부분의 앵커 포인트가 선택됩니다. Ctrl 을 누르면 마우스 포인터가 선택 툴 모양으로 전환됩니다. 우측으로 드래그하여 모양을 변경한 다음 빈 공간을 클릭해서 선택을 해제합니다. Ctrl + Y를 눌러서 Preview 모드로 전환하면 색상이 적용된 오브젝트의 속성으로 보이게 됩니다.

직접 해보기 사각형 툴(Rectangle Tool) 

사각형 툴은 사각형 모양의 오브젝트를 그릴 때 사용하는 도구로서 마우스를 드래그하거나 도큐먼트를 클릭하여 나타나는 대화상자에서 크기를 지정하여 만들 수 있습니다.

O1 [File]-[New] 명령으로 새로운 도큐먼트를 만듭니다. 사각형 툴을 선택한 다음 도큐먼트에 드래그합니다. 마우스를 놓으면 드래그한 영역에 직사각형 오브젝트가 만들어집니다.

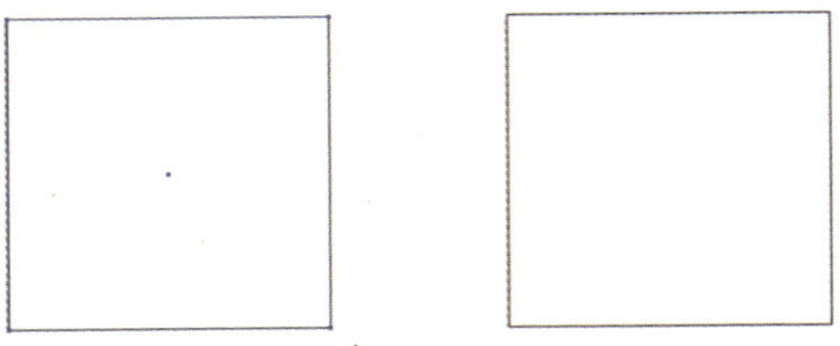

강의노트

선택 해제
오브젝트를 만들면 선택된 상태로 도큐먼트에 보이게 됩니다. 오브젝트의 선택을 해제하려면 Ctrl 을 눌러보세요. 마우스 포인터가 선택 툴 모양으로 전환됩니다. 도큐먼트 빈 여백을 클릭하면 선택이 해제됩니다. 단축 기능으로 Ctrl + Shift + A 명령을 적용합니다.

정사각형 만들기
사각형 툴을 Shift 와 함께 드래그하면 정사각형 모양으로 오브젝트를 만들 수 있습니다. Alt 를 함께 누르면 클릭한 지점을 중심으로 사각형이 만들어집니다.

O2 사각형 툴을 도큐먼트에 클릭하면 대화상자가 나타납니다. 원하는 크기와 수치를 지정하여 오브젝트를 만들 수 있습니다. 입력된 수치 값만큼 사각형이 그려집니다.

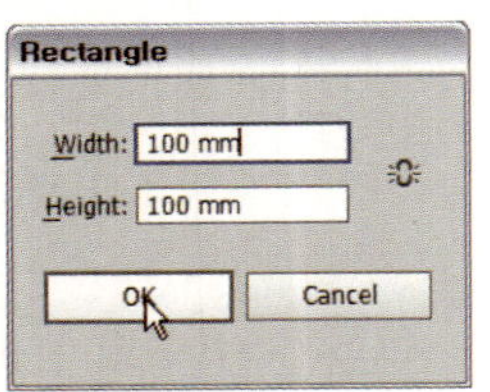

O3 만들어진 사각형은 면의 색상을 변경하고, 선의 색상으로 None을 지정하여 속성을 변경할 수 있습니다.

보충수업 사각형 툴 옵션 대화 상자

사각형 툴을 선택하고 도큐먼트에서 클릭하면 Rectangle 대화 상자가 열립니다. 대화 상자에 가로와 세로의 크기를 입력하여 원하는 크기의 사각형을 만들 수 있습니다.

❶ Width : 가로 크기를 입력합니다.
❷ Height : 세로 크기를 입력합니다.

직접 해보기 둥근 사각형 툴(Rounded Rectangle Tool) 

둥근 사각형 툴은 모서리가 둥근 사각형 오브젝트를 그릴 때 사용하는 도구입니다.

O1 둥근 사각형 툴을 지정하고, 마우스로 드래그 합니다. 드래그한 영역만큼 모서리가 둥근 사각형이 만들어집니다.

O2 둥근 사각형 툴을 도큐먼트에 클릭합니다. 대화 상자에서 원하는 수치 값을 입력합니다. 사용자가 지정한 크기로 둥근 사각형 모양을 만들 수 있습니다.

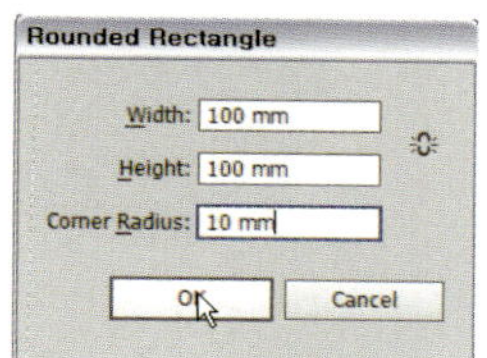

O3 둥근 사각형의 모서리 곡률은 단축 기능으로 빠르게 조절할 수 있습니다. 둥근 사각형을 드래그한 상태에서 키보드 ↑, ↓ 방향키를 누르면 모서리의 반경이 커지거나 축소됩니다.

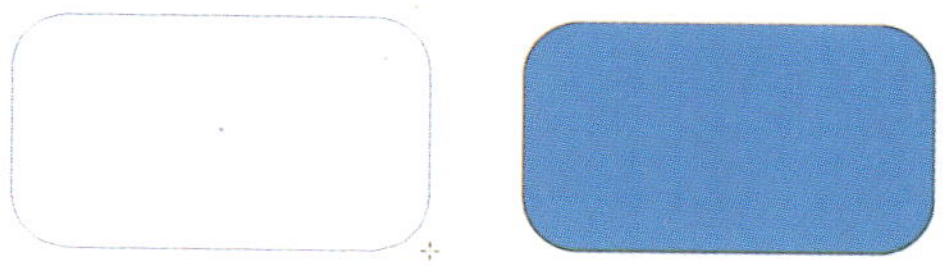

 강의노트

대화 상자의 수치 값

각종 툴의 옵션 대화 상자에서 지정한 수치 값은 그대로 남게 됩니다. 예를 들어 둥근 모서리 사각형을 그릴 때는 마지막으로 설정한 대화 상자의 모서리 반경 크기가 그대로 적용되어 나타납니다.

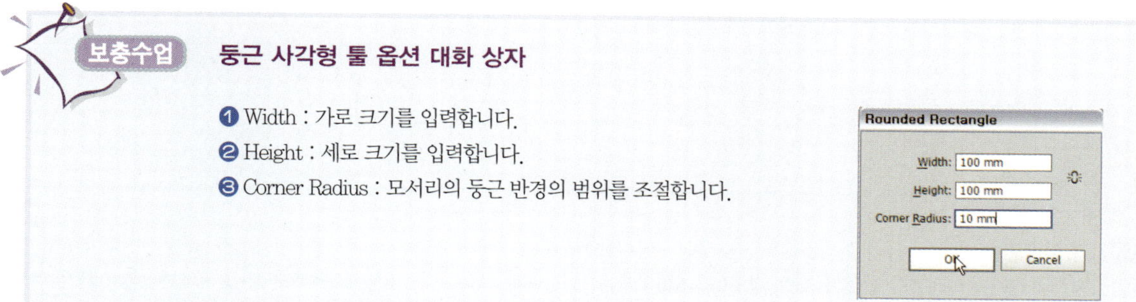

보충수업 둥근 사각형 툴 옵션 대화 상자

❶ Width : 가로 크기를 입력합니다.
❷ Height : 세로 크기를 입력합니다.
❸ Corner Radius : 모서리의 둥근 반경의 범위를 조절합니다.

직접 해보기 원형 툴(Ellipse Tool) 

원형 툴은 정원이나 타원 형태의 오브젝트를 그릴 때 사용하는 도구입니다.

O1 원형 툴을 지정하고 도큐먼트에 드래그하면 원 오브젝트가
    만들어집니다. 오브젝트를 만들고, 스와치 패널에서 면의
    색상을 변경해 보세요.

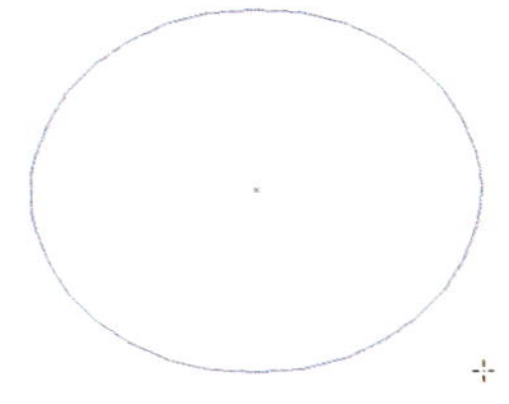
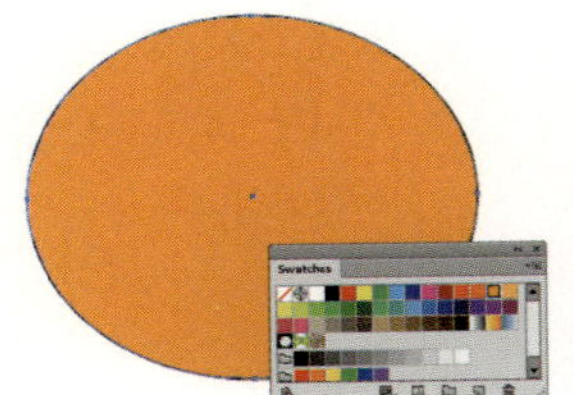

O2 원형 툴로 도큐먼트를 클릭하면 대화 상자가 열립니다.
    대화 상자에 원하는 수치를 입력하면 입력된 수치의 원이
    그려집니다.

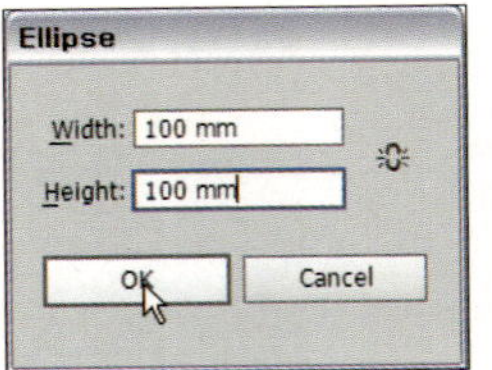

O3 다른 도형 툴과 마찬가지로 Shift 를 누른 상태에서
    드래그하면 정원을 만들 수 있으며, Alt 를 누르면
    클릭한 지점을 중심으로 도형이 만들어집니다.

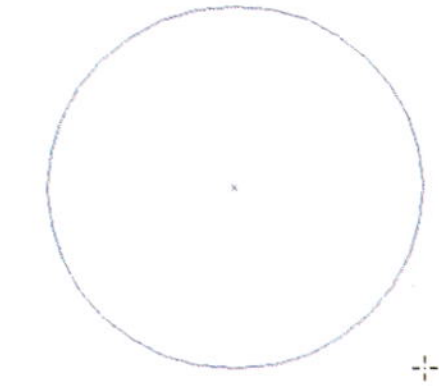

정사각형, 정원 만들기

정사각형이나 정원을 그리고자 할 경우에는 키보드의 Shift 를 누르고 드래그해서 만듭니다. 오브젝트를 만들 때에는 Alt 를 함께
눌러주면 마우스로 클릭한 부분을 중심축으로 오브젝트가 만들어 집니다.

직접 해보기 다각형 툴(Polygon Tool)

다각형 툴은 사용자가 원하는 다각형 모양의 오브젝트를 그릴 때 사용하는 도구입니다.

O1 다각형 툴을 지정하고, 도큐먼트에 드래그하면 다각형
오브젝트가 만들어집니다.

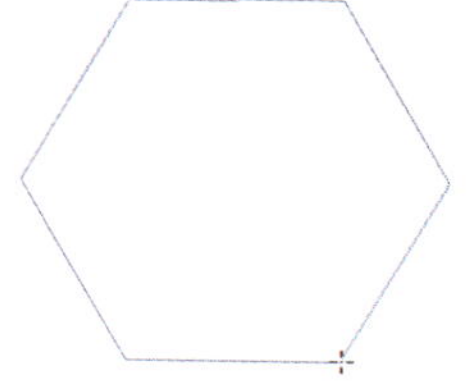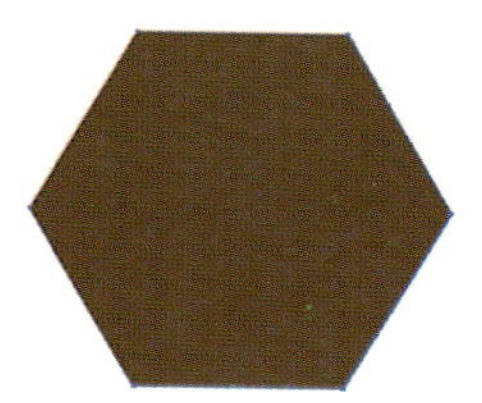

O2 다각형 툴을 도큐먼트에 클릭하면 대화 상자가 열립니다.
대화 상자에서 다각형 면의 크기와 꼭짓점의 개수를
설정하여 원하는 형태의 다각형을 만들 수 있습니다. 대화
상자에 면의 개수로 "3"을 입력하고, OK 버튼을 클릭하면
삼각형 오브젝트가 만들어 집니다.

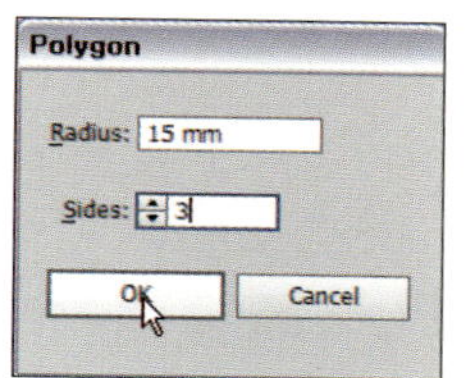

O3 다각형 꼭짓점의 개수는 단축 기능으로 쉽게 조절할 수
있습니다. 다각형 툴을 드래그한 상태에서 키보드의 ↑
, ↓ 방향키를 누르면 꼭짓점을 추가하거나 변경되는
모양을 보면서 원하는 형태를 나타낼 수 있답니다.

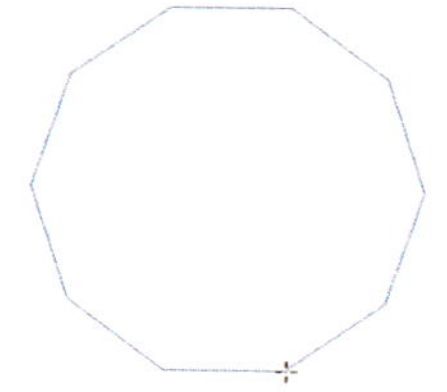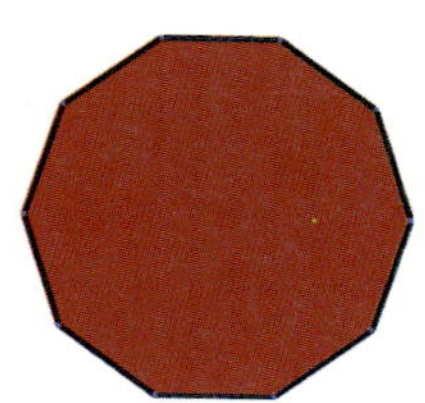

다각형 툴 옵션 대화 상자

❶ Radius : 다각형의 반지름을 입력합니다.
❷ Sides : 다각형의 면의 수를 입력합니다.

Illustrator

직접 해보기 | 별형 툴(Star Tool) ☆

별형 툴은 별 모양의 오브젝트를 그릴 때 사용하는 도구입니다. 별형 툴로 도큐먼트에 드래그한 상태에서 키보드의 ↑, ↓ 방향키를 누르면 꼭짓점의 개수를 조절할 수 있습니다.

01 별형 툴을 지정하고 도큐먼트에 드래그하면 별 모양 오브젝트가 만들어집니다.

02 별형 툴을 도큐먼트에 클릭하면 대화 상자가 열립니다. 안쪽과 바깥쪽 포인트까지의 반지름을 설정하고, 꼭짓점의 개수를 입력하여 별 모양을 변경할 수 있습니다.

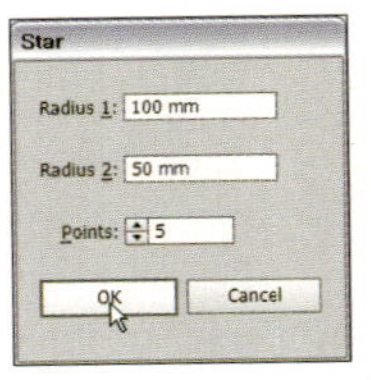

03 변형 툴을 드래그 한 상태에서 Ctrl 을 누르고 드래그하면 꼭짓점의 거리를 조정할 수 있습니다. Ctrl 을 누르고, 바깥쪽으로 드래그하면 외곽 꼭짓점의 거리가 커집니다. 반대로 안쪽으로 드래그하면 거리가 짧아지게 됩니다. 즉 안쪽과 바깥쪽 꼭짓점의 거리를 조정하여 빠르게 모양을 변경할 수 있습니다.

04 별형 툴을 도큐먼트에 드래그 한 상태에서 키보드의 ↑, ↓ 방향키를 누르면 꼭짓점의 개수를 조정할 수 있습니다.

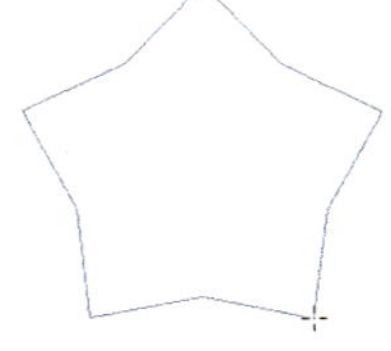
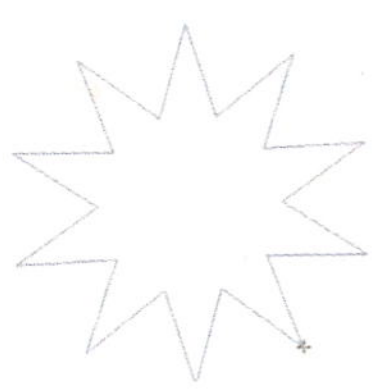

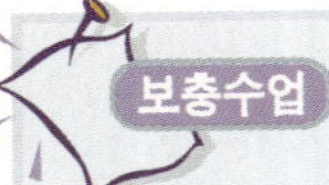

보충수업 **별형 툴 옵션 대화 상자**

별형 툴을 이용하여 드래그하였을 경우 방향키를 이용하여 별의 포인트 수를 조절할 수는 있지만 반지름의 모양은 지정할 수가 없습니다. 별의 반지름을 지정하기 위해서는 툴 박스에서 스타 툴을 선택하고 도큐먼트를 클릭하여 나타난 대화 상자를 이용해야 합니다.

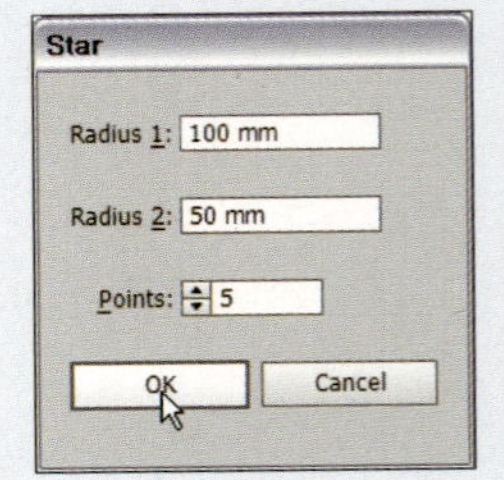

❶ Radius 1 : 별의 중심에서 바깥쪽 꼭짓점과의 거리를 지정합니다.
❷ Radius 2 : 별의 중심에서 안쪽 꼭짓점과의 거리를 지정합니다.
❸ Points : 별의 바깥쪽 꼭짓점의 개수를 지정합니다.

직접 해보기 플레어 툴(Flare Tool)

플레어 툴은 렌즈 조명 효과를 줄 수 있는 도구입니다. 포토샵과 같은 비트맵 방식의 프로그램에서 사용하던 광선이나 빛 효과를 일러스트레이터에서 적용하여 다양한 특수 효과를 만들 수 있습니다.

O1 Source/part02-05.ai 오브젝트를 불러옵니다. 브로슈어 템플릿이 열립니다. 플레어 툴을 선택한 다음 드래그하여 광원의 크기를 지정합니다. 클릭한 지점이 주 광원이 됩니다.

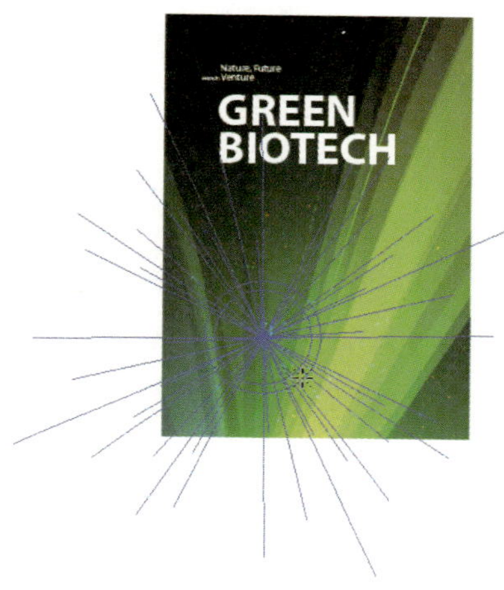

O2 계속해서 두 번째 지점을 클릭하고 드래그하여 보조 광원의 위치를 지정합니다.

Flare 효과

Flare 효과는 주광원 만으로는 만들 수 없으며, 반드시 보조 광원의 위치를 지정해야 도큐먼트 오브젝트로 나타나게 됩니다.

보충수업 패스파인더 기능

패스파인더 기능을 이용하면 도형을 연결하여 새로운 모양의 오브젝트를 만들 수 있습니다. 하나 이상의 오브젝트들을 더하거나 빼거나, 겹쳐진 부분만 남겨서 새로운 오브젝트를 만드는 것입니다. 여러 개의 도형을 선택하고, Alt 를 누르고 Shape Modes를 클릭하면 컴파운드 패스가 적용되어 새로운 오브젝트가 만들어 집니다. 컴파운드 패스가 적용된 오브젝트는 원본 오브젝트는 그대로 보존되고, 각각의 오브젝트를 선택하고 변형할 수 있습니다.

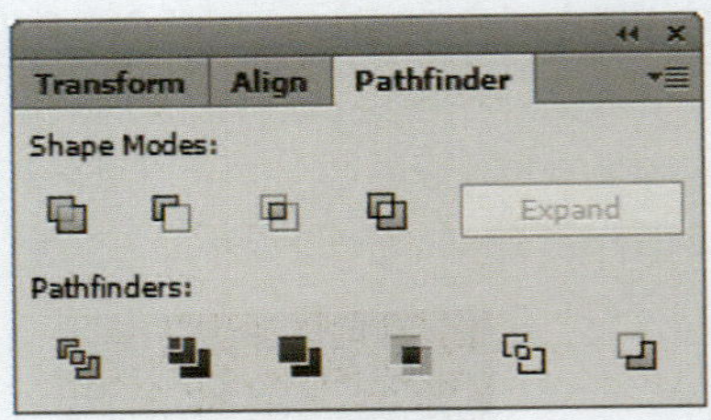

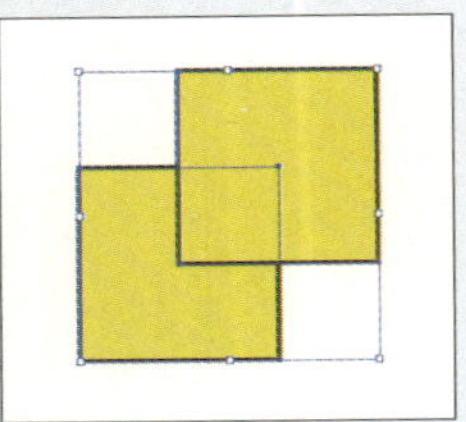

❶ Unit

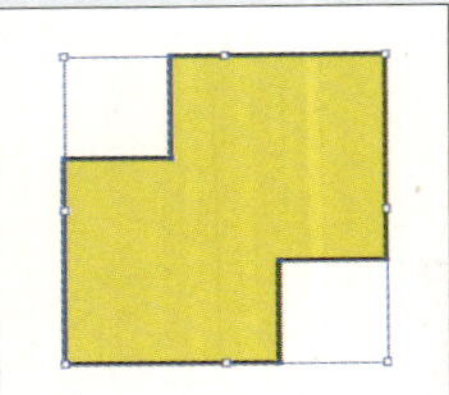

겹쳐진 도형을 하나로 연결해서 새로운 모양을 만듭니다.

❷ Minus Fronts

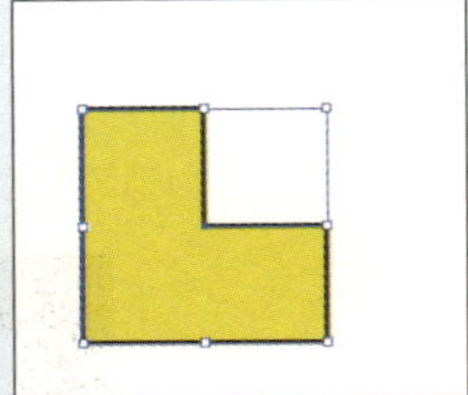

위쪽에 놓인 오브젝트를 빼 줍니다.

❸ Intersect

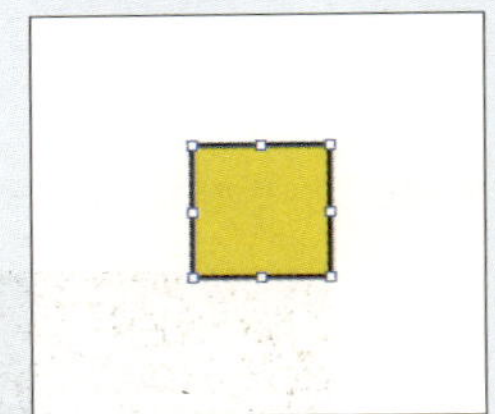

겹쳐진 부분만 남기고 삭제합니다.

❹ Exclude

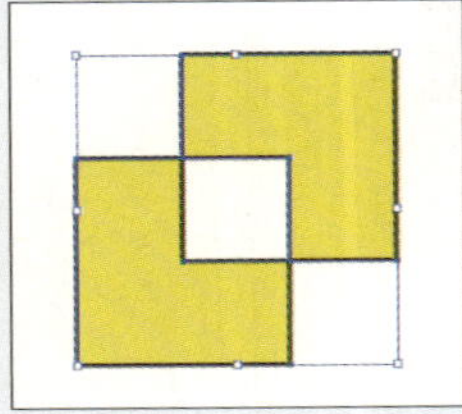

겹쳐진 부분을 삭제합니다.

❺ Divide

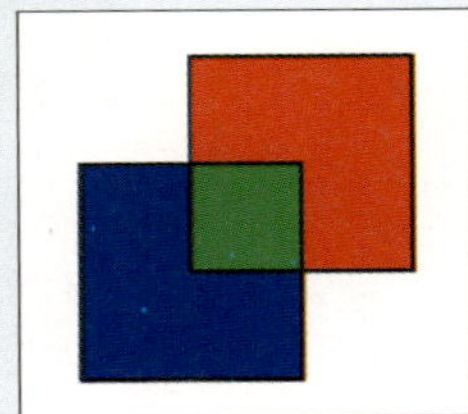

겹쳐진 부분을 분리하여 개별적인 오브젝트로 분리합니다.

 **실전문제**

1. 도형 툴을 이용하여 압정 오브젝트를 만들어 보세요.

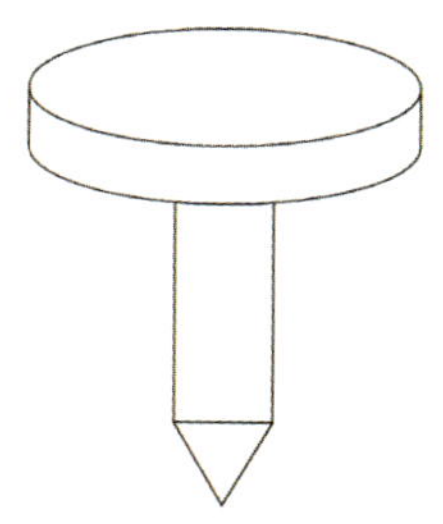

◀ 완성파일 : Artwrok/part02-03.ai

힌트

① 원형 툴로 타원 오브젝트를 만들고, 사각형 툴을 이용하여 타원 가로 폭에 맞추어 직사각형 오브젝트를 추가합니다.

② 타원 오브젝트를 선택 툴로 [Alt]+[Shift]를 누르고, 드래그하여 복사본을 만듭니다. 타원과 사각형은 패스파인더 Unit 기능으로 합쳐줍니다.

③ 앞쪽에 놓인 오브젝트를 [Object]-[Arrange]-[Send to Back] 명령으로 뒤쪽으로 이동시킵니다. 압정 머리의 세로 폭을 조정하기 위해서 직접 선택 툴로 하단의 포인트를 선택한 다음 모양을 조정합니다.

④ 압정 팁 부분은 사각형 툴로 오브젝트를 만들고, 뾰족한 머리 부분은 다각형 툴로 삼각형 오브젝트를 만들어 그림처럼 겹쳐 놓습니다.

⑤ 앞쪽에 놓인 오브젝트는 [Object]-[Arrange]-[Send to Back] 명령으로 뒤쪽으로 이동시킵니다.

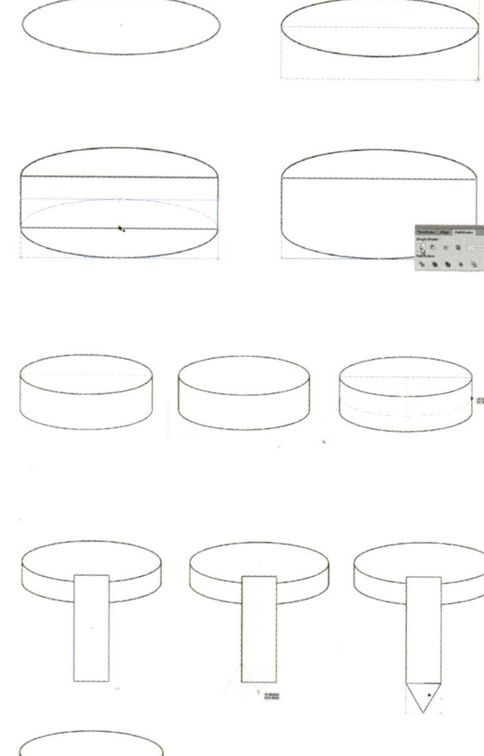

Illustrator

2. 선택 도구를 이용하여 오브젝트를 완성시켜 보세요.

▲ 준비파일 : Source/part02-06.ai

▲ 완성파일 : Artwork/part02-03.ai

힌트
① 선택 툴을 이용하여 꽃과 줄기, 잎을 조합하여 모양을 만듭니다.
② 그룹 속성의 꽃 부분은 더블 클릭해서 Isolation 모드로 전환한 다음 꽃잎의 색상을 변경하세요.
③ 대칭된 모양의 우측 오브젝트는 복사본을 만든 다음 반사 툴로 대칭된 형태를 만듭니다.
④ 크기를 조정하고, 꽃잎의 색상을 변경해 보세요.

3. 도형을 편집하여 하트 오브젝트를 만들어 보세요.

▲ 완성파일 : Artwork/part02-03.ai

힌트
① 원형 툴을 Shift 를 누르고, 드래그하여 정원을 만듭니다. 직접 선택 툴로 우측 포인트를 드래그하여 선택한 다음 Delete 를 눌러서 반원 모양을 만드세요.

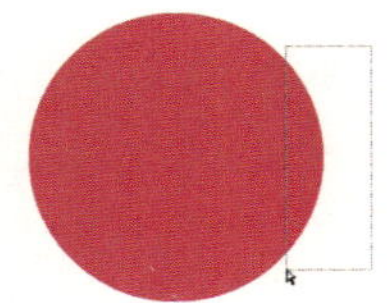

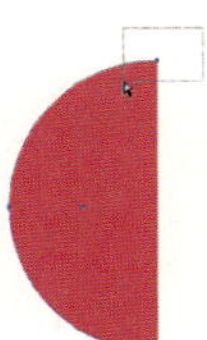

② 직접 선택 툴로 상단 포인트를 드래그하여 선택
   한 다음 방향선을 움직여 모양을 조정합니다.
   계속해서 좌측과 하단의 포인트를 선택한 다음
   방향선을 움직여 하트 반쪽 모양의 형태로
   수정합니다.

③ 한쪽 모양이 만들어 졌으면 선택 툴로 Alt
   +Shift를 누르고, 드래그하여 복사본을
   만듭니다. 우측 바운딩 박스를 좌측으로
   드래그하면 대칭된 모양으로 나타낼 수
   있습니다.

④ 두 개의 오브젝트를 겹쳐서 하트 모양을
   완성시킵니다.

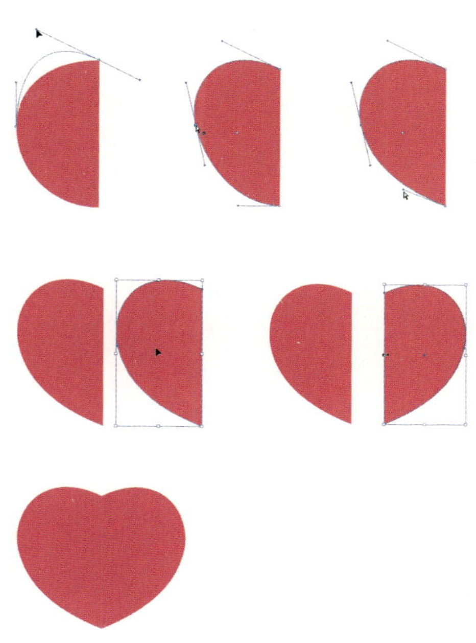

4. 도형을 이용하여 새로운 오브젝트를 만들어 보세요.

▲ 완성파일 : Artwork/part02-03.ai

힌트 ① 별형 툴을 이용하여 오브젝트를 만듭니다.
   Ctrl+C, Ctrl+F 명령으로 복사본을
   만드세요. 복사된 오브젝트는 대각선 조절점을
   Alt+Shift 키를 누르고 드래그하여 축소
   시킵니다.

② 축소된 도형의 색상은 스와치 패널에서 원하는
   색상으로 적용시켜 보세요.

03

패스와 브러시 도구 익히기

이번 과정에서는 펜 툴과 브러시 도구에 대해 알아보겠습니다. 일러스트레이터의 펜 툴은 가장 핵심적인 기능 중에 하나입니다. 펜 툴을 이용하여 사용자의 디자인 의도에 따라서 드로잉하며 새로운 디자인 결과물을 창조할 수 있습니다. 브러시 도구로는 회화적인 느낌의 이미지와 다양한 페인팅 효과를 적용할 수 있습니다. 펜 툴과 브러시 도구는 사용자의 능숙한 활용 능력과 경험을 바탕으로 창조적인 결과물을 만들 수 있는 만큼 각 도구의 사용법과 활용 능력을 익히고 많은 연습과 노력이 뒷받침 되어야 합니다.

■ 제작 포인트

펜 툴(Pen Tool), 포인트 추가 툴(Add Anchor Point Tool), 방향점 전환 툴(Convert Anchor Point Tool), 직선 툴(Line Tool), 곡선 툴(Arc Tool), 나선형 툴(Spiral Tool), 사각 그리드 툴(Rectangular Grid Tool), 원형 그리드 툴(Polar Grid Tool), 페인트브러시 툴(Paintbrush Tool), 연필 툴(Pencil Tool), 스므스 툴(Smooth Tool), 패스 지우개 툴(Path Erase Tool), 블롭 브러시 툴(Blob Brush Tool), 지우개 툴(Eraser Tool), 가위 툴(Scissors Tool), 나이프 툴(Knife Tool)

 완성물 미리보기

직접 해보기 펜 툴(Selection Tool)

드로잉 프로그램인 일러스트레이터에서 가장 많이 사용하는 도구로 직선과 곡선으로 된 패스를 그려 오브젝트를 만들 수 있는 가장 중요한 도구입니다.

O1 펜 툴을 선택한 후 면 색상은 None으로 지정합니다. 도큐먼트를 클릭하면 포인트가 생성됩니다. 계속해서 다른 부분을 클릭하면 새로운 포인트가 만들어지며 두 포인트 사이에 세그먼트가 만들어집니다. 그림과 같은 M 모양의 패스를 만들어 보세요. 패스로 구성된 오브젝트가 완성되었으면 Ctrl 을 누르고, 빈 영역을 클릭하면 편집 상태가 해제됩니다.

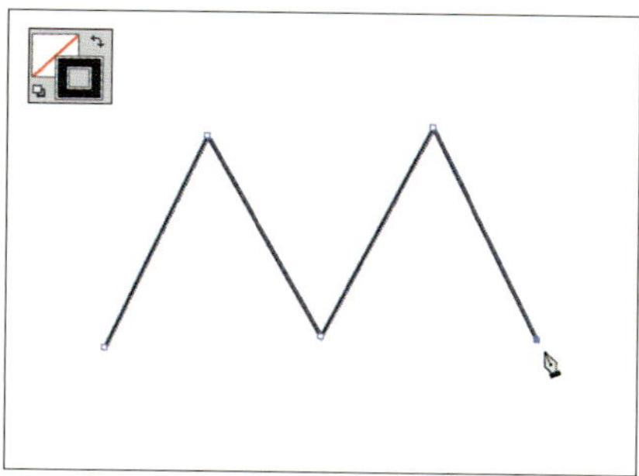
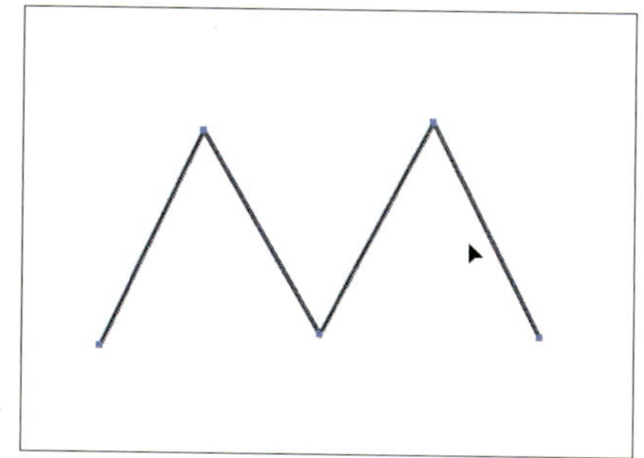

O2 앵커 포인트와 세그먼트로 구성된 오브젝트는 직접 선택 툴을 이용하여 모양을 조절할 수 있습니다. 직접 선택 툴로 앵커 포인트를 드래그하여 선택한 다음 위치를 이동시켜 보세요.

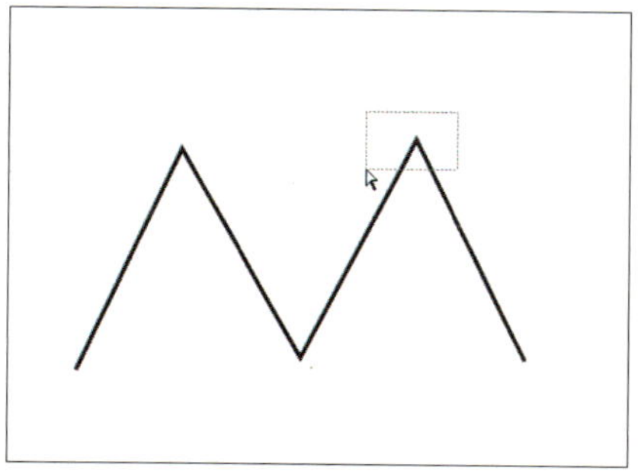
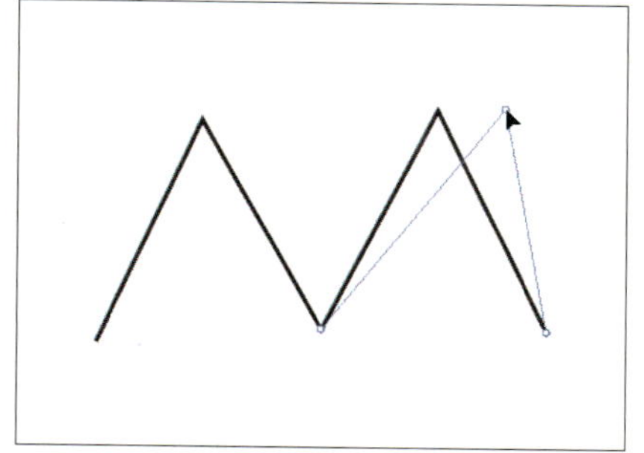

O3 포인트와 포인트 사이의 세그먼트도 드래그하여 선택하거나 클릭하면 선택되어 집니다. 선택된 세그먼트를 이동시켜 모양을 변경할 수 있습니다.

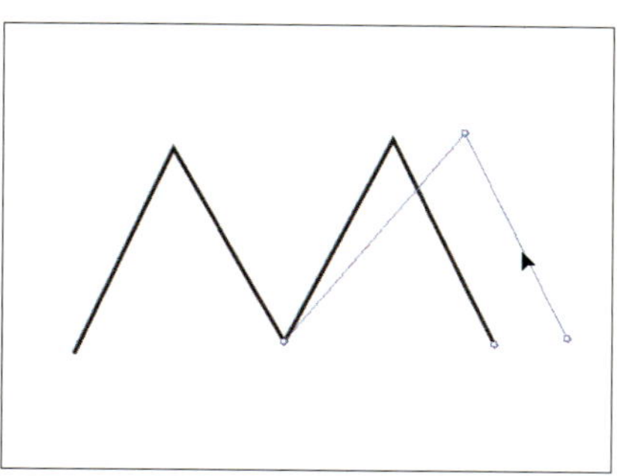

O4 세그먼트를 드래그하여 선택한 다음 Delete를 눌러 삭제할 수 있습니다.

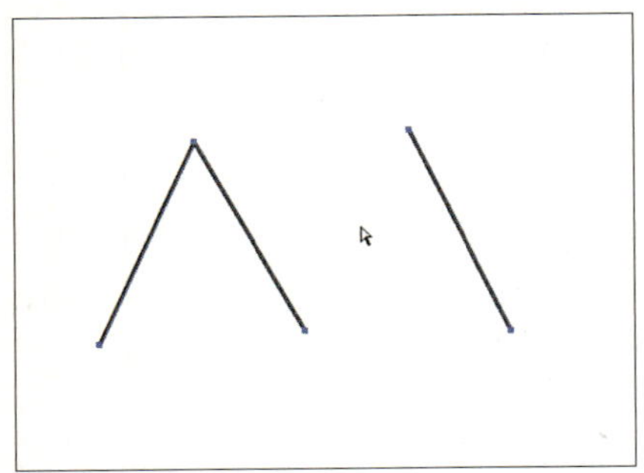

O5 펜 툴을 이용하여 끊어진 앵커 포인트를 각각 클릭하면 다시 연결할 수 있습니다.

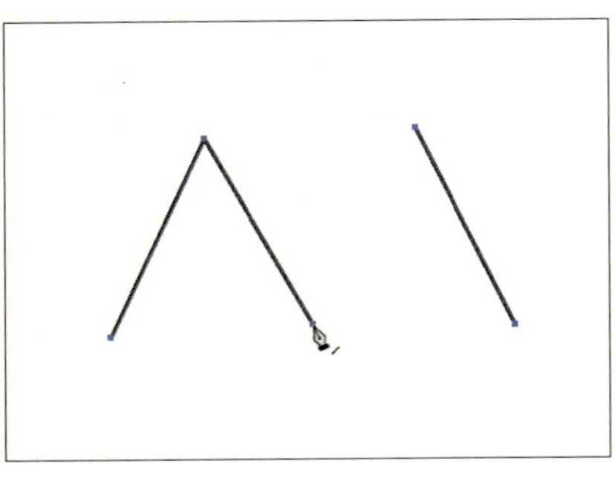 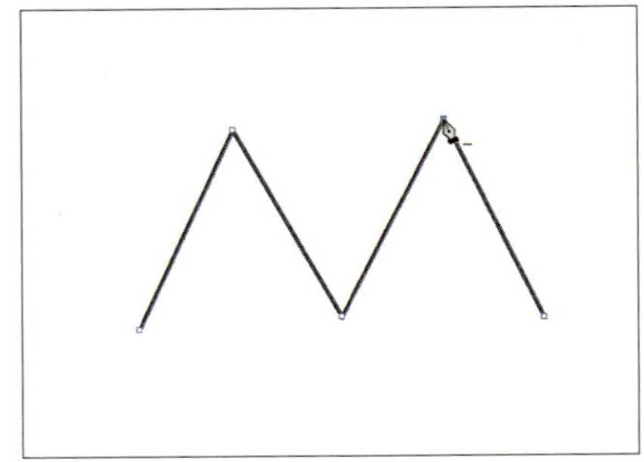

O6 수직, 수평, 사선 방향으로 정확히 패스를 만들 때에는 Shift를 누른 상태에서 포인트를 추가합니다.

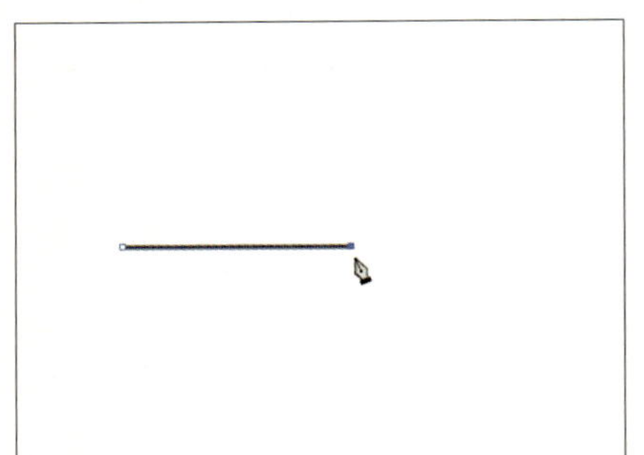 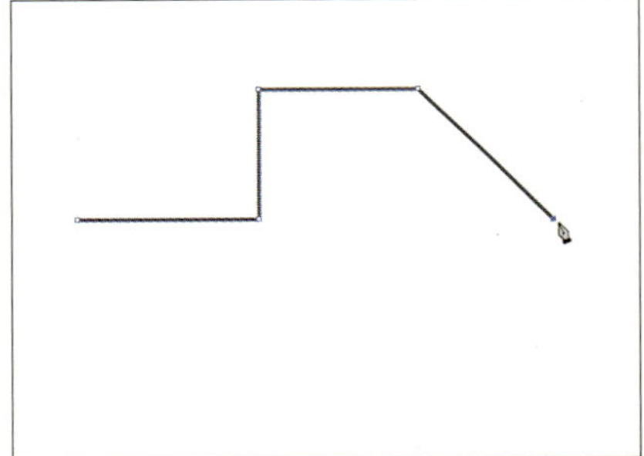

베지어 곡선

패스(Path)는 조절점과 조절점이 모여 세그먼트를 만들고 이 세그먼트가 이어져 패스를 이루며, 오브젝트가 형성됩니다.

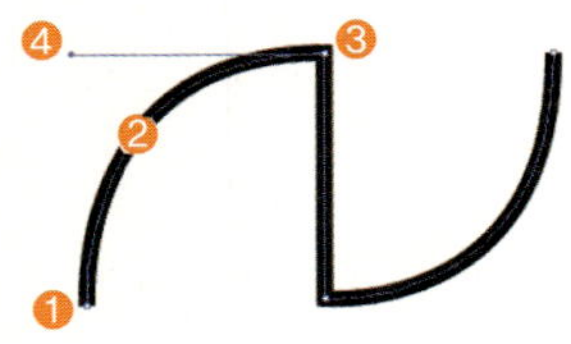

❶ 조절점(Anchor Point) : 펜 툴로 클릭했을 때 만들어지는 작은 사각형 모양의 점

❷ 세그먼트(Segment) : 조절점과 조절점 사이를 연결하는 직선, 사선, 곡선

❸ 방향점(Direction Point) : 곡선을 그릴 때 조절점을 중심으로 만들어지는 두 개의 점

❹ 방향선(Direction Line) : 곡선을 그릴 때 조절점과 방향점을 이어주는 선으로 베지어 곡선의 형태를 조절하는 선

O7 곡선을 만들 때에는 포인트를 클릭한 상태로 마우스를 드래그합니다. 포인트에 방향선이 만들어지며 드래그한 방향으로 곡선이 그려집니다. 계속해서 다른 부분을 클릭하면 추가적으로 곡선을 그릴 수 있습니다.

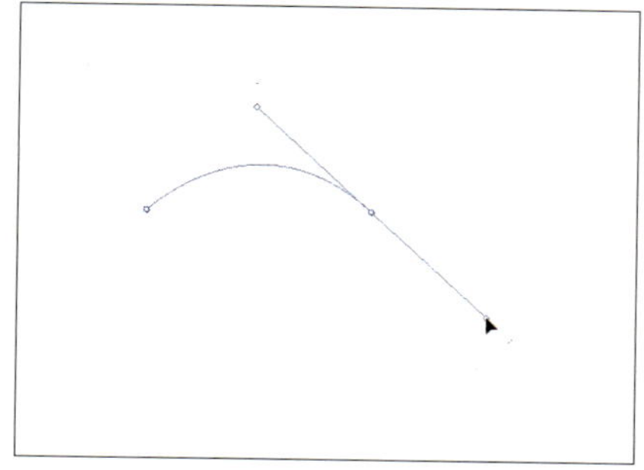
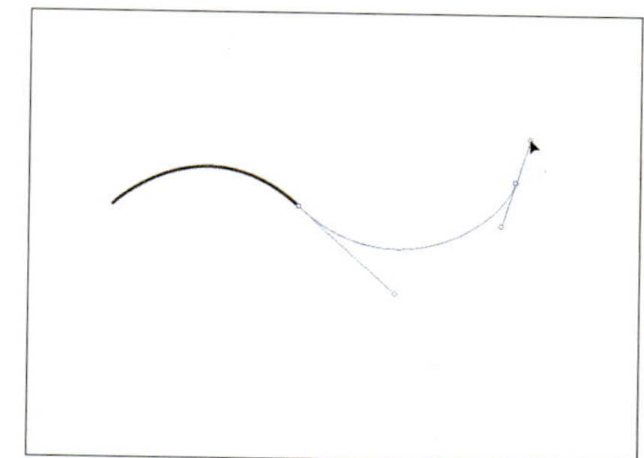

O8 곡선의 포인트 성질에서 직선을 그리려면 진행 방향의 방향선을 삭제해야 합니다. 마지막 포인트를 클릭하면 진행 중인 방향선이 삭제됩니다.

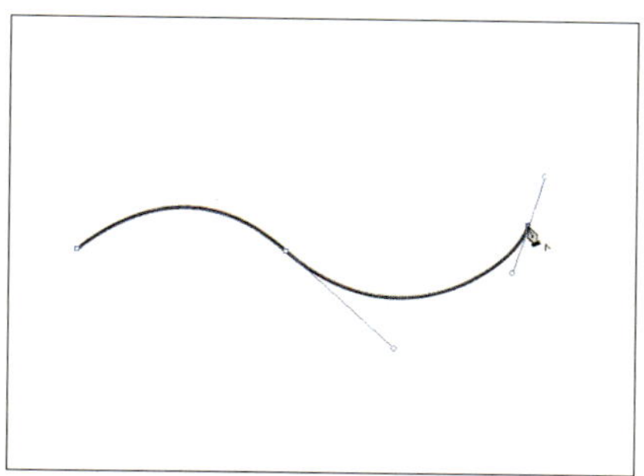
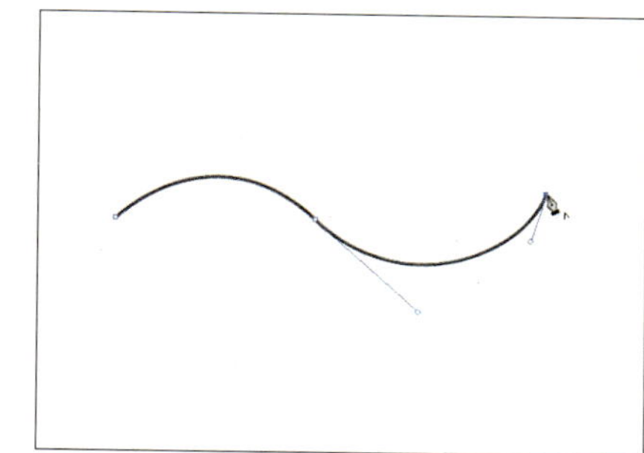

O9 그러면 새로운 포인트를 클릭하여 직선을 만들 수 있습니다.

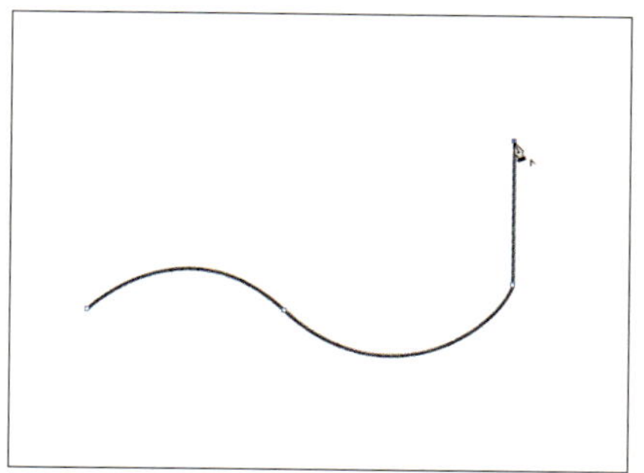
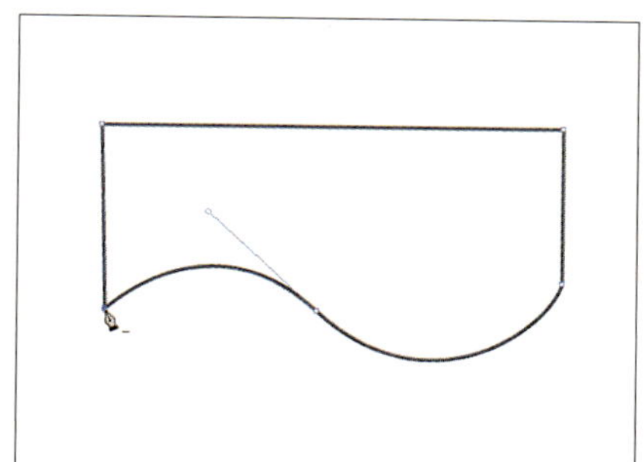

방향선 삭제

패스 작업에서는 방향선에 영향을 받게 되어 방향선을 삭제하지 않고 조절점을 추가한다면 곡선이 그려지므로 각도가 다른 곡선이나 꺾인 직선을 그리려고 할 때는 반드시 앞쪽의 방향선을 삭제해야 합니다.

직접 해보기 포인트 추가 툴(Add Anchor Point Tool)

포인트 추가 툴은 오브젝트에 조절점을 추가하여 모양을 변형하거나 수정할 수 있는 도구입니다. 툴에서 포인트 추가 툴을 선택하지 않고 그려진 오브젝트의 세그먼트(패스)에 마우스를 위치시키면 자동으로 조절점 추가 툴이 활성화됩니다.

O1 사각형 툴로 직사각형 오브젝트를 만듭니다. 포인트 추가 툴을 선택하고 우측면 중간 부분을 클릭합니다. 새로운 포인트가 세그먼트에 추가됩니다.

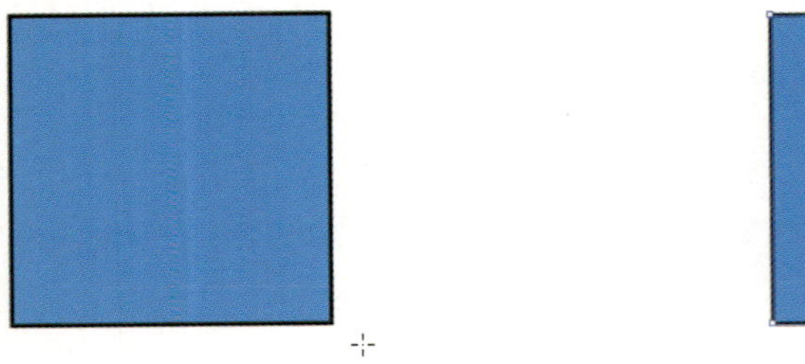

O2 직접 선택 툴로 추가된 포인트를 선택한 다음 드래그하여 모양을 변경합니다.

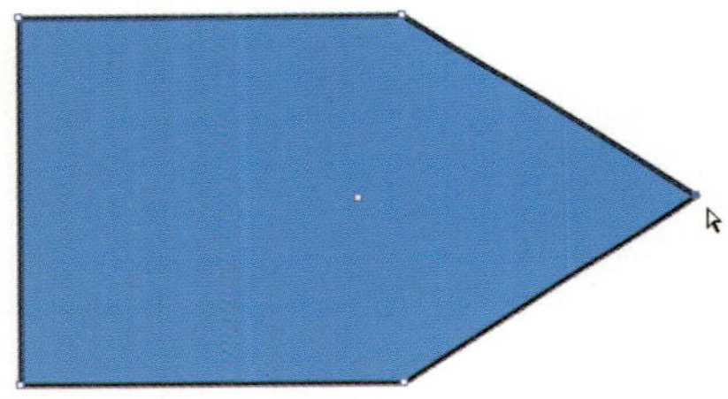

직접 해보기 포인트 삭제 툴(Delete Anchor Point Tool)

포인트 삭제 툴은 오브젝트에 조절점을 삭제하여 모양을 변형하거나 수정할 수 있는 도구입니다. 삭제하려는 포인트를 펜 툴로 클릭하면 자동으로 포인트 삭제 툴로 전환되어 포인트가 삭제됩니다.

O1 포인트 삭제 툴을 선택하고, 삭제할 포인트를 클릭하면 포인트가 삭제됩니다.

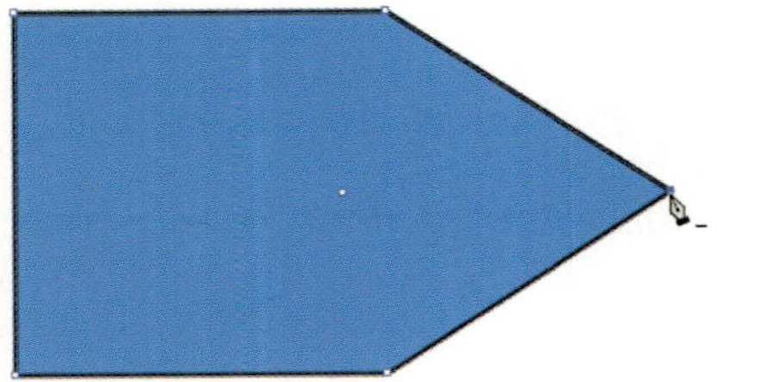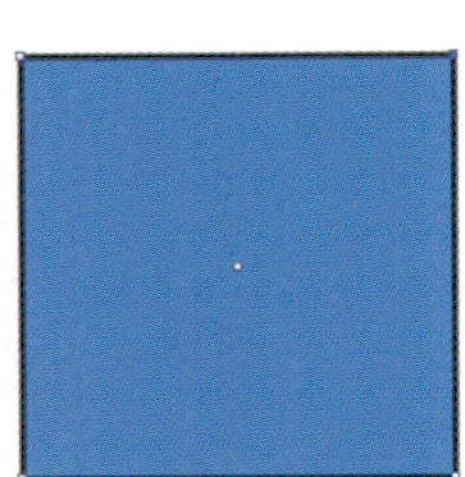

일러스트레이터

직접 해보기 방향점 전환 툴(Convert Anchor Point Tool) ⌐

방향점 전환 툴은 오브젝트의 조절점이 가지고 있는 방향 설정을 전환시키는 도구입니다. 조절점을 클릭한 상태로 드래그하면 직선을 곡선의 형태로, 마우스를 원 클릭하여 곡선을 직선의 형태로 변경할 수 있습니다.

O1 원형 툴로 타원 오브젝트를 만듭니다. 방향점 전환 툴을 선택하고, 위쪽 포인트를 클릭하세요. 곡선의 방향선 성질이 직선으로 변경되어 날렵한 형태가 만들어집니다. 아래쪽 포인트를 클릭하여 나뭇잎 형태를 만들어 봅니다.

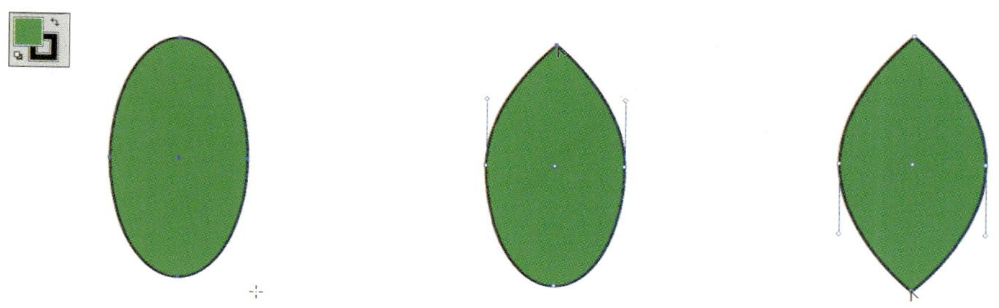

O2 직선의 포인트를 방향점 전환 툴로 클릭한 상태에서 드래그하면 방향선이 만들어지며 곡선으로 모양이 바뀝니다.

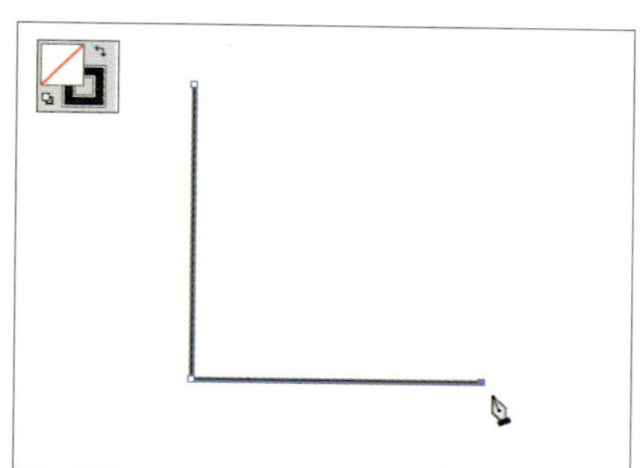
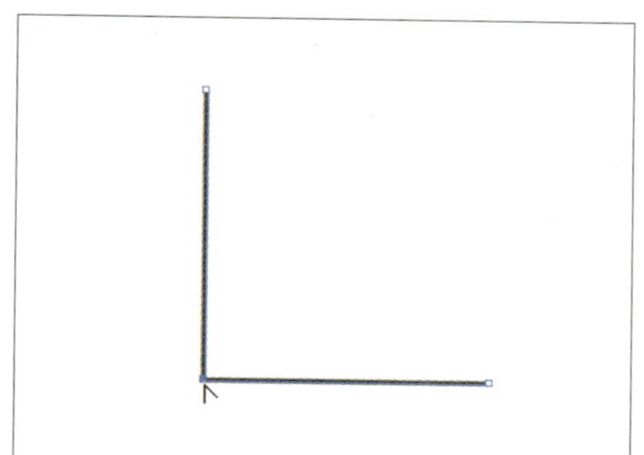

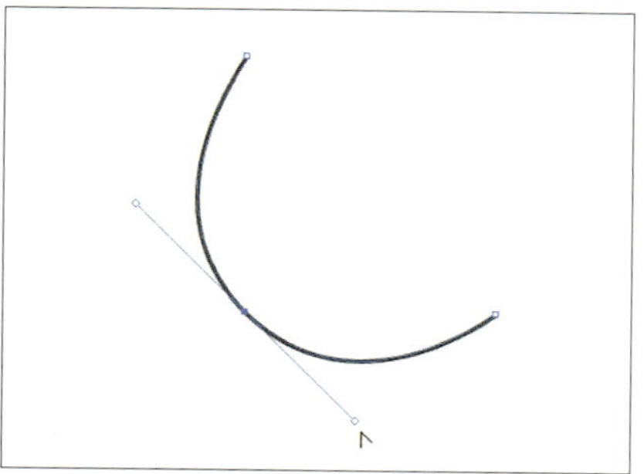

Illustrator

직접 해보기 직선 툴(Line Tool)

직선 툴은 직선, 수평, 수직, 사선 등을 정확하게 그릴 때 사용하는 도구입니다.

01 직선 툴을 선택하고 도큐먼트를 클릭한 상태에서 드래그합니다. 드래그한 길이만큼 직선이 만들어집니다. 스트로크 패널에서 선의 두께와 스타일을 설정할 수 있습니다.

02 스트로크 패널의 Dashed Line 항목을 선택하면 점선을 만들 수 있습니다.

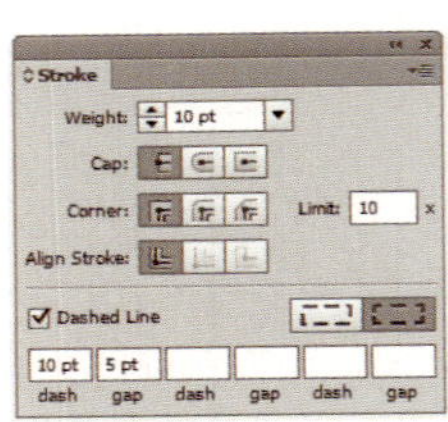

직선 툴의 활용

직선 툴을 사용하여 수직, 수평, 45° 방향을 기준으로 나타내려고 한다면 Shift 를 누르고 드래그하여 그리면 됩니다.

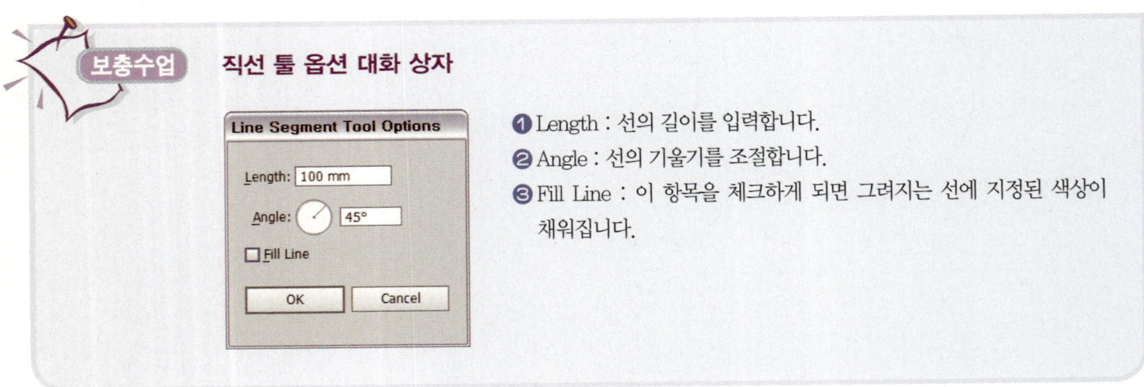

보충수업 직선 툴 옵션 대화 상자

❶ Length : 선의 길이를 입력합니다.
❷ Angle : 선의 기울기를 조절합니다.
❸ Fill Line : 이 항목을 체크하게 되면 그려지는 선에 지정된 색상이 채워집니다.

일러스트레이터

직접 해보기 곡선 툴(Arc Tool)

곡선 툴은 원호 모양을 다양하고 쉽게 그릴 수 있는 도구입니다.

O1 곡선 툴을 선택하고 도큐먼트를 클릭한 상태에서 드래그합니다. 드래그한 길이만큼 원호가 만들어집니다.

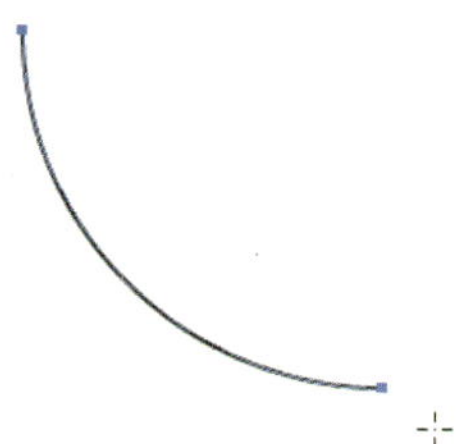

O2 원호의 모양은 방향키를 이용하여 빠르게 변경할 수 있습니다. 곡선 툴로 도큐먼트에 드래그한 상태에서 ↑, ↓ 방향키를 눌러보세요. 원호의 구부러진 모양을 조절할 수 있습니다.

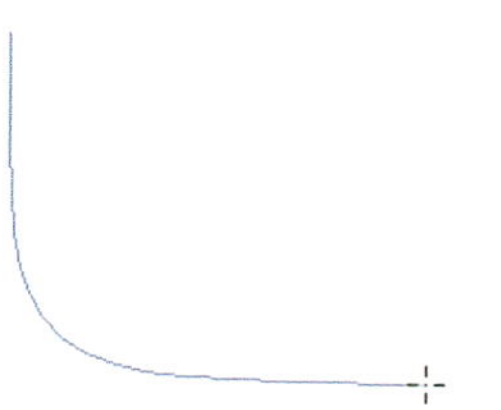

곡선 툴의 활용

곡선 툴을 사용할 때 Shift 를 누르면 정원의 1/4에 해당하는 원호를 정확히 그릴 수 있습니다.

 **보충수업** **직선 툴 옵션 대화 상자**

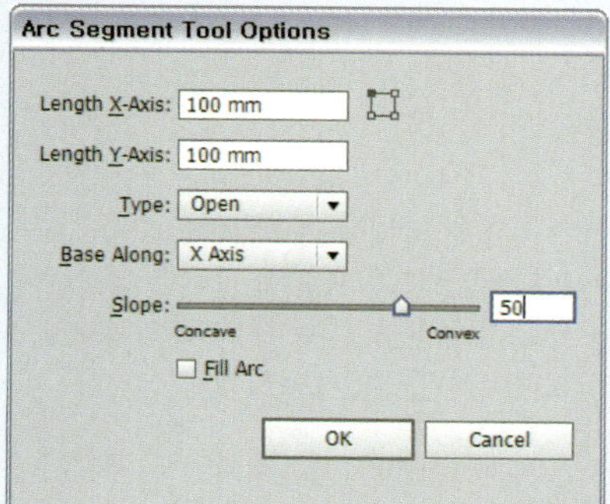

❶ Length X-Axis : X축 방향의 길이를 입력합니다.
❷ Length Y-Axis : Y축 방향의 길이를 입력합니다.
❸ Type : 그려지는 원호의 유형을 지정합니다.
　ⓐ Opened : 열린 호를 그립니다.
　ⓑ Closed : 닫힌 호를 그립니다.
❹ Base Along : 기준이 되는 축을 지정합니다.
　ⓐ X Axis : X축을 기준으로 호를 그립니다.
　ⓑ Y Axis : Y축을 기준으로 호를 그립니다.
❺ Slope : 호의 경사도를 조절하는 옵션입니다.
❻ Fill Arc : 이 항목을 체크하게 되면 그려지는 호에 지정된 면 색상이 채워집니다.

Illustrator

직접 해보기 나선형 툴(Spiral Tool)

나선형 툴은 소용돌이 모양의 도형을 그릴 수 있는 도구입니다. 열린 패스로 나타나게 되며, 드래그를 통하여 쉽게
그릴 수 있습니다.

O1 나선형 툴을 선택하고 도큐먼트를 클릭한 상태에서
드래그합니다. 드래그한 길이만큼 나선 모양이
만들어집니다.

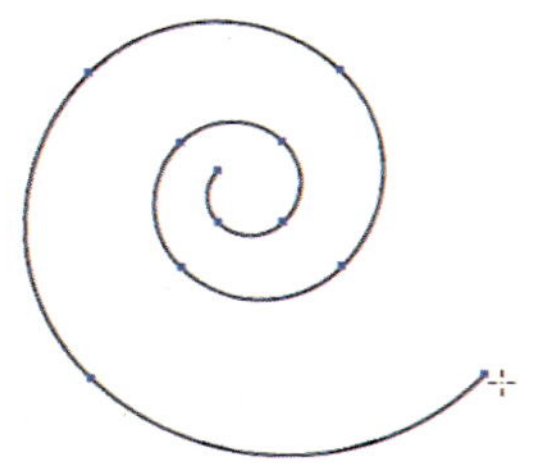

O2 나선을 구성하는 세그먼트의 개수는 단축 기능으로
빠르게 조절할 수 있습니다. 나선형 툴을 드래그
한 상태에서 키보드의 ↑, ↓ 방향키를 누르면
세그먼트의 개수가 자동으로 조절됩니다.

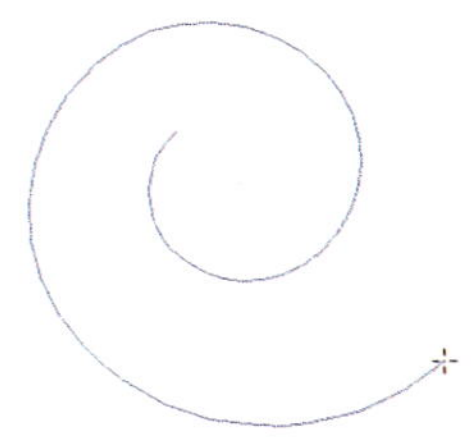

O3 Alt 를 누르고 안쪽 또는 바깥쪽으로 드래그하면 나선형이 회전하면서 커져가는 간격을 조절할 수 있습니다.

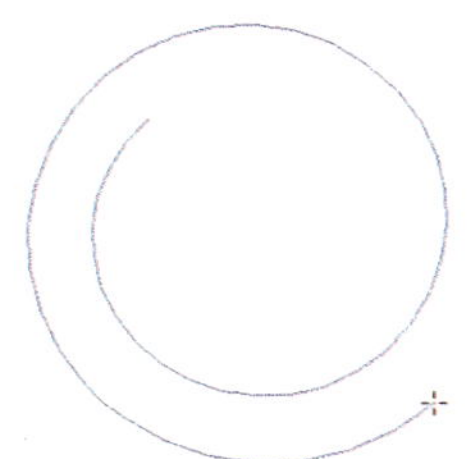

보충수업 **직선 툴 옵션 대화 상자**

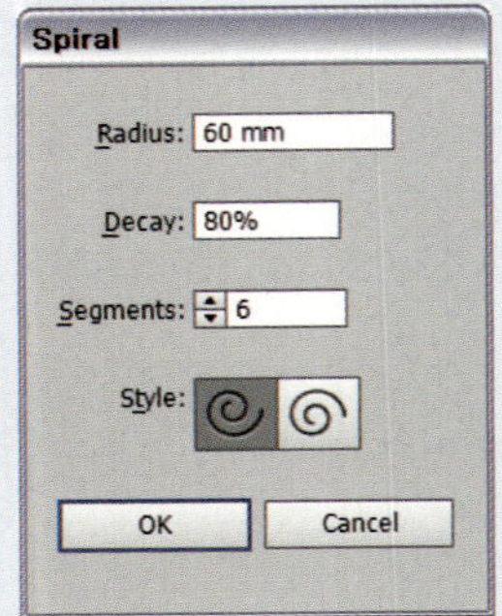

❶ Radius : 중심에서 바깥쪽 끝점까지의 거리를 입력합니다.
❷ Decay : 회전하면서 퍼져나가는 정도를 조절합니다.
❸ Segments : 나선을 구성하는 세그먼트의 개수를 조절합니다.
❹ Style : 회전하는 방향을 지정합니다.

직접 해보기   사각 그리드 툴(Rectangular Grid Tool)

사각 형태의 표를 만들 수 있는 도구입니다.

O1 사각형 그리드 툴을 선택하고, 도큐먼트에 드래그하면 격자 형태의 그리드가 만들어집니다.

O2 그리드의 상하좌우 폭은 단축 기능으로 빠르게 조절할 수 있습니다. 그리드 툴을 드래그한 상태에서 X, C , F, V 키를 각각 눌러보세요. 상하좌우로 그리드의 간격이 조정됩니다.

단축 기능으로 그리드 그리기

그리드 툴은 키보드의 단축키를 이용하여 쉽고 빠르게 표를 그릴 수 있습니다. 단축키로 사용되는 것은 X, C, F, V 키와 상하좌우 방향키입니다. X, C, F, V 키를 누르면 상하좌우의 폭을 조절할 수 있으며, 이동키를 누르면 가로와 세로 칸의 개수를 조절할 수 있습니다.

사각 그리드 툴의 활용

사각 그리드 툴 옵션 대화창의 Use Outside Rectangle As A Frame 항목을 체크하지 않고 사각형 그리드를 그리게 되면 모두 선으로 구성되어 표에 면 색상을 적용할 수 없으며, 체크한 상태에서 그리면 외곽 부분이 사각형으로 만들어져서 면 색상을 적용할 수 있습니다.

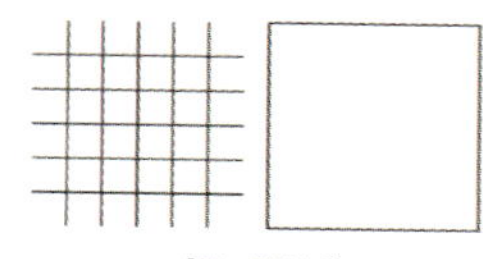

[체크된 상태]   [체크하지 않은 상태]

보충수업   사각 그리드 툴 옵션 대화 상자

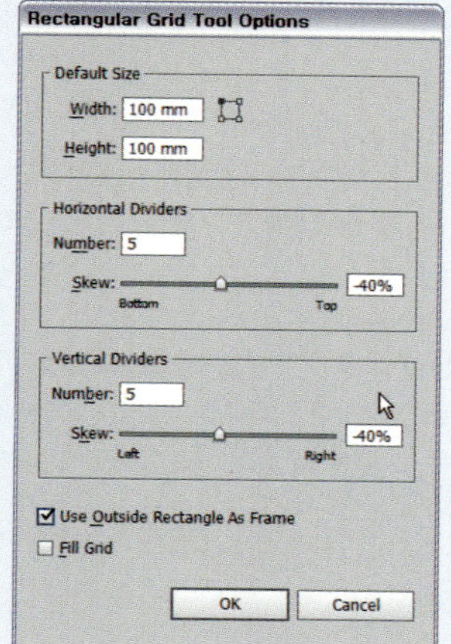

❶ Default Size
   ⓐ Width : 가로 방향의 크기를 입력합니다.
   ⓑ Height : 세로 방향의 크기를 입력합니다.

❷ Horizontal Dividers
   ⓐ Number : 가로 방향의 분할 개수를 지정합니다.
   ⓑ Skew : 가로선의 선들의 위치를 조절합니다.

❸ Vertical Dividers
   ⓐ Number : 세로 방향의 분할 개수를 지정합니다.
   ⓑ Skew : 세로선의 선들의 위치를 조절합니다.

❹ Use Outside Rectangle As A Frame : 이 항목을 체크하게 되면 외곽의 라인이 사각형 도형으로 그려지게 됩니다.

❺ Fill Grid : 이 항목을 체크하게 되면 그려지는 그리드에 지정된 색상이 채워집니다.

53

Illustrator

직접 해보기 원형 그리드 툴(Polar Grid Tool) 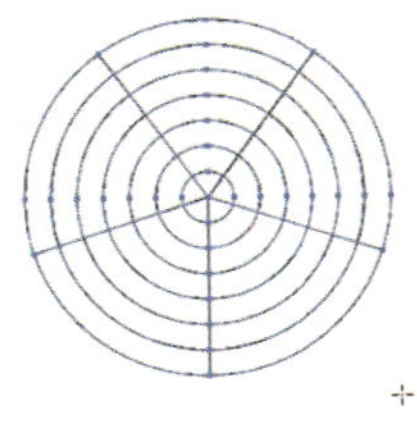

원형 그리드 툴은 동심원을 그리거나 방사선 형태의 그리드를 그릴 수 있습니다. 작업시에는 마우스로 직접 드래그하거나 도큐먼트를 클릭한 다음 대화 상자에서 수치를 입력하여 만들 수 있습니다.

O1 원형 그리드 툴을 지정하고 도큐먼트에 드래그하면
    방사선 형태의 그리드가 만들어집니다.

O2 사각 그리드 툴과 마찬가지로 단축키를 이용하여 쉽고 빠르게 표를 그릴 수 있습니다. 단축키로 사용되는 것은 X, C, F, V 키와 상하좌우 방향키입니다. X, C, F, V 키를 누르면 상하좌우의 폭을 조절할 수 있으며, 이동키를 누르면 가로와 세로 칸의 개수를 조절할 수 있습니다.

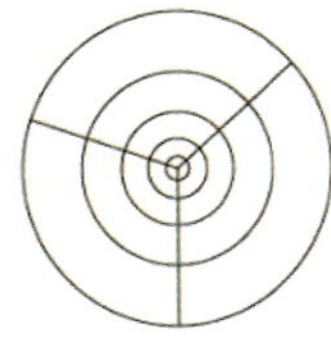 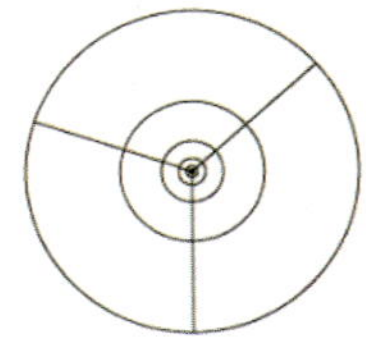 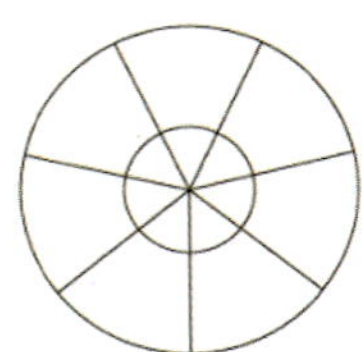

원형 그리드 툴의 활용

원형 그리드 툴 옵션 대화창의 Create Compound Paths From Ellipse 항목을 체크하면 서로 겹쳐있는 동심원들을 Compound Paths화하여 뚫어주며, 그룹을 해제한 후에도 분리되지 않습니다. 항목을 체크하지 않으면 동심원들은 서로 겹쳐져 있게 되므로 그룹을 해제하면 분리가 가능합니다.

보충수업 **원형 그리드 툴 옵션 대화 상자**

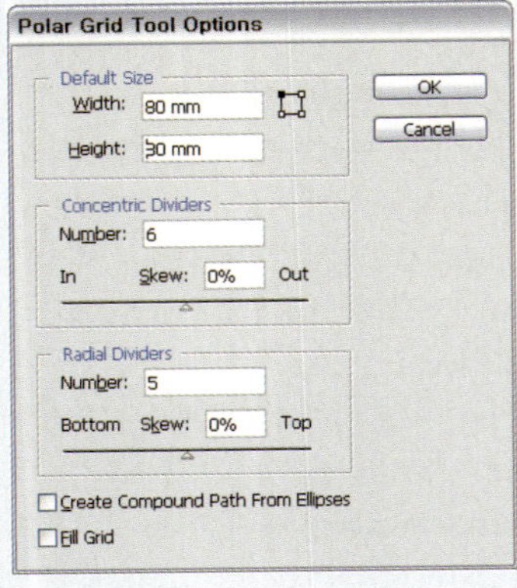

❶ Default Size
  ⓐ Width : 가로 크기를 입력합니다.
  ⓑ Height : 세로 크기를 입력합니다.
❷ Concentric Dividers
  ⓐ Number : 동심원의 분할 개수를 지정합니다.
  ⓑ Skew : 동심원의 내부나 외부로의 선들의 위치를 조절합니다.
❸ Radial Dividers
  ⓐ Number : 방사형 분할 개수를 지정합니다.
  ⓑ Skew : 방사형으로 분할되는 선의 위치를 조절합니다.
❹ Create Compound Paths From Ellipses : 이 항목을 체크하게 되면 동심원이 겹치는 부분이 투명하게 뚫리게 되며 서로 분리되지 않습니다.
❺ Fill Grid : 이 항목을 체크하게 되면 그려지는 그리드에 지정된 색상이 채워집니다.

직접 해보기 페인트브러시 툴(Paintbrush Tool) 

페인트브러시 툴은 브러시 패널에서 브러시의 종류를 지정한 다음 마우스로 드래그하여 외곽선을 그릴 수 있는 도구입니다.

01 페인트브러시 툴을 선택하고, 브러시 스타일을 선택한 다음 도큐먼트에 하트 모양을 그려보세요.

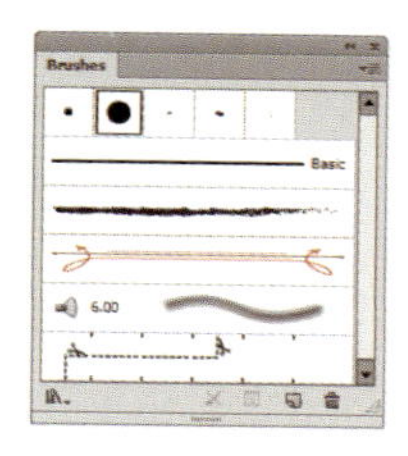

강의노트

브러시 크기 조정

작업을 진행하면서 브러시의 크기를 빠르게 조정한 다음 작업을 진행할 수 있습니다. 키보드의 [ ]] 키를 누르면 일정 비율로 브러시 크기가 확대되며, [[ ] 키를 누르면 일정 비율로 축소됩니다.

02 브러시 패널에서 Charcoal 스타일을 선택한 다음 "Love" 문자를 입력해 보세요. 브러시는 선 속성으로 적용됩니다. 툴박스의 선 버튼을 클릭하고, 스와치 패널에서 색상을 변경해 봅니다.

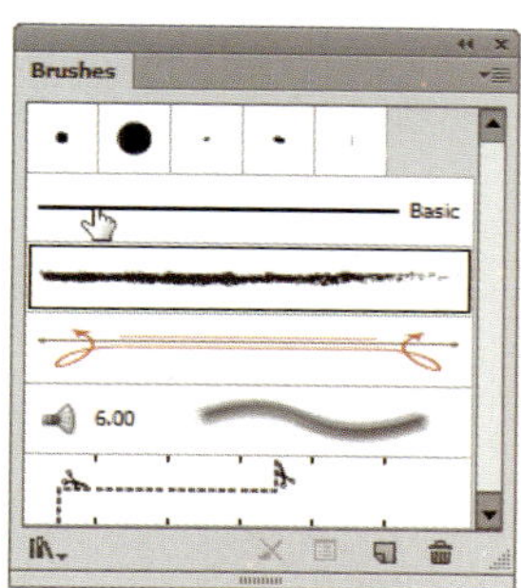

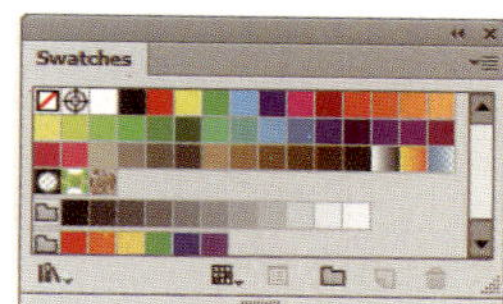

보충수업 브러시 툴 옵션 대화 상자

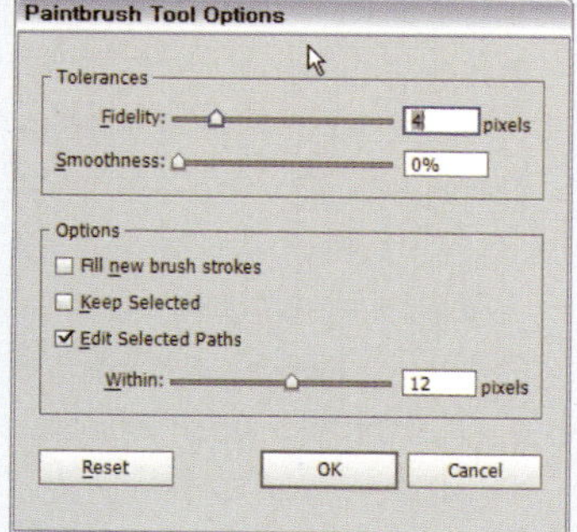

❶ Fidelity : 마우스 또는 타블렛의 펜 마우스 감도를 조절할 수 있는 항목으로 수치가 낮을수록 감도가 높이지게 됩니다.

❷ Smoothness : 곡선의 부드러움을 조절할 수 있는 옵션입니다.

❸ Fill new brush strokes : 이 항목을 체크하게 되면 브러시로 그려지는 오브젝트의 내부에 색상을 적용하게 됩니다.

❹ Keep Selected : 이 항목을 체크하게 되면 드로잉이 끝난 오브젝트가 선택된 상태로 표시됩니다.

❺ Edit Selected Paths : 이 항목을 체크하게 되면 열린 패스를 그렸을 때 시작점과 끝점을 브러시 툴을 사용하여 연결할 수 있게 됩니다.

❻ Within : Edit Selected Paths 항목이 체크되었을 때 활성화되는 옵션으로 연결할 수 있는 거리를 조절합니다.

직접 해보기 연필 툴(Pencil Tool)

연필 툴은 마우스로 드래그하여 자유로운 형태의 패스를 그릴 수 있는 도구입니다. 연필 툴로 오브젝트를 그리면 선 속성으로 나타납니다.

O1 원형 툴로 타원 모양을 만들고, 방향점 전환 툴로 상단 포인트를 클릭하여 그림과 같은 나뭇잎 모양을 만들어 보세요.

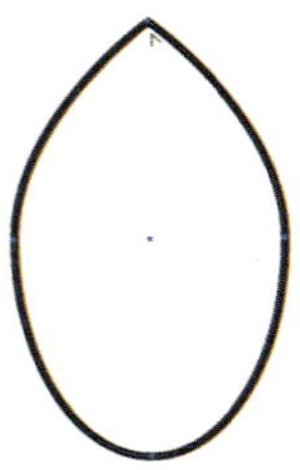

O2 연필 툴을 선택한 다음 꽃잎 안쪽에 드래그하여 꽃잎 모양을 완성합니다. 가운데 분할 선을 만들었으면 Ctrl 을 누르고 빈 공간을 클릭해서 편집 상태를 해제한 다음 추가로 선을 그립니다.

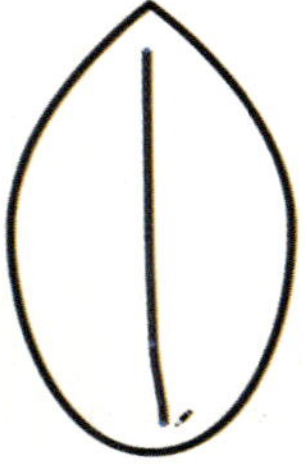 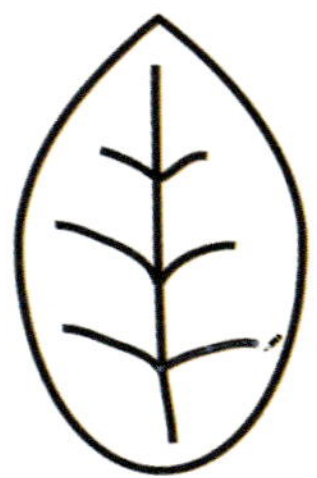

일러스트레이터

연필 툴 옵션 대화 상자

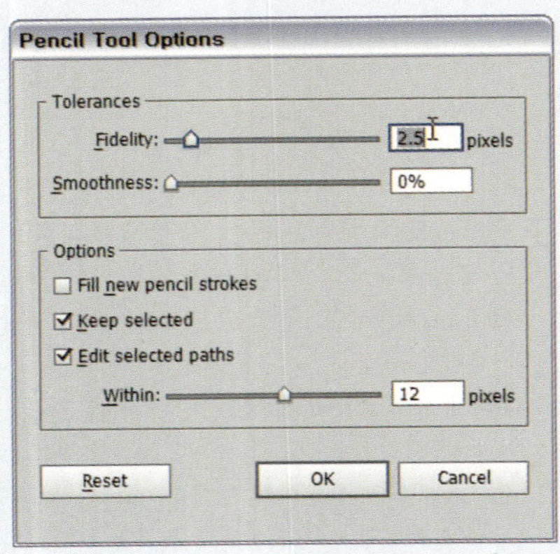

❶ Fidelity : 마우스 또는 타블렛의 펜 마우스 감도를 조절할 수 있는 항목으로 수치가 낮을수록 감도가 높아진다.

❷ Smoothness : 곡선의 부드러움을 조절할 수 있는 옵션입니다.

❸ Keep Selected : 이 항목을 체크하게 되면 드로잉이 끝난 오브젝트가 선택된 상태로 표시됩니다.

❹ Edit Selected Paths : 이 항목을 체크하게 되면 열린 패스를 그렸을 때 시작점과 끝점을 브러시 툴을 사용하여 연결할 수 있게 됩니다.

❺ Within : Edit Selected Paths 항목에 체크되었을 때 활성화되는 옵션으로 연결할 수 있는 거리를 조절합니다.

직접 해보기   스므스 툴(Smooth Tool)

스므스 툴은 펜 툴, 연필 툴 등으로 그려진 거친 패스를 부드럽게 표현할 수 있는 도구입니다.

O1 연필 툴로 그림과 같이 물방울 모양을 그려보세요. 거친 외곽선을 스므스 툴로 패스를 따라 드래그합니다. 패스를 구성하고 있는 포인트의 개수가 감소되고, 위치가 조정되어 부드러운 곡선 모양으로 조절할 수 있습니다.

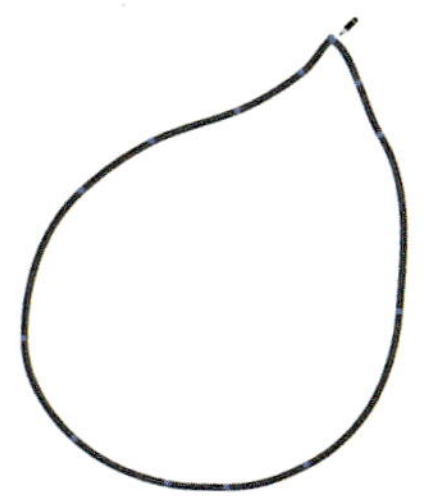
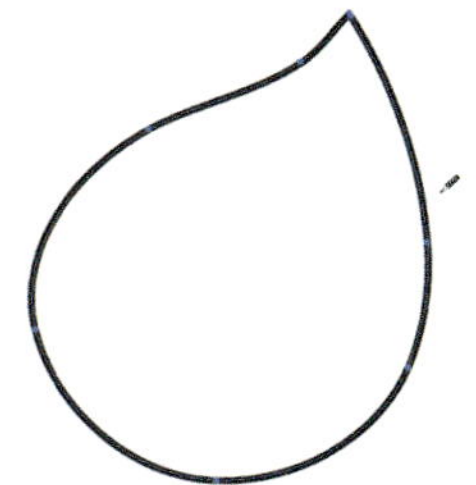

O2 면 속성으로 변경한 다음 꽃잎 형태를 만들어 보세요.

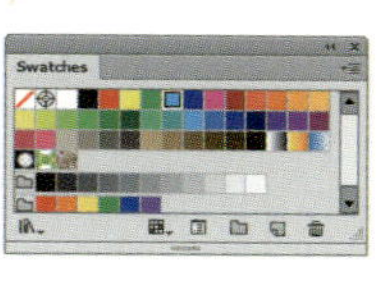

스므스 툴로 전환하기

연필 툴이 선택된 상태에서 [Alt]를 누르면 임시적으로 스므스 툴로 전환됩니다. 직접 도구를 선택하지 않고도 빠르게 전환하여 작업을 진행할 수 있습니다.

조절점 삭제

일러스트레이터는 벡터 방식의 프로그램으로 포토샵과 같은 비트맵 방식의 프로그램보다 매우 적은 용량을 차지합니다. 하지만 많은 양의 포인트, 블렌드, 그라데이션 효과 등 과도하게 적용되면 용량이 매우 커지게 됩니다. 따라서 오브젝트를 만들 때에는 불필요한 포인트들은 삭제하는 것이 바람직합니다.

보충수업   **스므스 툴 옵션 대화 상자**

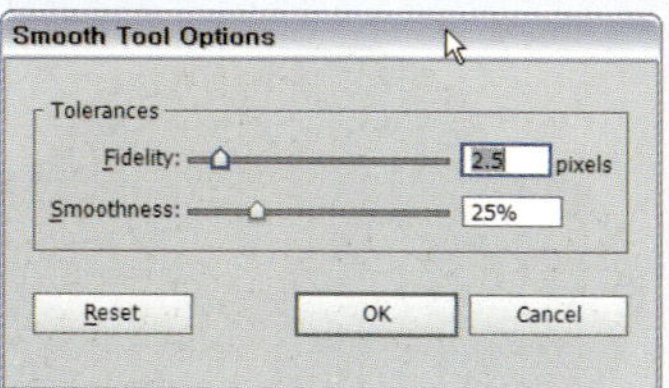

❶ Fidelity : 마우스 또는 타블렛의 펜 마우스 감도를 조절할 수 있는 항목으로 수치가 낮을수록 감도가 높아진다.

❷ Smoothness : 곡선의 부드러움을 조절할 수 있는 옵션입니다.

직접 해보기 패스 지우개 툴(Path Erase Tool) 

지우개 툴은 펜 툴이나 연필 툴로 그려진 오브젝트의 패스를 부분적으로 삭제할 수 있는 도구입니다. 삭제된 후에는 오브젝트가 연결되지 않고, 끊어지게 됩니다.

O1 원형 툴로 Shift를 누르고 드래그하여 정원을 만듭니다. 지우개 툴로 삭제하고자 하는 부분의 패스를 따라서 드래그 합니다. 지우개 툴로 드래그한 부분의 패스가 지워집니다.

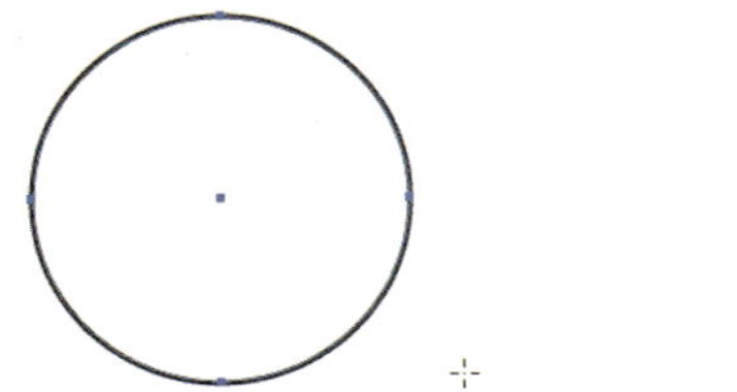

지우개 툴
지우개 툴은 패스의 포인트와 세그먼트를 지우는 역할을 합니다.

직접 해보기 블롭 브러시 툴(Blob Brush Tool)

블롭 브러시 툴은 사용자가 채색한 부분을 오브젝트로 만들 수 있습니다. 동일한 색상일 경우에는 기존 오브젝트와 합쳐져 브러시 기능이 적용되며, 개별적인 오브젝트로 나타낼 수도 있습니다.

O1 블롭 브러시 툴을 선택하고, 둥글게 드래그하면서 구름 모양을 만들어 보세요. 모양이 부드럽게 표현되어 자연스러운 형태를 나타낼 수 있습니다.

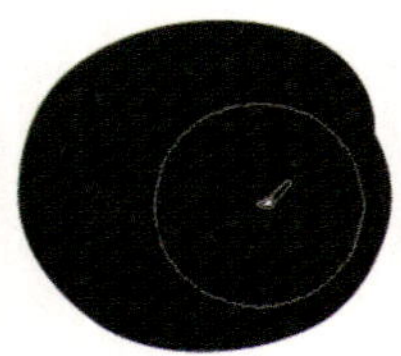

일러스트레이터

○2 선택 툴로 오브젝트를 선택하고, 스와치 패널에서 하늘 색상을 적용합니다.

○3 추가로 구름 안쪽에 원 모양을 넣을 것입니다. 블롭 브러시의 색상은 선 속성에서 적용하고, 작업된 오브젝트는 면 속성으로 만들어 집니다. 그러면 선 버튼을 선택하고, 흰 색을 지정합니다. 구름 안쪽을 클릭하면 원 오브젝트를 추가할 수 있습니다.

○4 블롭 브러시 툴을 이용하면 손 글씨체와 같이 부드러운 글꼴 모양을 쉽게 만들 수 있습니다. 블롭 브러시 툴을 지정하고, 선 색상으로 빨간 색을 지정합니다. 브러시 크기를 조정한 다음 "하트" 문구를 드래그하여 그립니다. 여러번 반복해서 적용해 보고, 자연스러운 모양을 나타내면 됩니다.

○5 하트 모양의 자음 안쪽으로 흰색 원을 추가해 깜찍한 손 글씨체를 만들어 보세요.

블롭 브러시 툴의 활용

블롭 브러시 툴은 채색하듯이 자유롭게 드래그하여 면 속성의 오브젝트를 나타낼 수 있습니다. 마우스로 드래그 하면 부드러운 곡선 형태의 오브젝트를 만들 수 있습니다.

직접 해보기 지우개 툴(Eraser Tool)

지우개 툴은 오브젝트의 면과 선에 관계없이 지울 수 있습니다.

01 다각형 툴로 삼각형 오브젝트를 만듭니다. 지우개 툴을 선택하고, Shift 를 누르고 꼭짓점을 드래그하면 직선 방향으로 지워집니다.

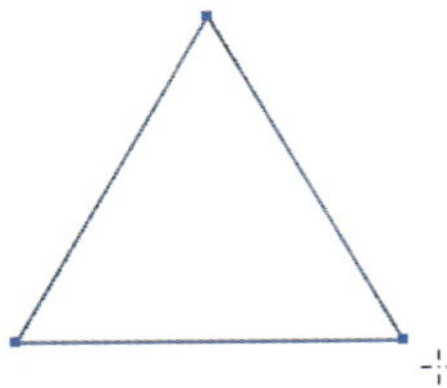 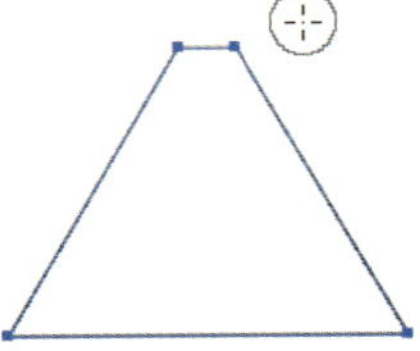

02 사각형 툴로 정사각형 오브젝트를 만듭니다. 지우개 툴을 선택하고, 브러시 크기를 조정한 다음 안쪽을 드래그해서 지울 수 있습니다.

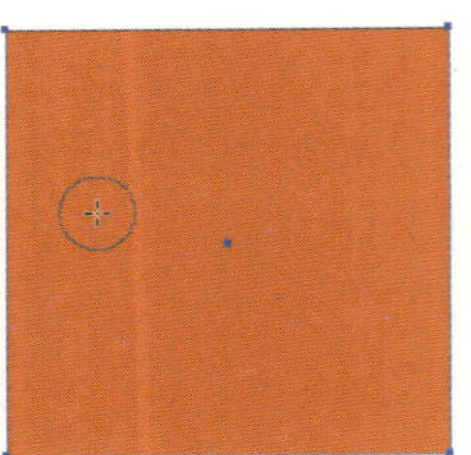 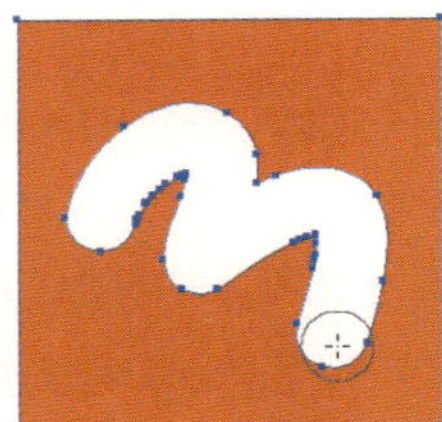

직접 해보기 가위 툴(Scissors Tool)

가위 툴은 오브젝트를 자르는 도구로 오브젝트에 포인트를 추가하여 연결되지 않는 열린 패스로 잘라줍니다.

01 Source/part02-07.ai 파일을 불러옵니다. 가위 툴로 사과 오브젝트의 외곽 패스 좌측과 우측 중간 부분을 각각 클릭합니다.

O2 선택 툴로 오브젝트를 드래그하면 열린 패스로 오브젝트가 분할된 것을 확인할 수 있습니다.

직접 해보기 나이프 툴(Knife Tool)

나이프 툴은 가위 툴과 비슷한 기능이지만 마우스로 자유롭게 드래그하여 닫힌 패스로 분할합니다.

O1 앞서 자른 오브젝트를 Ctrl + Z 명령으로 원본 상태로 되돌립니다. 나이프 툴을 선택하고 Alt 와 함께 대각선 방향으로 드래그합니다. 드래그한 부분이 닫힌 패스로 분리됩니다. 선택 툴로 위치를 이동시켜 보세요.

O2 나이프 툴로 자유롭게 드래그한 형태대로 모양을 분할시킬 수 있습니다.

나이프 툴의 활용

나이프 툴로 직선 방향으로 오브젝트를 분리하려면 Alt 를 함께 누릅니다. 나이프 툴을 직선 방향으로 정확히 나타냅니다. 이때 Shift 를 함께 누르면 수직, 수평 45 ° 를 기준으로 정확히 잘라낼 수 있습니다.

실전문제

1. 주어진 선을 따라서 펜 툴로 선을 만들어 보세요.

◀ 준비파일 : Source/part02-08.ai

힌트 ① 펜 툴을 이용하여 직선을 나타낼 때에는 Shift를 누르고, 모서리 부분을 클릭해가면서 선을 만듭니다.

② 곡선의 형태를 모서리를 클릭한 상태로 드래그하여 곡선의 모양과 일치하도록 만듭니다. 모서리 부분은 직선으로 연결되어 있으므로, 두 번째 포인트를 클릭해서 방향선을 삭제한 다음 직선을 만듭니다.

③ 구부러진 곡선의 형태는 곡선이 휘어지는 부분까지 첫 번째 패스를 나타낸 다음 방향선을 삭제하고, 곡선을 추가해 가면서 작업합니다.

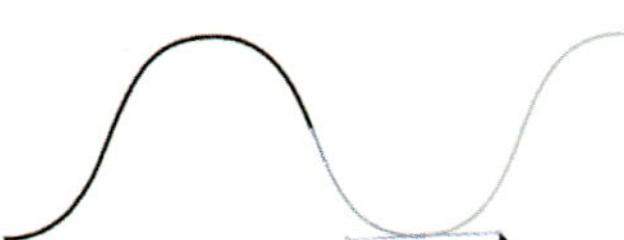

2. 주어진 오브젝트를 분할 한 다음 색상을 변경하여 포스터 느낌으로 표현해 봅니다.

▲ 준비파일 : Source/part02-09.ai

▲ 완성파일 : Artwork/part02-04.ai

힌트 ① 작업 소스 파일을 엽니다. 나이프 툴을 선택하고, 오브젝트의 면을 그림처럼 분할합니다. 분할된 오브젝트는 모두 선택되어 있습니다. Ctrl 을 누르고, 빈 공간을 클릭해서 선택을 해제합니다.

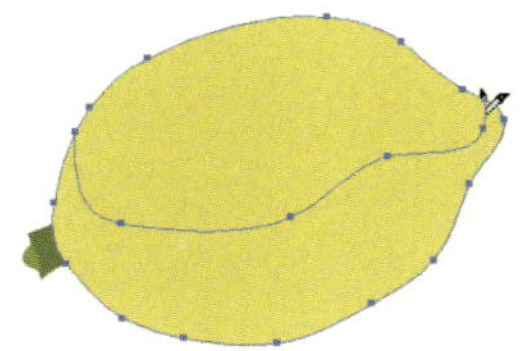

② 선택 툴로 아래쪽 오브젝트를 선택하고, 면 색상을 변경합니다. 계속해서 오브젝트 안쪽으로 어두운 색상 톤을 나타낼 영역을 드래그하여 분할 면을 만듭니다. 분할된 면을 선택하고, 색상을 변경하세요.

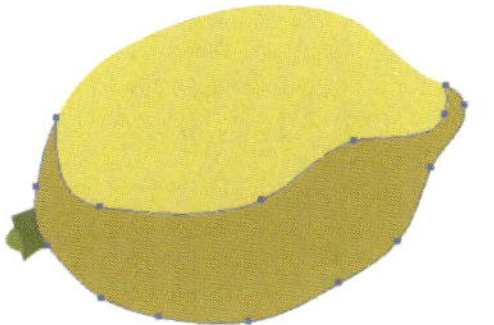

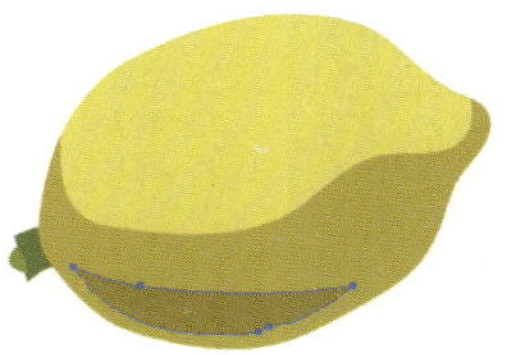

③ 하이라이트 부분은 나이프 툴로 분할면을 만들거나 블롭 브러시 툴을 이용하여 부드러운 분할 면을 추가합니다. 블롭 브러시 툴을 이용할 때에는 흰 색상으로 선 속성을 변경한 다음 칠합니다.

문자와 오브젝트

변형 도구 익히기

일러스트레이터는 문자의 입력과 편집, 오브젝트 변형을 위한 여러 가지 기능들을 제공합니다. 문자 툴과 문자 패널을 이용하여 타이포 디자인과 전문 DTP 프로그램 못지않은 다양한 효과를 적용할 수 있습니다. 또한 오브젝트를 변형하거나 축소, 확대하기 위한 툴들을 이용하여 원본 오브젝트에 직접 변형을 가할 수 있고, 복사본을 만들어 다양한 오브젝트 형태를 만들 수 있습니다. 변형 도구들은 대화 상자를 통하여 정확한 수치로 변형이 가능할 뿐 아니라 오브젝트에 적용된 패턴, 특수 효과를 조절하는데 유용하게 사용됩니다. 그러면 학습을 통해 문자와 변형 도구의 기능에 대해 알아보겠습니다.

■ 제작 포인트

문자 툴(Type Tool), 영역 문자 툴(Area Type Tool), 패스 문자 툴(Type on a Path Tool), 세로 문자 툴(Vertical Type Tool), 세로 영역 문자 툴(Vertical Area Type Tool), 세로 패스 문자 툴(Vertical Type on a Path Tool), 회전 툴(Rotate Tool), 반사 툴(Reflect Tool), 크기 조절 툴(Scale Tool), 기울이기 툴(Shear Tool), 리세이프 툴(Reshape Tool), 넓이 툴(Width Tool), 오브젝트 변형 툴, 자유 변형 툴(Free Transform Tool), 세이프 빌더 툴(Shape Builder Tool), 라이브 페인트 버킷 툴(Live Paint Bucket), 라이브 페인트 선택 툴(Live Paint Selection Tool), 투시 그리드 툴(Perspective Grid Tool), 투시 오브젝트 선택 툴(Perspective Selection Tool)

 **완성물 미리보기**

직접 해보기 문자 툴(Type Tool) T

문자 툴은 도큐먼트에 텍스트를 입력하는 도구입니다.

O1 문자를 입력하려는 부분에 마우스를 클릭하면 커서가 깜빡거립니다. 문자를 입력하고, Enter를 누르면 줄이 변경됩니다. 계속해서 문자를 입력할 수 있습니다.

O2 입력된 문자를 수정하려면 문자 툴로 드래그하여 블록을 지정한 다음 변경할 문자를 입력합니다.

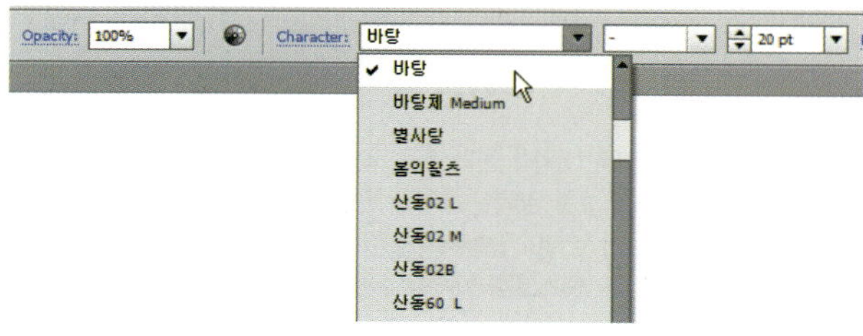

O3 문자의 글꼴을 변경할 때에는 Ctrl+A를 눌러서 문자 전체에 블록을 지정한 다음 옵션 패널에서 원하는 글꼴을 지정하거나, 문자 패널에서 변경할 수 있습니다. 문자 패널은 옵션 패널의 Character를 클릭하거나 [Window]-[Type]-[Character]를 실행하여 패널을 나타낼 수 있습니다.

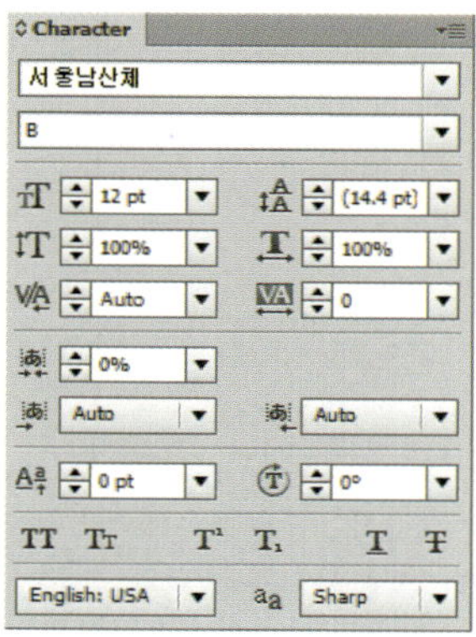

문자의 크기 조절하기

입력된 문자의 크기는 문자 툴 옵션 패널의 Font Size 항목의 수치를 조절하여 적용하거나 단축 기능으로 문자에 블록이 지정된 상태에서 Ctrl+Shift+[,] 키를 눌러서 일정 비율로 축소하거나 키울 수 있습니다.

O4 블록이 지정된 상태에서 문자 패널의 Set the leading 항목의 수치를 조절하여 행간을 조정할 수 있습니다. 행간은 단축 기능으로 Alt + ↑, ↓를 눌러서 넓히거나 좁힐 수 있습니다.

O5 자간은 문자 패널의 Set the tracking 항목의 수치를 조절하여 좁히거나 넓힐 수 있습니다. 단축 기능으로 Alt + ←, → 키를 눌러서 조절할 수 있습니다. 문자가 입력되었으면 Ctrl + Enter 를 눌러 편집 상태를 해제할 수 있습니다.

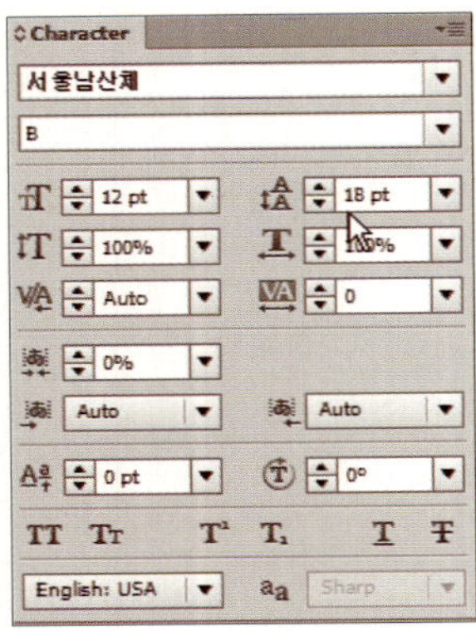

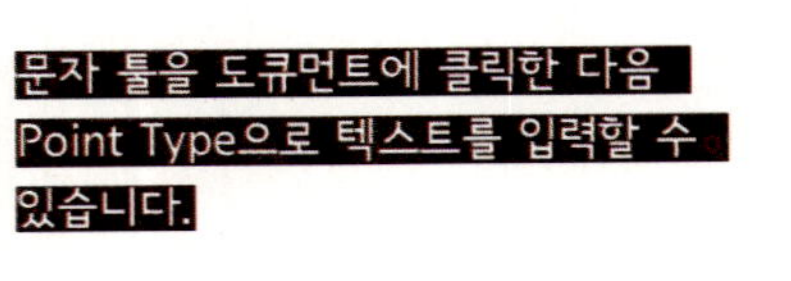

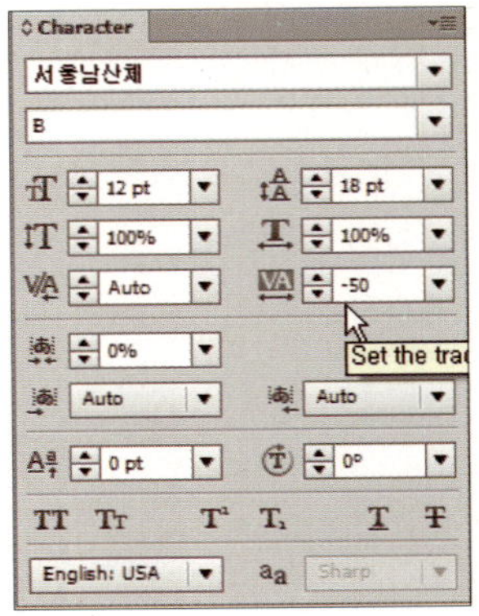

O6 문자 툴로 문자를 입력할 영역을 드래그합니다. 문자 박스가 만들어지면서 커서가 좌측 상단에 깜빡이게 됩니다. 문자를 입력하면 설정된 영역 안쪽으로만 입력됩니다.

문자 넘침 표시

일정 영역이나 특정 오브젝트 안쪽 영역에 문자를 입력할 때 문자가 영역을 넘치면 +모양의 아이콘이 표시됩니다. 이때는 오브젝트나 문자의 영역을 넓혀주어야 합니다.

직접 해보기 영역 문자 툴(Area Type Tool)

O1 문자를 입력하기 위한 다각형 도형을 그립니다. 영역 문자 툴을 선택하고, 오브젝트의 외곽선을 클릭하면 오브젝트의 외곽선만 보이게 되고, 클릭한 부분에 커서가 깜빡입니다.

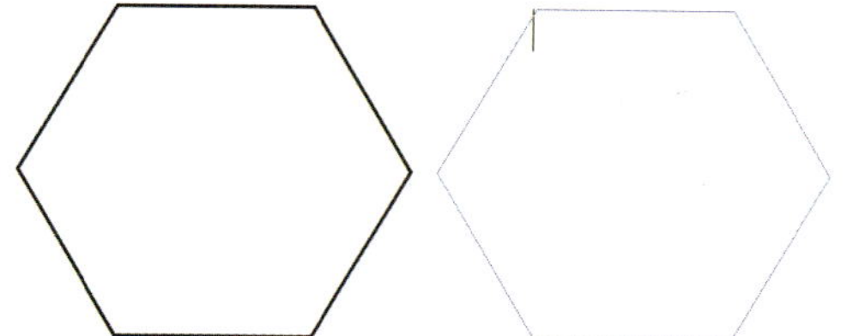

O2 문자를 입력하면 외곽선 안쪽으로 줄이 바뀌면서 입력됩니다.

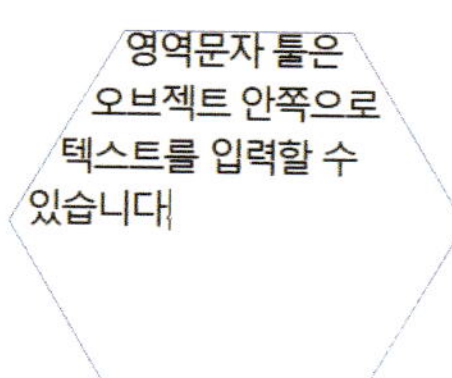

O3 다각형 오브젝트에 배경색을 적용하려면 직접 선택 툴로 오브젝트를 선택한 다음 색상을 적용합니다.

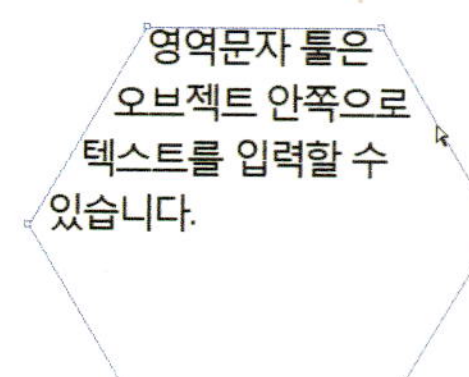

O4 문자의 색상은 블록을 지정하거나 선택 툴로 오브젝트를 선택한 다음 색상을 변경합니다.

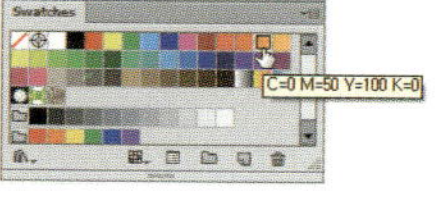

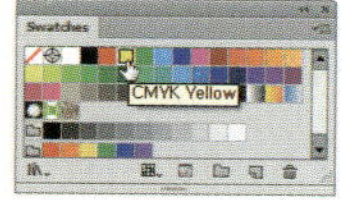

Illustrator

직접 해보기 패스 문자 툴(Type on a Path Tool)

패스 문자 툴은 오브젝트의 외곽선을 따라 문자를 입력할 수 있는 도구입니다. 곡선을 따라 흐르는 문자를 표현할 때 사용됩니다.

O1 문자를 입력하기 위한 원형 오브젝트를 만듭니다. 패스 문자 툴로 오브젝트의 외곽선 부분을 클릭하면 문자 입력커서가 나타납니다. 문자를 입력하면 외곽선을 따라서 가로 문자가 입력됩니다.

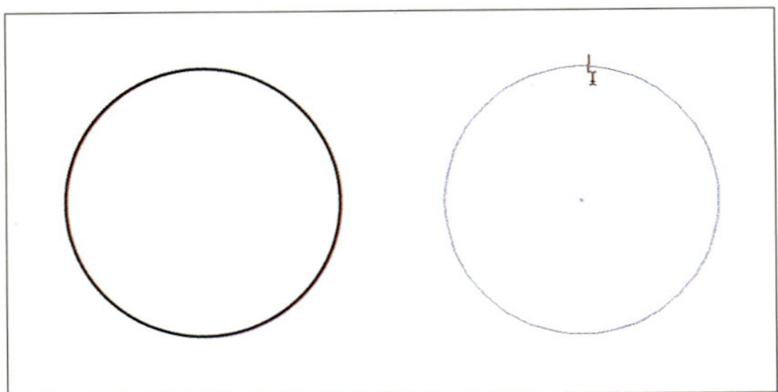

O2 문자의 시작점은 조절점을 드래그하여 위치를 조절할 수 있습니다. 문구를 모두 입력하였으면 Ctrl + Enter 키를 눌러서 편집 상태를 해제합니다. 편집 상태가 해제되면 바운딩 박스와 시작점과 끝점을 나타내는 조절선이 표시됩니다.

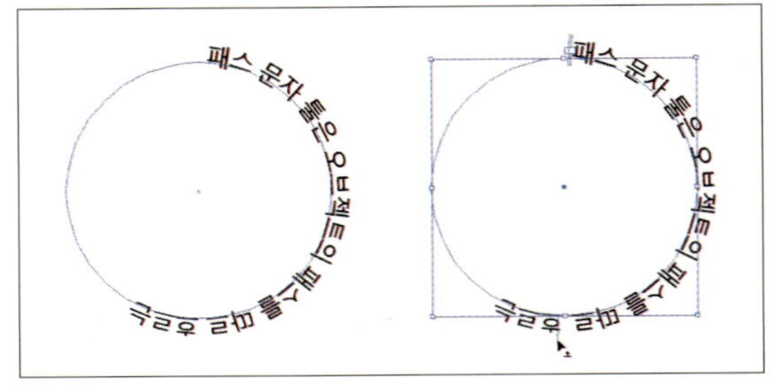

O3 끝점을 나타내는 조절선 가운데를 드래그하여 시작 위치를 변경할 수 있습니다.

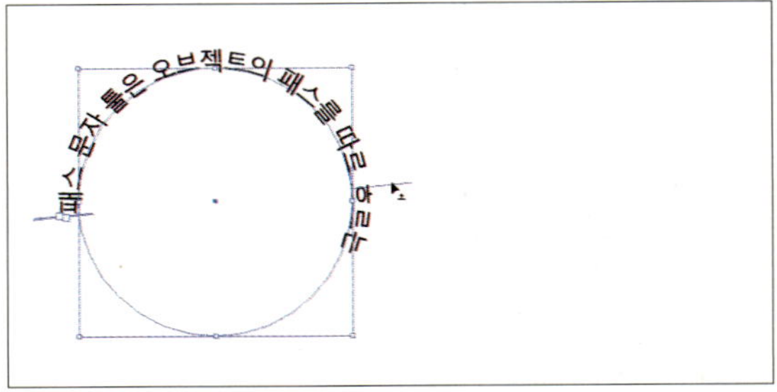

O4 문자 입력 방향을 수정하려고 한다면 끝점 조절선을 안쪽으로 드래그 합니다. 그 결과 원 안쪽으로 문자 입력 방향이 변경됩니다. Ctrl 을 누르고, 빈 공간을 클릭해서 문자 선택을 해제합니다.

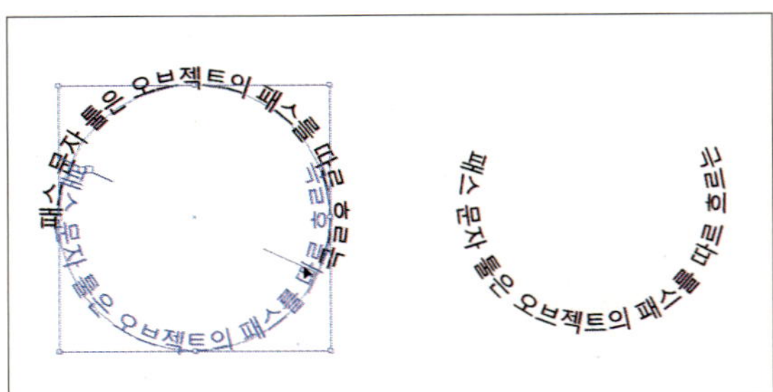

일러스트레이터

직접 해보기 세로 문자 툴(Vertical Type Tool) ↓T

세로 문자 툴은 세로 방향으로 문구를 입력할 때 사용하는 도구입니다.

O1 세로 문자 툴로 도큐먼트를 클릭하면 커서가 깜빡거립니다. 문자를 입력하면 세로 방향으로 입력됩니다.

O2 영문 입력 상태에서 세로 문자 툴을 사용하여도 한 문자씩 세로 방향으로 입력됩니다. 가로 쓰기 형태의 세로 문자를 나타내려면 가로 방향으로 문자를 입력한 다음 바운딩 박스의 모서리 조절점을 드래그하여 90° 회전시킵니다.

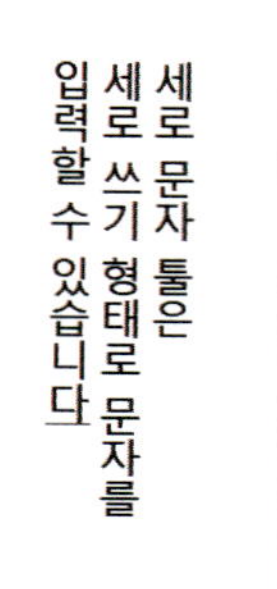

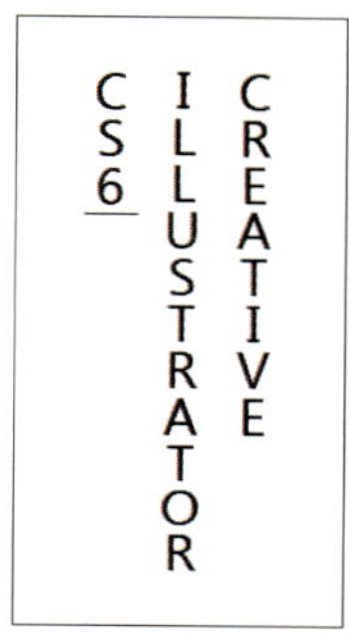

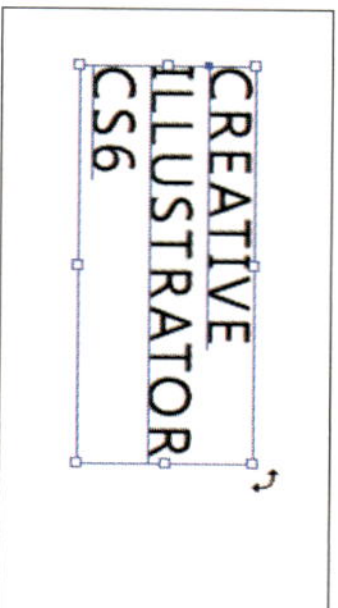

직접 해보기 세로 영역 문자 툴(Vertical Area Type Tool) ↓T

세로 영역 문자 툴은 영역 문자 툴과 동일하게 오브젝트의 안쪽에 문자를 입력하는 도구로 세로 방향으로 입력됩니다.

O1 문자를 입력할 오브젝트를 만들고, 세로 영역 문자 툴로 클릭합니다. 영역 안쪽으로 세로 방향의 문자를 입력할 수 있습니다.

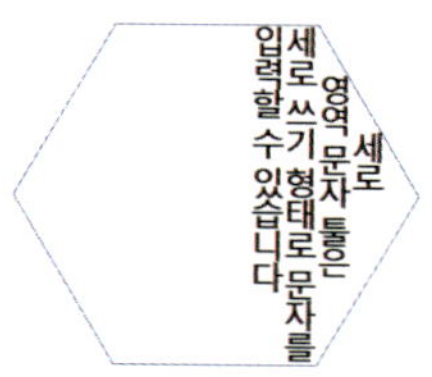

직접 해보기 세로 패스 문자 툴(Vertical Type on a Path Tool) ↓T

세로 패스 문자 툴은 패스 문자 툴과 비슷한 기능으로 오브젝트의 외곽선을 따라서 세로 문자를 입력할 수 있습니다.

O1 문자를 입력하기 위한 곡선의 패스를 그립니다. 세로 패스 문자 툴을 선택하고 패스의 시작 부분을 클릭하여 문자를 입력합니다.

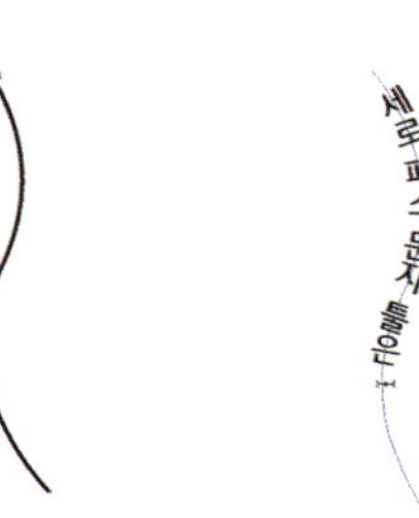

Illustrator

보충수업 **일러스트레이터에서 텍스트의 단과 행 설정하기**

❶ 일러스트레이터에서 단과 행의 설정은 영역 문자 옵션으로 편리하게 적용할 수 있습니다. 문자 툴로 텍스트를 입력할 영역을 드래그합니다. [File]-[Place] 명령으로 Source/영문텍스트.txt 파일을 선택하고, Place를 클릭합니다.

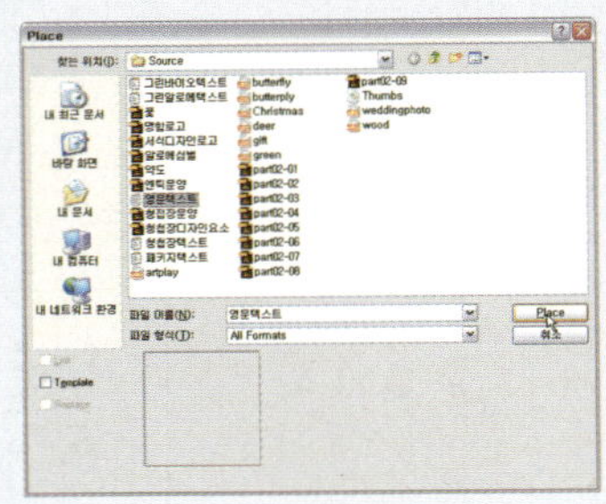

❷ Text Import Options 대화 상자가 열리면 기본 설정을 적용하고, OK를 클릭합니다. 텍스트가 문자 영역에 배치됩니다. 문자 영역 우측 하단에 빨간색 더하기 표시는 문자 영역에서 텍스트가 넘친다는 것을 나타냅니다. Ctrl + A 명령으로 블록을 지정한 다음 Ctrl + Shift + [를 실행하여 문자의 크기를 축소합니다.

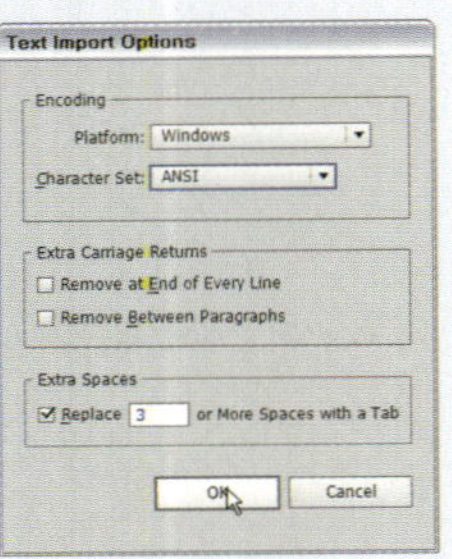

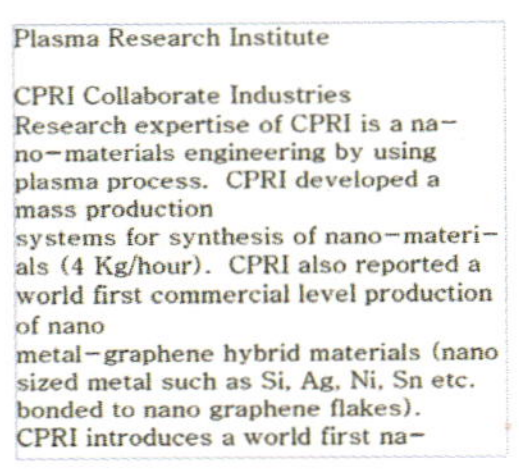

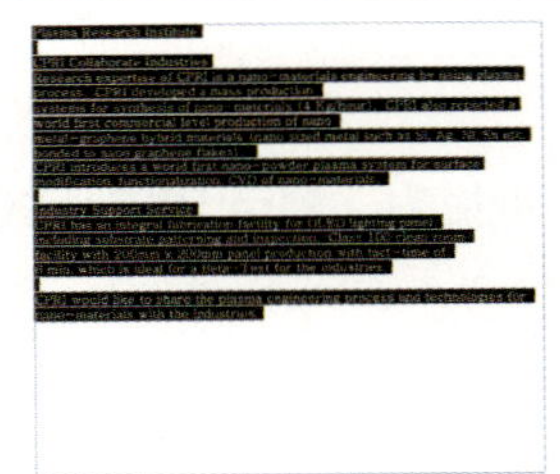

❸ 문자 크기가 조절 되었으면 Ctrl + Enter 를 눌러서 편집 상태를 해제합니다. [Type]-[Area Type Options]을 클릭합니다. Area Type Options 대화창에서 Preview를 선택하고, Column 항목에 "2"를 입력한 다음 OK를 클릭합니다. 단이 구분되어 자동으로 정렬됩니다.

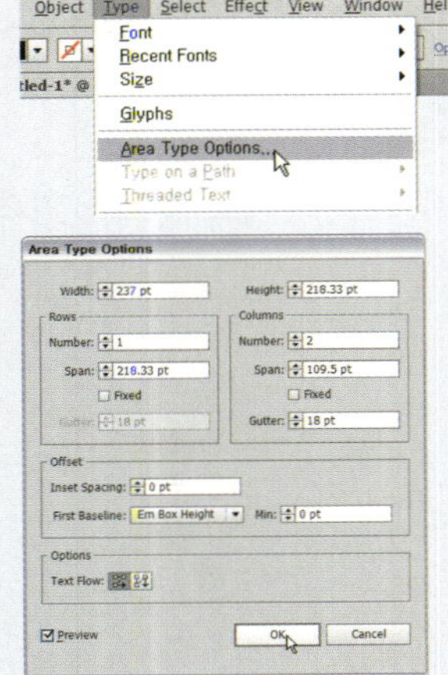

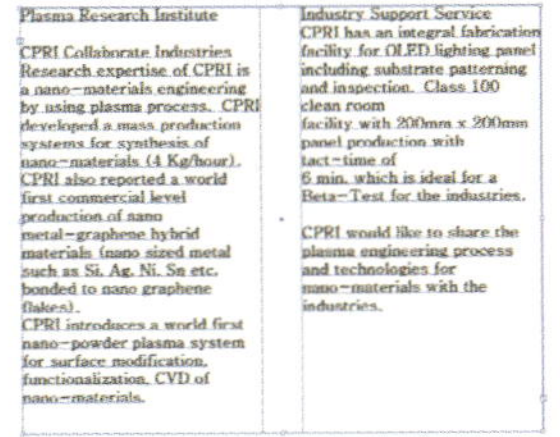

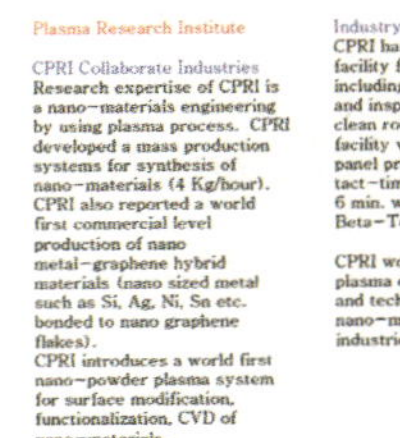

보충수업　**Area Type 옵션**

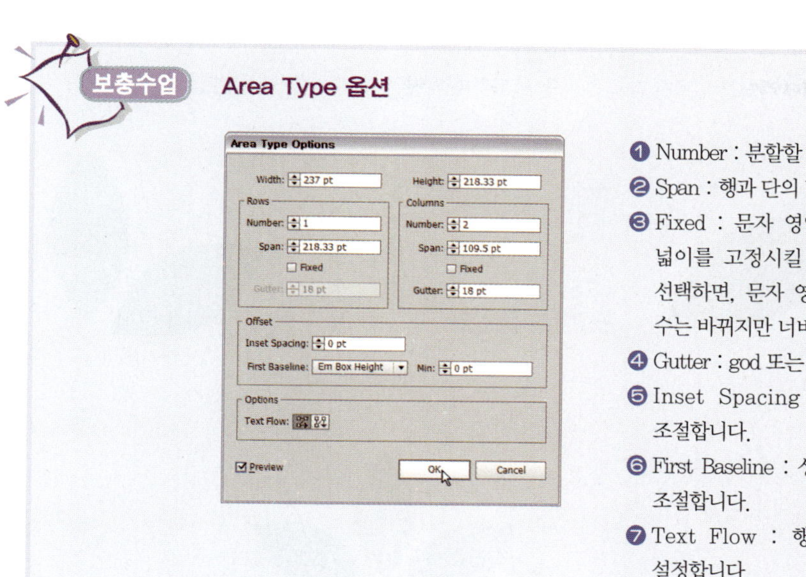

❶ Number : 분할할 행과 단의 수치를 입력합니다.

❷ Span : 행과 단의 넓이를 조절합니다.

❸ Fixed : 문자 영역의 크기를 변경할 때 행과 단의 넓이를 고정시킬 것인지를 결정합니다. 이 옵션을 선택하면, 문자 영역의 크기를 변경할 때 행과 단의 수는 바뀌지만 너비는 변경되지 않습니다.

❹ Gutter : god 또는 단 사이의 거리를 설정합니다.

❺ Inset Spacing : 문자와 박스 사이의 여백을 조절합니다.

❻ First Baseline : 상단 문자의 첫 번째 줄 들여쓰기를 조절합니다.

❼ Text Flow : 행과 단 사이에서 문자의 흐름을 설정합니다.

직접 해보기　**회전 툴(Rotate Tool)**

회전 툴은 선택한 오브젝트를 회전시킬 수 있는 도구입니다.

O1　회전 툴을 활용하여 꽃잎 오브젝트를 만들어 보겠습니다. 원형 툴로 타원 오브젝트를 만듭니다. 방향점 전환 툴로 상단과 하단의 포인트를 클릭하여 날렵한 모양을 만듭니다.

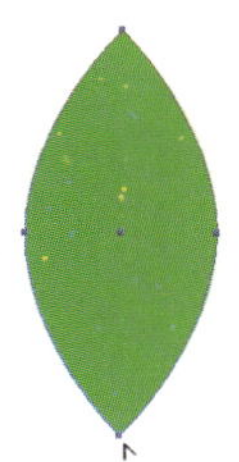

O2　오브젝트를 선택하고 회전 툴을 더블 클릭한 다음 대화 상자에 회전 각도로 45°를 설정하고, Copy를 클릭하면 회전 복사됩니다.

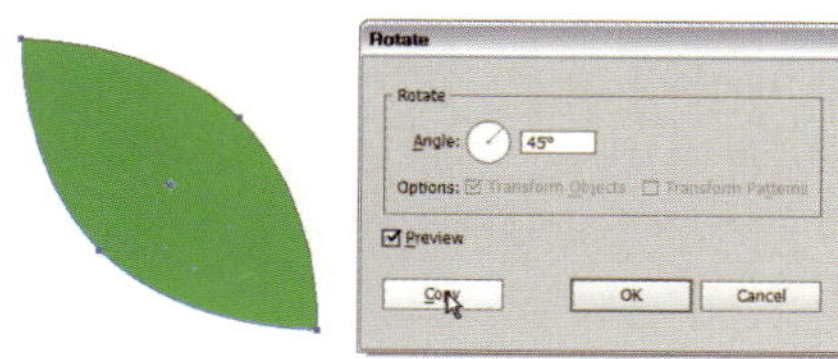

O3 회전 중심축을 변경하면 자연스러운 꽃잎 형태를 만들 수 있습니다. 회전 툴을 선택하고 [Alt]를 누르고 중심점이 될 부분을 클릭합니다. 대화 상자에 회전 각도를 입력한 다음 Copy를 클릭하면 지정된 축을 기준으로 복사됩니다.

  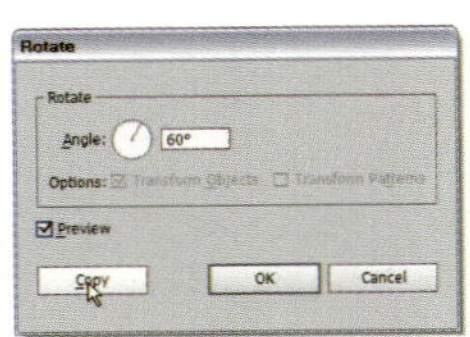 

O4 [Ctrl]+[D]를 반복해서 누르면 앞서 적용한 회전 복사 기능이 동일하게 적용되어 꽃잎을 쉽게 만들 수 있습니다.

일러스트레이터

Transform Again

Transform Again 기능은 전 단계에서 적용한 변형 기능을 반복해서 적용할 때 사용합니다. 즉 일정한 간격이나 각도로 오브젝트를 복사할 때 유용하게 사용될 수 있습니다. [Object]-[Transform]-[Transform Again] 명령으로 실행합니다. 여러번 반복해서 적용해야할 경우가 많으므로 단축 기능을 활용하는 것이 편리합니다. [Ctrl]+[D] 키를 눌러서 Transform Again 기능을 적용합니다.

오브젝트 회전 및 크기 조절하기

오브젝트를 회전하거나 크기 조절을 할 경우에 각각의 툴을 더블 클릭하여 대화 상자를 이용하는 방법 외에 선택 툴을 사용하여 바운딩 박스를 이용하여 회전이나 크기 조절을 할 수도 있습니다.

 보충수업 **회전 툴의 옵션 대화 상자**

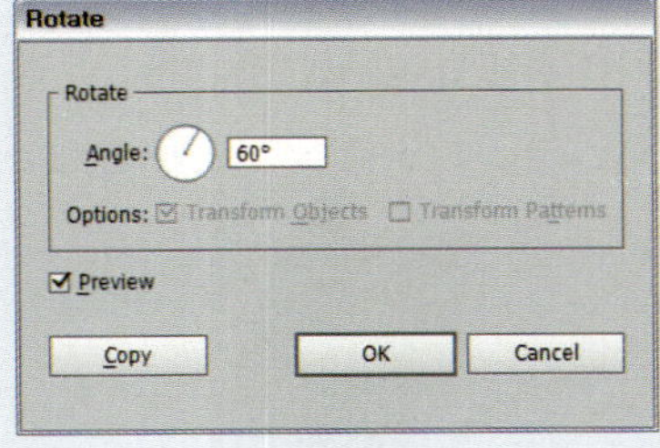

❶ Angle : 회전시킬 각도를 입력합니다.

❷ Transform Objects : 오브젝트만을 회전시킵니다.

❸ Transform Patterns : 오브젝트에 적용된 패턴을 회전시킵니다.

❹ Preview : 결과를 미리보기 할 수 있습니다.

❺ Copy : 원본은 그대로 두고 오브젝트 하나를 더 복사하여 회전시킵니다.

직접 해보기 반사 툴(Reflect Tool) 

반사 툴은 선택한 오브젝트를 반사시키는 도구로서 마우스로 드래그하거나 대화 상자에서 각도를 입력하여 반사시킬 수 있습니다.

O1 주어진 소스 파일 Source/part02-10.ai를 열고 오브젝트를 반사시켜 봅니다. 오브젝트를 선택한 다음 반사 툴을 더블 클릭합니다.

O2 대화 상자에 반사될 기준 축을 설정하고, Copy 버튼을 클릭하면 반사된 복사본이 만들어집니다. 회전 툴과 마찬가지로 반사될 기준 축을 [Alt]를 누르고 설정한 다음 복사본을 나타낼 수 있습니다.

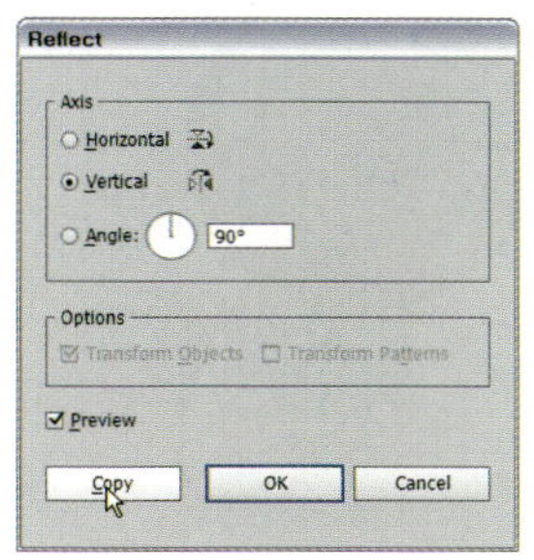

보충수업 **반사 툴 옵션 대화 상자**

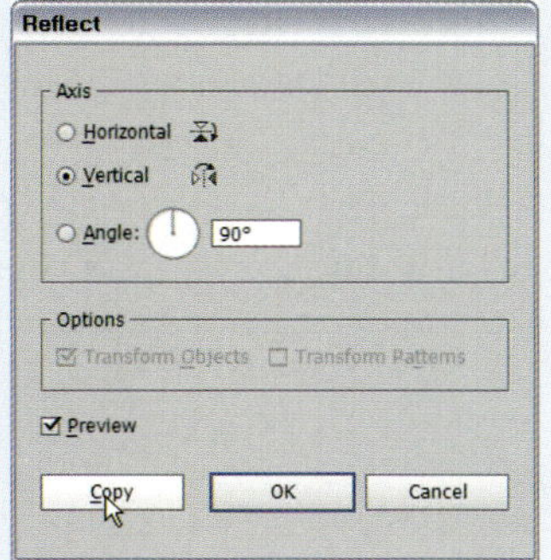

❶ Horizontal : 가로축을 중심으로 반사시킵니다.
❷ Vertical : 세로축을 중심으로 반사시킵니다.
❸ Angle : 반사시킬 각도를 입력합니다.

직접 해보기 크기 조절 툴(Scale Tool)

크기 조절 툴은 선택한 오브젝트를 확대/축소하는 도구로 일정한 크기로 확대/축소하려고 할때 사용합니다.

O1 Source/part02-11.ai를 엽니다. 오브젝트를 선택한 다음 크기 조절 툴을 더블 클릭합니다.

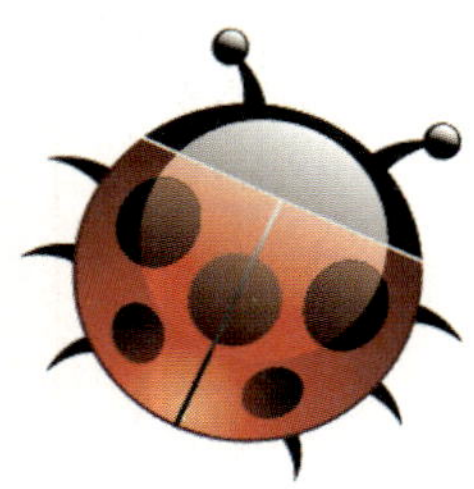

O2 대화 상자가 열리면 확대/축소시킬 비율을 입력한 다음 Copy 버튼을 클릭합니다. 확대된 복사본이 만들어집니다.

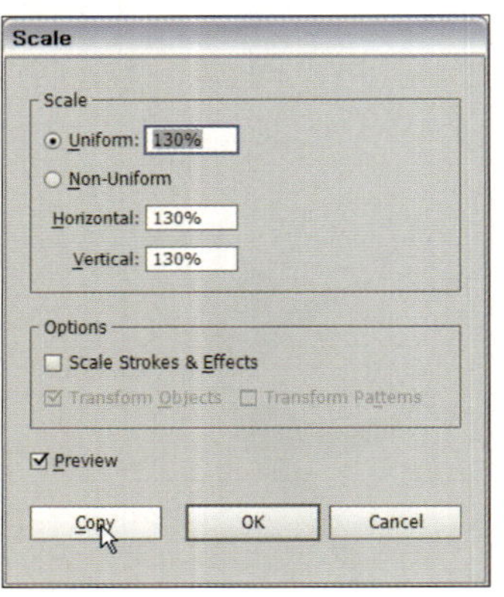

크기 조절 툴 옵션 대화 상자

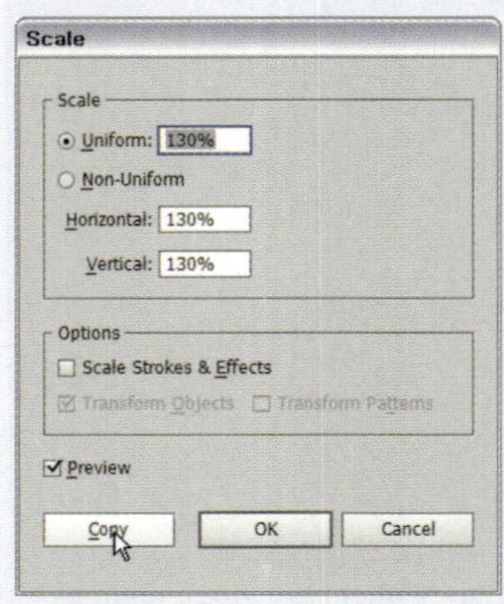

❶ Uniform : 가로, 세로의 비율을 동일하게 조절합니다.

❷ Non-Uniform : 가로, 세로의 비율을 각각 다르게 조절합니다.

❸ Horizontal : 가로의 비율을 조절합니다.

❹ Vertical : 세로의 비율을 조절합니다.

❺ Scale Strokes & Effects : 이 항목을 체크하게 되면 크기 조절을 할 때 외곽선의 두께와 효과등도 함께 조절이 됩니다.

 **보충수업** **오브젝트 라인의 두께 조절**

오브젝트가 면과 선으로 구성된 상태에서 크기 조절 툴을 사용할 대는 테두리 라인의 두께를 고려해야합니다. Scale Strokes & Effects 항목을 체크하고 조절하면 테두리의 두께도 함께 조절되며, 항목을 체크하지 않으면 두께는 그대로 유지됩니다. 다음은 원본 오브젝트를 200% 확대했을 경우의 이미지입니다.

– Scale Stroke & Effects 항목을 체크하고 확대하게 되면 테두리 굵기도 동일하게 확대되기 때문에 원본과 동일한 결과물을 얻을 수 있습니다.

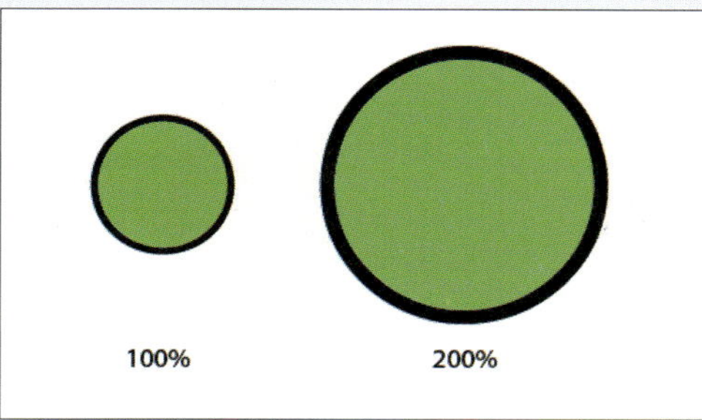

– Scale Stroke & Effects 항목을 체크하지 않고 확대하게 되면 테두리의 굵기가 그대로 유지되므로 원본과 다르게 보입니다.

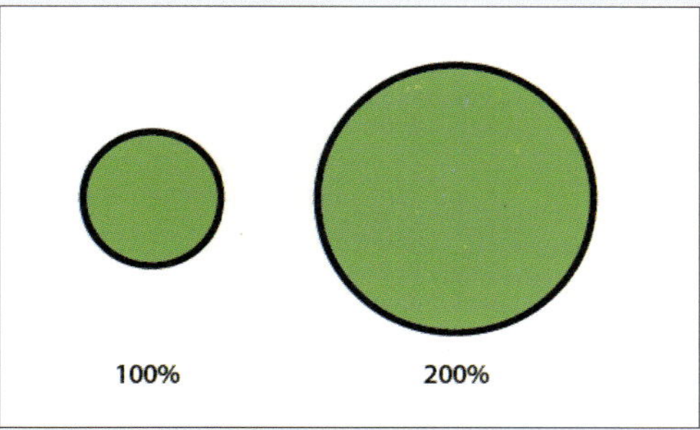

직접 해보기 기울기 툴(Shear Tool)

기울기 툴은 오브젝트를 자유롭게 기울일 수 있는 도구입니다.

01 문자 툴로 "SHEAR" 문구를 입력합니다. 기울기 툴로 문자를 좌측에서 우측으로 드래그합니다. 드래그한 방향으로 기울여지게 됩니다.

O2 아래에서 위쪽으로 드래그하면 세로 방향으로 기울일 수 있습니다.

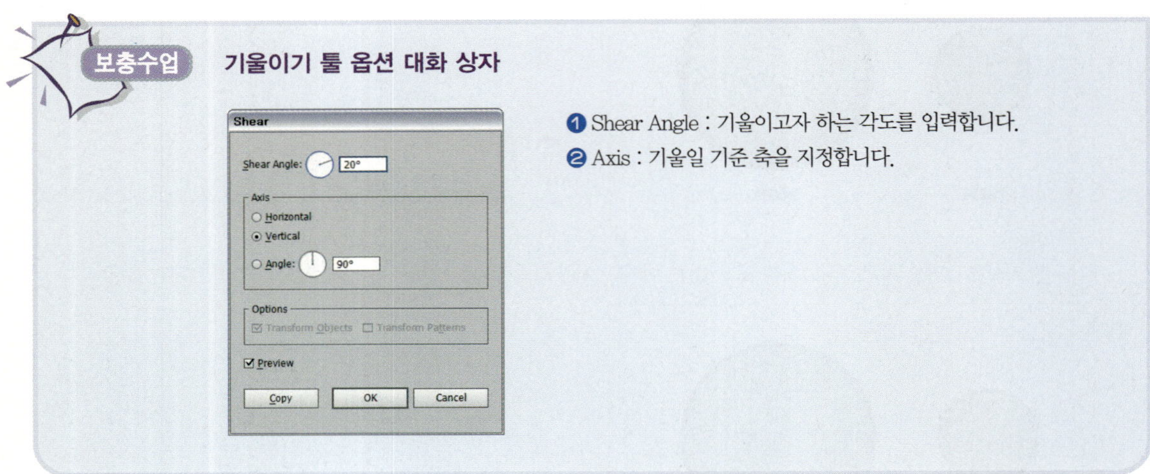

기울이기 툴 옵션 대화 상자

❶ Shear Angle : 기울이고자 하는 각도를 입력합니다.
❷ Axis : 기울일 기준 축을 지정합니다.

직접 해보기 리세이프 툴(Reshape Tool)

리세이프 툴은 오브젝트에 부분적으로 조절점을 추가하여 변형시키는 도구입니다. 직접 선택 툴로 변형시키는 방법보다 부드러운 효과를 줄 수 있습니다.

O1 주어진 소스파일 Source/part02-12.ai를 불러옵니다.

O2 직접 선택 툴로 변형시키고자 하는 부분의 패스를 드래그하여 선택합니다. 리세이프 툴로 선택된 패스 중간 부분을 드래그하세요. 패스에 포인트가 추가되면서 형태가 변경됩니다.

리세이프 툴

닫힌 패스로 구성된 오브젝트는 직접 선택 툴로 선택한 다음 리세이프 툴을 적용할 수 있지만 열린 패스로 구성된 오브젝트는 선택 툴로 선택한 다음 리세이프 툴을 사용할 수 있습니다.

직접 해보기 넓이 툴(Width Tool) 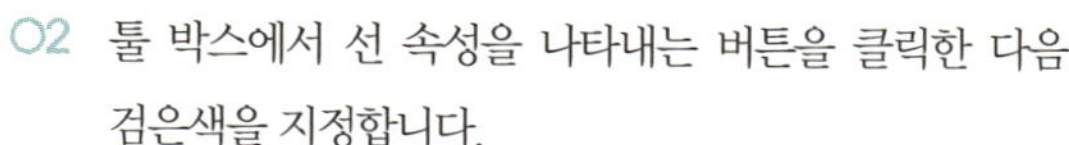

선 속성으로 두께가 적용된 선 스타일을 나타낼 수 있습니다.

O1 주어진 소스파일 Source/part02-13.ai를 불러옵니다.

O2 툴 박스에서 선 속성을 나타내는 버튼을 클릭한 다음 검은색을 지정합니다.

 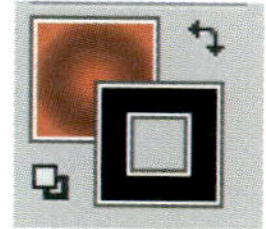

O3 넓이 툴을 선택한 다음 패스 위쪽에서 드래그하면 두께가 적용됩니다.

O4 반대쪽 패스를 드래그하여 비슷한 넓이로 적용시켜 봅니다.

Illustrator

직접 해보기 워프 툴(Warp Tool)

워프 툴은 오브젝트에 변형을 주는 유동화(Liquify) 도구입니다. 오브젝트를 구부리거나 휘는 효과를 줄 수 있습니다.

O1 하트 오브젝트를 Ctrl + Z 를 눌러서 원본 상태로 나타낸 다음 선 버튼을 클릭하고 None으로 지정합니다. 워프 툴을 선택하고, 오브젝트 외곽을 바깥쪽으로 드래그합니다. 드래그한 만큼 오브젝트가 변형됩니다.

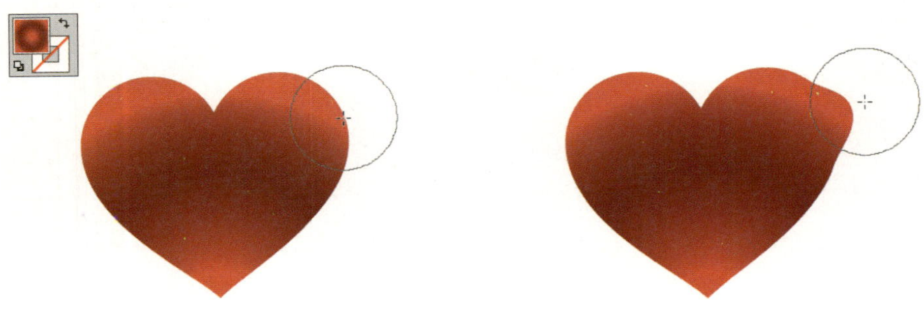

유동화 도구의 브러시 크기 조절

유동화 도구의 브러시 크기는 단축키를 이용하면 쉽게 조절할 수 있습니다. Alt 를 누른 채로 드래그하면 크기와 형태를 조절할 수 있으며 Shift 를 함께 누르면 원래의 브러시 모양을 유지하면서 조절할 수 있습니다.

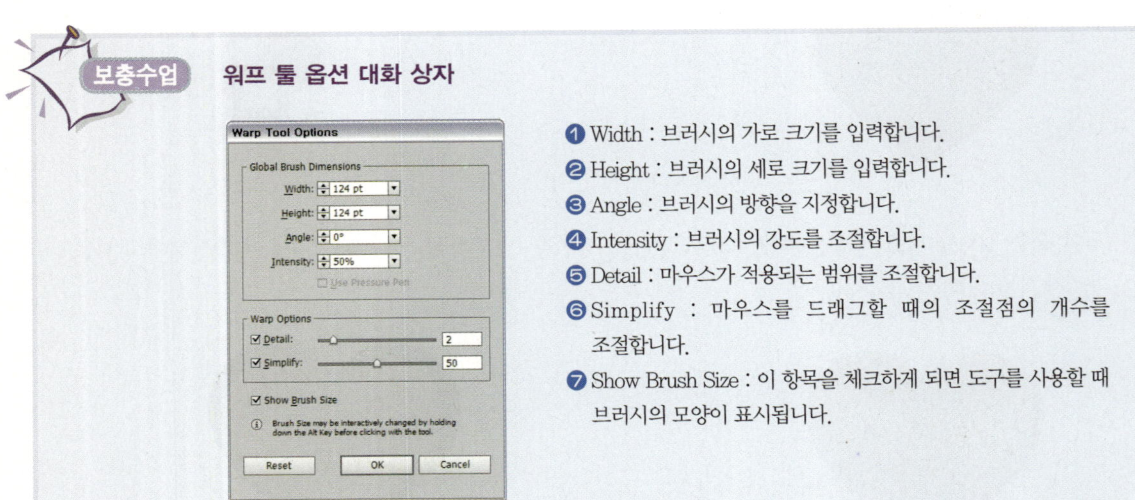

보충수업 **워프 툴 옵션 대화 상자**

❶ Width : 브러시의 가로 크기를 입력합니다.
❷ Height : 브러시의 세로 크기를 입력합니다.
❸ Angle : 브러시의 방향을 지정합니다.
❹ Intensity : 브러시의 강도를 조절합니다.
❺ Detail : 마우스가 적용되는 범위를 조절합니다.
❻ Simplify : 마우스를 드래그할 때의 조절점의 개수를 조절합니다.
❼ Show Brush Size : 이 항목을 체크하게 되면 도구를 사용할 때 브러시의 모양이 표시됩니다.

직접 해보기 트윌 툴(Twirl Tool) 

트윌 툴은 오브젝트를 돌려서 비틀어 주는 효과를 만들 수 있습니다. 주로 나선 형태의 오브젝트를 만들 때에 사용합니다.

O1 Ctrl + Z를 눌러 원본 상태로 되돌린 후 트윌 툴을 선택합니다. 오브젝트를 클릭하면 나선 형태로 변형됩니다.

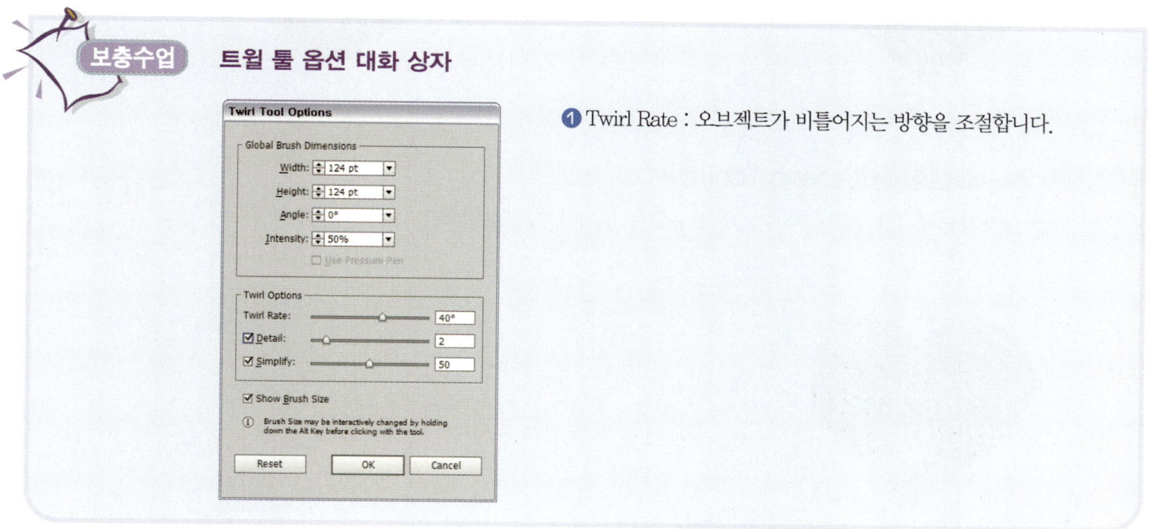

보충수업 **트윌 툴 옵션 대화 상자**

❶ Twirl Rate : 오브젝트가 비틀어지는 방향을 조절합니다.

직접 해보기 퍼커 툴(Puker Tool)

퍼커 툴은 오브젝트의 클릭한 부분을 모아주는 효과를 나타냅니다.

O1 퍼커 툴을 선택하고 오브젝트 외곽 부분을 바깥쪽으로 드래그해 보세요. 클릭한 부분이 모아지면서 변형됩니다. 안쪽이나 바깥쪽으로 드래그하여 결과를 확인해 봅니다.

직접 해보기 블롯 툴(Bloat Tool)

블롯 툴은 오브젝트의 특정 부분을 부풀리거나 팽창시키는 효과를 나타냅니다.

O1 블롯 툴을 선택하고 오브젝트 외곽선 안쪽을 누릅니다. 그러면 오브젝트가 바깥쪽으로 팽창됩니다.

O2 외곽선 바깥쪽을 누르면 오브젝트 안쪽으로 모양이 지워집니다.

직접 해보기 스캘럽 툴(Scallop Tool)

스캘럽 툴은 오브젝트에 클릭한 부분을 조가비나 물결 모양으로 변경시켜 줍니다.

보충수업 스캘럽 툴 옵션 대화 상자

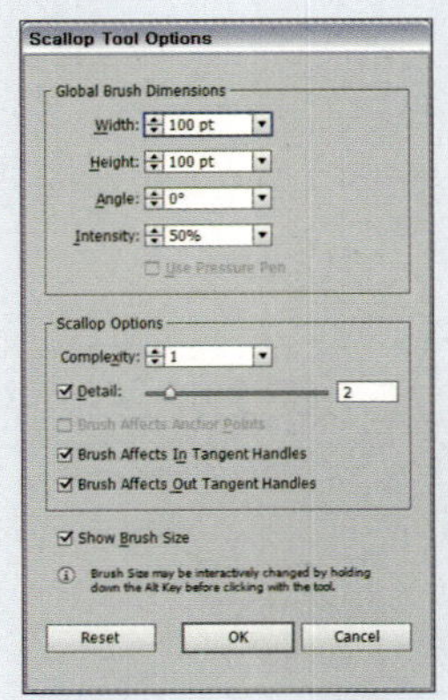

❶ Complexity : 오브젝트에 적용되는 복잡성을 조절합니다.

❷ Brush Affects Anchor Points : 이 항목을 체크하게 되면 브러시가 조절점에 영향을 주게 됩니다.

❸ Brush Affects In Tangent Handles : 이 항목을 체크하게 되면 브러시가 조절점 핸들 안쪽에 영향을 주게 됩니다.

❹ Brush Affects Out Tangent Handles : 이 항목을 체크하게 되면 브러시가 조절점 핸들 바깥쪽에 영향을 주게 됩니다.

일러스트레이터

직접 해보기 크리스털라이즈 툴(Crystallize Tool) 

크리스털라이즈 툴은 수정의 결정 형태로 변경시켜 줍니다.

직접 해보기 링클 툴(Wrinkle Tool)

링클 툴은 오브젝트에 주름 효과를 나타냅니다.

O1 링클 툴을 선택하고 오브젝트에 드래그하면 거친 주름 형태로 변형됩니다.

보충수업   링클 툴 옵션 대화 상자

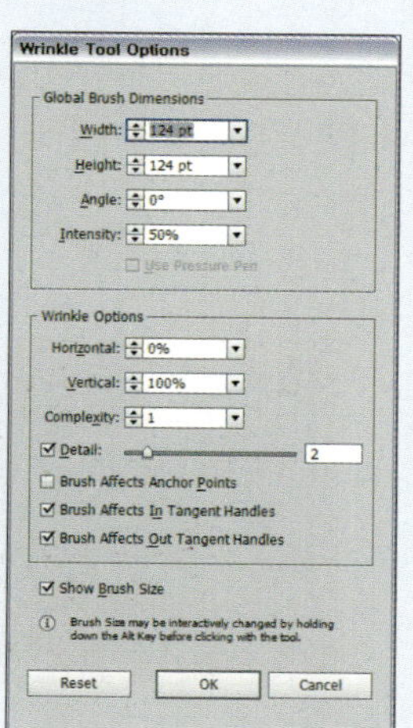

❶ Horizontal : 가로 방향으로 생기는 주름의 정도를 조절합니다.

❷ Vertical : 세로 방향으로 생기는 주름의 정도를 조절합니다.

직접 해보기 자유 변형 툴(Free Transform Tool)

자유 변형 툴은 오브젝트의 바운딩 박스를 조절하여 크기 조절, 회전, 형태의 변형 등 바운딩 박스의 기능뿐만 아니라 조절점을 개별적으로 드래그하여 자유 변형을 가능하게 합니다.

O1 Source/Part02-14.ai 파일을 불러옵니다. 오브젝트를 선택하고 자유 변형 툴을 지정하면, 가장자리에 바운딩 박스가 표시됩니다. 바운딩 박스의 모서리 조절점을 드래그하면서 Ctrl 을 누르면 선택한 조절점 부분만 자유 변형할 수 있습니다.

직접 해보기 세이프 빌더 툴(Shape Builder Tool)

세이프 빌더 툴은 패스파인더 기능으로 적용가능한 오브젝트의 편집 기능을 직관적으로 적용할 수 있습니다. 오브젝트의 겹쳐진 부분을 삭제하거나, 더하고 분리하는 기능을 빠르게 적용할 수 있습니다.

O1 Source/Part02-15.ai 파일을 불러 옵니다. 일러스트레이터 아이콘을 나타낼 박스와 로고타입 오브젝트가 열리면 선택 툴로 로고타입을 박스와 겹쳐 놓습니다.

  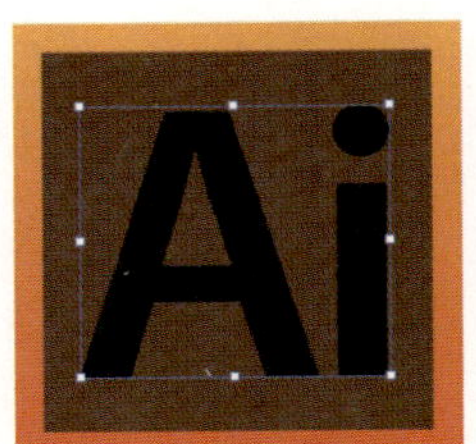

O2 안쪽 박스와 로고 타입을 함께 선택한 다음 세이프 빌더 툴로 로고 타입을 구성하는 문자 오브젝트를 각각 클릭합니다.

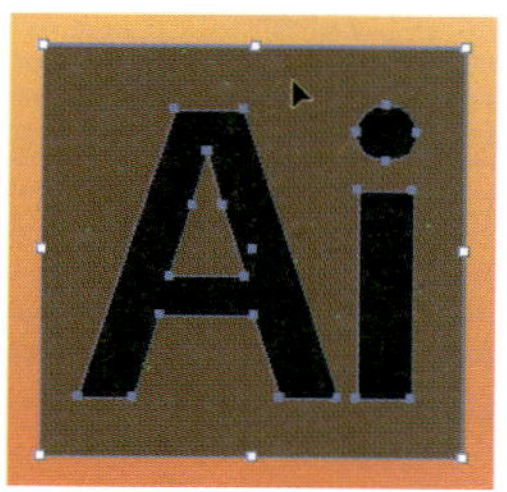 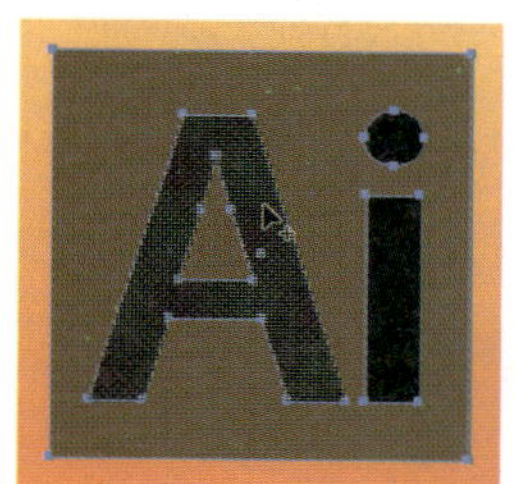

O3 선택 툴을 지정하고 로고 타입을 우측으로 이동시켜 보세요. 안쪽 박스가 로고 타입 모양으로 삭제됩니다. 즉 패스파인더 패널에서 Minus Front 명령을 적용한 것과 동일하게 마우스 조작만으로 편집 기능을 적용할 수 있습니다.

직접 해보기 라이브 페인트 버킷 툴(Live Paint Bucket)

라이브 페인트 버킷 툴은 오브젝트의 색상을 빠르게 변경할 수 있습니다. 겹쳐진 오브젝트의 경계를 자동으로 인식하여 빠르게 페인팅 작업을 적용할 수 있습니다.

O1 사각형 툴로 두 개의 오브젝트를 겹쳐 놓습니다. 각각 다른 면 색상이 적용되도록 나타내고, 선택 툴을 이용하여 오브젝트를 함께 선택합니다.

O2 라이브 페인트 버킷 툴을 선택한 다음 오브젝트 위에 놓아보세요. 겹쳐진 경계를 따라 색상을 적용할 수 있도록 스와치 아이콘이 표시됩니다. ←, → 방향키를 이용하여 스와치 색상을 변경할 수 있습니다. 스와치 그룹을 변경할 때에는 ↑, ↓ 키를 눌러서 그룹을 선택한 다음 다시 색상을 선택하여 적용할 수 있습니다.

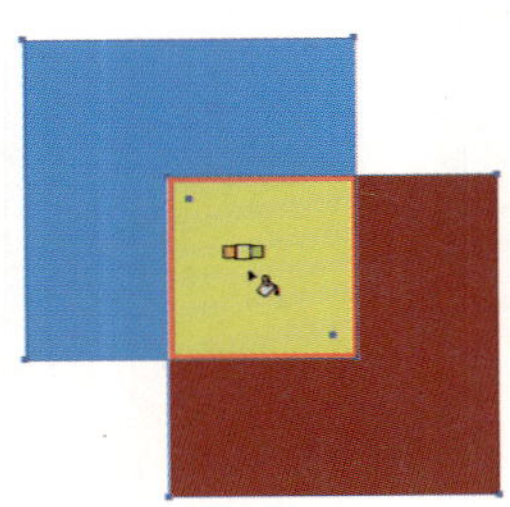

직접 해보기   라이브 페인트 선택 툴(Live Paint Selection Tool)

라이브 페인트 기능으로 적용된 개체의 분한 면을 개별적으로 선택할 수 있습니다.

O1 라이브 페인트 기능으로 채색된 오브젝트의 분할 면을 라이브 페인트 선택 툴로 선택한 다음 색상을 교체해 보세요.

O2 선택 툴로 오브젝트를 클릭하면 그룹 속성의 개체로 인식됩니다. 분할 면을 개별적인 오브젝트로 분리하기 위해서는 그룹 개체를 확장해야 합니다. 옵션 패널에서 Expand 버튼을 클릭합니다.

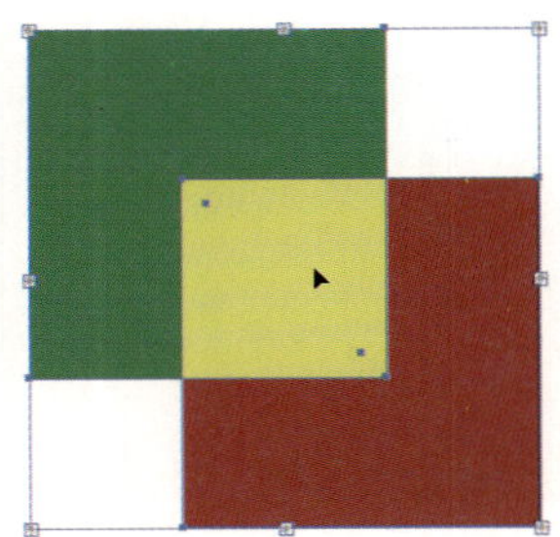

O3 오브젝트가 확장되었으면 마우스 우측 버튼을 클릭해서 Ungroup을 실행합니다. 선택 툴로 분할 면을 선택해서 이동시켜
보세요.

직접 해보기 투시 그리드 툴(Perspective Grid Tool)

투시 그리드 툴은 원근감으로 표현되는 드로잉 개체를 편리하게 그릴 수 있도록 투시 그리드를 표시하고, 안내선에
맞추어 오브젝트를 변형하는 기능을 합니다. 건축디자인 드로잉이나 투시법을 이용한 오브젝트를 만들 때에
편리하게 사용할 수 있습니다.

O1 투시 그리드 툴을 선택하면 도큐먼트에 투시 형태로 좌·우측에 소실점이 보이는 그리드가 표시됩니다. 그리드 좌측 상단
부분에는 투시된 박스 면의 선택과 그리드를 숨길 수 있는 아이콘이 표시됩니다.

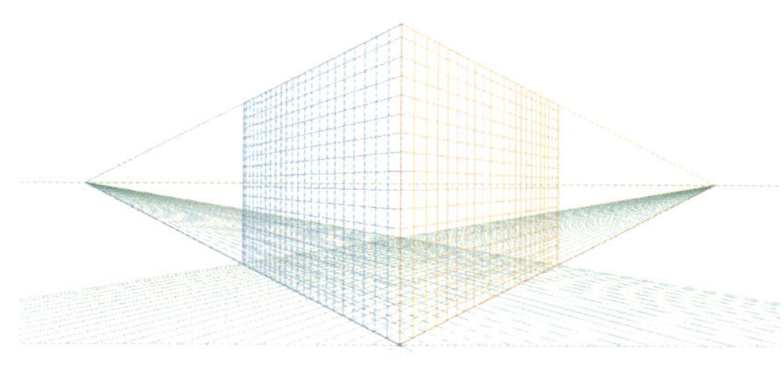

O2 아이콘에서 오른쪽 그리드를 선택합니다. 사각형 툴을 선택하고, 면 속성으로 나타낸 다음 좌측 모서리의 그리드에서
우측으로 드래그합니다. 그러면 그리드에 맞추어 투시된 모양으로 오브젝트를 그릴 수 있습니다.

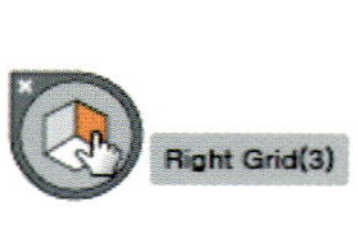

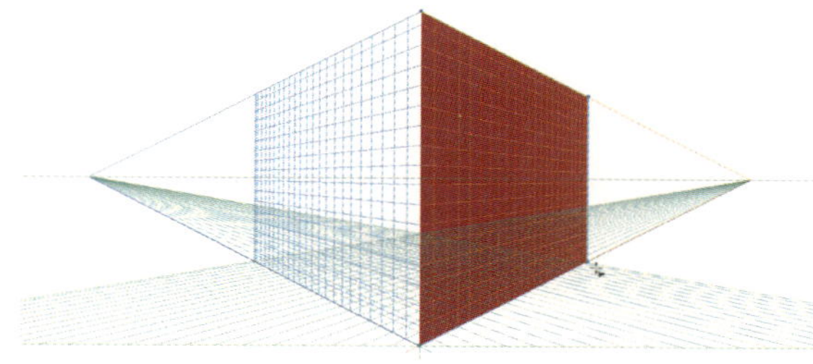

O3 좌측 그리드를 지정하고, 면 색상을 어두운 색상 톤으로 지정한 다음 그리드 모서리에 맞추어 드래그합니다.

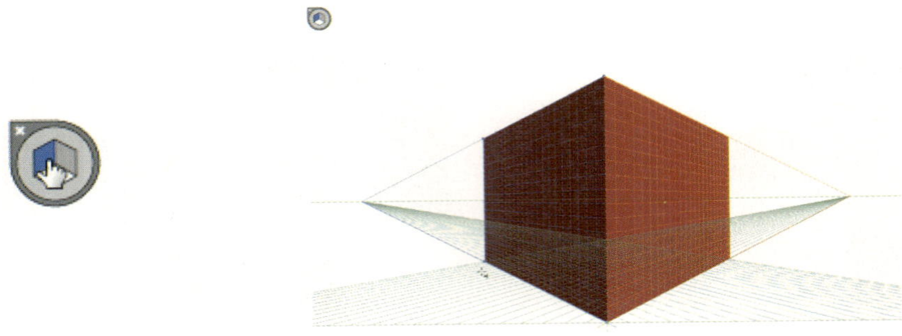

O4 박스 모양이 완성되었으면 그리드 닫기 버튼을 클릭합니다. 정확한 원근법에 의한 박스 모양을 편리하게 만들 수 있습니다.

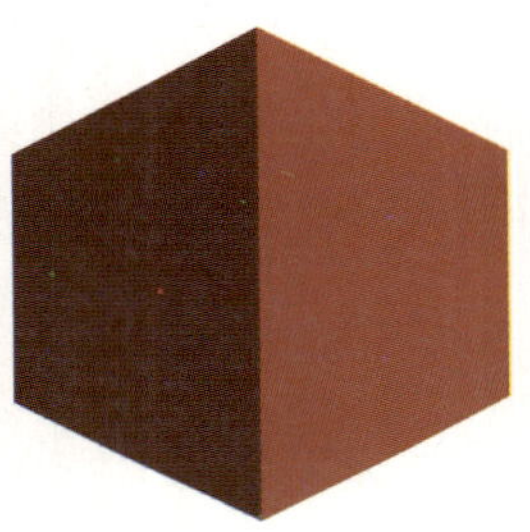

일러스트레이터

직접 해보기 투시 오브젝트 선택 툴(Perspective Selection Tool)

투시 안내선에 맞추어 자동으로 투시된 오브젝트를 선택한 다음 안내선에 맞추어 이동하거나 모양을 조절할 수 있습니다.

O1 투시 그리드 툴을 선택하면 투시된 그리드가 다시 보이게 됩니다. 투시 오브젝트 선택 툴을 지정하고, 좌측 오브젝트를 선택한 다음 위치를 조정해 보세요. 투시 그리드에 맞추어 자동으로 모양이 조절됩니다.

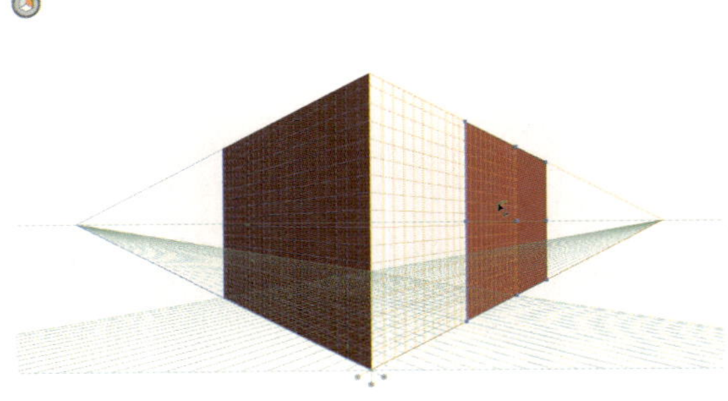

O2 박스를 구성한 오브젝트를 선택한 다음 Delete 를 눌러서 삭제합니다. 문자를 입력하고 투시된 모양으로 디자인된 타이포를 만들어 봅니다. 문자 툴을 도큐먼트에 클릭한 다음 "Adobe" 문구를 입력합니다. 투시 오브젝트 툴을 선택하고, 입력된 문구를 드래그하면 그리드에 맞추어 자동으로 투시된 형태로 조정됩니다.

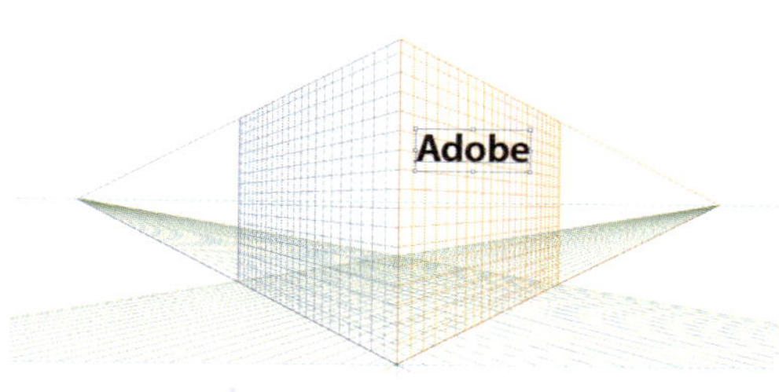
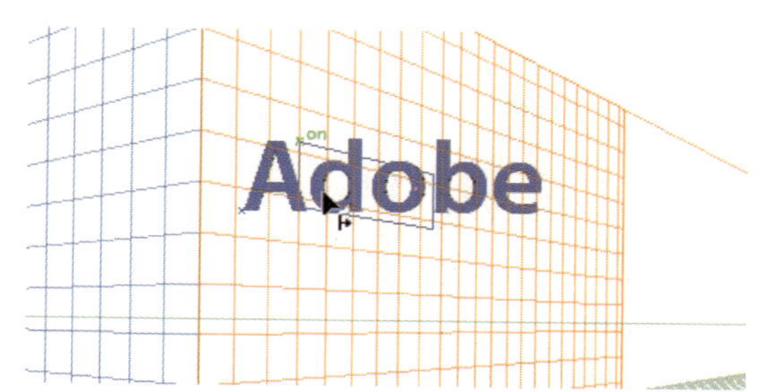

O3 문자 외곽에는 바운딩 박스가 표시되고, 모서리 조절점을 드래그해서 크기를 조절할 수 있습니다. 크기와 위치를 조절해 보세요.

O4 다시 문자 툴로 "Illustrator" 문구를 입력하고, 투시 오브젝트 선택 툴로 투시된 모양으로 변경하고, 크기와 위치를 조절합니다. 계속해서 "Creative" 문구를 입력하고, 투시된 모양으로 타이포 디자인 레이아웃을 구성합니다.

Illustrator

O5 　모양이 완성되었으면 투시 그리드 닫기 버튼을 클릭해서 그리드를 숨깁니다. 투시 그리드 기능으로 조정된 오브젝트를 개별적으로 편집하기 위해서는 투시 그리드 기능을 해제해야 합니다. 오브젝트를 모두 선택한 다음 마우스 우측 버튼을 클릭해서 [Perspective]-[Release with Perspective]를 실행합니다.

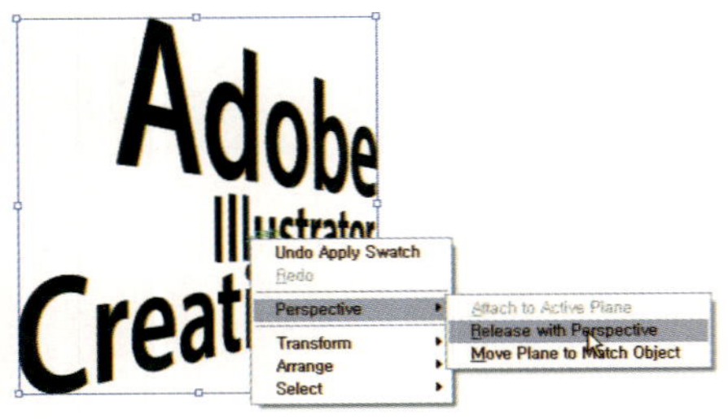

O6 　투시 그리드 오브젝트가 일반 오브젝트로 변경된 것입니다. 선택 툴로 각 문자를 선택하고 색상을 변경합니다.

 **실전문제**

1. 도형과 패스 문자 툴을 이용하여 엠블럼을 만들어 보세요.

◀ 완성파일 : Artwork/part02-05.ai

힌트 ① 원형 툴과 별형 툴을 이용하여 엠블럼 기본
모양을 만듭니다.

② 원 외곽을 따라 흐르는 문자를 입력하기 위해서
원 오브젝트를 [Ctrl]+[C] 명령으로 복사한
다음 [Ctrl]+[F]를 눌러서 제자리에 붙여넣기
합니다. 패스 문자 툴로 원 외곽선을 클릭하면
문자 입력 상태로 변경됩니다. 지정된 문구를
입력하세요.

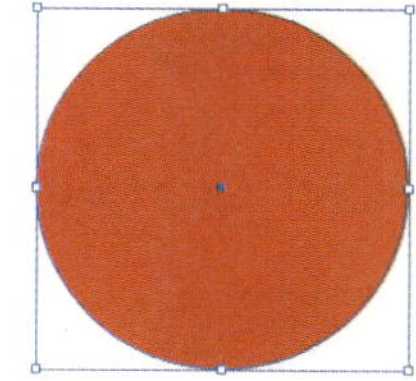

③ 문구가 입력되었으면 [Ctrl]+[Enter]를 눌러 편집
상태를 해제합니다. 문자의 색상을 변경하고,
바운딩 박스를 드래그해서 확대합니다. 문자의
시작 위치를 조절하기 위해서 끝점을 나타내는
조절점을 드래그해서 위치를 변경합니다.

④ 원 안쪽에 입력된 문자는 다시 원 오브젝트
복사본을 나타낸 다음 원 외곽에 문구를
입력하고, 조절점을 원 안쪽으로 드래그하여
방향을 변경하면 됩니다.

2. 도형과 기울이기 툴을 이용하여 문자 아이콘을 디자인해 보세요.

▲ 완성파일 : Artwork/part02-05.ai

힌트 ① 아이콘의 기본 형태는 둥근 모서리 사각형 툴을 이용하여 면 속성의 오브젝트를 만듭니다. 안쪽 테두리 선은 복사본을 만든 다음 크기를 축소하고, 흰색 선 속성으로 나타냅니다.

② 영문 "e"를 두꺼운 고딕 계열의 서체로 입력하고, 기울이기 툴로 경사를 나타냅니다.

3. 도형과 회전 툴을 이용하여 눈꽃 모양을 만들어 보세요.

◀ 완성파일 : Artwork/part02-05.ai

 ① 눈꽃 날개의 기본 모양을 정사각형으로 만든 다음 45° 방향으로 회전시킵니다. 마름모 꼴의 가로 폭을 조정하기 위해서 [Object]–[Transform]–[Reset Bounding Box]를 실행합니다. 바운딩 박스 모양이 초기화 됩니다.

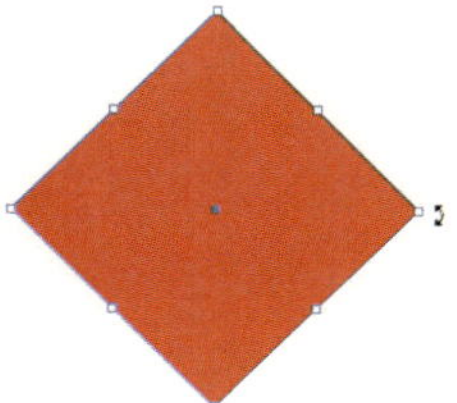

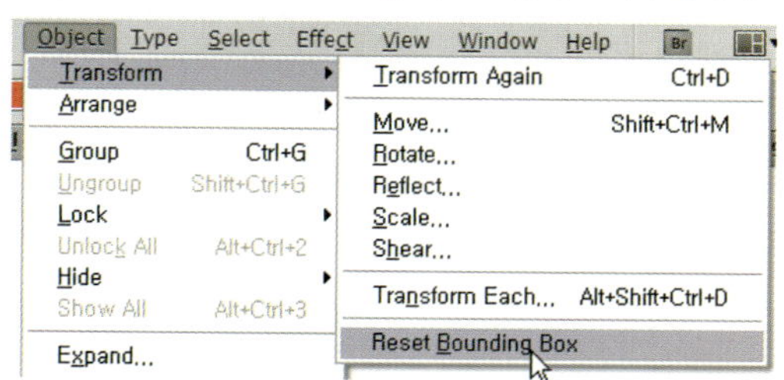

② **Alt**를 누르고, 가운데 조절점을 안쪽으로 드래그하면 중심점을 기준으로 가로 폭을 축소할 수 있습니다.

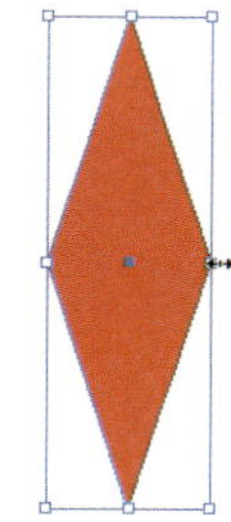

③ 회전 툴을 이용하여 복사본을 만듭니다. 회전 툴을 선택하고, **Alt**와 함께 회전축이 될 부분을 클릭합니다. 대화 상자가 열리면 각도를 지정하는 항목 값에 60°를 입력하고, Copy를 클릭하세요.

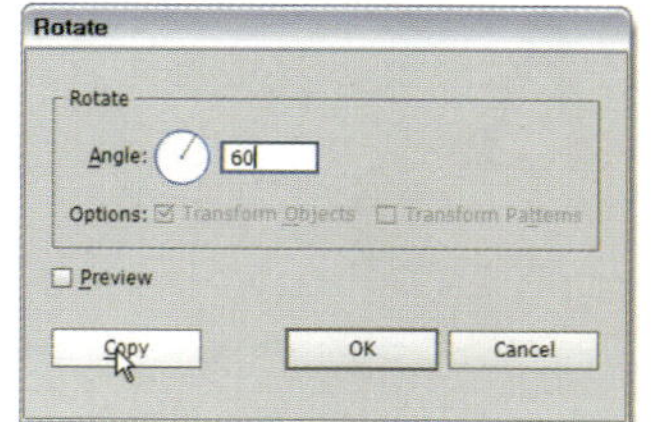

④ 복사본이 만들어 졌으면 **Ctrl** + **D** 명령으로 복사본을 만들어 완성합니다.

05 section

그라디언트 도구를 이용하면 두 가지 이상의 색상을 색상 띠 형식으로 부드럽게 연결하여 사실감 있게 표현하는 작업을 가능하게 합니다. 오브젝트의 색상과 형태를 자동으로 만들어 주는 블렌드 기능 역시 자연스러운 색상과 오브젝트의 변형 효과를 이용하여 특수한 효과를 표현할 수 있으며 라이브 페인트 도구들은 보다 손쉬운 채색 작업을 도와줍니다. 그 밖에 웹용 이미지 분할을 위한 도구와 작업의 효율성을 도와주는 도구들의 활용 방법을 익혀 일러스트레이터의 작업을 쉽고 빠르게 운용할 수 있는 기본기를 다져보겠습니다.

■ 제작 포인트

메쉬 툴(Mesh Tool), 그라디언트 툴(Gradient Tool), 블렌드 툴(Blend Tool)

 완성품 미리보기

직접 해보기 메쉬 툴(Mesh Tool) 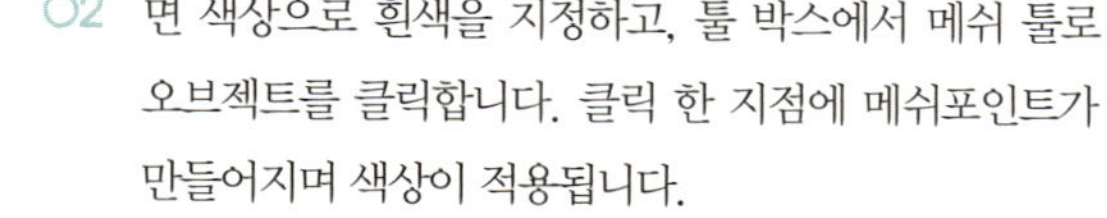

메쉬 툴은 오브젝트에 그물 모양의 메쉬포인트를 추가하여 색상을 자연스럽게 연결할 수 있는 도구입니다. 메쉬 툴을 선택하고 오브젝트를 클릭하면 클릭한 지점에 메쉬포인트가 생성되며 면 색상이 적용되어 주변 색상과 이어지게 됩니다.

O1 Source/part02-16.ai 파일을 불러옵니다.

O2 면 색상으로 흰색을 지정하고, 툴 박스에서 메쉬 툴로 오브젝트를 클릭합니다. 클릭 한 지점에 메쉬포인트가 만들어지며 색상이 적용됩니다.

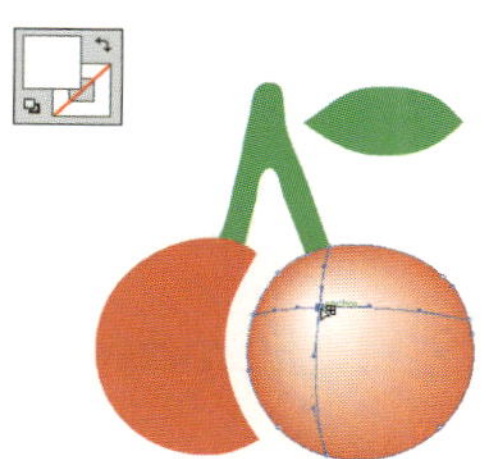

그라디언트 메쉬 툴

그라디언트 메쉬 툴을 사용하면 인체, 식물 등의 오브젝트를 사실적으로 표현할 수 있습니다. 하지만 정밀한 작업을 요구하므로 오랜 시간과 노하우가 필요합니다.

O3 좌측 오브젝트도 메쉬포인트를 추가하여 배경색과 자연스럽게 이어지는 오브젝트를 만듭니다.

O4 메쉬 툴로 오브젝트를 클릭할 때마다 메쉬포인트가 추가되며, 새로운 색상을 적용할 수 있습니다.

메쉬 툴의 사용

메쉬 포인트는 직접 선택 툴로 위치를 변경할 수 있고, 방향선을 드래그하여 세그먼트의 형태를 바꿀 수 있습니다. 메쉬 포인트 삭제는 메쉬 툴로 [Alt]를 누르고 삭제할 포인트를 클릭하면 됩니다.

직접 해보기   그라디언트 툴(Gradient Tool)

그라디언트 툴은 두 가지 이상의 색이 연속적으로 이어지는 효과를 적용할 수 있는 도구입니다. 그라디언트 패널에서 직선형(Linear)과 방사형(Radial) 형태의 그라디언트를 적용할 수 있으며 오브젝트에 그라디언트 조절점을 이용하여 빠르게 편집할 수 있습니다.

O1 원형 툴로 정원 오브젝트를 만듭니다. 그라디언트 패널에서 방사형(Radial) 그라디언트를 적용하면 흰색에서 검은색으로 연결되는 그라디언트 색상이 적용됩니다.

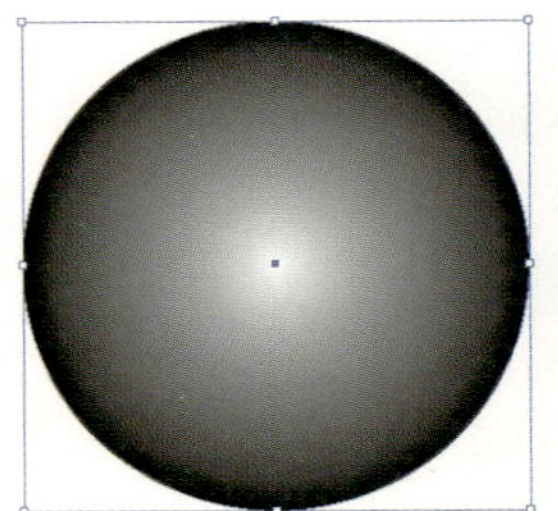
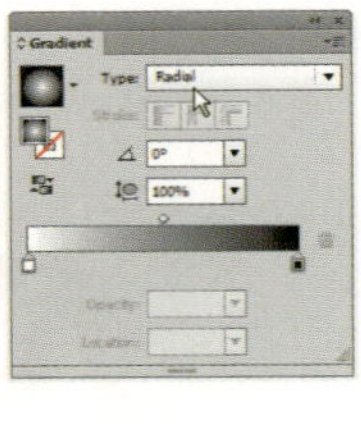

O2 그라디언트 패널의 검은색 색상 슬라이드를 더블 클릭하면 색상 스와치가 열립니다. 원하는 색상으로 적용합니다.

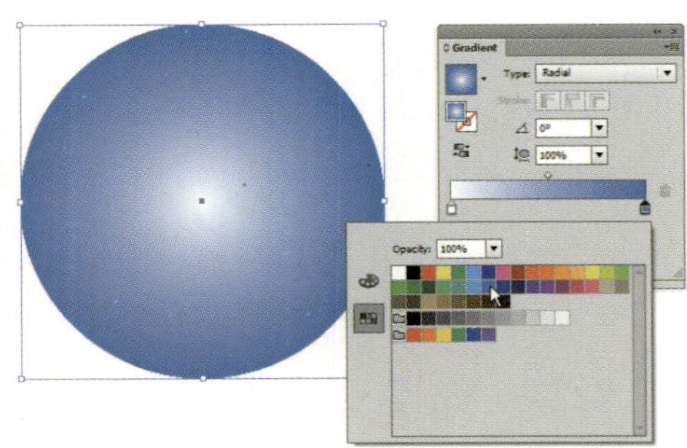

O3 그라디언트를 편집하기 위해서 그라디언트 툴을 선택합니다. 그라디언트의 적용 방향과 위치 영역 등을 조절할 수 있는 조절점이 나타납니다. 중앙 조절점을 밑으로 이동하면 그라디언트 위치를 조절할 수 있습니다.

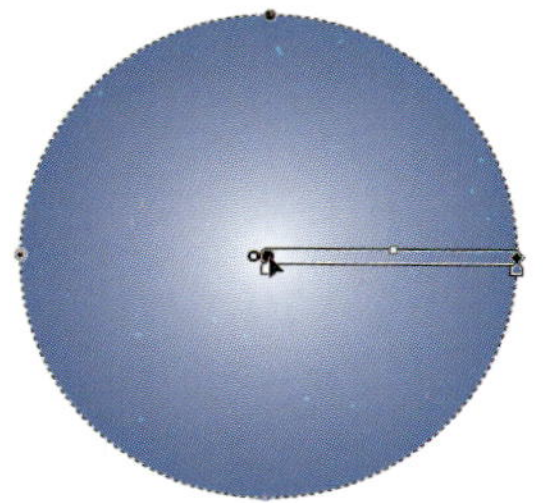
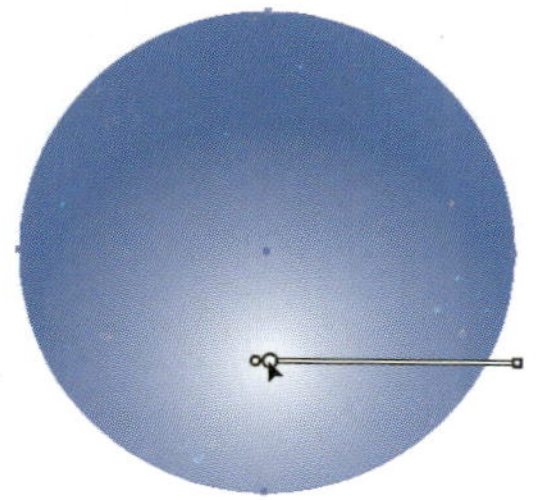

O4 빛이 반사되는 하이라이트 효과를 그라디언트로 나타내기 위하여 원 오브젝트를 추가합니다, 그라디언트 패널에서 직선형 (Linear) 그라디언트를 적용합니다.

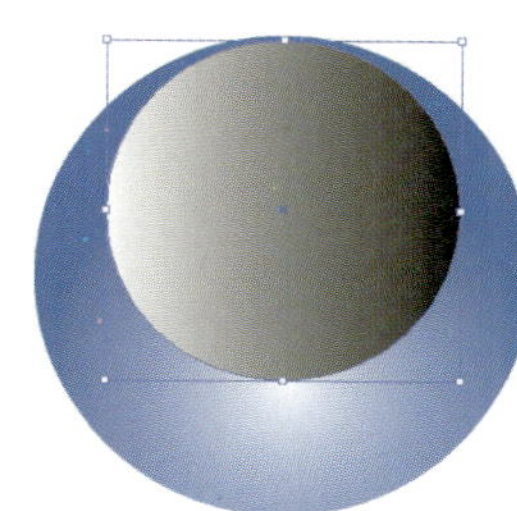
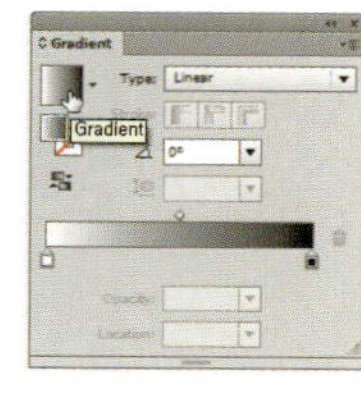

O5 그라디언트 적용방향을 변경합니다. 그라디언트 툴을 선택해서 조절점을 나타내고, 오브젝트 위쪽에서 아래쪽으로 드래그합니다. 그러면 적용 방향이 수직 방향으로 변경됩니다.

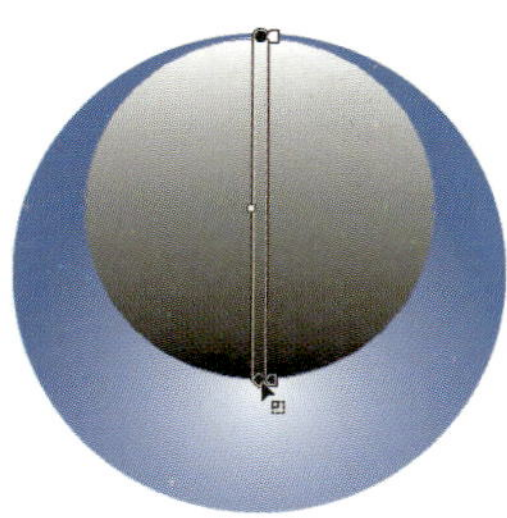

Illustrator

06 밝은 빛 효과를 나타내기 위해서 그라디언트 패널의 우측 슬라이드 색상을 흰색으로 변경하고, Opacity 항목의 수치 값을
0% 적용하여 투명하게 만듭니다.

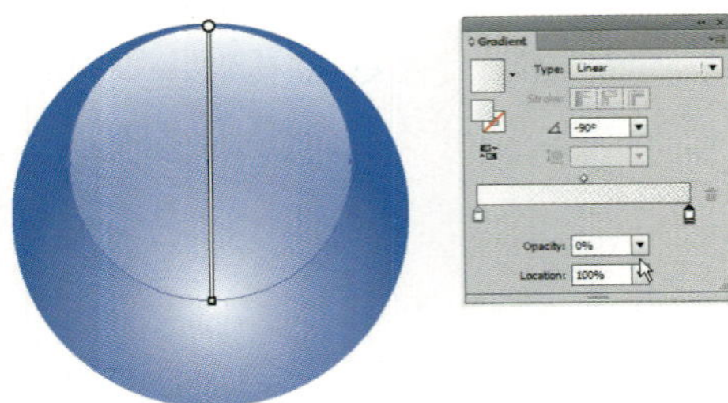

07 그라디언트 편집이 마무리 되었으면 선택 툴로, 바운딩 박스를 나타내고, 타원 모양으로 조절합니다.

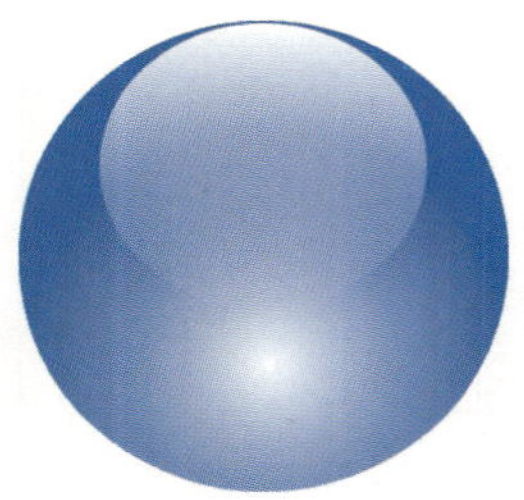

08 반짝이는 구슬 오브젝트 아래쪽에는 그림자를 추가합니다. 원형 툴로 타원 오브젝트를 만듭니다. 구슬 위쪽으로
오브젝트가 놓이면 Ctrl + Shift + [명령으로 오브젝트 뒤쪽으로 이동시킵니다. 그라디언트 패널을 열고, 방사형
(Radial) 그라디언트를 적용합니다.

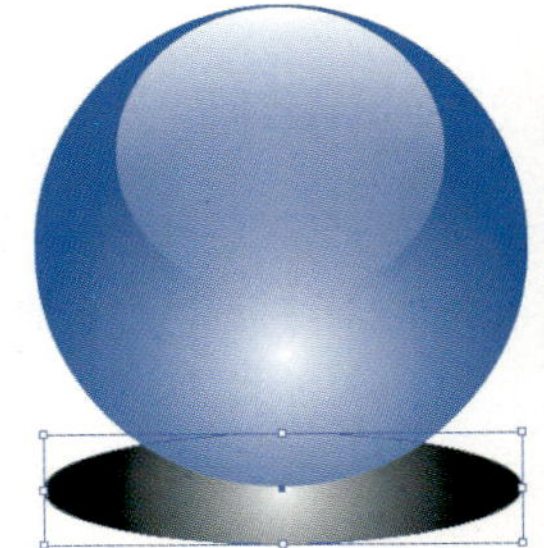

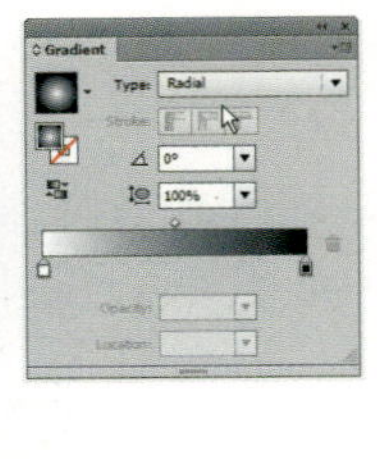

오브젝트 정렬

일러스트레이터에서 오브젝트는 만들어진 순서에 따라 쌓이게 됩니다. 즉 가장 나중에 만들어진 오브젝트가 위쪽에 놓이게 됩니다. 오브젝트의 계층 순서를 변경할 때에는 Arrange 명령을 사용합니다. [Object]–[Arrange] 명령을 이용해서 계층 순서를 변경할 수 있습니다.

09 그라디언트 영역을 타원에 맞추어 조절해야 합니다. 그라디언트 툴을 선택합니다. 조절점이 나타나면 좌측의 영역 조절점을 타원 폭에 맞추어 드래그합니다.

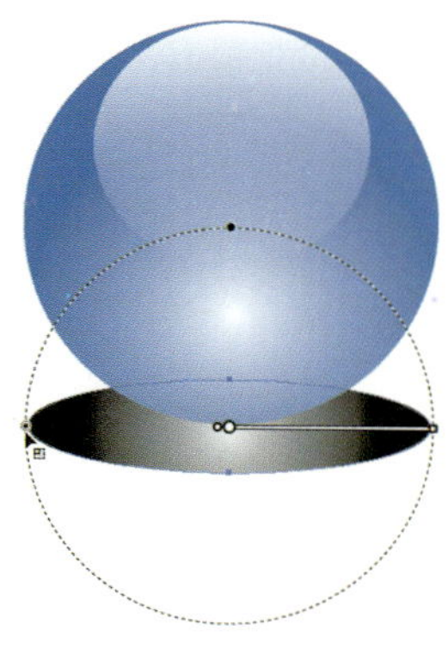

10 위쪽 폭을 맞추기 위해서 상단의 모양 조절점을 타원 위쪽 면에 맞추어 드래그합니다.

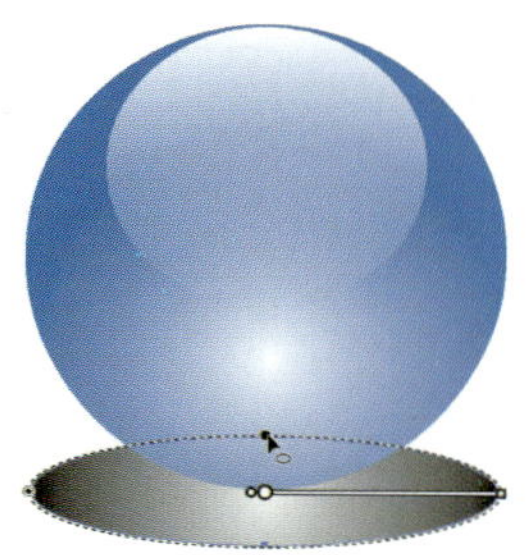

11 그림자 색상은 중심에 어두운 색상이 적용되고, 외곽으로 갈수록 밝게 이어져야 합니다. 적용된 그라디언트 색상을 반전 시킵니다. 그라디언트 패널에서 Reverse Gradient 버튼을 클릭합니다.

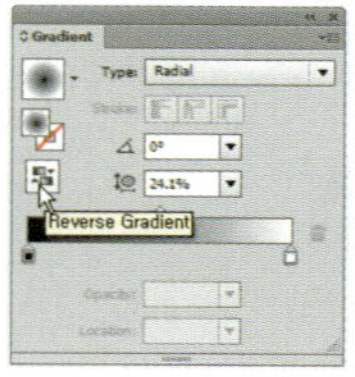

보충수업 | 그라디언트 조절점

그라디언트 툴을 선택하면 적용 위치와 방향 각 슬라이드의 색상과 위치를 세밀하게 조절할 수 있는 조절점이 나타납니다.

- **직선형(Linear) 그라디언트**
  ❶ 좌측의 원형 조절점을 드래그하면 그라디언트 적용 위치를 조절할 수 있습니다.
  ❷ 우측 조절점 옆에 마우스를 가져가면 회전 조절점이 나타납니다. 이때 드래그하면 드래그한 방향으로 그라디언트 각도가 조절됩니다.
  ❸ 조절점 위에 마우스를 놓으면 색상 슬라이드가 표시됩니다. 슬라이드의 색상과 위치를 조절할 수 있습니다.

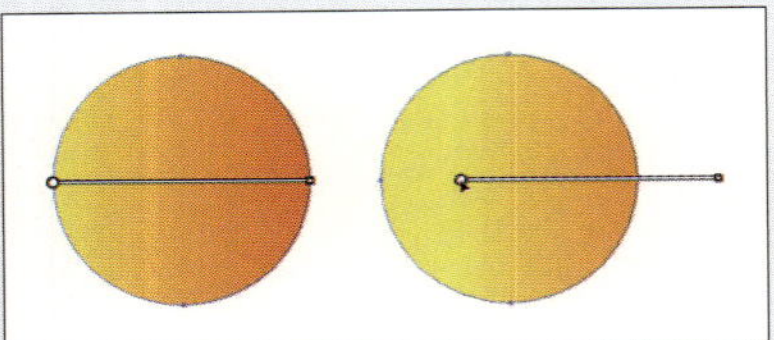
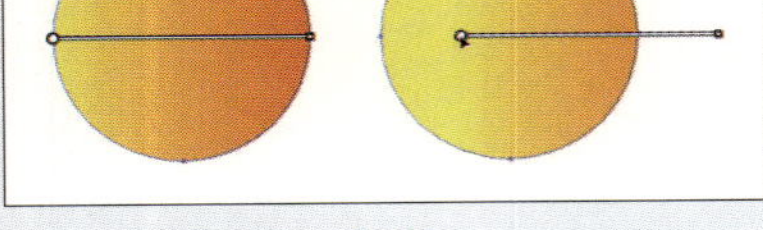
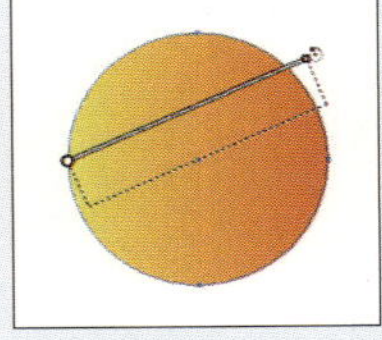
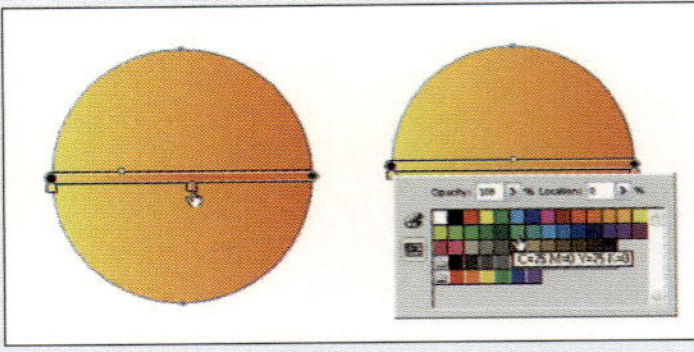

① 그라디언트 위치 조절하기   ② 그라디언트 회전시키기   ③ 색상 슬라이드 위치와 색상 변경

- **방사형(Radial) 그라디언트**
  ❶ 방사형 그라디언트를 적용하고 그라디언트 툴을 선택하면 원형 조절점이 나타납니다. 조절점을 드래그하여 위치와 적용 범위를 조절할 수 있습니다. 좌측 원형 조절점을 드래그하면 적용범위를 정비례로 조절할 수 있습니다.
  ❷ 상단 조절점을 드래그하면 타원 형태로 그라디언트 범위를 조절할 수 있습니다.

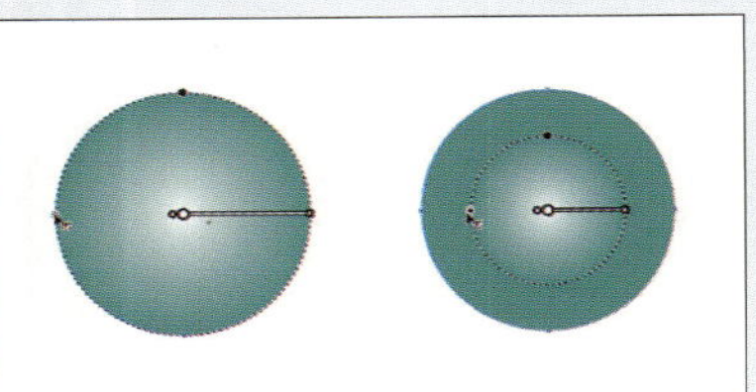
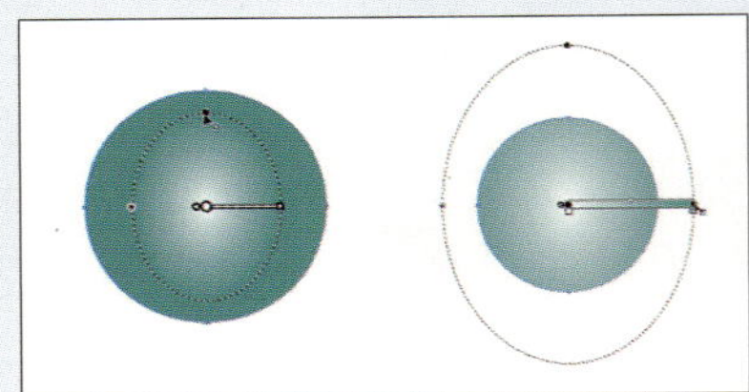

① 정비례로 그라디언트 범위 조절   ② 그라디언트 범위 조절

그라디언트 적용 범위

여러 개의 오브젝트를 선택한 후 스와치 패널의 그라디언트를 선택하면 각각의 오브젝트에 그라디언트가 적용됩니다. 툴 박스의 그라디언트 툴을 사용하면 하나의 오브젝트에 적용된 것처럼 그라디언트를 적용할 수 있습니다.

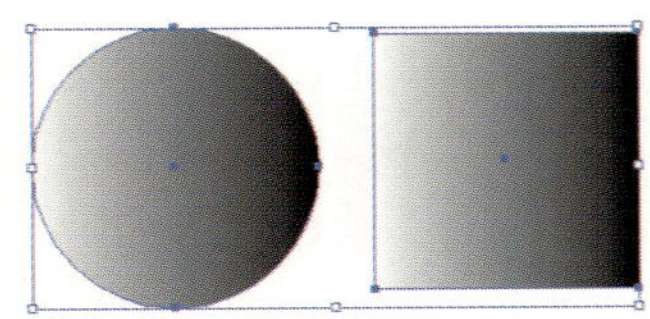
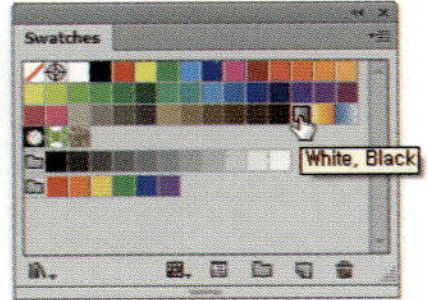

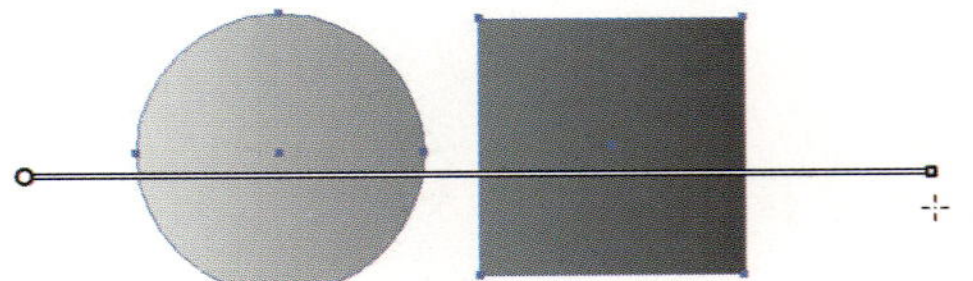

〈오브젝트 선택하고 그라디언트 적용하기〉   〈그라디언트 툴로 그라디언트 다시 적용하기〉

직접 해보기　블렌드 툴(Blend Tool)

블렌드 툴은 형태나 색상이 다른 두 오브젝트 사이에 변화되는 과정을 자동으로 만들어주는 도구입니다.

O1 스트라이프 문양을 블렌드 기능으로 만들어 보겠습니다. 사각형 툴로 오브젝트를 만들고, 색상을 적용합니다.

O2 면 색상으로 흰색을 지정한 다음 박스 안쪽에 문양을 나타낼 사각형 오브젝트를 추가합니다. 좌측에 오브젝트를 만들고, 선택 툴로 복사하여 우측에 복사본을 만듭니다.

O3 블렌드 툴을 더블 클릭하여 대화 상자를 나타냅니다. 오브젝트의 간격을 설정하는 Spacing 항목에 Specified Steps을 선택하고, 항목 값으로 "15"를 입력합니다.

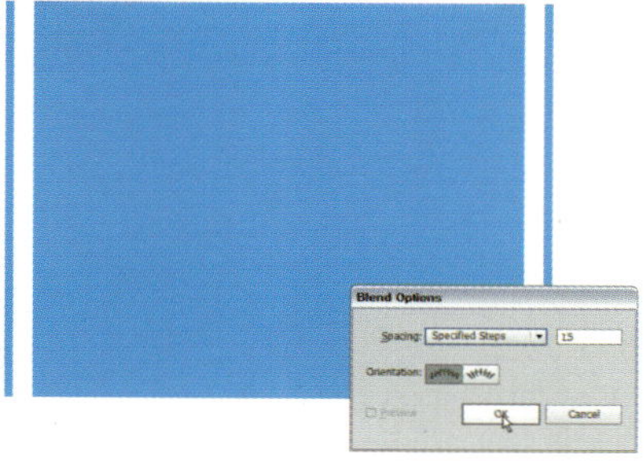

O4 블렌드 설정이 마무리 되었으면 흰색 사각형을 각각 클릭합니다. 그 결과 오브젝트 사이에 지정된 수치만큼 중간 단계의 오브젝트들이 추가됩니다.

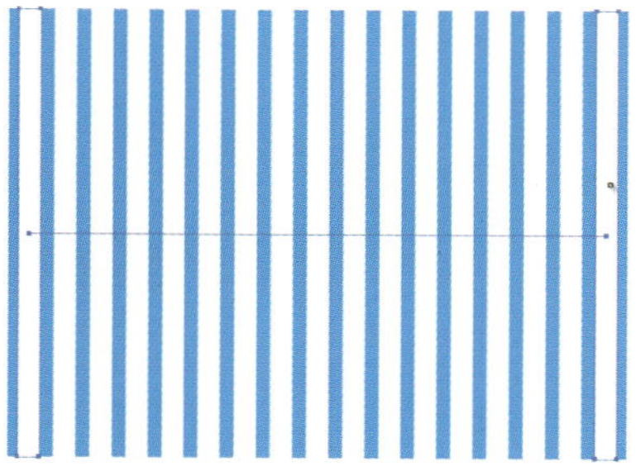

05 자연스러운 스트라이프 문양을 나타내기 위해서 Transparency 패널을 열고 투명도를 적용합니다.

일러스트레이터

06 별과 정원 오브젝트를 도형 툴을 이용하여 만듭니다. 두 오브젝트 사이에 모양이 변화하는 중간 단계를 만들기 위하여 블렌드 툴을 이용합니다.

07 블렌드 툴을 더블 클릭합니다. 대화 상자에 오브젝트의 간격을 설정하는 Spacing 항목에 Specified Steps를 선택하고, 항목 값으로 "3"을 입력합니다.

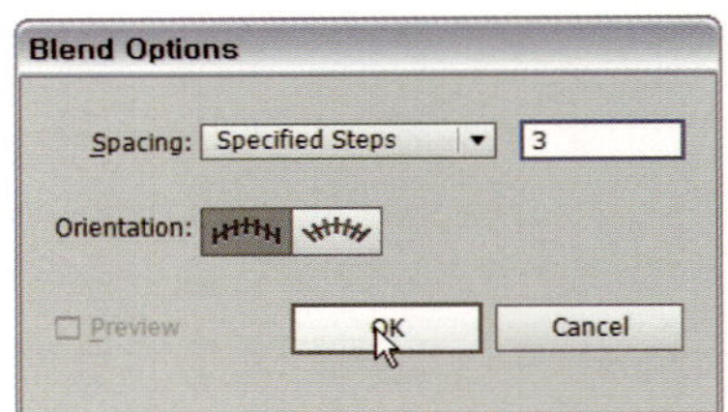

08 이제 두 오브젝트를 클릭하면 두 오브젝트 사이에 중간 단계를 나타내는 오브젝트가 생성됩니다. 직접 선택 툴로 원본 오브젝트를 편집하면 중간 단계도 자동으로 조정됩니다.

09 크기가 색상이 다른 두 개의 원 오브젝트를 만들고, 블렌드 기능으로 두 오브젝트 사이에 변화되어 가는 중간 단계의 오브젝트를 만듭니다.

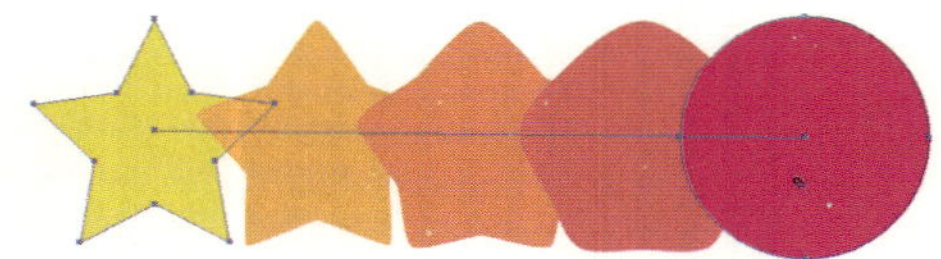

10 곡선의 블렌드 효과를 나타내기 위해서 펜 툴을
이용하여 패스를 만듭니다.

11 오브젝트를 모두 선택한 후 [Object]-[Blend]-[Replace Spine]을 적용합니다. 블렌드 효과가 곡선의 패스를 따라
적용됩니다.

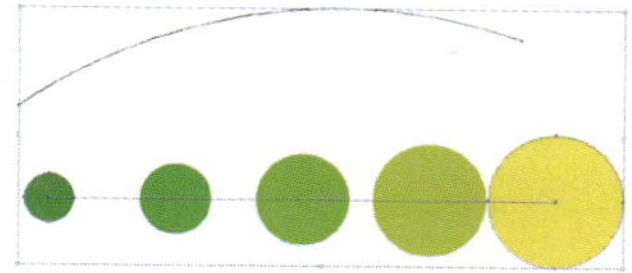

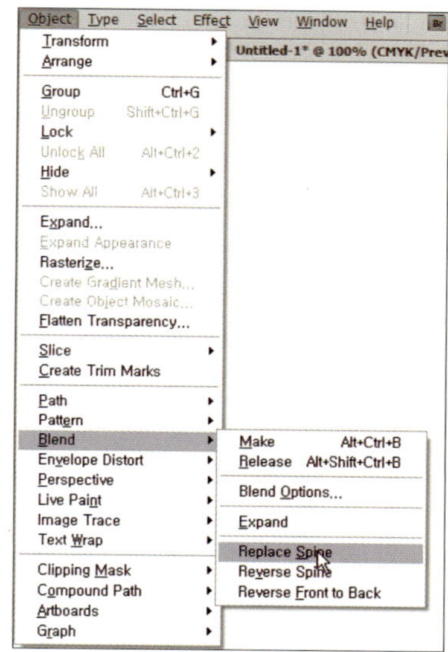

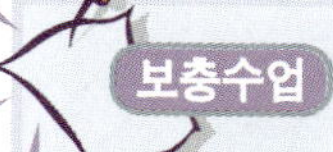

보충수업   **블렌드 툴 옵션 대화 상자**

❶ Spacing : 두 오브젝트가 블렌드 될 때의 중간에 생성되는 간격을
지정하는 방식입니다.

ⓐ Smooth Color : 자연스러운 색상의 변화가 있는 블렌드를 만듭니다.

ⓑ Specified Steps : 두 오브젝트 사이에 만들어지는 오브젝트의 개수를
지정할 수 있습니다.

ⓒ Specified Distance : 두 오브젝트 사이에 만들어지는 오브젝트의
간격을 지정할 수 있습니다.

❷ Orientation : 두 오브젝트를 블렌드 한 후 두 오브젝트 사이에 연결된 패스를 곡선 형태로 변형시켰을 경우에 사용하는
옵션입니다.

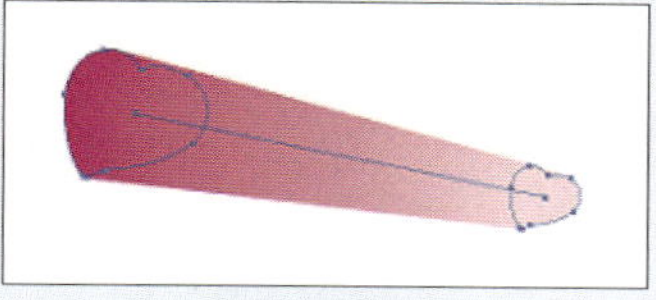
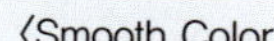

⟨Smooth Color⟩

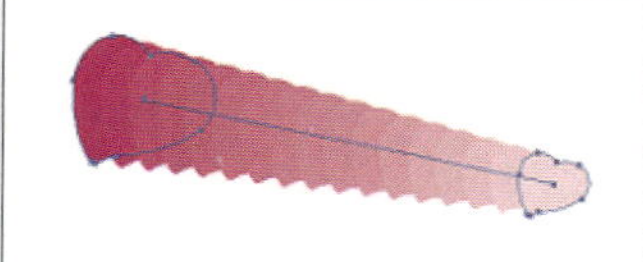

⟨Specified Steps⟩

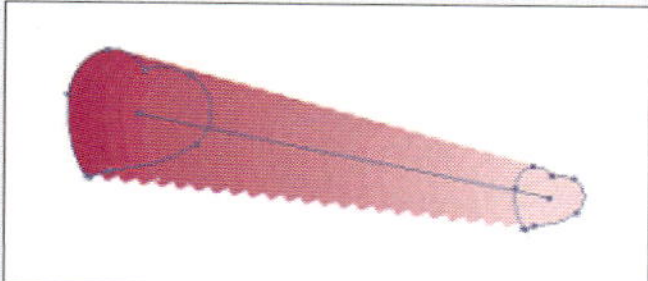

⟨Specified Distance⟩

 **실전문제**

1. 블렌드 기능과 오브젝트 편집 기능으로 엠블럼 디자인을 만들어 보세요.

▲ 준비파일 : Source/나뭇잎.ai

▲ 완성파일 : Artwork/part02-06.ai

힌트 ① [File]-[New] 명령으로 새로운 도큐먼트를 만듭니다. 원형 툴과 문자 툴로 엠블럼 기본 형태를 만들어 보세요.

② Source/나뭇잎.ai 파일을 열고, 나뭇잎 오브젝트를 복사한 다음 작업 도큐먼트에 붙여넣기 합니다. 선택 툴로 오브젝트 복사본을 만들고, 블렌드 기능으로 중간 단계의 오브젝트를 만드세요

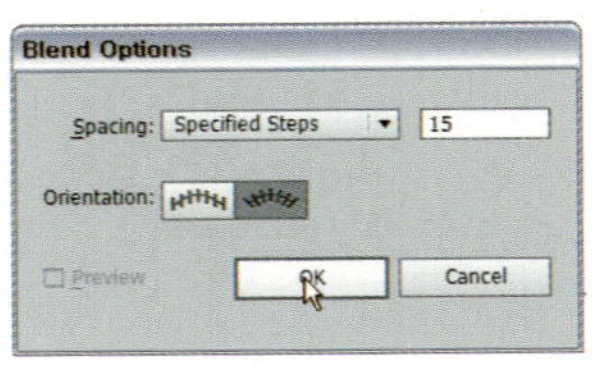

③ 블렌드 기능으로 반복된 형태를 만들었으면 오 브젝트를 변형시키기 위해서 블렌드 기능을 일 반 오브젝트로 확장합니다. [Object]-[Expand] 명령을 적용해서 블렌드로 적용된 반복된 문양 을 오브젝트로 나타냅니다.

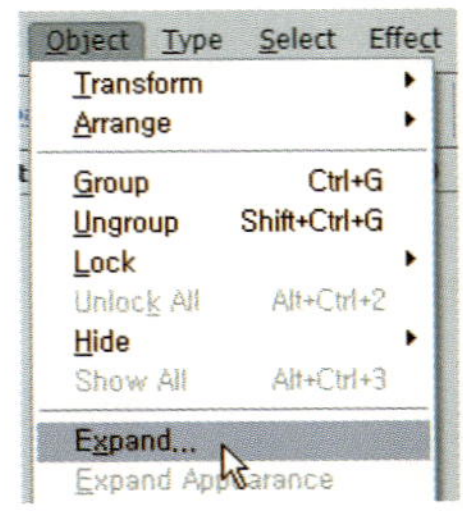

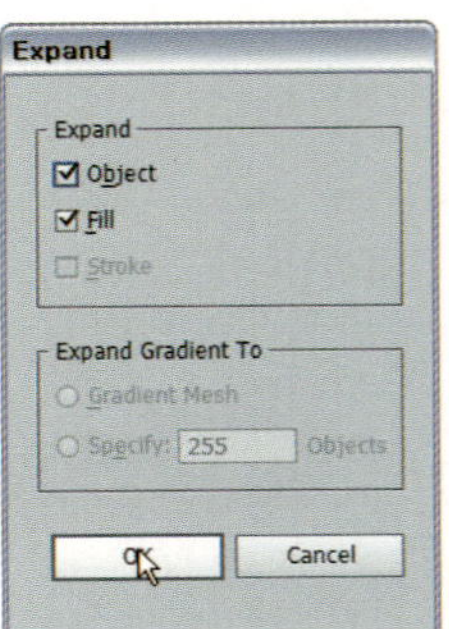

④ 원 외곽을 따라 흐르는 형태로 만들기 위해서 [Effect]-[Warp]-[Arc] 명령을 선택합니다. 대화 상자에서 항목 값을 변경하여 원의 외곽선을 따라 흐르도록 모양을 변경합니다.

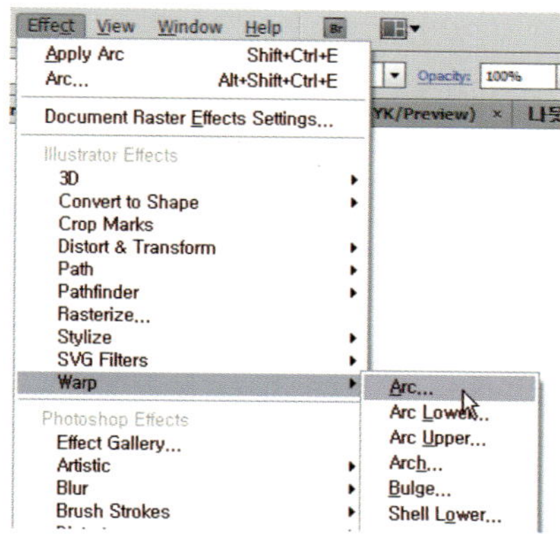

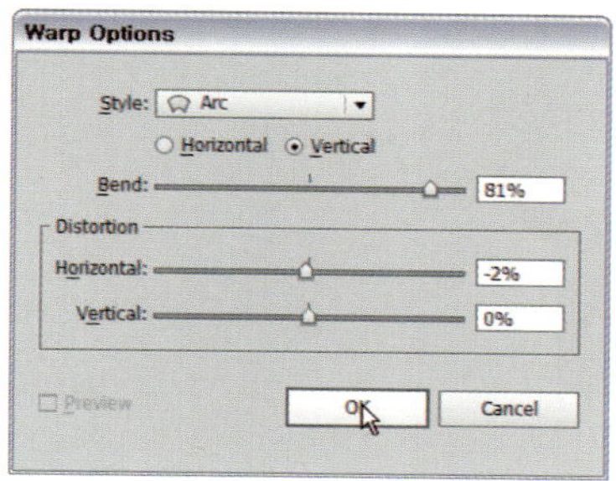

⑤ 대칭된 모양을 나타내기 위해서 Effect 기능이 적용된 오브젝트의 속성을 확장합니다. [Object]-[Expand Appearance] 명령을 적용합니다.

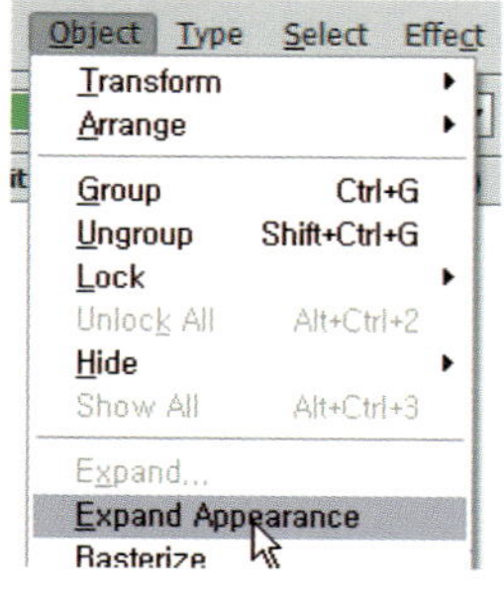

⑥ 반사 툴로 대칭된 모양을 만들고, 로고타입을 입력하여 엠블럼을 완성합니다.

2. 도형과 그라디언트 툴을 이용하여 돋보기 오브젝트를 만들어 보세요.

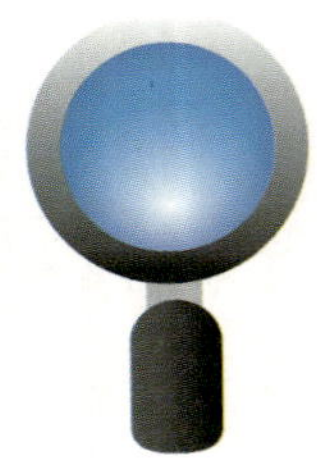

◀ 완성파일 : Artwork/part02-06.ai

힌트

① 돋보기 외곽 모양을 정원으로 만든 다음 그라디언트 패널에서 직선형 그라디언트를 적용하고, 그라디언트 툴로 적용 방향을 변경합니다. 돋보기 알 부분은 복사본을 만든 중심축을 기준으로 축소합니다.

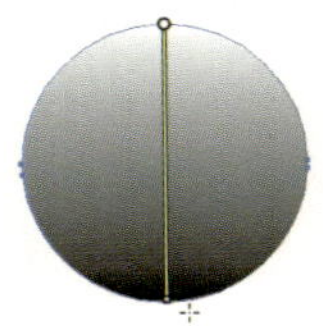

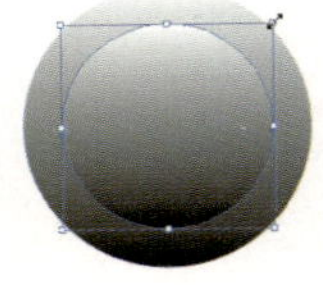

② 그라디언트 패널에서 원형 그라디언트로 변경한 다음 흰색에서 하늘색으로 이어지도록 슬라이드 색상을 변경하세요.

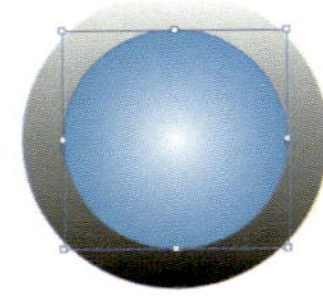

③ 밝은 부분이 위쪽에 놓이도록 그라디언트 툴을 선택한 다음 가운데 조절점을 드래그하여 위치를 조절합니다. 손잡이 부분도 도형 툴을 이용하여 모양을 만들고, 그라디언트 색상을 적용해 보세요.

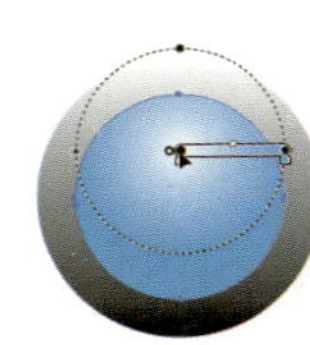

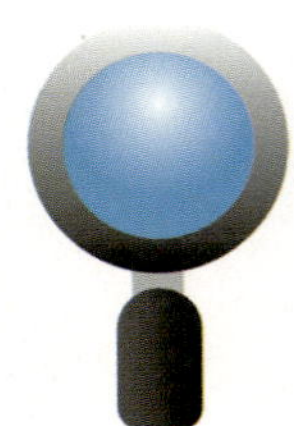

3. 그라디언트 메쉬 툴을 이용하여 바나나 오브젝트를 만들어 보세요.

▲ 준비파일 : Source/바나나.ai

▲ 완성파일 : Artwork/part02-06.ai

힌트 ① 주어진 소스 파일을 열고, 바나나 오브젝트에 노란색을 적용합니다.

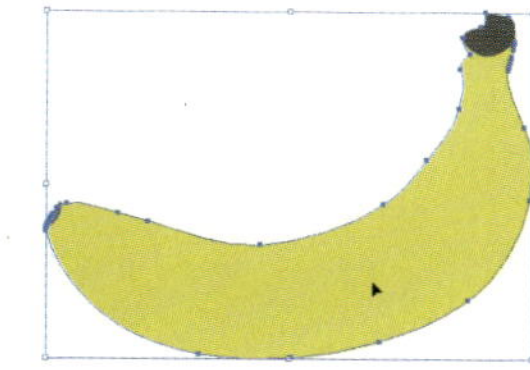

② 그라디언트 메쉬 툴을 선택하고, 면 색상은 흰색으로 지정합니다. 메쉬 툴로 하이라이트 영역을 나타낼 부분을 클릭합니다. 오브젝트 상단을 클릭해서 메쉬 포인트를 추가해 나갑니다.

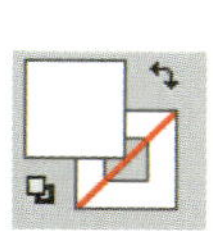

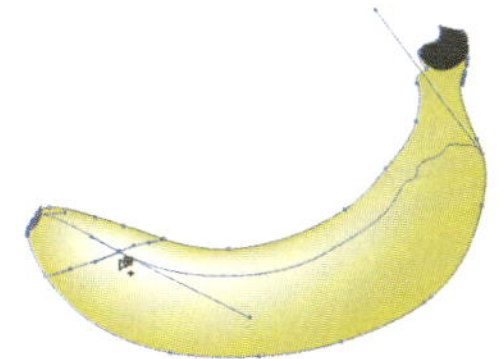

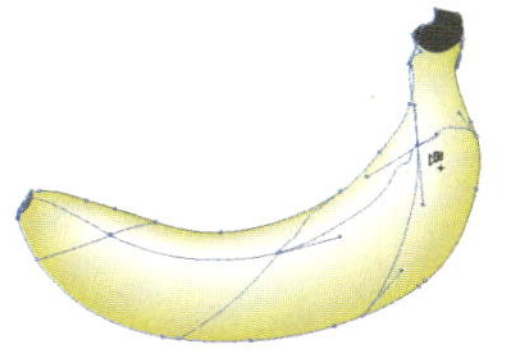

③ 중간 부분에 메쉬 포인트를 추가하고, 노란색을 적용하여 하이라이트 색상 범위를 조정합니다.

④ 계속해서 중간 부분에 메쉬 포인트를 추가하여 자연스러운 바나나 형태를 나타냅니다.

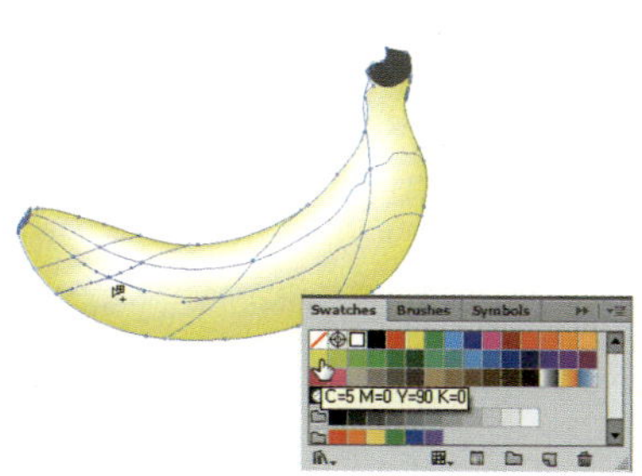

06 section

이번 시간에는 일러스트레이터의 심볼과 그래프 도구에 대해 알아보겠습니다. 일러스트레이터의 심볼은 오브젝트를 반복적으로 사용해도 파일의 크기가 일정하게 유지될 수 있다는 점에서 많은 사용자들의 사랑을 받고 있습니다. 또한 기능적인 면에서도 디자이너의 독창성을 표현하기에 부족함이 없습니다. 시각적인 데이터의 표현은 복잡한 정보를 빠르고 알기 쉽게 전달할 수 있는 효과를 가지고 있습니다. 일러스트레이터의 그래프 툴은 기능적인 면과 미적인 면을 동시에 완벽히 수행할 수 있도록 도와줍니다. 그러면 학습을 진행하여 심볼과 그래프 도구의 기능과 활용법을 알아보도록 하겠습니다.

■ 제작 포인트
심볼 관련 도구 익히기, 그래프 관련 도구 익히기, 아트보드 툴(Artboard Tool), 손 툴(Hand Tool), 돋보기 툴(Zoom Tool), 프린트 타일링 툴(Print Tiling Tool), 분할 툴(Slice Tool), 분할 선택 툴(Slice Selection Tool)

 완성물 미리보기

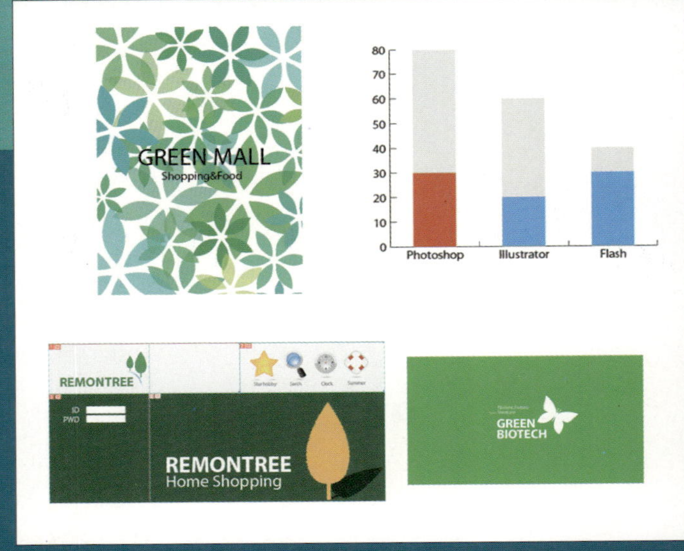

직접 해보기 심볼 스프레이 툴(Symbol Sprayer Tool) 

심볼 스프레이어 툴은 심볼을 뿌려주는 도구로 심볼 패널에서 심볼을 선택하거나, 사용자가 제작한 심볼을 등록하여 사용할 수 있습니다.

O1 Source/part02-17.ai 오브젝트를 불러옵니다. 심볼 패널을 열고, 오브젝트를 드래그 앤 드롭합니다.

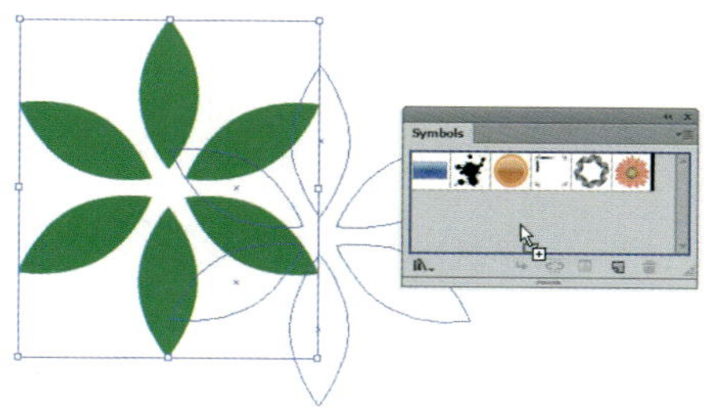

O2 심볼 등록 대화 상자가 열리면 심볼의 이름을 입력하고, 기본 설정되어진 항목 값으로 지정하고, OK를 클릭합니다. 심볼 패널에 오브젝트가 등록됩니다. 심볼 스프레이 툴을 선택하고 [[ ], [ ]] 키를 눌러서 브러시 크기를 조정한 다음 드래그하면 심볼이 뿌려집니다.

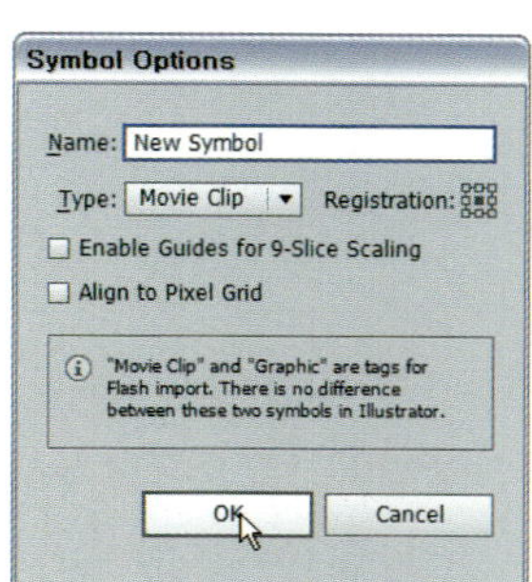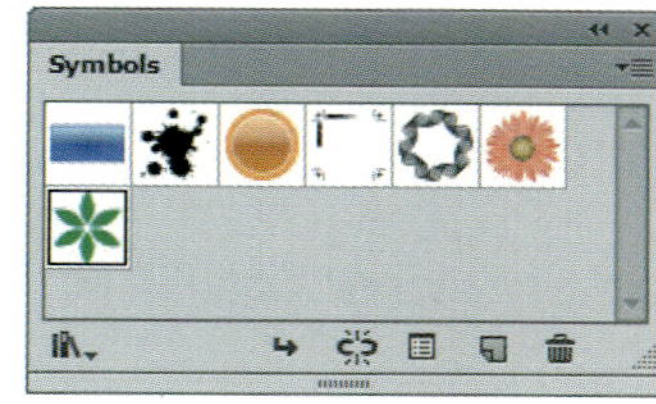

강의노트

심볼 툴 옵션 조절

심볼 툴을 사용하면서 브러시의 크기 조절이나 뿌려지는 양 조절은 대화 상자를 열어 수치를 바꾸기 보다는 키보드의 단축키를 사용하면 더욱 편리하고 빠르게 작업할 수 있습니다.

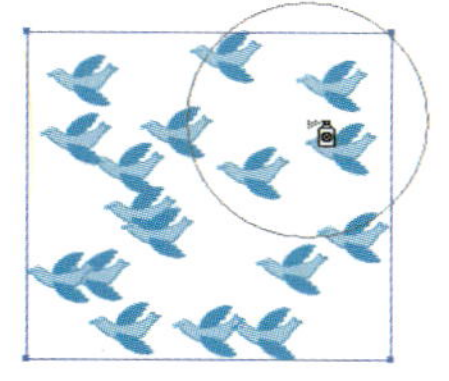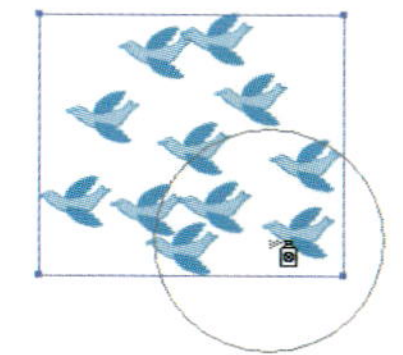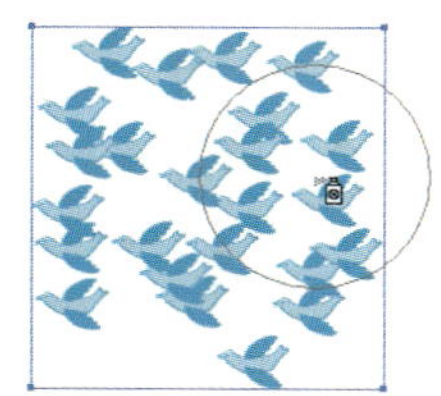

① [ ] 를 누르면 브러시의 크기가 축소됩니다.

② [ ] 를 누르면 브러시의 크기가 확대됩니다.

③ Shift + [ ] 를 누르면 심볼의 뿌려지는 양이 적어집니다.

④ Shift + [ ] 를 누르면 심볼의 뿌려지는 양이 많아집니다.

직접 해보기 **심볼 시프터 툴(Symbol Shifter Tool)**

심볼 시프터 툴은 심볼을 드래그하여 이동시킬 수 있는 도구입니다. 마우스로 드래그하면 드래그한 방향으로 화살표가 나타나고, 심볼이 이동하게 됩니다.

일러스트레이터

직접 해보기 **심볼 스크런처 툴(Symbol Scruncher Tool)**

심볼 스크런처 툴은 집합 툴로서 도큐먼트에 그려진 심볼을 집중시키거나 분산시키는 역할을 합니다. 겹쳐진 심볼 사이를 심볼 스크런처 툴로 누르고 있으면 심볼들이 모아지게 됩니다. 반대로 Alt 와 함께 누르고 있으면 분산시킬 수 있습니다.

직접 해보기 심볼 사이저 툴(Symbol Sizer Tool)

심볼 사이저 툴은 심볼의 크기를 확대/축소하는 도구입니다.

01 심볼 사이저 툴을 선택하고 심볼을 누르고 있으면 일정한 비율로 확대됩니다. 반대로 축소시킬 부분은 Alt 를 누르고 드래그합니다.

직접 해보기 심볼 스피너 툴(Symbol Spinner Tool)

심볼 스피너 툴은 심볼을 회전시키는 도구입니다.

01 심볼 스피너 툴을 선택하고 마우스를 회전하면서 드래그하면 심볼이 회전됩니다.

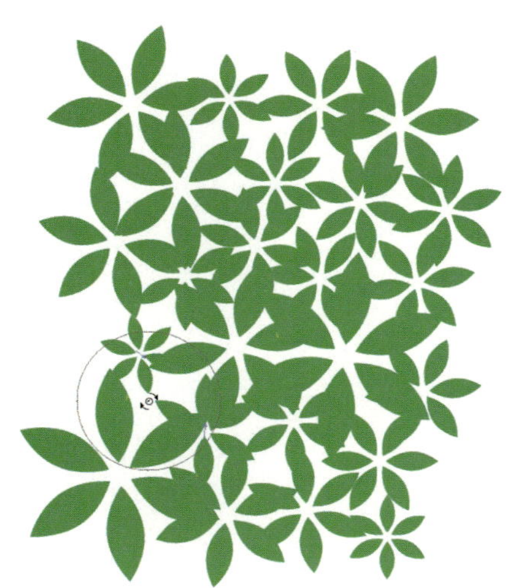

직접 해보기 심볼 스테이너 툴(Symbol Stainer Tool) 

심볼 스테이너 툴은 채색 도구로 심볼에 툴 박스에서 지정한 면 색상을 혼합시키며 적용합니다.

O1 심볼 스테이너 툴을 선택하고 면 색상으로 인접 색상인 노란색을 지정합니다. 심볼을 부분적으로 드래그하면 색상이
혼합되면서 화려하게 변경됩니다.

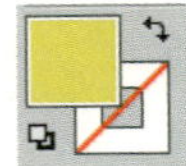

강의노트

심볼 채색하기

심볼 스테이너 툴을 활용할 때는 브러시의 강도에 따라 적용되는
색상이 달라집니다. Alt 를 누른 상태에서 다시 드래그하면
원래 색상으로 되돌릴 수 있습니다.

직접 해보기 심볼 스크리너 툴(Symbol Screener Tool)

심볼 스크리너 툴은 심볼에 투명도를 적용할 수 있습니다. Alt 를 누른 상태에서 드래그하면 투명해진 심볼을
원래 상태로 되돌릴 수 있습니다.

O1 심볼 스크리너 툴을 선택하고 드래그하면 투명도가 적용되어 겹쳐진 효과를 만들 수 있습니다.

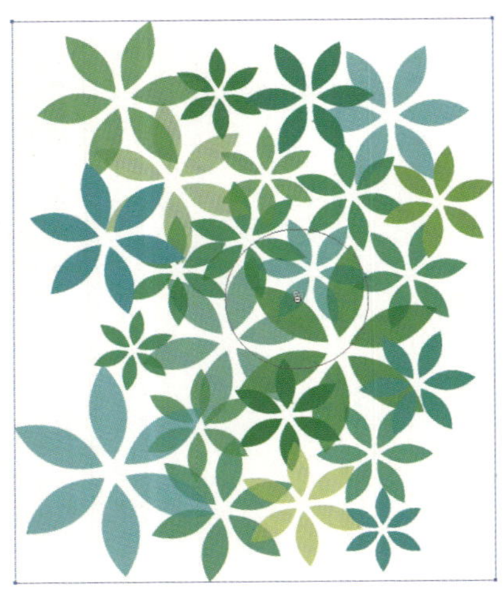

02 흩뿌려져 있는 심볼을 정리하기 위해서 사각형 툴로 심볼 위에 사각형을 만듭니다. 그런 다음 모든 오브젝트를 선택하고 마우스 우측 버튼을 클릭하여 'Make Clipping Mask' 명령을 적용합니다. 문자 툴로 텍스트를 입력합니다. 심볼 툴의 다양한 기능을 이용하면 독특한 패턴이 적용된 포장지, 쇼핑백, 패키지 등의 디자인 작업에 효율적으로 사용될 수 있습니다.

직접 해보기 심볼 스타일러 툴(Symbol Styler Tool)

심볼 스타일러 툴은 도큐먼트에 그려진 심볼들에 스타일 패널에서 선택한 스타일을 적용시킬 수 있는 도구입니다.

보충수업 심볼 툴 옵션 대화 상자

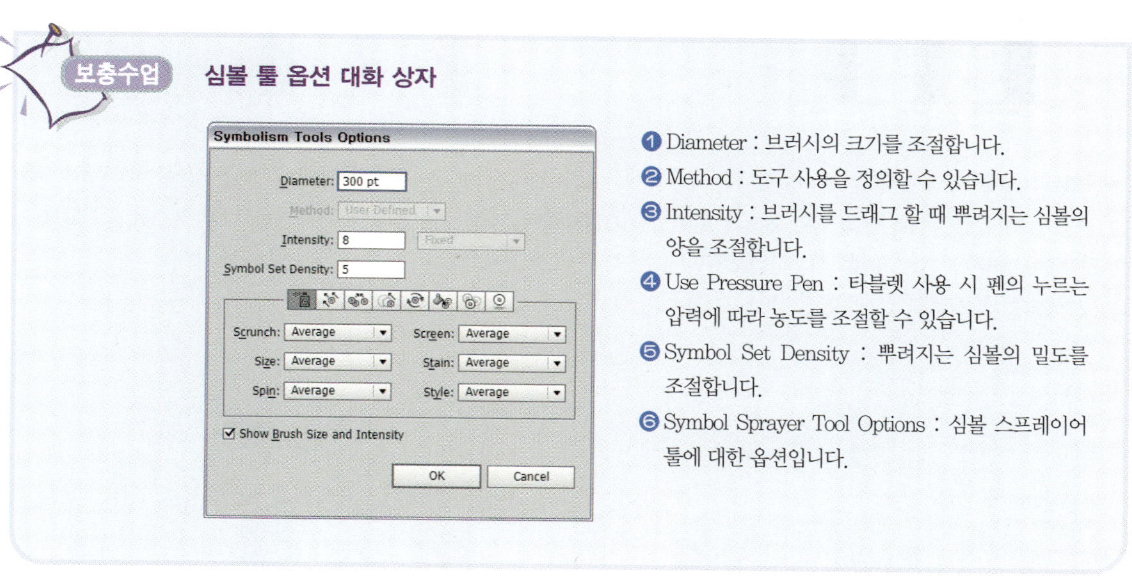

❶ Diameter : 브러시의 크기를 조절합니다.

❷ Method : 도구 사용을 정의할 수 있습니다.

❸ Intensity : 브러시를 드래그 할 때 뿌려지는 심볼의 양을 조절합니다.

❹ Use Pressure Pen : 타블렛 사용 시 펜의 누르는 압력에 따라 농도를 조절할 수 있습니다.

❺ Symbol Set Density : 뿌려지는 심볼의 밀도를 조절합니다.

❻ Symbol Sprayer Tool Options : 심볼 스프레이어 툴에 대한 옵션입니다.

직접 해보기 그래프 툴(Graph Tool)

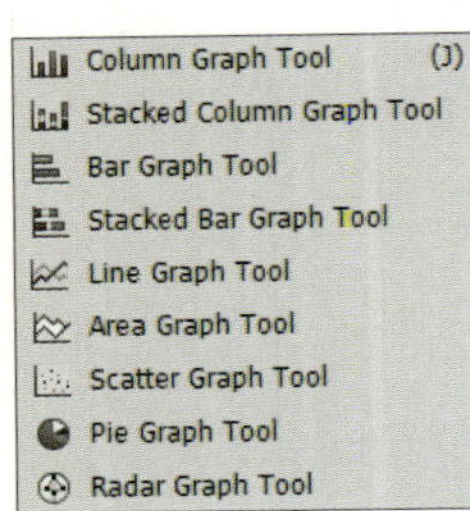

그래프 툴은 데이터를 이용하여 그래프를 만들어 주는 기능을 합니다. 9가지의 그래프 종류와 그 밖의 시각적인 효과도 줄 수 있습니다.

O1 그래프 툴을 선택하고 도큐먼트에 그래프 영역을 드래그합니다.

O2 데이터를 입력할 수 있는 셀 상자가 나타나면 데이터 값을 입력하고 적용 버튼을 클릭합니다.

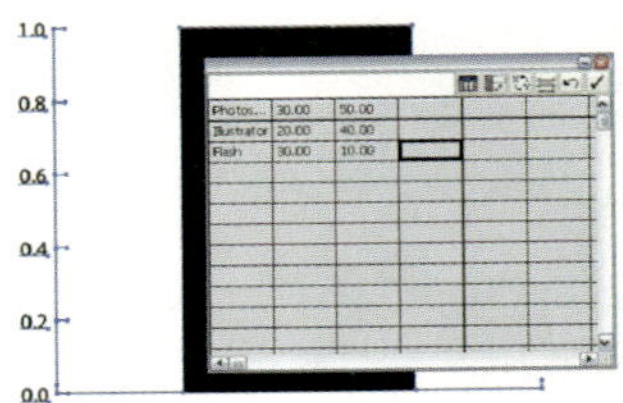

O3 그러면 입력된 데이터 수치가 흑백 오브젝트 형태의 그래프로 만들어집니다. 직접 선택 툴로 그래프를 선택하여 부분적으로 색상을 바꿀 수 있습니다.

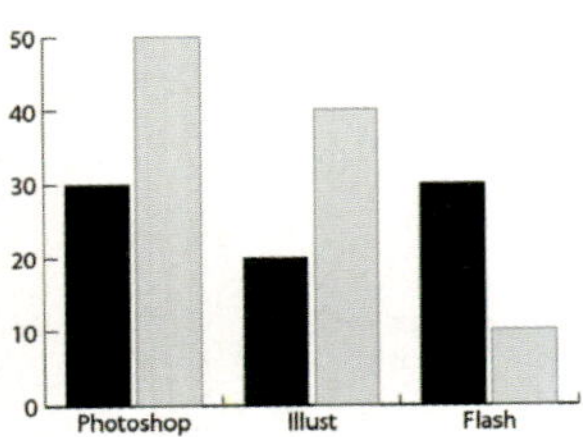

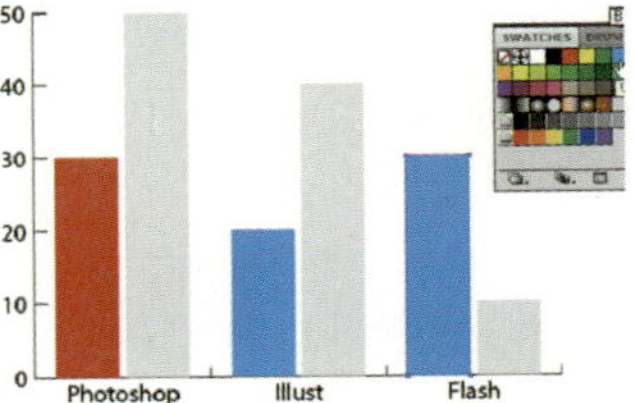

O4 일러스트레이터에서 제공하는 다양한 그래프의 형태로 변경시켜 보겠습니다. 만들어 놓은 그래프를 선택하고 그래프 툴을 더블 클릭하면 Graph Type 대화 상자가 열립니다. Type 항목에서 누적 막대그래프를 선택하고 OK 버튼을 클릭합니다. 입력된 데이터가 누적 막대그래프로 표현됩니다.

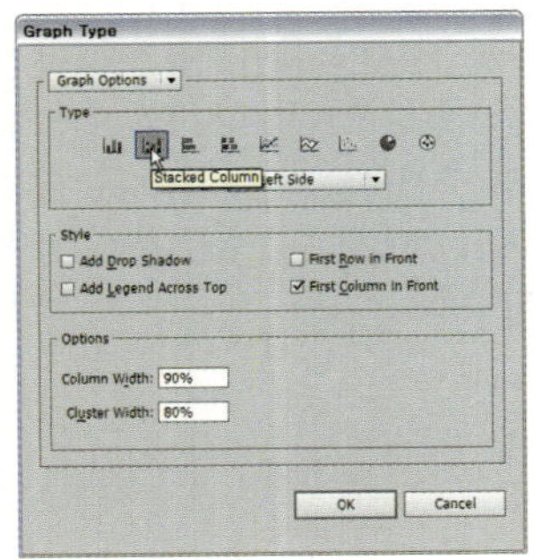

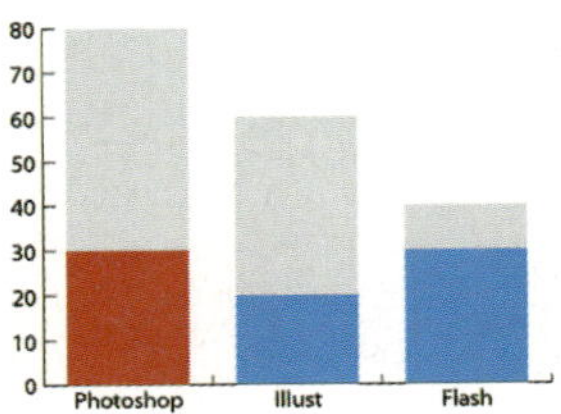

05 그래프 막대의 크기를 조절해 보겠습니다. 그래프 툴을 더블 클릭하여 대화 상자의 Column Width 항목에서 조절할 수치를 입력합니다.

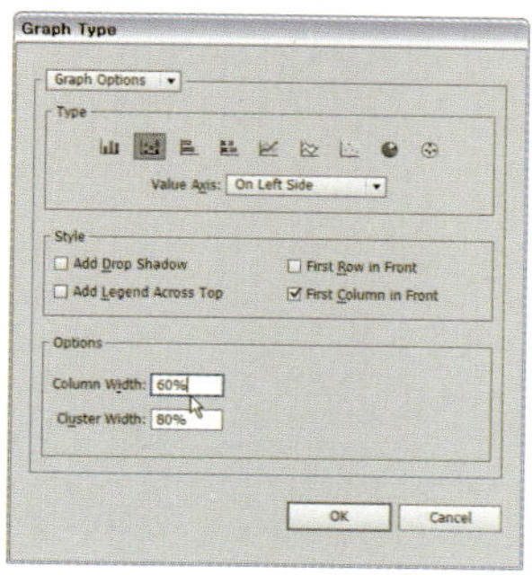

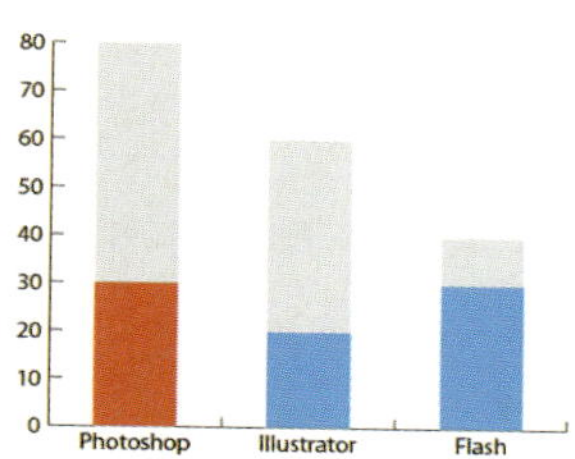

06 그래프는 여러 가지 형태로 쉽게 변경할 수 있습니다. 선으로 구성된 그래프 타입으로 변경해 보세요.

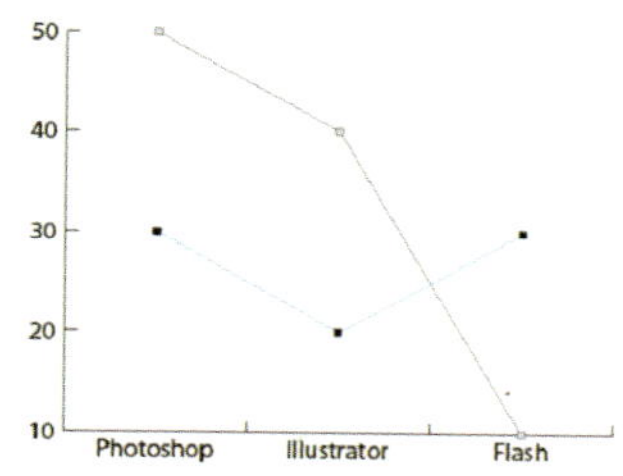

07 영역 그래프는 데이터의 수치를 영역으로 나타내어 줍니다.

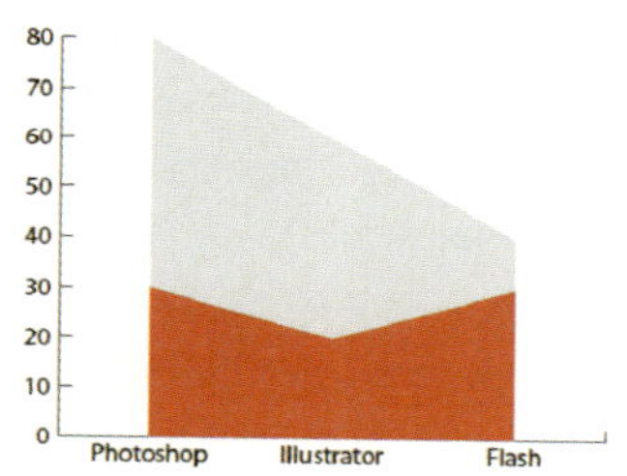

08 실무에서 사용빈도가 높은 파이 형태의 그래프로 나타냅니다.

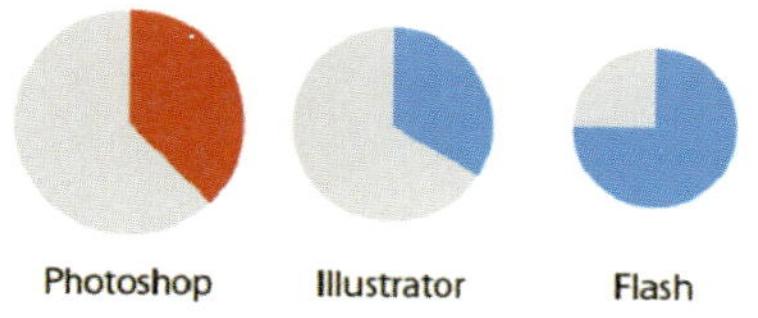

09 데이터를 편집하려면 그래프를 선택하고 마우스 우측 버튼을 클릭하여 단축 메뉴 중에서 Data 를 선택합니다. 데이터 셀 편집 대화 상자가 열리면 수정할 수 있습니다.

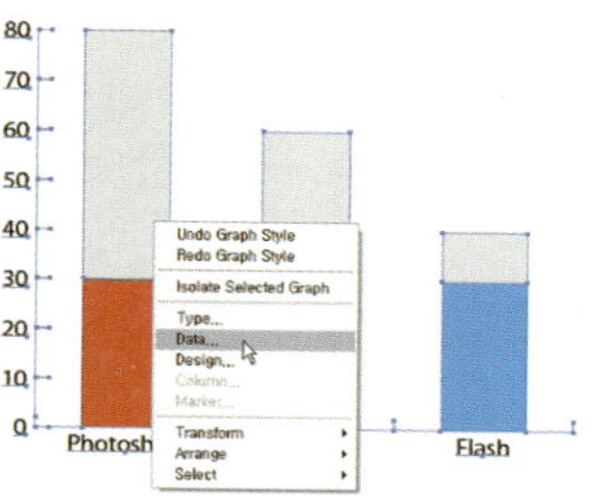

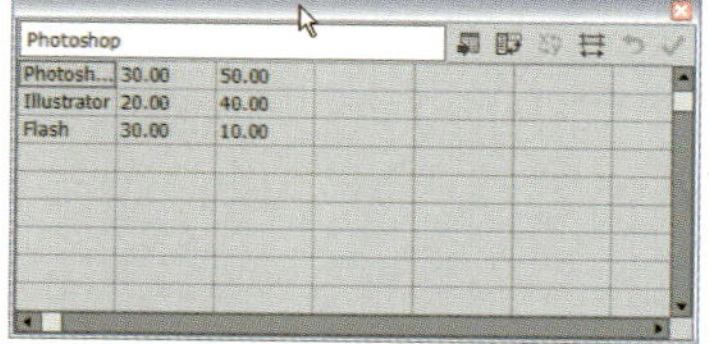

Illustrator

보충수업   심볼 툴 옵션 대화 상자

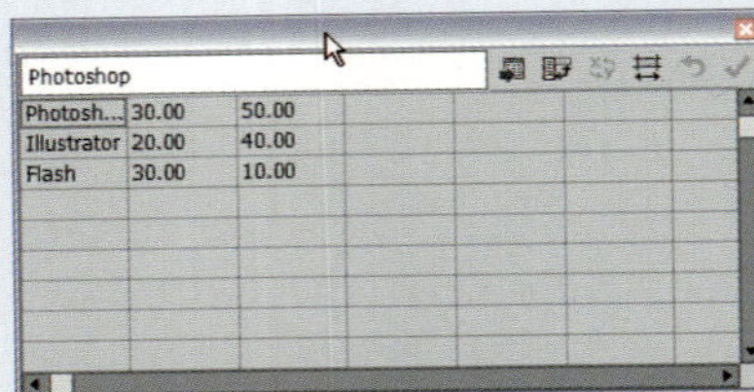

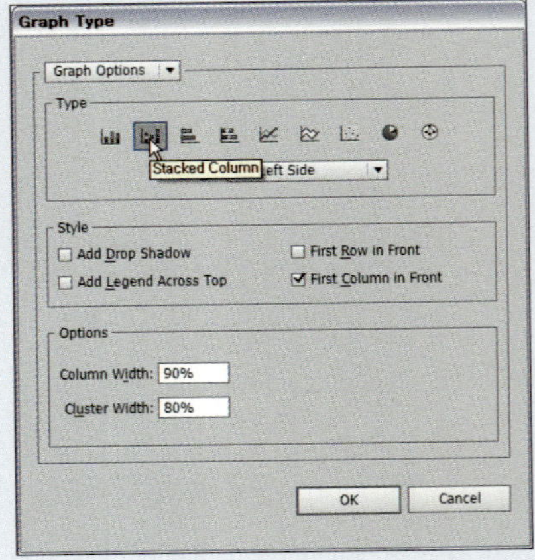

❶ 데이터 입력 창 : 데이터를 입력합니다.

❷ Import data(데이터 불러오기) : 텍스트 파일로 저장된 데이터를 불러옵니다.

❸ Transpose row/column(열/행 바꾸기) : 열과 행을 바꿉니다.

❹ Switch X/Y(X/Y축 바꾸기) : X축과 Y축을 바꿉니다.

❺ Cell Style(셀 스타일) : 셀의 간격, 개수를 조절합니다.

❻ Revert(복구) : 변경된 모든 내용을 복구시킵니다.

❼ Apply(실행) : 입력한 데이터를 그래프로 적용합니다.

❽ Cell : 데이터를 입력할 수 있는 각각의 입력창을 말합니다.

❾ Graph Option : 그래프 디자인이나 축에 대한 옵션입니다.

❿ Type : 제작한 그래프의 형태를 다른 그래프 형태로 바꿀 수 있습니다.

⓫ Value Axis : 차트의 축을 화면의 왼쪽에 둘 것인지 오른쪽에 둘 것인지를 지정합니다.

⓬ Add Drop Shadow : 그래프에 그림자를 생성시켜 줍니다.

⓭ First Row in Front : 행을 앞에 둡니다.

⓮ Add Legend Across Top : 차트에 대한 표식을 상단에 표시합니다.

⓯ First Column in Front : 열을 앞에 둡니다.

⓰ Column Width : 각각의 막대그래프의 폭을 조절합니다.

⓱ Cluster Width : 막대그래프의 전체 폭을 조절합니다.

직접 해보기 아트보드 툴(Artboard Tool)

아트보드 툴은 아트보드의 크기를 조절하거나 추가하는 기능입니다. 아트보드를 복사할 때는 마우스로 드래그하여 복사본을 만들고, 조절점을 드래그하여 크기를 빠르게 조정할 수 있습니다.

○1 [File]-[New] 명령으로 새로운 도큐먼트를 만듭니다.

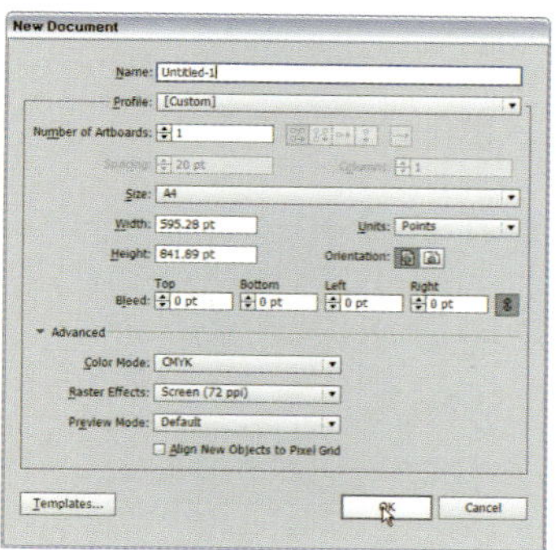

○2 아트보드 툴을 선택하면 아트보드의 크기를 조절할 수 있는 조절점이 생성됩니다.

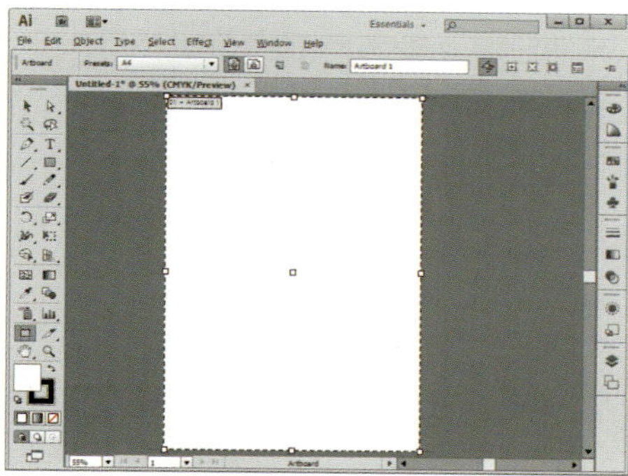

○3 아트보드 복사는 Alt 를 누르고 드래그합니다. 복사본이 만들어지면 다른 작업 툴을 선택하거나 Esc 를 누르면 편집 모드가 해제됩니다.

O4 아트보드를 추가한 다음 옵션 패널에서 사용자가 작업 크기를 지정하여 크기를 조절할 수 있습니다. 아트보드를 추가한 다음 명함 크기를 나타내는 가로 9cm, 세로 5cm를 항목 값으로 입력하여 크기를 조절해 보세요.

아트보드 크기조정
아트보드 툴을 선택하면 외곽에 8개의 조절점이 생성됩니다. 조절점을 드래그하여 아트보드의 크기를 조절할 수 있습니다.

아트보드 편집하기
아트보드 편집 상태에서 Enter를 누르면 아트보드 옵션 대화 상자가 열립니다. 변경된 아트보드의 정보와 표시 항목을 설정할 수 있습니다. 항목 값을 조정하여 변경된 내용을 적용할 수 있습니다.

직접 해보기   손 툴(Hand Tool)

손 툴은 일러스트레이터 화면을 원하는 방향으로 이동시키는 도구입니다. 도큐먼트를 클릭하고 드래그하면 원하는 방향으로 이동됩니다.

O1 Source/part02-18.ai 파일을 불러옵니다. 손 툴을 지정하고, 도큐먼트를 클릭한 상태에서 드래그하면 작업 화면을 이동시킬 수 있습니다.

손 툴의 전환

일러스트레이터 작업을 할 때 화면을 이동하는 경우가 많이 있습니다. 이때는 Space Bar 를 누르면 손 툴로 전환되어 화면 이동을 손쉽게 할 수 있습니다.

직접 해보기   돋보기 툴(Zoom Tool)

돋보기 툴은 화면을 확대하거나 축소하는 기능입니다.

O1 돋보기 툴을 지정하고 확대할 영역을 드래그합니다. 드래그 한 영역만큼 도큐먼트가 확대됩니다.

O2 도큐먼트를 축소하기 위해서 Alt 를 누르면 축소 돋보기 툴로 전환되며, 마우스를 클릭할 때마다 일정한 비율로 도큐먼트가 축소됩니다.

단축기로 확대/축소 기능 사용하기

Ctrl + Space Bar 를 누르면 마우스 포인터가 + 모양으로 바뀌면서 확대되는 돋보기로 전환되고 Ctrl + Alt + Space Bar 를 누르면 마우스 포인터가 – 모양으로 바뀌면서 축소되는 돋보기 툴로 변경됩니다. 또한 툴 박스의 돋보기 툴을 더블클 릭하면 도큐먼트를 100%로 되돌릴 수 있습니다.

직접 해보기 프린트 타일링 툴(Print Tiling Tool)

타일링 선은 작업 문서의 점선영역으로 보여지는 곳으로 프린트 영역을 나타냅니다. 프린트 타일링 툴을 선택하고,
프린트 영역의 위치를 조정할 수 있습니다.

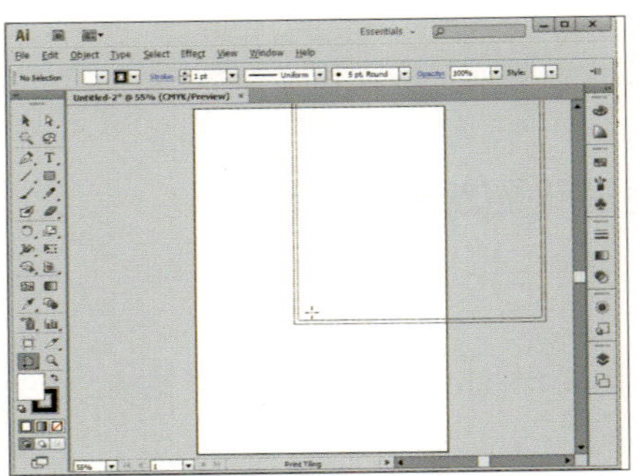

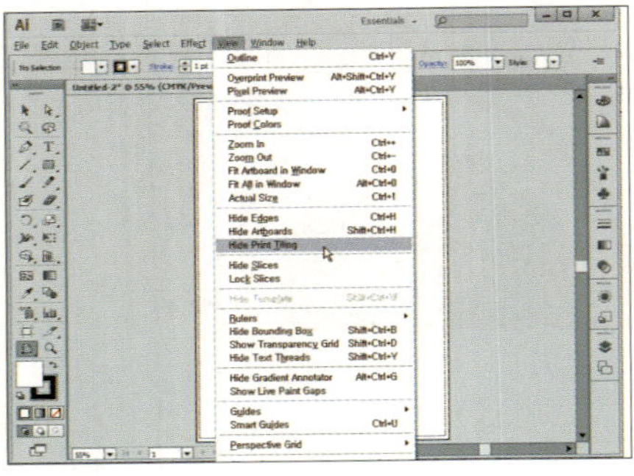

직접 해보기 분할 툴(Slice Tool)

웹용 이미지를 만들기 위하여 오브젝트에 분할 영역을 만들고, 분할 영역의 이미지를 개별적으로 저장할 수
있습니다.

직접 해보기 분할 선택 툴(Slice Selection Tool)

분할 툴로 분할된 영역을 선택하는 도구입니다.

01 Source/part02-19.ai 소스파일을 불러옵니다. 웹 페이지를 디자인한 오브젝트가 나타납니다. 외곽의 테두리를 기준으로
분할 영역을 만들어 보겠습니다. 분할 툴로 심볼마크와 로고가 삽입된 이미지 상단을 드래그합니다.

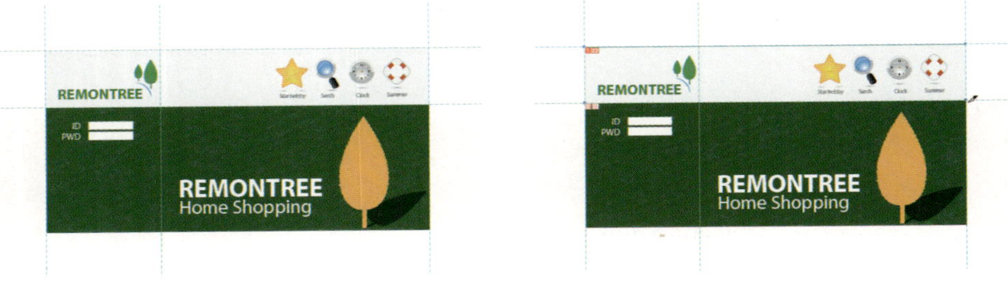

O2 드래그한 선을 기준으로 분할 영역이 만들어 집니다. 로그인 영역과 메인 이미지 부분을 분할시킵니다. 로그인 영역을 분할 툴로 드래그합니다.

O3 분할 선택 툴을 지정하고, 첫번째 분할 영역을 선택합니다. 다시 분할 툴을 선택하고 메뉴 부분을 드래그하여 분할 영역을 새롭게 나타냅니다.

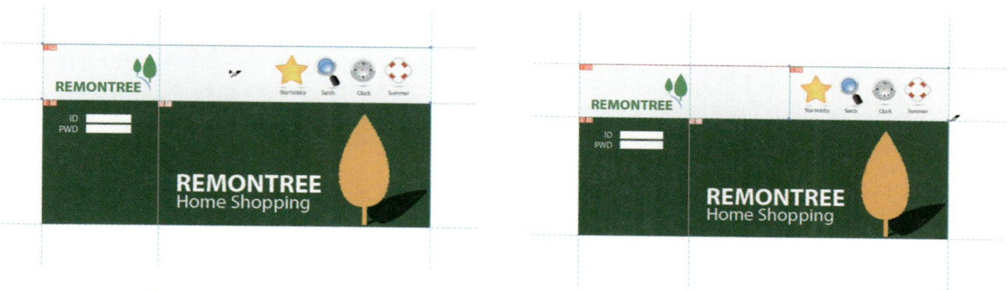

O4 분할된 오브젝트를 웹용 이미지로 사용하기 위해서는 JPG, GIF, PNG 등의 압축 파일 형식으로 저장되어야 합니다. 이러한 작업을 위해 일러스트레이터는 Save for Web 기능을 제공하고 있습니다. [File]-[Save for Web & Devices] 명령을 선택합니다. 대화창에서 분할 영역의 이미지를 개별적으로 또는 전체를 지정하여 압축 설정과 저장 형식을 지정한 다음 저장할 수 있습니다.

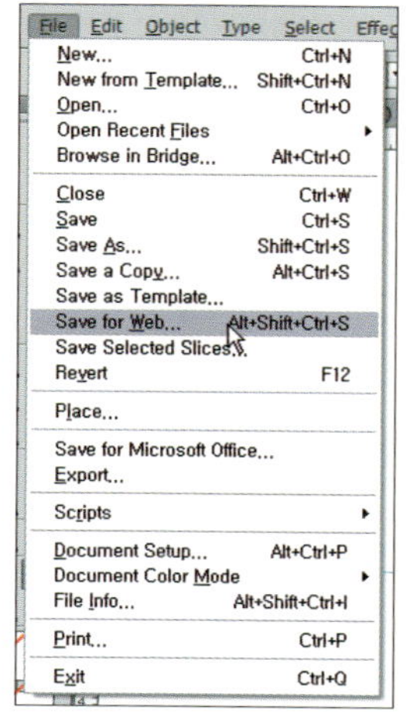

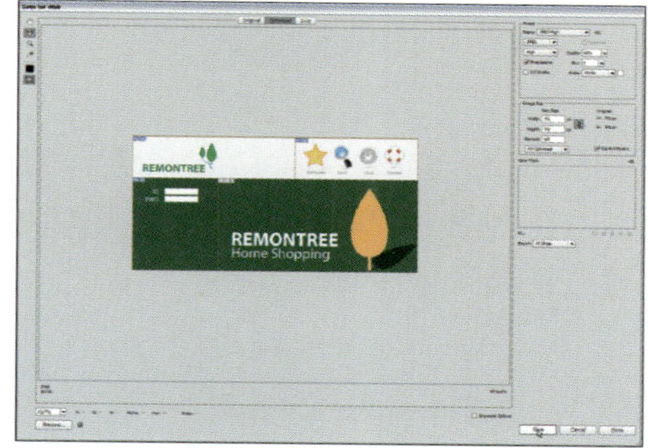

Illustrator

실전문제

1. A4 크기의 레터헤드와 명함디자인을 아트보드를 추가하여 디자인해 보세요.

▲ 준비파일 : Source/로고디자인.ai

▲ 완성파일 : Artwork/part02-07.ai

일러스트레이터

힌트

① [File]-[New] 명령으로 A4 크기의 새로운 도큐
먼트를 만듭니다. A4 크기의 아트보드에 레터헤
드를 디자인합니다. 'Source/로고디자인.ai' 파
일을 불러와 CI를 복사한 다음 붙여넣기 하고,
좌측 상단에 크기를 조절하여 배치합니다.

② 아트보드 우측에는 회사의 기본 정보를 나타내
는 문구를 입력합니다. 문구를 입력하고 크기와
위치를 조절해 보세요.

③ 아트보드 툴을 선택한 다음 A4 크기의 아트보드 우측에 드래그해서 새로운 아트보드를 추가한 다음 옵션패널에 명함 규격인 가로 9cm, 세로 5cm 크기로 조정합니다.

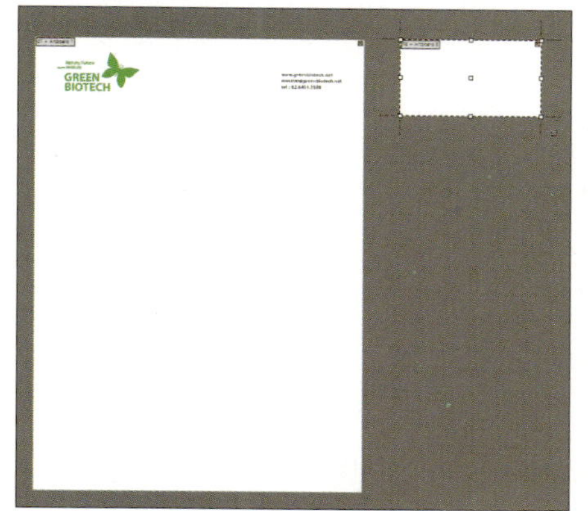

④ 명함크기의 아트보드가 만들어졌으면 사각형 툴로, 아트보드에 맞추어 오브젝트를 추가한 다음 CH를 복사하여 가운데 배치하고, 색상과 크기를 변경합니다.

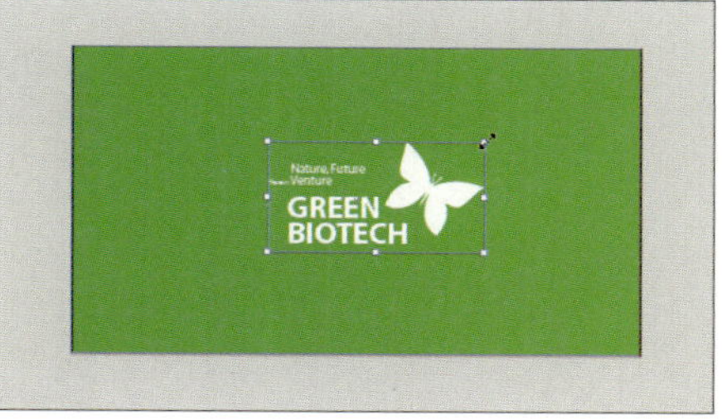

07

새로운 오브젝트 만들기 기본 도형을 응용한

이번 시간에서는 일러스트레이터의 도형과 드로잉 도구를 이용해서 오브젝트를 만들어 보는 시간입니다. 기본 도형은 다양한 형태의 오브젝트를 만드는데 기초가 됩니다. 다양한 모양의 도형을 조합하고, 변형, 합치거나 빼는 등 편집 기능을 더하여 새로운 오브젝트로 만들어지게 되는 것이지요. 일러스트레이터에서 제공하는 기본 도형을 만들고, 이를 새로운 도형으로 변경하여 오브젝트를 제작하는 과정을 알아보면서 기본 도형의 수정 편집 방법에 대해 학습해 보겠습니다.

■ 제작 포인트

도형 툴 응용하기, 패스파인더 기능 적용하기, 선택 툴과 직접 선택 툴 활용하기, 반사 툴, 스므스 툴, 나이프 툴, 색상 적용하기

 완성물 미리보기

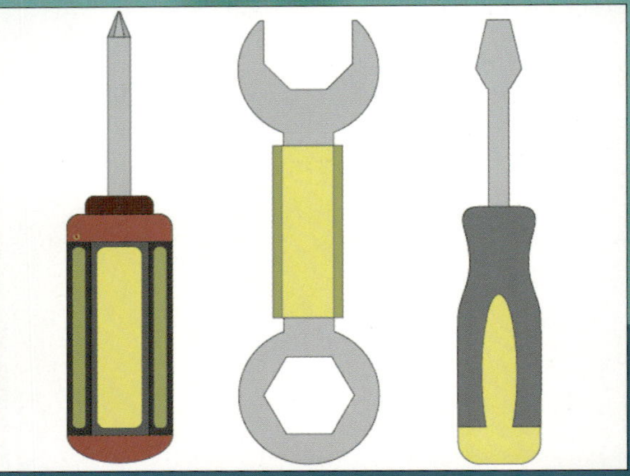

▲ 완성 파일 : Artwork/도형으로오브젝트만들기.ai

직접 해보기

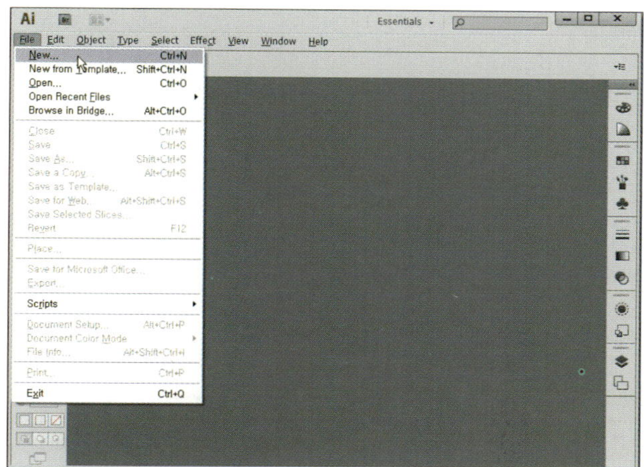

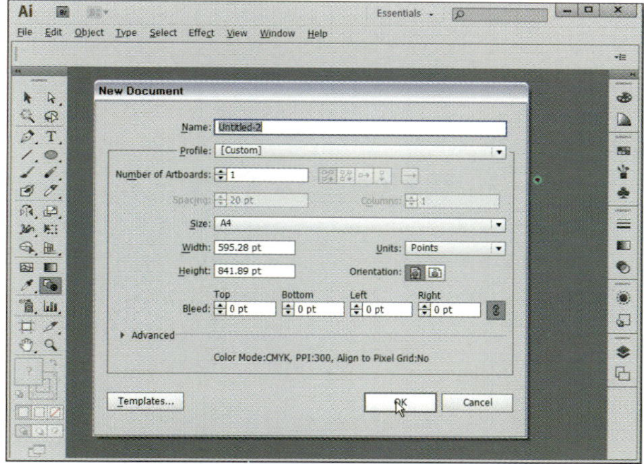

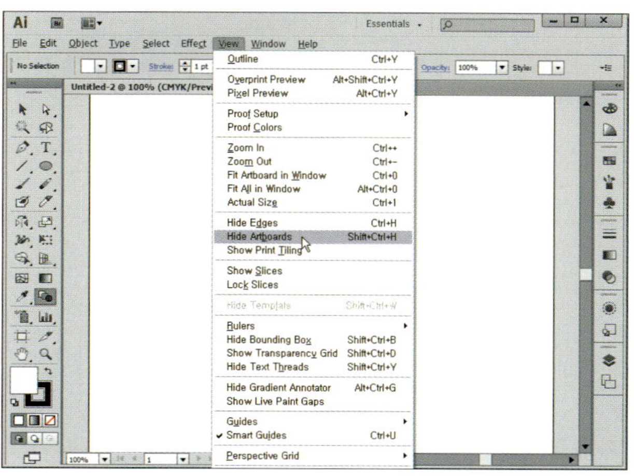

O1 이번 시간에는 기본 도형들을 조합하고, 편집하여 새로운 모양의 오브젝트를 만들어 보는 시간입니다. [File] 메뉴의 [New] 명령으로 새로운 도큐먼트를 만듭니다.

새로운 도큐먼트 만들기

[File]–[New] 명령으로 새로운 도큐먼트를 만들 수 있습니다. 단축키로 Ctrl + N 명령을 실행합니다.

O2 New Document 대화상자가 열리면 기본 값으로 설정된 A4 크기의 도큐먼트를 만듭니다.

O3 [View]–[Hide Artboards] 명령으로 아트보드 구분선을 없애고 작업합니다.

도큐먼트

일러스트레이터에서 사용되는 문서는 도큐먼트라고 부릅니다. 도큐먼트는 아트 보드의 크기와 방향, 그리고 컬러 모드를 설정하게 됩니다. 하지만 일러스트레이터는 벡터 방식이기 때문에 작업 중, 또는 작업 후에도 아트 보드 크기와 방향, 그리고 컬러 모드를 변경할 수 있습니다. 이런 점은 비트맵 방식인 포토샵과 다른 특징이기 때문에 충분히 이해해 두어야 합니다.

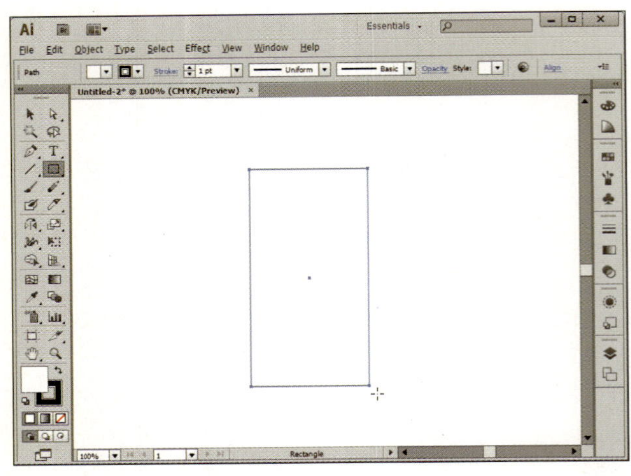

O4 툴 박스에서 사각형 도형 툴을 선택합니다. 기본 도형 속성으로 흰색 면과 검은색 선 속성으로 지정되어 있으며 도큐먼트에 드래그해서 직사각형 도형을 만듭니다.

 **보충수업** **도큐먼트 확대 축소하고 이동하기**

도큐먼트를 확대하거나 축소할 때는 툴 박스의 돋보기 툴을 사용합니다. 일러스트레이터 작업 도중 도큐먼트 크기를 조절하여 세밀한 작업을 진행해야 할 경우가 많이 발생합니다. 따라서 단축 기능을 이용하여 도큐먼트를 빠르게 확대/축소할 수 있어야 합니다.

❶ 도큐먼트 확대하기 : 작업도중 도큐먼트를 확대하려고 한다면 `Ctrl` + `Space Bar` 를 누릅니다. 마우스 포인터가 임시적으로 확대 돋보기 툴로 전환되어 도큐먼트를 확대시킬 수 있습니다. 또는 `Ctrl` + `+` 를 누르면 일정한 비율로 도큐먼트가 확대됩니다.

❷ 도큐먼트 축소하기 : 도큐먼트를 축소하려고 한다면 `Ctrl` + `Alt` + `Space Bar` 를 누릅니다. 마우스 포인터가 임시적으로 축소 돋보기 툴로 전환되어 도큐먼트를 축소시킬 수 있습니다. 또는 `Ctrl` + `−` 를 누르면 일정한 비율로 도큐먼트가 축소됩니다.

❸ 도큐먼트 이동하기 : 도큐먼트를 이동시키기 위해서는 손바닥 툴을 이용합니다. 단축 기능으로 `Space Bar` 를 누르면 마우스 포인터가 손바닥 툴로 전환되어 쉽게 이동시킬 수 있습니다.

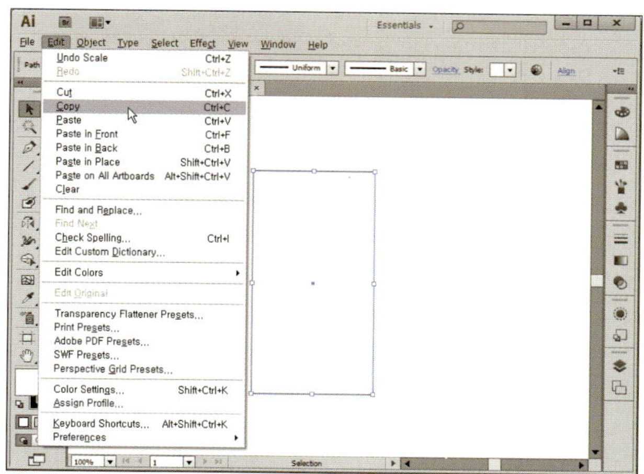

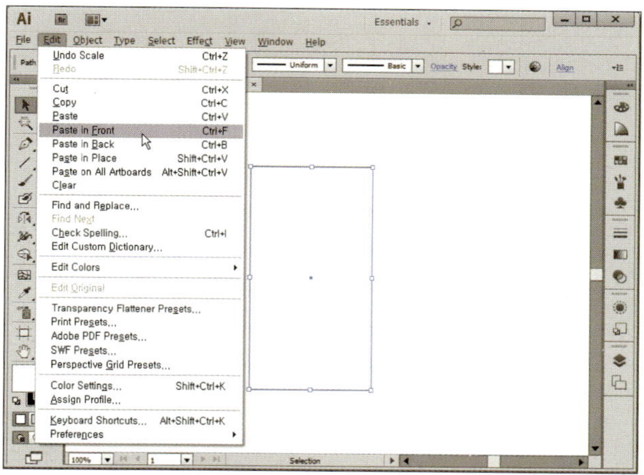

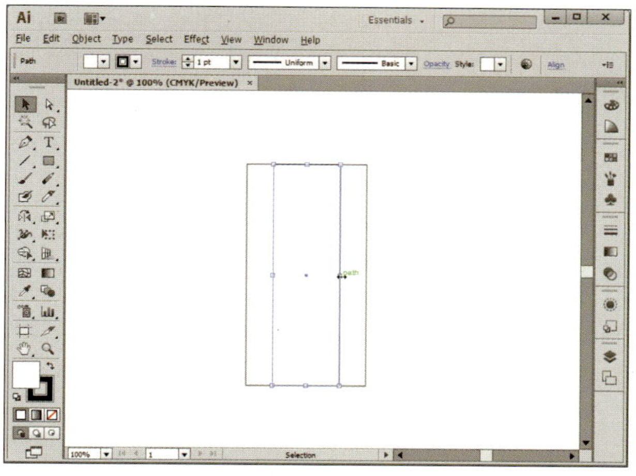

05 드라이버 손잡이 형태를 나타내기 위해서 선택 툴로 오브젝트를 선택한 다음 [Edit]-[Copy] 명령으로 복사합니다.

실행 취소하기
잘못된 작업과정은 [Edit] 메뉴의 Undo 명령으로 취소할 수 있습니다. 단축키로 Ctrl+Z를 실행합니다. 작업 취소 명령은 자주 사용되므로 반드시 단축키를 사용하여 빠르게 적용할 수 있어야 합니다.

06 복사된 오브젝트는 원본과 동일한 위치에 붙여넣기 위해서 [Edif]-[Paste in Front] 명령을 실행합니다.

오브젝트 복사/붙여넣기
선택된 오브젝트는 Ctrl+C 명령으로 복사한 다음 Ctrl+V 명령으로 붙여넣기 합니다. 복사한 오브젝트의 원본과 동일한 위치에 붙여넣기 위해서는 제자리 붙여넣기 명령을 실행합니다. 이때는 Ctrl+F를 눌러 실행합니다.

07 오브젝트에 8개의 조절점으로 바운딩 박스가 활성화 됩니다. 바운딩 박스의 가운데 조절점을 Alt를 누르고 안쪽으로 드래그 하세요. 오브젝트의 중심축을 기준으로 가로 폭이 동일한 간격으로 축소됩니다.

오브젝트 확대 축소하기
오브젝트를 정비례로 확대/축소하려면 바운딩 박스 대각선 조절점을 Shift와 함께 드래그합니다. 크기를 조절할 때 중심축을 기준으로 확대/축소하려고 한다면 Alt를 누르고 조절점을 드래그하세요.

125

Illustrator CS6

보충수업　**바운딩 박스의 기능과 활용**

오브젝트를 선택하면 크기와 모양, 각도를 조정할 수 있는 바운딩 박스가 활성화됩니다. 8개의 조절점으로 표시되는 바운딩를 움직여서 오브젝트를 편집할 수 있습니다. 바운딩 박스가 보이지 않는다면 [View]–[Show Bounding Box]를 실행하여 나타낼 수 있습니다.

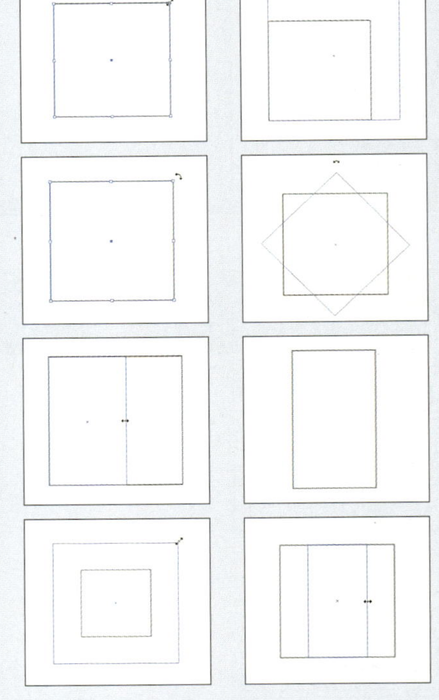

❶ 바운딩 박스의 모서리 조절점을 Shift와 함께 드래그하면 정비례로 크기를 확대/축소 시킬 수 있습니다.

❷ 바운딩 박스 조절점 외곽에 마우스를 놓으면 회전 표시자가 나타납니다. 마우스를 드래그하면 오브젝트가 회전됩니다. 오브젝트를 45° 방향으로 정확히 회전시킬 때에는 Shift와 함께 드래그합니다.

❸ 가운데 조절점을 드래그하면 모양을 변경할 수 있습니다. 가로 또는 세로 폭을 넓이거나 좁힐 수 있습니다.

❹ 바운딩 박스로 오브젝트의 크기를 조절할 때에 Alt 를 누르고 드래그하면 오브젝트의 중심축을 기준으로 모양이 변경됩니다.

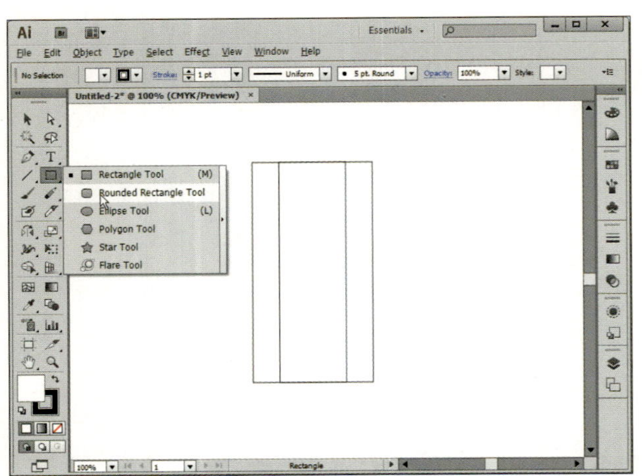

08　작업이 마무리 되었으면 도큐먼트 빈 공간을 클릭하여 선택을 해제합니다. 계속해서 손잡이 밑 부분의 형태를 나타내기 위해서 원형 도형 툴을 지정하세요.

강의노트

선택 해제
오브젝트의 선택을 빠르게 해제할 때는 Ctrl 을 누르고, 도큐먼트 빈 공간을 클릭합니다. Ctrl 을 누르면 마우스 포인터의 모양이 선택 툴로 전환됩니다. 이때 빈 공간을 클릭해서 선택을 해제하면 됩니다.

일러스트레이터 CS6

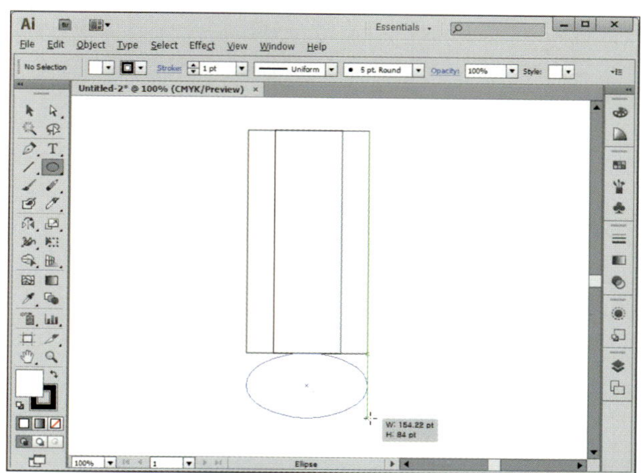

09 직사각형 가로 폭과 동일한 크기의 타원 오브젝트로 둥근 모서리 형태를 나타낼 것입니다. 정확한 모양을 나타내기 위해서 [View]-[Smart Objects] 기능을 활성화 합니다. 이제 큰 사각형 좌측 면을 기준으로 우측으로 드래그 하세요. 사각형 우측면에 타원 모서리가 놓이게 되면 자동으로 안내선이 활성화됩니다. 마우스 포인터를 놓으면 사각형 가로 폭과 동일한 타원을 나타낼 수 있습니다.

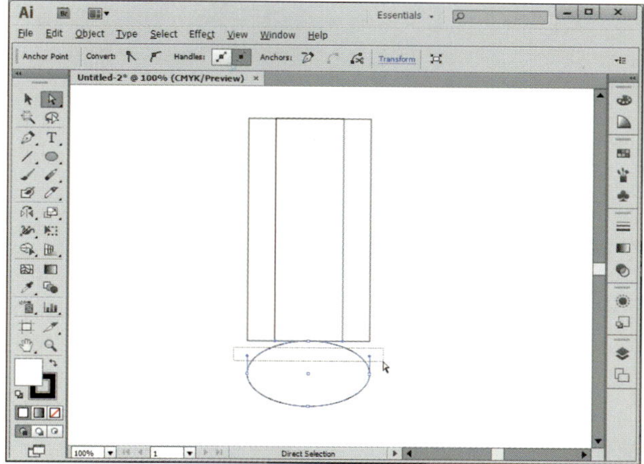

10 오브젝트의 모양을 편집하기 위해서 직접 선택 툴을 지정하고, 타원 위쪽을 나타내는 세그먼트를 드래그하여 선택합니다.

Smart Objects

Smart Objects 기능은 개체의 정보를 실시간으로 알려주는 유용한 기능입니다. 정확한 작도를 위해서 사용되며 개체를 생성할 때 안내선과 스냅 기능이 활성화되어 도형의 기준선에 맞추어 정확한 모양을 나타낼 수 있습니다. 단축 기능으로 Ctrl + U를 눌러서 활성화하거나 비활성화 할 수 있습니다.

11 위쪽 세그먼트가 선택되었으면 Delete를 눌러서 삭제합니다. 그 결과 그림처럼 위쪽 앵커 포인트와 세그먼트가 삭제되어 반쪽 형태만 열린 도형으로 나타납니다. 열린 패스를 연결하기 위해서 직접 선택 툴로 양쪽 포인트를 드래그하여 선택하세요.

직접 선택 툴

오브젝트를 구성하는 앵커 포인트, 세그먼트, 방향선과 방향점을 선택하여 모양을 조절하는 도구입니다.

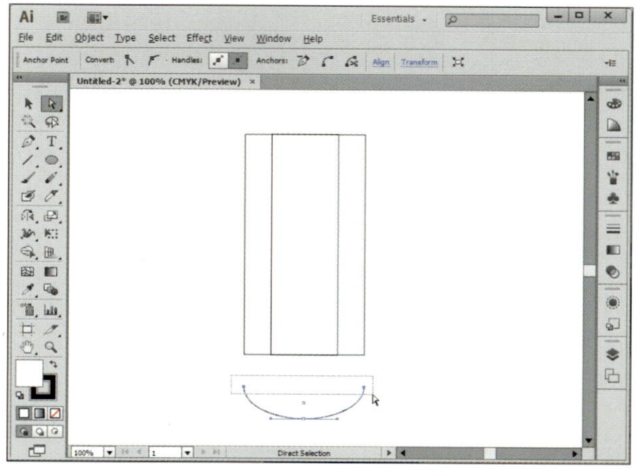

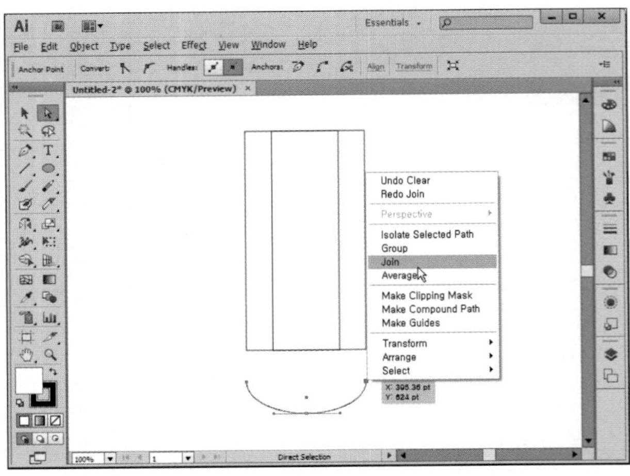

12 양쪽 앵커 포인트가 선택되었으면 마우스 우측 버튼을 클릭하여 빠른 실행 창을 나타냅니다. 목록 중에서 Join 명령을 적용하세요.

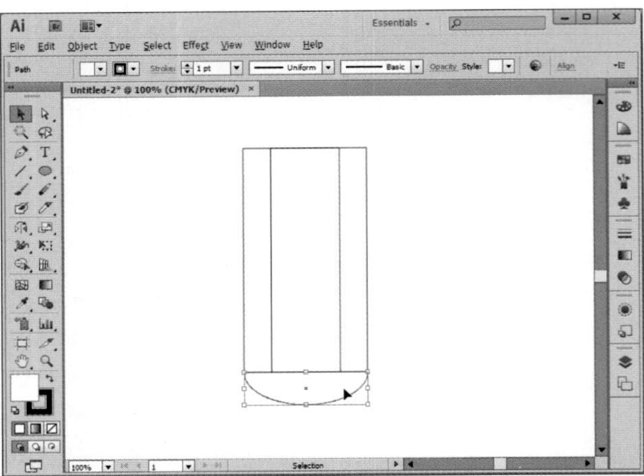

13 그 결과 두 개의 앵커 포인트가 연결됩니다. 그러면 도형 안쪽을 드래그하여 위치를 조절합니다.

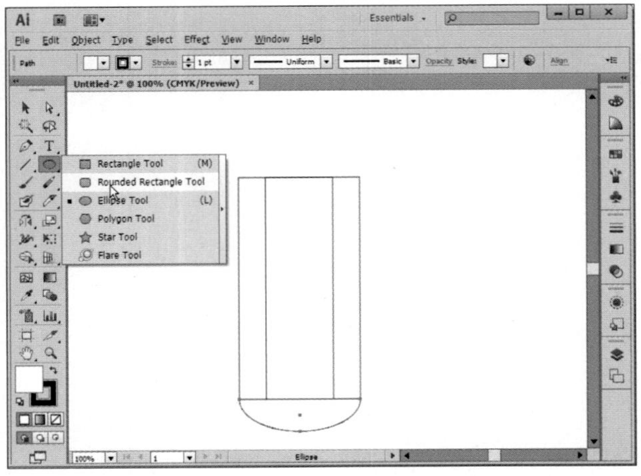

14 손잡이 위쪽 형태는 둥근 사각형 툴을 이용하여 나타냅니다.

일러스트레이터 CS6

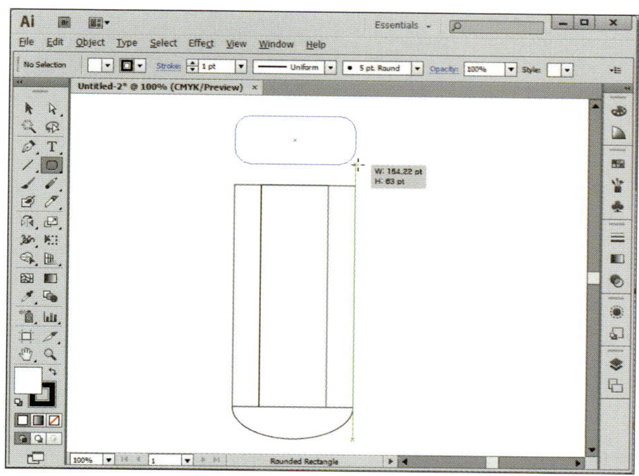

15 Smart Objects 기능을 활성화 한 상태로 직사각형 가로 폭에 맞추어 도형을 생성합니다. 마우스를 클릭한 상태에서 키보드의 상하 방향키를 누르면 모서리의 둥근 모양을 조절할 수 있습니다.

16 둥근 사각형의 밑면 모양을 편집하기 위해서 도큐먼트를 확대 합니다.

강의노트

둥근 사각형의 모서리 반지름 설정하기
둥근 사각형 툴로 모서리의 반지름을 적용할 때는 바탕을 클릭하여 옵션 대화상자를 열어서 적용할 수 있습니다. 단축 기능을 활용하면 빠르게 적용할 수 있습니다. 둥근 사각형 툴을 드래그 한 상태로 키보드 ↑ 방향키를 누르면 모서리 반지름이 커져 반원 형태가 되고, ↓ 방향키를 누르면 모서리 반지름이 축소되어 직사각형 형태로 변형됩니다.

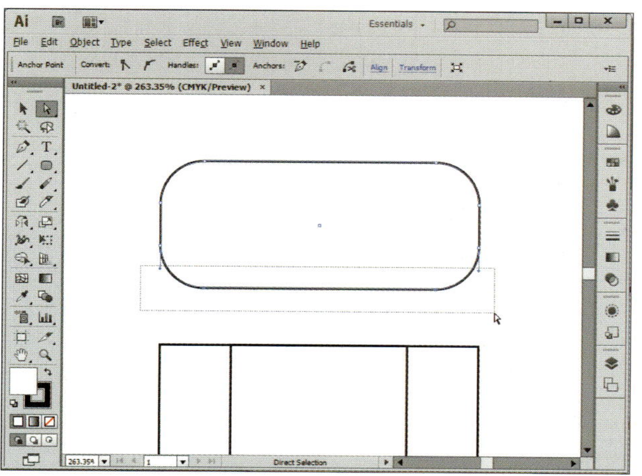

17 직접 선택 툴로 아래쪽 둥근 모서리를 구성하는 포인트와 선을 드래그하여 선택하고 Delete 를 눌러서 삭제합니다.

강의노트

도큐먼트의 확대/축소
작업 도중에 Ctrl + Space Bar 를 누르면 확대 돋보기 툴로 전환됩니다. 작업 영역을 드래그하면 확대되며, 키보드 단축 기능으로 Ctrl + + − 키를 눌러 도큐먼트를 확대/축소 할 수 있습니다.

129

Illustrator CS6

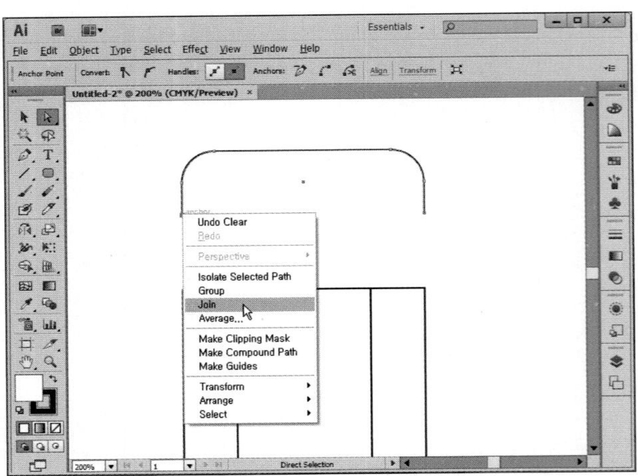

18 열린 도형의 두 포인트를 직접 선택 툴로 선택한 다음 마우스 우측버튼을 클릭해서 Join 명령으로 연결하세요.

19 도형의 위치를 조절하여 손잡이 위쪽 부분을 나타냅니다.

강의노트

오브젝트 이동시키기
오브젝트를 이동할 때는 선택 툴, 직접 선택 툴을 이용합니다. 선택 툴 또는 직접 선택 툴로 오브젝트를 이동시킬 때에는 오브젝트 안쪽 면을 드래그하여 이동시킵니다. 직접 선택 툴로 오브젝트 안쪽을 누르면 선택 툴 모양으로 전환되어 이동시키거나 바운딩 박스를 조절하여 모양을 변경할 수 있습니다.

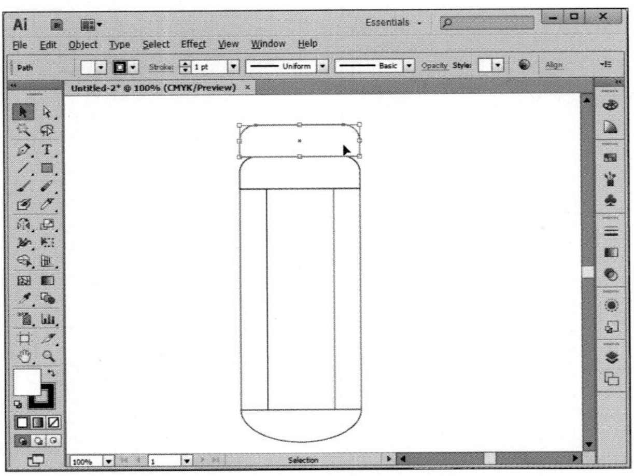

20 동일한 형태의 축소된 모양으로 오브젝트를 구성합니다. 선택 툴로 Alt +Shift 를 누르고 오브젝트를 드래그하여 원본 위쪽 면에 맞추어 복사 이동시킵니다.

강의노트

오브젝트의 복사와 이동
선택 툴로 Alt 를 누르면서 오브젝트를 이동하게 되면 복사본을 쉽게 만들 수 있습니다 이때 Shift 를 함께 누르면 수평, 수직, 사선 형태로 오브젝트를 정확히 복사 이동시킬 수 있습니다.

일러스트레이터 CS6

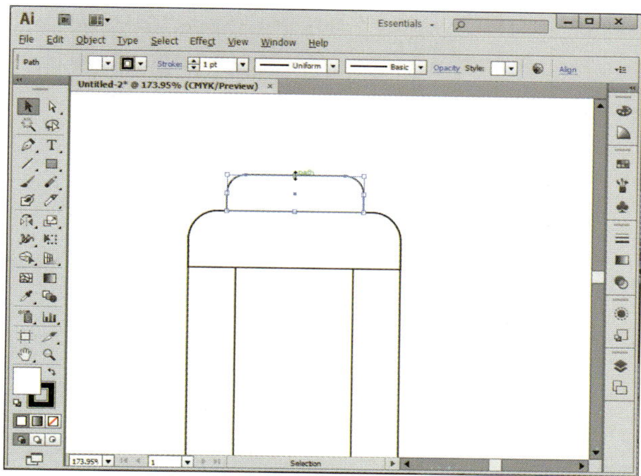

21 복사된 오브젝트의 위쪽 가운데 조절 점을 Shift 를 누르고 밑으로 드래그합 니다. 밑면의 중심축을 기준으로 축소시킬 수 있습 니다.

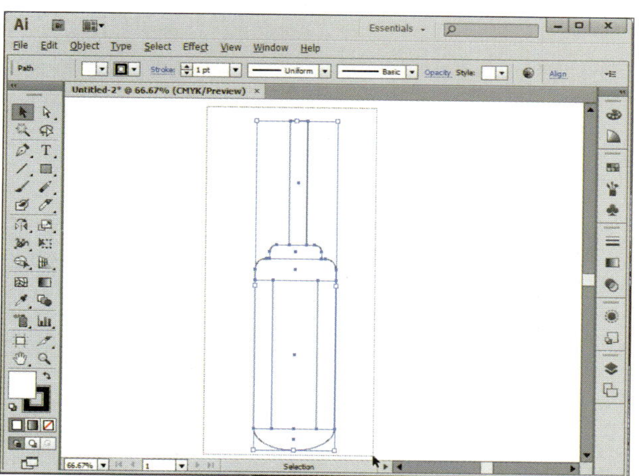

22 손잡이가 완성되었으면 드라이버 팁 부 분을 나타낼 차례입니다. 사각형 툴을 이용하여 직사각형 오브젝트를 만듭니다.

23 드라이버 팁과 손잡이 부분는 중심축을 기준으로 정확히 정렬시킵니다. Ctrl +A 를 누르면 도큐먼트에 구성된 모든 오브젝트를 선택할 수 있습니다.

오브젝트 선택하기

도큐먼트의 오브젝트를 모두 선택할 때는 Ctrl + A 명령을 사용합니다. 또는 선택 툴로 선택할 오브젝트 들을 드래그하여 선택기능을 실행할 수 있습니다.

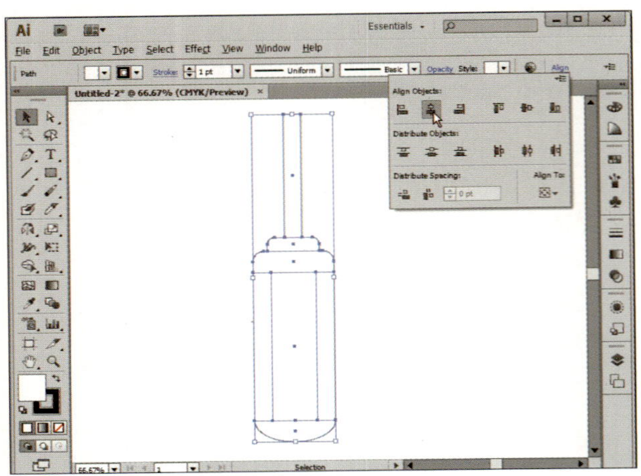

24 컨트롤 패널의 Align 항목에서 Horizontal Align Center 버튼을 클릭합니다. 수직 축을 기준으로 오브젝트가 정렬됩니다.

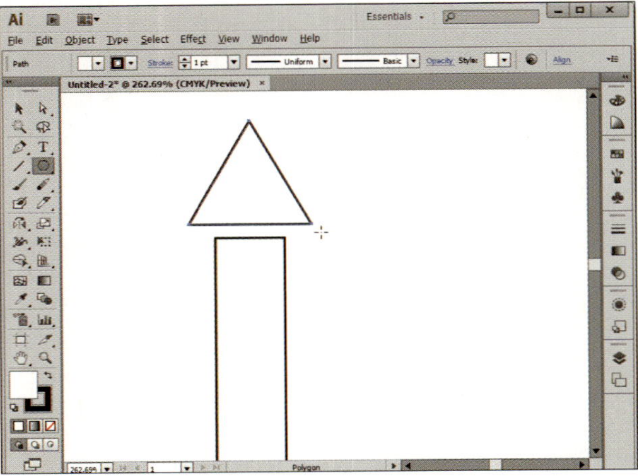

25 드라이버 팁 끝 부분의 모양을 만듭니다. 다각형 툴을 선택합니다.

26 도큐먼트에 드래그 한 상태에서 ↑, ↓ 방향키를 눌러 보세요. 다각형 변의 개수가 조절되는 것을 볼 수 있습니다. 삼각형 형태가 되도록 ↓를 눌러서 조절합니다.

다각형 모양 조정하기

다각형 툴을 이용할 때에는 단축 기능으로 모양을 빠르게 조정할 수 있습니다. 다각형 변의 개수는 마우스로 드래그 한 상태에서 키보드의 ↑ ↓ 방향키를 눌러서 조절할 수 있습니다.

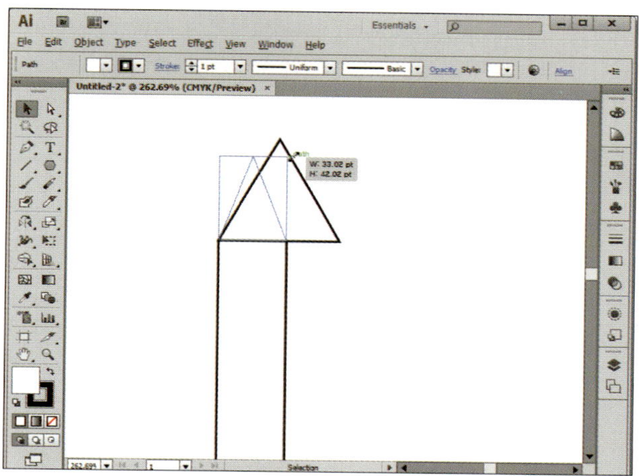

27 삼각형을 직사각형 오브젝트 한쪽 모서리에 맞춘 다음 대각선 조절점을 Shift 를 누르고 드래그하여 직사각형 크기에 맞추어 조절합니다.

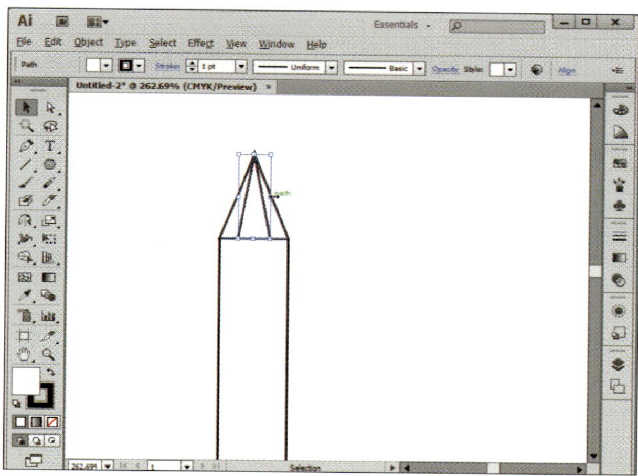

28 팁 끝부분의 모양을 십자 형태로 나타내기 위해서 삼각형 오브젝트를 Ctrl +C 명령으로 복사한 다음 Ctrl +F 를 눌러서 제자리에 붙여넣기 합니다. 그런 다음 폭을 동일하게 축소시킵니다. 이때는 우측 가운데 조절점을 Alt 를 누르고 드래그하여 모양을 변경합니다.

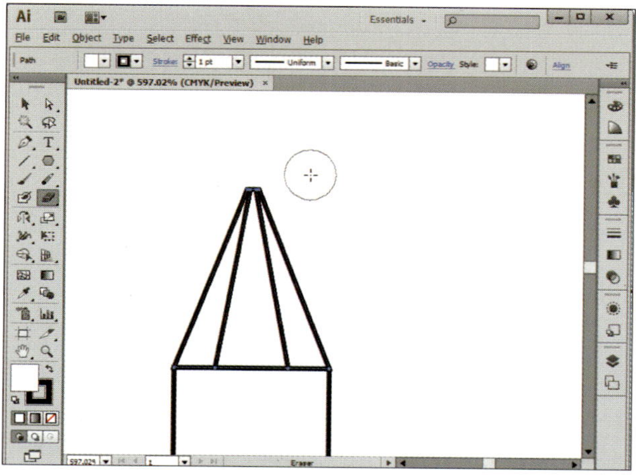

29 날카로운 팁 끝부분의 모양을 편집합니다. 지우개 툴을 선택하고, 브러시 크기를 조절합니다. 뾰족한 끝 부분을 좌측에서 우측으로 Shift 를 누르고 드래그하여 지워줍니다.

지우개 툴

지우개 툴은 마우스로 드래그하여 닫힌 도형으로 오브젝트를 편집합니다. 지우개 툴을 이용하여 수직, 수평으로 정확한 모양으로 삭제할 때에는 Shift 를 함께 누르고, 오브젝트를 지웁니다.

133

Illustrator CS6

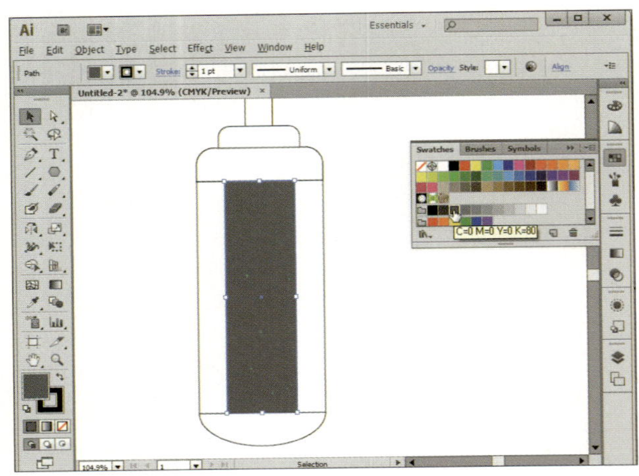

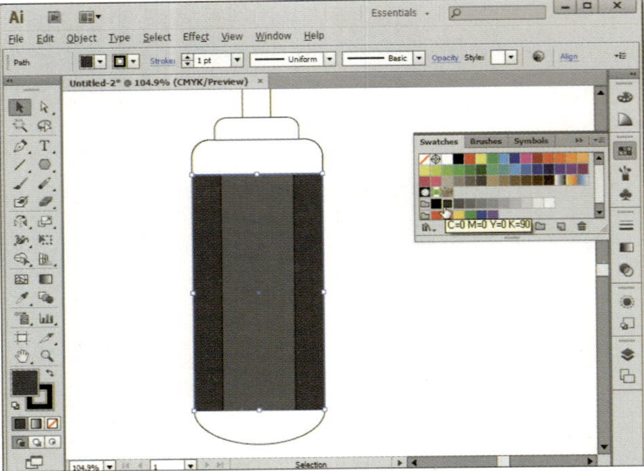

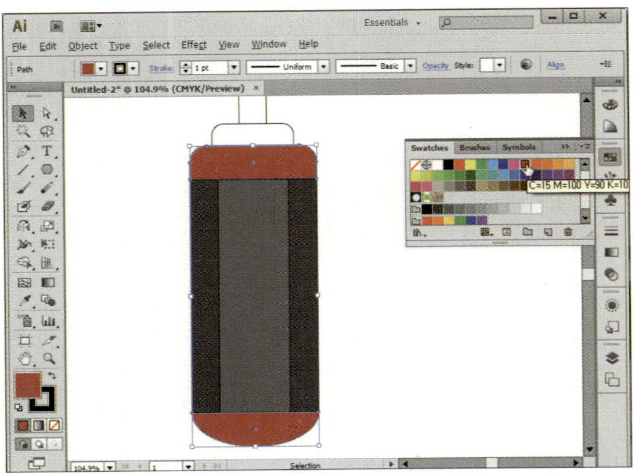

일러스트레이터 CS6

30 드라이버 형태가 완성되었으면 색상을 적용합니다. 손잡이 중앙 면을 나타내는 오브젝트를 선택하고, 스와치 패널을 엽니다. K80 색상을 면에 적용시켜 보세요.

강의노트

색상 적용하기

일러스트레이터의 오브젝트는 면과 선에 개별적인 색상을 적용할 수 있습니다. 툴 박스에서 오브젝트의 면 또는 선 속성을 지정한 다음 스와치 패널이나 컬러 패널을 이용하여 색상을 적용합니다. 툴 박스에서 오브젝트의 속성은 앞쪽에 놓여 있는 속성으로 편집 상태를 나타냅니다.

31 계속해서 양쪽 측면을 나타내는 사각형을 선택한 다음 K90으로 색상을 적용시킵니다.

32 손잡이 끝 부분과 팁 연결 부위는 붉은 색상으로 적용시키세요. 동일한 색상이 적용될 오브젝트는 선택 툴을 이용하여 [Shift]를 누르고 클릭하여 함께 선택한 다음 스와치 패널을 열고 붉은 색상을 적용합니다.

강의노트

여러 개의 오브젝트 선택하기

오브젝트를 하나 이상 선택하려고 한다면 [Shift]를 누르고, 추가할 수 있습니다. 선택된 오브젝트 중에서 일 부분의 선택을 해제할 때에도 [Shift]와 함께 오브젝트를 클릭하면 선택이 해제 됩니다.

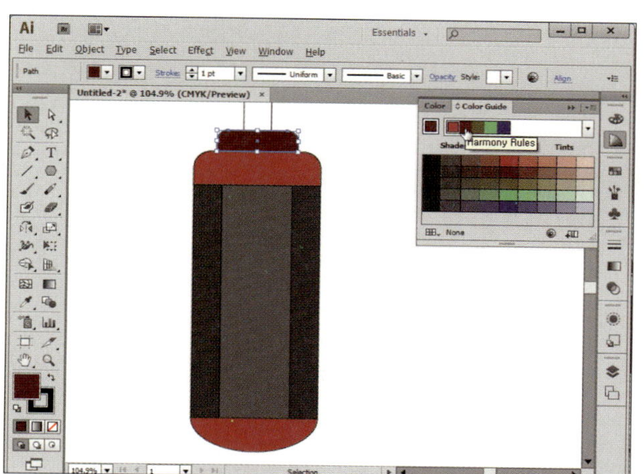

33 다른 색상을 빠르게 적용하고 싶다면 컬러 가이드 패널을 열고, 원하는 색상을 적용시켜 보세요.

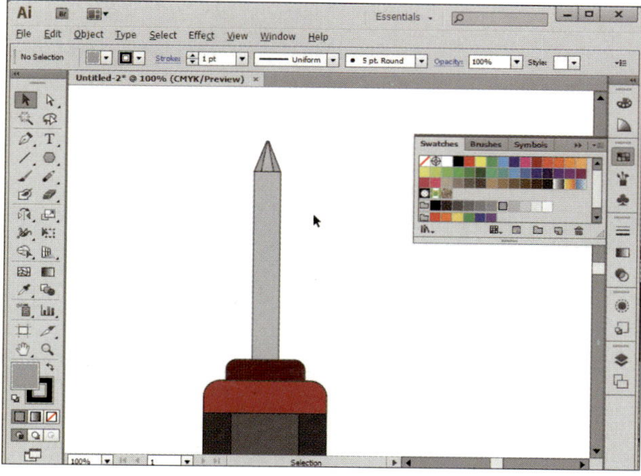

34 이번에는 드라이버 팁 부분의 색상을 스와치 패널에서 밝은 회색 톤으로 적용시킵니다.

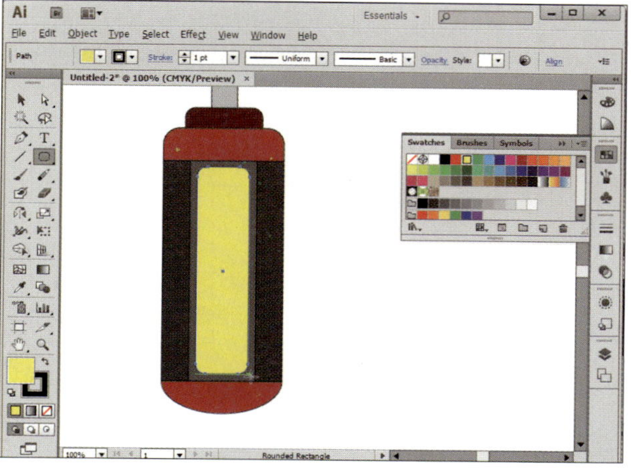

35 기본 형태에 색상이 적용되었으면 손잡이의 그립을 나타내는 오브젝트를 추가합니다. 둥근 사각형 툴을 이용하여 가운데 면 안쪽으로 오브젝트를 만듭니다. 면 색상으로 밝은 노란색을 적용하여 손잡이와 명도와 채도의 대비를 강하게 만들어 보세요.

135

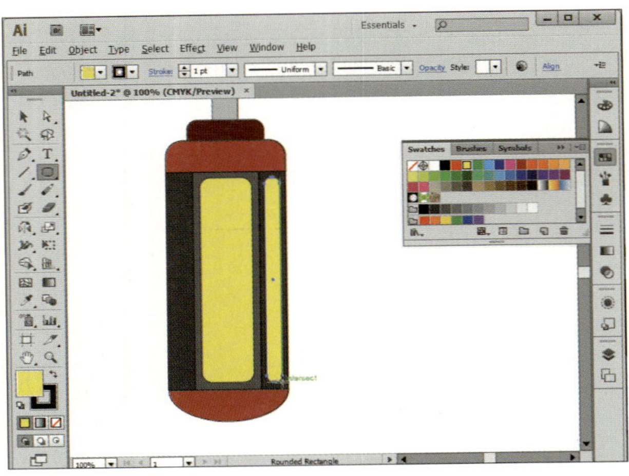

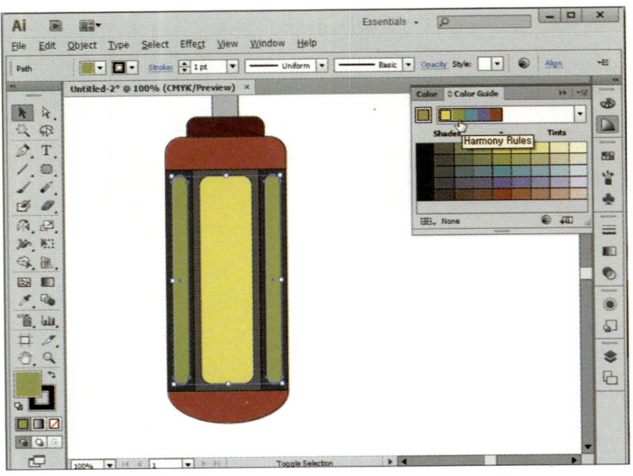

36 계속해서 우측면 안쪽으로 새로운 분할 면을 만듭니다.

37 동일한 형태의 모양은 오브젝트를 복사하여 나타냅니다. 선택 툴로 우측면을 나타내는 오브젝트 [Alt]+[Shift]를 누르고 좌측으로 드래그하여 복사 이동시킵니다.

38 좌, 우측면을 나타내는 오브젝트를 함께 선택하고, 컬러 가이드 패널에서 노란색 계열의 색상으로 적용합니다.

강의노트

오브젝트 선택하기

하나 이상의 오브젝트를 선택할 때에는 [Shift]를 누르고 클릭하여 여러 개의 오브젝트를 선택 할 수 있습니다. 선택 되어진 오브젝트에서 선택을 해제할 경우에도 오브젝트를 [Shift]를 누르고 클릭하여 선택을 해제할 수 있습니다.

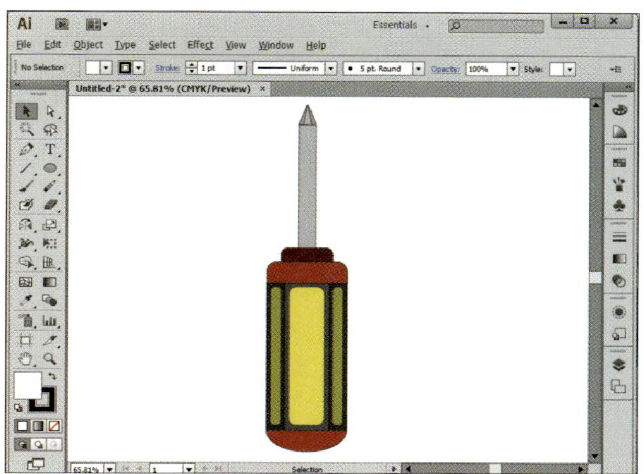

39 작업이 마무리 되었으면 Ctrl+1을 눌러서 100% 크기로 모양을 확인해보고, 어색한 부분은 다시 조정하여 작업을 마무리합니다.

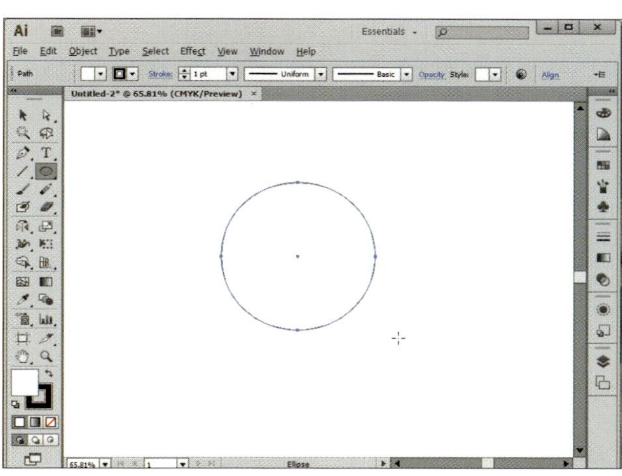

40 계속해서 팔각형 너트를 조일 수 있는 렌치를 만들어 보겠습니다. 먼저 원형 툴로 기본 색상이 적용된 정원을 만듭니다.

정비례의 오브젝트 만들기

도형 툴을 이용하여 정비례의 오브젝트를 만들 때에는 Shift를 누르고 드래그 합니다. 클릭한 지점을 중심축으로 오브젝트를 만들려고 한다면 Alt를 누릅니다. Alt+Shift와 함께 도형 툴을 드래그하면 클릭한 지점을 중심축으로 정비례의 도형을 만들 수 있습니다.

보충수업 · **일러스트 디자인**

일러스트레이터를 잘 다루는 것이 결코 디자인 능력이 높다고 할 수는 없습니다. 일러스트레이터도 결국 디자이너의 감각과 창의성을 표현하는 도구에 불과할 뿐이기 때문입니다. 따라서 여러분들의 디자인 실력을 높이기 위해서는 본 일러스트레이터를 학습하면서 '나라면 이럴 때 어떻게 표현할까?', '한 번 내 방식으로 만들어 볼까?' 라는 생각과 고민을 해보아야 합니다. 많은 고민과 노력은 여러분들의 실력을 업그레이드 하는 지름길이 될테니까요.

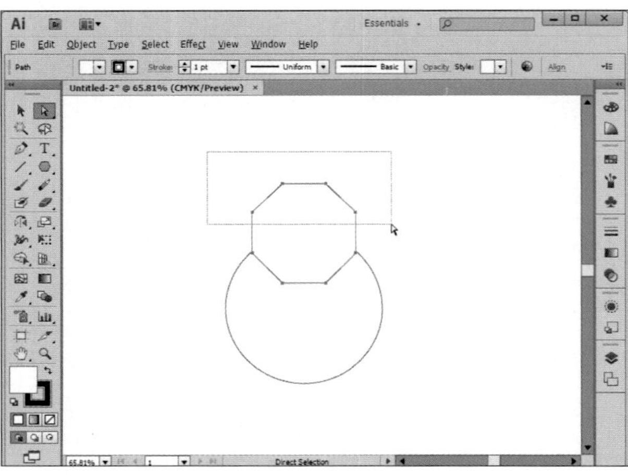

41 다각형 툴로 도큐먼트에 드래그 한 상태에서 ↑ 방향키를 눌러서 8개의 면을 나타낼 수 있도록 조절합니다. 면의 개수가 조절되었으면 Shift 를 누르고 크기를 조절하세요.

42 직접 선택 툴을 이용하여 다각형 모양을 조절합니다. 그림처럼 직접 선택 툴로 다각형 위쪽의 앵커포인트를 선택합니다.

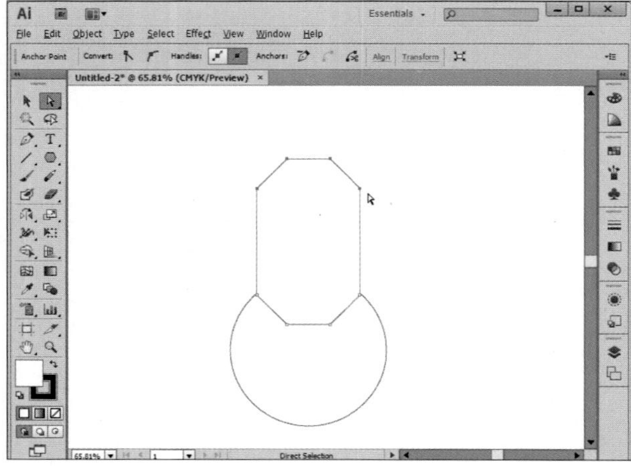

43 4개의 앵커 포인트가 선택되었으면 Shift 를 누르고 위쪽으로 드래그하여 폭을 넓혀줍니다.

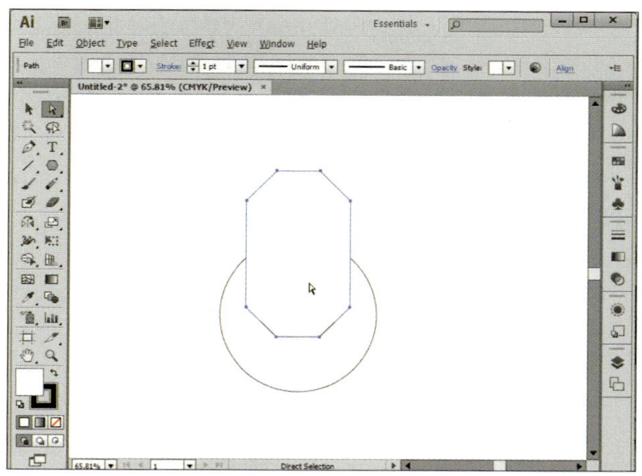

44 모양을 편집하기 위해서 다각형의 위치를 조절합니다. 다각형 모양을 원에서 빼낼 것입니다. 다각형이 원 안쪽 하단쪽에 배치합니다.

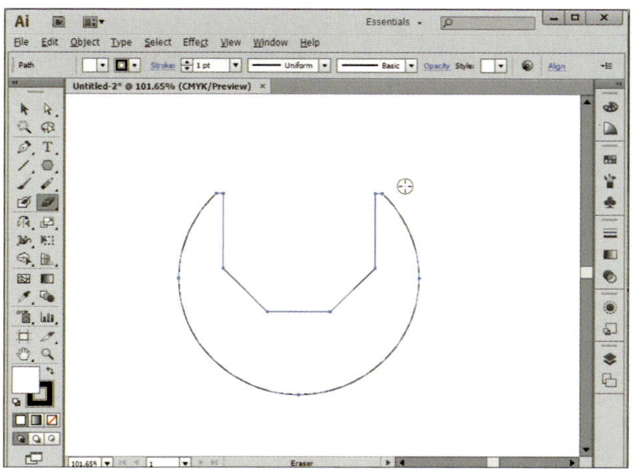

45 선택 툴로 오브젝트를 드래그하여 다각형과 원을 함께 선택합니다. [Window]−[Pathfinder]를 실행하여 패스파인더 패널을 열고, Minus Front 버튼을 클릭합니다.

패스파인더 기능

패스파인더 기능은 도형을 합치거나 빼서 새로운 모양의 오브젝트를 만들 수 있습니다.

46 원에서 다각형 부분이 삭제됩니다. 면과 선의 속성은 그대로 유지됩니다. 뾰족한 끝 모양을 지우개 툴을 이용하여 각진 형태로 편집해 봅니다.

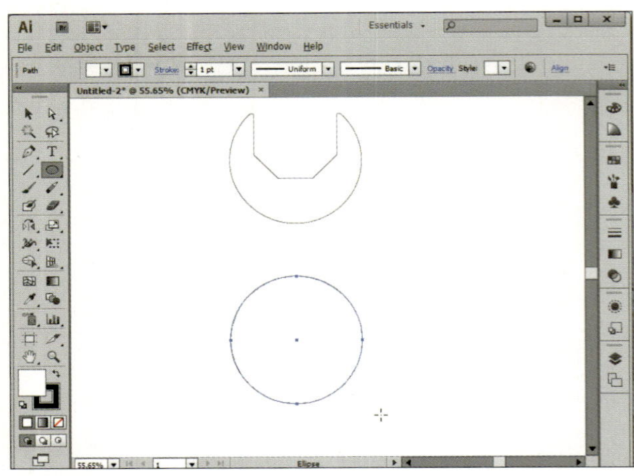

47 렌치의 아래쪽 부분은 육각형 모양의 너트를 푸는 형태로 만들 것입니다. 원형 툴을 이용하여 정원을 만듭니다.

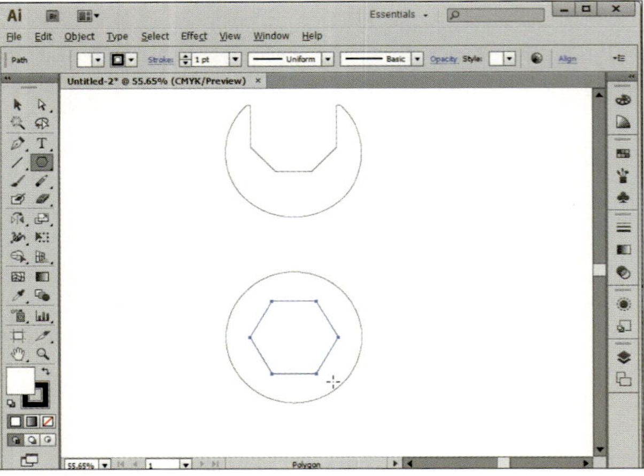

48 다각형 툴을 선택하고 원의 중심축에서 Alt 를 누르고 드래그하여 다각형을 만듭니다. 마우스 버튼을 누른 상태에서 방향키를 이용하여 육각형 모양으로 변의 개수를 조절합니다. 변의 개수가 조절되었으면 Shift 를 눌러서 정비례로 모양을 조절한 다음 마우스 버튼을 놓습니다.

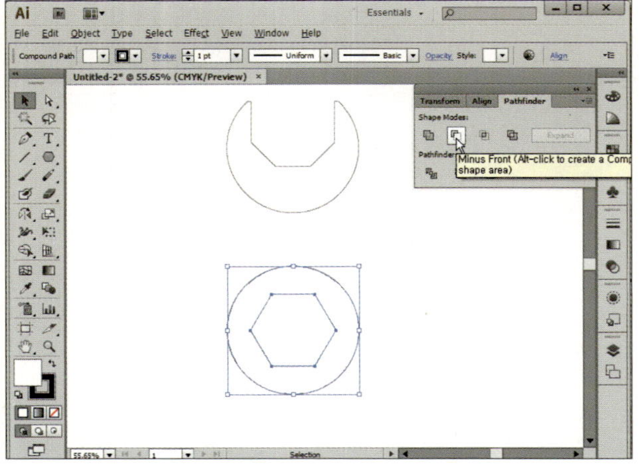

49 원에서 다각형 모양을 삭제하기 위해서 패스파인더 기능을 적용합니다. 두 개의 도형을 선택 툴로 선택한 다음 패스파인더 패널의 Minus Front 버튼을 클릭하세요.

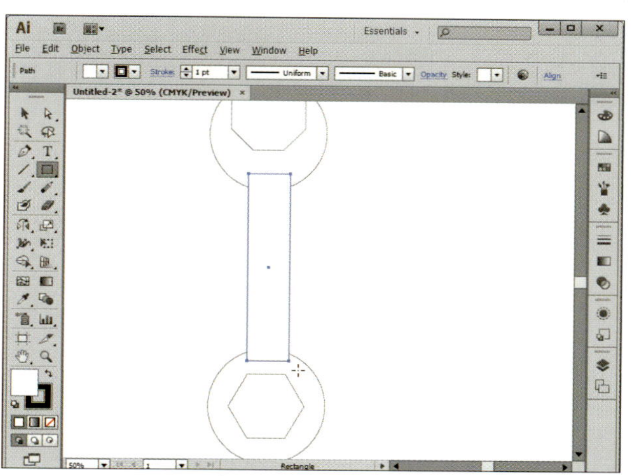

50 렌치 손잡이 부분은 사각형 툴로 직사
각형 오브젝트로 나타냅니다.

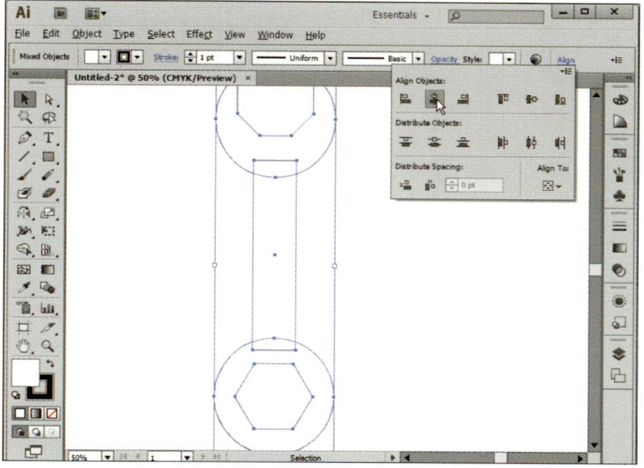

51 렌치 기본 형태가 만들어 졌으면 세 개
의 도형을 Align 기능으로 가운데 정렬
시킵니다. 오브젝트를 함께 선택한 다음 컨트롤 패
널에서 Horizontal Align Center 버튼을 클릭합니다.

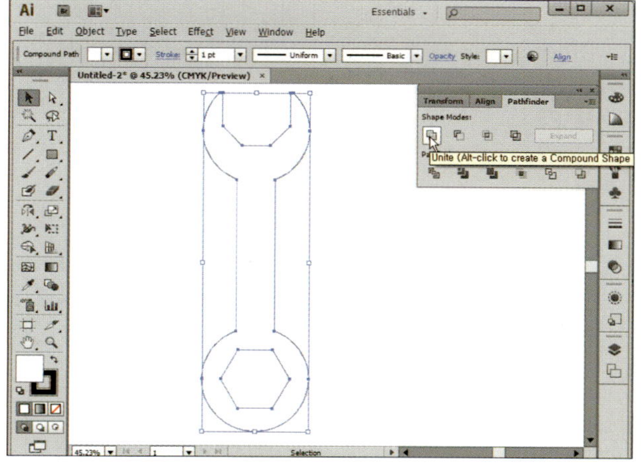

52 렌치를 구성하는 세 개의 도형을 하나
의 모양으로 만들어 보겠습니다. 오브
젝트를 모두 선택하고, 패스파인더 패널에서 Unite
버튼을 클릭합니다. 각각의 도형이 하나로 합쳐집
니다.

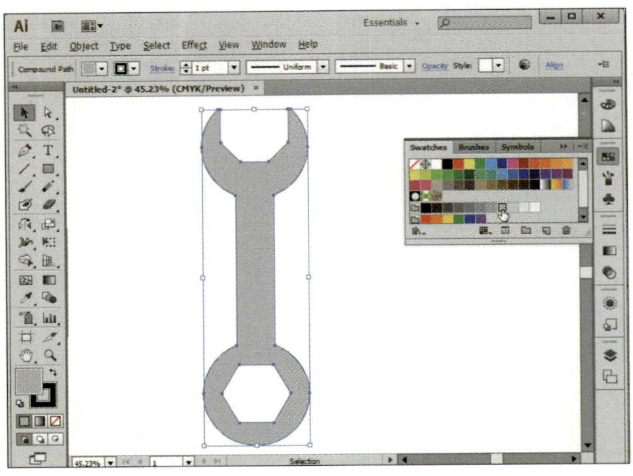

53 오브젝트는 면의 색상으로 K40을 적용하세요.

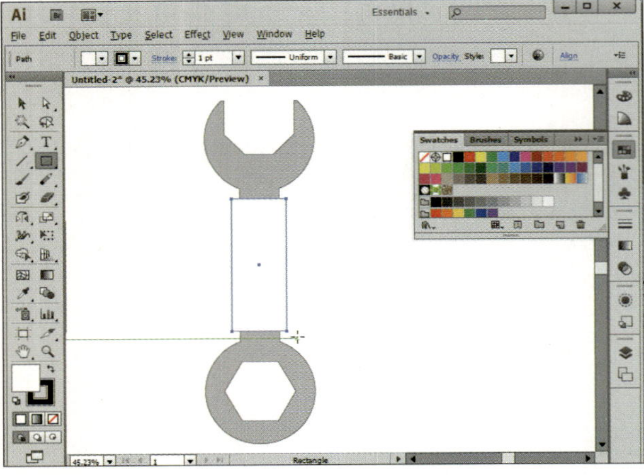

54 렌치의 손잡이 그립 부분을 새로운 도형으로 나타냅니다. 사각형 툴을 이용하여 모양을 나타냅니다.

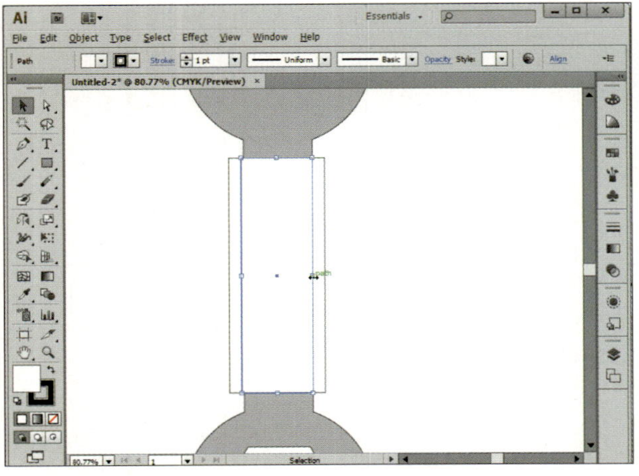

55 각진 형태를 나타내기 위해서 사각형 오브젝트를 Ctrl+C Ctrl+F 명령으로 복사본을 제자리에 붙여넣기 하세요. 복사된 오브젝트는 바운딩 박스 가운데 조절점을 Alt 를 누르고 드래그하여 가로 폭을 축소시킵니다.

일러스트레이터 CS6

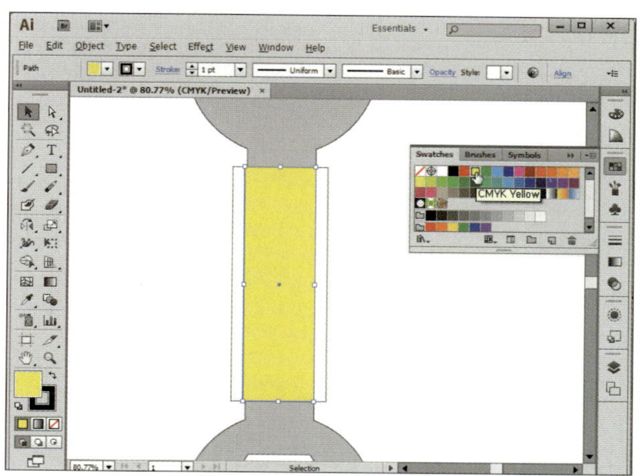

56 위쪽 면은 밝은 노란색상을 적용하세요.

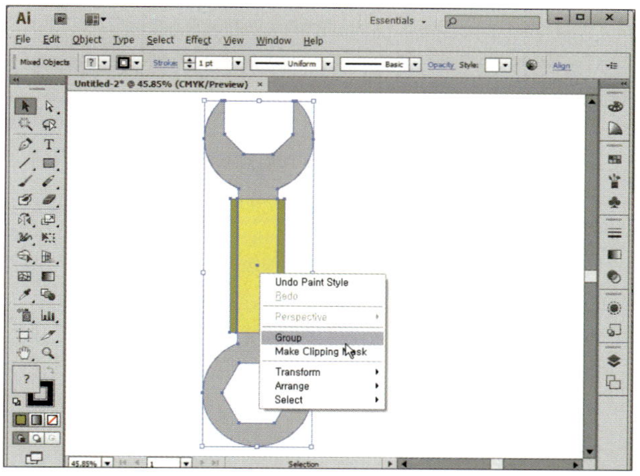

57 좌, 우측면을 나타내는 아래쪽 도형의 면 색상은 밝은 노란색의 인접 색상으로 적용합니다. 컬러 가이드 패널을 열고 어두운 계열의 색상을 적용시켜 봅니다.

58 오브젝트가 만들어 졌으면 오브젝트를 구성하는 모양을 모두 선택한 다음 마우스 우측버튼을 눌러서 Group으로 설정합니다.

그룹으로 설정하기

관련된 오브젝트들은 그룹으로 설정해 놓는 것이 관리를 편리하게 할 수 있습니다. 그룹으로 설정할 오브젝트를 모두 선택한 다음 [Object]–[Group]를 선택하거나 단축 기능으로 Ctrl + G 를 눌러서 그룹으로 지정합니다. 개체의 그룹 속성을 해제할 때에는 Ctrl + Shift + G 를 누릅니다.

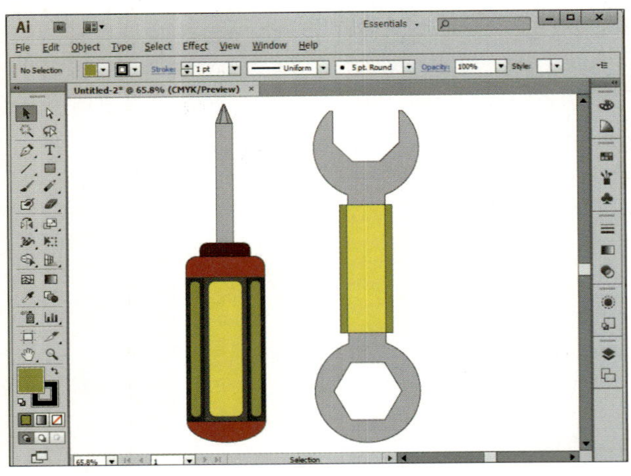

59 작업이 마무리 되었으면 작업된 드라이버 크기에 맞추어 렌치 크기를 조절합니다.

60 이번에는 오브젝트의 패스 모양을 변경하여 일자드라이버를 만들어 봅니다. 먼저 둥근 사각형 툴을 이용하여 오브젝트를 만듭니다.

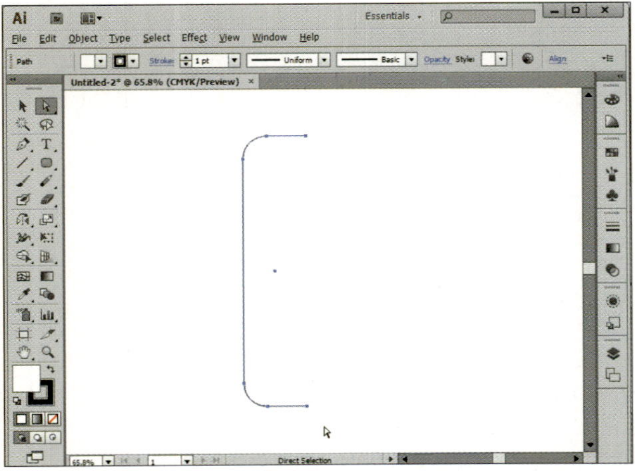

61 곡선 형태의 손잡이를 나타내기 위해서 한쪽 모양을 변경한 다음 대칭된 형태로 나타낼 것입니다. 먼저 직접 선택 툴을 이용해서 오른쪽 패스를 선택한 다음 Delete를 눌러서 삭제합니다.

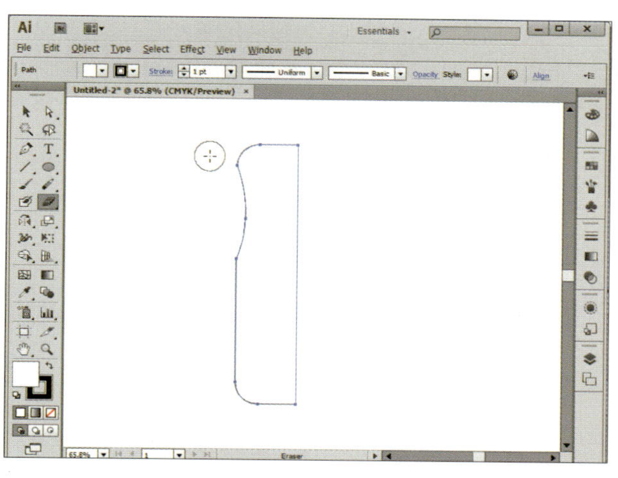

62 곡선의 손잡이 형태는 지우개 툴을 이용하여 손잡이 위쪽 부분을 곡선의 모양이 되도록 지웁니다. 드래그 한 부분이 지워지면서 열린 패스 속성도 닫힌 도형으로 변경되는 것을 볼 수 있습니다. 모양이 어색하다면 Ctrl + Z 를 눌러서 이전 단계로 되돌린 다음 작업을 반복하여 자연스러운 모양을 만들어 보세요.

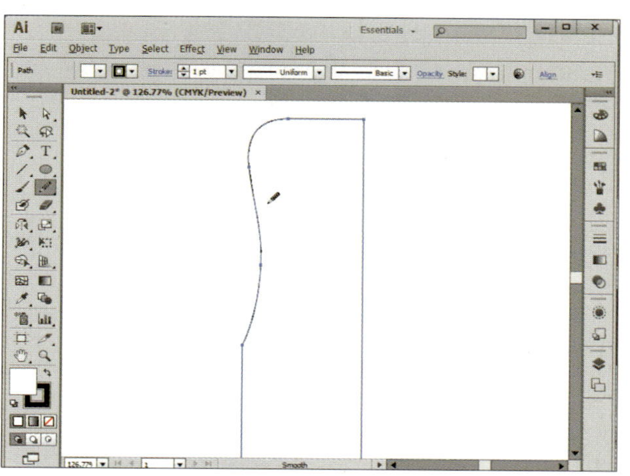

63 각이 진 포인트 속성을 곡선 모양으로 나타냅니다. 자연스러운 곡선 모양으로 변경하려 한다면 스므스 툴을 이용하는 것이 편리합니다. 툴 박스에서 스므스 툴을 선택합니다.

실행 취소하기

잘못 된 작업과정은 [Edit] 메뉴의 Undo 명령으로 취소할 수 있습니다. 단축키로 Ctrl + Z 를 실행합니다. 작업 취소 명령은 자주 사용되므로 반드시 단축키를 사용하여 빠르게 적용할 수 있어야 합니다.

64 각이진 포인트와 패스를 따라서 드래그하세요. 포인트 속성이 변경되면서 곡선 모양으로 변경됩니다.

Illustrator CS6

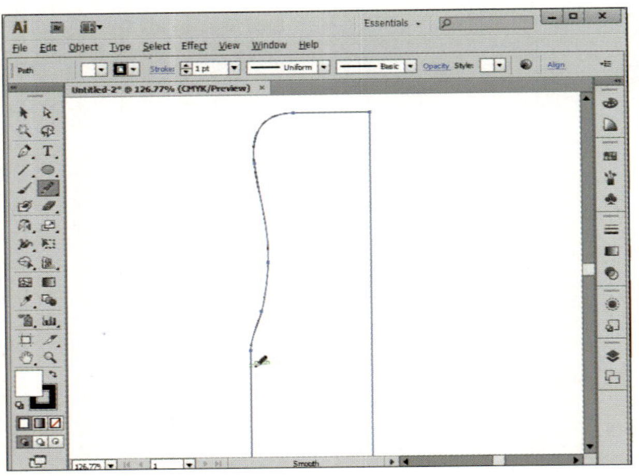

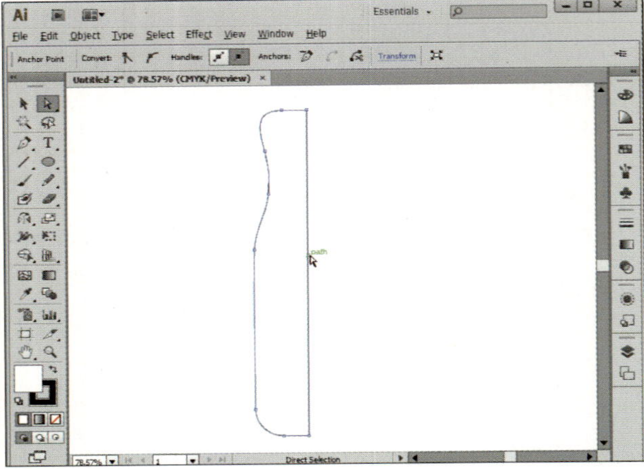

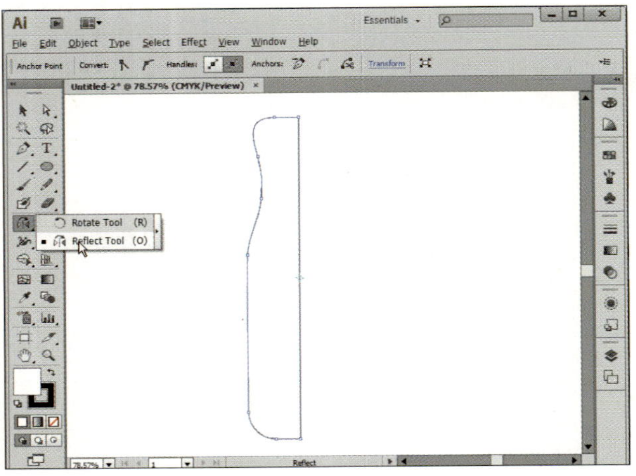

65 아래 부분도 동일한 방법으로 곡선 모양을 나타냅니다.

66 좌측 부분의 곡선 모양이 완성되었으면 대칭 된 형태를 나타내기 위하여 폭을 축소합니다. 직접 선택 툴로 오른쪽 패스를 선택한 다음 좌측으로 이동시키세요.

방향키의 사용

세밀한 이동의 경우에는 마우스 보다 키보드의 방향키를 이용하는 것이 더 빠르고 정확합니다. 환경설정에서 이동 거리를 지정하여 사용하면 작업을 보다 편리하게 진행할 수 있습니다.

67 오브젝트를 대칭된 형태로 복사하기 위해서 반사 툴을 이용합니다. 툴 박스에서 반사 툴을 지정하세요.

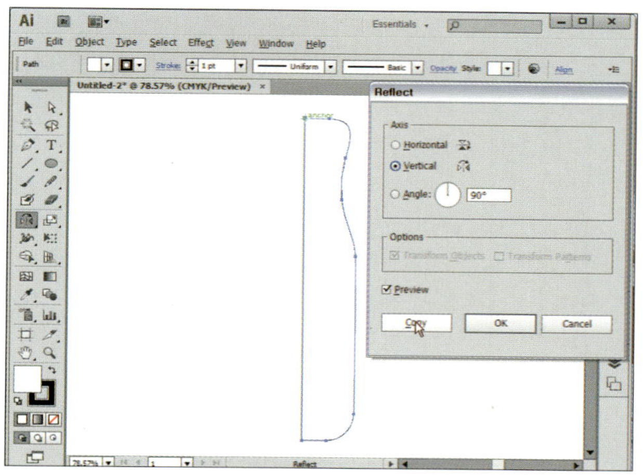

68 오브젝트 우측 모서리 포인트를 `Alt` 를 누르고 클릭합니다. 기준축이 조정되면서 대화 상자가 열립니다. 수직축을 기준으로 복사하기 위해서 Vertical 항목을 선택 한 다음 Copy 버튼을 클릭합니다.

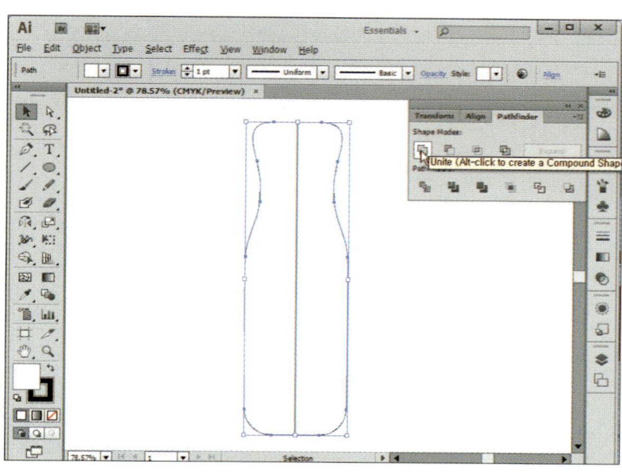

69 우측면을 기준으로 오브젝트가 복사되어 손잡이 모양이 만들어 졌습니다. 이제 두 오브젝트를 패스파인더 기능으로 합쳐주세요. 선택 툴로 오브젝트를 모두 선택한 다음 [Window]−[Pathfinder]를 실행합니다. 패스파인더 패널에서 Unite 버튼을 클릭합니다.

보충수업　**패스파인더의 활용**

일러스트레이터에서 패스파인더 기능은 실무에서 활용도가 매우 높은 기능 중에 하나입니다. 어떤 모양을 어떻게 만들 것인가를 고민하고, 가장 쉬운 방법을 선택하는 것이 일러스트레이터 고수들이 하는 작업입니다. 그러므로 패스파인더의 모든 기능을 충분히 활용해 보면서 다양한 오브젝트를 만들어 보세요. 일러스트 실력이 매우 향상된답니다.

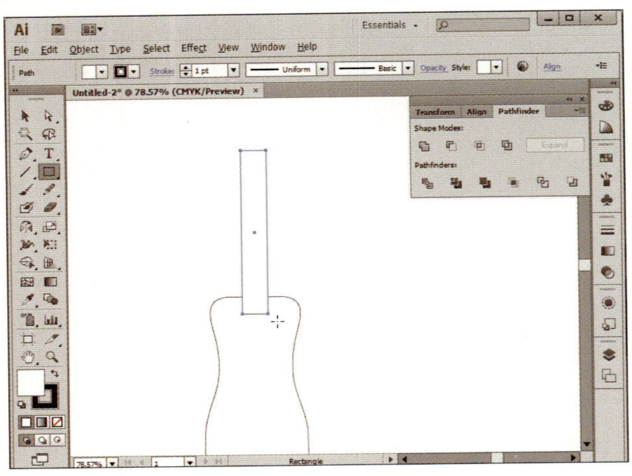

70 드라이버 팁 부분은 사각형 툴을 이용하여 모양을 만듭니다.

71 계속해서 일자드라이버의 팁 모양은 다각형 툴로 나타냅니다. 다각형 툴을 선택하고, 도큐먼트에 드래그 한 상태에서 ↑, ↓ 방향키를 눌러 육각형 형태가 되도록 변의 개수를 조정합니다. 변의 개수가 조정되었으면 Shift 를 누르고 정비례로 크기를 조절합니다.

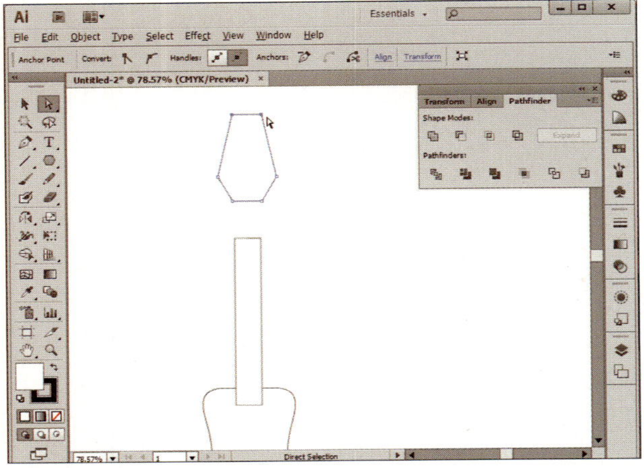

72 직접 선택 툴로 다각형 위쪽 포인트를 선택한 다음 위쪽으로 이동시켜 모양을 변경합니다.

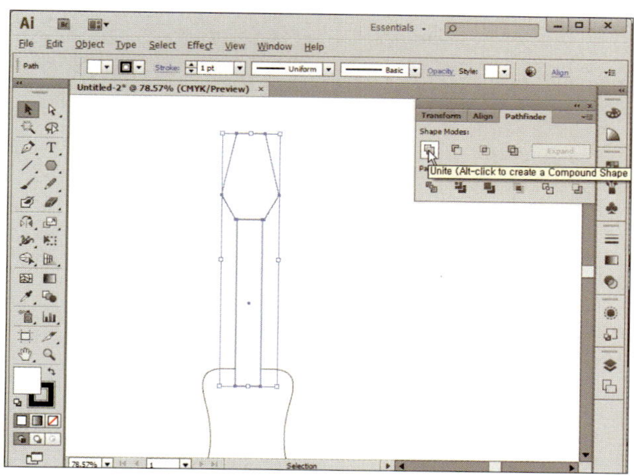

73 드라이버 팁을 구성하는 머리와 몸통 부분은 패스파인더 기능으로 합쳐줍니다.

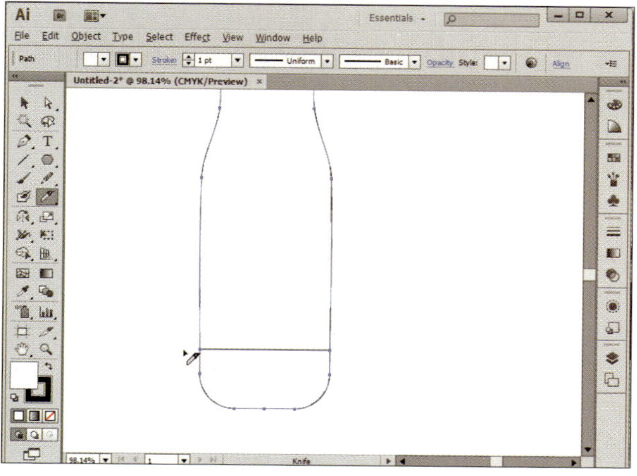

74 몸통 앞쪽에 놓인 드라이버 팁 부분은 오브젝트 배치 기능으로 몸통 뒤쪽으로 이동시키세요. 팁을 선택한 다음 [Object]-[Arrange]-[Send Backward]를 실행합니다.

75 손잡이 끝 부분은 분할 면을 만들고 색상을 다르게 적용할 것입니다. 툴 박스에서 나이프 툴을 선택한 다음 몸통 밑 부분을 [Alt]+[Shift]를 누르면서 드래그합니다.

나이프 툴

나이프 툴은 오브젝트를 닫힌 도형으로 분리합니다. 사용자가 자유롭게 드래그하여 오브젝트를 분할 할 수 있으면 직선 방향으로 정확히 분리할 때는 [Alt]를 누르고 드래그 합니다. 이때 [Shift]를 누르고 함께 드래그하면 수직, 수평 45°를 기준으로 정확히 분리할 수 있습니다.

149

Illustrator CS6

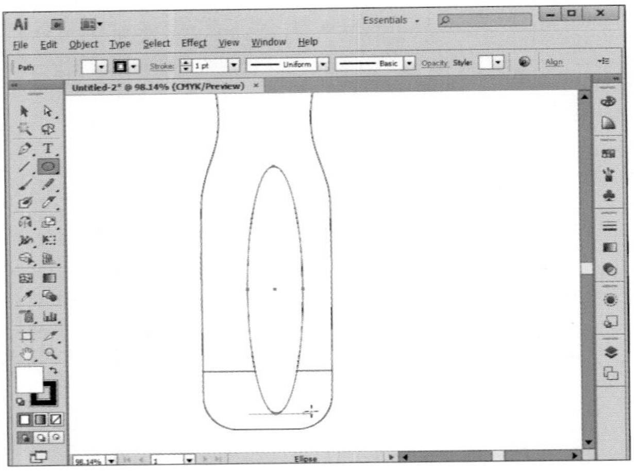

76 손잡이 끝 부분과 연결된 고무 그립 형태를 나타내기 위해서 타원 모양을 추가합니다. 원형 툴로 타원을 만듭니다.

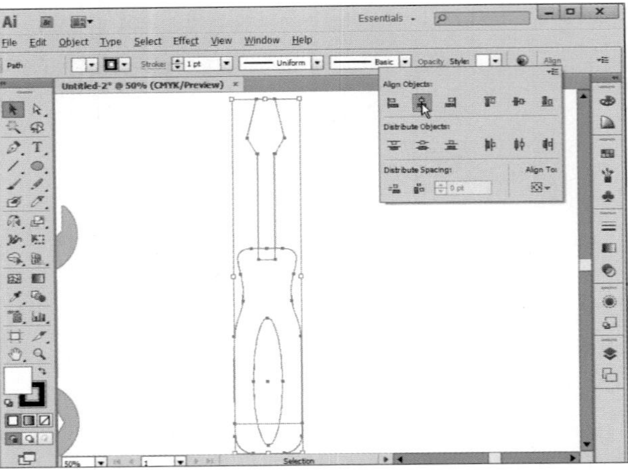

77 오브젝트를 모두 선택한 다음 컨트롤 패널의 Align 기능으로 중앙에 정렬시킵니다.

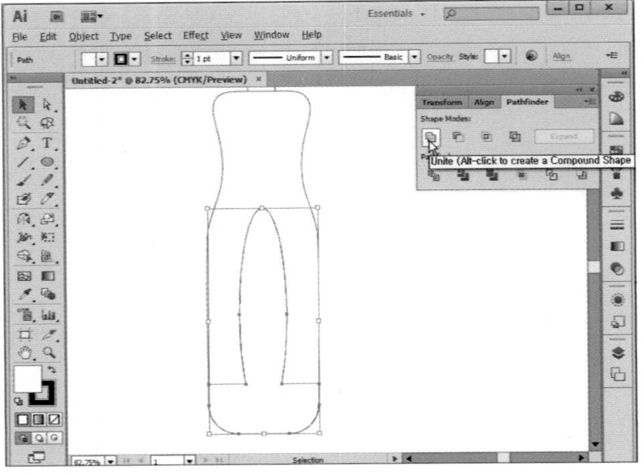

78 손잡이 밑 부분과 타원은 함께 선택한 다음 패스파인더 패널을 이용하여 하나로 합쳐주세요.

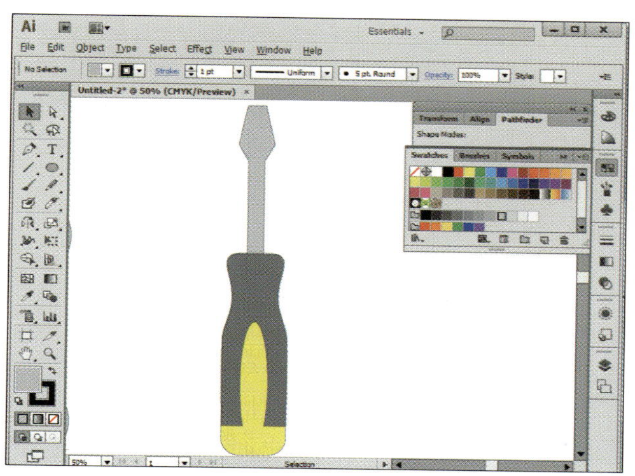

79 일자 드라이버의 형태가 완성되었으면 스와치 패널을 이용하여 색상을 적용합니다.

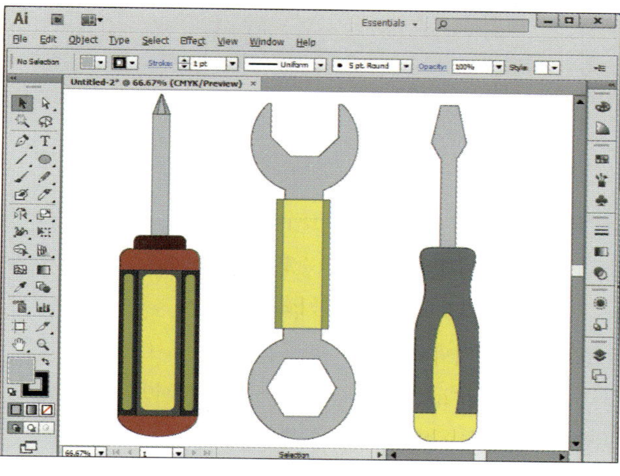

80 작업된 세가지 공구들은 크기와 위치를 조절해 보세요.

151

Illustrator CS6

보충수업 **작업 방법의 다양성**

일러스트레이터에서는 결과물을 만드는 방법이 매우 많다고 할 수 있습니다. 이번 과정에서 배우는 기능 보다 **빠르고**, 편리한 기능들로도 쉽게 만들 수 있다는 것이지요. 하지만 고급 기능을 배우기 전에 미리 기초 기능을 충분히 학습해 두어야만 작업의 효율성과 활용도가 높아지므로 도서에서 제시하는 다양한 기능을 접해 보고 많이 연습해 보세요. 고수로 가는 지름길이 될 것입니다.

실전문제

첫 번째 작업 과정은 어떠셨나요? 단순한 모양의 오브젝트를 제작하는 과정에서도 여러 가지 편집 기능과 도구들이 활용된다는 사실 알 수 있겠지요. 일러스트레이터 전문가가 되기 위해서는 툴 기능의 이해도 중요하지만 각 도구들을 숙련되게 활용할 수 있도록 많은 연습과정이 필요하답니다.

1. 나사 모양 오브젝트를 만들어 보세요.

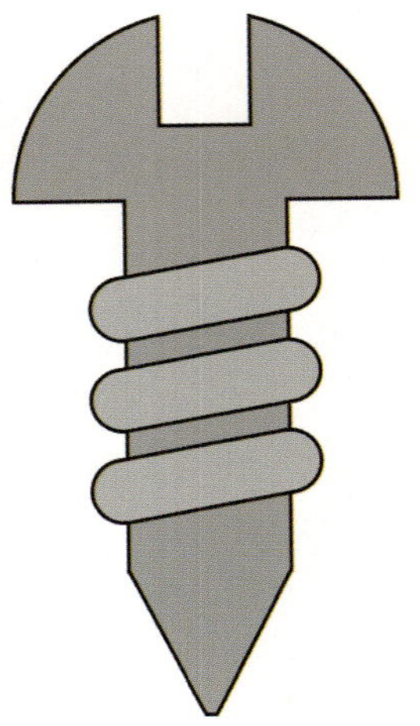

◀ 완성 파일 : Artwork〉도형으로오브젝트만들기(실전문제).ai

힌트

① 원형 툴을 이용하여 정원 오브젝트를 만들고 포인트를 편집하여 반원 형태를 나타냅니다. 반원 위쪽 부분은 패스파인더 기능으로 사각형 형태로 빼내어 보세요.

② 나사 몸통부분은 사각형과 다각형 툴로 삼각형 오브젝트를 만들어 조합한 다음 지우개 툴을 이용하여 끝 부분을 지워보세요.

③ 나사선은 둥근 사각형 툴로 오브젝트를 만든 다음 각도를 조절하여 배치하고 반복된 형태를 복사 이동기능으로 나타냅니다.

④ 모양이 만들어 졌으면 스와치 패널에서 색을 적용해 보세요.

2. 전동 드라이버를 만들어 보세요.

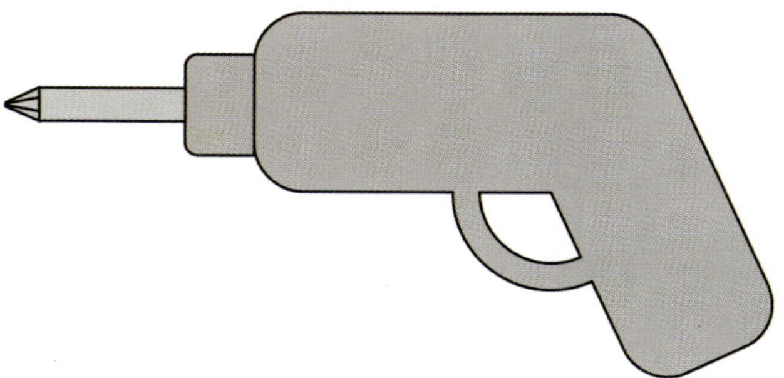

▲ 완성 파일 : Artwork〉도형으로오브젝트만들기(실전문제).ai

힌트

① 전동 드라이버의 몸통은 둥근 사각형 모양의 오브젝트를 이용하여 모양을 만들고, 패스파인더 기능으로 합쳐줍니다.

② 전동드라이버의 작동 부분을 나타내는 두께가 적용된 원형 오브젝트는 크기가 다른 정원 오브젝트를 겹쳐놓은 다음 패스파인더 기능으로 위쪽에 놓인 오브젝트를 삭제합니다. 테두리 원 모양이 만들어 졌으면 드라이버 몸통에 위치를 조절한 다음 합쳐주세요.

③ 드라이버 팁 연결 부분을 둥근 사각형으로 나타냅니다.

④ 팁 부분은 사각형 툴과 다각형 툴을 이용하여 모양을 만듭니다.

08 section

웹 아 이 콘 만 들 기

이번 시간에는 세련된 웹 아이콘을 제작해 보는 시간입니다. 웹 아이콘은 홈페이지나 모바일 기기에서 네비게이션 기능을 나타내는데 주로 사용됩니다. 사용자가 쉽게 알아볼 수 있도록 세련되고 깜찍한 아이콘 형태는 홈페이지나 모바일 기기에서 안내의 역할 뿐만 아니라 브랜드 가치를 높여주는 역할을 합니다. 최근에는 그래픽으로 처리된 네비게이션의 활용도가 높아지고 있답니다. 그러면 일러스트레이터를 이용한 아이콘 제작 능력과 드로잉 실력을 키워보시기 바랍니다.

■ 제작 포인트

도형 툴 응용하기, 펜 툴, 패스파인더 기능 적용하기, 회전 툴로 복사하기, 그라디언트 적용하기, 스트로크 팔레트, 타입 툴, 패스파인더 기능 적용하기, 다단복제 기능, Align 기능으로 오브젝트 정렬하기

 완성물 미리보기

▲ 완성 파일 : Artwork/웹아이콘만들기.ai

직접 해보기

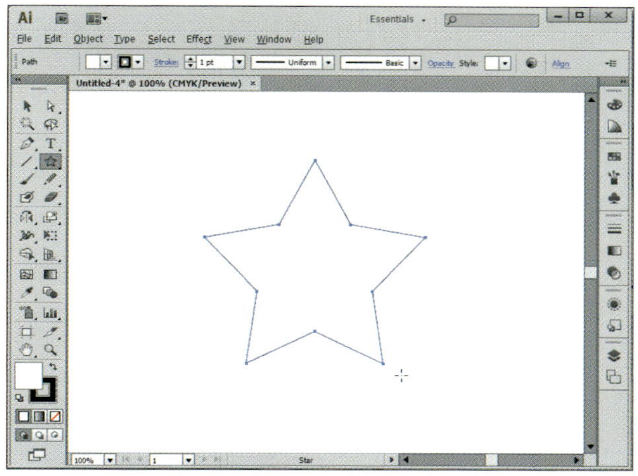

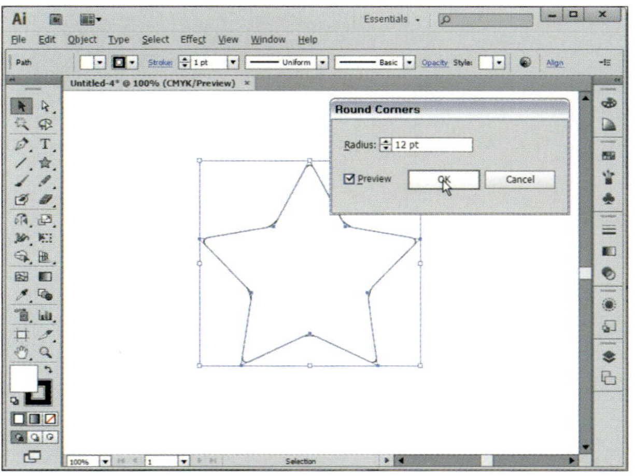

O1 이번 시간에는 일러스트레이터의 도형 기능을 활용한 아이콘을 만들어 보겠습니다. [File] 메뉴의 [New] 명령으로 새로운 도큐먼트를 만듭니다. 취미, 오락 등의 카테고리를 나타내는 별 모양 아이콘을 만들어 보겠습니다. 툴 박스에서 별형 툴을 선택한 다음 Shift 와 함께 드래그합니다.

O2 별의 꼭지점을 곡선 형태로 만들어 보겠습니다. [Effect]–[Stylize]–[Round Corners] 명령을 선택합니다.

강의노트

별모양 편집하기
별형 툴을 이용하여 오브젝트를 만들 때는 별의 꼭짓점 개수를 쉽게 조정할 수 있습니다. 별형 툴을 드래그 한 상태에서 키보드의 ↑ ↓ 방향키를 누르면 꼭짓점의 개수를 추가하거나 삭제할 수 있습니다.

O3 대화상자에서 둥근 모서리 형태가 되도록 수치를 조절하세요.

강의노트

Round Corners
Round Corners 기능은 각이진 모서리의 모양을 둥글게 나타낼 수 있습니다. 사용자가 둥근 모서리의 범위를 지정하여 적용할 수 있습니다.

Illustrator CS6

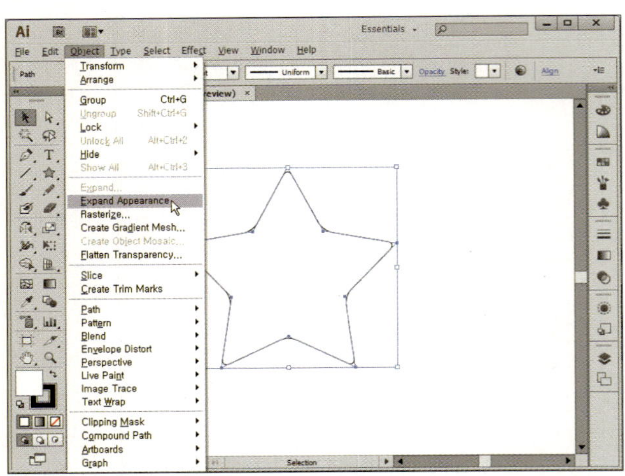

일러스트레이터 CS6

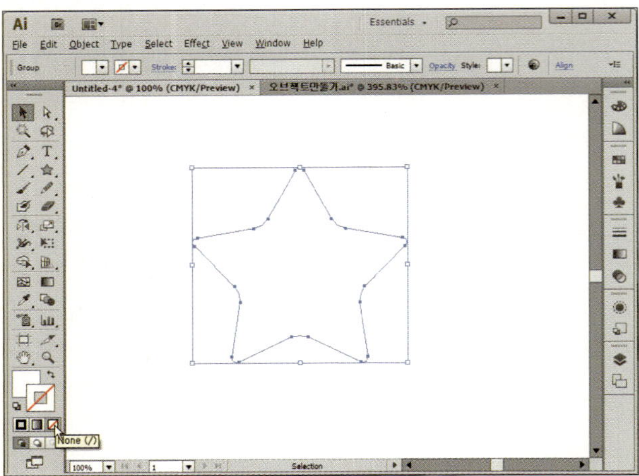

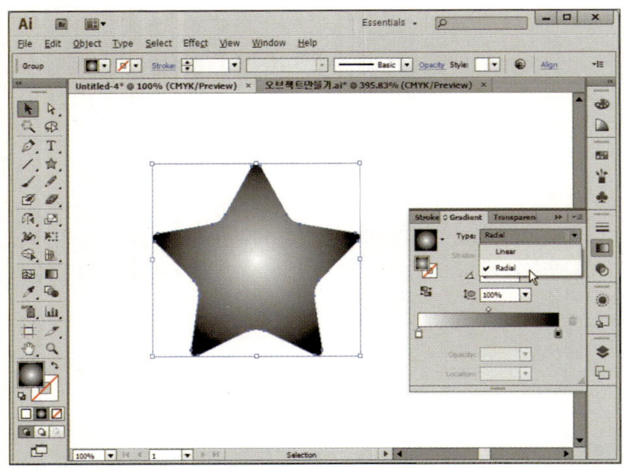

04 Effect 기능이 적용된 오브젝트를 완전한 도형 형태로 나타내기 위해서 [Object]–[Expand Appearance] 명령을 적용합니다.

 강의노트

Expand Appearance

Effect 기능이 적용된 오브젝트는 Appearance 패널에서 적용된 효과를 언제든지 수정 편집할 수 있습니다. 완전히 변형된 오브젝트로 만들기 위해서 [Object]–[Expand Appearance] 명령을 적용합니다.

05 기본 형태가 만들어졌으면 면 속성으로 나타내기 위해서 선 속성을 선택하고, None으로 지정합니다.

06 면의 색상으로 그라디언트를 적용합니다. GRADIENT 패널을 열고, Type항목에서 Radial Gradient를 적용합니다. 오브젝트 중심에서 외곽으로 적용되는 그라디언트 색상이 적용됩니다.

07 그라디언트 색상을 편집합니다. 왼쪽의 흰색 슬라이드를 더블 클릭하면 색상 편집 창이 나타납니다. 스와치 창에서 밝은 노란색 톤으로 변경합니다.

08 계속해서 검정색 슬라이드를 선택하고 노란색 톤으로 변경합니다.

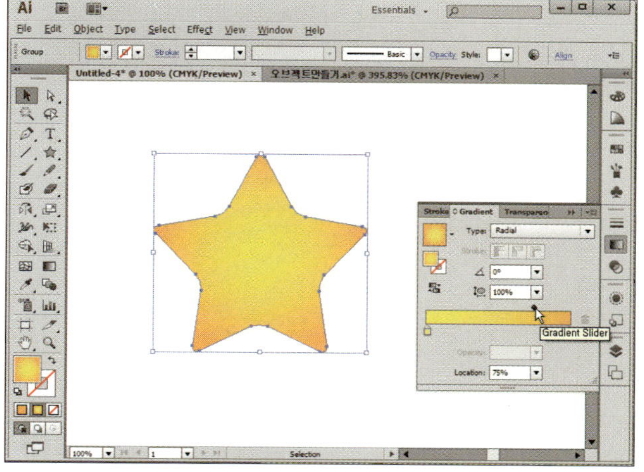

09 색상이 조정되었으면 밝은 노란색 영역을 넓게 나타내기 위해서 그라디언트 적용 범위를 나타내는 슬라이드를 우측으로 드래그합니다.

Illustrator CS6

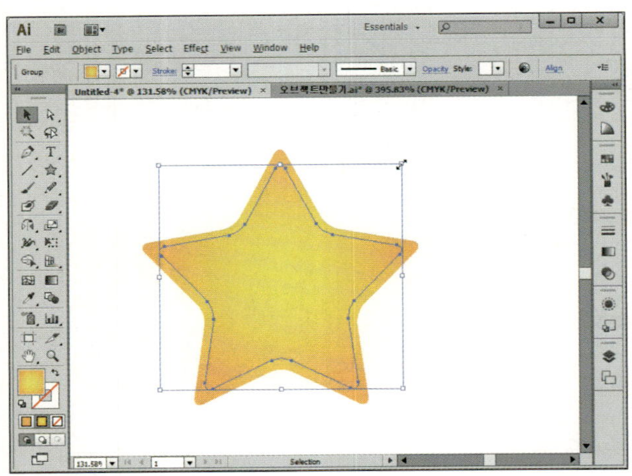

10 색상이 적용된 오브젝트는 Ctrl + C, Ctrl + F 명령으로 원본 오브젝트 앞쪽에 붙여넣기 한 다음 정비례로 크기를 축소합니다. 이때는 모서리 조절점을 Alt + Shift 를 누르면서 안쪽으로 드래그합니다.

일러스트레이터 CS6

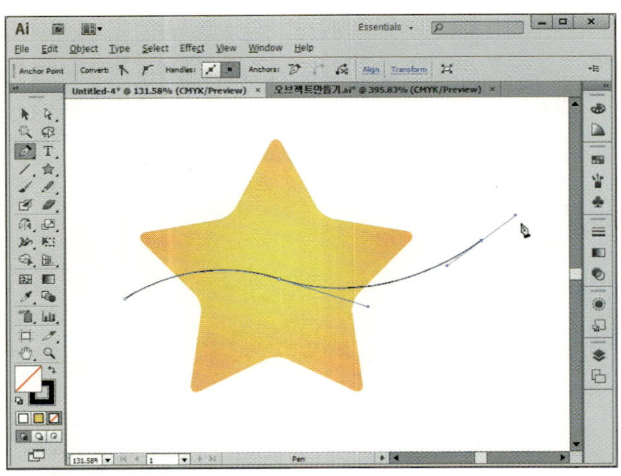

11 축소된 오브젝트의 면을 분할하고, 밝은 색상 톤을 적용하여 빛이 반사되는 느낌을 만들어 보겠습니다. 툴 박스에서 펜 툴을 지정하고, 선 속성으로 나타냅니다.

강의노트

제자리에 복사 본 붙이기
오브젝트를 동일한 위치에 복사본을 나타낼 때에는 Paste Front, 또는 Paste Back 기능을 실행합니다. 단축 기능으로 Ctrl + F 명령을 실행합니다.

12 그림처럼 곡선의 분할 선을 만듭니다.

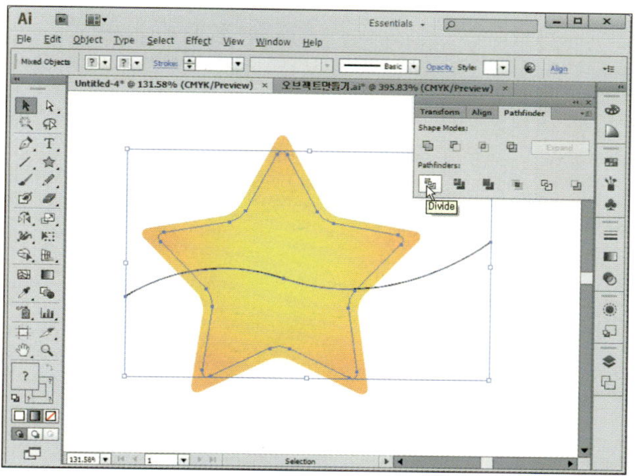

13 선이 만들어 졌으면 선택 툴로 축소된 별 모양과 선을 함께 선택합니다. [Window]–[Pathfinder] 명령으로 패스파인더 패널을 엽니다. Divide 버튼을 클릭하여 별 모양을 분할합니다.

Divide 기능

오브젝트의 겹쳐진 부분을 분할하여 개별적인 오브젝트로 만들어 주는 패스파인더 기능입니다. 즉, 겹쳐진 오브젝트를 조각내어 주는 역할을 하게 됩니다.

14 패스파인더 기능이 적용된 오브젝트는 그룹 속성이 적용됩니다. 필요 없는 아래쪽 오브젝트를 직접 선택 툴로 클릭하고, Delete 를 눌러서 삭제합니다.

여러 개의 오브젝트 선택하기

선택 툴로 하나 이상의 오브젝트를 선택 할 때에는 Shift 를 누르고 선택하고자 하는 오브젝트를 클릭합니다. Shift 를 누른 상태에서 새로운 오브젝트를 클릭하면 추가로 선택되어지고, 이미 선택된 오브젝트를 클릭하면 선택이 해제됩니다.

보충수업 — 패널 그룹에 도킹하기

자주 사용하는 패널은 패널 그룹에 도킹하여 사용하는 것이 편리합니다. 패스파인더 기능 또한 일러스트레이터에서 자주 사용되는 기능 중 하나입니다. Window 메뉴에서 패널을 열면 개별적인 패널 창으로 열리게 됩니다. 패널의 상단 부분을 패널 그룹으로 드래그하면 그룹 안에 도킹되며 필요할 때 열어서 사용할 수 있습니다.

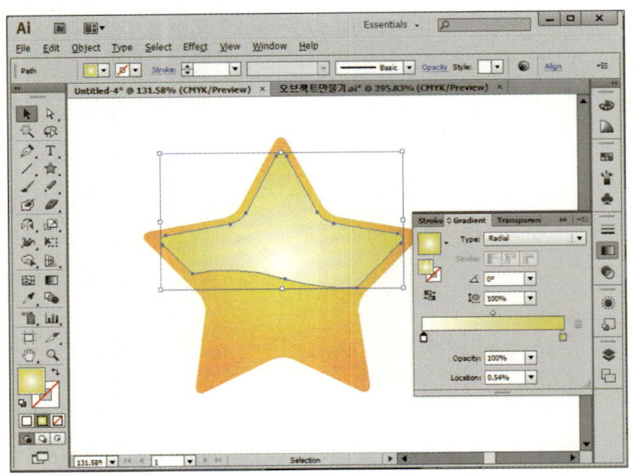

15 그라디언트 색상을 변경하기 위해서 위쪽 별 모양을 선택하고, 그라디언트 패널을 엽니다. 좌측 슬라이드는 흰색으로 조정하고, 우측 슬라이드는 밝은 노란색으로 변경합니다.

16 그라디언트가 적용된 중심점의 위치를 위쪽으로 이동시키기 위해서 그라디언트 툴을 선택합니다. 그러면 그라디언트 방향과 위치를 편집할 수 있는 조절점이 생성됩니다. 가운데 조절점은 중심점의 위치를 변경할 수 있습니다. 가운데 조절점을 위쪽으로 이동시킵니다. 그라디언트 편집 작업이 마무리 되었으면 Ctrl 을 누르고 도큐먼트 빈 공간을 클릭하여 편집 상태를 해제합니다.

17 오브젝트에 그림자를 만들어 봅니다. 원형 툴을 이용하여 타원을 만듭니다. 앞선 작업의 영향으로 그라디언트 속성이 적용된 타원 오브젝트가 만들어집니다.

강의노트

선택 해제하기

선택 툴 이외의 도구로 편집 작업 중에 Ctrl 을 누르면 마우스 포인터가 임시적으로 선택 툴 또는 직접 선택 툴로 전환됩니다. 이때 빈 공간을 클릭하면 선택을 해제할 수 있습니다.

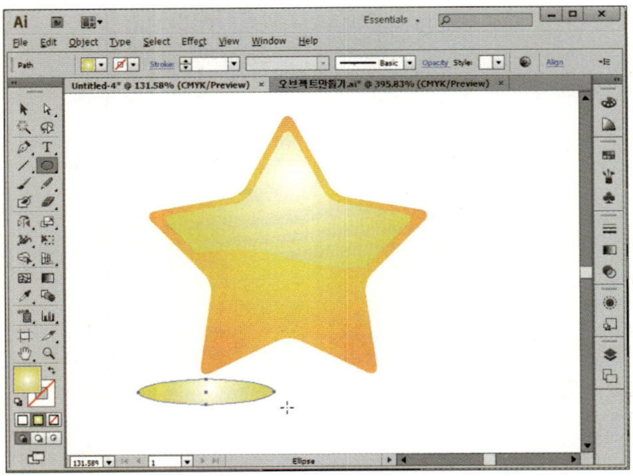

18 그라디언트 패널을 열고 색상을 편집합니다. 흰색에서 검은색으로 연결되도록 슬라이드 색상을 조정하세요.

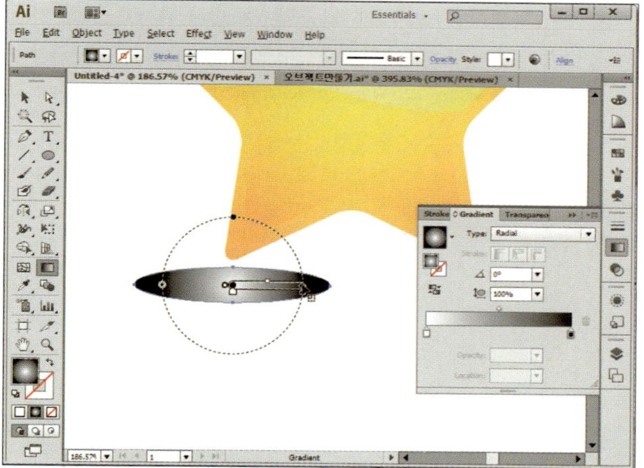

19 그라디언트 영역을 편집합니다. 그라디언트 툴을 선택한 다음 우측에 다이아몬드 조절점을 타원 폭에 맞추어 이동시킵니다.

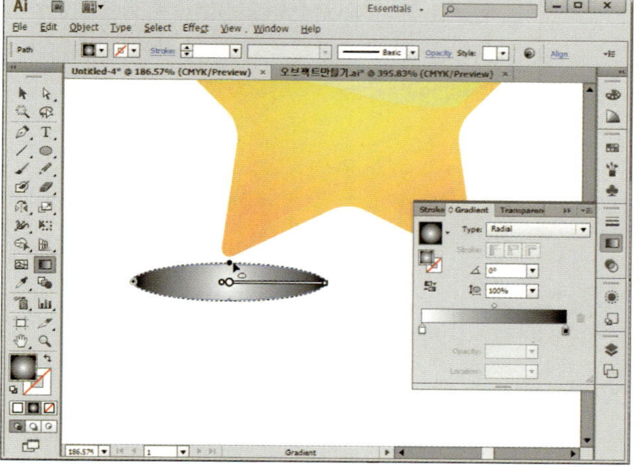

20 위쪽에 놓인 검정색 원 조절점을 타원 높이에 맞추어 이동시키세요.

강의노트

그라디언트 편집하기

그라디언트가 적용된 오브젝트를 선택하고 그라디언트 툴을 클릭하면 조절점이 나타나게 됩니다. 위쪽에 놓인 검정색 조절점은 그라디언트 영역의 형태를 타원 형태로 조절할 수 있습니다. 좌측, 우측의 조절점은 그라디언트 영역을 정비례로 조절할 수 있습니다. 뿐만 아니라 색상이나 적용 범위를 빠르게 조정할 수 있답니다.

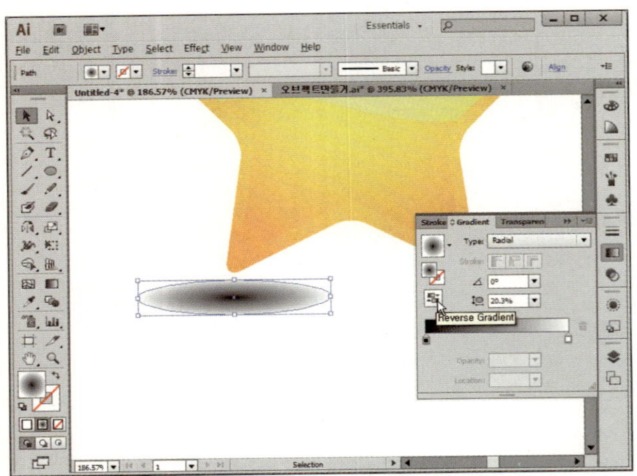

21 그림자 형태를 나타내기 위하여 그라디언트 패널의 Reverse Gradient 버튼을 클릭합니다. 그라디언트 중심축과 외곽의 색상이 반전되어 나타납니다.

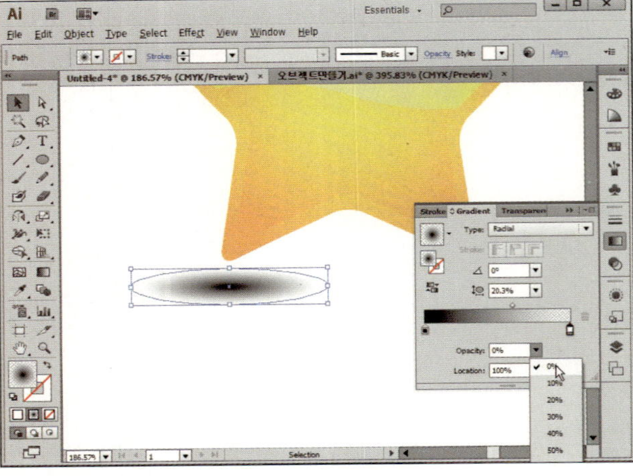

22 외곽의 흰색 영역은 투명도를 적용합니다. 흰색 슬라이드를 선택하고, Opacity 목록을 확장한 다음 0%로 지정합니다. 즉 외곽으로 갈수록 투명해지는 색상이 만들어진 것입니다.

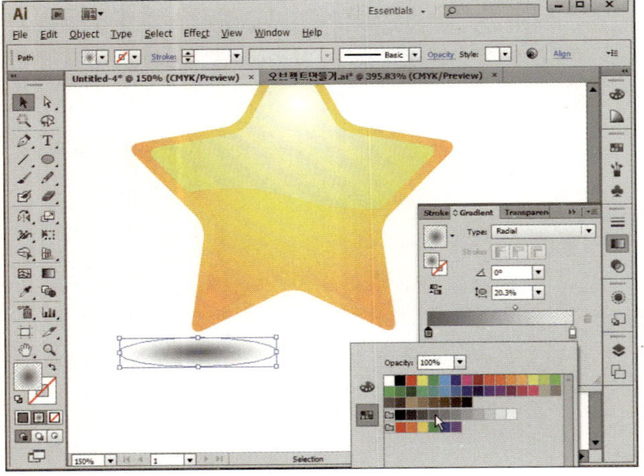

23 중심점에 적용된 검은색 색상은 밝은 회색 톤으로 조정하여 자연스러운 그림자를 나타냅니다.

일러스트레이터 CS6

24 우측 그림자는 선택 툴로 Alt +Shift 를 누르고 드래그해서 복사본을 만듭니다.

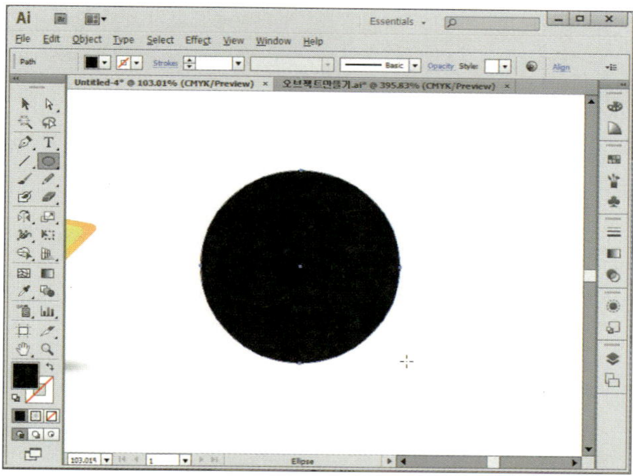

25 새롭게 만들 아이콘은 이전 페이지 또는 화면 이동을 나타내는 회전된 모양의 화살표 아이콘을 만들 것입니다. 기본 형태를 원 모양으로 나타냅니다. 원형 툴을 선택하고, Shift 를 누르고 드래그하여 정원을 만듭니다.

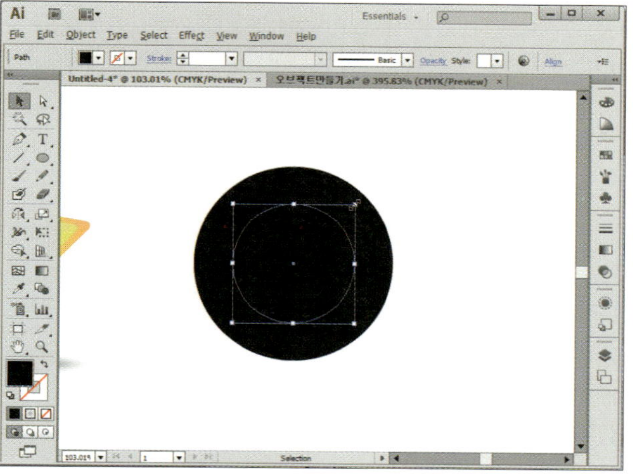

26 둥근 테두리를 나타내기 위해서 오브젝트를 복사한 다음 붙여넣기 합니다. Ctrl +C, Ctrl +F 를 눌러서 복사본을 제자리에 붙여넣기 합니다. 복사된 원은 대각선 조절점을 Alt +Shift 를 누르고 드래그하여 축소시킵니다.

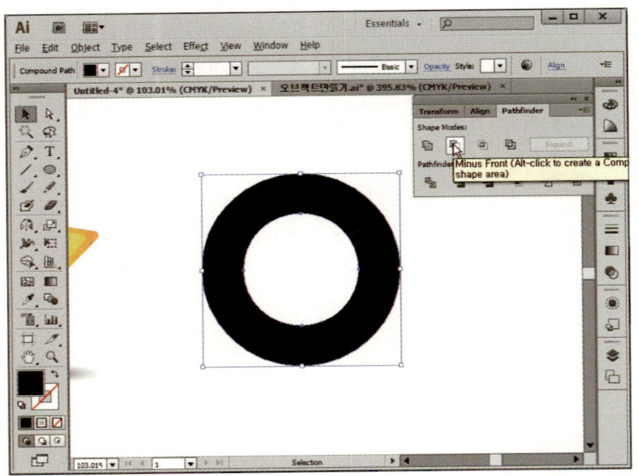

27 겹쳐진 오브젝트를 모두 선택한 다음 패스파인더 패널의 Minus Front 기능으로 빼줍니다.

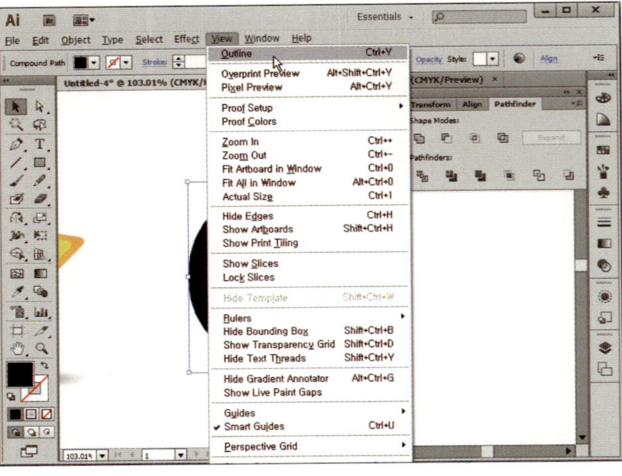

28 테두리는 270° 방향으로 회전된 모양을 나타내기 위해서 새로운 오브젝트를 만들고, 패스파인더 기능으로 모양을 편집합니다. 선택 범위를 정확히 볼 수 있도록 [View]-[Outline]을 실행합니다.

강의노트

Outline 상태

Outline 상태에서는 오브젝트의 라인만 표시되므로 작업 속도가 빠르고 정확한 작업을 할 수 있습니다. 단축키로 Ctrl + Y 를 눌러 Outline, Preview 모드를 전환시킬 수 있습니다.

보충수업 **패스파인더의 활용**

일러스트레이터에서 패스파인더 기능은 실무에서 활용도가 매우 높은 기능 중에 하나입니다. 어떤 모양을 어떻게 만들 것인가를 고민하고, 가장 쉬운 방법을 선택하는 것이 일러스트레이터 고수들이 하는 작업입니다. 그러므로 패스파인더의 모든 기능을 충분히 활용해 보면서 다양한 오브젝트를 만들어 보세요. 일러스트 실력이 매우 향상된답니다.

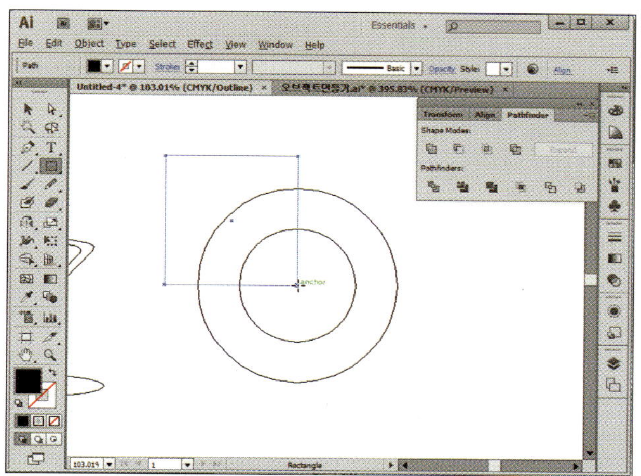

29 Outline 상태에서는 오브젝트의 경계선만 표시됩니다. Ctrl + U 를 눌러서 스마트 가이드 기능이 활성화 된 상태에서 작업합니다. 사각형 툴로 원 중심축 근처까지 모양을 만들면 중심축에 자동으로 달라붙기 됩니다. 즉 원 모양의 수직, 수평 축에 정확히 맞추어진 도형이 만들어진 것입니다.

30 Ctrl + Y 를 눌러서 Preview 모드로 전환합니다. 그러면 겹쳐진 도형을 함께 선택한 다음 패스파인더의 Minus Front 버튼을 눌러서 모양을 편집합니다.

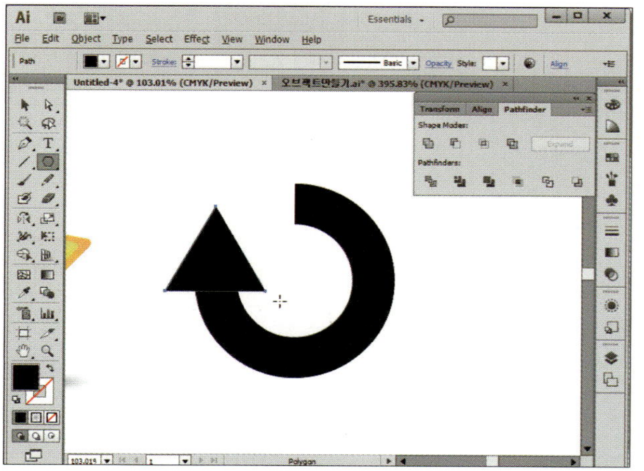

31 화살표 촉 모양을 나타내기 위해서 다각형 툴로 삼각형 오브젝트를 만들고 크기와 위치를 조절합니다.

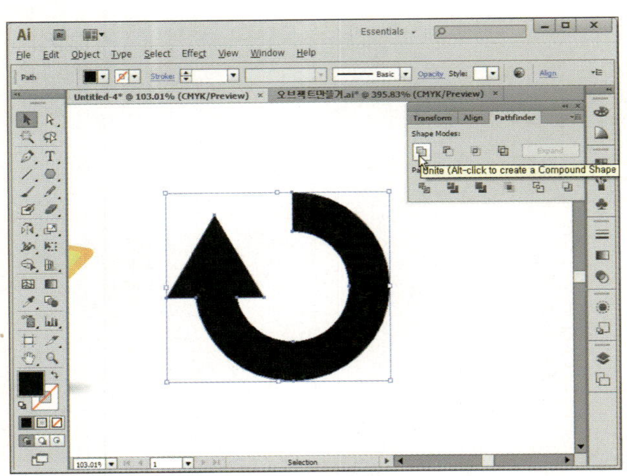

32 모양이 만들어 졌으면 두 개의 도형을 패스파인더 기능으로 합쳐줍니다.

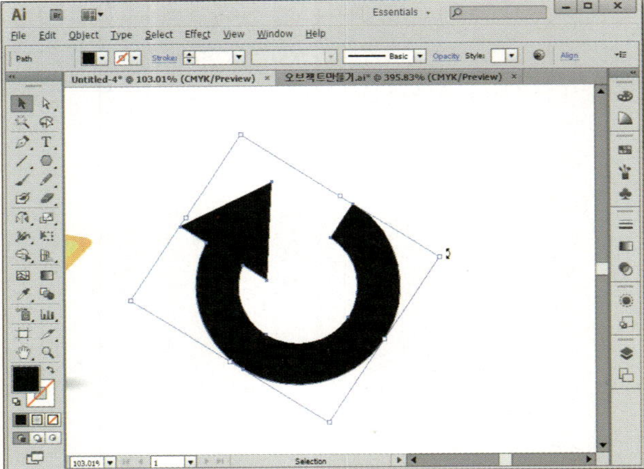

33 모양을 회전시키기 위해서 바운딩 박스를 드래그하여 회전시킵니다.

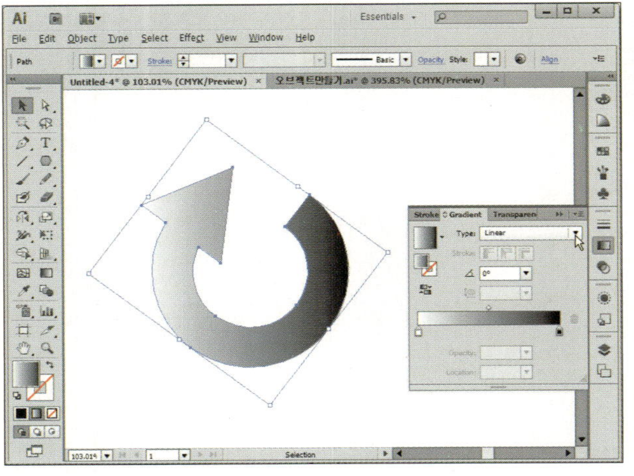

34 그라디언트 색상을 적용합니다. 그라디언트 패널에서 Linear 형식의 그라디언트를 적용합니다.

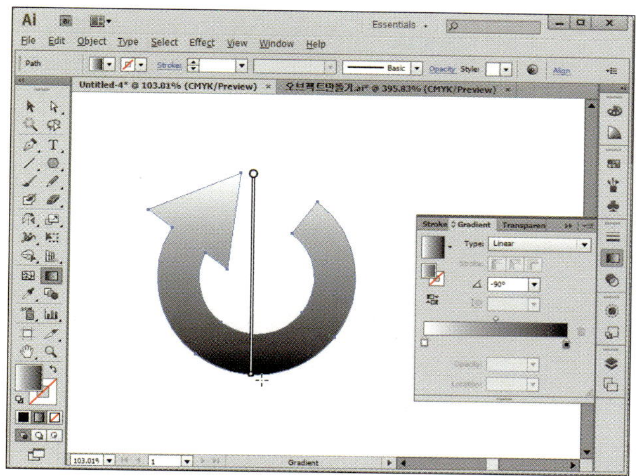

35 그라디언트 각도를 변경하기 위해서 그라디언트 툴을 선택한 다음 오브젝트 위쪽에서 아래쪽으로 드래그하거나 그라디언트 패널에서 각도를 −90°로 적용합니다.

36 그라디언트 시작점은 청색 톤을 적용하고, 끝점은 짙은 청색 톤으로 스와치 창의 색상을 적용합니다.

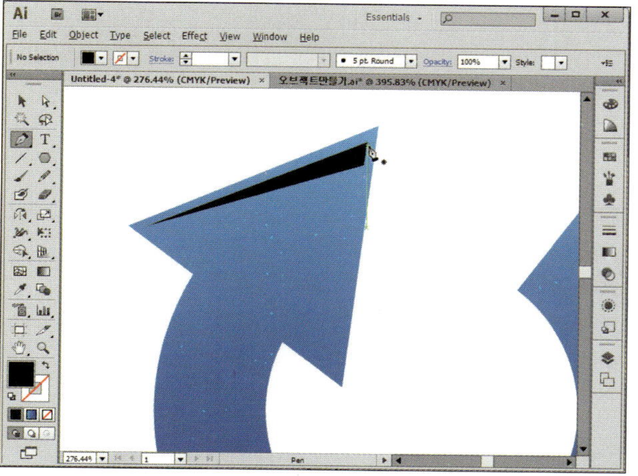

37 오브젝트에 입체감을 표현하기 위해서 하이라이트 부분의 오브젝트를 만들고 밝은 색상을 적용시켜 봅니다. 펜 툴로 하이라이트를 나타낼 오브젝트 모양을 그립니다.

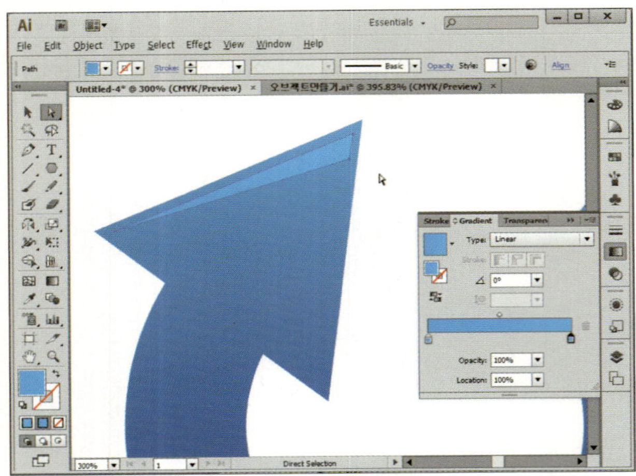

38 Linear 그라디언트를 적용하고, 화살표에 적용된 색상 톤 보다 밝은 색상으로 슬라이드 색을 편집합니다.

39 계속해서 밝은색 영역을 추가로 그립니다. 모양을 정확히 그릴 때에는 Ctrl +Y를 눌러서 Outline 모드에서 작업을 하면 보다 정확한 형태로 모양을 그릴 수 있습니다.

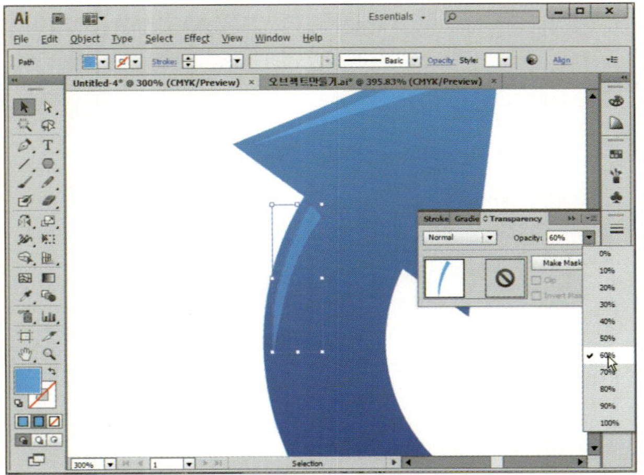

40 앞서 적용된 그라디언트 색상이 동일하게 적용됩니다. 밝은 영역이 강하게 보인다면 Transparency 패널에서 투명도를 적용하여 자연스럽게 비추어 보이도록 작업하세요.

일러스트레이터 CS6

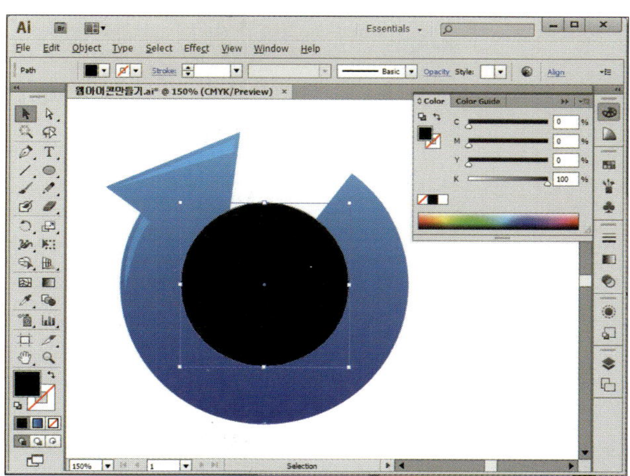

41 계속해서 안쪽에 음영을 나타내기 위해서 Ctrl + F 를 눌러보세요. 앞선 과정에서 클립보드에 저장된 안쪽 원이 붙여넣기 됩니다.

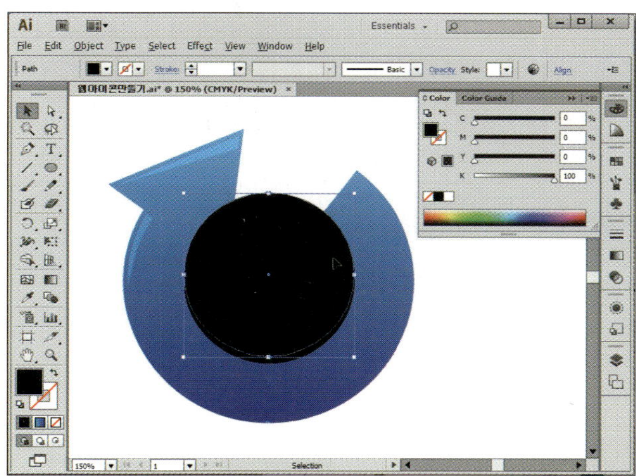

42 음영을 나타낼 반달 형태의 모양을 만들기 위해서 선택 툴로 Alt 를 누르고 위쪽으로 드래그하여 복사본을 만듭니다.

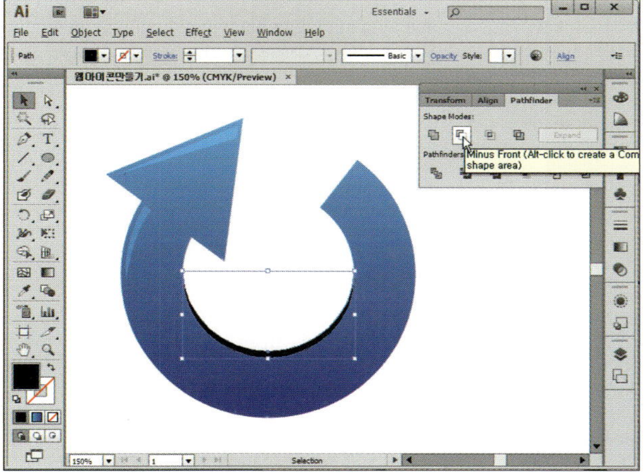

43 겹쳐진 두 개의 원을 함께 선택한 다음 패스파인더 패널에서 Minus Front 버튼을 클릭하세요. 겹쳐진 오브젝트가 삭제되면서 그림처럼 모양이 편집됩니다.

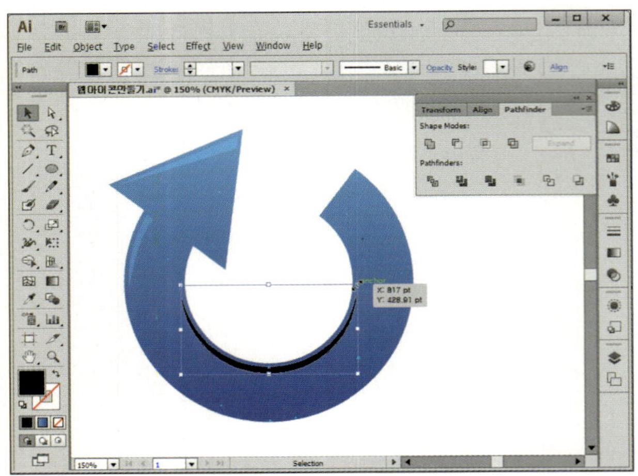

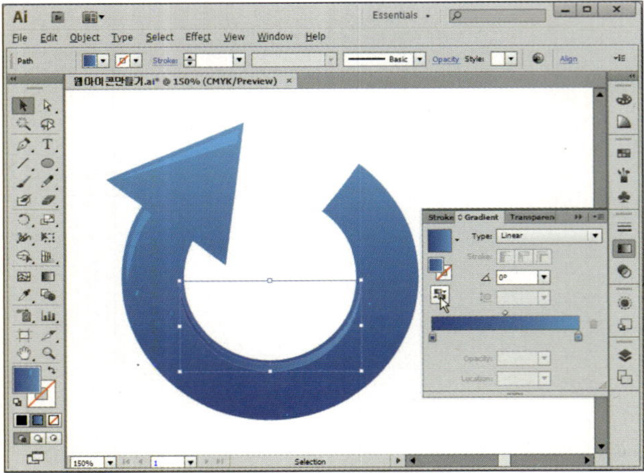

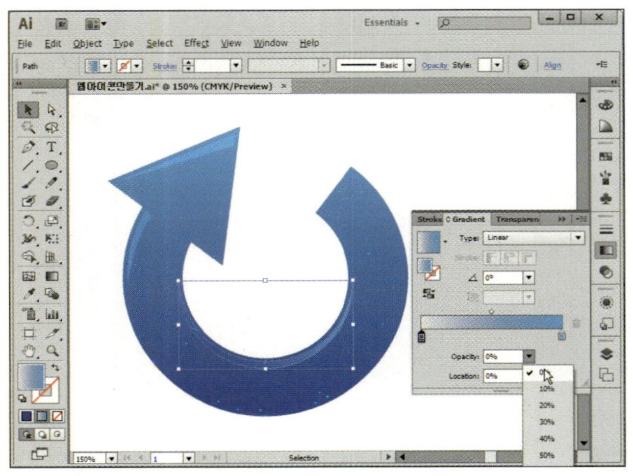

44 선택 툴로 오브젝트의 위치를 밑으로 이동시킨 다음 확대시킵니다.

45 스포이드 툴을 이용하여 화살표를 클릭하여 그라디언트 색상을 적용합니다. 밝은 영역의 위치를 우측으로 나타내기 위해서 그라디언트 패널의 반전 버튼을 클릭합니다. 좌, 우측 슬라이드의 색상이 교차되어 밝은 부분이 우측에 적용되어 나타납니다.

46 짙은 청색 슬라이드에 투명도를 적용하여 밝은 영역에서 자연스럽게 이어지도록 작업합니다.

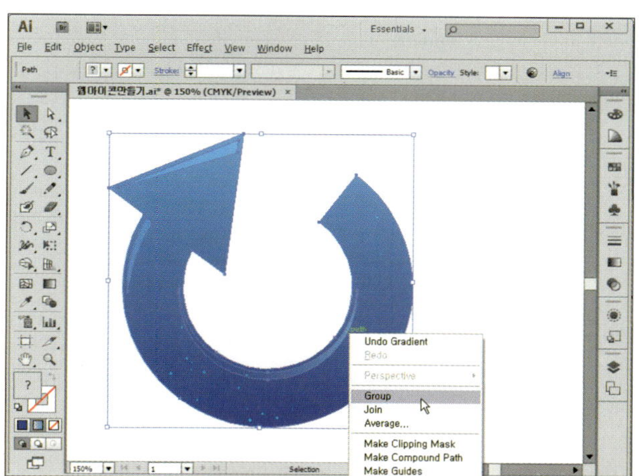

47 작업이 마무리 되었으면 화살표를 구성하는 오브젝트들은 모두 선택한 다음 그룹으로 지정합니다.

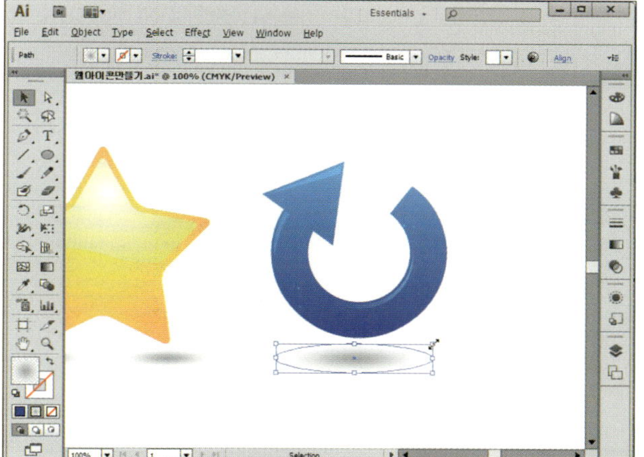

48 그림자 모양은 앞선 작업에서 별에 적용한 그림자를 복사한 다음 크기를 조절하여 나타냅니다.

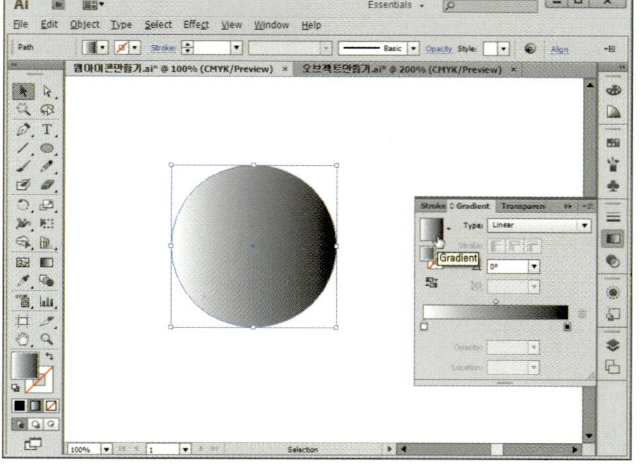

49 세 번째 아이콘은 돋보기 형태로 제작해 보겠습니다. 정원 오브젝트를 만들고 Linear 그라디언트를 적용하세요.

Illustrator CS6

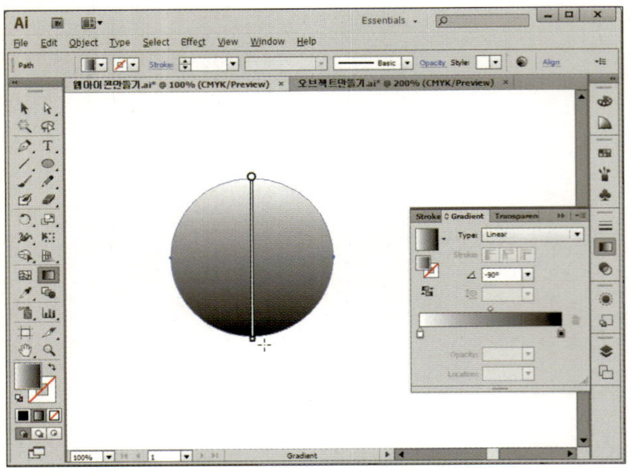

50 수평 방향으로 적용된 그라디언트를 수직 방향으로 조정합니다. 그라디언트 툴로 직접 방향을 조절하거나 그라디언트 패널에서 직접 수치를 입력하여 조절하면 됩니다.

51 그라디언트 색상을 밝은 회색에서 짙은 회색으로 연결되도록 조정합니다.

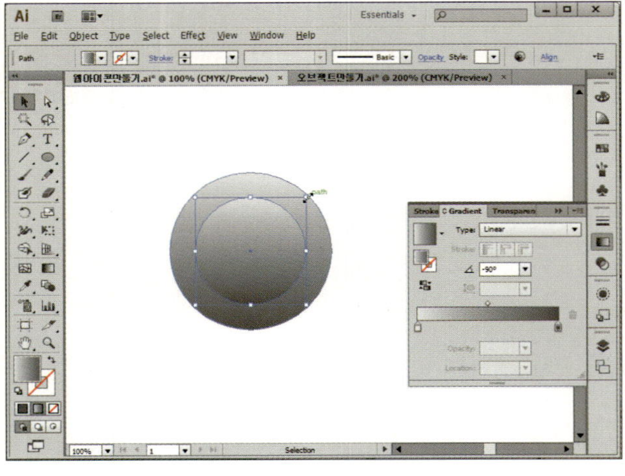

52 볼록한 테두리 모양을 나타내기 위해서 원을 복사한 다음 제자리 붙여넣기 하고, Alt + Shift 와 함께 모서리 조절점을 드래그합니다. 중심축을 기준으로 축소됩니다.

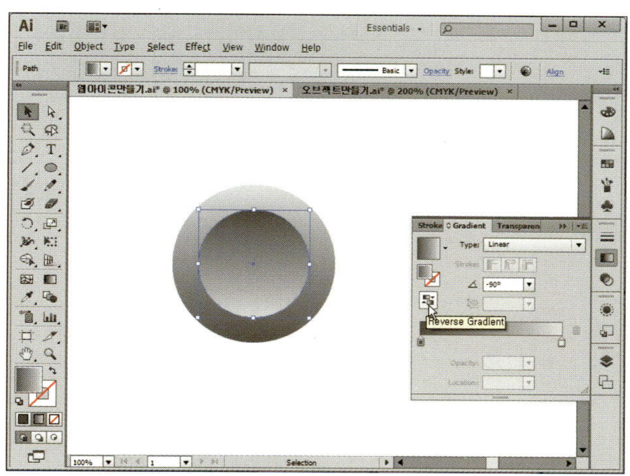

53 크기가 조절되었으면 그라디언트 패널의 반전 버튼을 클릭합니다. 색상 방향이 반전되어 안쪽으로 파인 모양이 만들어 집니다.

54 이제 돋보기 알을 나타낼 오브젝트를 만듭니다. 축소된 원을 복사한 다음 제자리에 붙여넣기하고, 크기를 정비례로 축소시키세요.

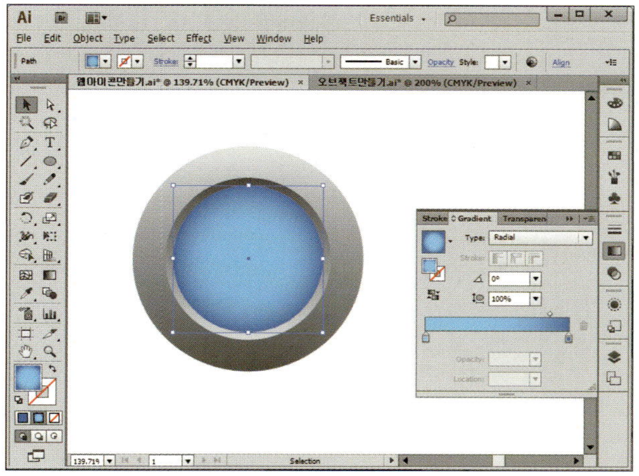

55 그라디언트 패널에서 Radial 형식으로 변경한 다음 밝은 하늘색에서 청색으로 연결되도록 색상을 편집합니다. 그런 다음 밝은 영역이 많이 보일 수 있도록 색상 범위를 조절합니다.

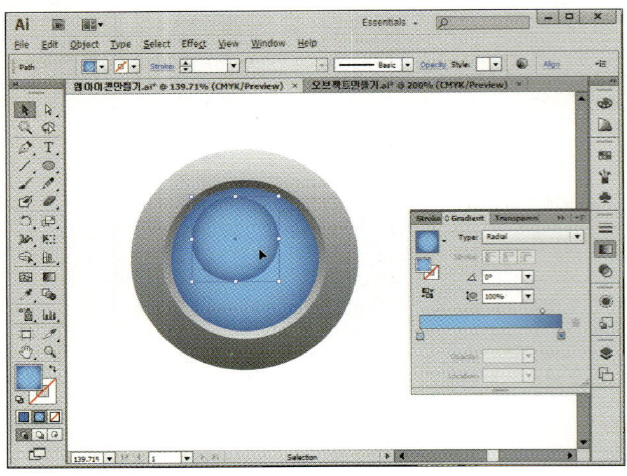

56 돋보기 알에 강하게 비추어지는 하이라이트 영역을 나타냅니다. 원을 복사한 다음 크기와 위치를 조절하세요.

57 안쪽 영역을 타나내는 좌측 슬라이드의 색상을 흰색으로 조정하고, 우측 슬라이드의 색상도 흰색으로 조정한 다음 투명도를 0%로 조절하여 경계부분이 자연스럽게 사라지는 효과를 나타냅니다.

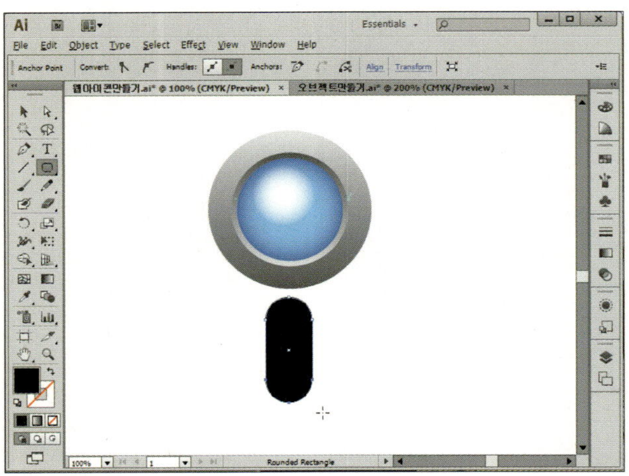

58 손잡이 부분은 둥근 사각형 툴로 기본 형태를 만듭니다.

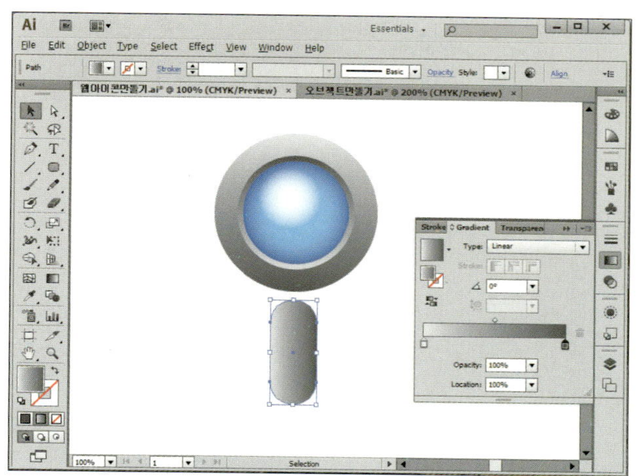

59 그라디언트 패널에서 Linear 그라디언트를 적용하고, 밝은 회색에서 어두운 회색으로 연결되도록 색상을 조정합니다.

60 손잡이 끝 부분은 면을 분할하고, 어두운 톤으로 나타낼 것입니다. 나이프 툴을 이용하여 끝 부분을 Alt + Shift 를 누르고 드래그하여 면을 분할합니다.

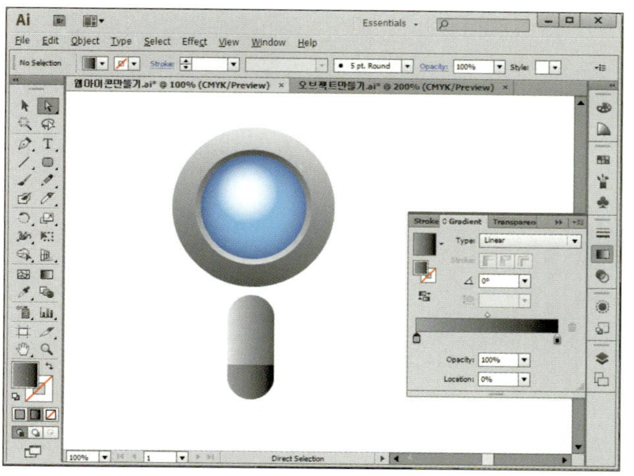

61 분할된 면의 그라디언트 색상은 앞서 적용된 색상 톤보다 어둡게 보이도록 슬라이드의 색상을 조정하세요.

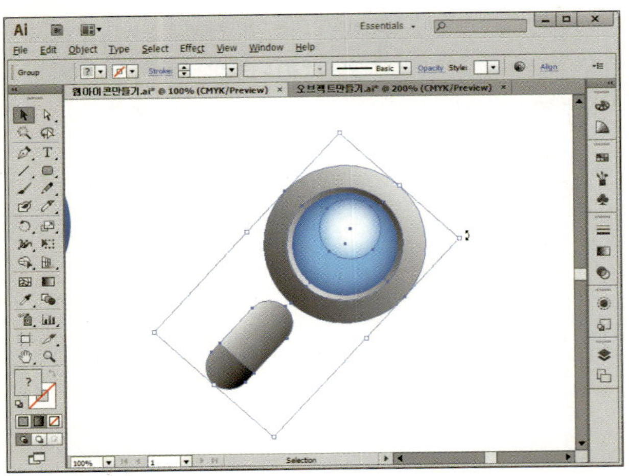

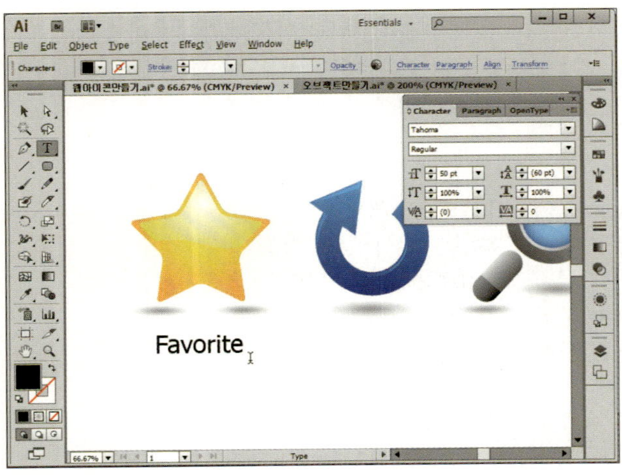

62 작업이 마무리 되었으면 오브젝트를 그룹으로 지정한 다음 각도를 회진시 킵니다.

63 사실감을 나타내기 위해서 손잡이와 돋보기 알 밑으로 그림자를 나타내어 보세요.

64 문자 툴을 이용하여 아이콘의 제목을 입력한 다음 서체와 크기를 조절해 보세요.

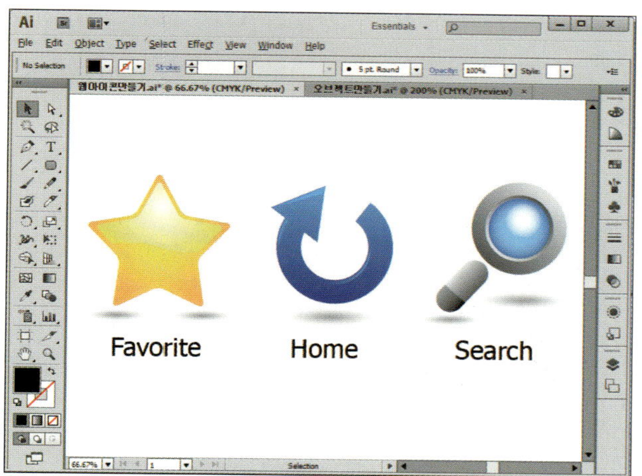

65 작업된 파일은 수시로 저장하는 습관을 길으셔야 합니다. 최종 결과물이 만들어진 다음 저장하는 것은 바람직한 방법은 아닙니다. 항상 작업을 시작한 다음 파일을 저장하고 작업 중간에 수시로 저장하여 시스템이나 프로그램 오류로부터 작업한 파일을 보호해야 합니다.

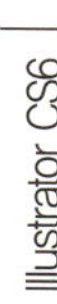

 **실전문제**

1. 박스 형태의 아이콘을 만들어 봅니다.

▲ 완성 파일 : Artwork〉웹아이콘만들기(실전문제).ai

힌트

① 둥근 사각형 툴로 박스 모양을 만듭니다.

② Linear 그라디언트를 적용하고 색상을 편집합니다.

③ 박스 상단과 하단에는 패스파인더 기능으로 분할면을 만들고, 흰색과 그라디언트와 동일한 색상 톤으로 짙은 색상을 적용합니다.

④ 도형과 패스파인더 기능으로 돋보기 모양의 오브젝트를 만듭니다.

⑤ 심벌이 만들어 졌으면 오브젝트를 겹쳐놓은 다음 뒤쪽에 놓인 오브젝트는 밝은 색상을 적용하여 안쪽으로 파인 효과를 만듭니다.

⑥ 박스를 복사한 다음 그라디언트 색상을 조정하여 그림자를 만듭니다.

⑦ 모양이 동일한 박스의 기본 형태는 복사본으로 나타낸 다음 그라디언트 색상을 조정합니다.

⑧ 사람을 상징하는 심벌은 원형 도형을 이용하여 만듭니다.

2. 시계와 다운로드 아이콘을 만들어 보세요.

▲ 완성 파일 : Artwork〉웹아이콘만들기(실전문제).ai

힌트

① 시계의 테두리 형태는 원을 겹쳐서 그라디언트 색상으로 만듭니다.

② 시계 안쪽은 밝은 회색에서 어두운 회색으로 연결되도록 그라디언트를 적용하고 밝은 영역은 넓게 나타냅니다.

③ 원을 복사한 다음 겹쳐지도록 배치하고, 패스파인더 기능으로 밝은 영역을 나타낼 오브젝트를 만듭니다.

④ 흰색으로 적용하고, 밑의 테두리에 놓인 오브젝트는 복사본을 만든 다음 회전한 다음 크기를 조절하여 그림과
   같이 배치합니다.

⑤ 펜 툴로 시계 분과 초를 나타낼 오브젝트를 그리고 중앙에 원 모양을 추가합니다.

⑥ 다운로드 아이콘은 둥근 사각형과 사각형 도형으로 기본 형태를 만들고, 그라디언트 색상을 적용합니다.

⑦ 밝고 어두운 부분을 나타내는 오브젝트는 복사본을 만들고, 패스파인더 기능으로 모양을 추가합니다.

⑧ 화살표의 기본 형태는 사각형과 다각형 툴로 모양을 만든 다음 패스파인더 기능으로 합쳐줍니다.

⑨ 그라디언트 색상을 적용하고, 패스파인더 기능으로 분할면을 만들어 밝은 영역과 어두운 부분을 만들어 보세요.

09 section

웹 버튼 만들기

다양한 시각디자인 작업물에서 예쁘고 반짝이는 아쿠아 느낌의 이미지를 보면 이러한 결과물들은 어떠한 과정으로 제작되는지 궁금해 하신 적은 없으셨는지요. 이번 시간에서는 아쿠아 버튼을 제작하고 활용할 수 있는 능력을 키워볼 것입니다. 아쿠아 느낌을 나타내기 위해서는 빛에 대한 이해와 색상 조절 능력, 모양 편집 기능에 대한 이해가 필요하답니다. 어렵게 보이지만 작업 과정을 잘 익히시면 다양한 오브젝트에 적용할 수 있으므로 재미있는 작업시간이 되시기를 바랍니다.

■ 제작 포인트

그라디언트 패널, 패스파인더 패널, 그라디언트 툴, Transparency 패널, 블렌드 기능 적용하기, 문자 툴, 메쉬 툴의 활용, Arrange 기능, Appearance 패널에서 모양 속성 편집하기

 완성물 미리보기

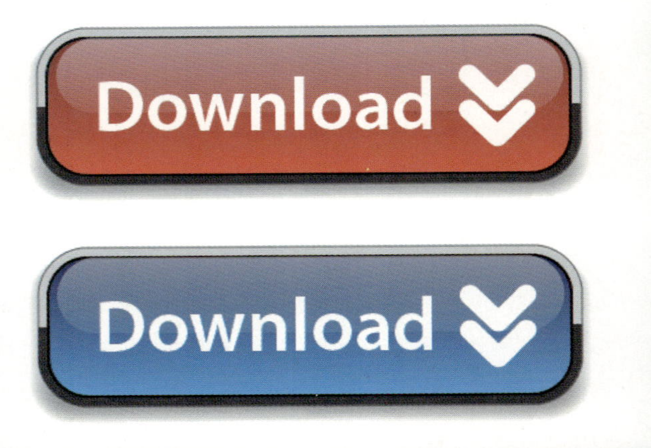

▲ 완성 파일 : Artwork/웹버튼만들기.ai

직접 해보기

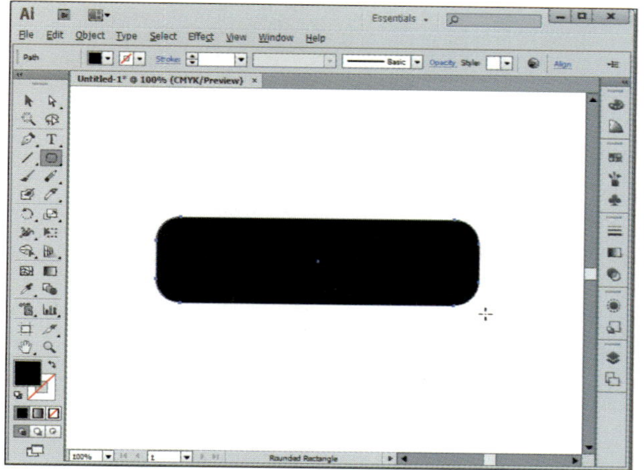

01 이번 시간에는 도형과 색상 편집 기능으로 아쿠아 느낌의 다운로드 버튼을 만들어 보겠습니다. [File]-[New] 명령으로 새로운 도큐먼트를 만들고, [View]-[Hide Artboards] 명령으로 아트보드 구분선을 없애고 작업을 진행합니다. 버튼의 기본 형태를 둥근 사각형 툴을 이용하여 나타냅니다. 이때는 검은색 면 속성으로 지정한 다음 그립니다.

02 그라디언트 색상으로 오브젝트를 나타내기 위해서 그라디언트 패널을 열고 Linear 그라디언트를 적용합니다.

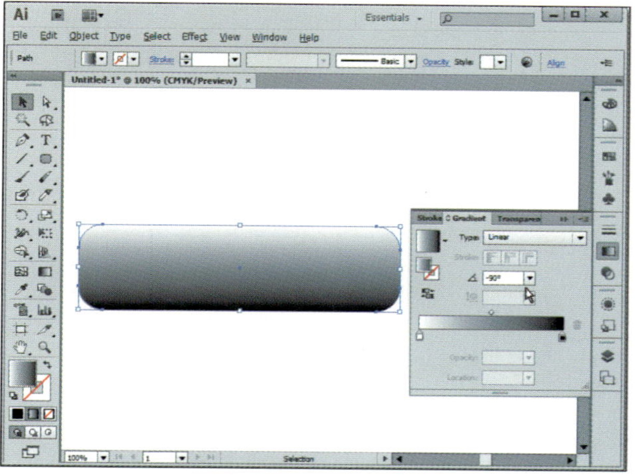

03 그라디언트 적용 방향을 조정하세요. 그라디언트 패널에서 각도를 −90°로 적용합니다.

Illustrator CS6

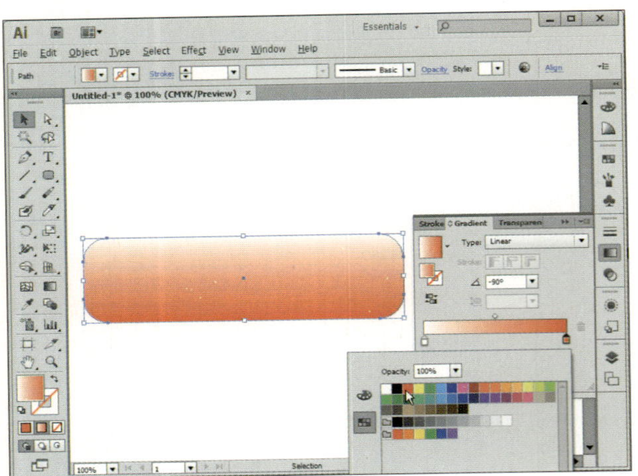

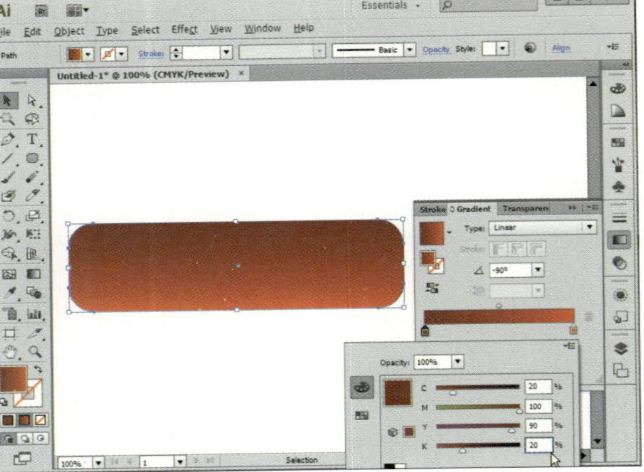

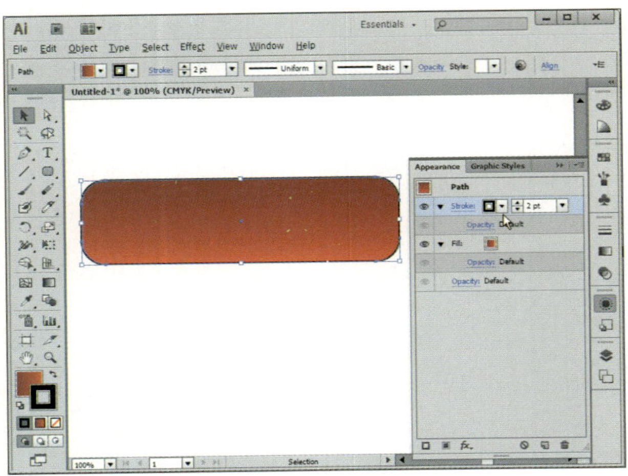

04 붉은 색상 톤으로 그라디언트를 적용하기 위해서 우측 슬라이드를 선택하고, 스와치 창에서 붉은 색을 적용합니다.

05 좌측 슬라이드는 C20, M100, Y90, K20으로 어두운 톤의 붉은 색상으로 적용합니다.

강의노트

Appearance 패널

Appearance 패널의 오브젝트에 적용되는 다양한 속성을 담고 있는 창입니다. 면과 선에 적용되는 색상이나 두께, 다양한 효과들을 기록하고 빠르게 편집할 수 있습니다. 즉 개체에 적용되는 모든 속성들을 Appearance 패널에 기록된다고 생각하시면 됩니다.

06 버튼에 테두리를 만들기 위해서 외곽선을 나타냅니다. 다양한 두께의 테두리를 나타낼 때에는 Appearance 패널에서 선 속성을 복사해 가며 작업하는 것이 편리합니다. Appearance 패널을 열고, 검은색 선 색상과 두께를 적용합니다. 선의 두께는 여러분이 작업한 오브젝트의 크기에 따라서 다르게 보일 수 있습니다. 따라서 그림과 같은 얇은 선이 보일 수 있도록 수치를 조절해 주시면 됩니다.

일러스트레이터 CS6

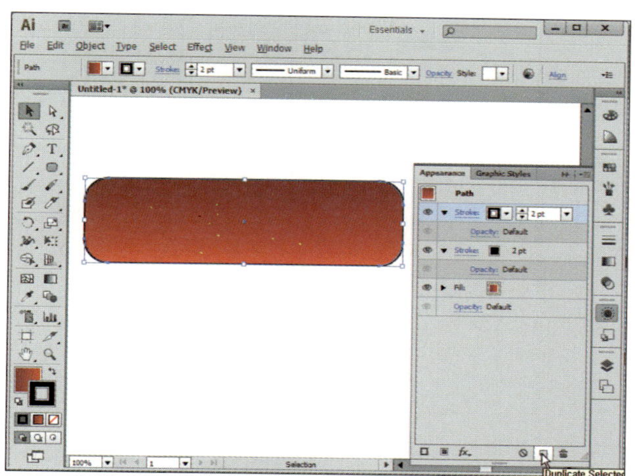

07 테두리를 추가로 나타내기 위해서 선택된 선 속성을 복사합니다. Appearance 패널 하단에서 Duplicate Selected Item 버튼을 클릭하세요. 선 속성이 복사됩니다.

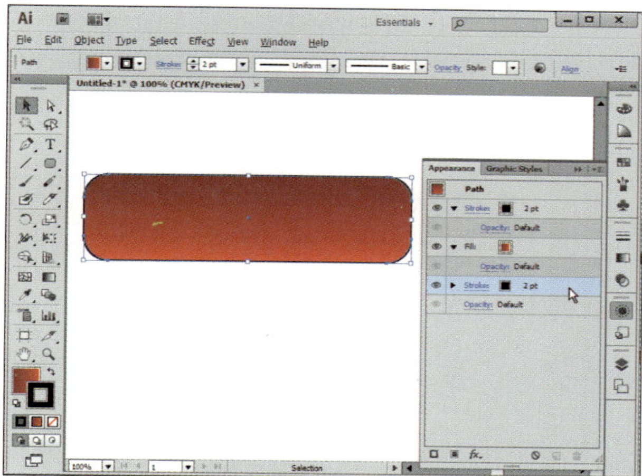

08 추가된 선은 검은색 선 밑으로 보일 수 있도록 위치를 조정합니다. 복사된 선 속성을 면 속성 밑으로 드래그하여 이동시킵니다.

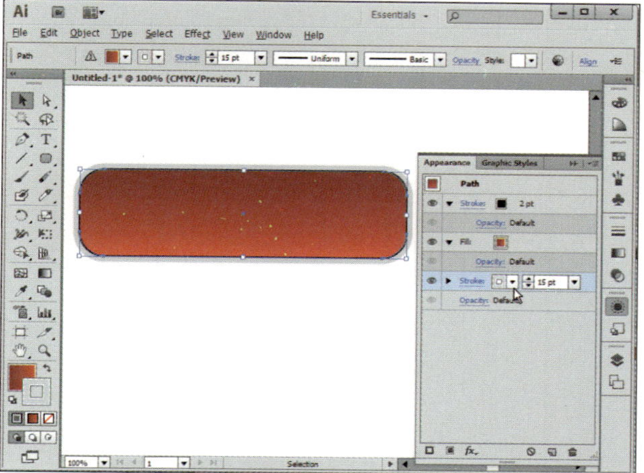

09 밑으로 이동한 선의 속성을 변경합니다. 색상은 밝은 회색 톤으로 지정하고, 두께를 키워서 새로운 테두리를 나타냅니다.

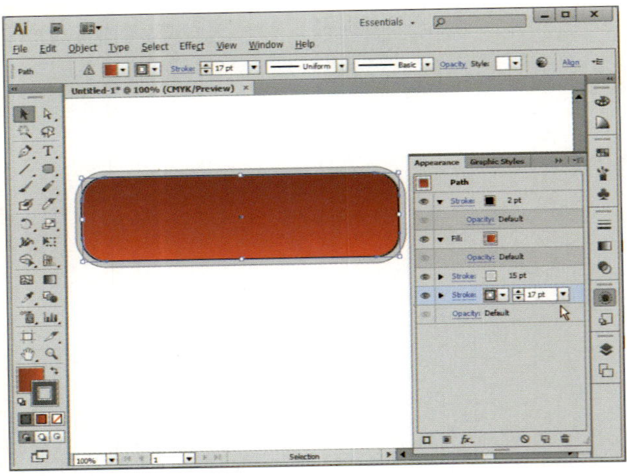

10 다시 두께가 적용된 회색 선 속성을 복사하고, 밑에 놓인 선 속성을 선택한 다음 두께와 색상을 조정하세요. 이때는 안쪽 테두리보다 짙은 색상과 두께를 키워 적용하면 됩니다.

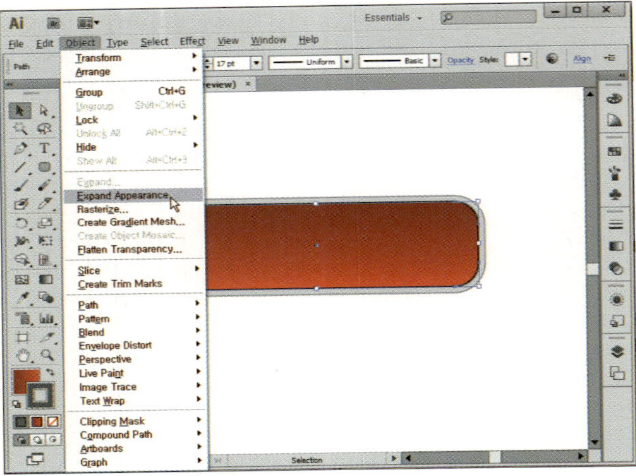

11 테두리 작업이 마무리 되었으면 테두리를 분할한 다음 스테인글라스 느낌으로 나타내어 볼 것입니다. 여러 개의 선 속성으로 구성된 오브젝트를 개별적으로 편집하기 위해서는 Appearance 속성을 일반 개체로 확장해야 합니다. [Object]-[Expand Appearance]를 실행합니다.

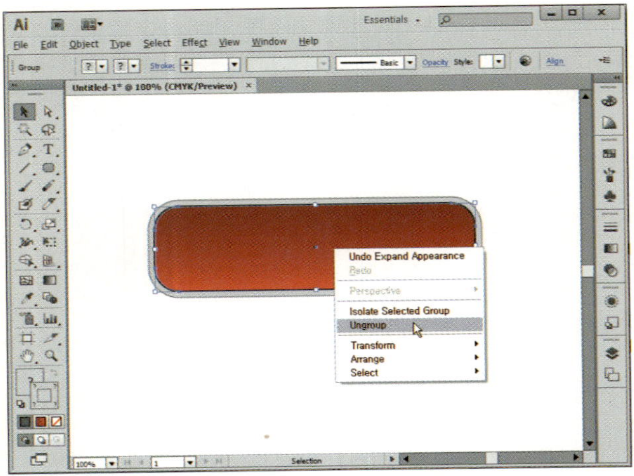

12 확장된 개체들은 그룹으로 지정되어 있습니다. 개별적인 편집을 위해서 마우스 우측버튼을 클릭한 다음 Ungroup 명령을 적용하세요.

일러스트레이터 CS6

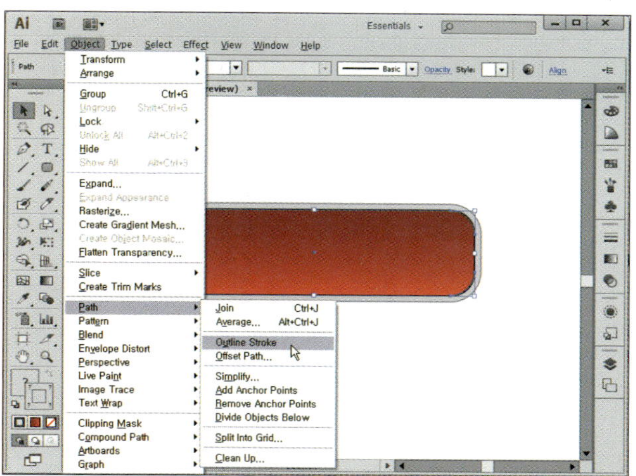

13 그룹이 해제되면 선 속성의 테두리를 분할하기 위해서는 면 속성의 개체로 변환시켜야 합니다. 오브젝트가 선택된 상태에서 [Object]-[Path]-[Outline Stroke] 명령을 실행하세요.

Outline Stroke

선의 속성을 오브젝트로 변경합니다. 즉 면의 색상만 적용된 오브젝트로 변경하게 됩니다. 따라서 Outline Stroke 명령을 적용하기 전에 선의 두께나 스타일을 정확히 설정합니다.

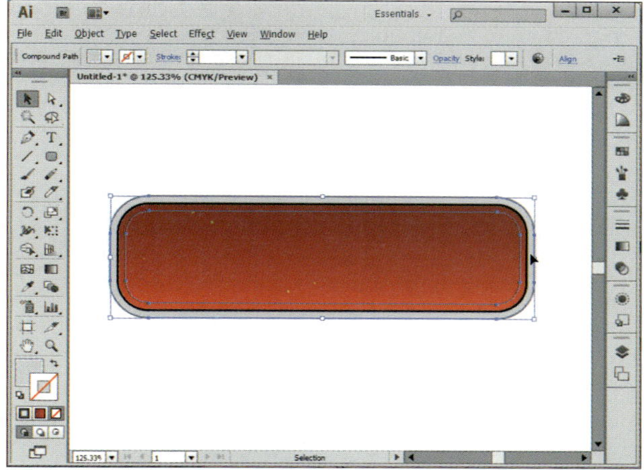

14 밝은 회색 테두리 부분을 클릭하여 선택합니다.

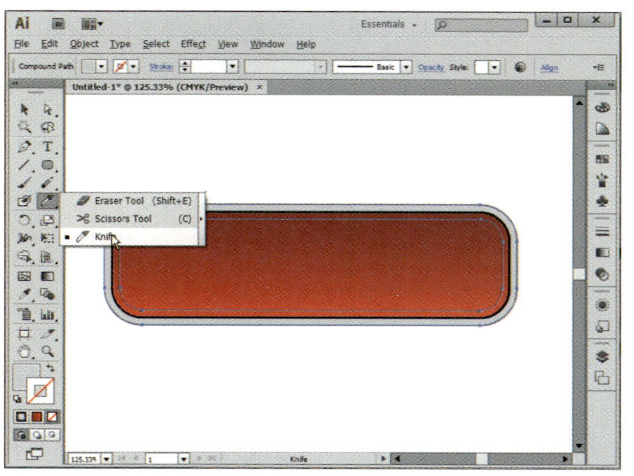

15 선택된 개체는 위쪽과 아래쪽 면으로 분할하기 위해서 나이프 툴을 선택합니다.

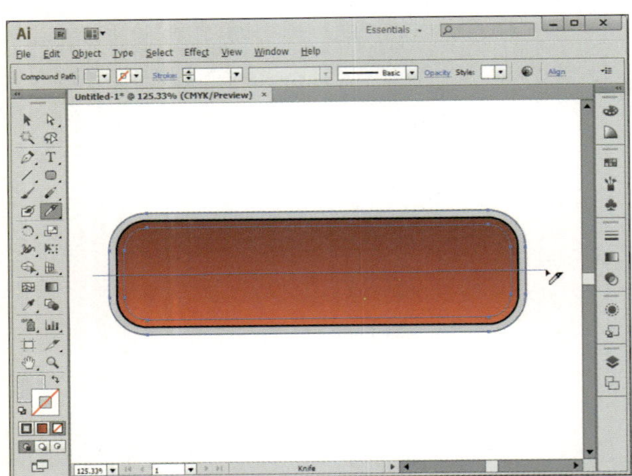

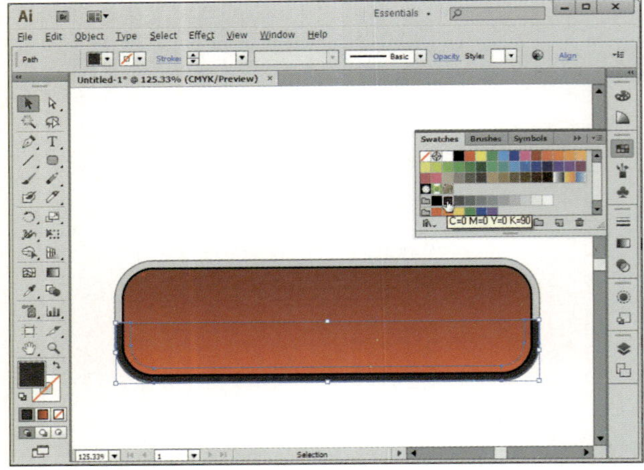

186

일러스트레이터 CS6

16 오브젝트 가운데 부분을 Alt + Shift 를 누르고 수평으로 드래그하여 면을 분할합니다.

Deselect
선택된 오브젝트를 해지할 때는 Deselect 기능을 이용합니다. 선택 툴로 전환한 다음 작업화면 빈 공간을 클릭하거나 단축 기능으로 Alt + Shift + A 를 누르면 됩니다.

17 나이프 툴이 선택된 상태에서 Ctrl 을 눌러 임시적으로 선택 툴로 전환한 다음 빈 공간을 클릭하여 선택을 해제하고, 분할된 아래쪽 면을 선택합니다. 스와치 패널을 열고, K90 색상으로 적용합니다.

18 테두리 모양이 조정되었으면 빛이 비추어 반사되는 영역을 만듭니다. 둥근 사각형 툴을 지정하고, 면 속성으로 둥근 모서리의 사각형을 그립니다.

둥근 사각형의 모서리 반지름 설정하기
둥근 사각형 툴을 드래그 한 상태로 키보드 ↑ 방향키를 누르면 모서리 반지름이 커져 반원 형태가 되고, ↓ 방향키를 누르면 모서리 반지름이 축소되어 직사각형 형태로 변형됩니다.

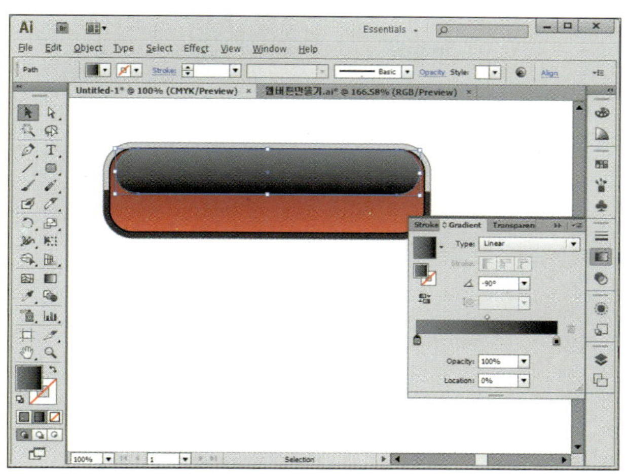

19 그라디언트 색상을 적용하고, 블렌드 기능으로 배경과 합성하여 하이라이트 영역을 나타낼 것입니다. 그라디언트 패널을 열고, 어두운 회색 톤에서 검은색으로 연결되는 색상을 적용합니다.

20 사실적인 블렌드 효과를 나타내기 색상 표현 영역이 넓은 RGB 모드로 전환하여 작업을 진행합니다. 컬러 모드를 RGB 모드로 전환하기 위해서 [File]-[Document Color Mode]-[RGB Color]를 선택합니다.

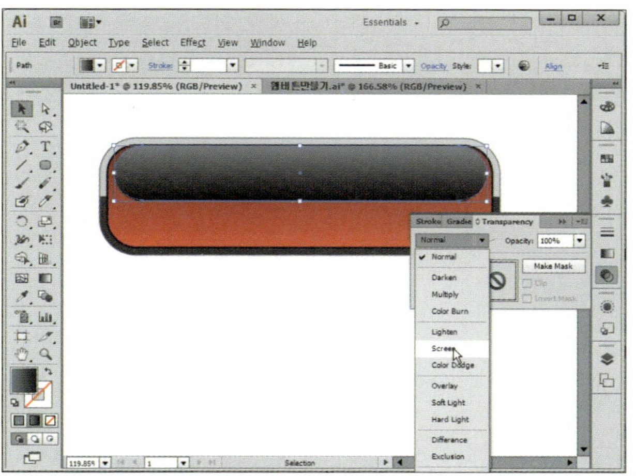

21 그러면 Transparency 패널을 열고, 블렌드 모드로 Screen을 선택합니다.

블렌드 기능

Transparency 패널의 블렌드 기능은 겹쳐진 오브젝트의 색상이나 명암으로 밑에 놓인 오브젝트 색상과 혼합하여 다양한 합성 효과를 나타내는 기능입니다.

22 그라디언트가 적용된 오브젝트의 색상 농도에 따라서 밑에 놓인 붉은 색상의 명도가 높아져 보이는 합성 효과가 만들어 졌습니다. 합성된 부분이 밝게 표현되어 하이라이트 영역으로 표현되는 것이죠.

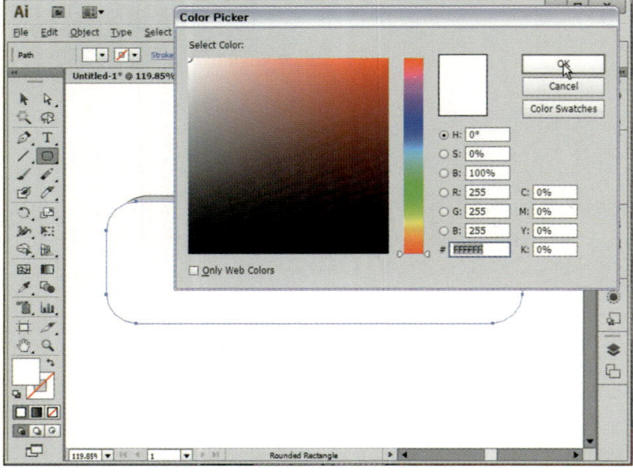

23 버튼에 그림자를 나타낼 오브젝트를 추가합니다. 둥근 사각형 툴로 버튼 모양보다 큰 크기로 둥근 사각형을 만듭니다.

24 면의 색상으로 흰색을 지정하세요. 툴박스에서 면 색상을 더블 클릭하면 색상 편집창이 열립니다. 색상 선택 항목에서 흰색으로 적용합니다.

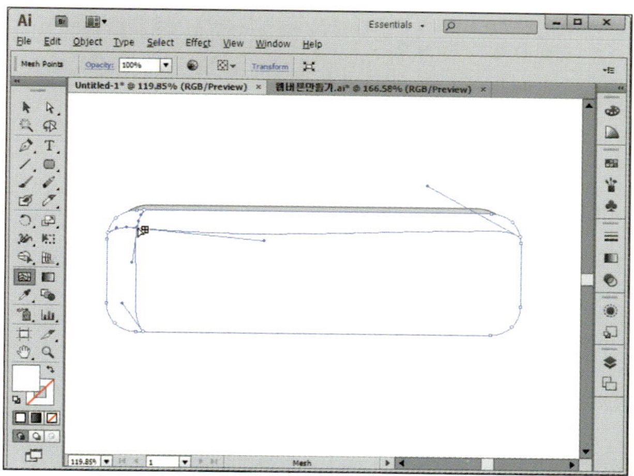

25 자연스럽게 번지는 그림자 효과를 나타 내기 위해서 메쉬 툴을 이용합니다. 메 쉬 툴을 선택하고 둥근 사각형 모서리 근처에 메쉬 포인트를 추가합니다.

26 메쉬 포인트가 추가되었으면 스와치 패 널을 열고, K50 색상을 적용하세요. 그 결과 메쉬 포인트에 적용된 회색 색상에서 흰색으 로 번지는 그라디언트 효과를 적용할 수 있습니다.

메쉬 툴

메쉬 툴은 오브젝트의 면을 메쉬 포인트를 추가해 가며 분할하며 포인트와 포인트에 그라디언트 효과를 적용 합니다. 메쉬 툴은 사림의 얼굴이나 과일 등 복잡한 오 브젝트에 부드럽게 색상이 변경되는 작업을 진행할 때 효과적입니다.

27 같은 방법으로 우측 상단에 메쉬 포인 트를 추가합니다. 현재 적용된 면 색상 으로 메쉬 포인트가 추가되면서 색상 영역이 변경 됩니다.

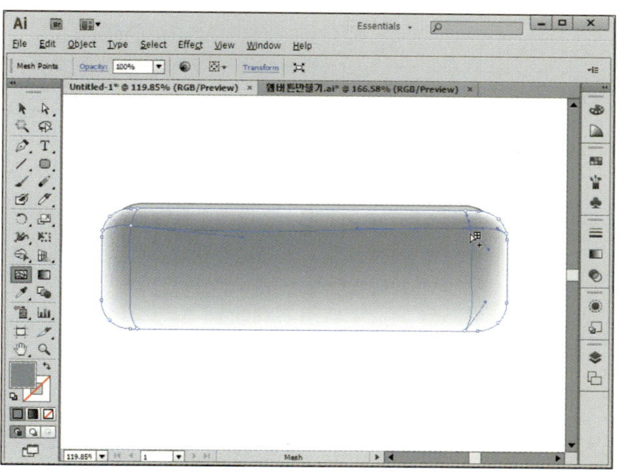

메쉬 툴의 활용

메쉬 툴을 이용하여 오브젝트 면을 클릭하면 메쉬 포인 트가 추가합니다. 메쉬 포인트에는 개별적인 색상 정보 를 담을 수 있으면 포인트를 선택하여 색상영역을 조정 할 수 있습니다.

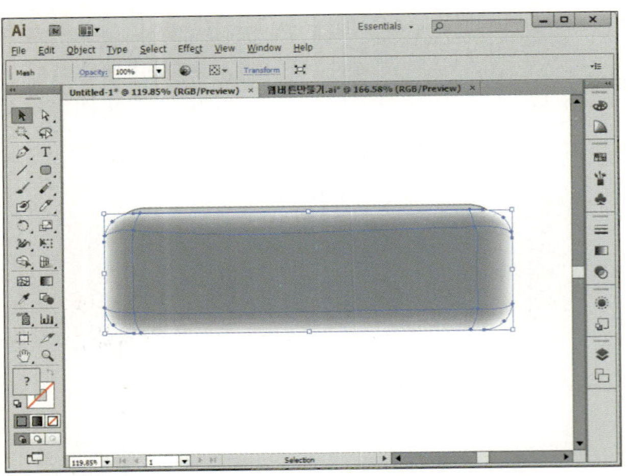

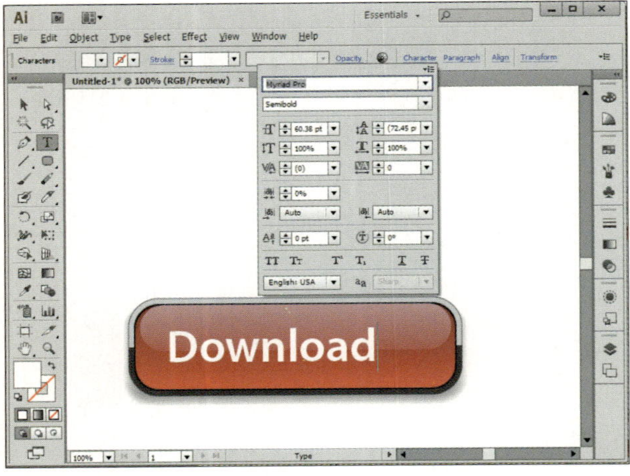

28 네 개의 둥근 모서리 안쪽으로 메쉬 포인트를 추가하여 그림처럼 그림자를 완성합니다.

29 앞쪽에 놓인 오브젝트는 Ctrl + Shift + [ ]를 눌러서 뒤쪽으로 이동시킨 다음 위치를 조정합니다. 자연스러운 그림자 효과가 완성된 것입니다.

30 문자 툴을 이용하여 Download 문구를 입력합니다. 영문 고딕 계열의 서체를 이용하여 흰색 문자로 나타냅니다.

일러스트레이터 CS6

31 문구 옆에는 다운로드를 상징하는 아이콘을 추가합니다. 둥근 사각형 툴로 모서리의 모양이 반원 형태인 오브젝트를 추가합니다. 둥근 사각형 툴로 드래그 한 상태에서 ↑ 방향키를 눌러 모서리가 반원 형태가 되도록 조정합니다.

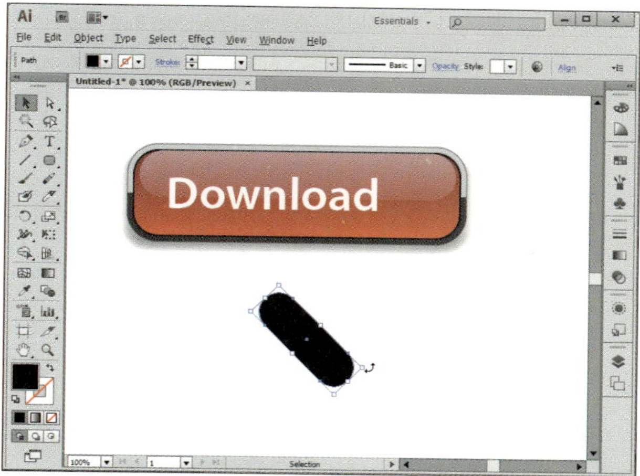

32 모양이 만들어 졌으면 선택 툴로 회전 조절점을 Shift를 누르고 드래그하여 45° 회전시킵니다.

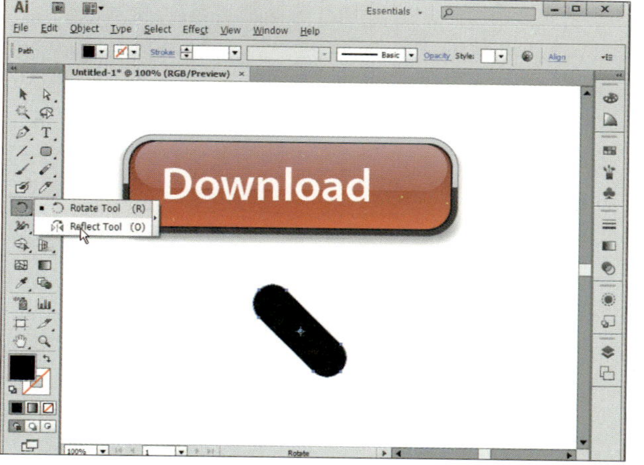

33 회전된 오브젝트는 반사 툴을 이용하여 대칭된 모양으로 복사합니다. 툴 박스에서 반사 툴을 선택합니다.

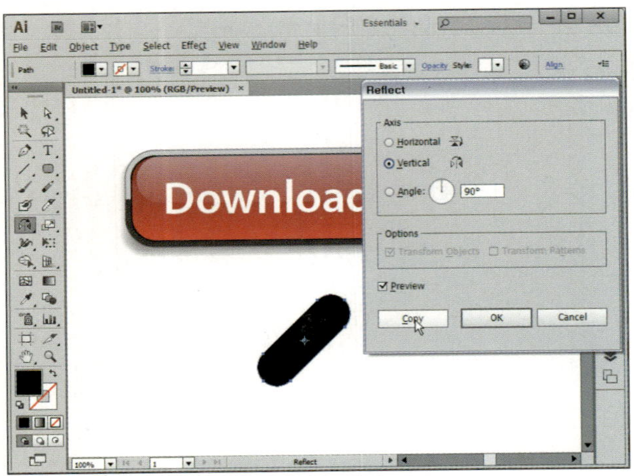

34 반사 툴을 더블 클릭해 보세요. 반사 툴 옵션 대화 상자가 열립니다. 수직 축을 기준으로 복사본을 만듭니다.

35 복사된 오브젝트는 선택 툴로 위치를 이동시켜 그림처럼 아래쪽 방향으로 향하고 있는 화살촉 모양을 나타냅니다.

36 겹쳐진 두 개의 도형은 패스파인더 패널을 열고, Unite 기능으로 합쳐줍니다.

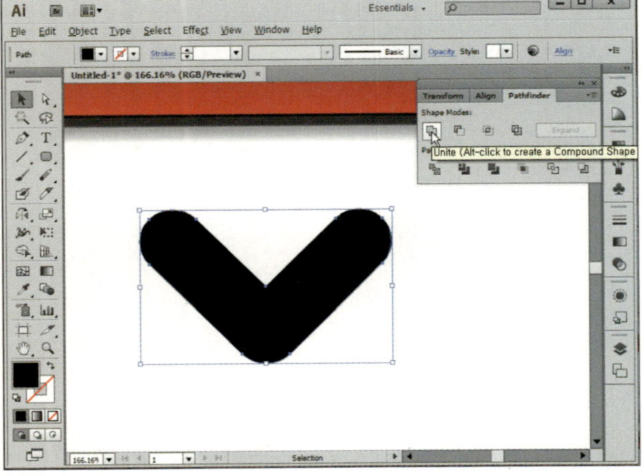

일러스트레이터 CS6

37 오브젝트는 버튼 위쪽에 크기를 조절하여 배치합니다.

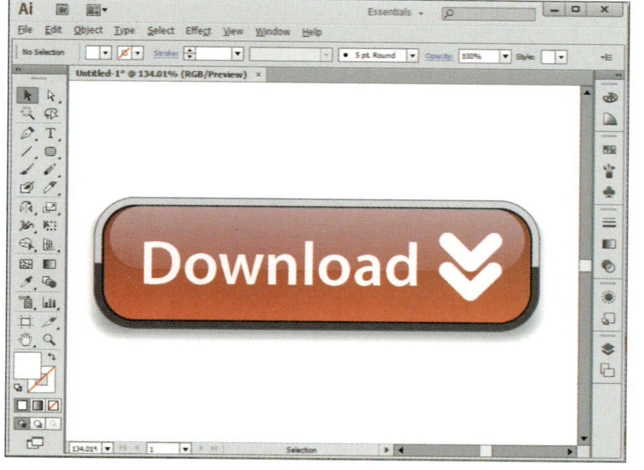

38 반복된 모양은 선택 툴로 Alt +Shift 를 누르고 밑으로 드래그하여 복사본을 만듭니다.

39 아이콘의 색상을 흰색으로 적용하여 웹 버튼을 완성합니다.

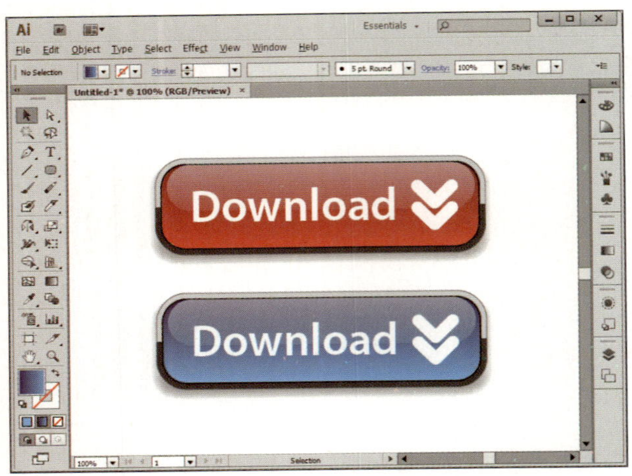

40 완성된 결과물은 응용하여 다양한 색상으로 나타낼 수 있겠죠. 웹 버튼 오브젝트를 모두 선택한 다음 복사본을 만들고, 그라디언트 색상을 변경하여 여러 가지 색상으로 나타내 보세요.

 **실전문제**

1. 이전 페이지, 다음 페이지를 나타내는 아쿠아 버튼을 만들어 보세요.

▲ 완성 파일 : Artwork〉웹버튼만들기(실전문제).ai

힌트
① 버튼 기본 형태를 둥근 사각형 툴로 만듭니다.

② 그라디언트 색상을 적용합니다.

③ 둥근 사각형 툴로 반사 영역을 나타내고, 어두운 회색 톤의 그라디언트를 적용한 다음 Transparency 패널에서
블렌드 모드로 Screen을 적용합니다.

④ 그림자 영역을 만들고, 메쉬 툴을 이용하여 밝은 회색에서 흰색으로 이어지는 오브젝트를 만들어 보세요.

⑤ 문자 툴과 도형 툴로 문구와 심벌을 제작하여 완성합니다.

2. 아쿠아 느낌의 버튼을 만들고 심벌을 제작해 보세요.

◀ 완성 파일 : Artwork〉웹버튼만들기(실전문제).ai

힌트
① 정원 오브젝트로 버튼 기본 형태를 만들고, 그라디언트 색상을 적용합니다.

② 반작이는 부분은 정원을 추가하고, 어두운 회색 톤의 그라디언트를 적용한 다음 Transparency 패널에서
블렌드 모드로 Screen을 적용합니다.

③ 그림자를 나타낼 타원 오브젝트를 추가하고, 원형 그라디언트를 적용하여 그림자를 만듭니다.

④ 전원을 상징하는 심벌의 원형 테두리는 원 오브젝트를 이용하여 패스파인더 기능으로 작업하세요.

⑤ 테두리 오브젝트가 만들어 졌으면 직사각형 도형을 추가하고, 패스파인더 기능으로 겹쳐진 부분을 빼준 다음
사각형을 추가합니다.

10 section

깜찍한 말풍선 만들기

일러스트레이터의 드로잉 도구를 이용하여 재미있는 말풍선 오브젝트를 만들어 보는 시간입니다. 작업과정을 통하여 오브젝트를 조합하여 새로운 결과물을 만드는 과정과 모양을 변경하는 편집 기능에 대해서 알아볼 것입니다. 말풍선은 정보 전달의 요소로서 뿐만 아니라 시각화하여 내용의 집중도를 높일 수 있는 만큼 웹문서, 모바일, 편집디자인 작업에서 재미있게 활용할 수 있답니다. 그러면 작업을 진행하면서 일러스트레이터의 다양한 기능을 익혀보세요.

■ 제작 포인트

Outline, Preview 모드, 패스파인더 기능, 그래픽 스타일 패널의 활용, Appearance 패널, 도형 툴 응용하기, 펜 툴, Arrange 기능, 자유변형 기능

 완성물 미리보기

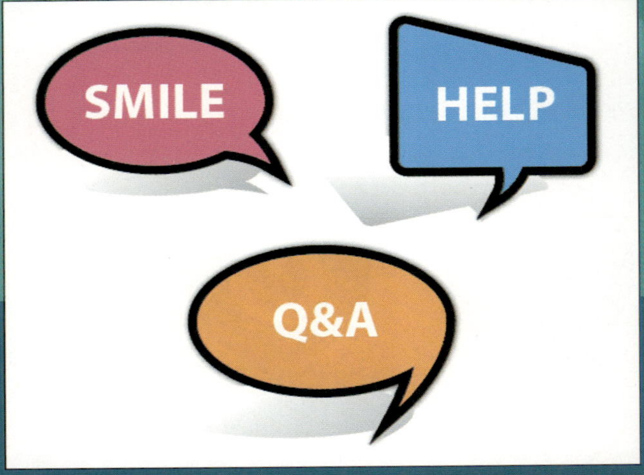

▲ 완성 파일 : Artwork/말풍선만들기.ai

직접 해보기

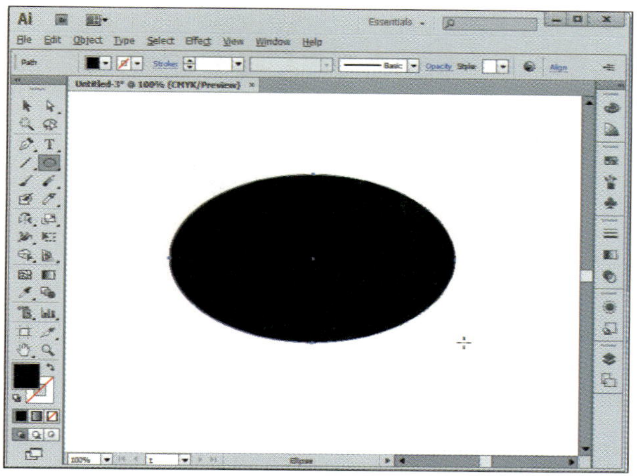

O1 이번 시간에는 일러스트레이터의 도형 기능을 활용한 말풍선 오브젝트를 만들어 보겠습니다. 원형 툴을 선택하고, 면 속성으로 타원 오브젝트를 도큐먼트에 그립니다.

O2 정확한 형태로 모양을 그리기 위해서 Outline 모드로 작업하는 것이 편리합니다. [View]-[Outline]을 실행합니다.

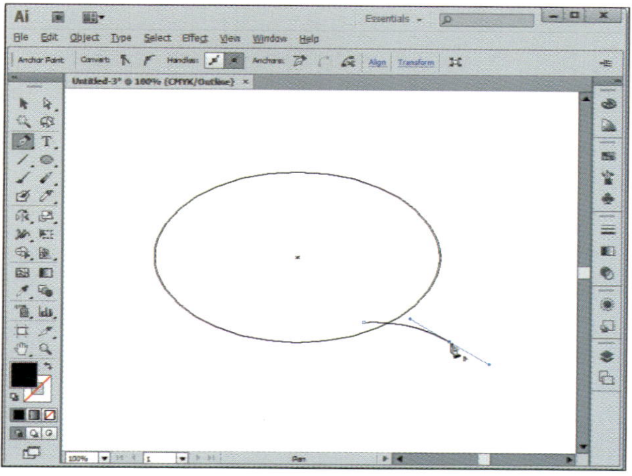

O3 펜 툴을 지정한 다음 말풍선의 꼬리 모양을 추가합니다. 펜 툴로 시작점을 클릭합니다. 곡선의 모양을 나타내기 위해서 두 번째 포인트를 클릭한 다음 드래그하여 곡선을 만듭니다. 곡선이 만들어 졌으면 진행 방향을 변경하기 위해서 두 번째 포인트를 클릭하여 방향선을 삭제합니다.

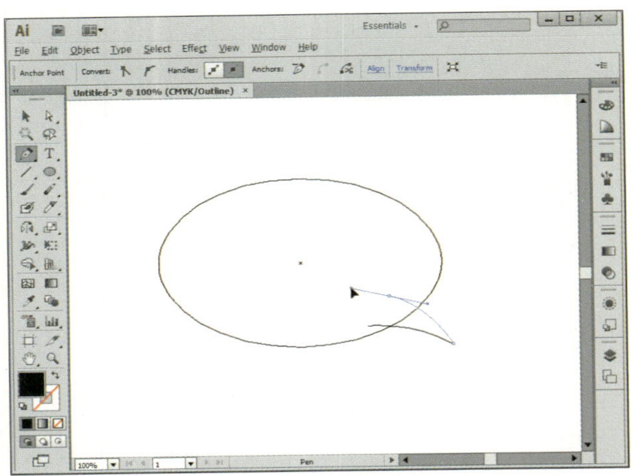

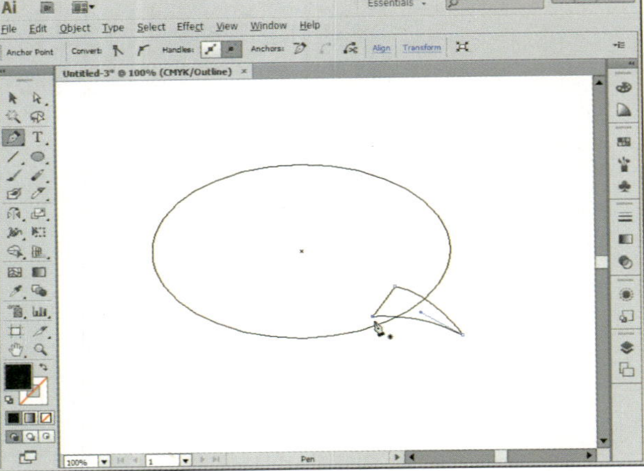

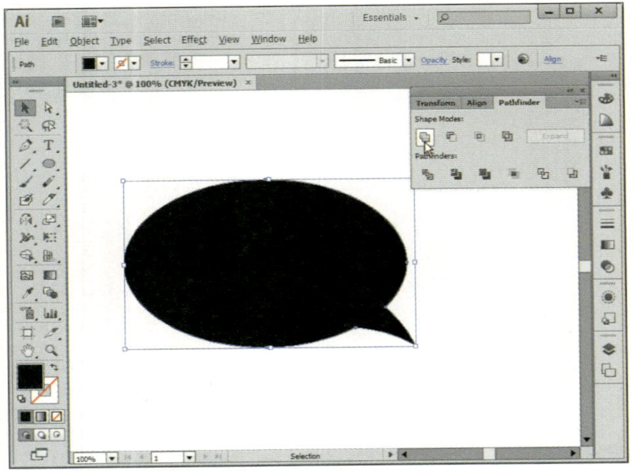

04 세 번째 포인트를 클릭하고 드래그하여 곡선을 그립니다.

05 다시 세 번째 포인트를 클릭해서 방향선을 삭제한 다음 시작점과 연결합니다.

06 Ctrl+Y를 눌러서 Preview 모드로 전환한 다음 겹쳐진 두 개의 오브젝트를 패스파인더 기능으로 합쳐줍니다.

일러스트레이터 CS6

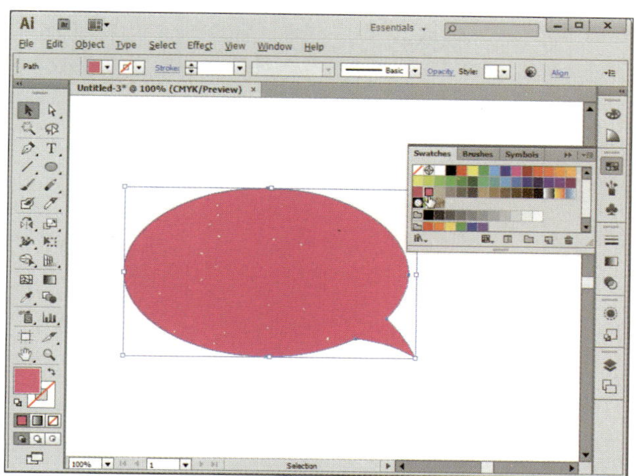

모양이 만들어 졌으면 스와치 패널을
열고 핑크색을 적용합니다.

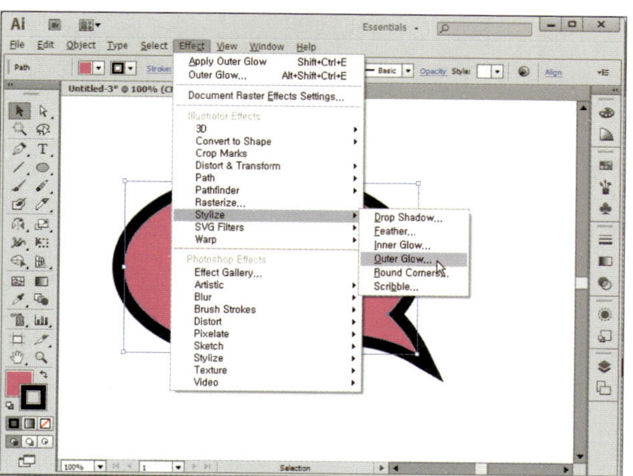

오브젝트 외곽으로 두꺼운 선을 나타내
기 위해서 Appearance 패널을 열고, 선
속성을 설정합니다. 이때는 선의 속성을 면 밑으로
이동시킨 다음 검은색과 두께를 적용하세요. 그러
면 오브젝트 외곽에서 시작되는 테두리를 나타낼
수 있답니다.

테두리가 만들어 졌으면 경계 부분에 자
연스러운 번짐 효과를 적용시켜 보겠습
니다. [Effect]-[Style]-[Outer Glow]를 선택합니다.

선의 속성

일러스트레이터에서 오브젝트를 그리면 면과 선으로
구성됩니다. 기본적으로 선의 속성은 면 위에 나타나게
되며, 선의 속성은 오브젝트 경계선 중앙에 위치하게
됩니다. 스트로크 패널에서 선의 정렬 위치를 조정할
수 있습니다.

199

Illustrator CS6

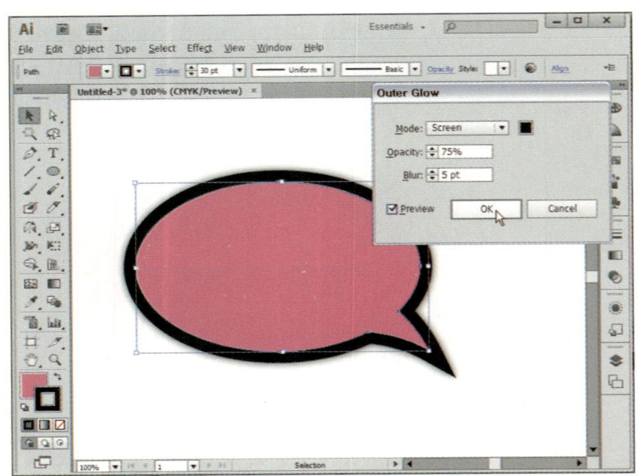

10 Outer Glow 대화 상자가 열리면 작업 비율에 따라서 Blur 적용 범위를 조정한 다음 OK 버튼을 클릭합니다. 오브젝트 외곽에 자연스럽게 번지는 후광 효과가 적용됩니다.

11 말풍선 밑 부분에 그림자를 나타낼 것입니다. 오브젝트 복사본을 만들고 속성을 변경해 보겠습니다. 말풍선을 선택하고, Ctrl +C Ctrl +V 명령으로 복사본을 만듭니다.

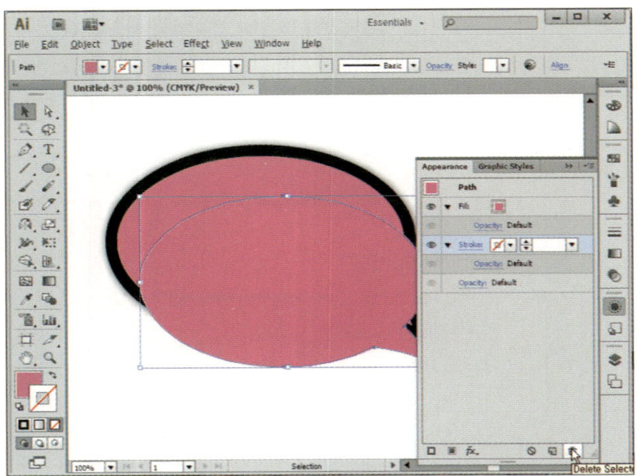

12 이제 선에 적용된 속성과 효과를 삭제하기 위해서 Appearance 패널을 열고, 선 속성을 선택한 다음 패널 하단의 휴지통 아이콘을 클릭합니다. 선에 적용된 속성이 사라지고, 면 속성만 나타납니다.

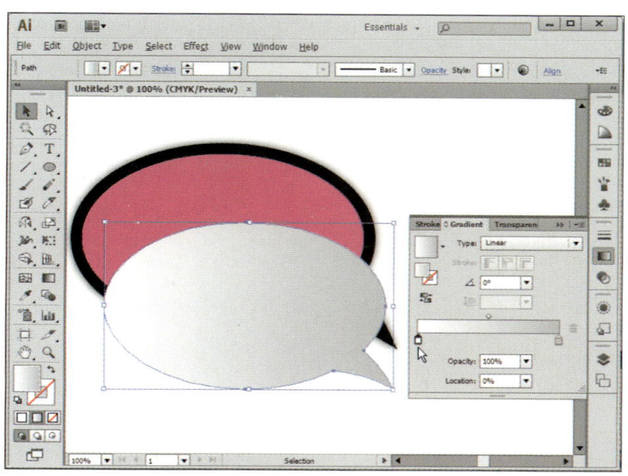

13 면에는 그라디언트 색상으로 그림자를 나타낼 것입니다. 툴 박스에서 면 색상을 선택하여 편집 상태로 놓고, 그라디언트 패널에서 Linear 그라디언트를 적용합니다. 기본 색상이 적용되었으면 각 슬라이드를 클릭해서 스와치 창을 열고, 흰색에서 밝은 회색으로 연결되도록 색상을 조정합니다.

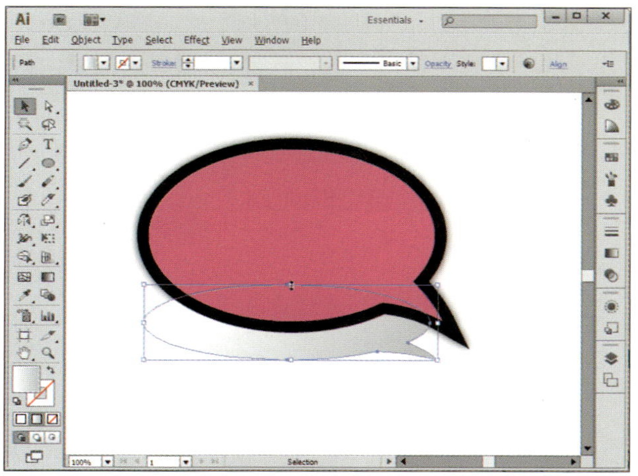

14 그라디언트 툴을 선택하고, 좌측 상단에서 대각선 밑으로 드래그하여 적용 방향을 변경합니다.

15 Ctrl+Shift+[를 눌러서 밑으로 이동시킨 다음 선택 툴을 지정하여 바운딩 박스를 나타내고, 모양을 조절합니다.

16 이번에는 둥근 모서리 모양의 사각형 말풍선을 만들어 보겠습니다. 둥근 사각형 툴로 면 속성의 오브젝트를 그립니다.

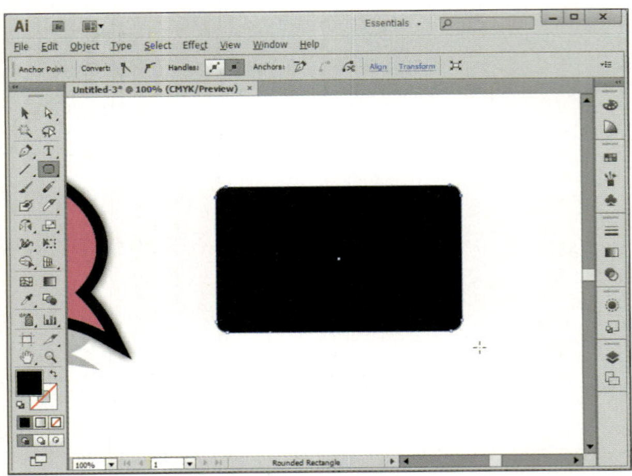

17 모양을 변형시키기 위해서 직접 선택 툴을 지정하고, 좌측 상단의 모서리를 구성하는 두 개의 포인트를 드래그하여 선택합니다. 선택된 포인트를 위쪽으로 이동시켜 모양을 변경합니다.

18 계속해서 말풍선 꼬리를 나타내기 위하여 Ctrl + Y 를 눌러서 Outline 모드로 전환 한 다음 펜 툴로 곡선 형태의 꼬리를 그립니다. 모양이 완성되었으면 다시 Ctrl + Y 를 눌러서 Preview 모드로 전환하세요.

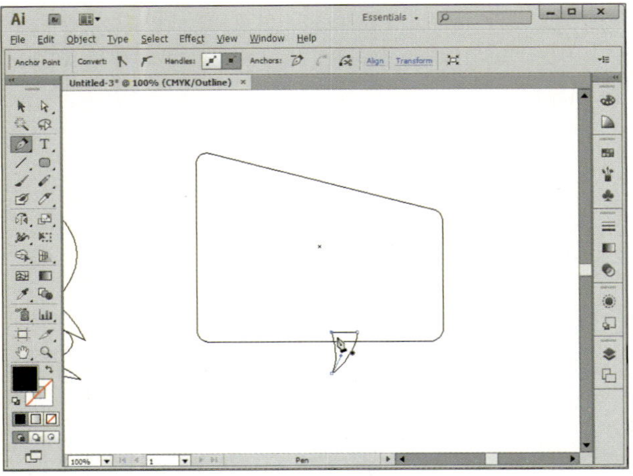

일러스트레이터 CS6

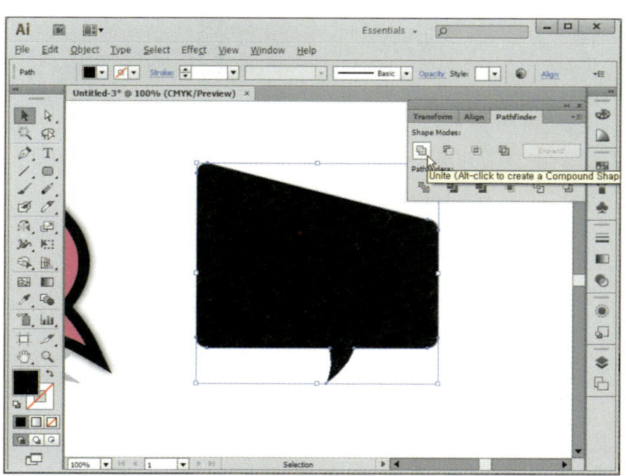

19 두 개의 오브젝트는 패스파인더 기능으로 합쳐줍니다.

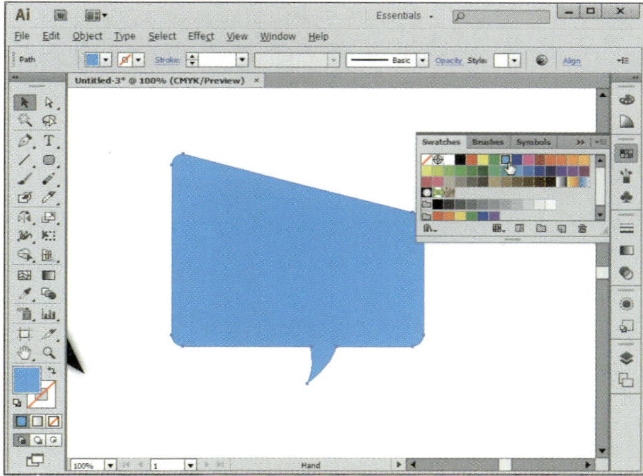

20 오브젝트의 색상으로 하늘색을 적용합니다.

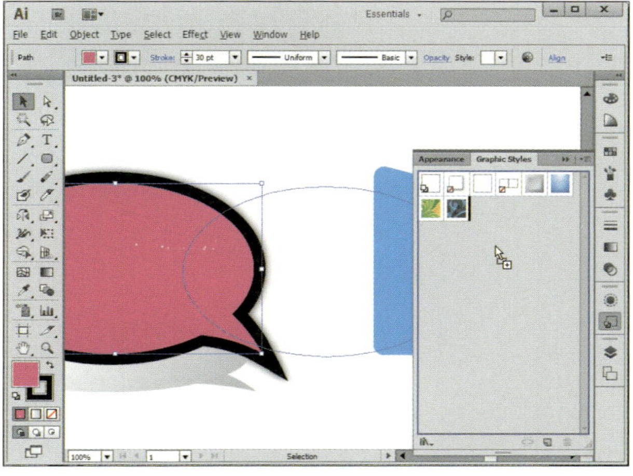

21 앞선 작업에서 적용된 말풍선의 속성은 그래픽 스타일로 등록하여 새로운 오브젝트에 빠르게 적용할 수 있답니다. 핑크색 말풍선을 선택하고, 그래픽 스타일 패널에 드래그 앤 드롭 합니다. 패널에 오브젝트의 속성이 썸네일로 등록됩니다.

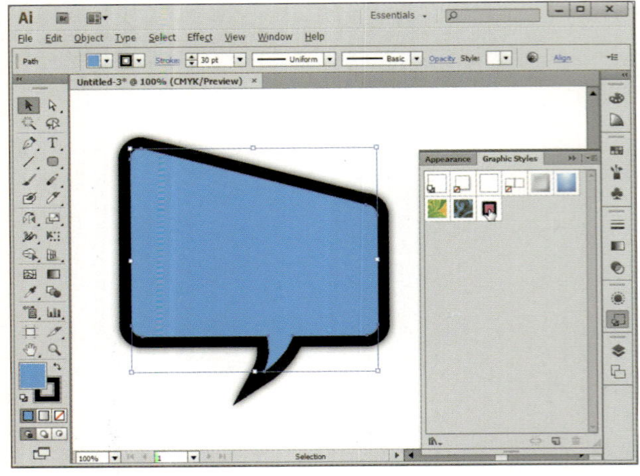

22 이제 사각형 말풍선을 선택하고, 그래픽 스타일 패널에 등록된 썸네일을 Alt 를 누르고 클릭해 보세요. 면 색상은 유지되면서 그래픽 스타일로 등록된 오브젝트의 테두리 속성과 효과만 적용됩니다.

 강의노트

속성 적용하기

그래픽 스타일에 등록된 속성을 클릭하면 오브젝트에 빠르게 적용할 수 있습니다. 이때 면에 적용된 속성을 유지한 상태로 효과를 적용할 때에는 Alt 를 누르고 속성을 클릭합니다.

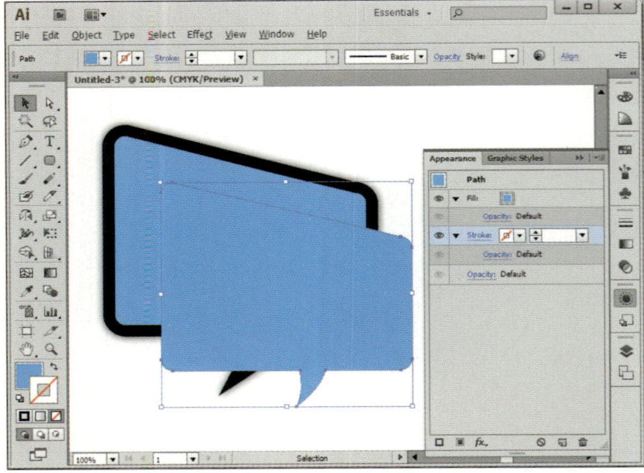

23 다시 말풍선 밑 부분에 그림자를 나타낼 것입니다. 원본 오브젝트를 복사한 다음 Appearance 패널에서 선에 적용된 속성을 지웁니다.

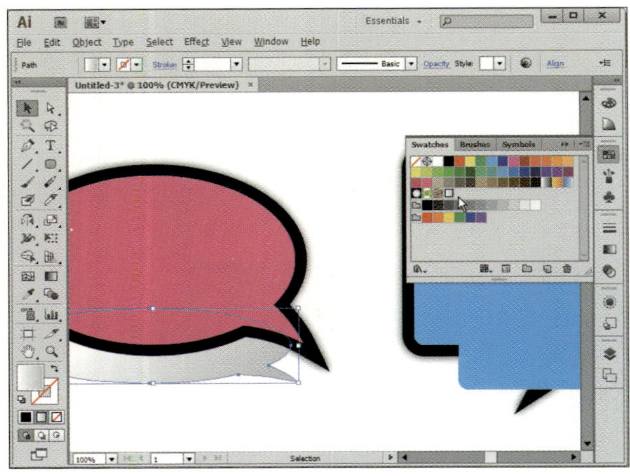

24 그림자에 적용된 그라디언트 속성도 스와치 패널에 등록하여 새로운 개체에 빠르게 적용할 수 있답니다. 그러면 핑크색 말풍선에 적용된 그림자를 선택합니다. 툴 박스의 면 속성으로 적용된 그라디언트 색상을 스와치 패널로 드래그 앤 드롭합니다. 스와치 패널에 그라디언트 색상이 등록됩니다.

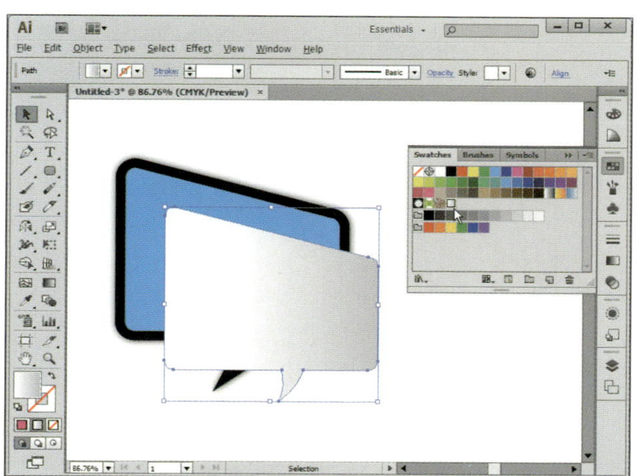

25 사각형 말풍선을 선택하고, 스와치 패널에서 그라디언트 썸네일을 클릭합니다.

26 그라디언트 툴을 선택하고, 적용방향을 변경하세요. 오브젝트 위쪽 면 안쪽에서 밑으로 드래그하면 됩니다.

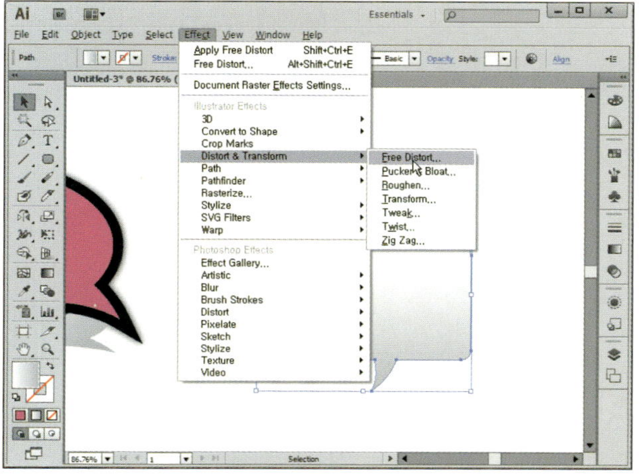

27 말풍선의 모양은 투시된 형태라 자연스러운 그림자를 나타내기 위해서 자유변형 기능으로 오브젝트의 모양을 변경합니다. [Effect]−[Distort & Transform]−[Free Distort]를 선택합니다.

Illustrator CS6

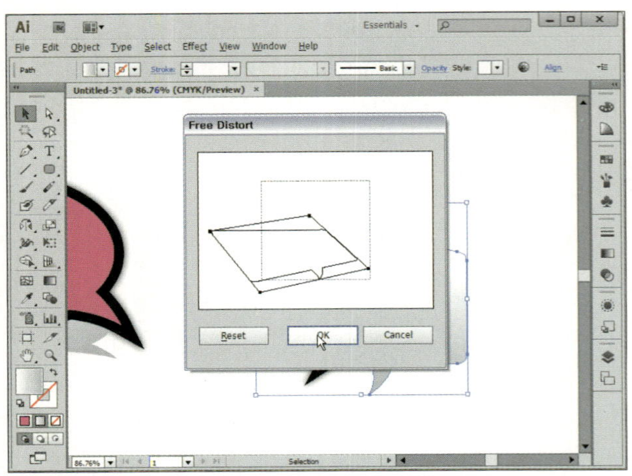

28 자유변형 대화 상자가 열리면 네 개의 모서리 변형점을 드래그하여 자유롭게 변형할 수 있습니다. 그림과 같은 형태로 모양이 변경되도록 변형점의 위치를 조절해 보세요.

29 모양이 변경된 오브젝트의 위치를 밑으로 이동시켜 그림자를 나타냅니다.

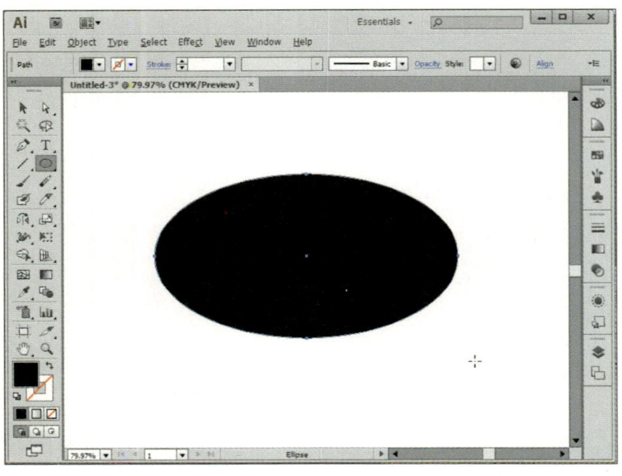

30 이번에는 타원 모양의 말풍선 끝 부분에 자연스럽게 말꼬리가 이어진 모양으로 만들어 보겠습니다. 원형 툴로 타원 오브젝트를 만듭니다.

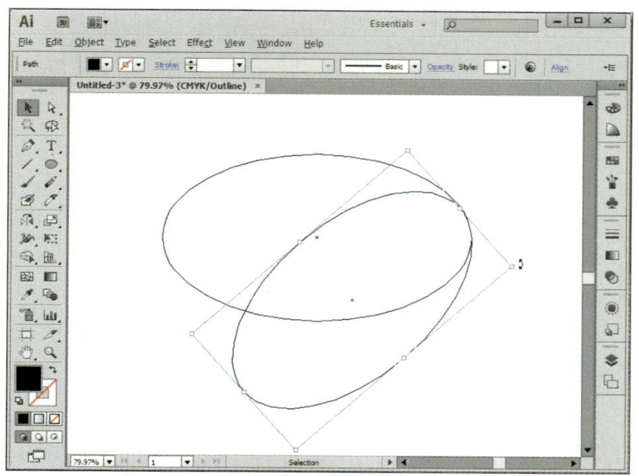

31 Ctrl+C, Ctrl+F 명령으로 복사본을 만든 다음 바운딩 박스를 드래그하여 회전시킵니다. 회전된 오브젝트는 원본 오브젝트 우측 면에 맞추어 위치를 조절합니다. 이때는 Ctrl+Y를 눌러서 Outline 모드로 작업하는 것이 정확한 모양을 만드는데 효과적입니다.

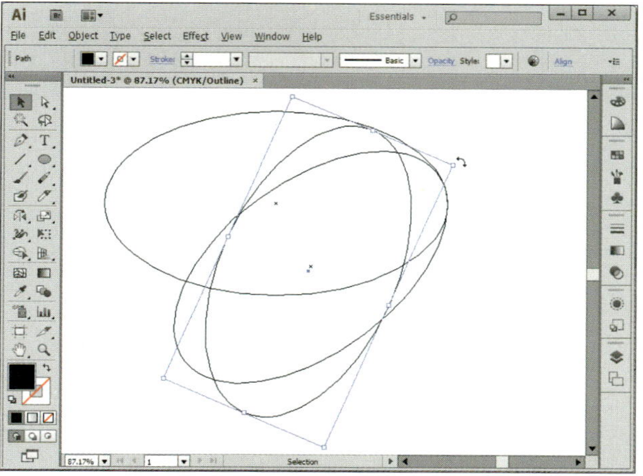

32 다시 회전된 오브젝트를 Ctrl+C, Ctrl+F 명령으로 제자리에 붙여넣기하고, 회전시켜 그림과 같이 겹쳐놓습니다.

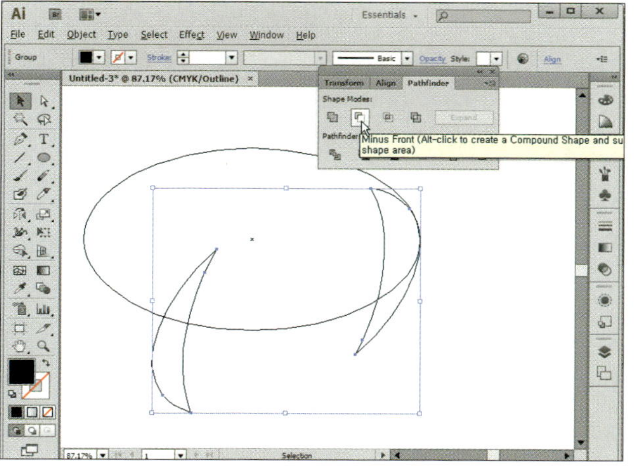

33 회전되어 겹쳐진 두 개의 타원을 함께 선택하고, 패스파인더 패널에서 Minus Front 버튼을 클릭합니다. 겹쳐진 부분이 삭제되어 말풍선 꼬리를 나타낼 오브젝트 모양이 만들어집니다.

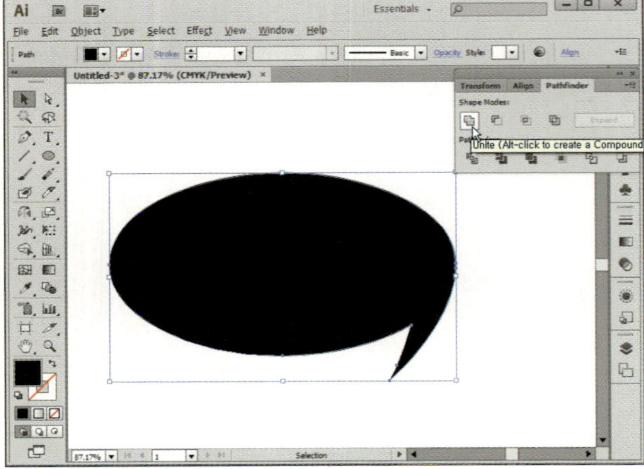

34 불필요한 오브젝트는 그룹을 해제하고, 선택한 다음 삭제하세요.

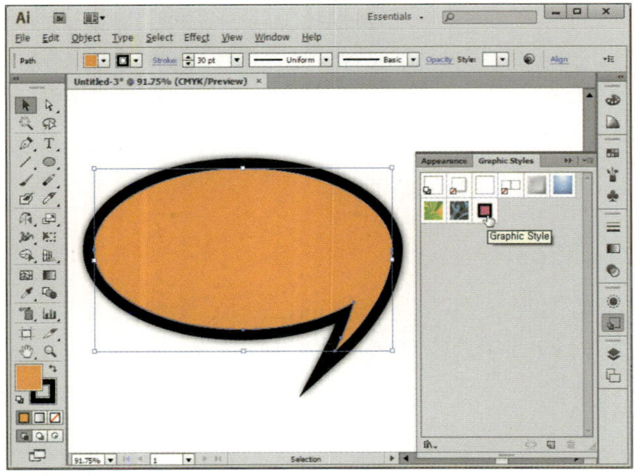

35 이제 Ctrl + Y 를 눌러서 Preview 모드로 전환하고, 타원과 말풍선 꼬리 부분을 합쳐서 하나의 오브젝트로 만듭니다.

36 말풍선의 면 색상으로 주황색을 지정하고, 그래픽 스타일 패널에 등록된 스타일을 Alt 를 누르고 클릭하여 테두리와 후광 효과를 적용합니다.

일러스트레이터 CS6

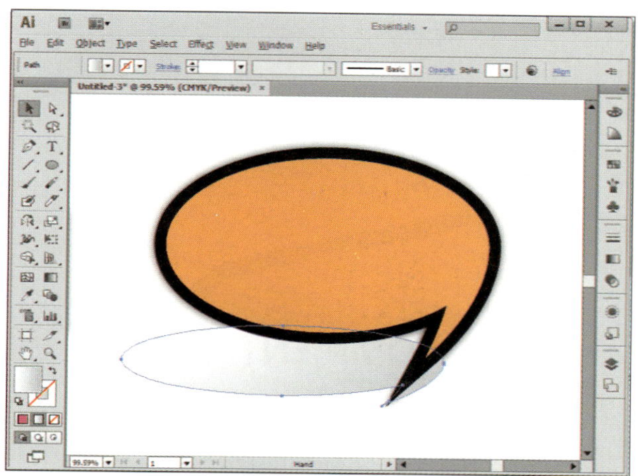

37 앞선 과정처럼 원본 오브젝트를 복사하여 면 속성으로 나타낸 다음 그라디언트를 적용합니다. 이제 모양을 조절하고, 뒤쪽으로 이동시켜 말풍선을 완성시키세요.

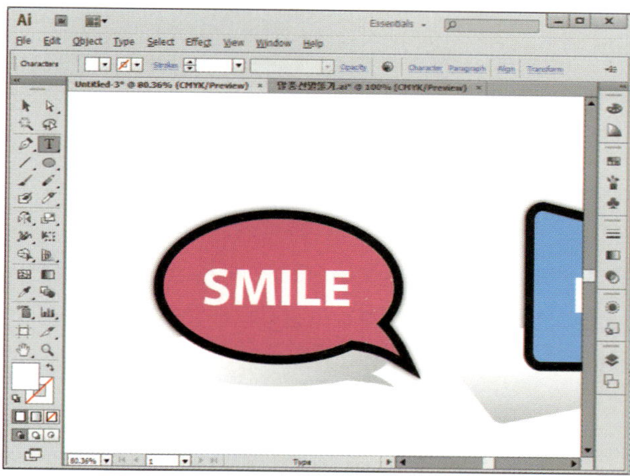

38 문자 툴을 이용해서 고딕계열의 두꺼운 서체로 말풍선 제목들을 입력해 봅니다.

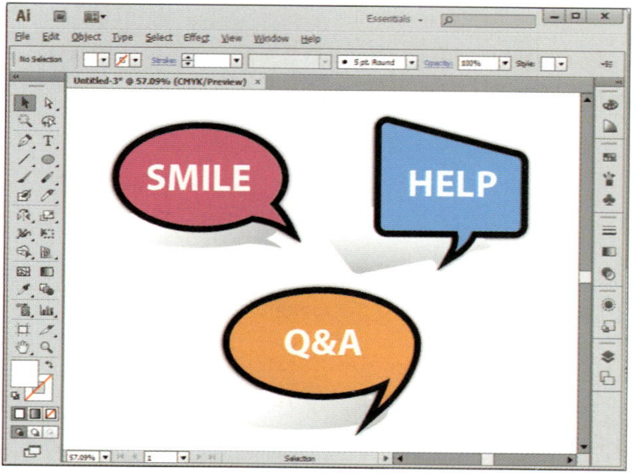

39 이렇게 해서 다양한 모양의 말풍선을 만들어 보았습니다. 오브젝트의 제작 능력과 효과를 빠르게 적용하기 위한 스타일의 등록과 적용 방법에 대해서 잘 알아두시면 작업의 효율성을 높일 수 있답니다.

실전문제

1. 구름모양과 투시된 형태의 말풍선을 만들어 보세요.

▲ 완성 파일 : Artwork〉말풍선만들기(실전문제).ai

힌트

① 구름 모양의 말풍선 기본 형태는 정원과 타원 오브젝트를 겹쳐서 나타낸 다음 패스파인더 기능으로 합쳐줍니다.

② Appearance 패널을 이용하여 테두리를 만들고, 말풍선 꼬리는 펜 툴로 면 속성의 삼각형을 나타낸 다음 Effect 기능으로 둥근 모서리를 만듭니다. 말꼬리 오브젝트는 뒤쪽으로 이동하여 테두리에 적용된 색상으로 나타냅니다.

③ 그림자는 구름 오브젝트와 말꼬리 오브젝트의 복사본을 만들고, 패스파인더 기능으로 합쳐줍니다. 선 속성은 None으로 지정한 다음 그라디언트 색상을 적용하세요.

④ 바운딩 박스를 조정하여 그림자 모양을 나타냅니다.

⑤ 투시된 형태의 말풍선은 둥근 사각형 툴로 기본 형태를 만들고, [Effect]–[Distort & Transform]–[Free Distort] 기능으로 그림과 같이 투시된 모양을 만듭니다.

⑥ Appearance 패널을 이용하여 테두리를 만들고, 말풍선 꼬리는 펜 툴로 면 속성의 삼각형을 나타낸 다음 Effect 기능으로 둥근 모서리를 만듭니다. 말꼬리 오브젝트는 뒤쪽으로 이동하여 테두리에 적용된 색상으로 나타냅니다.

⑦ 그림자는 둥근 사각형과 말꼬리 오브젝트의 복사본을 만들고, 패스파인더 기능으로 합쳐줍니다. 선 속성은 None으로 지정한 다음 그라디언트 색상을 적용하고, Free Distort 기능으로 모양을 변경하여 나타냅니다.

2. 위치를 표시하는 풍선 모양의 오브젝트를 만들어 보세요.

▲ 완성 파일 : Artwork〉말풍선만들기(실전문제).ai

힌트

① 원형 툴로 정원을 만들어 기본 모양을 나타냅니다.

② 직접 선택 툴로 원 하단의 포인트를 밑으로 이동시켜 모양을 변경하고, 방향점 전환 툴로 각이진 모서리 형태를 나타내세요.

③ 좌, 우측의 포인트를 각각 클릭한 다음 방향선을 조정하여 모양을 그림과 같이 만듭니다.

④ 그라디언트 색상을 적용하세요.

⑤ 문구가 입력될 원 오브젝트를 추가합니다.

⑥ 원형 툴로 타원을 만들고, Radial 그라디언트를 적용하여 그림자 효과를 만들어 보세요.

세련된 사인보드 디자인

이번 시간에는 일러스트레이터에서 도안된 심벌을 활용한 사인보드 디자인을 작업해 보는 시간입니다. 브랜드 이미지에 적합하게 도안된 심벌마크는 디스플레이나 광고, 편집물에 용도에 맞추어 활용할 수 있답니다. 작업 과정을 통해서 도형을 활용한 심벌마크의 제작방법과 이를 사인보드에 적용하는 과정을 학습해 볼 것입니다. 일러스트레이터의 벡터 그래픽 방식의 드로잉은 해상도에 상관없이 다양한 크기로 변형이 가능하기 때문에 상징성 있는 디자인 요소를 제작하는데 필수적인 저작 도구랍니다.

■ 제작 포인트

도형 툴 응용하기, 펜 툴, 회전 툴, STROKE 패널, Outline Stroke, 문자 툴, 패스파인더 기능 적용하기, 다단복제 기능, Align 기능

 완성물 미리보기

◀ 완성 파일 : Artwork/사인보드디자인.ai

직접 해보기

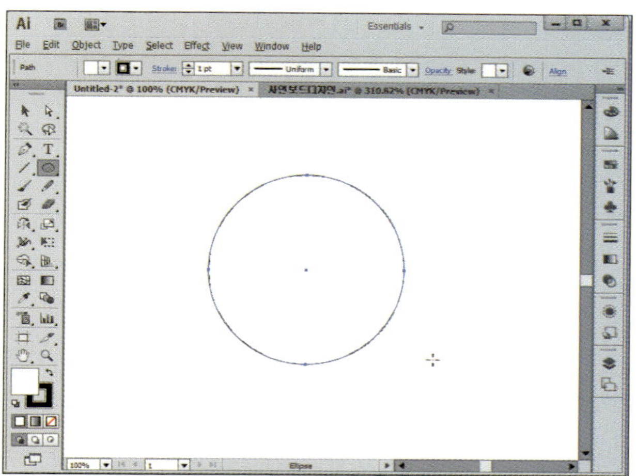

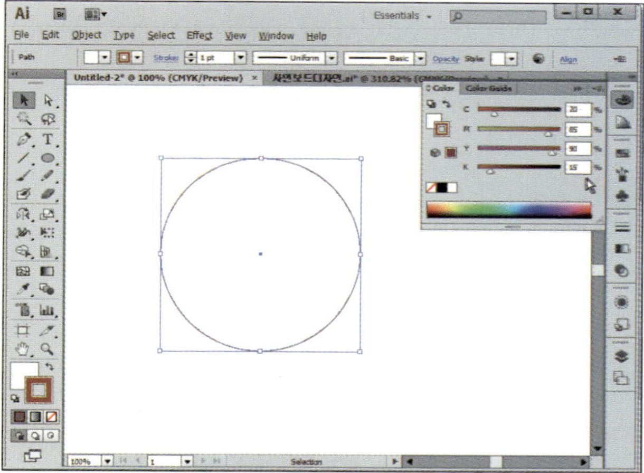

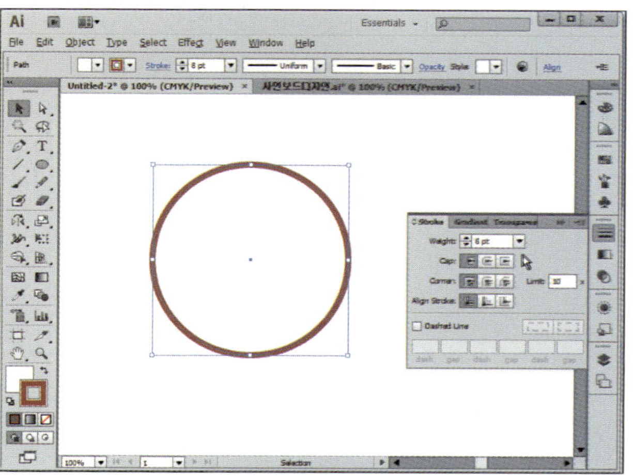

01 이번 시간에는 커피전문점의 브랜드 이미지를 심벌마크로 표현해 보고, 사인보드에 적용시켜 보는 것입니다. 먼저 커피 전문점 이미지를 나타낼 심벌을 제작합니다. 원형 툴을 이용하여 정원을 만듭니다.

02 툴 박스에서 선 속성을 선택하고, 색상 패널에서 C20, M85, Y90, K15 색상으로 적용합니다.

강의노트

오브젝트의 속성

툴 박스에는 오브젝트의 면과 선의 속성을 나타내는 아이콘이 표시되어 있습니다. 현재 선택되어 있는 속성이 앞쪽에 놓여있게 됩니다. 즉 면에 색상이나 효과를 적용하기 위해서는 면 색상 버튼을 선택한 다음 작업을 해야하고, 선 속성에 작업을 위해서는 선 속성을 선택한 다음 작업을 진행해야 합니다.

03 선에 두께를 적용하기 위해서 스트로크 패널을 열고, 두께를 그림과 같은 비율로 조정합니다.

강의노트

작업 비율에 따른 항목 값의 설정

일러스트레이터 작업은 여러분들의 모니터 해상도와 도안되는 오브젝트의 크기에 따라 설정 항목의 수치가 달라져야 합니다. 즉 도서에 제시된 설정 항목의 수치는 참고용일 뿐입니다. 도서에 제시된 두께와 비슷해지도록 참고해가며 항목 수치를 설정하시면 된답니다.

Illustrator CS6

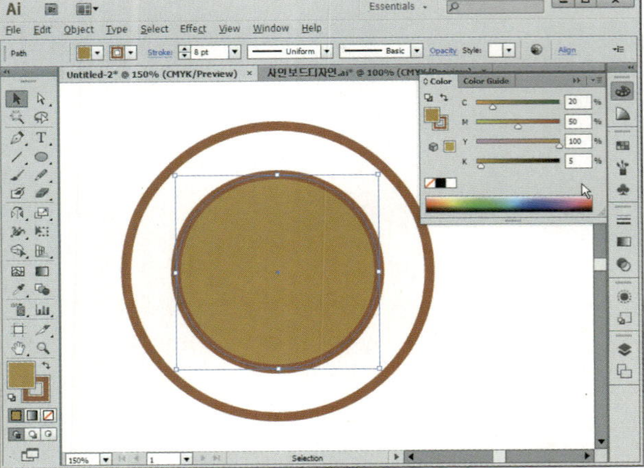

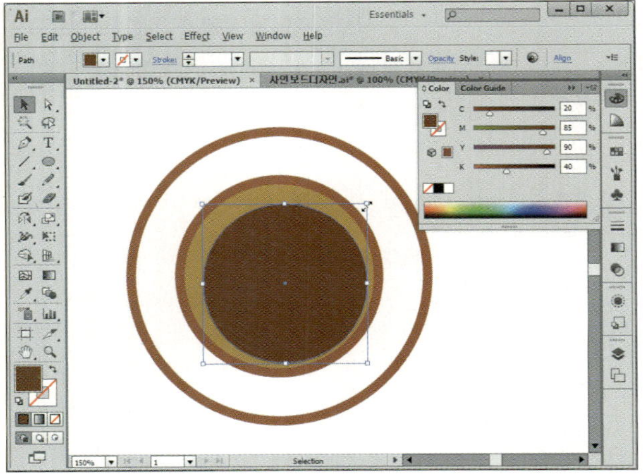

04 심벌마크의 모양은 커피잔과 받침을 위에서 바라본 형태로 도안할 것입니다. 커피 잔이 만들어 졌으면 오브젝트를 제자리에 붙여넣기 한 다음 대각선 조절점을 Alt + Shift 를 누르고, 드래그하여 정비례로 축소시킵니다. 축소된 도형의 선 두께는 동일하게 축소됩니다.

05 커피잔 안쪽의 색상을 적용하기 위해서면 속성을 선택하고, C20, M50, Y100, K5 색상을 적용합니다.

06 커피잔 안에는 커피가 채워진 모양을 나타내기 위해서 정원 오브젝트를 추가하고, 선 속성으로 None을 지정합니다. 이제 면 색상 버튼을 클릭한 다음 C20, M85, Y90, K40 색상을 적용합니다.

07 커피잔 손잡이 부분을 나타낼 차례입니다. 둥근 사각형 툴을 선택하고, 모서리가 반원 형태인 모양을 그립니다. 오브젝트의 속성을 편집하지 않으면 앞서 작업된 오브젝트의 속성으로 나타나게 됩니다. 손잡이 부분도 커피 받침과 동일한 흰색 면과 테두리 색을 나타내기 위해서 스포이드 툴을 선택하고, 외곽의 원을 클릭하세요. 그 결과 손잡이 오브젝트 속성이 외곽 도형 속성과 동일하게 적용됩니다.

08 이제 손잡이를 회전시키고, 위치를 조절합니다.

09 손잡이 오브젝트는 Ctrl + Shift + [명령으로 커피잔 뒤쪽으로 이동시켜 모양을 완성하세요.

일러스트레이터 CS6

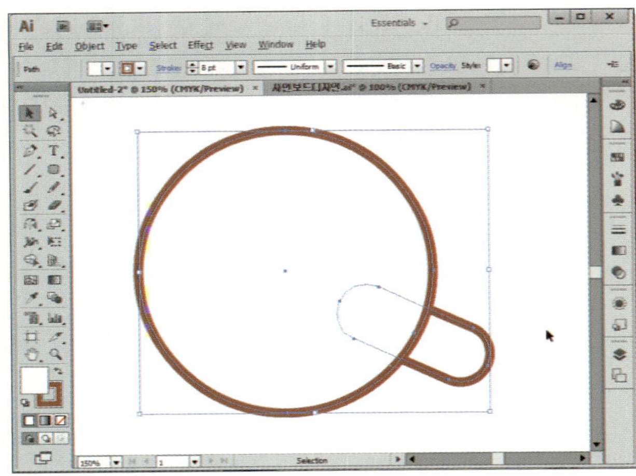

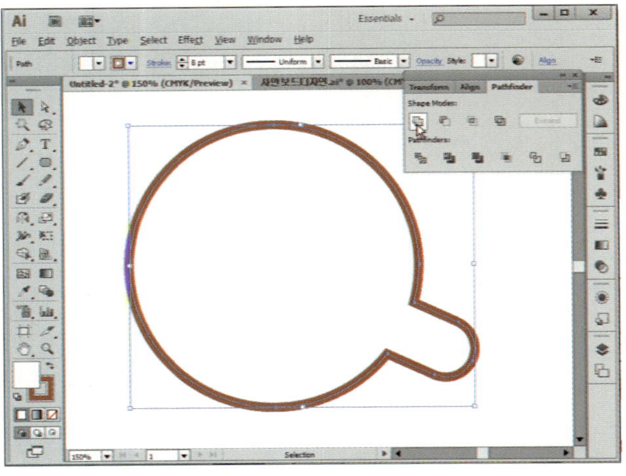

10 커피잔의 그림자 형태를 만들기 위해서
외곽 원과 손잡이를 함께 선택합니다.

오브젝트 선택하기

여러 개의 오브젝트를 함께 선택할 때에는 Shift 를 누
르고, 선택하고자 하는 오브젝트를 클릭합니다. 선택된
여러 개의 오브젝트 중에서 선택을 해제할 때에도 마찬
가지로 Shift 를 누르고 선택을 빼고자하는 오브젝트를
클릭하면 선택이 해제됩니다.

11 선택된 오브젝트는 Ctrl + C , Ctrl
+ F 를 눌러서 제자리에 붙여넣기 하
세요.

12 겹쳐진 두 개의 도형은 패스파인더 패
널을 이용해서 하나로 합쳐줍니다. 패
스파인더 패널을 열고 Unite 버튼을 클릭합니다.

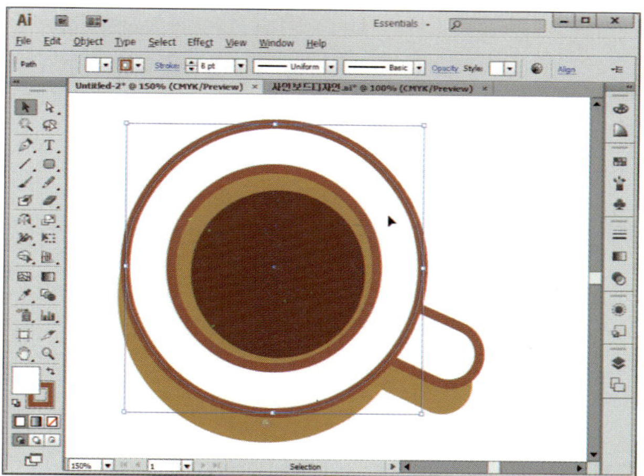

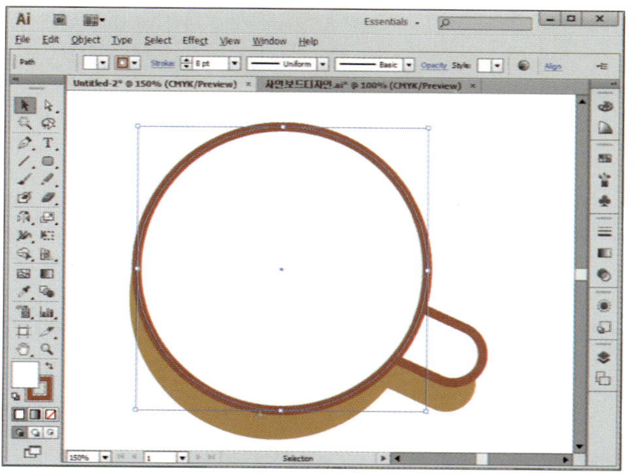

13 그림자를 나타내기 위해서 선의 속성을 None으로 지정한 다음 면에는 C20, M50, Y100, K5 색상을 적용합니다. 앞쪽에 놓인 오브젝트는 Ctrl + Shift + [명령으로 뒤쪽으로 이동시킨 다음 그림처럼 위치를 조절하세요.

오브젝트의 위치조정

세밀한 위치 조정을 위해서는 방향키를 이용하는 것이 효과적입니다. 각 방향키를 누르면 1pixel 단위로 위치가 조정됩니다. Shift와 함께 방향키를 누르면 10pixel 단위로 조정되어 선택 툴로 위치를 조정하는 것 보다 세밀하게 조정할 수 있습니다.

14 이번에는 커피 받침을 만들어 보겠습니다. 커피잔 외곽을 나타내는 원 오브젝트를 선택합니다.

15 Ctrl + C, Ctrl + F 명령으로 제자리에 복사본을 붙여넣기합니다.

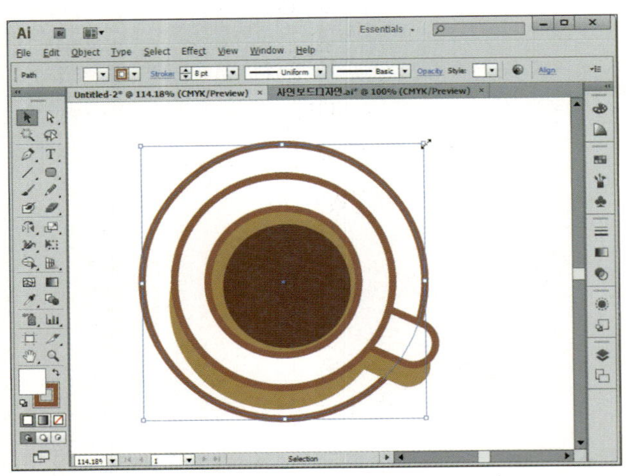

16 앞쪽에 복사된 원 오브젝트는 Ctrl +Shift+[명령으로 뒤쪽으로 이동시킨 다음 대각선 조절점을 Alt +Shift를 누르고 드래그하여 정비례로 확대합니다. 커피잔과 받침을 구성하는 오브젝트가 완성되었습니다.

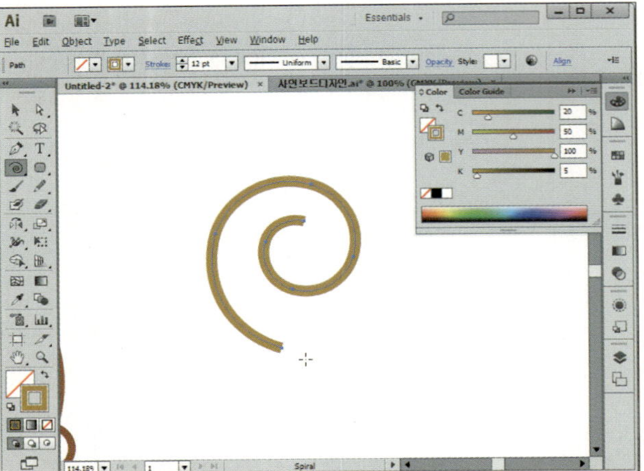

17 커피에 향기가나는 느낌을 상징화하여 오브젝트로 표현합니다. 나선형 툴을 선택하고, 선 속성으로 C20, M50, Y100, K5 색상을 적용합니다. 도큐먼트에 드래그 한 상태에서 키보드의 ↓ 방향키를 눌러보세요. 나선형을 구성하는 패스의 수가 줄어들면서 모양이 조정됩니다. 그림과 같은 모양으로 조정해 보고, 스트로크 패널에서 선의 두께를 적용합니다.

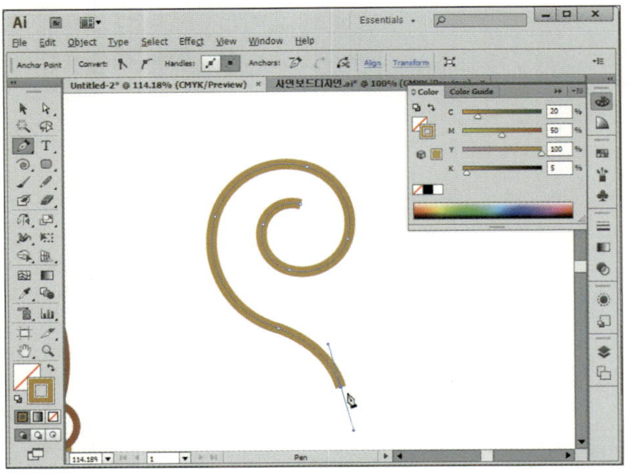

18 모양을 조정하기 위해서 펜 툴을 지정하고 나선형 끝 부분의 포인트를 클릭합니다. 패스가 연결되면 다음 포인트를 클릭 한 상태에서 드래그하여 곡선 패스를 추가합니다.

나선형의 모양 조정하기
나선형 모양을 변경할 때에는 ↑ ↓ 방향키를 눌러서 조정할 수 있으며 나선 간의 간격은 Alt 를 누른 상태로 드래그하면 빠르게 조정할 수 있답니다.

일러스트레이터 CS6

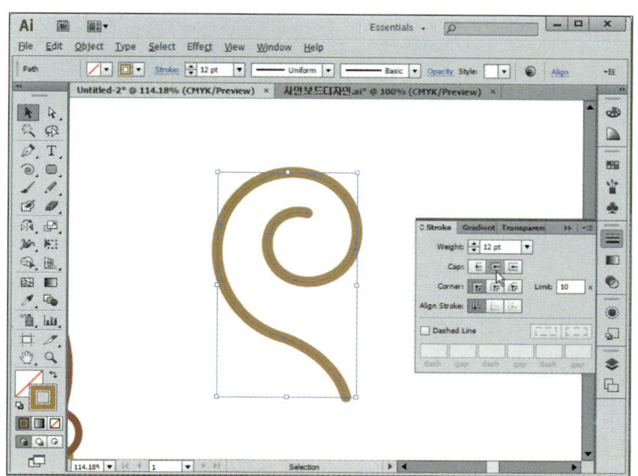

19 부드러운 향기를 표현하기 위해서 선의 시작점과 끝점의 모양 스타일을 변경합니다. 스트로크 패널을 열고, Cap 항목에서 둥근 모서리 스타일을 클릭합니다.

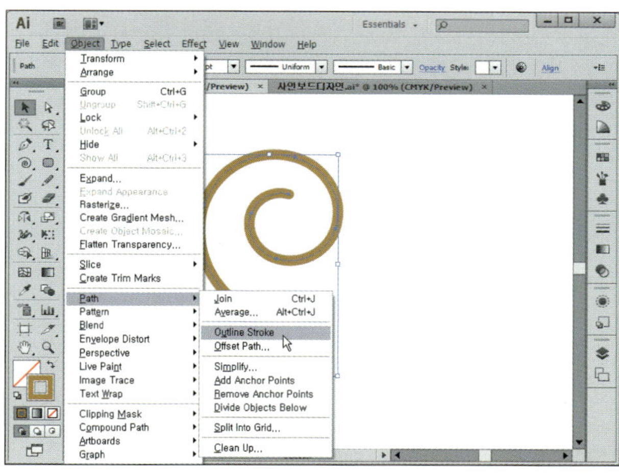

20 모양이 완성되었으면 선 속성의 나선 모양을 면 속성으로 변경한 다음 외곽선을 추가해 보겠습니다. 나선 오브젝트를 선택한 다음 [Object]-[Path]-[Outline Stroke] 명령을 적용하세요.

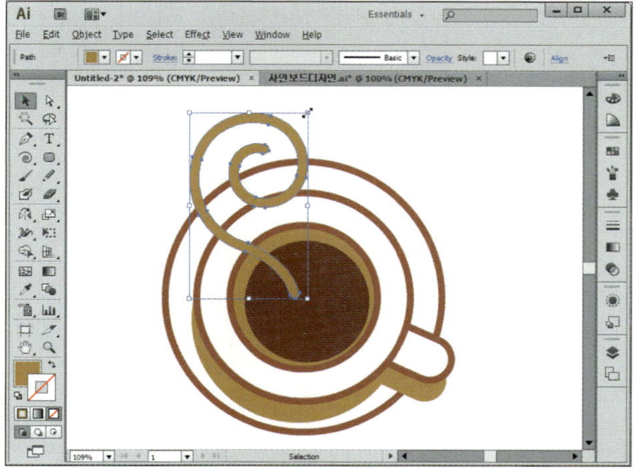

21 이제 오브젝트를 커피잔 위쪽에 배치하고, 크기와 각도를 조절하여 배치합니다.

22 나선 모양에는 흰색 테두리를 추가하여 겹쳐지는 부분이 깨끗이 보이도록 작업합니다. Appearance 패널을 열고, 면 바깥쪽부터 선이 보일 수 있도록 선 속성의 위치를 면 속성 밑으로 이동시킵니다. 그런 다음 선 색상으로 흰색을 지정하고, 두께를 설정합니다.

23 향기를 상징하는 오브젝트가 완성되었으면 반대쪽 모양은 대칭된 형태로 만들고 크기를 축소합니다. 반사 툴을 이용하여 대칭된 모양의 오브젝트를 만듭니다.

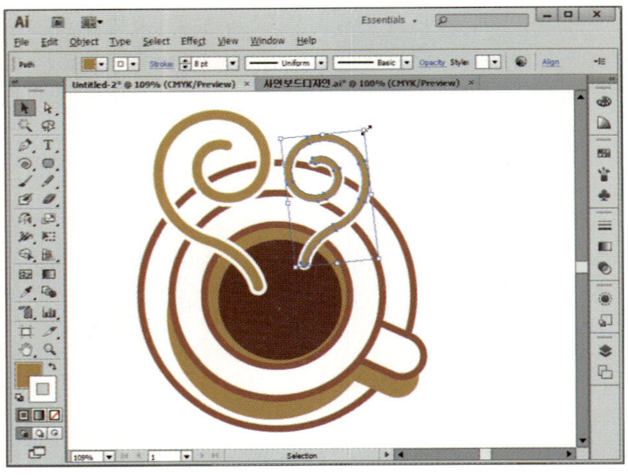

24 복사된 오브젝트는 선택 툴로 위치를 조정하고, 크기를 축소합니다.

일러스트레이터 CS6

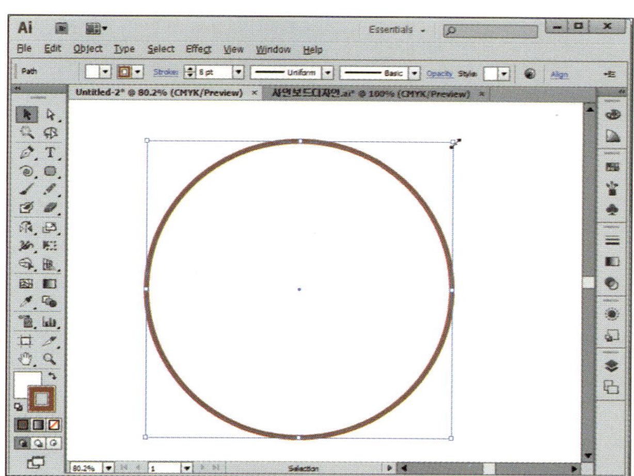

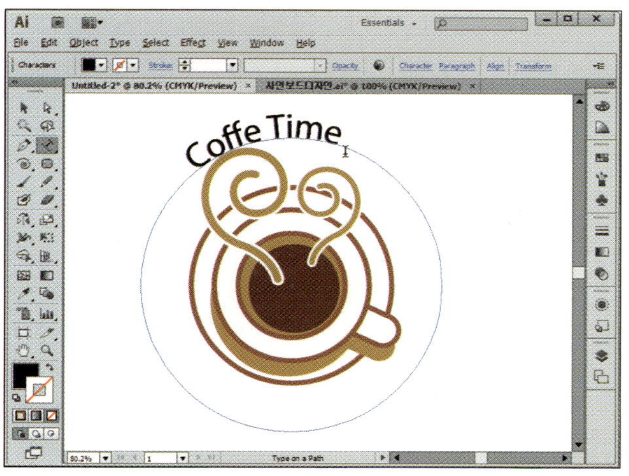

25 심벌이 완성되었으면 원을 따라 흐르는 로고타입을 입력할 것입니다. 먼저 커피 받침 오브젝트를 선택하고, Ctrl+C Ctrl+F 명령으로 제자리에 복사본을 만든 다음 정비례로 확대합니다.

26 원 패스를 따라 흐르는 문자를 입력하기 위해서 패스 문자 툴을 지정합니다.

강의노트

패스 문자 툴

패스 문자 툴은 오브젝트의 외곽 패스를 따라 흐르는 문구를 입력할 때 사용합니다. 문자 툴로 닫힌 오브젝트의 경계를 클릭하면 오브젝트 안쪽에 문구를 입력할 수 있는 영역 문자 모드로 전환됩니다. 오브젝트의 외곽 패스를 따라 흐르는 문자를 입력할 때에는 패스 문자 툴을 지정하거나 문자 툴이 선택된 상태에서 Alt 를 누른 상태로 클릭하면 패스 문자 편집 상태로 만들 수 있습니다.

27 원의 상단 패스를 클릭하면 문자 입력 상태로 전환됩니다. "Coffe Time"으로 로고 타입을 입력하세요.

28 문구가 입력되었으면 블록을 지정한 다음 문자 패널에서 서체와 크기를 조정합니다. 작업에서는 '서울한강체' Bold 속성으로 적용하였습니다. 편집이 완료되었으면 선택 툴을 지정하세요.

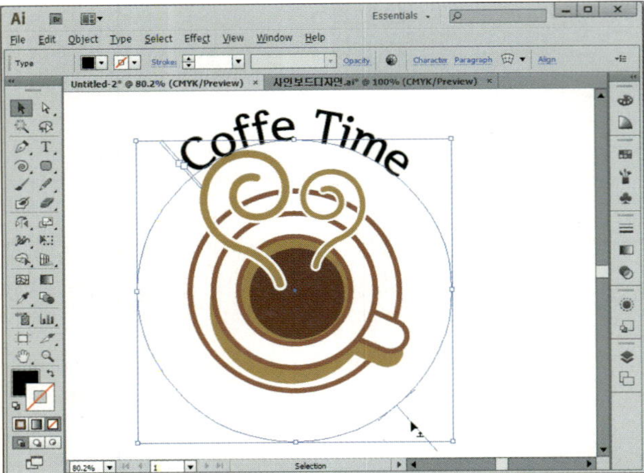

29 입력된 문구는 패스 안쪽으로 옮겨 배치할 것입니다. 마우스를 끝나는 지점의 괄호 가운데 올리면 마우스 포인터가 변경됩니다.

강의노트

문자의 위치 조정하기

패스에 흐르는 문자의 위치는 선택 툴로 조정할 수 있습니다. 선택 툴로 문자가 입력된 오브젝트를 선택하면 문자가 시작하는 지점과 끝나는 지점에 괄호가 나타납니다. 이 시작점과 끝점을 나타내는 괄호를 움직여 위치를 조정할 수 있습니다.

30 마우스를 누른 상태로 원 안쪽으로 드래그 한 다음 문구의 시작 위치를 조절하여 가운데 배치합니다.

강의노트

텍스트의 방향 변경하기

패스를 따라 흐르는 문자의 입력 방향을 변경할 때에는 끝점의 괄호를 패스 안쪽으로 드래그합니다.

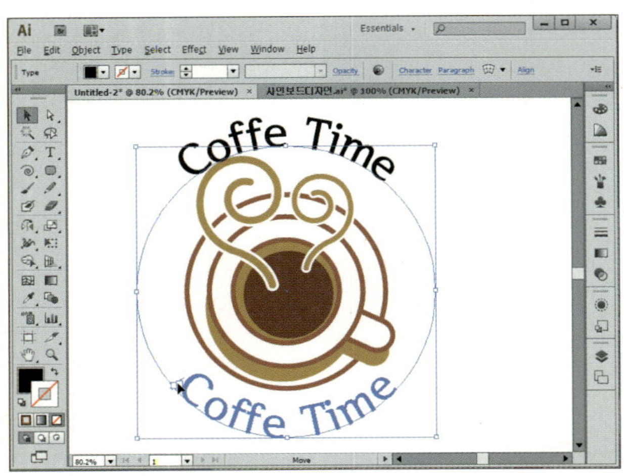

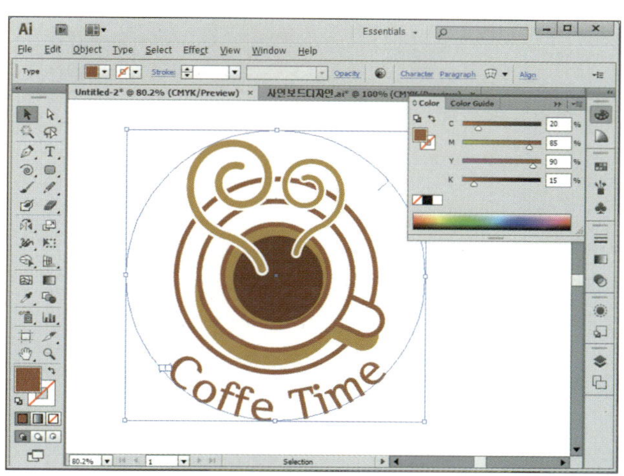

31 문자의 위치가 조정되었으면 C20, M85, Y90, K15 색상으로 적용합니다.

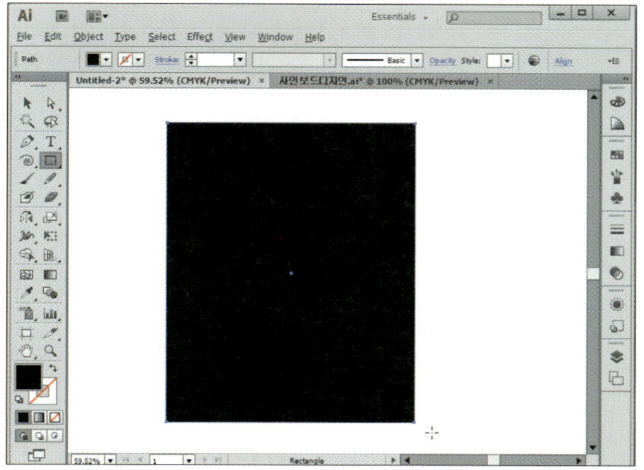

32 로고타입을 입력한 방법과 동일하게 원 오브젝트를 복사한 다음 보조 문구를 입력하고, 문자의 속성을 변경시켜 그림처럼 배치합니다. 작업이 마무리 되었으면 오브젝트를 그룹으로 지정합니다.

33 심벌과 로고타입으로 브랜드 이미지가 만들어 졌으면 사인보드를 만들고 조합시켜 보겠습니다. 사각형 툴로 검은색 면 속성의 직사각형을 만듭니다.

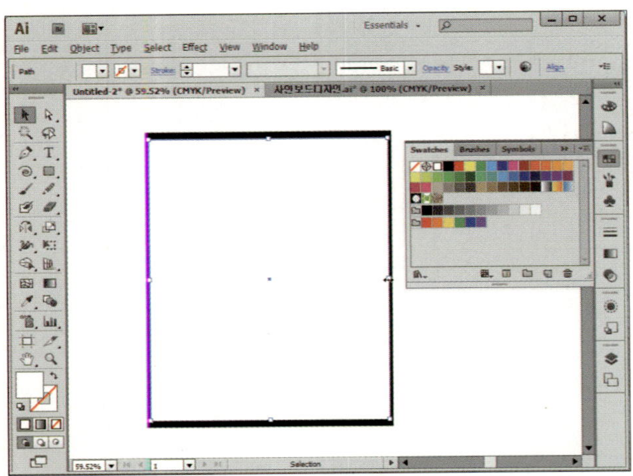

34 안쪽 면을 나타내기 위해서 복사본을 제자리에 붙여 넣고, 크기를 축소합니다. 사인보드 기본 형태가 완성되었으면 두 개의 오브젝트를 선택하고 그룹으로 지정합니다.

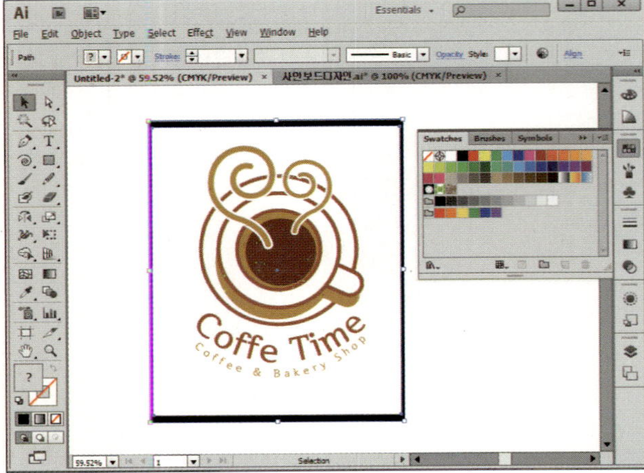

35 이제 오브젝트를 브랜드 이미지 밑으로 이동시킨 다음 크기를 조절하세요.

오브젝트의 배치

일러스트레이터에서 작업된 오브젝트는 만들어지는 순서에 따라 차례대로 쌓이게 됩니다. 즉 나중에 만든 오브젝트가 가장 위쪽에 놓이게 되는 것이지요. 오브젝트가 놓이는 순서는 Arrange 기능으로 조정할 수 있습니다. 선택된 오브젝트의 위치를 가장 밑으로 보낼 때에는 Ctrl + Shift + [ ] 명령을 실행합니다.

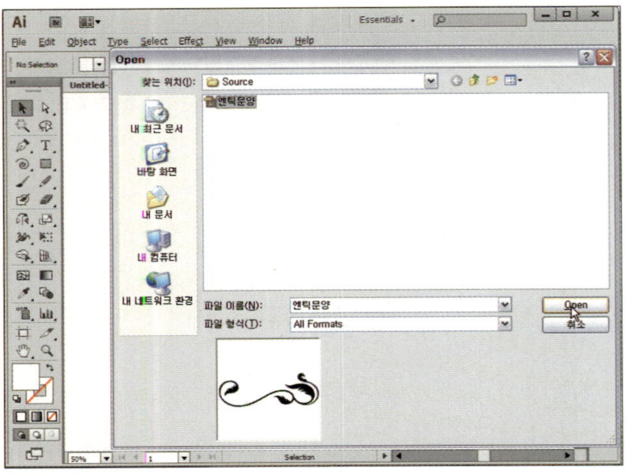

36 클래식한 사인보드의 모양을 나타내기 위해서 주어진 오브젝트를 소스로 활용합니다. Source 폴더 안의 엔틱문양.ai 파일을 불러옵니다.

37 엔틱 문양이 삽입된 파일이 열립니다. 먼저 반사 툴로 대칭된 형태를 만들고, 작업 도큐먼트로 복사하겠습니다.

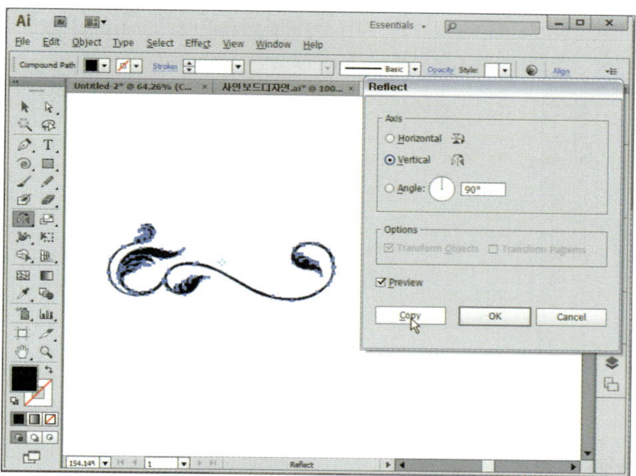

38 오브젝트를 선택한 다음 반사 툴을 더블클릭하여 옵션 대화창을 엽니다. 수직축을 기준으로 복사본을 만드세요.

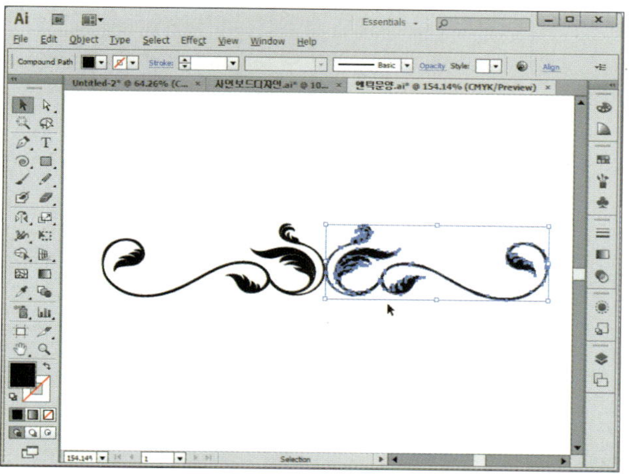

39 대칭된 오브젝트의 위치를 원본 오브젝트의 우측면에 맞추어 이동합니다.

오브젝트의 이동

오브젝트를 수직, 수평 45° 방향을 기준으로 정확히 이동시킬 때는 선택된 오브젝트를 드래그 한 상태에서 Shift 를 함께 누릅니다. 오브젝트가 수직, 수평 축으로 정확히 고정되어 이동됩니다.

Illustrator CS6

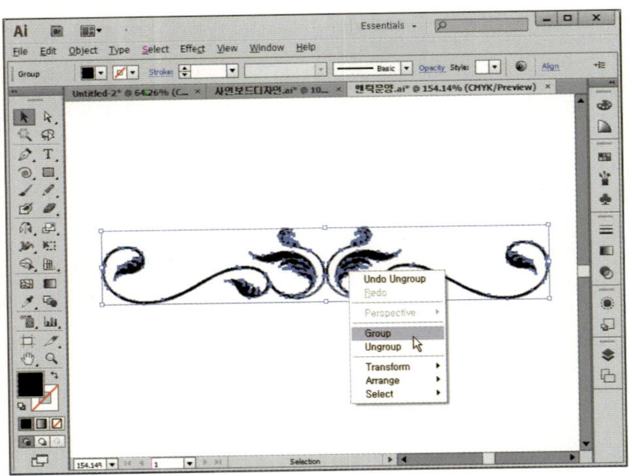

226

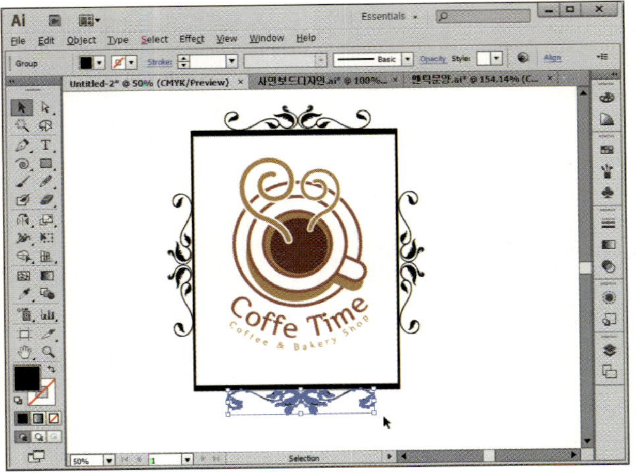

40 대칭된 문양은 그룹으로 지정한 다음 Ctrl + C 명령으로 복사합니다.

41 작업 도큐먼트로 이동한 다음 Ctrl + V 를 눌러서 붙여넣기 합니다. 문양은 사인보드 위쪽 면에 크기를 조절하여 배치합니다.

42 선택 툴로 오브젝트를 복사하고, 바운딩 박스를 회전하여 각 방향으로 문양을 모두 배치시킵니다.

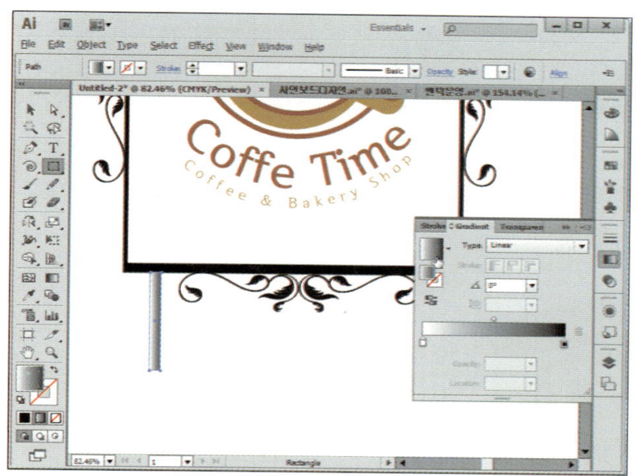

43 간판은 외부에 세워놓는 스탠딩 형식으로 제작할 것입니다. 사각형 툴로 받힘 다리를 만들고 그라디언트를 적용하여 둥근 입체감을 표현합니다.

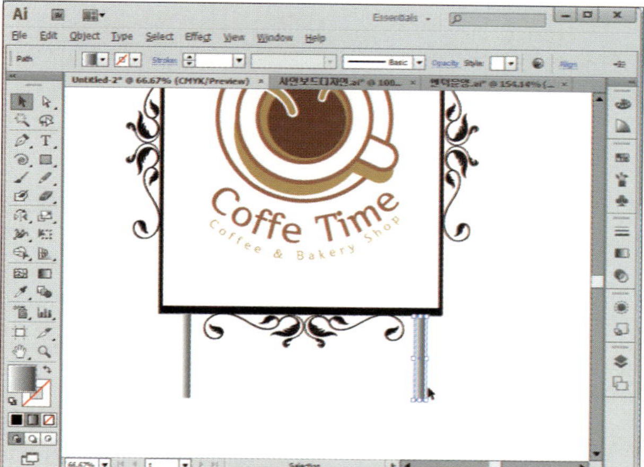

44 우측 방향은 선택 툴로 복사 이동시켜 나타내면 되겠죠.

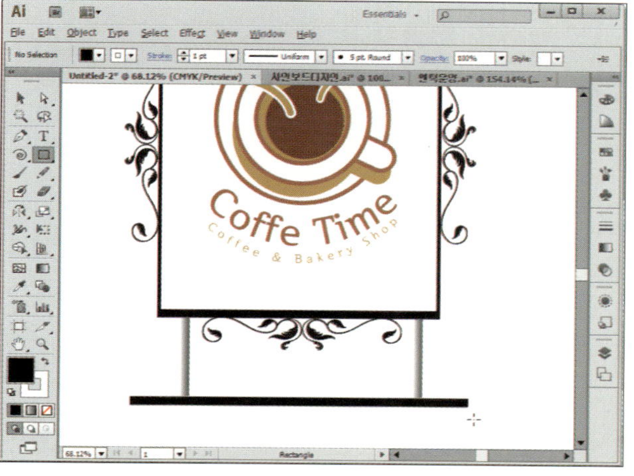

45 마지막으로 받침대를 나타낼 사각형 오브젝트를 그립니다. 단순한 도형의 조합으로도 상징성과 세련된 디자인 결과물을 만들어 낼 수 있답니다. 여러분들의 아이디어에 따라 충분히 멋진 결과물을 만들어 낼 수 있다는 점 기억해 두세요.

실전문제

1. 브랜드 이미지를 활용하여 입구에 세우는 사인물을 만들어 보세요.

▲ 완성 파일 : Artwork〉사인보드디자인(실전문제).ai

힌트

① 사인물의 기본 형태를 다각형 툴로 육각형 모양으로 나타냅니다.

② 바운딩 박스를 조절하여 가로와 세로 폭을 조정한 다음 직접 선택 툴로 모양을 변경합니다.

③ 각진 모서리는 [Effect]−[Stylize]−[Round Corners] 기능으로 둥근 모서리를 나타내세요.

④ 작업된 브랜드 이미지를 도형 위쪽에 배치하고 크기를 조절합니다.

⑤ 사인물을 장착할 봉을 사각형 오브젝트로 만들고 그라디언트 색상을 적용합니다.

⑥ 봉과 연결할 쇠고리는 선 속성의 타원 이미지를 만들고, 복사 이동기능으로 반복된 형태를 나타내어 그림처럼

　배치시킵니다.

2. 가로 형태의 사인보드를 디자인해 보세요.

▲ 완성 파일 : Artwork〉사인보드디자인(실전문제).ai

힌트 ① 둥근 사각형 툴로 가로 형태의 박스를 만듭니다.

② 심벌마크의 테두리에 적용된 색상과 동일하게 면의 색상을 적용합니다.

③ 심벌마크를 좌측에 크기를 조절하여 배치합니다.

④ 문자 툴로 로고타입과 보조 문구를 입력하고 레이아웃을 조정해 보세요.

스티커 디자인

브랜드를 알리는

스티커 디자인은 기업이나 회사, 단체 등을 알리고 홍보하는 고지형 매체의 성격을 지니고 있습니다. 브랜드 이미지를 소비자들에게 친숙한 스티커나 팬시, 의류 등에 제작하여 브랜드의 이미지와 상품 가치를 높이는 요소로서 활용됩니다. 이번시간에는 회사의 로고와 심벌을 활용한 엠블렘 형식의 스티커를 디자인해 보며 일러스트레이터 활용 능력을 키워보는 시간입니다.

■ 제작 포인트
문자 툴, Create Outline 기능, 새로운 로고타입 만들기, 반사 툴로 대칭된 모양 만들기, 패스 문자 툴로 패스를 따라 흐르는 문자 만들기

 완성물 미리보기

▲ 완성 파일 : Artwork/스티커디자인.ai

직접 해보기

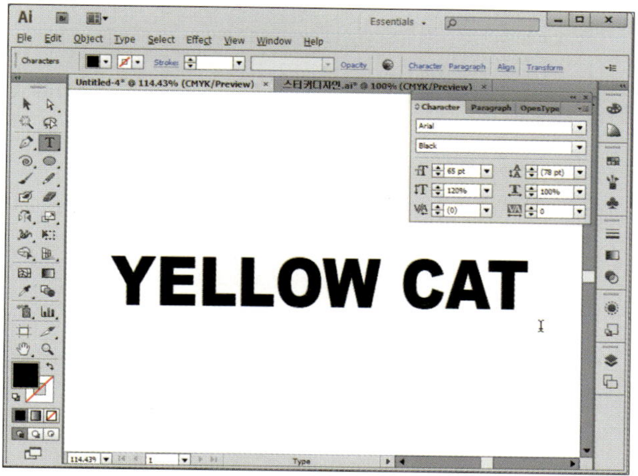

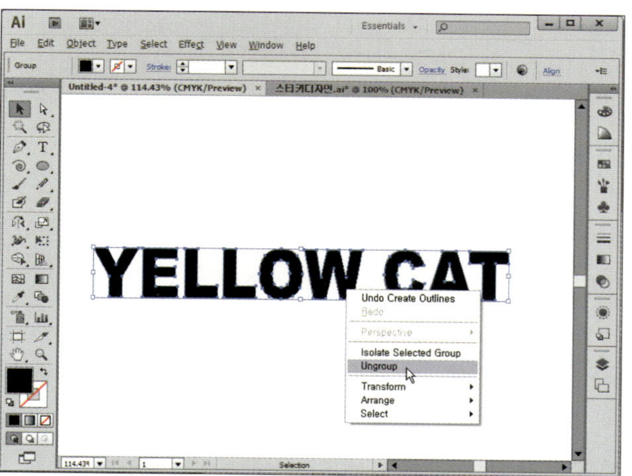

01 이번 작업은 브랜드 이미지를 활용한 스티커 디자인입니다. 먼저 로고와 심벌마크를 조합하여 브랜드 이미지를 제작합니다. 문자 툴을 이용하여 "YELLOW CAT"을 입력합니다. 이때는 영문 고딕 계열의 두꺼운 서체인 Arial Black을 작업에 이용합니다.

02 로고에 사용될 서체를 지정했으면 마우스 우측 버튼을 클릭하여 Create Outline 명령으로 오브젝트화 합니다.

Create Outline

Create Outline 기능은 문자의 속성을 오브젝트로 변경합니다. 문자를 오브젝트로 변경하여 오브젝트에 적용 가능한 속성을 지정하거나 문자의 세리프를 변경하여 새로운 로고타입으로 제작할 때 사용됩니다.

03 오브젝트로 변경된 문자는 그룹으로 지정되어 있습니다. 마우스 우측 버튼을 클릭하여 Ungroup 명령을 실행합니다.

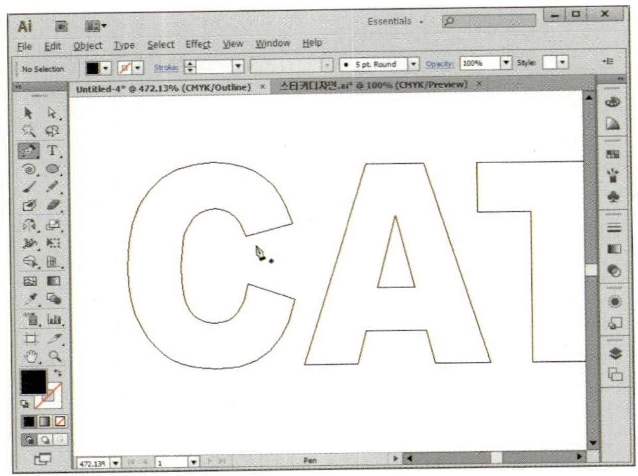

04 제작할 스티커는 깜찍하고 귀여운 느낌의 팬시용으로 만들 계획입니다. 고딕 계열의 각이진 서체를 둥근 스타일의 로고타입으로 변경할 것입니다. Ctrl + Y 를 눌러서 Outline 모드로 세밀하게 작업합니다.

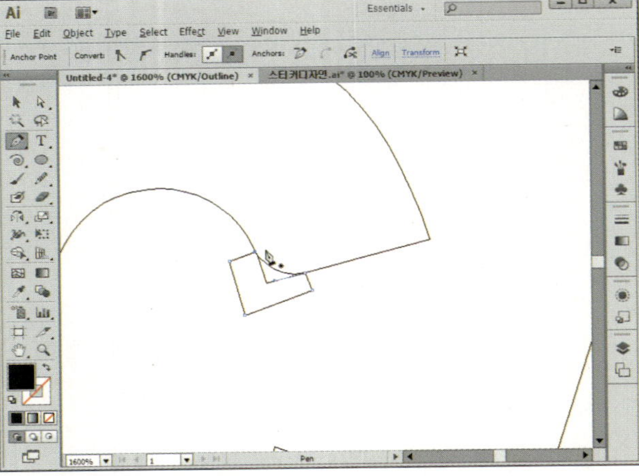

05 C 오브젝트를 확대한 다음 각이진 모서리를 삭제할 분할 면을 만듭니다. 펜 툴을 이용하여 세리프 모양이 둥글게 표현되도록 곡선의 오브젝트를 그립니다.

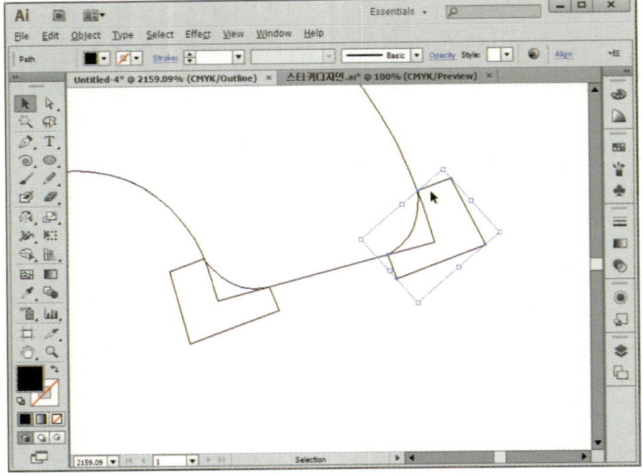

06 한쪽 방향이 만들어 졌으면 대칭된 모양은 오브젝트를 복사한 다음 위치와 각도를 조절하여 배치합니다.

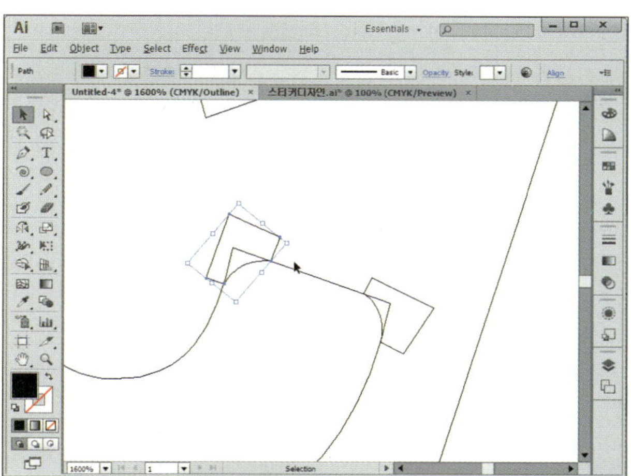

07 마찬가지로 아래쪽 각이진 세리프를 둥글게 표현할 분할 면을 복사하고, 각도와 위치를 조절하여 배치합니다.

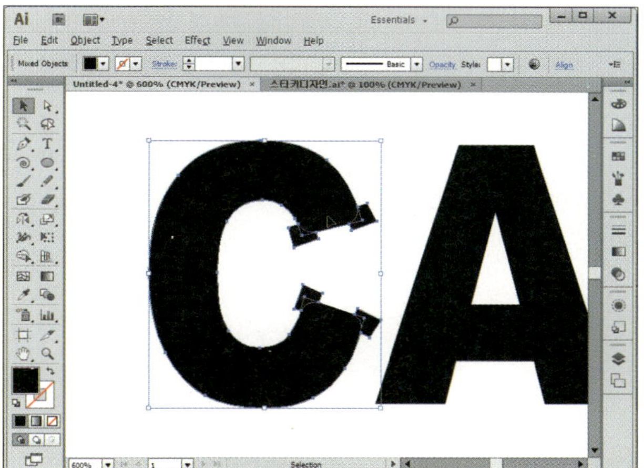

08 Ctrl + Y 를 눌러서 Preview 모드로 전환하고, 문자와 분할 면을 모두 선택합니다.

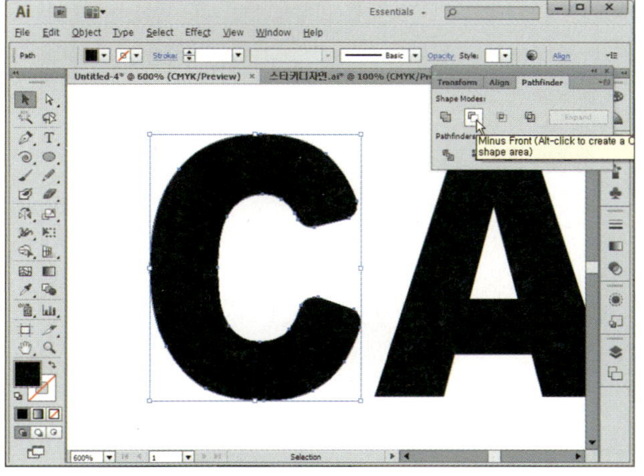

09 패스파인더 패널을 열고, Minus Front 버튼을 클릭합니다. 문자에서 앞쪽에 놓인 분할 면이 삭제되어 둥근 세리프로 모양이 변경됩니다.

Illustrator CS6

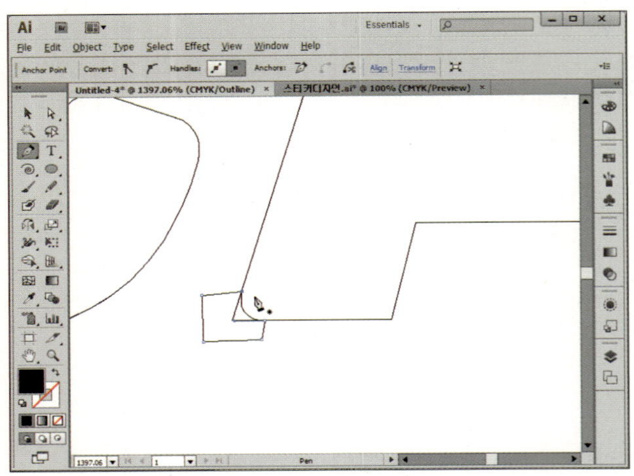

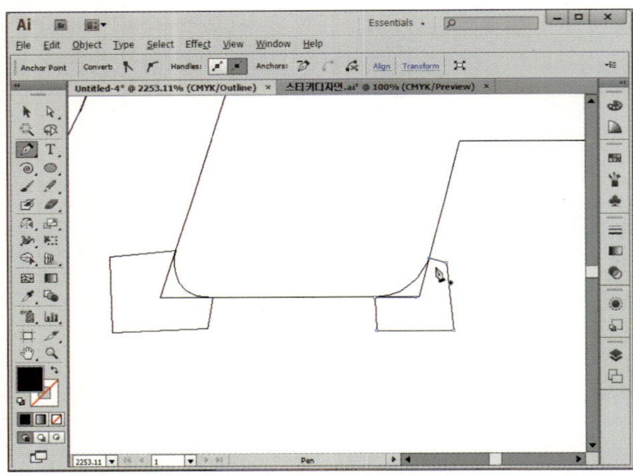

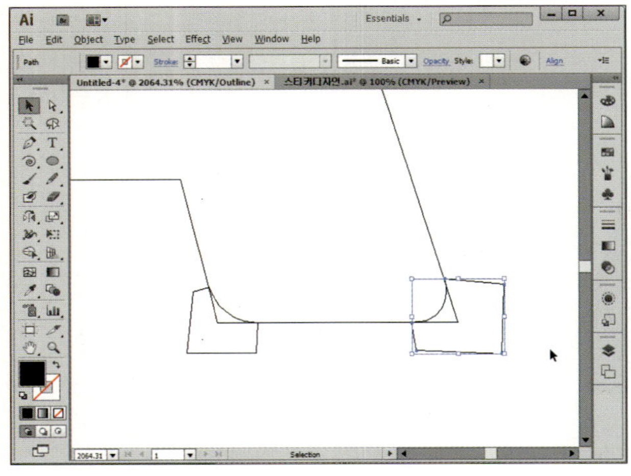

10 다시 Outline 모드로 전환한 다음 앞선 작업 방법으로 세리프를 변경할 오브젝트를 펜 툴로 추가합니다.

실행 취소하기

잘못 된 작업과정은 [Edit] 메뉴의 Undo 명령으로 취소할 수 있습니다. 단축키로 Ctrl + Z 를 실행합니다. 작업 취소 명령은 자주 사용되므로 반드시 단축키를 사용하여 빠르게 적용할 수 있어야 합니다.

11 계속해서 반대쪽에 대칭된 형태로 나타내지 못하는 부분은 펜 툴로 분할 면을 추가해서 나타냅니다.

12 한쪽 방향의 분할 면이 만들어 졌으면 대칭된 반대쪽 방향은 반사 툴로 복사한 다음 위치를 조절하면 빠르게 나타낼 수 있습니다.

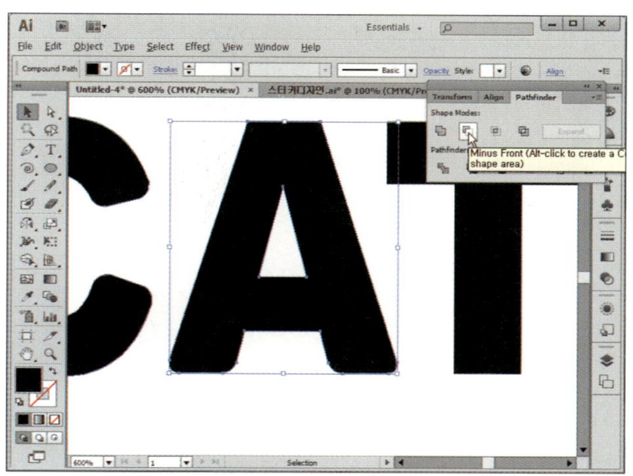

13 패스파인더 기능을 이용하여 세리프의 형태를 변경합니다.

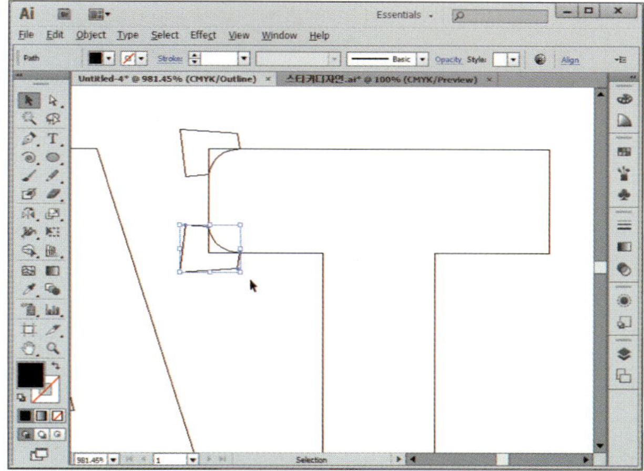

14 T 문자도 동일한 방법으로 세리프를 변경하면 됩니다. 한쪽 분할 면을 만들고, 반사 툴로 복사한 다음 위치를 조절합니다.

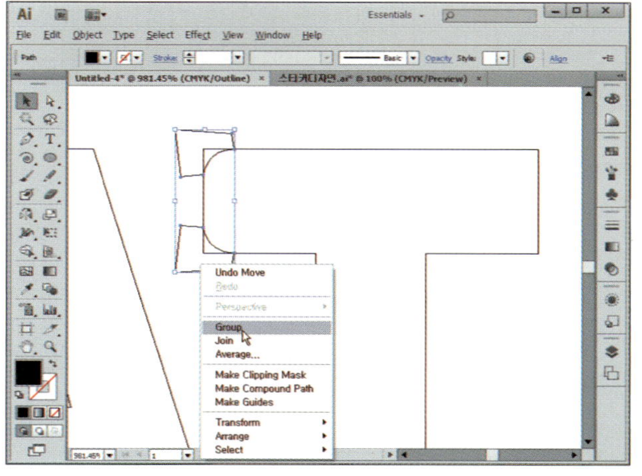

15 양쪽 모양이 대칭되는 형태이기 때문에 좌측의 분할 지정한 다음 반사 툴로 복사합니다.

일러스트레이터 CS6

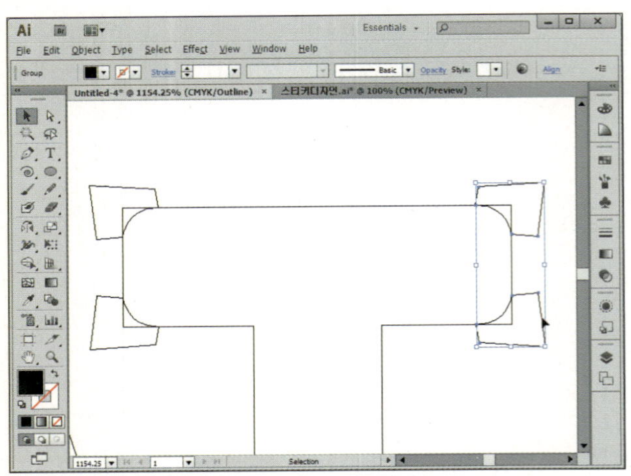

16 복사된 오브젝트의 위치를 이동시켜 분할 면을 배치합니다.

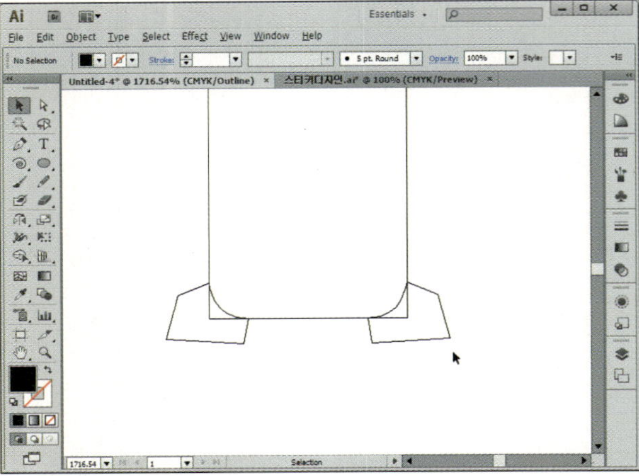

17 밑면의 세리프를 변경할 오브젝트를 새롭게 추가합니다.

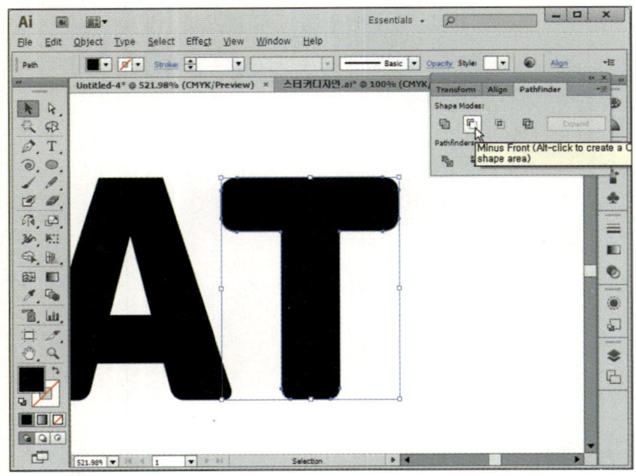

18 다시 패스파인더 패널을 이용하여 문자와 분할 면을 모두 선택한 다음 Minus Front 기능으로 세리프를 변경합니다.

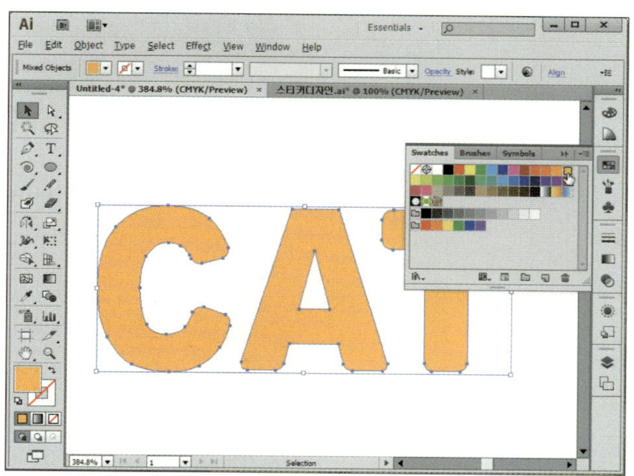

19 세리프가 변경된 로고는 노란색으로 적용합니다.

20 A 문자에는 귀여운 고양이 모양의 심벌을 만들어 보겠습니다. 원형 툴로 흰색 면과 노란색 선 속성이 적용된 정원을 만듭니다. 원이 만들어 졌으면 컨트롤 패널에서 선의 두께를 적용합니다.

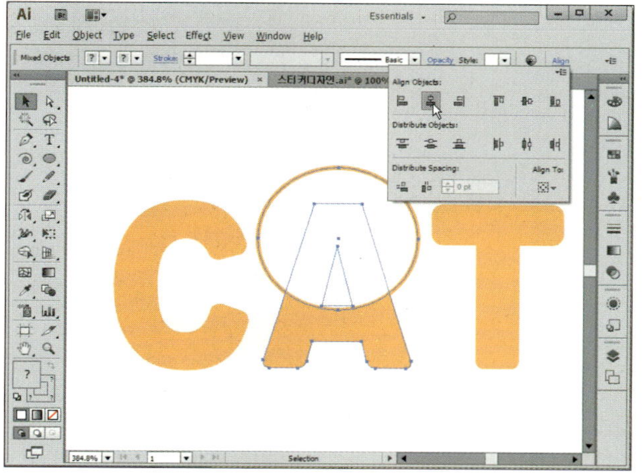

21 원과 문자를 중앙에 정렬시키기 위해서 오브젝트를 선택한 다음 컨트롤 패널의 세로축 정렬 버튼을 클릭합니다.

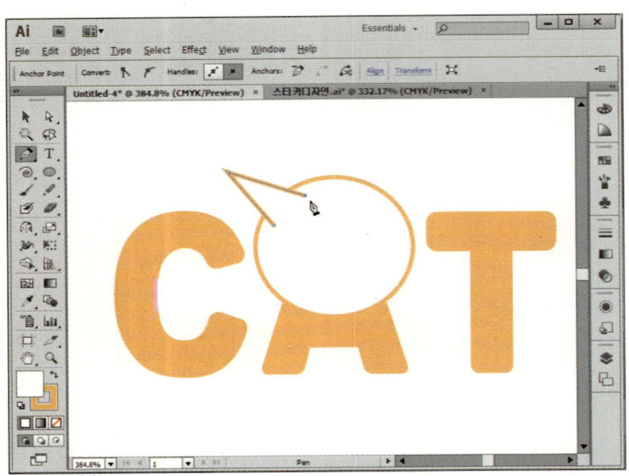

22 고양이의 귀는 펜 툴을 이용해서 직접 그립니다. 열린 삼각형 모양으로 귀를 그립니다.

23 뾰족한 끝 모양은 [Effect]-[Stylize]-[Round Corners] 기능으로 둥근 끝 모양으로 나타냅니다.

24 반대쪽 귀의 모양은 반사 툴을 더블클릭하여 Vertical 항목을 체크하고, Copy 버튼을 클릭하여 반전된 복사본을 만듭니다.

강의노트

대칭형의 오브젝트 그리기

상하 또는 좌우가 대칭이 되는 오브젝트를 정확히 그리기 위해서는 반쪽에 해당하는 오브젝트를 그린 다음 반사 복사 시키고, 위치를 조절하거나 합쳐주는 것이 정확한 모양을 나타낼 수 있답니다.

25 복사된 오브젝트는 선택 툴로 위치를 이동시키세요.

26 눈과 코의 모양은 원형 툴을 이용하여 주황색 면 속성으로 나타냅니다.

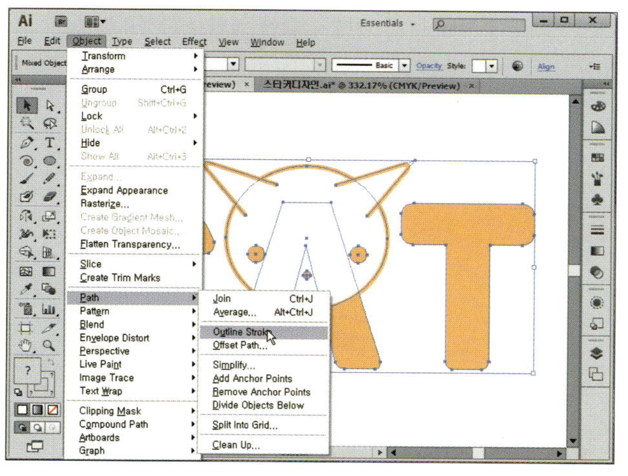

27 두께가 적용된 선으로 구성된 심벌은 크기를 확대하거나 축소하여도 선의 두께가 일정한 비율을 유지할 수 있도록 오브젝트로 만들어 주는 것이 효과적입니다. 고양이 심벌만 선택하거나 도안된 로고 타입과 심벌을 모두 선택하고, [Object]-[Path]-[Outline Stroke]를 적용합니다.

일러스트레이터 CS6

28 선 속성이 오브젝트화 되었으면 마우스 우측 버튼을 클릭하여 Group 명령을 적용합니다.

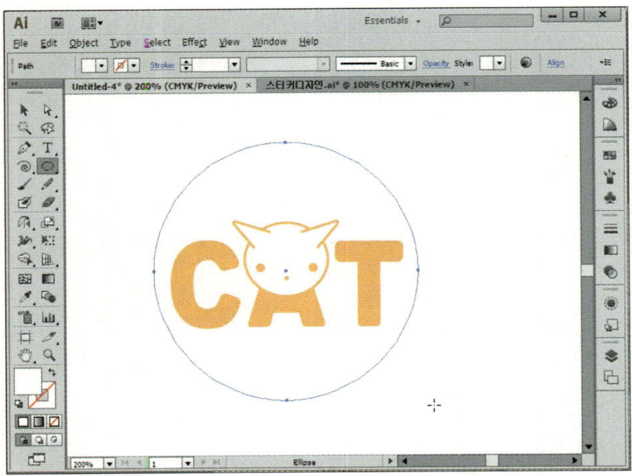

29 심벌이 완성되었으면 엠블럼 형식의 스티커를 만들어 보겠습니다. 원형 툴을 선택하고, 흰색으로 면 속성을 나타냅니다. 그러면 Shift 를 누르고 드래그하여 정원을 만듭니다.

30 심벌 앞쪽에 놓인 오브젝트는 Ctrl + Shift + [명령으로 뒤쪽으로 이동시키세요.

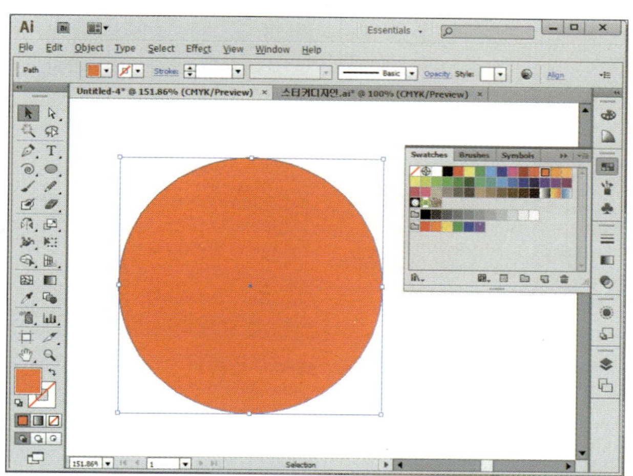

31 심벌 외곽에 두꺼운 테두리를 만들기 위해서 원 오브젝트를 Ctrl + C, Ctrl + F 명령으로 제자리에 복사본을 만듭니다. 그런 다음 주황색 색상을 적용합니다.

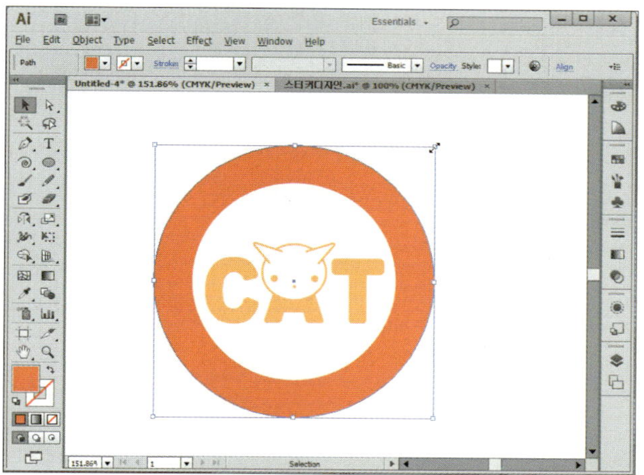

32 앞쪽에 놓인 오브젝트는 Ctrl + Shift + [ ] 명령으로 뒤쪽으로 이동시킨 다음 대각선 조절점을 Alt + Shift 를 누르고 드래그하여 확대합니다.

Illustrator CS6

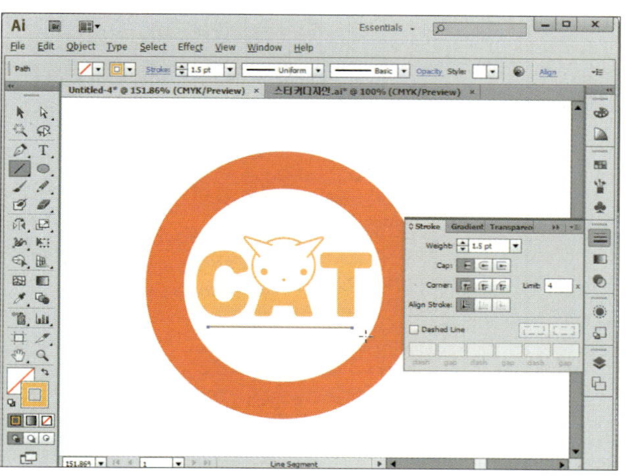

33 테두리가 완성되었으면 심벌 밑으로 선과 보조 문구를 조합합니다. 선 툴을 지정하고, 선의 색상으로 노란색을 지정한 다음 Shift 를 누르고 드래그하여 직선을 그립니다. 만들어진 선의 두께는 스트로크 패널에서 적당한 두께로 조정합니다.

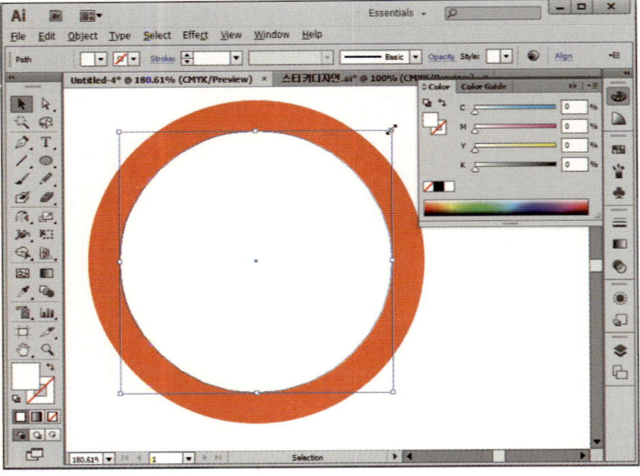

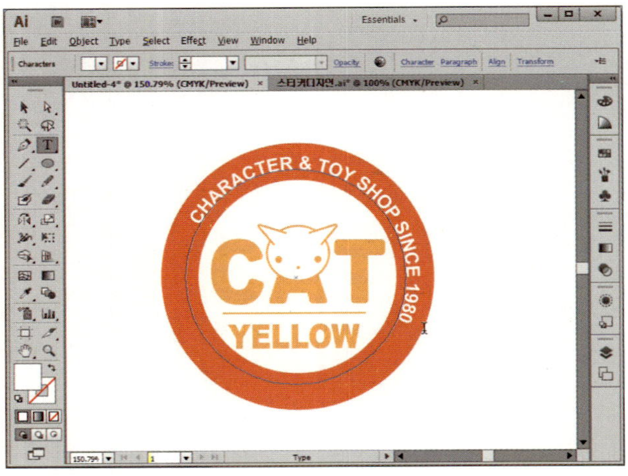

일러스트레이터 CS6

34 앞서 입력한 YELLOW 문자를 엠블럼 안쪽으로 이동시킨 다음 크기를 조절하고, 색상을 적용합니다.

심벌의 최소공간

심벌 마크나 로고타입은 최소한의 공간을 규정하고 있습니다. 즉, 심벌이나 로고를 포함하는 도형을 만들 때는 최소의 여유공간을 두고 만들어야 가독성이 생기게 되는 것입니다.

35 원을 따라 흐르는 문자를 입력하기 위해서 원 오브젝트로 복사본을 만듭니다. 흰색 원을 선택하고, 복사한 다음 제자리에 붙여넣기 하세요. 복사된 원은 Alt + Shift 와 함께 모서리를 드래그하여 원본보다 크게 확대합니다.

36 패스 문자 툴을 이용하여 복사한 오브젝트의 패스 위를 클릭합니다. 문자를 입력할 수 있는 커서가 나타나게 됩니다. "CHARACTER & TOY SHOP SINCE 1980" 이라는 문구를 고딕 계열 서체로 입력하고, 흰색을 적용합니다. 문자가 입력되었으면 블록을 지정한 다음 적당한 크기로 조정하세요.

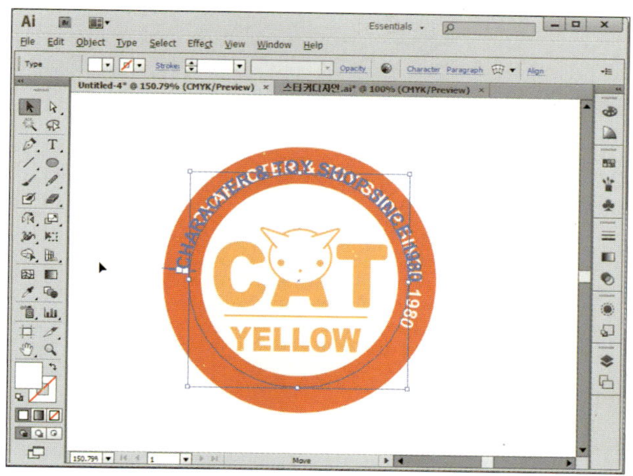

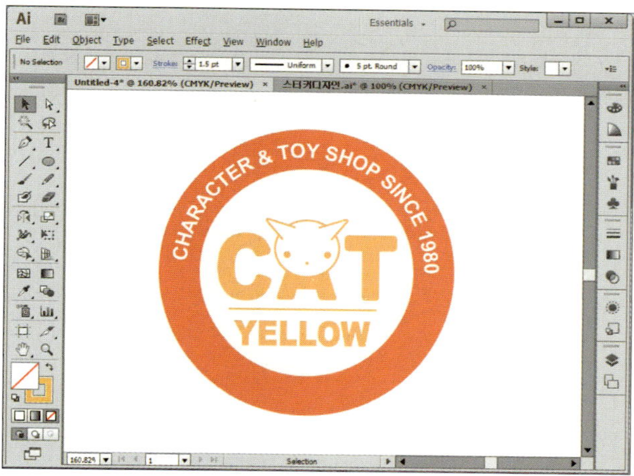

37 테두리 중앙에 문구를 배치하기 위해서 선택 툴을 지정한 다음 끝점을 나타내는 괄호 위에 마우스를 놓고, 드래그하여 시작점의 위치를 조절합니다.

 강의노트

문자의 위치 조정하기

패스에 흐르는 문자의 위치는 선택 툴로 조정할 수 있습니다. 선택 툴로 문자가 입력된 오브젝트를 선택하면 문자가 시작하는 지점과 끝나는 지점에 괄호가 나타납니다. 이 시작점과 끝점을 나타내는 괄호를 움직여 위치를 조정할 수 있습니다.

38 이렇게 해서 엠블럼 형식의 스티커가 모두 디자인 되었습니다. 스티커는 엠블럼이나 라벨 형식 등으로 제작되어 사용되고 있으며, 디자이너의 의도에 따라서 다양한 모양으로 디자인을 변경하여 사용할 수 있답니다.

243

 **실전문제**

1. 심벌과 로고를 활용한 다양한 형태의 라벨 디자인을 만들어 보세요.

▲ 완성 파일 : Artwork〉스티커디자인(실전문제).ai

힌트

① 도안된 심벌의 복사본을 만듭니다.

② 타원 모양의 테두리를 나타내기 위해서 원형 툴로 타원을 만들고, 복사본을 이용해서 테두리를 만듭니다. 겹쳐진 두 도형은 패스파인더 기능으로 타원 안쪽이 뚫어진 테두리로 만들어 보세요.

③ 심벌과 겹쳐 놓은 다음 겹쳐지는 부분에 빈 공간을 나타내기 위해서 펜 툴로 테두리를 삭제할 오브젝트를 그리고, 패스파인더 기능으로 겹쳐진 부분을 삭제합니다.

④ "YELLOW" 문구는 선 속성으로 크기와 색상을 조절하고, 보조 문구를 고딕 계열 서체로 입력합니다.

2. 삼각형 모양의 라벨 디자인을 만들어 보세요.

◀ 완성 파일 : Artwork〉스티커디자인(실전문제).ai

힌트

① 작업된 심벌과 로고 타입을 이용해서 새로운 삼각형 모양의 라벨 디자인을 제작합니다.

② 다각형 툴로 삼각형 모양을 만들고, [Effect]–[Stylize]–[Round Corners] 기능으로 모서리의 모양을 둥글게 나타냅니다.

③ 삼각형의 색상을 조정하고, 심벌 밑에 크기를 조정하여 배치합니다.

④ 보조 문구를 입력할 공간을 나타냅니다. 삼각형 위에 직사각형 도형을 추가하고, 패스파인더 기능으로 겹쳐진 부분을 삭제합니다.

⑤ 보조 문구를 고딕 계열 서체로 입력합니다.

엠블럼 디자인
단체의 이미지를 높이는

일러스트레이터의 드로잉 도구를 이용하여 단체를 상징하는 엠블럼을 디자인해 보는 시간입니다. 엠블럼 디자인은 단체의 이미지를 상징하는 심벌과 로고타입으로 제작되어 지며 해당 기관이나 단체에 소속된 자부심과 긍지를 불러일으키는 역할까지 하고 있습니다. 단체의 휘장, 깃발, 모자, 티셔츠, 배지 등과 같은 대내외적으로 단체를 알리고, 소속감을 나타내는 중요한 역할 뿐만 아니라 판매나 브랜드 이미지를 높이는데 중요한 역할을 한답니다. 그러면 캠핑 클럽의 엠블럼을 제작해 보면서, 상징성 있는 심벌의 제작과 엡블럼 도안을 위한 편집 기능에 대해 알아보겠습니다.

■ 제작 포인트

문자 툴로 로고타입 만들기, Appearance 패널 활용하기, Warp 기능 적용하기, 메쉬 툴로 그라디언트 오브젝트 만들기, 펜 툴로 모양 만들기

 완성물 미리보기

▲ 완성 파일 : Artwork/엠블럼디자인.ai

직접 해보기

01 이번 시간에는 캠핑 단체의 엠블럼을 디자인해 보는 시간입니다. 로고타입을 도안하고, 상징성 있는 오브젝트를 조합하여 엠블럼을 만들어 보겠습니다. 문자 툴로 "CAMP" 문구를 입력합니다. 영문 고딕 계열 서체인 'Myriad'를 이용하여 Bold를 적용합니다. 해당 서체가 없으면 비슷한 느낌의 고딕 서체를 이용하여 작업하시면 됩니다.

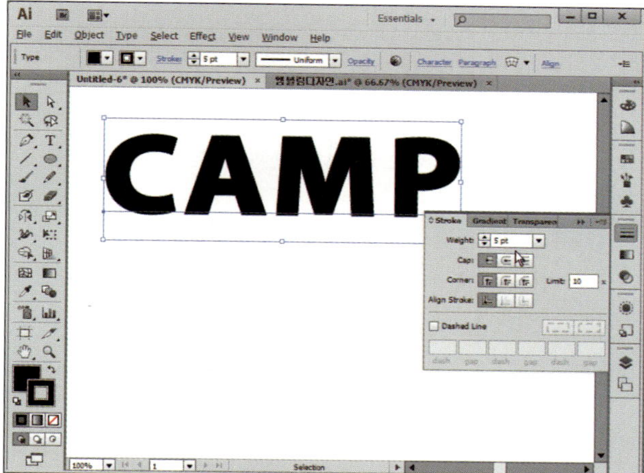

02 Bold 속성을 적용했지만 서체의 두께가 얇은 듯 보입니다. 서체의 두께를 두껍게 조절하기 위해서 스트로크 패널을 열고, 적당한 두께를 적용합니다.

03 두께가 조절되었으면 문자에 블록을 지정한 다음 자간을 축소합니다.

단축 기능으로 문자 편집하기

문자를 입력하고, 크기와 문자사이의 간격을 나타내는 자간, 줄 바꿈 되는 간격인 행간을 조정하는 작업은 자주 사용하게 됩니다. 문자 편집 상태에서 블록을 지정한 다음 문자의 크기를 조정할 때에는 Ctrl + Shift + [ ] [ ] 를 눌러서 확대/축소 시킬 수 있습니다. 자간의 조정은 Alt 를 누르고, ← → 방향키를 눌러서 줄이거나 넓힐 수 있으며, 행간은 Alt + ↑ ↓ 단축 기능으로 조정할 수 있답니다.

Illustrator CS6

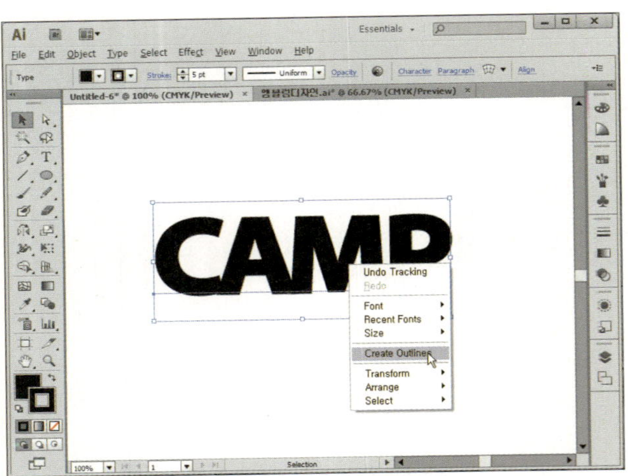

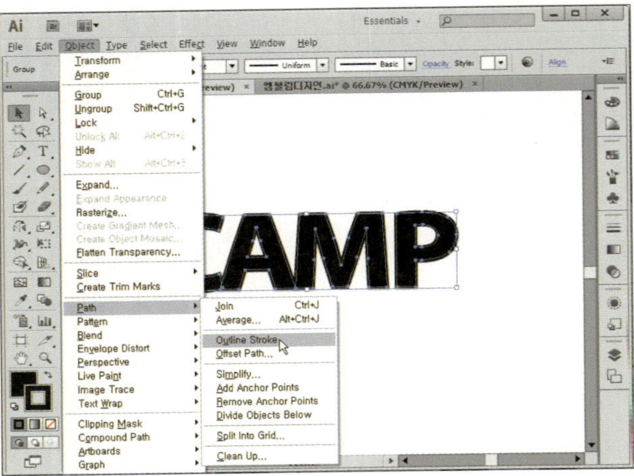

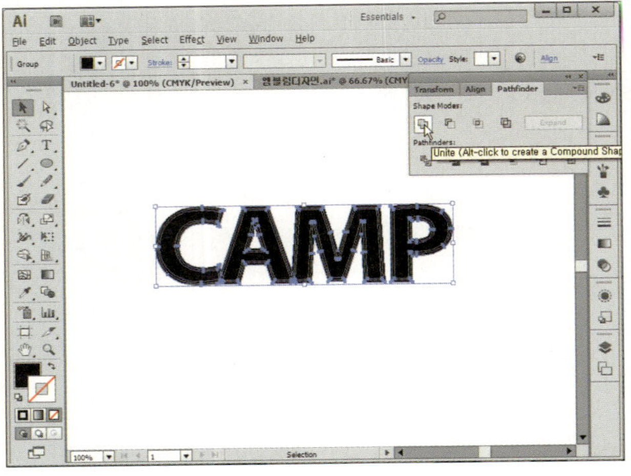

248

04 문자 속성을 오브젝트로 변경할 차례입니다. 선택 툴로 문자를 선택한 상태에서 마우스 우측 버튼을 누르고 Create Outlines 기능을 적용합니다.

05 문자를 오브젝트로 변경했다고 해도 선의 속성은 면으로 변경되지는 않습니다. 선을 면 오브젝트로 변경하기 위해서 [Object]–[Path]–[Outline Stroke] 명령을 실행합니다. 그 결과 선의 두께도 면 속성의 오브젝트로 바뀌게 됩니다.

06 이제 두꺼운 면 속성의 문자 오브젝트가 만들어 졌으면 패스파인더 패널을 열고 Unite 버튼을 클릭해서 하나의 오브젝트로 합쳐줍니다.

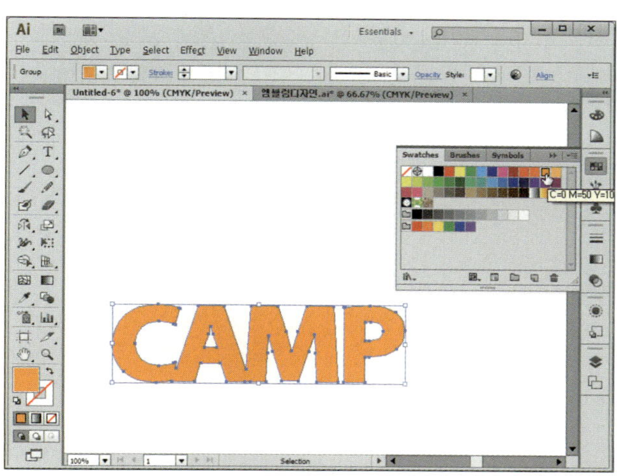

07 로고 타입이 만들어졌으면 스와치 패널을 열고 주황색으로 적용합니다.

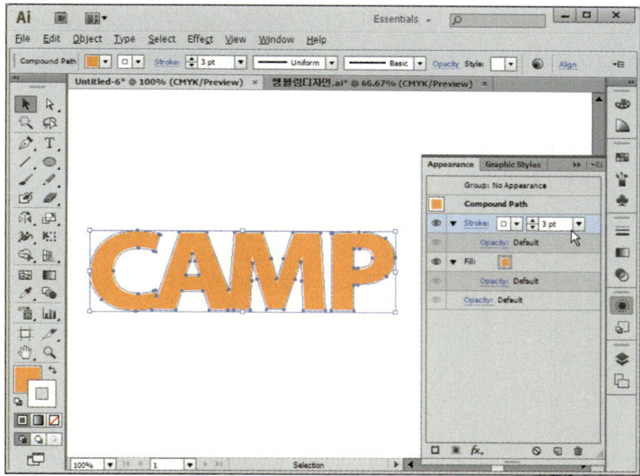

08 로고 타입은 테두리 글자로 나타낼 것입니다. Appearance 패널을 열고, 선 속성을 적용합니다. 흰색을 적용하고, 적당한 크기로 두께를 만듭니다.

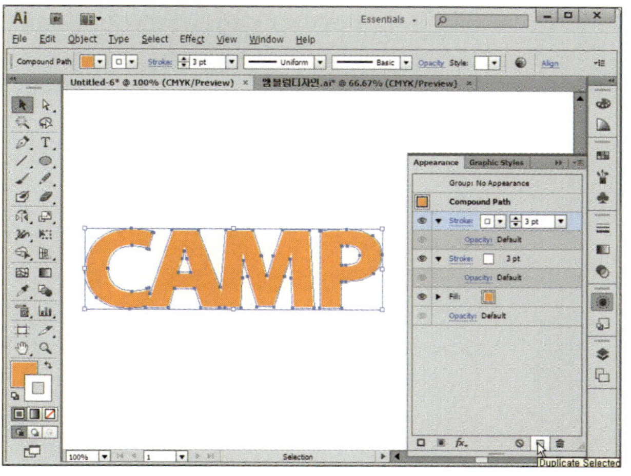

09 이번에는 흰색 선 외곽에 검정색 테두리를 추가할 것입니다. Appearance 패널에서 선 속성을 복사합니다. 선 속성을 선택한 다음 Duplicate Selected Item으로 드래그하거나 Add New Stroke 버튼을 클릭합니다.

강의노트

Appearance 패널의 항목 순서

Appearance 패널을 사용할 때는 각 항목의 순서를 확인하면서 작업해야 합니다. 항목의 순서가 높을수록 상위에 위치하게 되며, 항목의 순서가 낮으면 밑으로 위치하게 됩니다.

249

Illustrator CS6

10 복사된 선 속성은 면 속성 밑으로 이동시킨 다음 검은색을 적용하고, 두께를 두껍게 적용합니다.

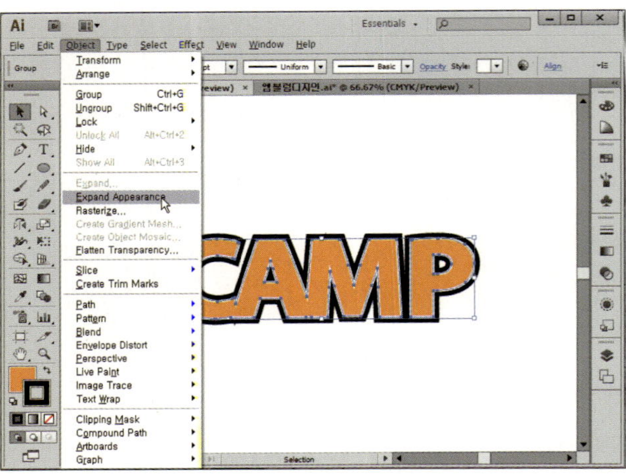

11 테두리가 적용된 로고가 완성되었습니다. 선 속성으로 구성된 오브젝트는 크기를 확대 축소할 때 테두리의 두께 비율이 변경될 수 있습니다. 따라서 오브젝트의 선 속성은 면으로 변경해 놓는 것이 효과적입니다. Appearance 패널에서 적용된 속성을 확장해야만 오브젝트화 할 수 있습니다. [Object]-[Expand Appearance]를 실행합니다.

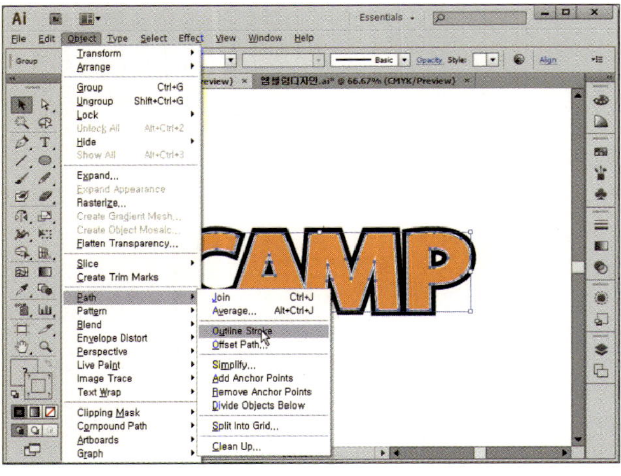

12 그러면 [Object]-[Path]-[Outline Stroke] 명령을 적용합니다.

Expand Appearance

Expand Appearance 명령은 Appearance 패널에 적용된 모양의 속성을 개별적인 오브젝트로 확장하는 기능입니다. 확장된 오브젝트의 속성은 Appearance 패널에서 다시 조정할 수는 없습니다. 따라서 모양을 완벽히 조정한 다음 확장하거나 수정/편집을 위해서 복사본을 만들어 놓는 것이 좋습니다.

일러스트레이터 CS6

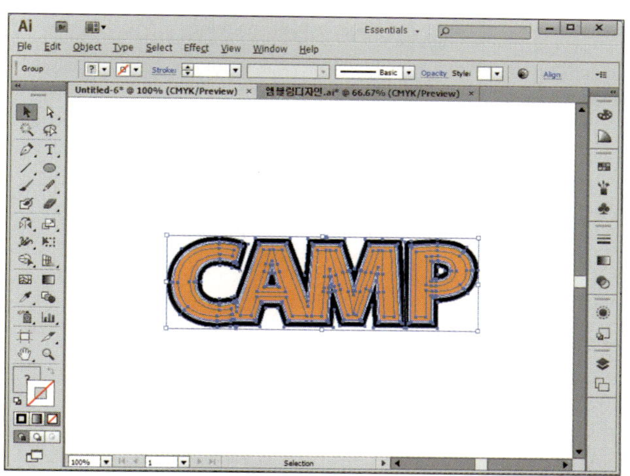

13 선 속성들을 모두 면 속성의 오브젝트로 변경되어 겹쳐진 형태로 표현됩니다.

14 로고타입 완성되었으면 리본 형식의 라벨을 만들고, 심벌과 조합할 것입니다. 사각형 툴로 직사각형을 로고타입 위쪽으로 그립니다.

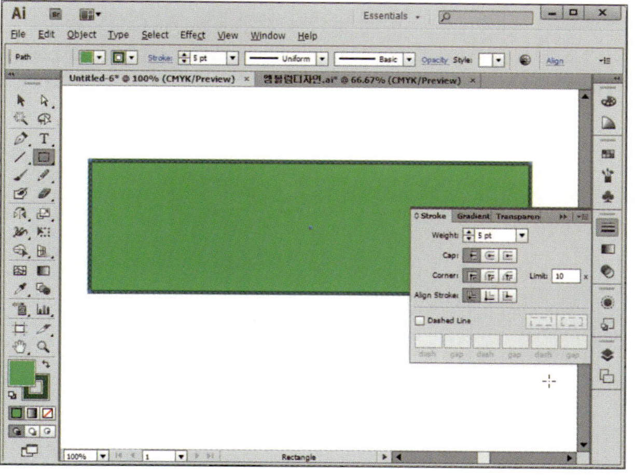

15 스와치 패널을 열고, 면 색상으로 C75, Y100을 적용합니다. 테두리는 짙은 녹색으로 적용한 다음 스트로크 패널을 열고, 두께를 지정합니다.

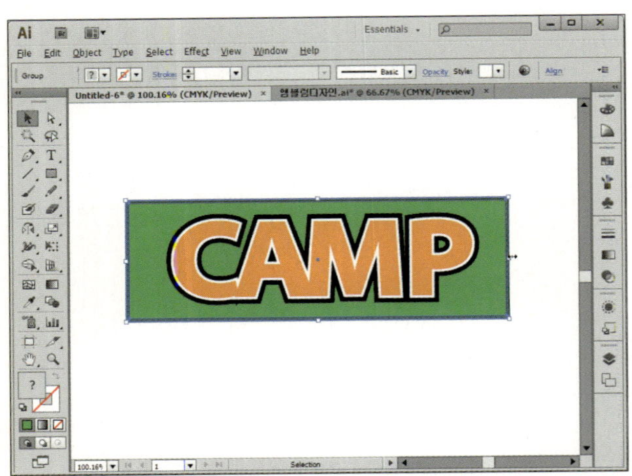

16 앞쪽에 놓인 오브젝트는 Ctrl + Shift + [명령으로 뒤쪽으로 이동시킵니다. 박스 안쪽에 로고 타입이 놓였으면 위치와 크기를 다시 한번 조정하세요.

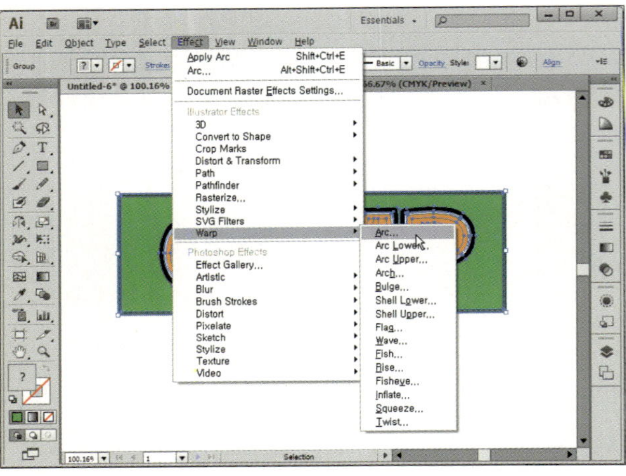

17 휘어진 리본 형태의 라벨을 만들기 위해서 변형 기능을 적용합니다. 로고와 직사각형 박스를 함께 선택한 다음 [Effect]-[Warp]-[Arc]를 선택합니다.

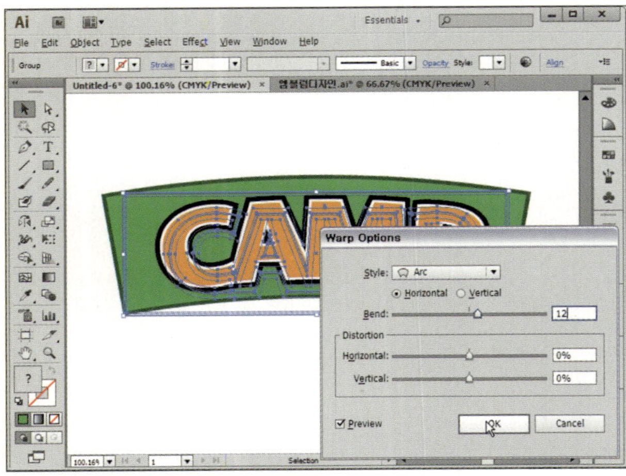

18 대화 상자에 구부림 정도를 지정하는 Bend 항목의 수치를 조절하여 그림과 같은 비율로 구부러지도록 적용합니다.

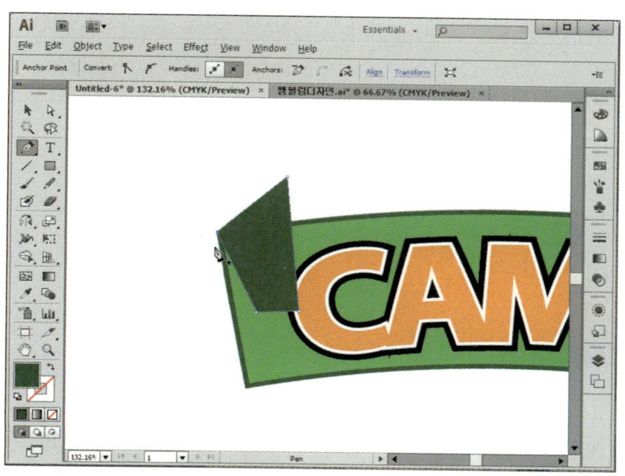

19 입체 형식으로 도안하기 위해서 꺾여진 안쪽 면의 모양을 펜 툴로 그립니다. 이 때는 사각형 테두리에 적용된 짙은 청색 계열로 면 속성의 오브젝트를 만듭니다. 앞쪽 면 뒤에 놓이는 오브젝트를 제작하는 것이므로 겹쳐진 부분은 적당한 모양으로 나타내면 됩니다.

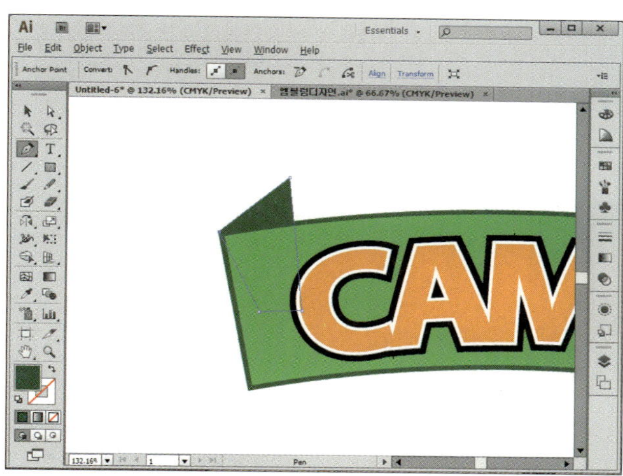

20 안쪽 면은 Ctrl + Shift + [명령으로 뒤쪽으로 이동시킵니다.

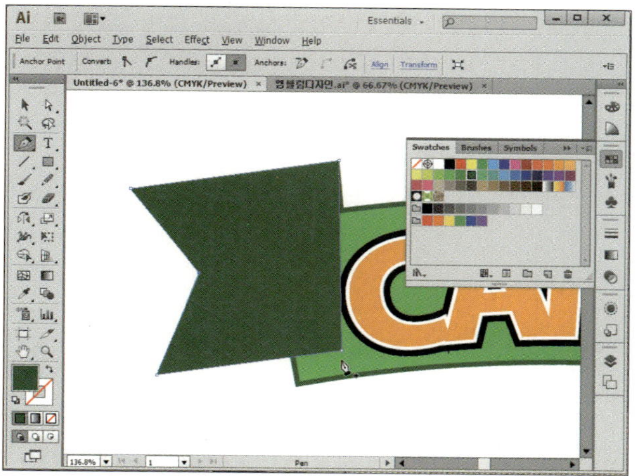

21 리본 끝 부분의 모양을 그립니다. 펜 툴을 이용하여 리본 형태를 그리고 직접 선택 툴로 모양을 조정합니다.

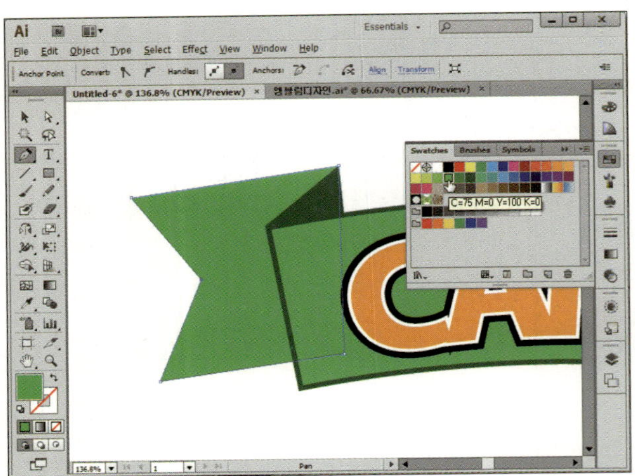

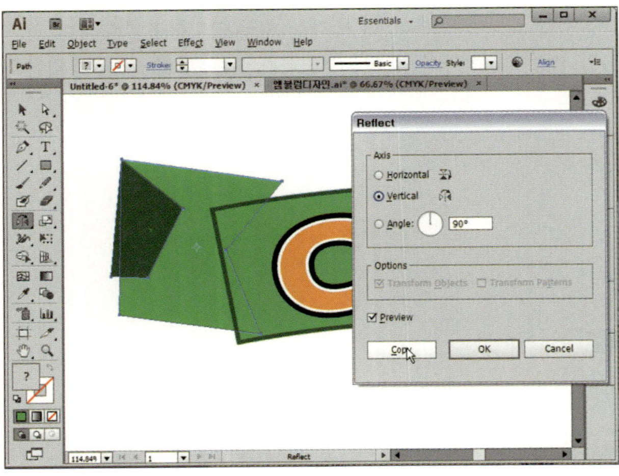

22 모양이 완성되었으면 오브젝트를 뒤쪽으로 이동시키고 앞쪽 면에 적용된 색상을 지정합니다.

23 좌측 리본 모양이 완성되었으면 대칭된 모양을 복사본으로 나타냅니다. 꺾여진 면과 리본 끝부분을 나타내는 오브젝트를 함께 선택합니다

24 반사 툴을 더블 클릭해서 대화 상자를 열고 수직축으로 복사본을 만듭니다.

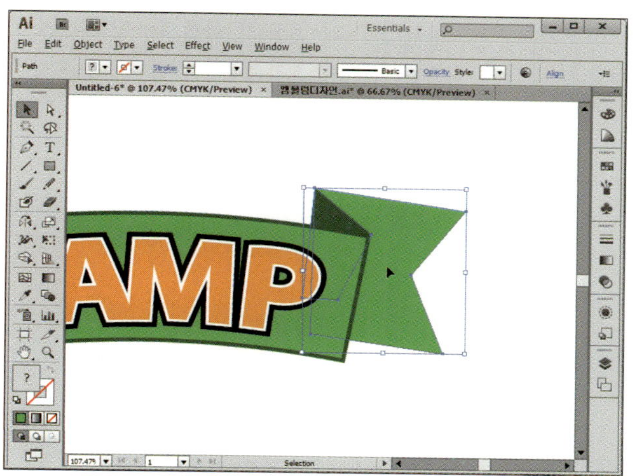

25 선택 툴로 복사된 오브젝트의 위치를 우측면에 맞추어 이동시킵니다.

26 리본 모양의 라벨이 완성되었으면 원과 조합하여 엠블럼 모양을 만들 차례입니다. 원형 툴로 정원을 라벨 위쪽으로 그립니다. 오브젝트는 짙은 주황색 면 색상과 검정색 테두리로 나타내어 보세요. 테두리의 두께는 그림과 비슷한 두께로 적당히 조정하시면 됩니다.

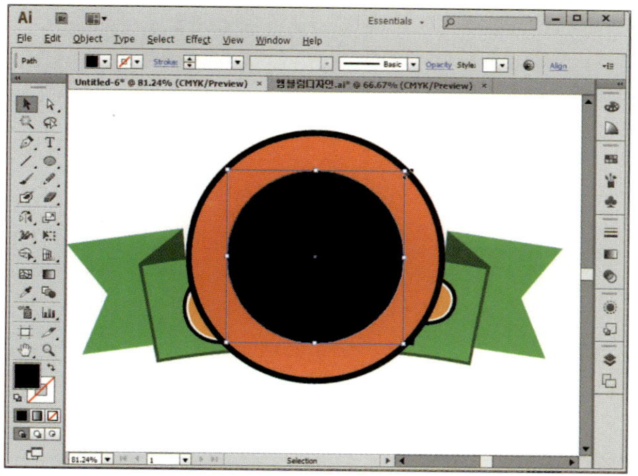

27 안쪽 분할 면을 나타내기 위해서 원 오브젝트를 선택한 다음 Ctrl + C, Ctrl + F 명령으로 제자리에 붙여넣기 합니다. 복사된 오브젝트는 Alt + Shift와 함께 모서리 조절점을 안쪽으로 드래그하여 모양을 축소한 다음 검은색 면 속성으로 나타내세요.

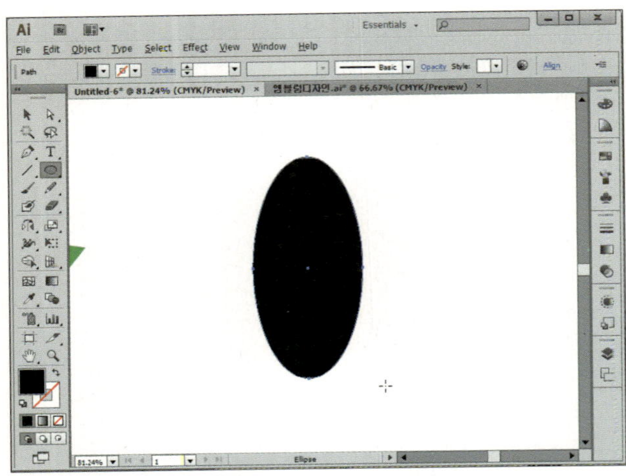

28 캠프를 상징하는 불꽃 이미지를 심벌로 만들어 보겠습니다. 원형 툴을 이용하여 검은색 면 속성으로 타원 오브젝트를 만듭니다.

29 타원 꼭짓점은 둥근 모양을 나타내고 있습니다. 둥근 모서리 방향선의 성질을 코너 형태로 변경합니다. 펜 툴 목록을 확장한 다음 방향점 전환 툴을 선택하세요.

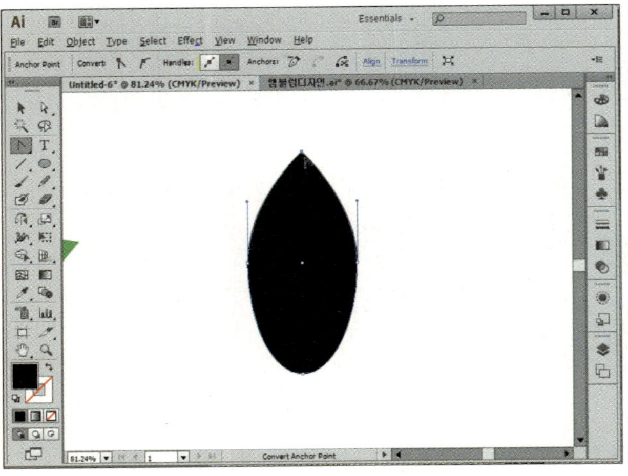

30 타원 상단의 포인트를 클릭하면 곡선의 방향선이 삭제되어 직선으로 전환됩니다. 즉 각이진 모서리 모양을 만들 수 있는 것입니다.

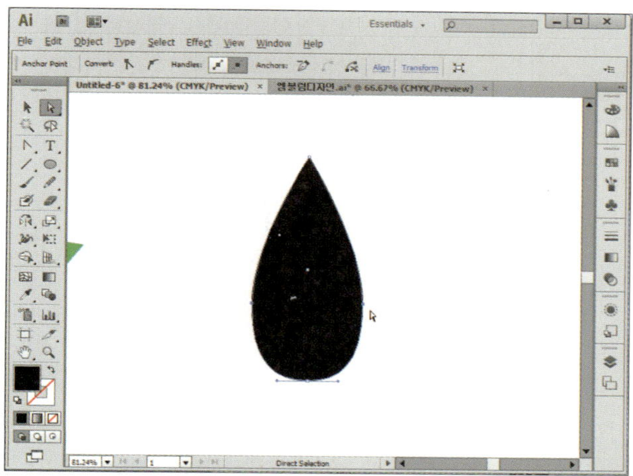

31 자연스러운 물방울 모양을 나타내기 위해서 직접 선택 툴로 가운데 포인트를 드래그하여 선택한 다음 밑으로 이동시킵니다.

32 타원 하단의 포인트를 선택한 다음 방향선을 조정하여 모서리를 둥글게 표현해 보세요. 모양이 조정되었으면 스와치 패널을 열고 붉은 색상을 적용합니다.

방향선 조정하기

앵커 포인트를 직접 선택 툴로 클릭하면 방향선이 활성화 됩니다. 대칭된 모양을 나타내는 방향선의 한쪽 핸들을 드래그하면 양쪽 방향선의 모양이 함께 조정됩니다. 선택한 방향선의 모양만 조정하려 한다면 Alt 를 누르고 방향선을 드래그합니다. 그러면 클릭한 지점의 방향 핸들만 조정되어 한쪽 모양만 조정할 수 있습니다.

33 불꽃 모양을 나타내기 위해서 메쉬 툴로 그라디언트를 적용합니다. 메쉬 툴을 선택하고, 오브젝트 중앙 부분을 클릭합니다. 메쉬 포인트가 추가되었으면 스와치 패널에서 밝은 노란색 색상으로 적용하세요. 그 결과 노란색에서 붉은색으로 번지는 그라디언트 효과가 적용됩니다.

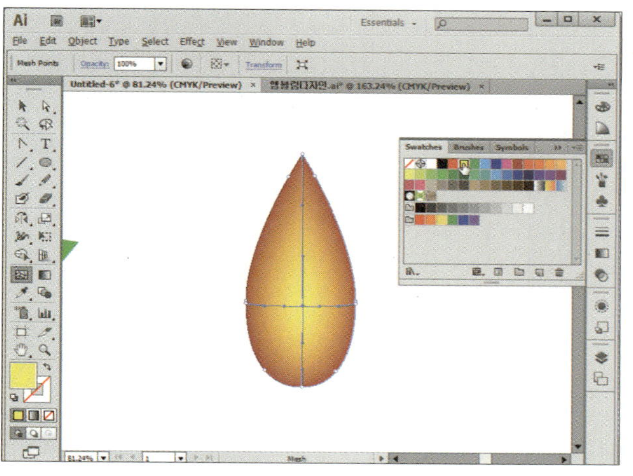

257

Illustrator CS6

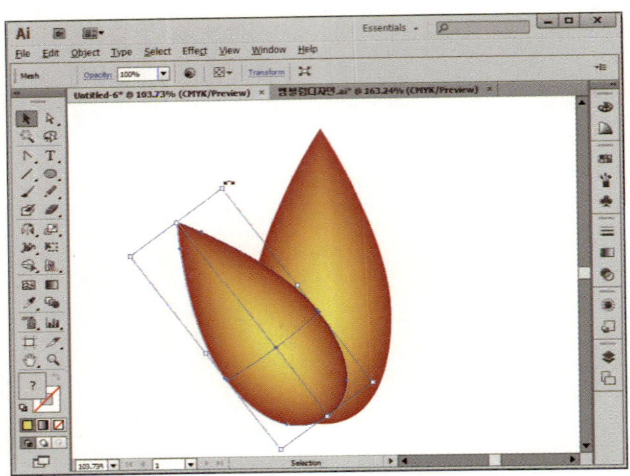

34 이제 오브젝트를 복사하여 불꽃 심벌을 완성합니다. 선택 툴로 Alt 와 함께 드래그하여 복사본을 만든 다음 크기와 각도를 조정합니다.

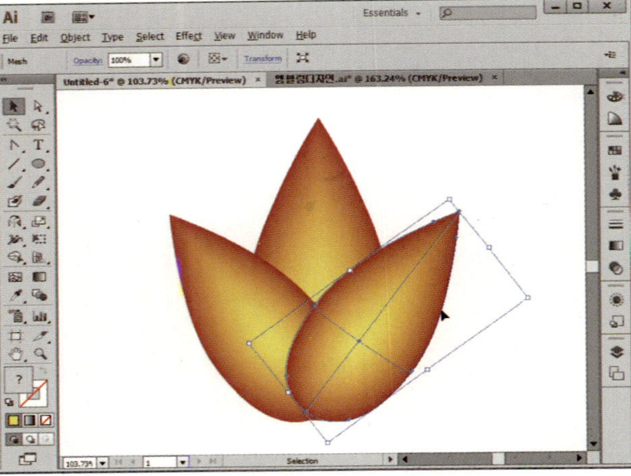

35 대칭된 반대쪽 모양은 반사 툴로 복사본을 만든 다음 선택 툴로 위치를 조정합니다.

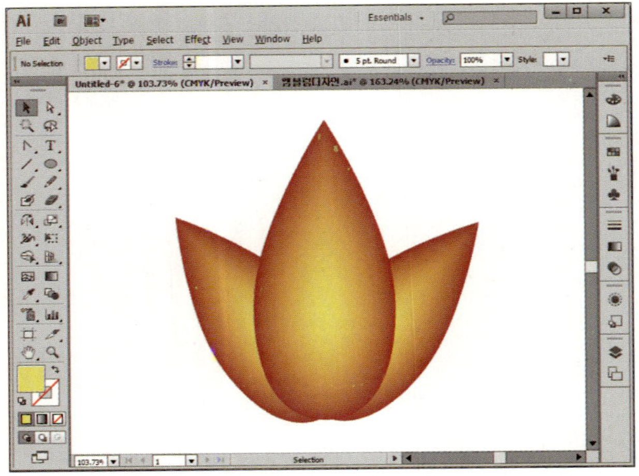

36 앞쪽에 놓인 두 개의 불꽃 모양을 선택한 다음 Ctrl + Shift + [명령으로 뒤쪽으로 이동 시킵니다. 심벌이 만들어 졌으면 오브젝트를 모두 선택하고, 마우스 우측 버튼을 클릭하여 Group 명령을 적용합니다.

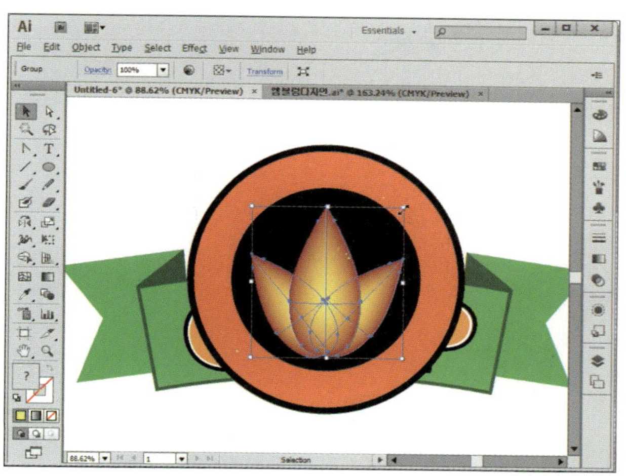

37 오브젝트를 엠블럼 안쪽에 배치한 다음 안쪽 원에 맞추어 크기를 조절합니다.

38 앞쪽에 놓인 오브젝트를 모두 선택한 다음 Ctrl + Shift + [명령으로 라벨 뒤쪽에 배치합니다.

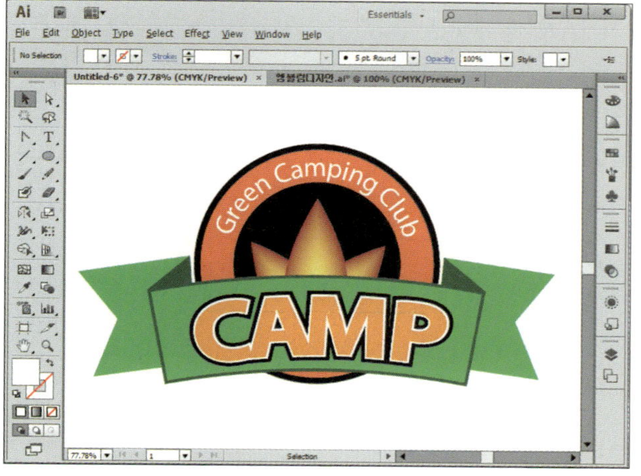

39 마지막으로 패스 문자 툴을 이용하여 원의 테두리 안쪽으로 보조문구를 입력합니다. 검은색 원을 복사한 다음 크기를 키우고, 패스 문자 툴로 경계를 클릭한 다음 "Green Camping Club" 라는 문구를 입력합니다. 입력된 문자의 속성을 변경하고 중앙에 위치시키면 모두 완성됩니다.

Illustrator CS6

 **실전문제**

1. 캠핑을 상징하는 텐트와 나뭇잎 오브젝트 도안을 로고타입과 조합하여 엠블럼을 제작해 보세요.

▲ 완성 파일 : Artwork〉엠블럼디자인(실전문제).ai

힌트

① 앞서 작업된 로고타입을 소스로 활용합니다. 로고타입 복사본을 만드세요.

② 원형 툴로 엠블럼을 나타내는 분할 면을 복사본을 만들어 가며 나타내고, 색상을 적용합니다.

③ 텐트 모양은 다각형 툴로 삼각형 모양을 나타낸 다음 복사본을 만들어 가로 폭을 줄여 그림과 같은 모양으로
나타내고, 색상을 적용합니다.

④ 나뭇잎은 타원을 만들고, 방향점 전환 툴로 각진 모서리를 만듭니다.

⑤ 나뭇잎 안쪽의 분할 면은 펜 툴로 그린 다음 패스파인더 기능으로 빼주세요.

⑥ 원 안쪽의 잔디와 하늘을 나타내는 면은 정원 복사본을 만들고, 나이프 툴로 분할한 다음 색상을 적용합니다.

⑦ 각각의 그래픽 요소와 문구를 입력하여 엠블럼을 완성합니다.

2. 나뭇잎 모양의 엠블럼을 디자인해 보세요.

◀ 완성 파일 : Artwork〉엠블럼디자인(실전문제).ai

힌트

① 로고타입은 고딕계열의 서체로 입력하고, 검은색 테두리를 적용합니다.

② 나뭇잎 모양은 타원을 만들고, 방향점 전환 툴로 각진 모서리를 만든 다음 회전시켜 나타내세요.

③ 나뭇잎 복사본을 만들고, 축소한 다음 나이프 툴로 분할 면을 만듭니다. 위쪽 분할 면은 하늘을 나타내기 위해서 하늘 색상을 적용하고, 아래쪽 면은 삭제합니다.

④ 앞서 작업한 텐트 오브젝트를 복사한 다음 면 속성으로 나타내고, 크기와 위치를 조절합니다.

⑤ 로고타입과 문구를 그림과 같이 배치하여 완성해 보세요.

디자인 BI를 활용한 패키지

이번시간에는 브랜드 이미지를 나타내는 BI를 활용한 패키지 디자인을 작업해 보는 시간입니다. 패키지 디자인은 소비자들의 시선을 끌고, 구매의욕을 높이는데 중요한 역할을 합니다. 동일한 특징과 맛을 가진 무수히 많은 제품들 중에서 소비자의 선택을 이끌어내는 데에는 판매회사의 인지도나 광고도 중요하지만 이러한 패키지 디자인의 역할이 큰 비중을 차지한 다는 점 여러분들도 공감하실 겁니다. 그러면 학습을 통하여 상징성을 높이는 브랜드 이미지를 만들어 보고, 이를 패키지에 적용하는 과정까지 차근히 알아보도록 하겠습니다.

■ 제작 포인트

도형 툴 응용하기, 펜 툴, 회전 툴, STROKE 패널, Outline Stroke, 문자 툴, 패스파인더 기능 적용하기, 다단복제 기능, Align 기능

 **완성물 미리보기**

▲ 완성 파일 : Artwork/패키지디자인.ai

직접 해보기

O1 이번 시간에 만들 패키지 디자인은 상큼한 레몬 쥬스를 상품화하기 위한 브랜드 이미지를 만들고, 가상의 시뮬레이션 작업을 진행할 것입니다. 먼저 브랜드 이미지를 나타내는 BI를 디자인 할 것입니다. 문자 툴을 이용하여 "Lemon" 문구를 입력합니다. 서체는 영문 고딕체인 'Tahoma'에 Bold 속성을 적용합니다.

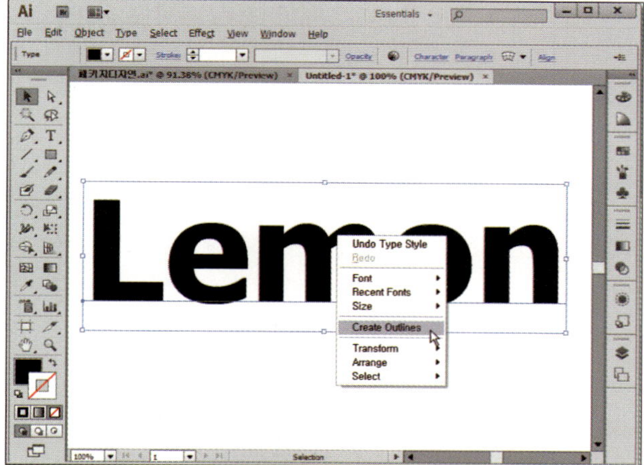

O2 문구가 입력되었으면 Create Outline 명령으로 오브젝트로 변경하세요.

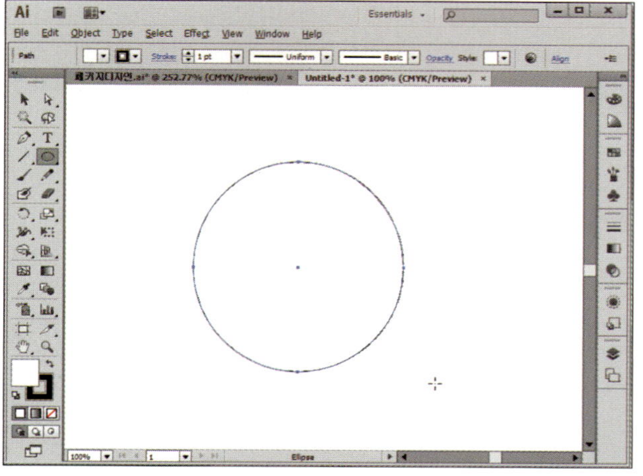

O3 레몬의 O 문자 부분은 레몬을 상징하는 심벌로 표현할 것입니다. 먼저 원형 툴로 정원 오브젝트를 만드세요.

Illustrator CS6

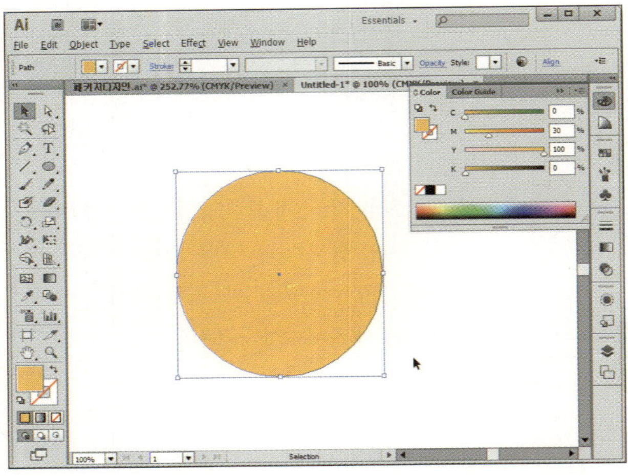

04 만들어진 원은 면 속성으로 나타내고, M30, Y100을 적용합니다.

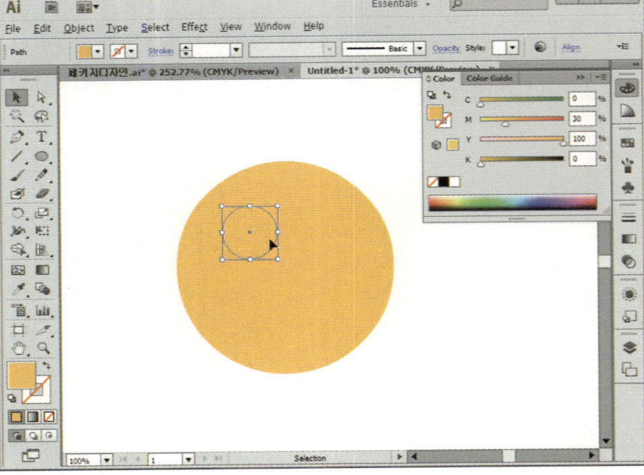

05 레몬의 입체감은 자연스러운 음영으로 나타낼 것입니다. 원형 툴로 작은 정원 오브젝트를 그립니다.

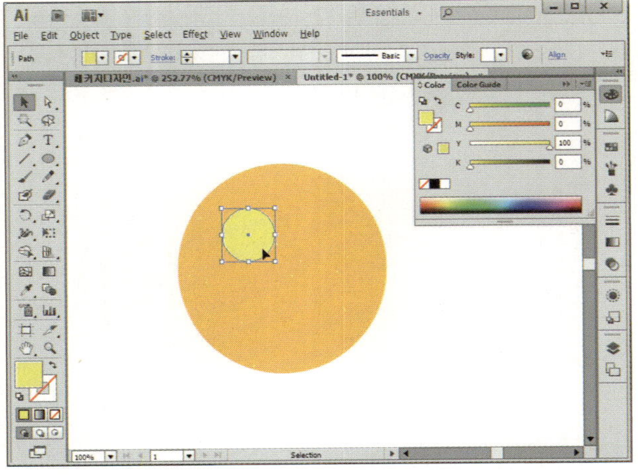

06 오브젝트의 색상으로 Y100을 적용하세요.

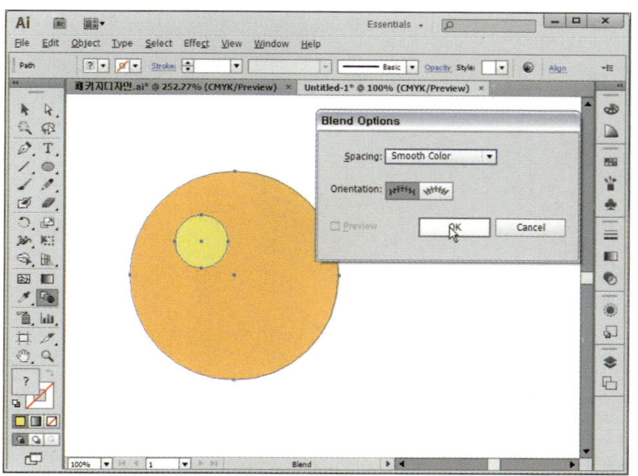

07 두 개의 오브젝트에 색상이 변화하는 중간 단계를 블렌드 기능으로 작업합니다. 블렌드 툴을 더블 클릭합니다. 옵션 대화창이 열리면 Spacing 항목에 Smooth Color를 선택하고, OK 버튼을 클릭합니다.

강의노트

블렌드 기능

블렌드 기능은 오브젝트의 모양이나 색상이 변화하는 중간 단계를 자동으로 만들어 주는 기능입니다. 중간에 변화하는 단계를 수치로 입력하거나, 자연스럽게 이어지도록 선택 할 수 있습니다.

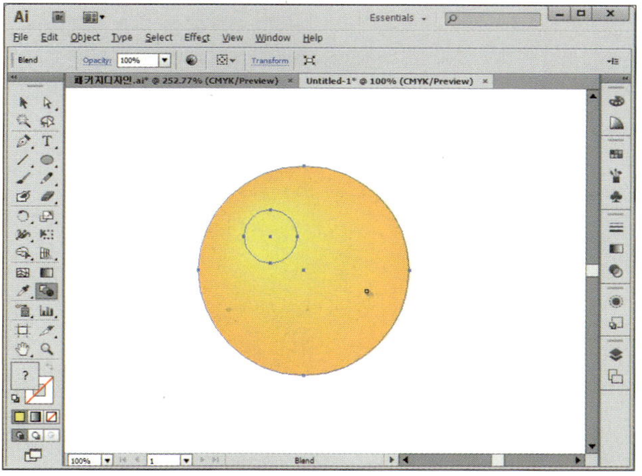

08 블렌드 옵션이 설정되었으면 밝은 원과 노란 원을 차례로 클릭하세요. 그 결과 두 오브젝트의 색상 변화 단계가 부드럽게 표현되어 입체 구 모양이 만들어집니다.

강의노트

입체 구의 표현

입체적인 둥근 구를 표현할 때는 가상의 빛을 설정한 다음 빛 방향에 따라 하이라이트 부분, 중간 부분, 어두운 부분, 반사 부분으로 나누어서 오브젝트를 만든 다음 블렌드 기능을 적용하면 쉽게 만들 수 있습니다.

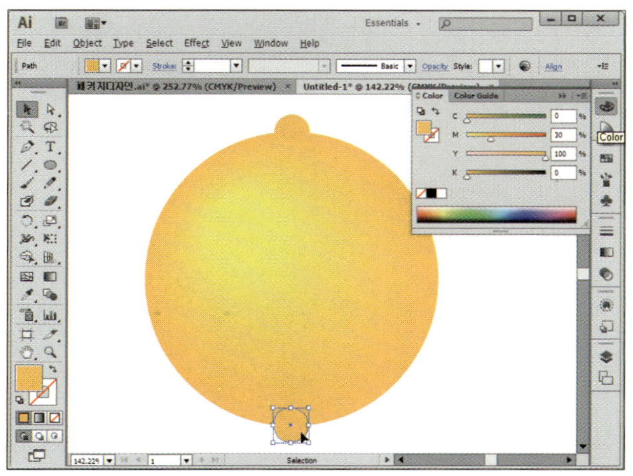

09 레몬의 꼭지 부분을 원 오브젝트로 표현합니다. 먼저 위쪽 꼭지를 정원으로 만들고 M30, Y100의 색상을 적용합니다. 하단의 꼭지는 선택 툴로 오브젝트를 복사하여 나타내세요.

Illustrator CS6

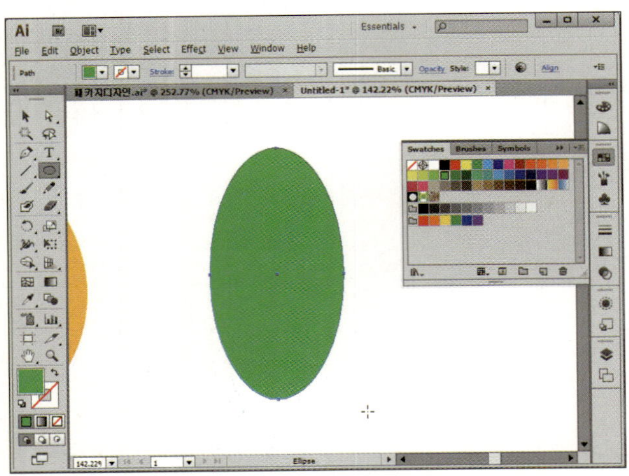

10 레몬 잎을 만들 차례입니다. 원형 툴로 타원 오브젝트를 만들고, 스와치 패널에서 녹색을 적용합니다.

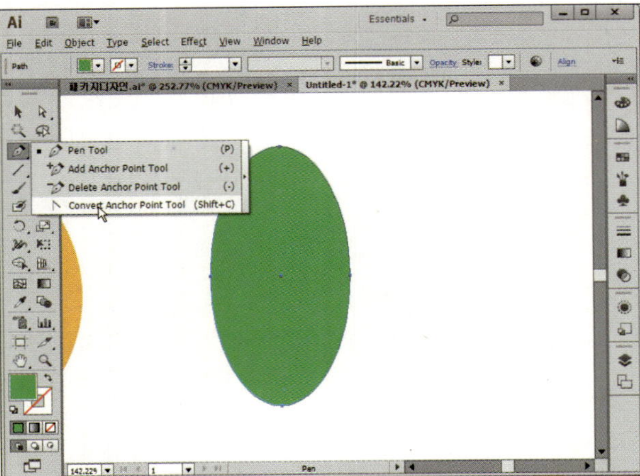

11 날렵한 모서리 모양을 나타내기 위해서 방향점 전환 툴을 선택합니다.

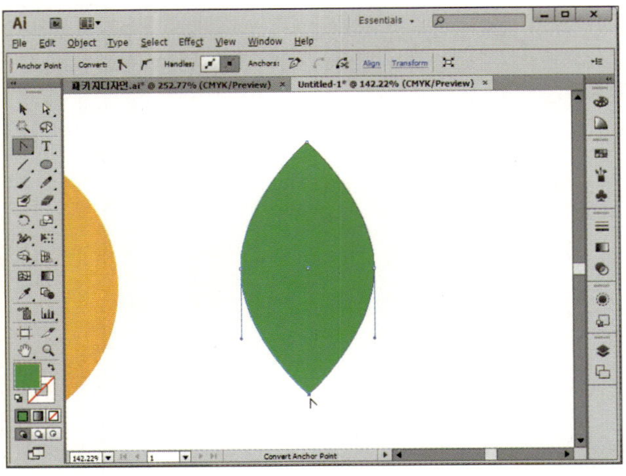

12 타원의 위쪽과 아래쪽 포인트를 각각 클릭해서 방향선을 삭제합니다. 각이진 모서리 형태가 만들어지게 되는 것이죠.

일러스트레이터 CS6

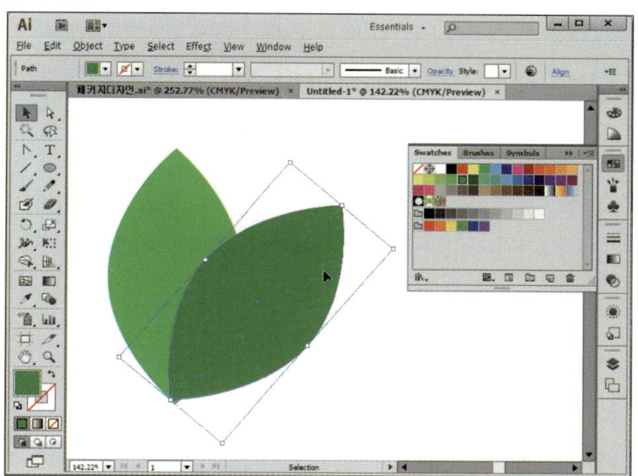

13 레몬 잎이 겹쳐진 모양을 나타내기 위해서 오브젝트를 제자리에 복사본을 만든 다음 바운딩 박스를 이용하여 회전시킵니다. 잎의 색상은 어두운 녹색을 적용합니다.

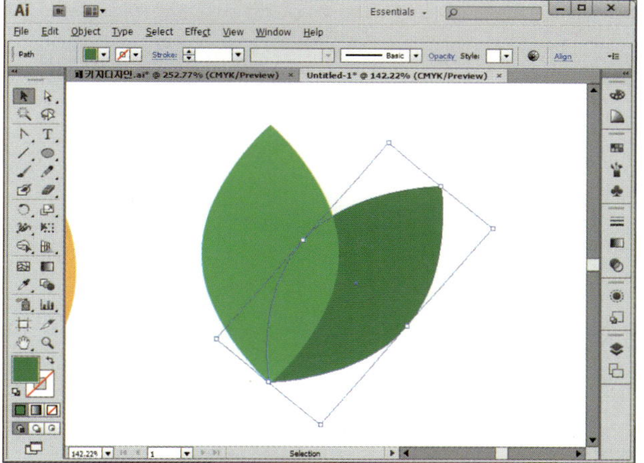

14 앞쪽에 놓인 오브젝트는 Ctrl + Shift + [명령으로 뒤쪽으로 이동시킵니다.

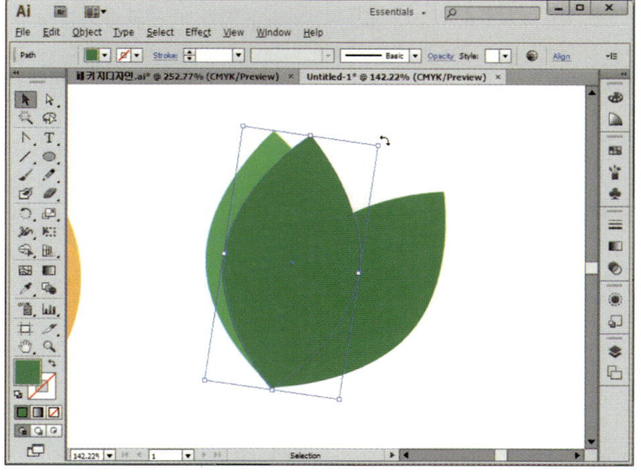

15 겹쳐진 잎 사이에 그림자 효과를 만들어 보겠습니다. 어두운 녹색 잎을 선택한 다음 Ctrl + C , Ctrl + V 를 실행하여 복사본을 만듭니다. 복사본은 두 개의 잎 사이에 각도를 조정한 다음 배치하세요.

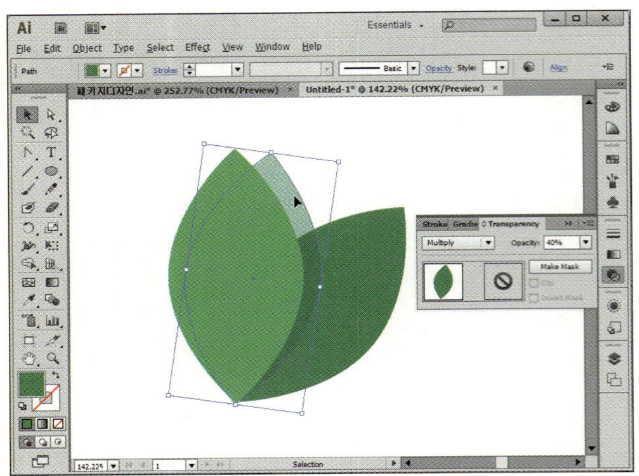

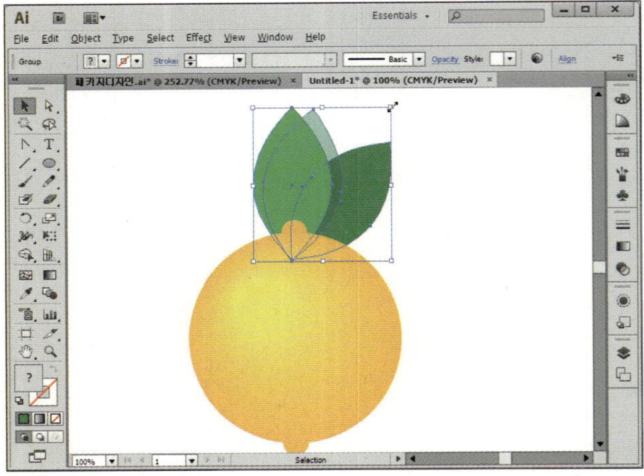

268

16 그러면 두 잎 사이에 오브젝트를 배치하기 위해서 Ctrl + [명령으로 밝은 잎 뒤쪽에 위치되도록 조정합니다. 위치가 조정되었으면 Transparency 패널을 열고, 블렌드 모드로 Multiply를 적용하고, 투명도를 40% 로 적용합니다. 오브젝트의 겹쳐진 부분은 어둡게 표현되고 흰색 배경에는 투명도가 적용되어 연하게 비춰지는 그림자 효과가 만들어집니다.

17 레몬 잎 오브젝트를 모두 선택한 다음 그룹으로 지정합니다. 잎을 레몬에 배치하면 위쪽에 놓이게 되므로 Ctrl + Shift + [명령으로 뒤쪽으로 이동시킨 다음 크기를 조절합니다.

18 레몬의 거친 표면을 표현해 보겠습니다. 툴 박스에서 블롭 브러쉬 툴을 선택합니다. 블롭 브러쉬 툴을 선택하면 선 속성의 색이 적용되며 오브젝트를 그리면 면 속성으로 표현되는 특징이 있습니다. 그러면 선의 색상으로 흰색을 지정한 다음 자유롭게 클릭하여 다양한 크기와 모양의 점들을 추가합니다. 블럽 브러시의 크기는 [ ] 키를 눌러서 빠르게 조정할 수 있습니다.

19 흰색 점들을 추가했으면 다시 밝은 노란색을 지정한 브러시 크기를 조절해 가면서 점들을 추가합니다.

20 레몬 모양이 완성되었으면 신선함을 강조하기 위한 물방울 이미지를 그립니다. 원형 툴로 타원 오브젝트를 그리고, 면 속성으로 나타내세요.

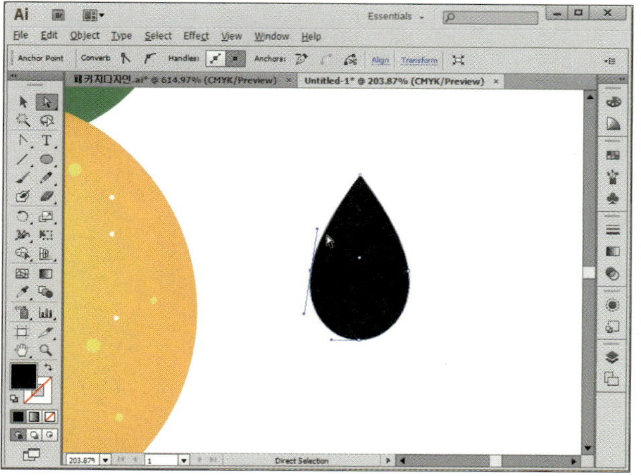

21 방향점 전환 툴로 꼭짓점을 클릭해서 곡선의 방향선을 삭제합니다. 그런 다음 직접 선택 툴로 예쁜 물방울 모양이 되도록 조정합니다.

Illustrator CS6

일러스트레이터 CS6

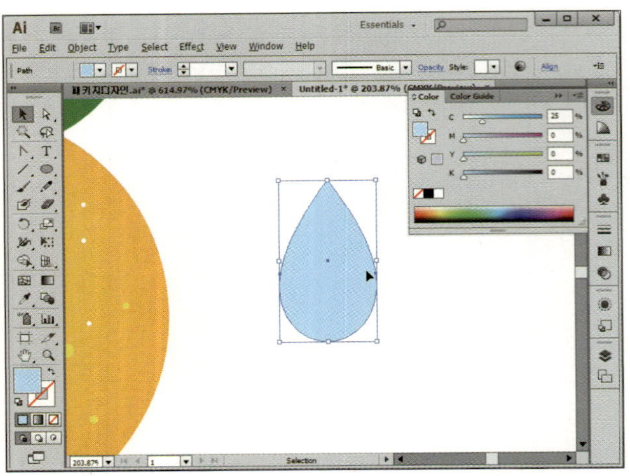

22 모양이 완성되었으면 면 색상으로 C25를 적용합니다.

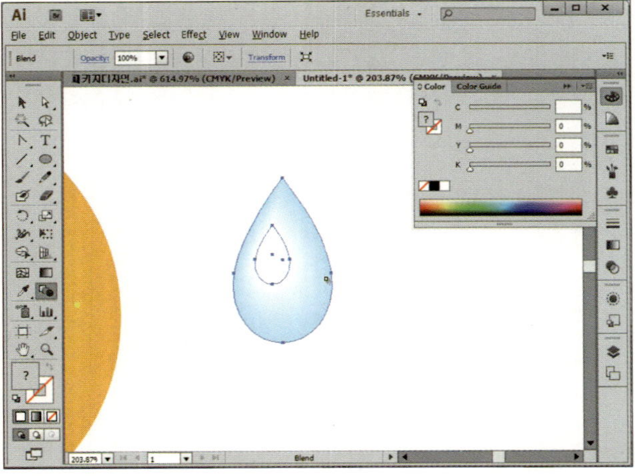

23 레몬 제작과정과 동일하게 블렌드 기능으로 사실적인 물방울을 표현해 봅니다. 복사본을 만들고, 크기와 위치를 조절한 다음 흰색을 적용하세요.

24 블렌드 툴을 더블 클릭하고, 대화창에서 블렌드 타입으로 Smooth Color를 지정한 다음 OK를 클릭하세요. 두 오브젝트를 클릭하면 색상이 부드럽게 변화하는 중간 단계가 표현됩니다.

25 물방울은 레몬으로 이동한 다음 크기와 위치를 조절하고, 복사본을 만들어 심벌을 완성합니다.

26 완성된 심벌은 그룹으로 지정하세요.

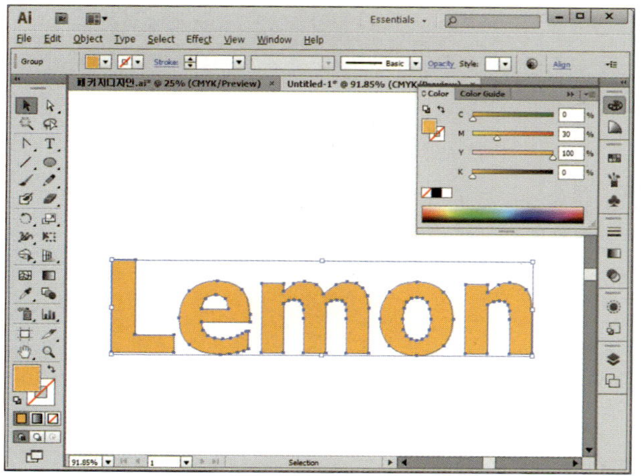

27 이제 로고타입과 심벌을 조합하여 BI를 완성시켜 보겠습니다. 먼저 레몬 로고타입의 면 색상으로 M30, Y100을 적용합니다. 그룹으로 지정되어 있는 오브젝트는 마우스 우측 버튼을 클릭하여 Ungroup 명령으로 그룹을 해제하고, O 문자를 선택한 다음 삭제하세요.

Illustrator CS6

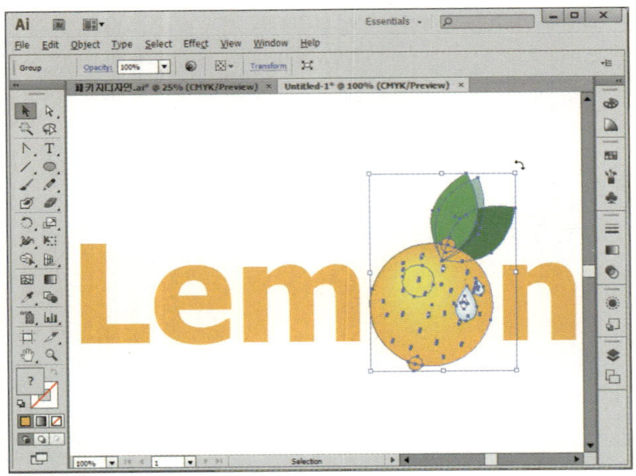

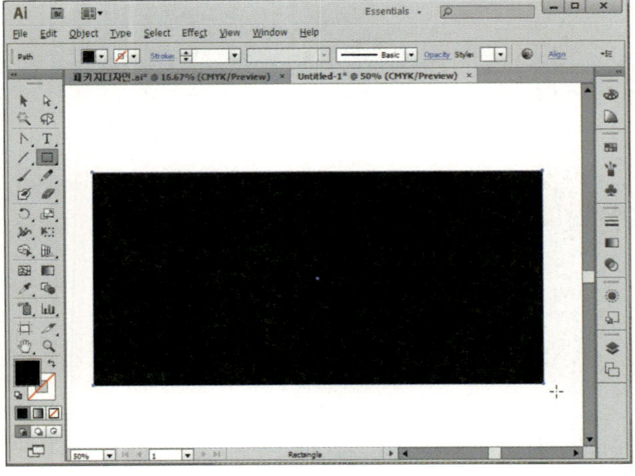

일러스트레이터 CS6

28 레몬 심벌을 O 문자 위치에 배치하고
크기와 문자 사이의 간격을 조정합니다.

29 로고의 조화로움을 위해서 "Sweet" 문
구를 입력하고, 부드러운 손 글씨체를
지정합니다. 이렇게 해서 레몬 BI가 모두 완성되었
습니다.

30 이제 만들어진 BI를 팩에 적용할 차례
입니다. 먼저 배경화면을 구성해 보겠
습니다. 사각형 툴로 직사각형 오브젝트를 면 속성
으로 추가합니다.

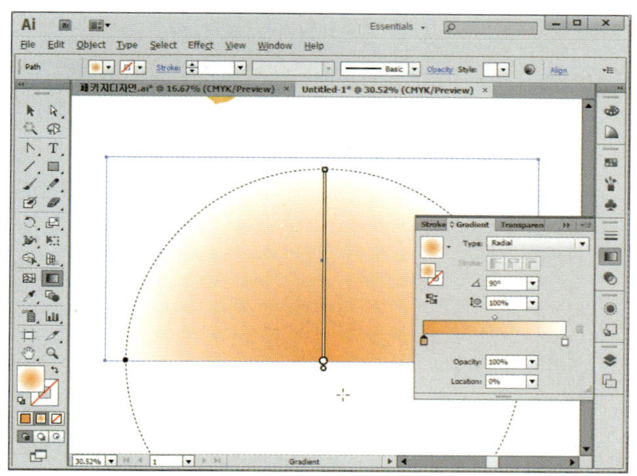

31 그라디언트가 적용된 배경을 만들기 위해서 그라디언트 패널을 열고, Radial 그라디언트를 적용합니다. 오브젝트 중앙에서 시작되는 그라디언트의 적용 방향을 변경합니다. 그라디언트 툴을 지정하고, 직사각형 밑면에서 위쪽으로 드래그하세요. 반원 형태로 색상이 적용됩니다. 이제 주황색에서 흰색으로 연결되도록 색상을 조정합니다.

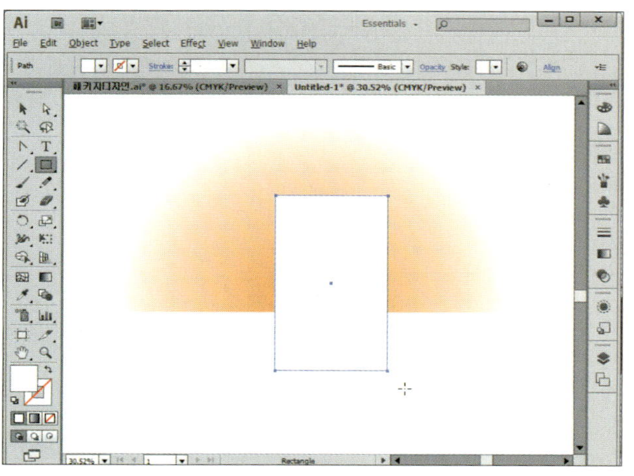

32 배경이미지는 오브젝트 잠금 기능으로 편집되지 않도록 적용합니다. [Object]−[Lock]−[Selection]을 실행합니다. 선택된 오브젝트가 잠기게 됩니다.

Lock

복잡하게 구성된 오브젝트를 작업할 때에는 편집하는 오브젝트를 제외한 나머지 오브젝트에 잠금 기능을 설정해 놓으면 애기치 않게 발생하는 편집 오류를 방지할 수 있습니다. 선택 오브젝트에 잠금 기능을 설정할 때에는 Ctrl + 2 를 실행합니다. 잠금 기능을 해제할 때에는 Ctrl + Alt + 2 를 누르면 됩니다.

33 배경 위에 팩을 디자인 합니다. 사각형 툴로 흰색 사각형을 만듭니다.

Illustrator CS6

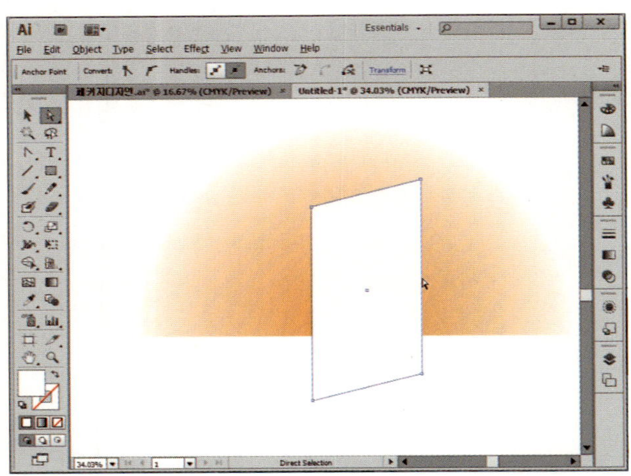

34 입체감을 표현하기 위해서 경사진 모양을 만듭니다. 직접 선택 툴로 우측 패스를 선택하고, 위쪽으로 드래그하여 모양을 변경합니다.

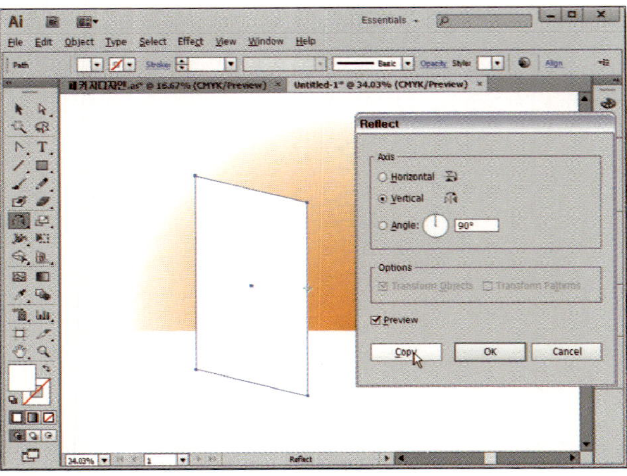

35 측면을 나타내기 위해서 반사 툴로 대칭된 모양의 복사본을 만듭니다. 반사 툴을 선택하고, 앞면의 좌측 패스를 Alt 를 누르고 클릭합니다. 반사되는 기준축이 변경되면서 대화창이 열립니다. 그러면 수직축을 기준으로 복사본을 만드세요.

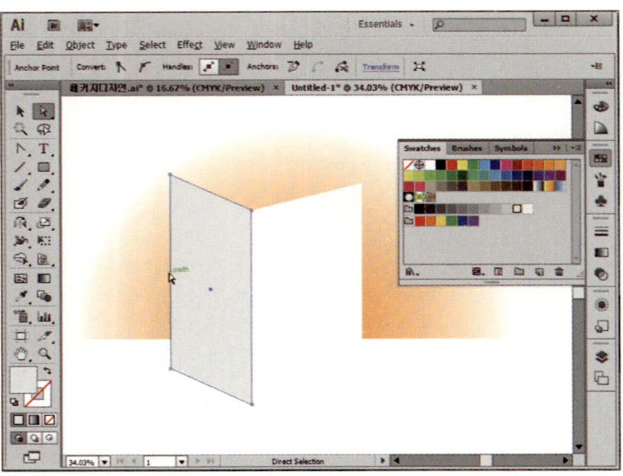

36 밝은 회색을 적용하고, 직접 선택 툴을 이용하여 좌측 패스를 안쪽으로 드래그해서 폭을 줄입니다.

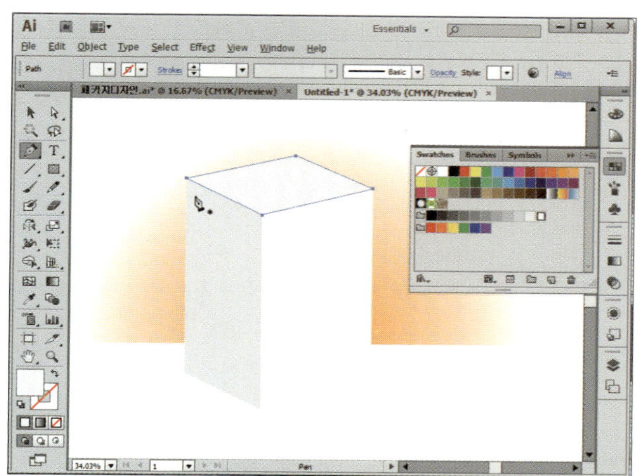

37 윗면의 형태는 펜 툴을 이용해서 투시된 각도에 맞추어 직접 그린 측면보다 밝은 회색으로 적용하세요.

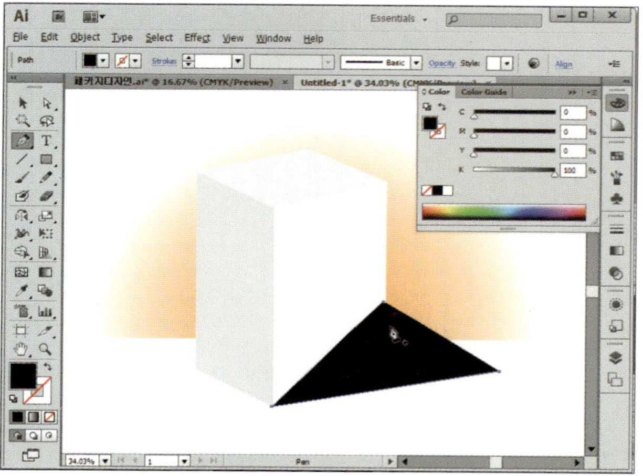

38 팩 밑면에는 그림자를 표현합니다. 펜 툴로 그림자를 나타낼 영역을 그리고, 면 속성으로 나타냅니다.

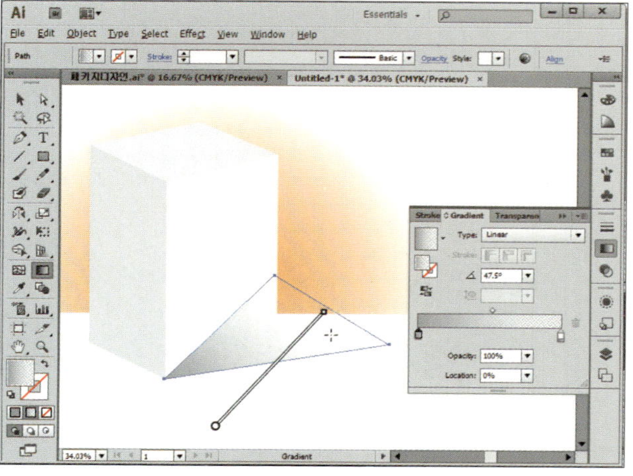

39 그림자 효과를 표현하기 위해서 Linear 그라디언트를 적용하고, 밝은 회색에서 흰색으로 연결되도록 색상을 적용한 다음 흰색 슬라이더는 투명하게 보이도록 조정합니다. 그런 다음 방향을 변경하여 자연스럽게 사라지는 모양이 되도록 적용합니다.

275

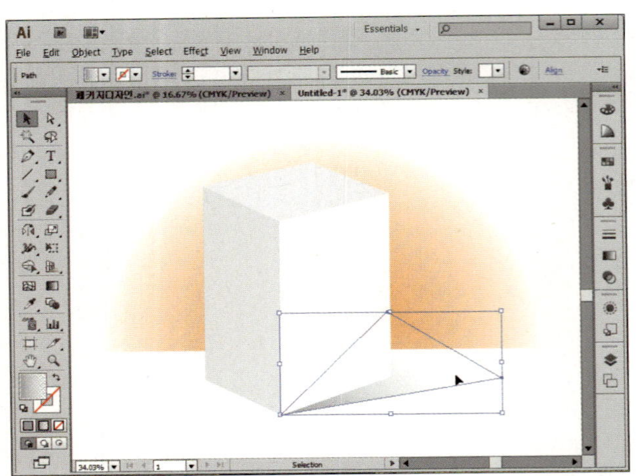

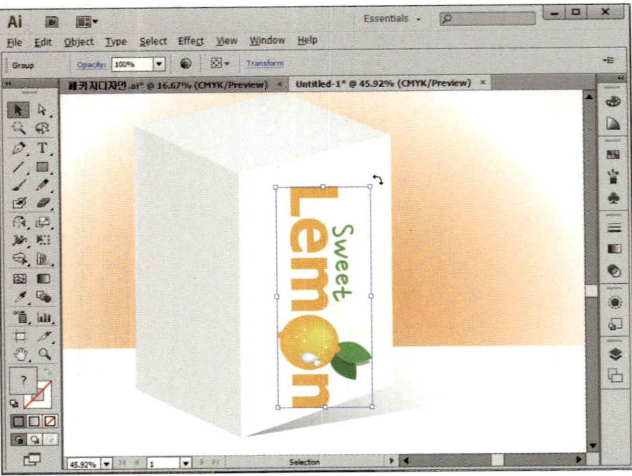

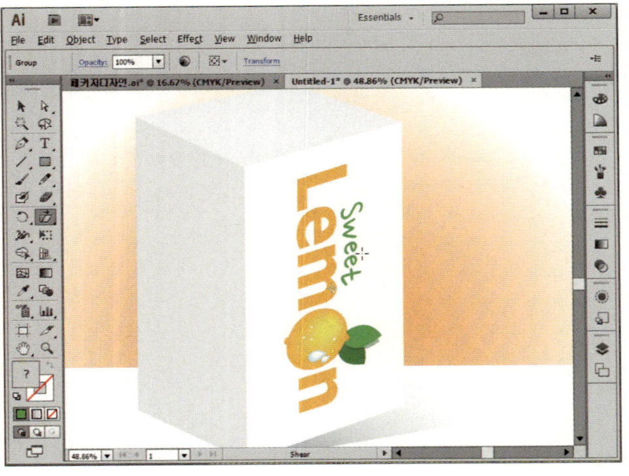

40 앞쪽에 놓인 그림자는 Ctrl + Shift + [ ] 명령으로 팩 아래쪽에 배치하여 그림자를 나타냅니다.

 강의노트

그라디언트의 적용

그라디언트 툴로 적용 방향을 변경할 때에는 반복해서 적용해 보고, 자연스러운 결과물을 찾는 것이 중요합니다. 적용된 모양이 어색하다면 Ctrl + Z 를 눌러서 이전 단계로 돌아간 다음 재적용해 보며 자연스러운 결과물을 적용합니다.

41 만들어 놓은 레몬 BI는 팩의 디자인에 적용할 것입니다. 복사본을 만들고 팩의 앞면에 맞도록 회전한 다음 크기를 조절합니다.

42 그런 다음 경사 툴을 이용하여 팩의 경사에 맞도록 변형시킵니다. 정밀하게 변형시키기 위해서는 자유 변형 툴을 이용하여 각 기준점들을 이동시키면 됩니다.

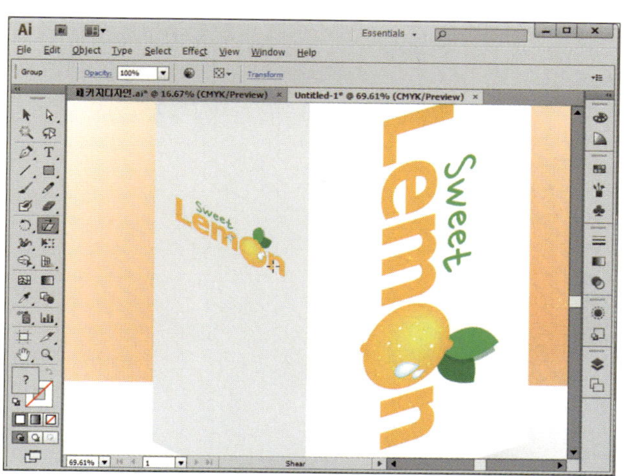

43 다시 복사본을 만들고, 측면에 배치한 다음 크기와 위치 경사를 조절합니다.

44 제품 설명 문구를 측면에 삽입해 보겠습니다. 문자 툴로 문구가 입력될 영역을 드래그합니다.

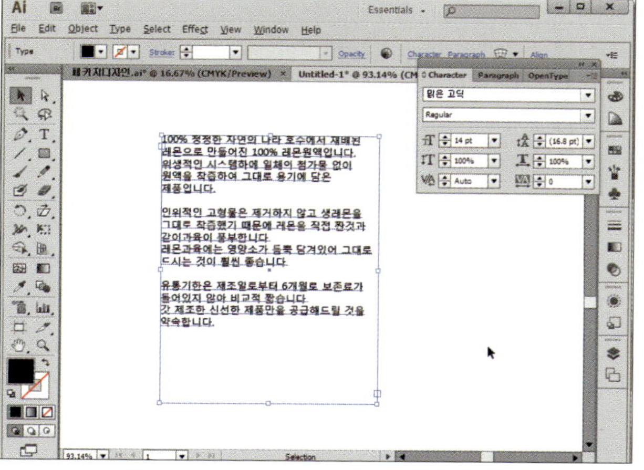

45 그러면 [File]-[Place] 기능을 실행하고, Source 폴더 안의 '패키지텍스트.txt' 파일을 불러옵니다. 문자 영역 안쪽으로 패키지 문구가 입력됩니다. 글꼴과 크기를 조절한 다음 문자 영역에 자연스럽게 입력되어 보이도록 글자의 폭과 줄 바꿈 간격을 조정합니다.

46 설명글은 팩 측면에 크기를 조절하여 배치하고, Create Outline 명령으로 오브젝트로 만듭니다.

47 오브젝트로 변경된 설명글은 경사 툴을 이용하여 투시된 각도에 맞추어 경사를 조절합니다.

48 BI와 문구로 패키지 내용이 완성되었으면 작업 화면에 전체 보기를 한 다음 어색한 부분이나 위치 등을 세밀하게 조정합니다.

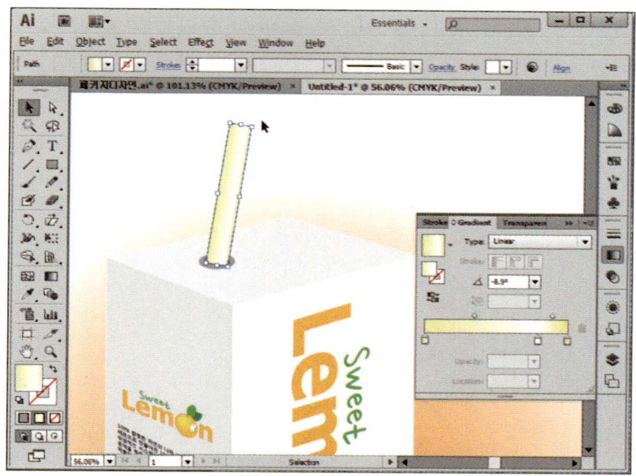

49 팩에 빨대가 꼽혀있는 모습으로 나타내기 위해서 원형 툴로 타원을 만들어 빨대 입구를 표현합니다. 빨대는 직사각형을 만들고, 아래쪽 면은 둥글게 표현되도록 타원을 추가한 다음 패스파인더 기능으로 합쳐줍니다. 그라디언트 색상을 적용하고, 그림과 같이 배치해서 사실감을 표현해 보세요.

50 이렇게 해서 레몬 쥬스의 패키지 디자인을 완성해 보았습니다. 결과물을 보면 사실적인 실사 이미지를 사용하지 않더라도 상징성이 높은 BI를 사용하거나 라벨을 응용하면 세련되고 깔끔한 디자인을 제작할 수 있답니다.

279

 **실전문제**

1. 사과 심벌을 활용한 BI를 제작해 보고, 패키지를 만들어 적용해 보세요.

▲ 완성 파일 : Artwor〉패키지디자인(실전문제).ai

힌트

① 영문 고딕체를 이용하여 로고타입을 입력합니다.

② 사과 모양의 심벌은 도형과 펜 툴을 이용하여 제작해 보세요.

③ 로고타입과 조합하여 BI를 완성합니다.

④ 도형 툴과 펜 툴을 이용하여 팩 모양을 만듭니다.

⑤ BI와 사과 심벌의 모양을 조정하여 투시된 앞면에 그림과 같이 배치해 보세요.

⑥ 안내 문구는 레몬 쥬스 패키지 디자인에 적용한 문구를 복사하거나 텍스트 소스를 이용하여 측면에 적용시켜 봅니다.

2. 오렌지 쥬스 BI를 제작해 보고, 캔에 적용시켜 보세요.

▲ 완성 파일 : Artwor〉패키지디자인(실전문제).ai

힌트

① 영문 고딕체를 이용하여 로고타입을 입력합니다.

② 오렌지를 상징하는 심벌을 제작하고, 로고타입과 조합하여 BI를 완성합니다.

③ 캔 모양은 사각형과 타원을 이용하여 기본 형태를 나타내고, 그라디언트 색상을 적용합니다.

④ 캔 위쪽면의 모양을 도형 툴과 펜 툴로 나타냅니다.

⑤ 캔 밑으로는 그림자를 표현하세요.

⑥ BI를 캔과 조합하여 패키지 디자인을 완성합니다.

15 section

시선을 주목시키는 POP 디자인

POP 디자인은 소비자가 상품을 구매하는 장소나 행사장의 이벤트 사인물과 같이 구매시점에서의 광고를 말합니다. 소비자의 시선을 주목시켜서 상품에 대한 인지도와 호기심을 높이고, 구매 단계까지 유도하는 광고물을 말하는 것입니다. POP 디자인은 상품의 정보를 알려주는 역할과 안내표시, 그리고 행사를 돋보이게 연출하는 장점을 가지고 있습니다. 백화점이나 대형마트, 전시장 등에서 SALE 항목이나 이벤트를 알리는 광고물에 눈길을 주신 경험이 있으셨을 겁니다. 이번 학습에서는 POP 디자인의 표현과 구성방법에 대해 이해하고, 일러스트레이터의 활용 능력을 키워보시기 바랍니다.

■ 제작 포인트
별형 툴, Round Corners, 오브젝트의 속성 조정하기, Arrange 기능, Place 기능으로 비트맵 이미지 불러오기, Mask 기능

 완성물 미리보기

▲ 완성 파일 : Artwork/POP디자인.ai

직접 해보기

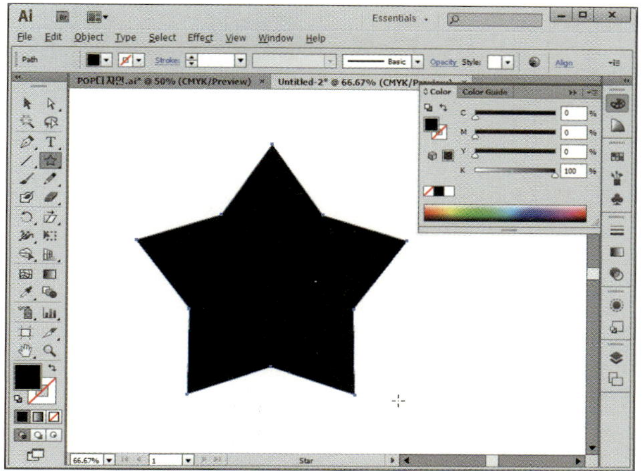

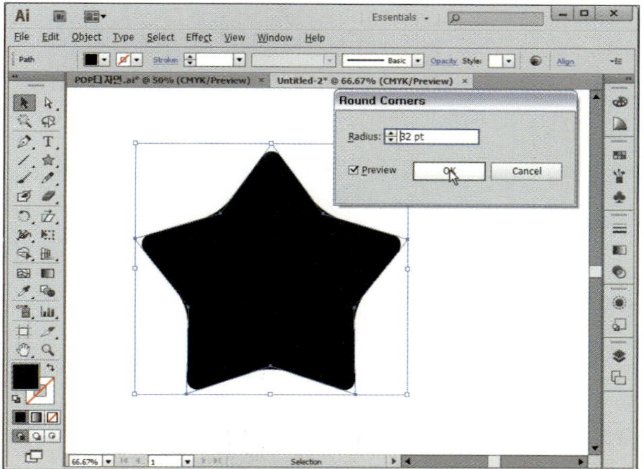

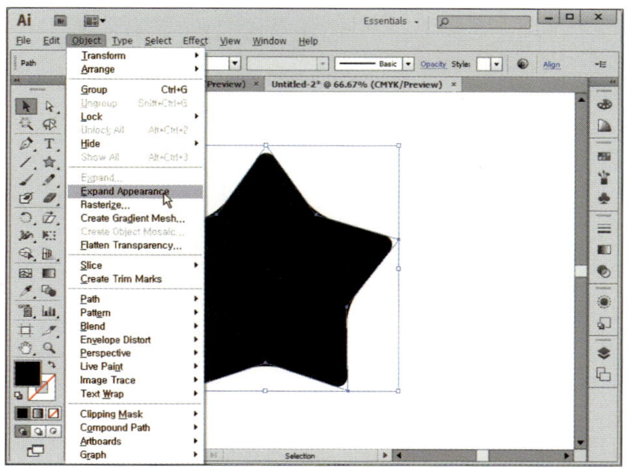

01 이번에 작업할 사인물은 아동 미술놀이 행사를 알리는 POP 디자인입니다. 아이들의 시선을 주목하고, 친근감을 주는 별 모양으로 만들어 보겠습니다. 별형 툴을 선택하고, 5개의 꼭짓점을 가진 별 모양을 만듭니다.

별 모양 조정하기
별형 툴로 드래그 한 상태에서 ↑ ↓ 키를 누르면 별의 꼭짓점의 개수를 늘이거나 줄여서 모양을 빠르게 변경할 수 있습니다.

02 둥근 꼭짓점 모양을 나타내기 위해서 [Effect]-[Stylize]-[Round Corners] 명령을 실행하고, 둥근 모서리의 범위를 적용한 다음 OK 버튼을 클릭합니다.

03 모양이 변경되었으면 효과가 적용된 모양의 속성을 오브젝트화합니다. [Object]-[Expand Appearance]를 적용합니다.

Illustrator CS6

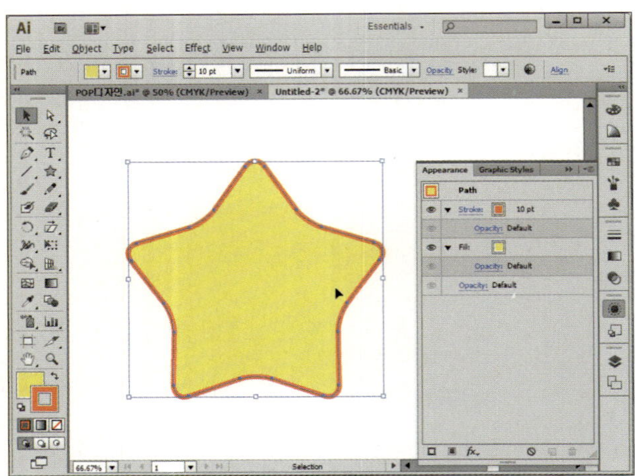

04 Appearance 패널을 열고, 오브젝트의 면 색상으로 밝은 노란색을 적용하고, 선에는 주황색을 적용한 다음 두께를 나타냅니다.

05 오브젝트 안쪽으로 별 모양을 추가한 다음 이미지를 나타낼 것입니다. 별을 선택 한 다음 Ctrl + C, Ctrl + F 를 실행하여 제자리에 복사본을 만듭니다. 복사본은 Alt + Shift 와 함께 대각선 조절점을 드래그하여 중심축을 기준으로 축소시킵니다.

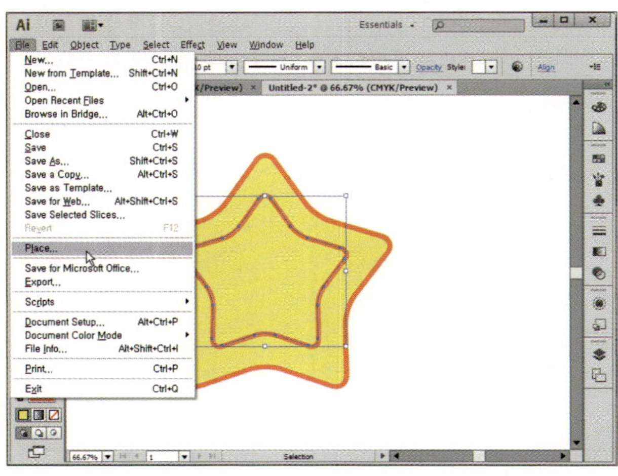

06 이미지를 불러온 다음 별 모양 안쪽으로 나타내어 보겠습니다. [File]-[Place]를 실행합니다.

Place 기능

Place 기능은 일러스트레이터에 비트맵 이미지, 텍스트, 도큐먼트문서, 캐드파일 등의 호환 가능한 파일을 일러스트레이터 도큐먼트에 불러오는 기능입니다. 디자인 작업에서 대표적인 비트맵 이미지를 일러스트레이터 도큐먼트에 불러와 편집 작업을 진행할 수 있습니다.

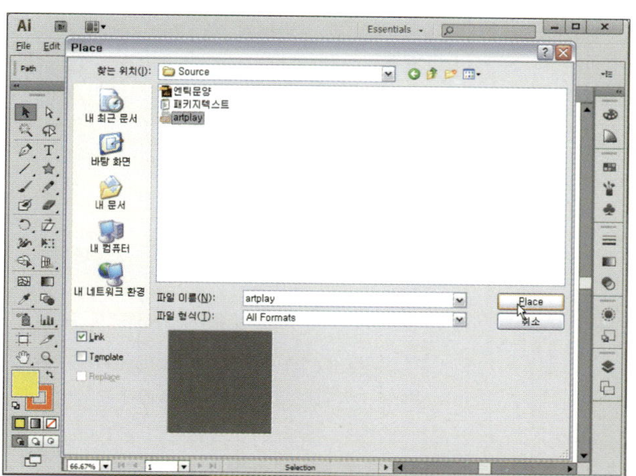

07 Source 폴더 안의 'artplay.jpg' 이미지를 선택하고, Place 버튼을 클릭합니다.

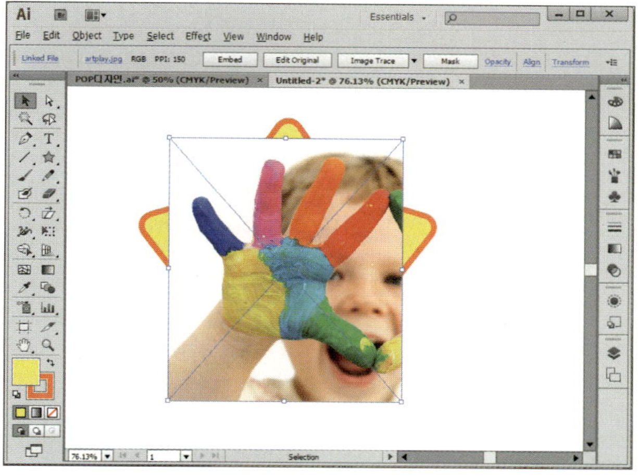

08 미술놀이를 나타내는 비트맵 이미지가 삽입되어 오브젝트 위쪽에 놓이게 됩니다.

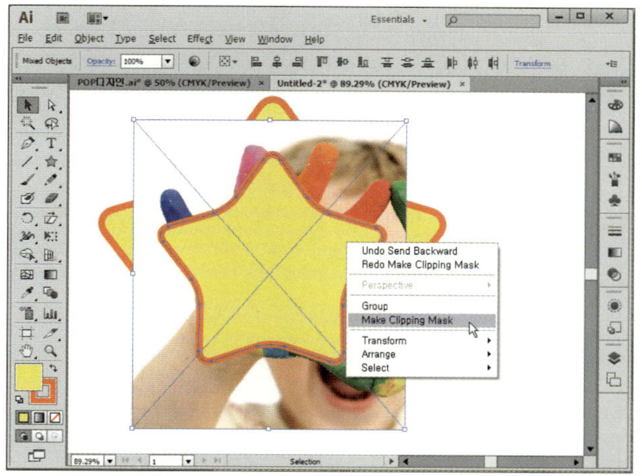

09 이미지를 선택하고, Ctrl + [명령으로 축소된 별 뒤쪽으로 이미지를 배치합니다. 별과 이미지를 함께 선택하고, 마우스 우측 버튼을 클릭해서 Make Clipping Mask 기능을 적용합니다.

마스크의 적용

마스크 기능은 앞쪽에 놓인 오브젝트 모양 안쪽으로 이미지를 보이게 만드는 기능입니다. 사용자가 다양한 모양의 마스크 오브젝트를 만든 다음 모양에 맞추어 이미지를 잘라내어 보이게 만들 수 있답니다.

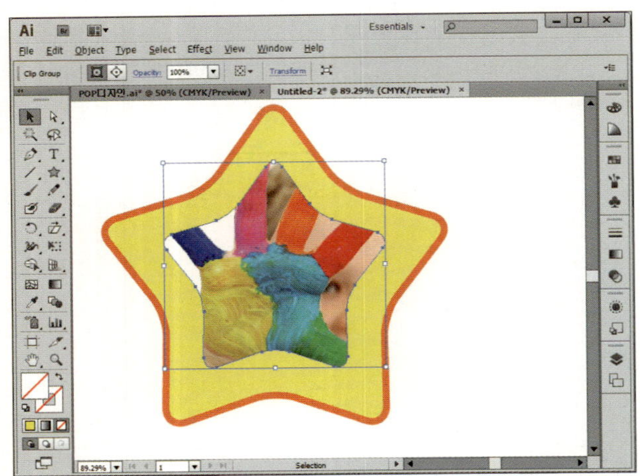

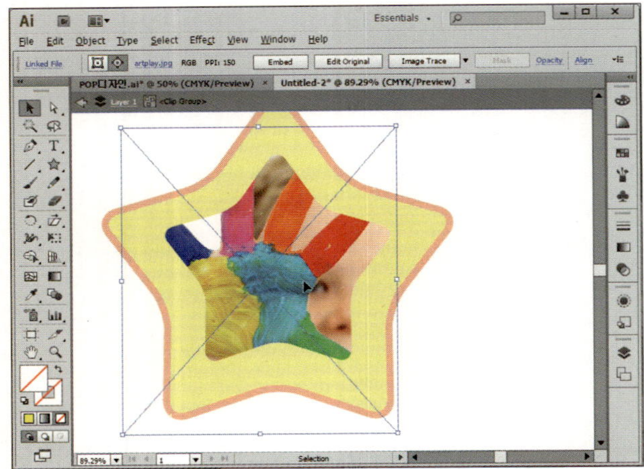

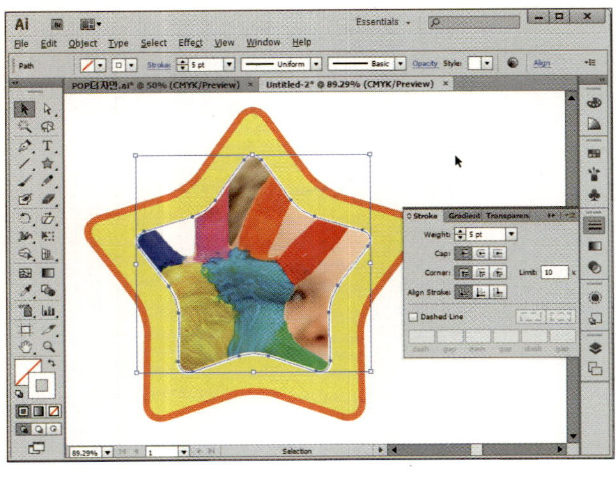

10 별 모양 경계선 안쪽으로 이미지가 보이게 됩니다.

Isolation 모드

Isolation 모드를 이용하면 그룹이나 마스크 등에 적용된 오브젝트를 격리하여 작업할 수 있습니다. 즉 그룹이나 마스크 속성만 나타내고, 다른 오브젝트들은 격리되어 편집이 불가능 합니다. 이렇게 격리상태에서 작업하면 복잡한 오브젝트나 아트워크의 일부분을 쉽게 선택하고, 편집할 수 있습니다.

11 마스크가 적용된 개체는 그룹으로 지정되며 개체를 개별적으로 편집하기 위해서는 Isolation 모드로 전환하여 마스크 영역과 모양, 마스크가 적용된 개체의 크기, 위치, 색상 등을 변경할 수 있습니다. 오브젝트를 더블 클릭해 보세요. 문서 탭 밑 부분에 마스크가 적용된 그룹 속성의 편집 상태를 나타냅니다. 그러면 선택 툴로 이미지의 위치를 조정합니다. 위치가 조정되었으면 도큐먼트 빈 공간을 더블 클릭해서 상위 레벨로 이동합니다.

12 마스크가 적용된 도형의 속성은 면과 선 모두 None으로 지정됩니다. 별 모양 외곽에 테두리를 나타내기 위해서 선 속성을 선택한 다음 흰색을 적용하고, 두께를 나타냅니다.

일러스트레이터 CS6

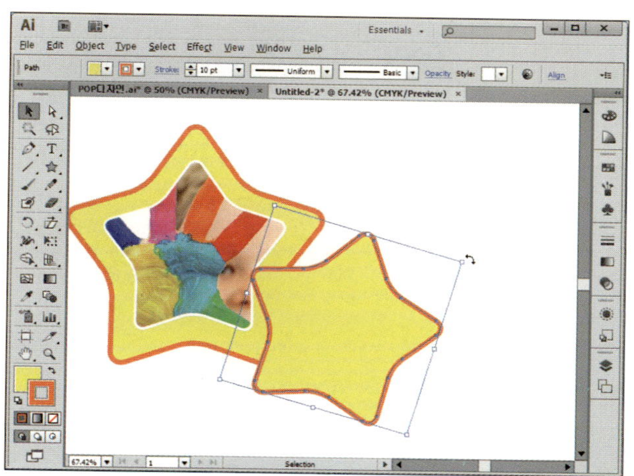

13 실사 이미지가 적용된 오브젝트가 완성되었으면 별이 겹쳐진 POP 형태를 만듭니다. 외곽의 별을 선택하고, 복사한 다음 붙여넣기 합니다. 그림처럼 겹쳐진 모양이 되도록 크기와 각도를 조정합니다.

14 겹쳐진 별 모양은 색상을 조정하고, 테두리 효과를 적용합니다. 면에는 오렌지 색상을 적용하고, 테두리는 주황색으로 조정합니다.

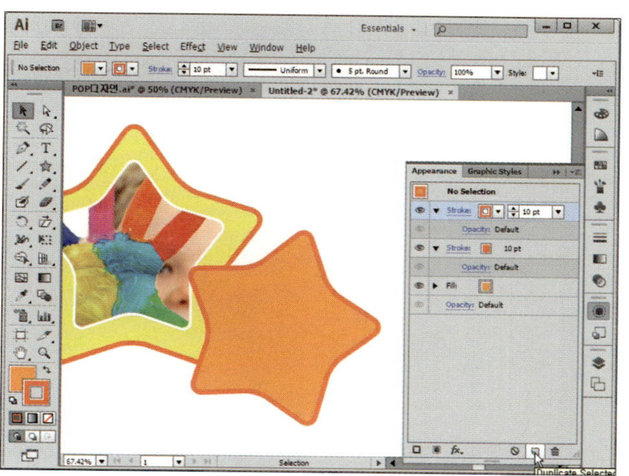

15 주황색 선 양쪽으로 노란색 선을 추가하기 위해서 선 속성을 복사합니다. Appearance 패널에서 Duplicated Selected Item 버튼을 클릭합니다. 선 속성이 복사됩니다.

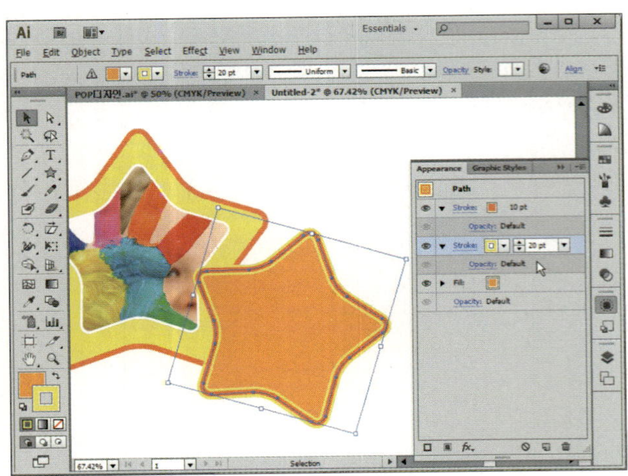

16 주황색 선 양방향으로 테두리를 나타내기 위해서 밑에 놓인 선 속성을 선택하고, 색상을 노란색으로 변경한 다음 두께를 두배 정도 크게 지정합니다. 그 결과 위쪽에 놓인 주황색 테두리 밑으로 두께가 적용된 노란색 테두리가 추가된 오브젝트가 별 모양이 만들어 집니다.

17 오브젝트를 뒤쪽에 배치하기 위해서 Ctrl + Shift + [명령으로 이동시킵니다.

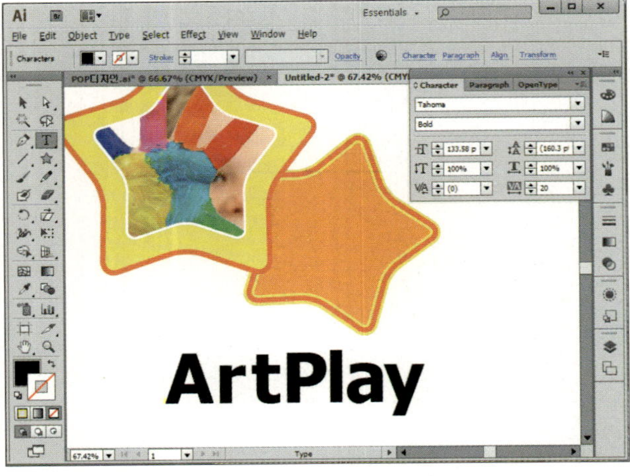

18 로고는 테두리를 적용하여 화려하게 만들어 봅니다. "ArtPlay"라는 문구를 고딕 계열 서체로 입력합니다.

19 Create Outline 명령을 이용하여 오브젝트로 변경시킵니다.

20 Appearance 패널을 열고, 선 속성을 면 속성 밑으로 이동시킵니다. 면 색상으로 흰색을 적용한 후 선 항목에서 검은색과 두께를 적용합니다.

21 다시 선 속성을 복사합니다. 밑에 놓인 선 속성을 선택하고, 노란색을 적용한 후 두께를 두껍게 나타냅니다.

Illustrator CS6

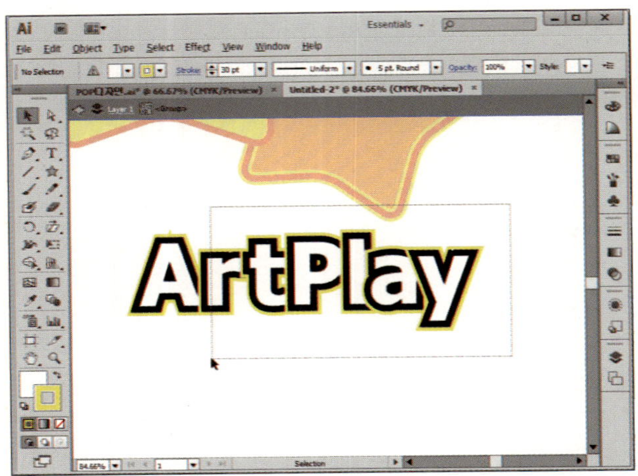

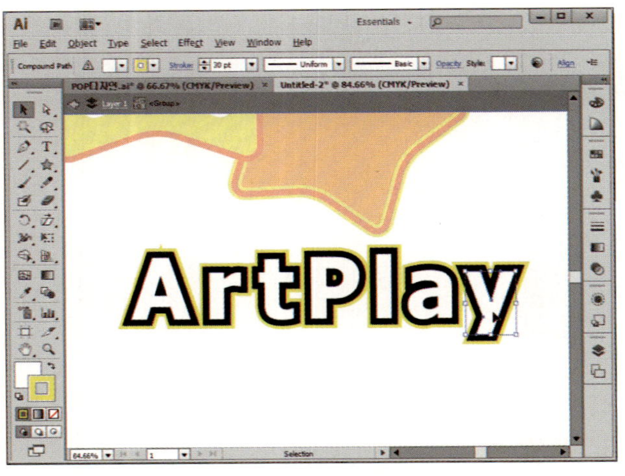

일러스트레이터 CS6

22 외곽에 적용된 테두리 두께로 문자가 겹쳐 보입니다. 그룹 지어진 오브젝트를 더블 클릭해서 Isolation 모드로 전환한 다음 선택 툴을 이용하여 각 문자의 위치를 조절점합니다.

강의노트

속성 조절
오브젝트의 속성을 조절할 때 오브젝트가 그룹으로 지정되어 있으면 변경되지 않습니다. 그러므로 그룹을 해제하거나 그룹으로 지정된 오브젝트를 더블 클릭해서 Isolation 모드 상태에서 속성을 조절해야 합니다.

23 문자가 겹쳐서 보이지 않을 정도의 간격으로 문자를 이동시켜 조정합니다.

24 Isolation 모드에서 편집하면 다른 오브젝트에 영향을 주지 않고, 개별적으로 편집할 수 있습니다. 편집이 완료되었으면 도큐먼트 빈 공간을 더블 클릭하여 Isolation 모드를 해제합니다.

25 만들어진 로고를 별 오브젝트 위에 위치시키고, 적당한 크기로 변경합니다. 보조 문구를 입력하고, 크기와 위치를 조절하세요.

26 만들어진 POP 디자인을 행거 형식으로 천장에 부착시킬 것입니다. 행거 봉을 사각형 툴로 그리고, 그라디언트를 적용합니다.

27 라인 툴로 와이어 모양을 나타냅니다. 이렇게 해서 행거용 POP 디자인을 제작해 보았습니다. 제작된 디자인은 출력 과정을 거친 다음 폼보드, 아크릴 등의 디스플레이에 적합한 소재에 부착하여 실제 시공된답니다. 장소와 목적에 맞도록 다양한 형태의 사인물로 적용할 수 있도록 응용해 보세요.

 **실전문제**

1. 구름 모양의 행거용 POP 디자인을 만들어 보세요.

▲ 완성 파일 : Artwork〉POP디자인(실전문제).ai

힌트

① POP 기본 형태를 구름 모양으로 나타냅니다. 원형 툴로 타원 오브젝트를 겹쳐 구름 모양을 만들고, 패스파인더 기능으로 합쳐줍니다.

② 하늘색을 적용하고, 메쉬 툴을 이용하여 음영이 표현된 구름을 나타내어 보세요.

③ 테두리 효과는 Appearance 패널에서 선 속성을 복사하면서 그림처럼 하늘색 선, 두꺼운 흰색 선, 하늘색 외곽선을 표현합니다.

④ 뒤쪽의 구름 모양은 복사본을 만들고 속성을 조절하여 배치합니다.

⑤ 테두리 문자를 만들고, 보조 문구와 함께 구름 모양에 배치합니다.

⑥ 행거용 시안을 작성하기 위해서 봉과 와이어를 나타내는 오브젝트를 추가합니다.

일러스트레이터 CS6

2. 곰돌이 모양의 장난감 행사 POP 디자인을 만들어 보세요.

▲ 완성 파일 : Artwork〉POP디자인(실전문제).ai

힌트　① POP 기본 형태를 곰의 얼굴 모양으로 상징성 있게 만듭니다. 정원 오브젝트를 이용하여 곰 모양을 만들고, 패스파인더 기능으로 합쳐줍니다.

② 로고타입으로 곰의 눈과 코의 모양을 만들어 보세요. 영문 고딕체를 이용하여 "TOY"를 입력하고, 문자 기준선을 조정하여 나타냅니다.

③ 세일 문구를 나타낸 다음 [Effect]–[Warp]–[Arc] 기능으로 둥근 모양으로 변형합니다.

④ 행거용 봉과 와이어를 나타내는 선을 만듭니다.

⑤ 오브젝트를 복사하여 다양한 색상으로 적용시켜 보세요.

세련된 명함 디자인

이번 시간에는 서식 디자인을 대표하는 명함을 제작해 보는 시간입니다. 서식디자인은 외부에 자신의 기업을 알리는 커뮤니케이션 수단으로 디자인에 있어서도 많은 신경을 써야 합니다. 명함은 Name Card 또는 Bussiness Card 라고 합니다. 자신이 속한 기업의 이미지를 나타내며 서식 디자인에서 업무용으로 활용도가 높습니다. 명함 디자인은 쉽고 간단하게 생각하게 되지만 좋은 디자인을 만들기 위해서는 작은 종이에 기업이나 회사의 이미지를 함축시켜서 표현해야 하기 때문에 세심한 노력을 기울여야 합니다. 그러면 일러스트레이터를 이용한 명함 디자인을 제작해 보며 활용능력을 키워보세요.

■ 제작 포인트
명함 디자인의 이해, 입력 수치 조정하기, Mask 기능, 문자 툴과 문자의 속성 이해하기, 안내선으로 작업하기, 패턴 등록과 적용, 패턴 오브젝트 수정하기

 완성물 미리보기

▲ 완성 파일 : Artwork/명함디자인.ai

직접 해보기

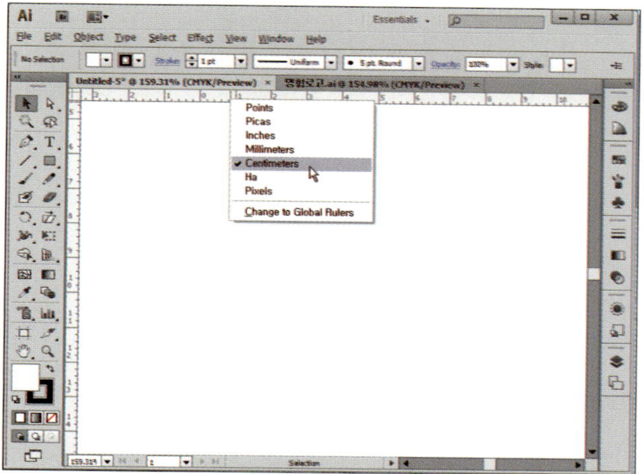

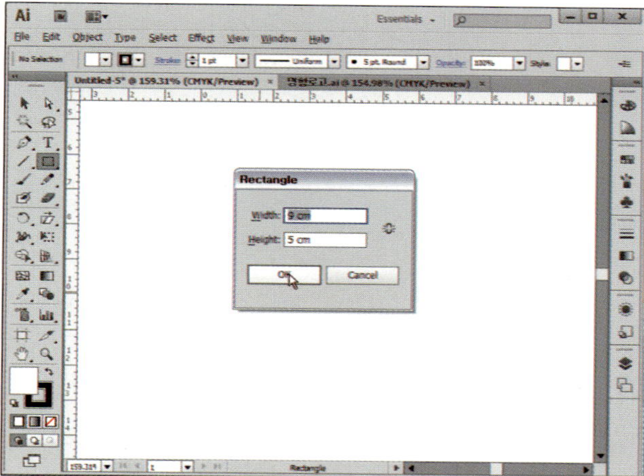

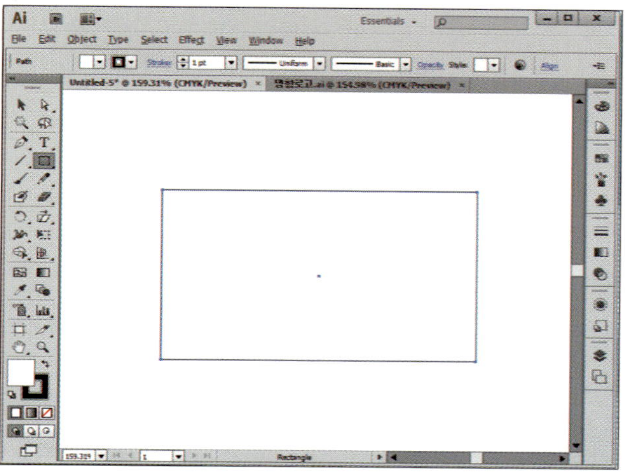

01 명함의 크기는 일반적으로 가로 9cm 세로 5cm의 크기로 제작되고 있습니다. 지갑이나 명함 수첩 등에 적당히 넣을 수 있는 크기로 제작되는 것이지요. 새로운 도큐먼트를 열고, 입력항목의 수치를 cm로 변경한 다음 작업을 진행합니다. 입력 항목의 수치를 빠르게 변경할 때에는 Ctrl + R 명령으로 눈금자를 나타낸 다음 눈금자 위에서 마우스 우측 버튼을 클릭한 후 원하는 수치를 선택하면 됩니다. 작업에서는 Centimeters로 지정합니다.

02 명함의 기본 크기를 설정하기 위해서 사각형 툴을 도큐먼트에 클릭합니다. 대화창에서는 가로와 세로의 크기를 9cm×5cm로 설정합니다.

오브젝트의 감금 기능

작업된 오브젝트 중에서 이동이나 변형 등의 작업이 필요 없는 오브젝트들은 미리 잠금 설정을 해 놓는 것이 편리합니다. 선택된 오브젝트에 잠금 설정을 위해서 Ctrl + 2 를 누르고, 잠금 설정을 해제할 때에는 Ctrl + Alt + 2 를 누르면 됩니다.

03 직사각형 모양이 만들어 졌으면 Ctrl + 2 를 누르거나 [Object]-[Lock]-[Selection]을 실행하여 오브젝트를 잠궈둡니다.

입력 단위 조정하기

항목의 단위는 사용자가 직접 지정할 수 있습니다. 여러분들이 익숙한 단위로 조정한 다음 적용하는 것이 정확한 수치와 모양을 나타내는데 효과적입니다. 빠르게 항목 값의 단위를 조정할 때에는 Ctrl + R 명령으로 눈금자를 나타내고, 눈금자 위에서 마우스 우측 버튼을 누른 다음 단위를 조정하는 것입니다.

Illustrator CS6

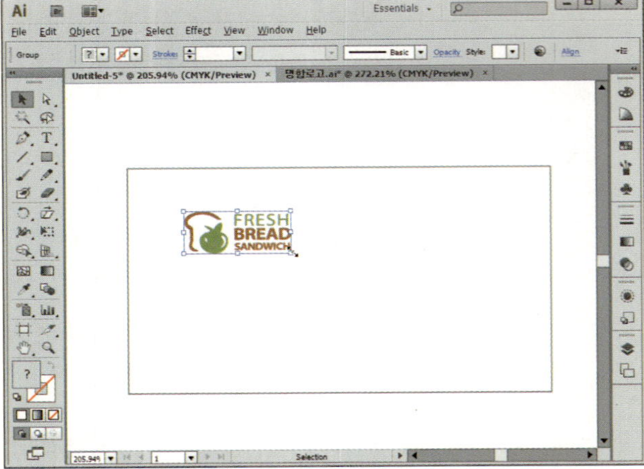

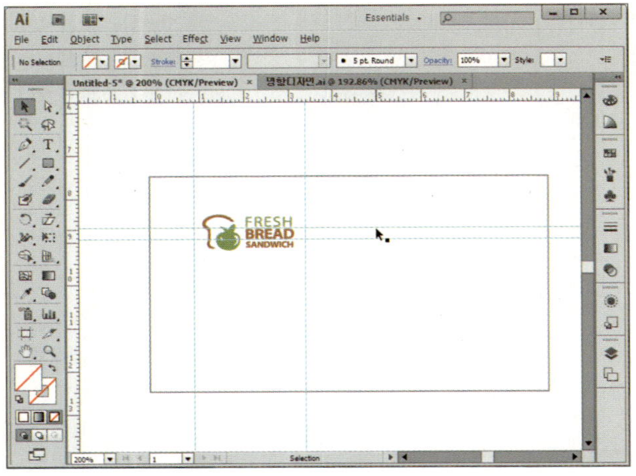

04 일반적으로 사용되는 명함 디자인을 만들어 보겠습니다. 먼저 Ctrl + O를 눌러 Source 폴더 안의 '명함로고.ai' 파일을 불러옵니다. 도큐먼트에 베이커리 회사의 심벌마크가 보일 것입니다.

05 심벌마크를 선택한 다음 Ctrl + C를 눌러서 복사한 후 작업 도큐먼트에 Ctrl + V를 눌러 붙여 넣습니다. 그리고 명함 크기에 맞도록 크기를 조정합니다. 정비례로 크기를 조절하기 위해서 모서리 조절점을 Shift를 누르면서 드래그 합니다.

바운딩 박스의 활용
오브젝트를 선택하게 되면 바운딩 박스가 나타나게 됩니다. 바운딩 박스에서 크기와 회전 등의 변형을 빠르게 적용할 수 있으므로 정확한 수치가 필요 없는 상황에서는 바운딩 박스를 사용하는 것이 효과적입니다.

06 정확한 도안을 위해서 안내선을 표시합니다. Ctrl + R을 눌러서 눈금자를 열고, 심벌마크 좌측과 우측 폭에 맞추어 안내선을 나타냅니다. 심벌마크 양쪽으로 두꺼운 테두리를 나타내기 위해서 "BREAD" 문자의 세로 폭에 맞추어 안내선을 추가합니다.

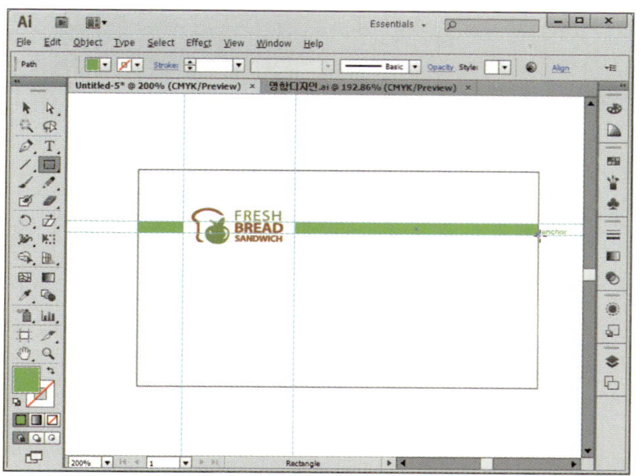

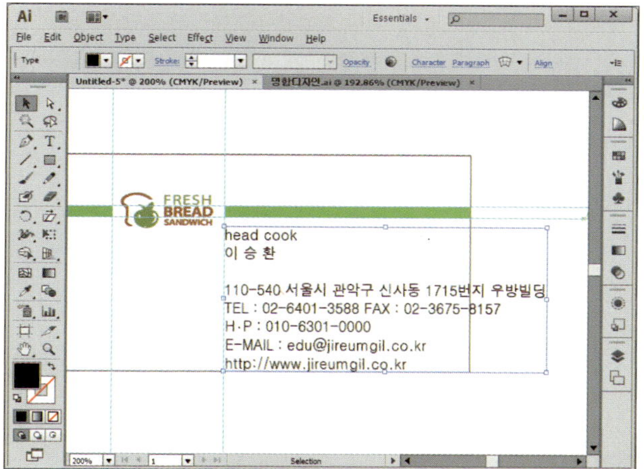

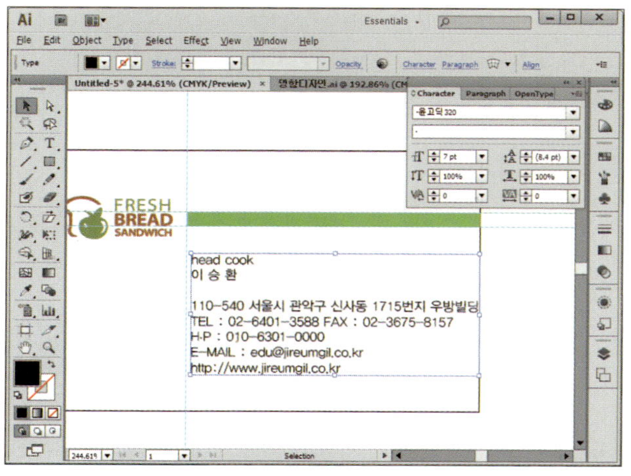

07 사각형 툴로 안내선에 맞는 사각형을 만듭니다. 만들어진 사각형의 색상으로 연두색을 적용합니다.

안내선 추가하기

안내선은 눈금자 안쪽에서 도큐먼트로 드래그하여 나타낼 수 있습니다. 표시된 안내선은 기본적으로 잠금 설정이 되어 있습니다. 안내선의 위치를 조정하거나 삭제할 때에는 잠금 설정을 해제해야 합니다. 가이드 위에서 마우스 우측 버튼을 클릭한 다음 활성화 되어 있는 Lock Guides 명령을 선택하여 잠금 상태를 해제할 수 있습니다.

08 문자 툴로 명함에 기재할 문구를 다음과 같이 작성합니다. 여러분들의 주소와 전화번호 이름 등의 명함에 표기될 기본적인 정보를 기입하고, 우측 안내선에 맞추어 배치합니다.

09 입력한 텍스트를 선택한 후 서체는 고딕 계열의 한글 서체로 지정하고, 크기는 7pt로 적용합니다.

Illustrator CS6

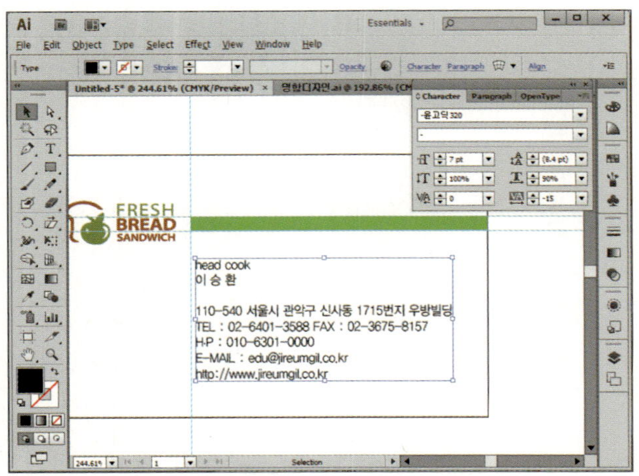

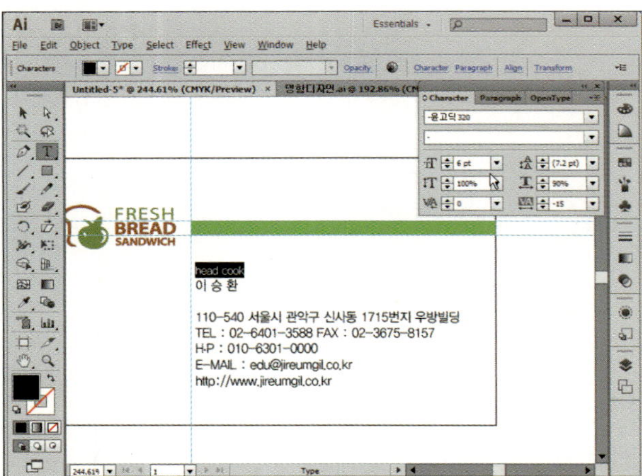

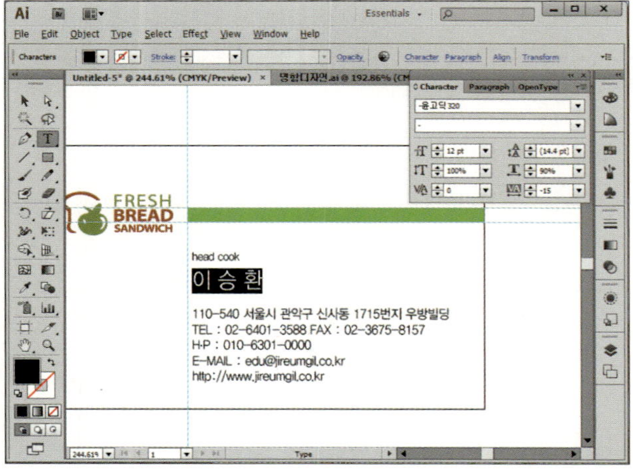

10 계속해서 자간은 −15, 문자의 장평으로 90%로 지정합니다. 이 수치는 일반적으로 명함에서 서체를 사용하는 방법입니다.

글꼴의 속성
Pt(Point)는 글자의 크기를 말하며, 자간은 글자와 글자 간의 간격, 행간은 글줄과 글줄 사이의 간격을 말합니다.

11 직책에 해당하는 문자는 일반적으로 작게 표시됩니다. 직책에 블록을 지정한 다음 서체의 크기로 6pt 지정합니다.

12 이름은 주소나 기타 정보들 보다 커야 하므로 12pt 정도로 조절합니다.

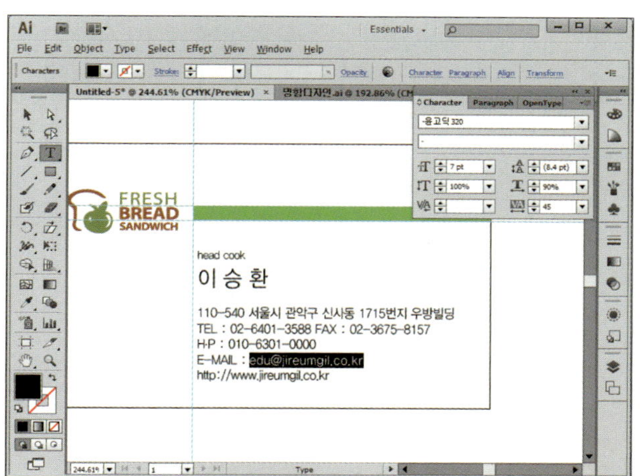

13 작성된 문구를 확인해 보고, 영문으로 입력된 부분은 자간을 조정하여 가독성을 나타내는 것이 좋습니다.

14 기본적인 정보가 입력되었으면 K60으로 색상을 적용합니다.

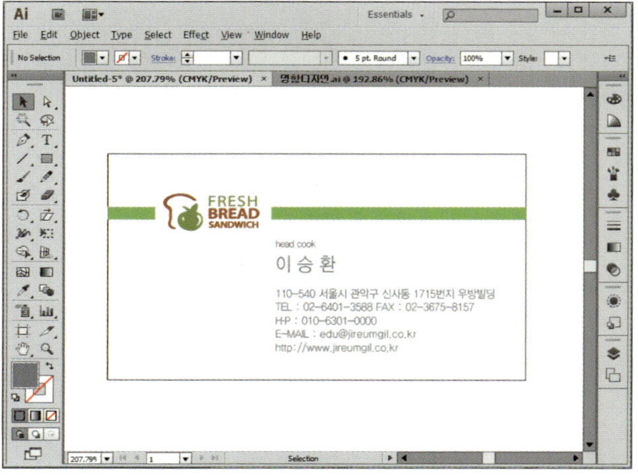

15 명함 뒷면 디자인이 완성되었습니다. 오타가 없는지 꼼꼼히 살펴보고, 여백과 명함 안쪽에 조화롭게 배치될 수 있도록 세밀하게 수정해 보세요.

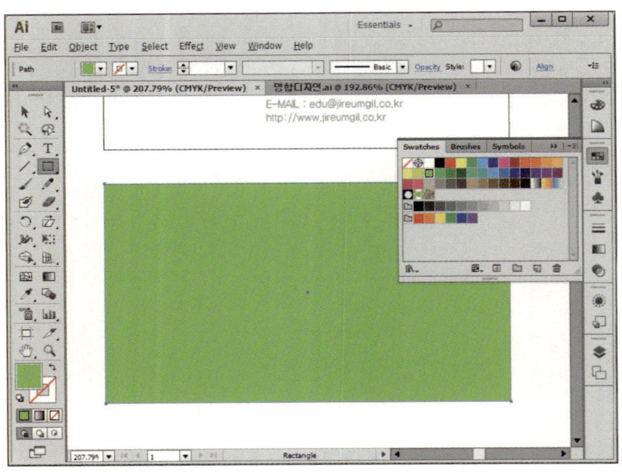

16 명함의 앞쪽 면은 심벌마크를 활용하여 디자인해 보겠습니다. 먼저 9cm×5cm 의 사각형을 만들고, 연두색을 적용합니다.

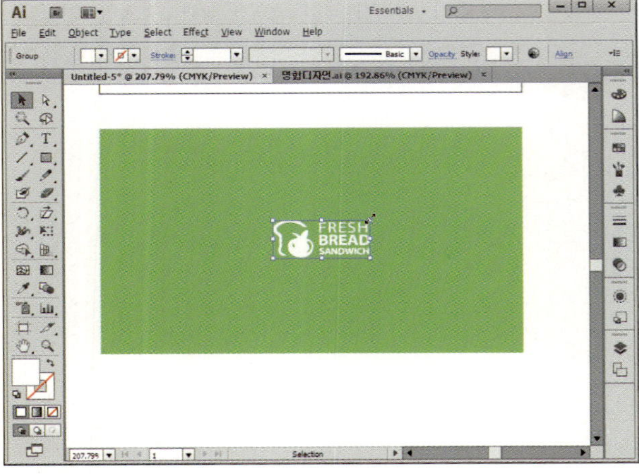

17 심벌마크를 Ctrl + C 를 눌러서 복사한 다음 Ctrl + V 명령으로 붙여넣기한 다음 직사각형 중앙에 배치되도록 크기와 위치를 조절합니다. 모양이 조정되었으면 흰색으로 적용합니다.

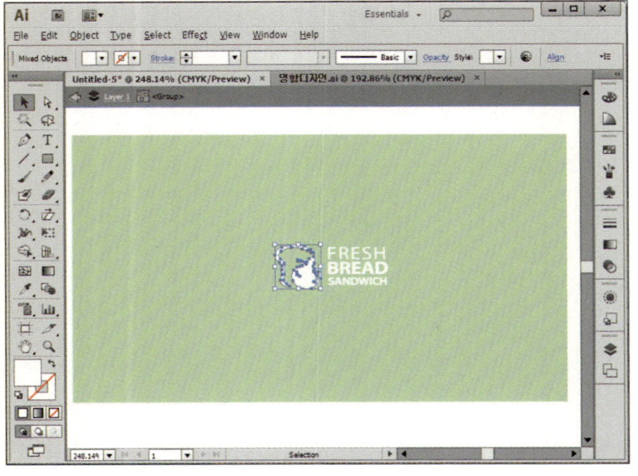

18 명함 앞면의 디자인은 심벌을 복사한 다음 그래픽 요소로 활용할 것입니다. 그룹으로 지정되어 있는 심벌마크에서 로고를 제외한 오브젝트를 복사하기 위해서 더블 클릭합니다. Isolation 모드로 전환되면 심벌만 선택하고 Ctrl + C 를 눌러서 복사합니다. 도큐먼트 빈 공간을 더블 클릭하여 Isolation 모드를 해제합니다.

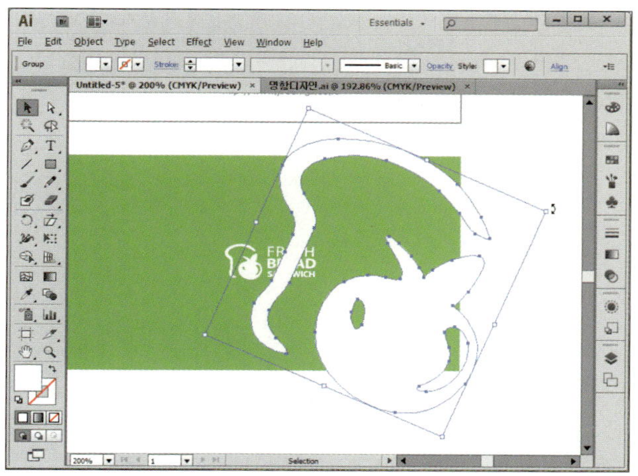

19 복사한 심벌마크를 붙여넣기 하고, 외곽의 바운딩 박스를 조절하여 크기와 각도를 변경합니다.

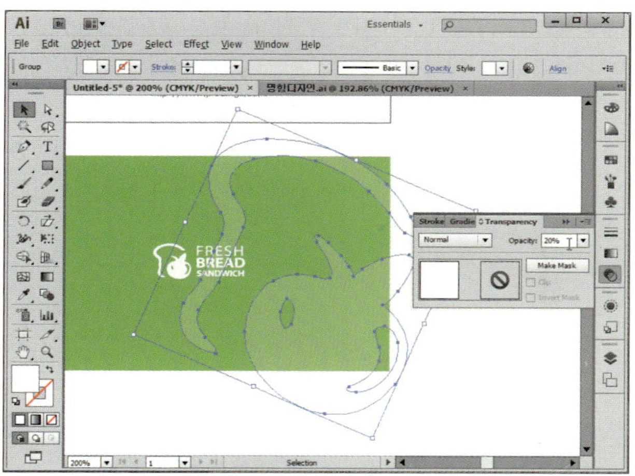

20 Transparency 패널을 열고, Opacity를 20%로 낮춰줍니다. 그 결과 심벌마크에 투명도가 적용되어 뒤쪽에 놓인 오브젝트의 색상이 비추어 보이게 됩니다.

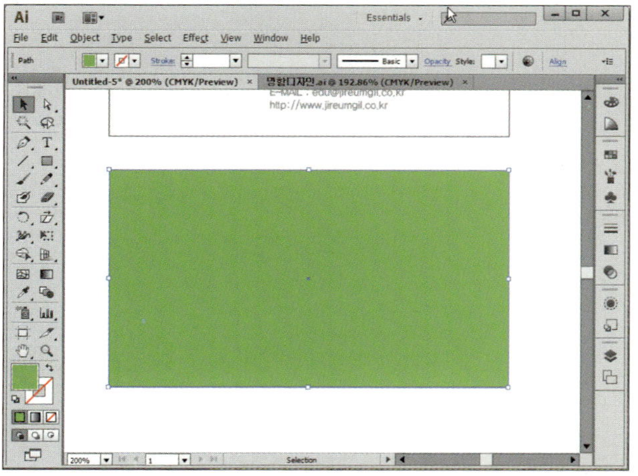

21 확대된 심벌마크는 명함 안쪽으로 마스크를 적용하거나 패스파인더 기능으로 분할한 다음 외곽의 오브젝트를 삭제해야 합니다. 작업에서는 마스크 기능을 적용합니다. 직사각형을 복사한 다음 제자리에 붙여넣기합니다.

Illustrator CS6

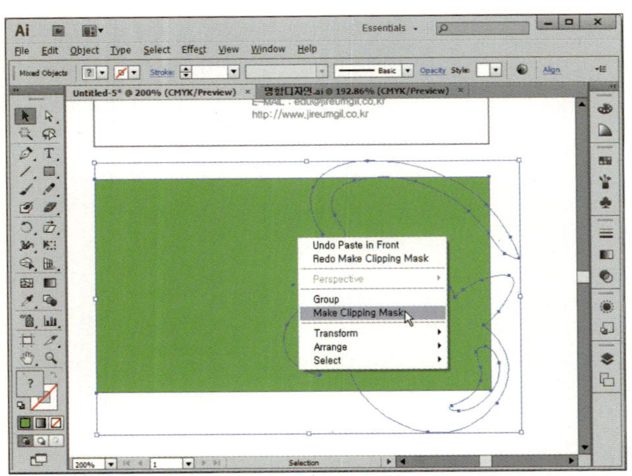

일러스트레이터 CS6

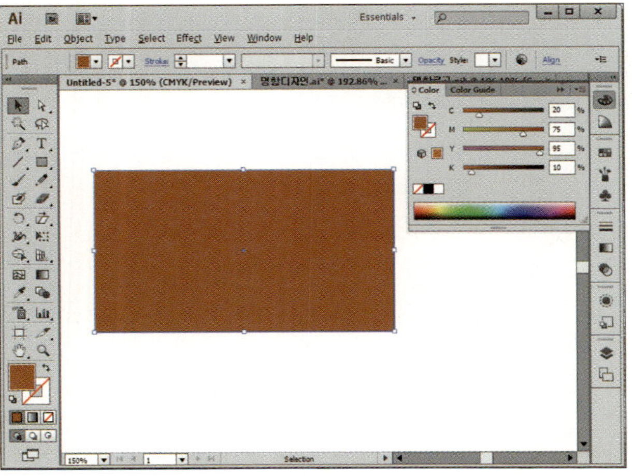

22 직사각형이 앞쪽에 놓이면 심벌마크와 함께 선택하고, 마우스 우측 버튼을 눌러서 Make Clipping Mask 기능을 적용합니다.

23 앞면과 뒷면이 모두 완성되었습니다. 브랜드 이미지의 색상과 그래픽 요소를 활용하여 디자인의 통일감을 표현하면 기업의 이미지를 효과적으로 전달하는 명함 디자인 된답니다.

24 이번에는 패턴이 적용된 명함 디자인을 만들어 보겠습니다. 9cm×5cm로 직사각형을 새롭게 추가하고, C20, M75, Y95, K10 색상을 적용합니다.

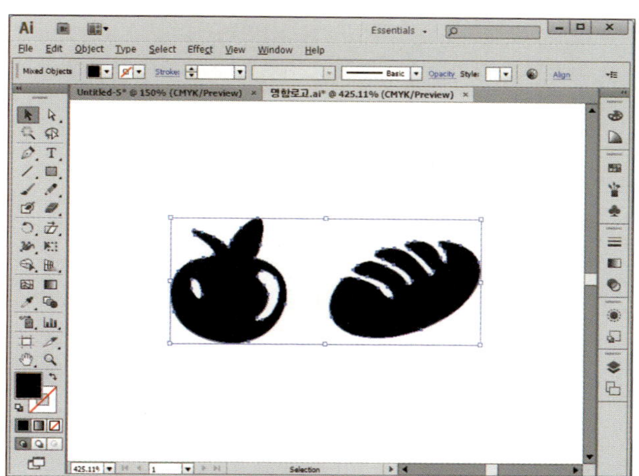

25 '명함로고.ai' 파일에 소스로 적용시킬 그래픽 심벌이 포함되어 있습니다. 두 개의 심벌을 선택하고, 복사한 다음 작업 도큐먼트에 붙여넣기합니다.

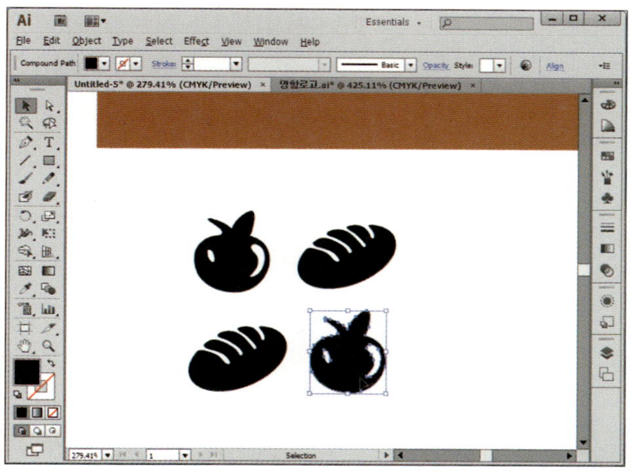

26 반복된 문양을 나타내기 위해서 패턴을 만듭니다. 사선으로 배치된 반복된 문양을 나타낼 것입니다. 선택 툴로 오브젝트를 선택한 후 Alt + Shift 와 함께 사선으로 드래그해서 복사본을 만드세요.

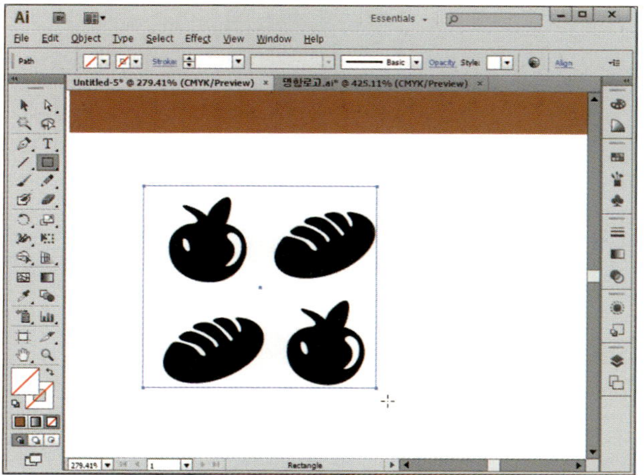

27 여백을 만들기 위해서 사각형 툴을 선택하고, 면과 선의 속성이 None으로 지정합니다. 이제 왼쪽과 위쪽에 여백이 생기도록 적당한 크기로 사각형을 그립니다.

303

일러스트레이터 CS6

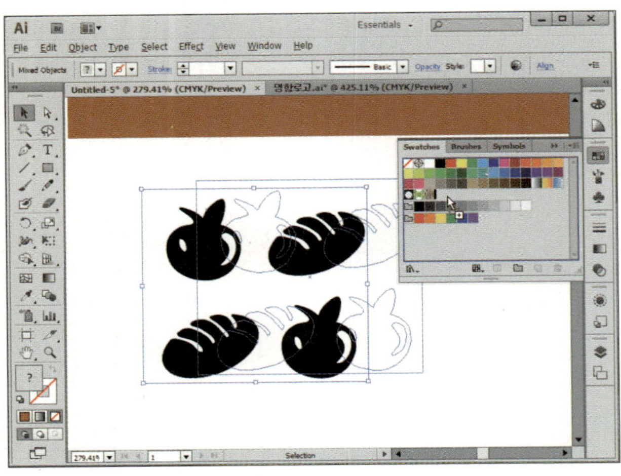

28 패턴으로 적용할 오브젝트를 모두 선택한 다음 스와치 패널에 드래그합니다. 스와치 패널에 패턴으로 등록되어 집니다.

 강의노트

패턴의 등록
패턴을 등록시키는 빠른 방법은 패턴으로 만든 오브젝트를 모두 선택한 후 스와치 패널로 드래그 앤 드롭하는 것입니다. 메뉴 기능을 이용하여 패턴으로 등록할 때에는 [Object]-[Pattern]-[Make]를 실행하면 됩니다.

29 패턴 적용을 위해서 직사각형 오브젝트를 복사한 다음 제자리에 붙여넣기 합니다.

30 스와치 패널에서 등록된 패턴을 클릭합니다. 오브젝트에 패턴이 적용됩니다. 이때는 선 속성에도 적용될 수 있으므로 오브젝트의 면 속성이 선택되어진 상태에서 적용해야 합니다.

 강의노트

작업화면 보기
확대, 축소된 작업 화면을 실제 크기로 보려면 View〉Actual Size 명령을 적용합니다. 단축키로 Ctrl + 1을 실행합니다.

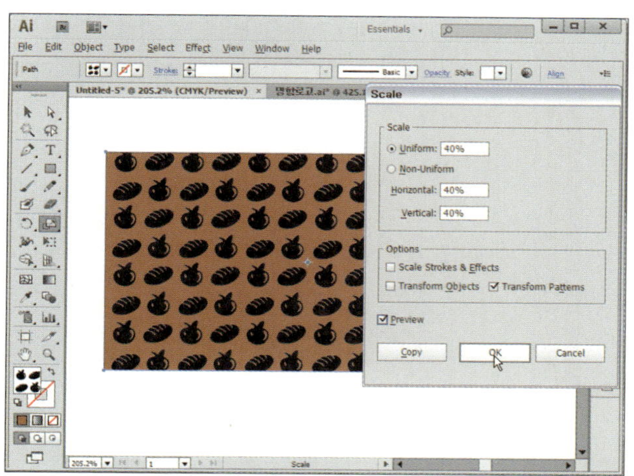

31 적용된 패턴은 축소, 확대, 회전, 이동 등을 할 수 있습니다. 크기 조절 툴을 더블 클릭한 후 40%로 지정하고, 옵션 항목에서 Pattern을 체크한 다음 OK 버튼을 클릭합니다. 오브젝트는 외곽 형태는 유지된 상태에서 패턴의 크기만 축소됩니다.

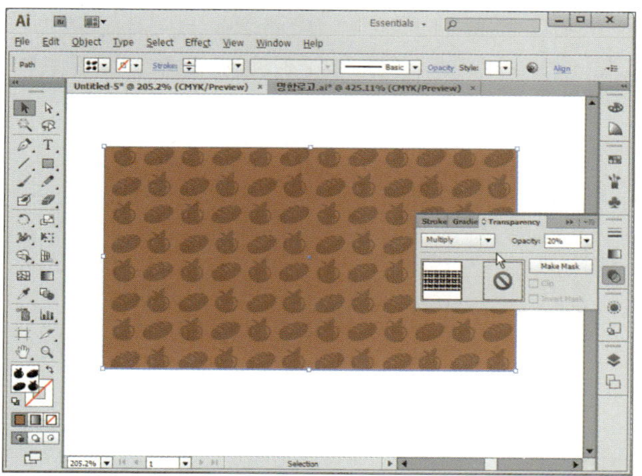

32 블렌드 기능으로 배경에 자연스럽게 비춰지는 모양을 만듭니다. Transparency 패널을 열고, 블렌드 모드로 Multiply를 적용한 후 Opacity를 20% 적용합니다. 배경 색상과 혼합된 자연스러운 패턴 문양이 완성됩니다.

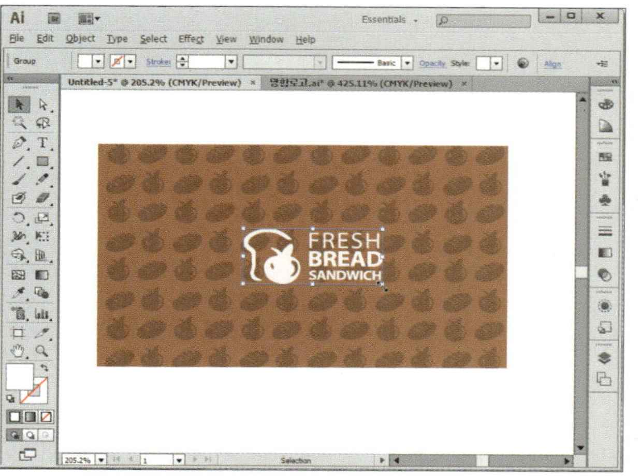

33 어두운 톤의 배경에는 심벌마크를 흰색으로 적용하고, 크기와 위치를 조절합니다.

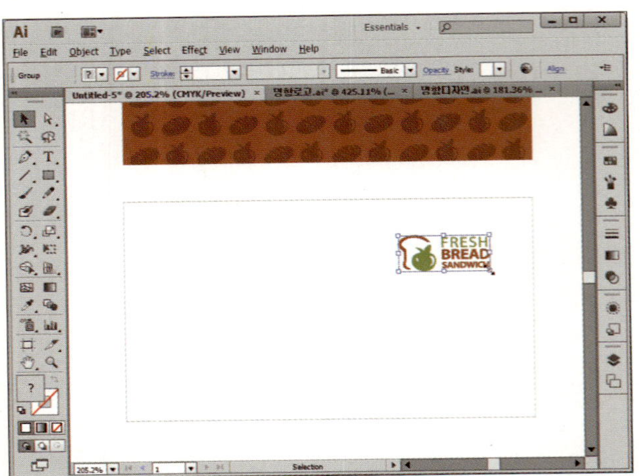

34 다시 뒷면을 나타낼 직사각형을 만듭니다. 도형 위쪽에 심벌마크를 복사하고, 크기와 위치를 조절합니다.

35 Ctrl + R 을 눌러 눈금자를 보이게 하고, 눈금자 위에서 드래그하여 심벌마크의 가로 폭의 위치에 맞추어 안내선을 만듭니다.

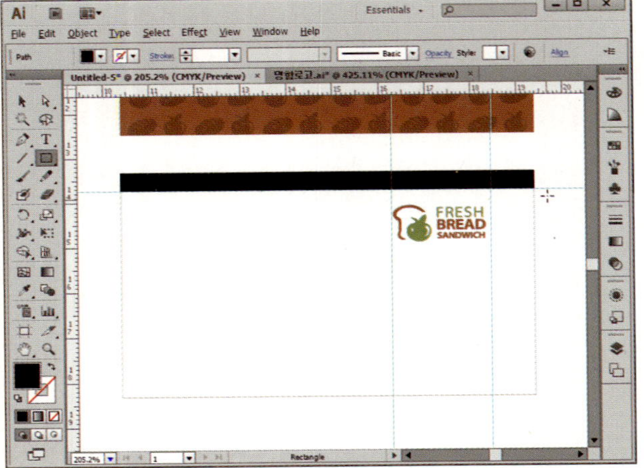

36 그런 다음 사각형 툴로 안내선에 맞는 사각형을 만듭니다.

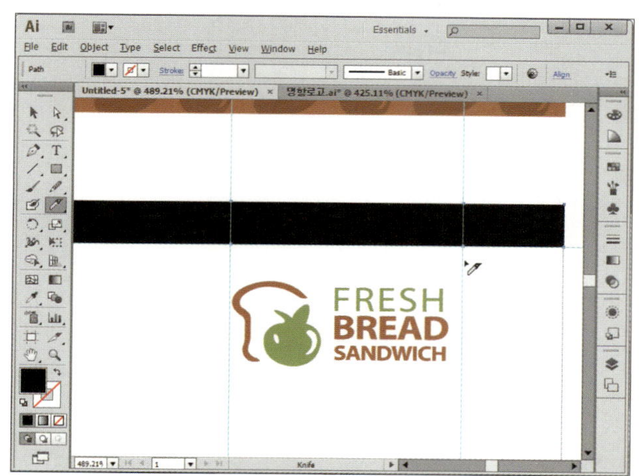

37 안내선에 맞추어 분할 면을 만들고, 색상을 적용합니다. 나이프 툴로 안내선에 맞추어 세 개의 면으로 분할 되도록 자르기합니다.

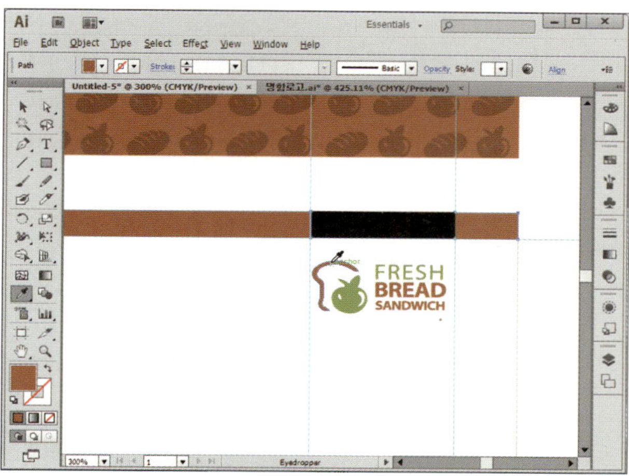

38 좌측과 우측 면에는 스포이드 툴로 심벌마크 빵에 적용된 색상을 추출하여 적용합니다.

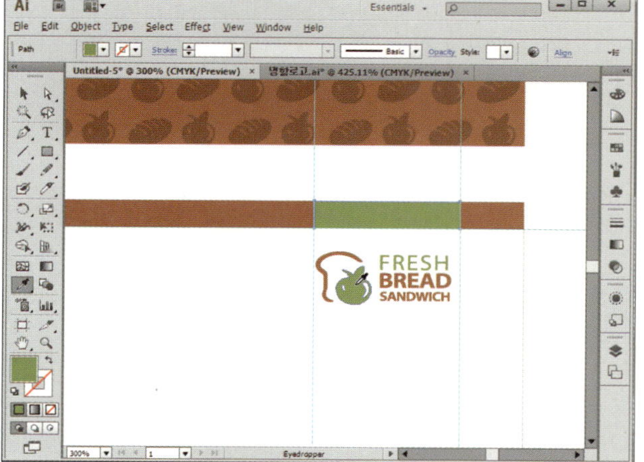

39 심벌마크 위쪽 분할 면의 색상은 토마토 심벌에 적용된 색상을 적용합니다.

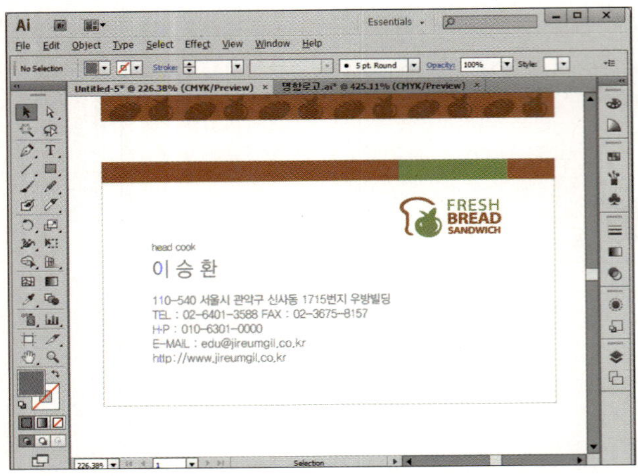

40 앞서 입력한 명함의 기재 내용을 복사한 다음 명함 좌측에 배치합니다.

41 이렇게 해서 전문적인 명함 디자인 작업이 모두 마무리 되었습니다. 이 밖에도 색상, 심벌마크 등을 적절히 이용하고, 레이아웃을 변경하면 효과적이고 감각적인 명함 디자인을 만들 수 있습니다.

 **실전문제**

1. 깔끔한 명함 디자인을 만들어 보세요.

▲ 완성 파일 : Artwork〉명함디자인(실전문제).ai

힌트

① 사각형 툴로 9cm×5cm 크기로 명함의 기본 모양을 그립니다.

② 앞면은 C20, M75, Y95, K40 색상을 적용하세요.

③ '명함로고.ai' 에 포함된 심벌마크를 이용하여 중간 라인이 들어간 앞면을 디자인합니다.

④ 뒷면은 심벌마크와 선으로 구성하고, 기본 정보를 입력해 보세요.

2. 보색을 활용한 강렬한 느낌의 명함 디자인을 만들어 보세요.

▲ 완성 파일 : Artwork〉명함디자인(실전문제).ai

힌트

① 사각형 툴로 9cm×5cm 크기로 명함의 기본 모양을 그립니다.

② 앞면은 C60, Y30 색상을 적용하세요.

③ '명함로고.ai' 에 포함된 심벌마크를 이용하여 중앙에 크기를 조절하여 배치시킵니다.

④ 뒷면을 나타낼 오브젝트를 추가하고, 면의 색상으로 C35, M80, Y100, K40으로 적용합니다. 심벌마크와 로고타입으로 가로조합의 B를 만들고, 좌측 상단에 배치하세요.

⑤ 명함의 기본 정보는 우측 정렬하여 그림과 같이 입력해 보세요.

비즈니스를 위한 서식 디자인

이번 학습에서는 서식디자인 중에서 대내외 업무용으로 많이 사용되는 봉투와 레터헤드를 만들어 보는 시간입니다. 업무용 봉투는 대내외에 사용되는 공문지, 서류 등의 내용을 담아 우편으로 발송하는 서식류를 말하고, 레터헤드는 기업의 이미지를 담아 사용하는 편선지를 말합니다. 이러한 서식디자인은 기업의 이미지를 높여주며 소비자들에게 기업의 이미지를 알리고, 기업의 수준을 가늠하는 역할로서 활용될 수 있습니다. 그러면 학습과정을 통하여 "나노테크"라는 연구원의 서식을 디자인해 보면서 실무 제작 능력을 키워보시기 바랍니다.

■ 제작 포인트

서식디자인의 이해, 정확한 도안을 위한 안내선의 활용, 오브젝트 편집기능, 나이프 툴, Join기능, 다단복제 기능, 마스크 기능, 오브젝트에 투명도 적용하기

 완성물 미리보기

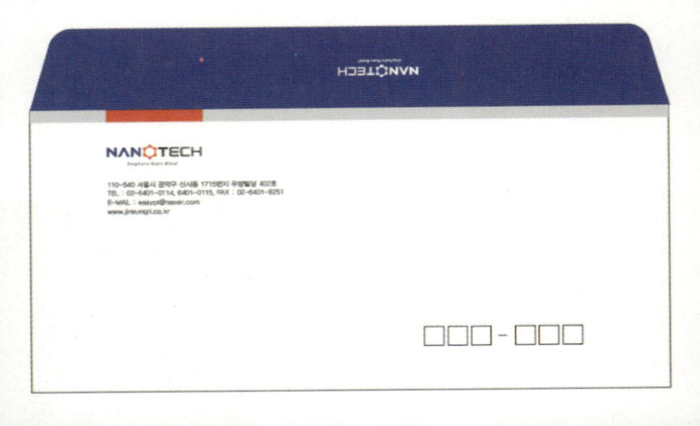

▲ 완성 파일 : Artwork/서식디자인.ai

직접 해보기

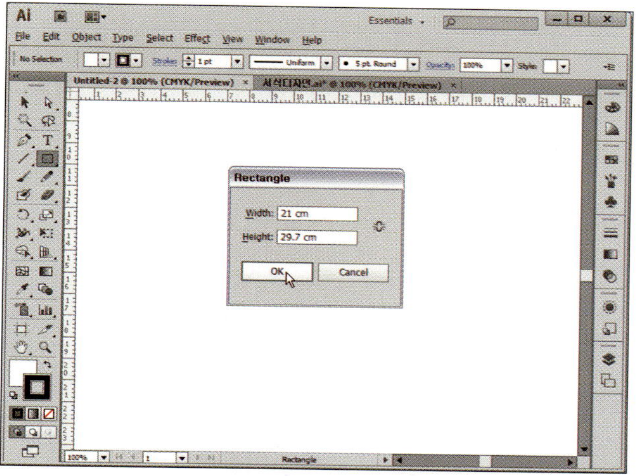

O1 레터헤드의 크기는 일반적으로 A4 크기인 가로 21cm 세로29.7cm 크기로 제작되고 있습니다. 레터헤드의 기본 크기를 설정하기 위해서 사각형 툴을 선택 한 후 도큐먼트에 클릭합니다. 나타난 대화창에서 가로와 세로의 길이를 21cm×29.7cm으로 설정합니다.

O2 레터헤드 디자인에 사용할 심벌마크를 불러옵니다. [File]-[Place] 명령으로 Source 폴더 안의 '서식디자인로고.ai' 파일을 엽니다.

O3 심벌마크를 선택 한 다음 Ctrl + C 명령으로 복사하세요.

일러스트레이터 CS6

312

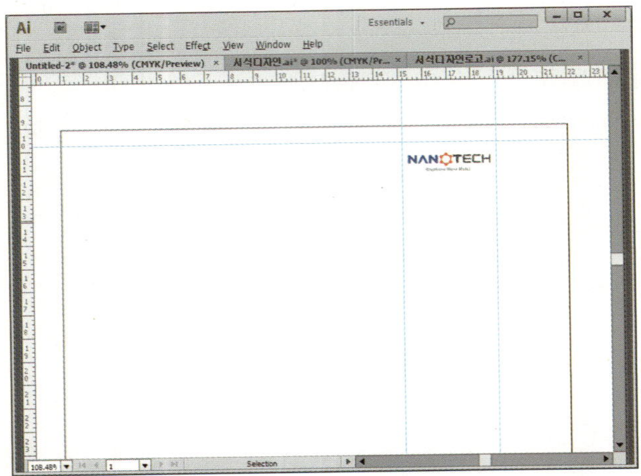

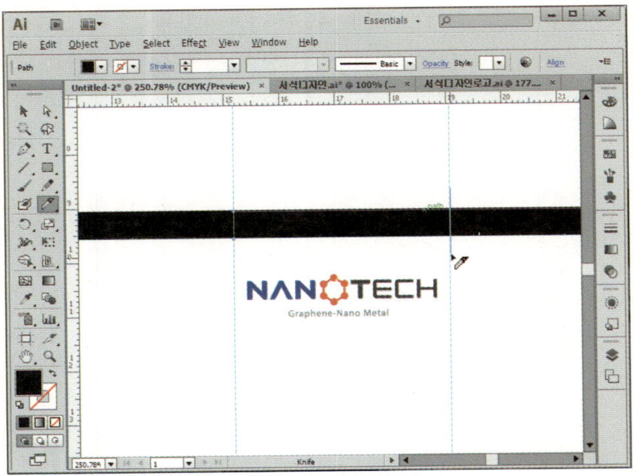

04 작업 도큐먼트로 이동한 다음 심벌마크를 축소하고, 레터헤드 용지의 우측 상단에 배치합니다. 심벌마크를 기준으로 안내선을 추가합니다. Ctrl + R 을 눌러서 눈금자를 나타낸 다음 눈금자 위에서 드래그하여 심벌마크의 가록 폭에 맞추어 안내선을 추가한 다음 가로 방향으로 분할 면을 나타낼 안내선을 만듭니다.

05 일반적으로 사용하는 레터헤드 디자인을 만들어 보겠습니다. 안내선에 맞추어 검은색 사각형을 만듭니다. 사각형을 오브젝트와 안내선에 맞추어 정확히 그리기 위해서 Ctrl + U 를 눌러 스마트 가이드 기능을 활성화 한 다음 오브젝트 꼭짓점에서 안내선을 따라 드래그하여 정확한 모양을 그립니다.

06 사각형은 자르기 기능으로 분할한 다음 심벌마크의 색상을 적용하여 통일된 이미지를 나타냅니다. 나이프 툴을 지정하고, 안내선에 맞추어 세로 방향으로 사각형을 분할합니다.

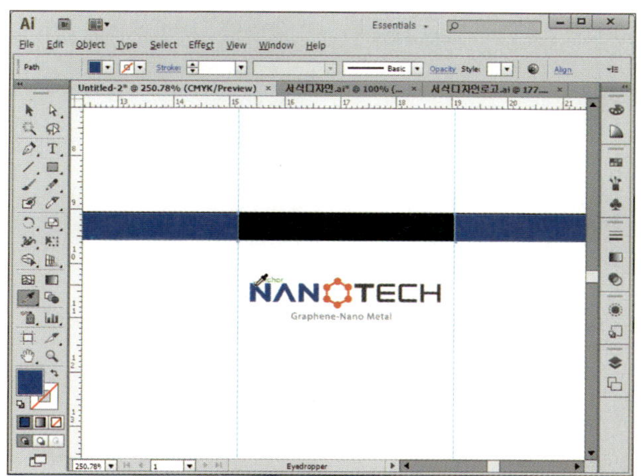

07 분할된 양쪽 사각형을 함께 선택한 후 스포이드 툴로 청색 로고의 색상을 적용합니다. 추출된 색상은 스와치 패널로 드래그 앤 드롭해서 등록하거나 스와치 패널 하단의 New Swatch 버튼을 클릭하여 등록해 놓고 다음 작업에 활용해 봅니다.

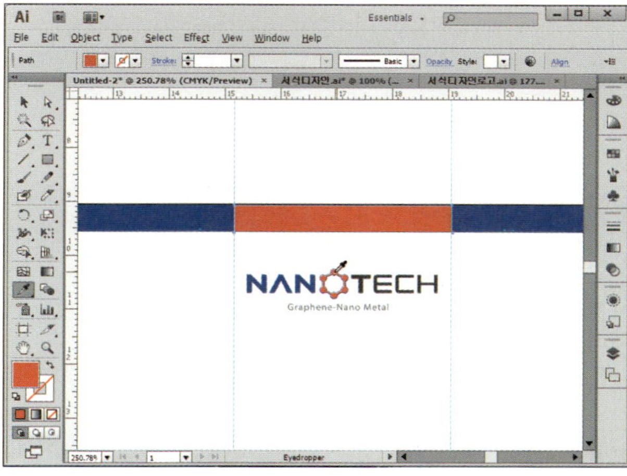

08 가운데 분할 면은 심벌에 적용된 붉은 색상을 추출하여 적용시키세요. 분할 면을 만들고, 색상이 적용되었으면 [Ctrl]+[;]를 눌러 안내선을 가려줍니다.

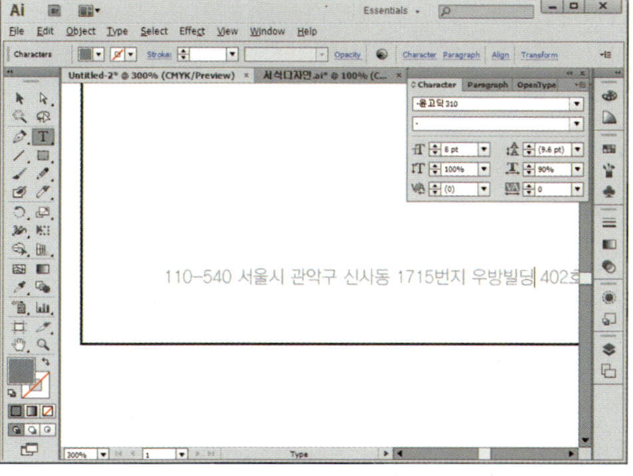

09 이제 레터헤드 밑으로 이동하여 회사의 주소를 입력합니다. 이 때 사용된 글꼴의 속성은 고딕 계열의 서체로 8pt, 장평으로 90% 적용하여 기본 정보를 입력하고, 자간을 조정하여 용지 가로 폭에 맞추면 됩니다.

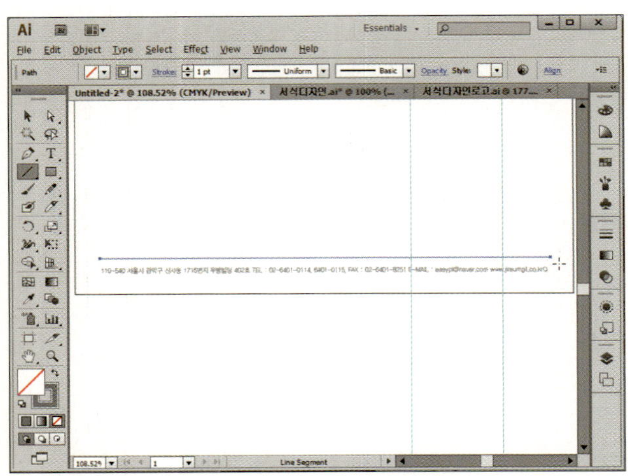

10 그런 다음 선 툴을 이용하여 회사 문구 위쪽에 1pt의 회색 선을 그립니다.

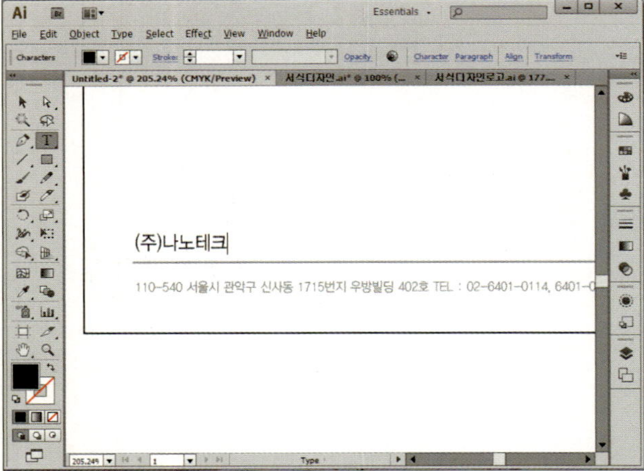

11 선 위에는 "(주)나노테크"라는 회사의 한글 로고를 고딕 계열의 두꺼운 서체로 입력해 보세요.

12 레터헤드 안쪽으로 회사의 심벌마크를 이용하여 디자인을 추가합니다. 상단의 심벌마크는 로고와 심벌이 그룹으로 지정되어 있습니다. 로고를 제외한 심벌을 선택하기 위해서 심벌마크를 더블 클릭합니다. Isolation 모드로 전환되면 심벌을 선택하고, Ctrl + C 를 눌러서 복사합니다. 그러면 도큐먼트 빈 공간을 클릭해서 Isolation 모드를 해제합니다.

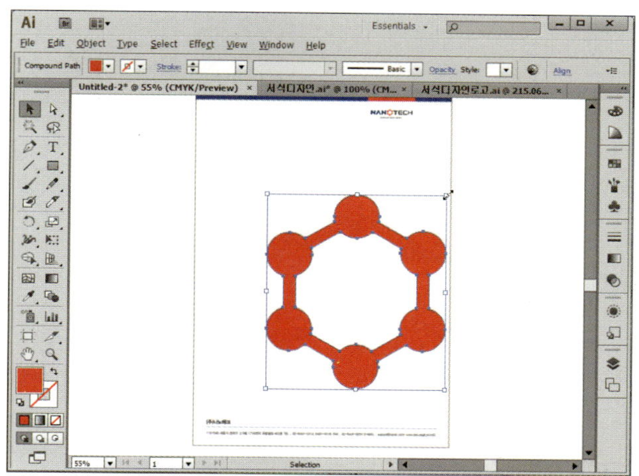

13 복사된 심벌은 `Ctrl`+`V` 명령으로 붙여넣고, 바운딩 박스를 조절하여 레터헤드에 가득차도록 확대합니다.

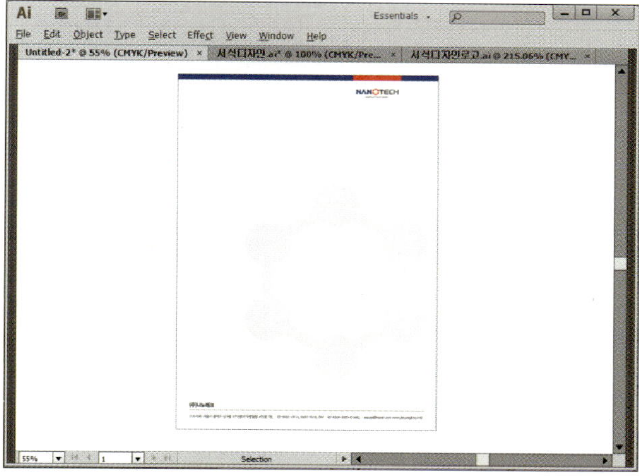

14 그런 다음 스와치 패널에서 K5 색상을 적용합니다. 기본적인 레터헤드가 완성되었습니다. 일반적으로 회사의 심벌마크와 로고타입을 부각시키는 방법으로 제작되어지며 가독성과 기능성을 고려하여 디자인 되는 것이 중요합니다.

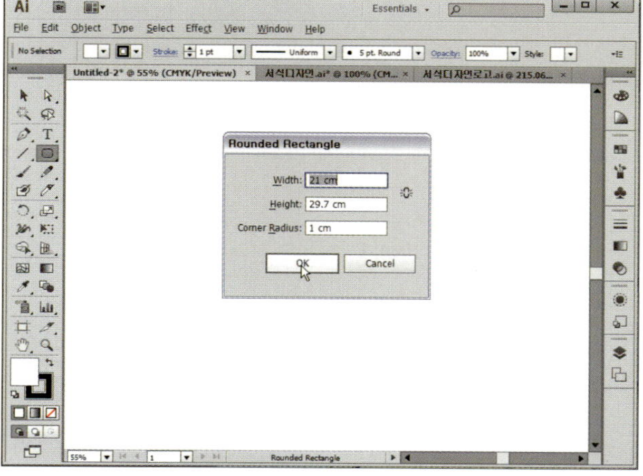

15 이번에는 모서리가 둥근 형태의 디자인으로 앞면과 뒤쪽 면을 작업해 보겠습니다. 둥근 사각형 툴을 도큐먼트에 클릭하고 A4 크기를 지정한 다음 둥근 모서리의 범위를 1cm 적용합니다.

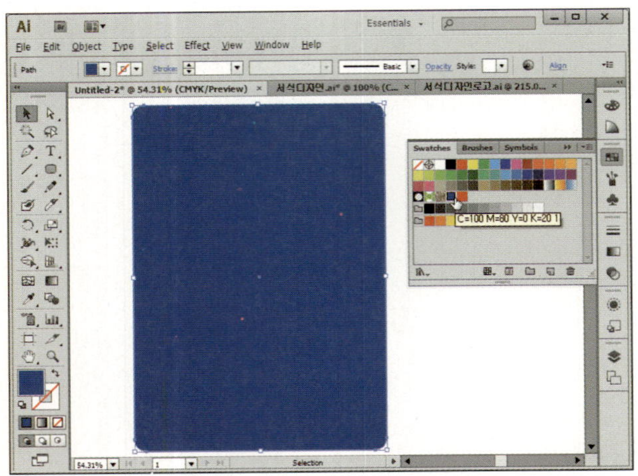

일러스트레이터 CS6

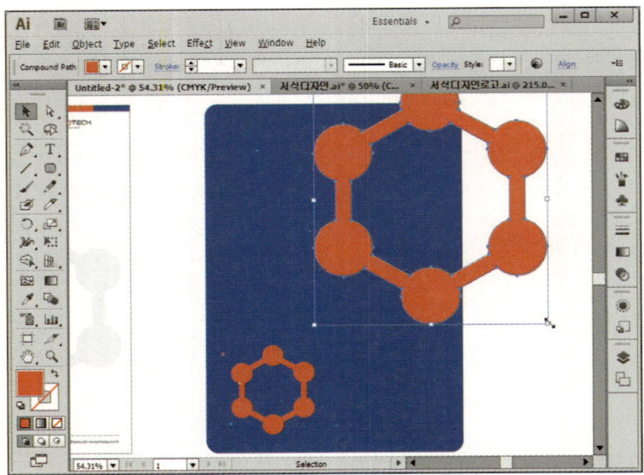

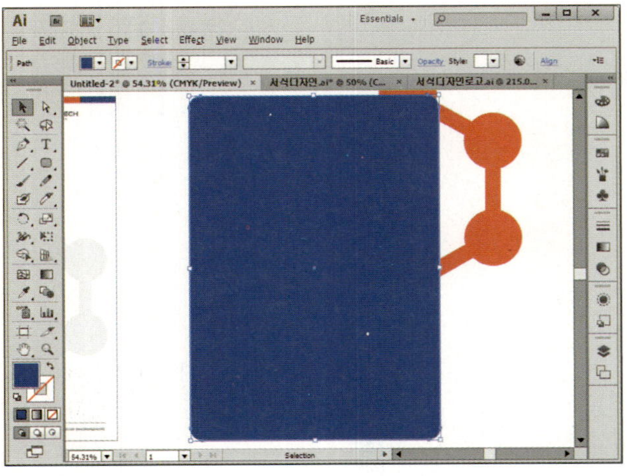

16 색상을 적용하고, 심벌마크를 활용하여 디자인 합니다. 스와치 패널을 열고 앞선 작업과정에서 등록한 로고의 색상을 적용하거나 스포이드 툴로 색상을 추출합니다.

도무송
도무송은 사각형이 아닌 원, 타원, 다각형 등의 별도의 용지 형태가 필요할 때 사용하는 것으로 나무에 제작물의 형태를 칼로 만들어서 찍어내는 것을 말합니다.

17 심벌마크에서 심벌을 복사한 다음 크기와 위치를 조절합니다.

18 경계를 벗어난 부분은 레터헤드 안쪽으로 보이도록 마스크를 적용합니다. 둥근 사각형을 선택하고, 복사한 다음 제자리에 붙여넣기 합니다.

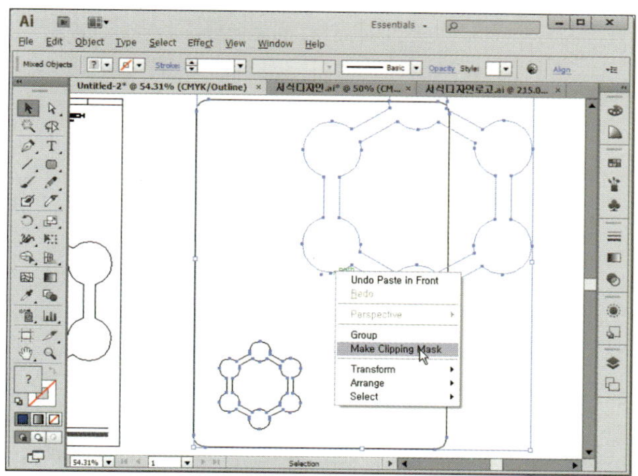

19 이제 밑에 놓인 두 개의 심벌과 함께 선택한 다음 마스크를 적용하세요. 이때는 숨겨진 작은 심벌도 함께 마스크로 적용하기 위해서 Ctrl + Y 를 눌러 Outline 모드로 전환한 다음 선택 작업을 진행하세요. Outline 모드로 전환한 다음 둥근 사각형이 선택되어진 상태에서 Shift 를 누르고 큰 심벌과 작은 심벌을 차례로 선택한 후 마우스 우측 버튼을 클릭해서 마스크를 적용합니다.

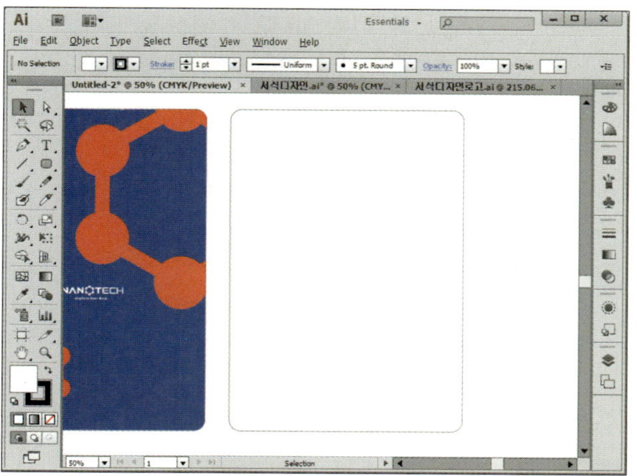

20 Ctrl + Y 를 눌러서 Preview 모드로 전환하고, 심벌마크를 복사하여 레터헤드 중앙에 크기와 위치를 조절한 다음 흰 색상을 적용합니다.

21 앞면을 나타낼 오브젝트를 추가합니다. 청색 둥근 사각형을 복사하고, 면과 선은 기본 속성으로 적용합니다.

Illustrator CS6

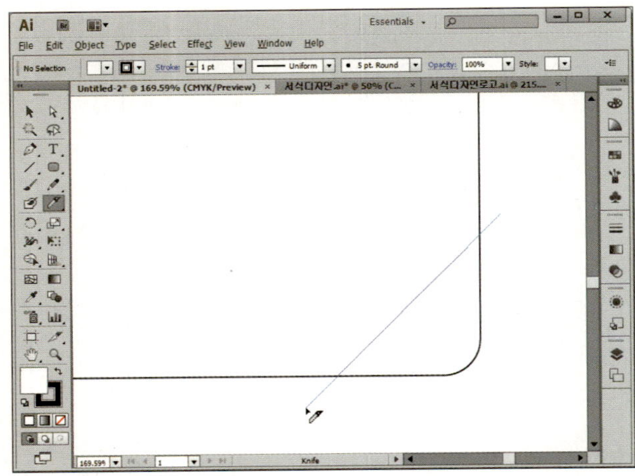

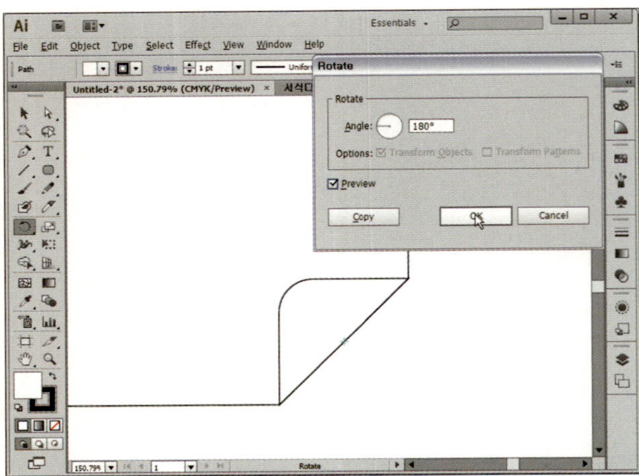

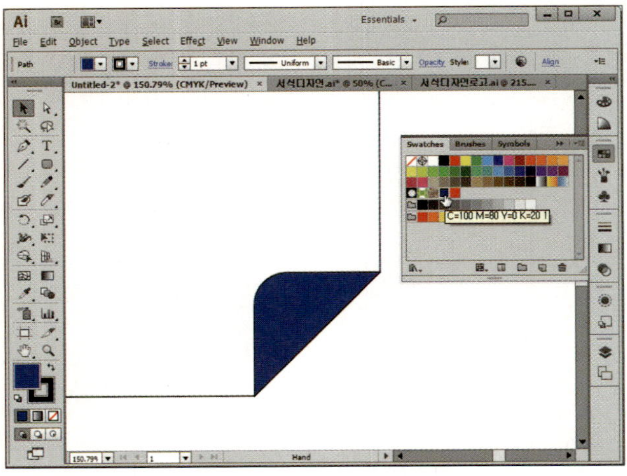

22 앞면에는 뒷면의 색상을 보여주는 것이 좋을 것 같습니다. 그림과 같이 나이프 툴로 드래그하여 우측 하단 부분을 자릅니다. 이때는 45° 각도 사선으로 정확히 잘라야 하므로, Alt +Shift 를 누르고 드래그합니다.

강의노트

나이프 툴의 사용

모든 툴을 사용할 때 Shift 를 누르면 수직, 수평, 45° 의 각도로 이동하거나 회전, 반전됩니다. 하지만 나이프 툴은 Ctrl +Shift 를 눌러야 동일한 기능을 수행하게 됩니다.

23 잘려진 오브젝트는 닫힌 도형으로 되어 있습니다. 선택 툴로 잘려진 우측 하단의 오브젝트를 선택한 다음 회전 툴을 더블 클릭합니다. 대화창에 180°를 입력하고, OK 버튼을 클릭합니다. 그 결과 잘려진 오브젝트가 레터헤드가 접힌 모양으로 보이게 됩니다.

24 이제 오브젝트의 면 색상으로 스와치 패널에 등록한 청색을 적용합니다.

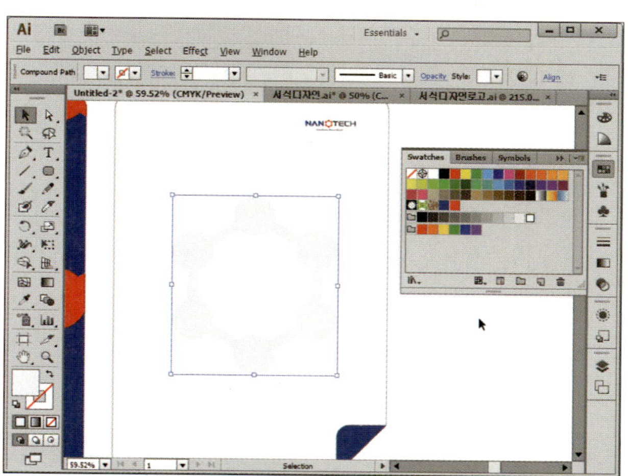

25 심벌마크를 복사하여 상단에 배치합니다. 심벌마크에서 모양을 복사한 다음 레터헤드 중앙에 가득 차도록 확대시킵니다. 그리고 K5 색상으로 은은한 배경효과를 만듭니다.

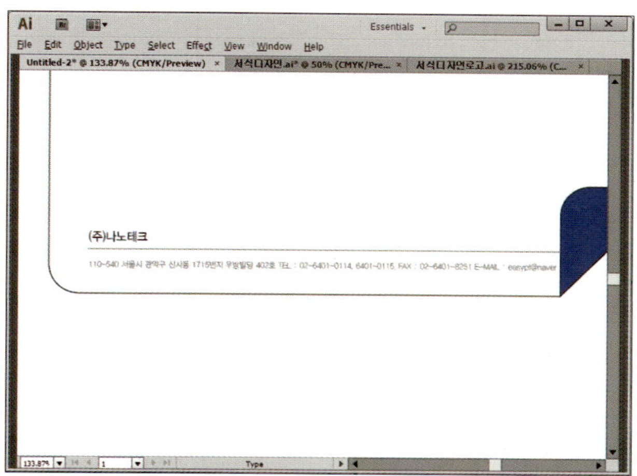

26 그런 다음 주소와 회사 로고, 라인 등을 만들어서 완성합니다.

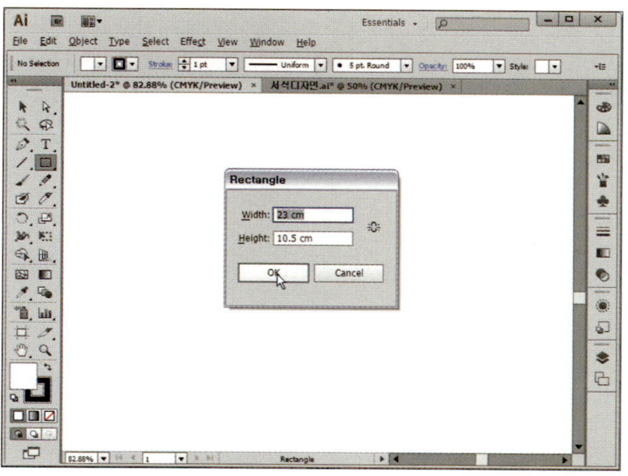

27 레터헤드가 디자인 되었으면 동일한 기업 이미지를 나타내는 업무용 봉투를 제작해 보겠습니다. 일반적인 레터헤드의 크기는 대부분 A4 크기입니다. 따라서 소봉투는 A4 크기의 용지가 들어갈 수 있는 적당한 크기로 제작되어야 합니다. 사각형 툴로 화면을 클릭한 다음 가로와 세로의 길이를 23cm×10.5cm으로 설정합니다. A4 용지를 3단으로 접었을 때 들어갈 수 있는 봉투의 기본 형태를 나타낸 것입니다.

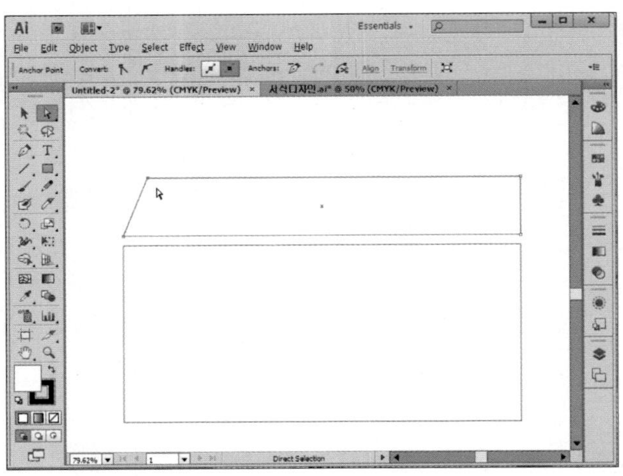

28 봉투의 날개를 만들기 위해서 선택 툴로 사각형을 Alt + Shift 를 누르고 드래그하여 복사본을 만듭니다.

29 직접 선택 툴로 윗면의 좌 우측 포인트를 드래그하여 선택하고 밑으로 이동시켜 세로 폭을 축소시킵니다.

30 직접 선택 툴로 좌측 상단의 포인트를 선택한 후 안쪽으로 이동시킵니다. 이 때는 키보드의 방향키를 이용하여 정확한 간격으로 이동시킵니다. 다시 우측 포인트를 선택 한 다음 좌측과 동일한 간격으로 이동시킵니다.

방향키의 활용

앵커 포인트나 오브젝트를 이동할 때는 키보드의 방향키를 사용합니다. 방향키를 누르면 1px 단위로 거리가 조정됩니다. 이 때 Shift 를 함께 누르면 10px 단위로 거리를 이동할 수 있습니다.

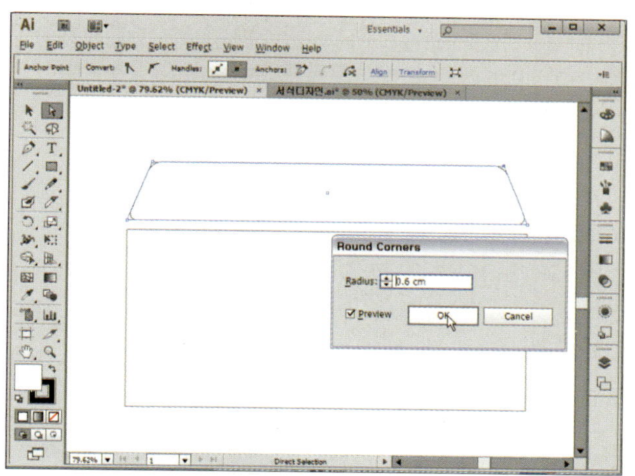

31 [Effect]−[Stylize]−[Round Corners]를 실행합니다. 대화창에는 둥근 모서리의 범위를 0.6cm로 설정합니다. 사각형의 모서리가 입력한 수치만큼 둥글게 처리됩니다.

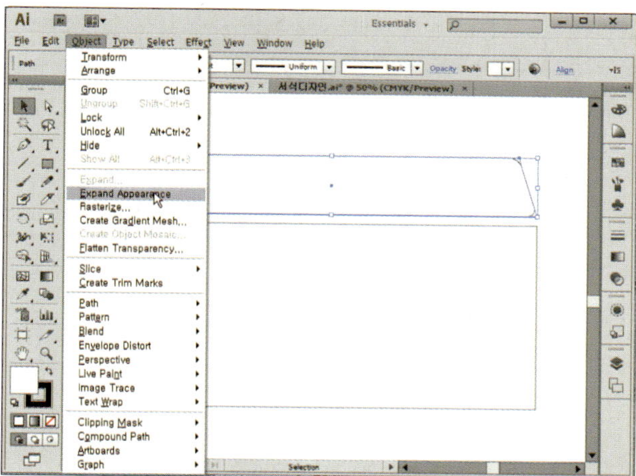

32 Effect 기능이 적용된 오브젝트의 모양 속성을 확장합니다. [Object]−[Expand Appearance]를 적용합니다.

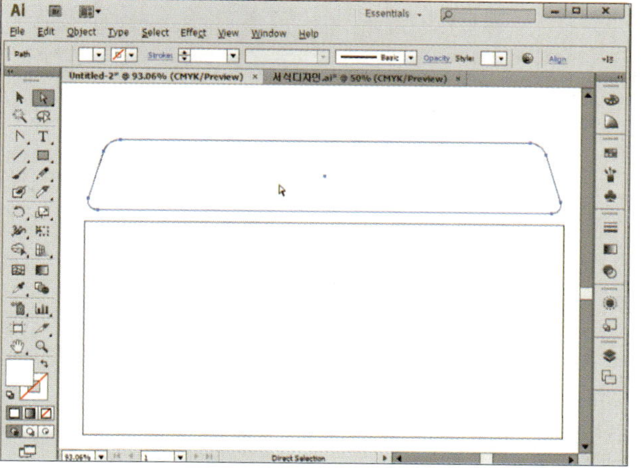

33 그 결과 모서리가 둥근 오브젝트로 변경됩니다.

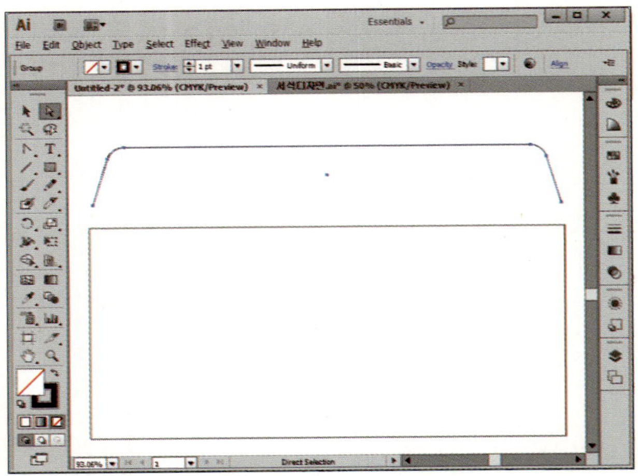

34 둥근 모서리 아래쪽 면은 직선으로 나타낼 것입니다. 오브젝트의 하단 포인트를 직접 선택 툴로 선택한 다음 Delete 를 눌러 삭제합니다.

35 그런 다음 양쪽 끝 포인트들을 선택하고, 마우스 우측 버튼을 눌러서 Join을 실행합니다. 단축 기능으로 Ctrl + J 를 눌러도 됩니다.

Join 기능

Join 기능을 실행하기 위해서는 반드시 서로 연결되지 않은 라인의 끝 부분에 있는 두 개의 포인트를 선택한 상태에서 실행해야 합니다.

36 떨어져 있던 포인트가 연결되면서 닫힌 오브젝트로 변경됩니다.

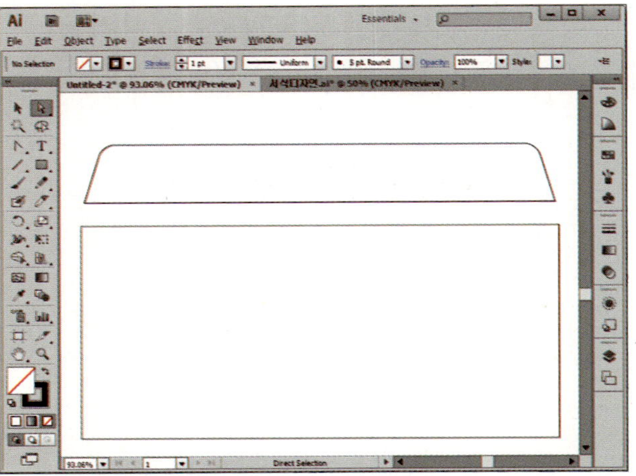

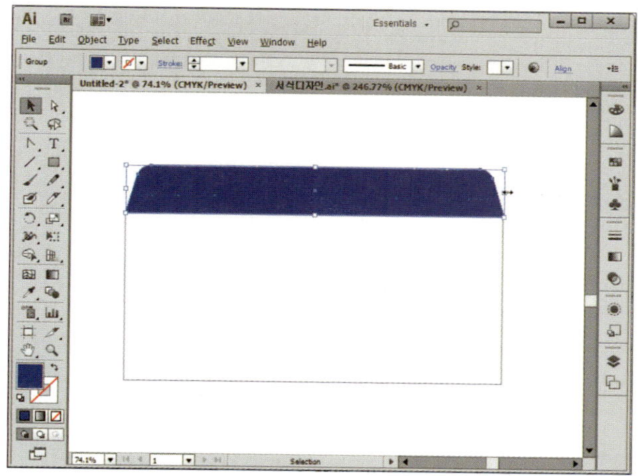

37 날개 부분은 면 속성으로 나타낸 다음 스와치 패널에 등록된 청색을 적용합니다. 색상이 적용된 날개는 아래쪽에 있는 사각형과 가로의 크기가 일치하도록 바운딩 박스를 이용해서 가로 폭을 맞춥니다.

38 봉투의 날개 부분 밑에는 가로로 긴 사각형을 만들고, K20 색상을 적용합니다. 심벌마크는 그림과 같이 적당한 크기로 위치시킵니다.

39 마크의 가로 폭에 맞추어 안내선을 만듭니다.

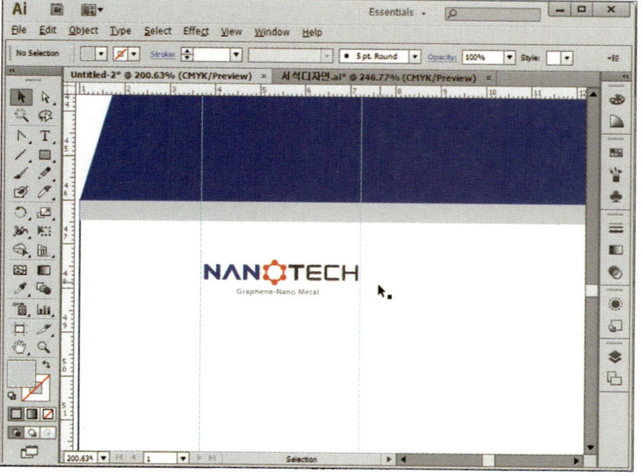

Illustrator CS6

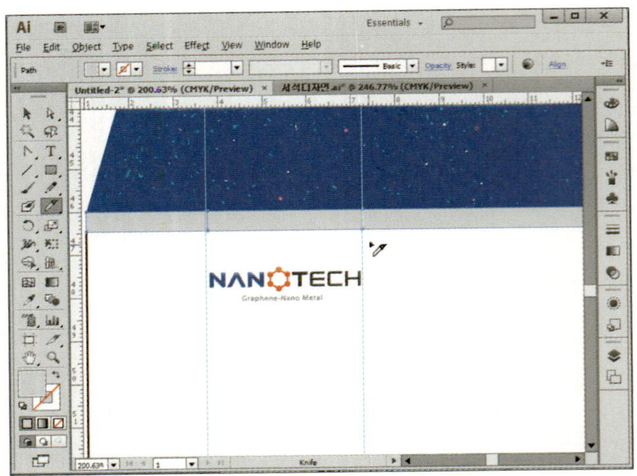

40 그런 다음 안내선에 맞추어 분할 면을 만드세요. 나이프 툴로 수직 방향으로 정확히 잘라내기 위해서 Alt + Shift 를 누르고 드래그합니다.

41 가운데 분할 면에는 심벌 색상으로 적용된 붉은 색상을 적용합니다.

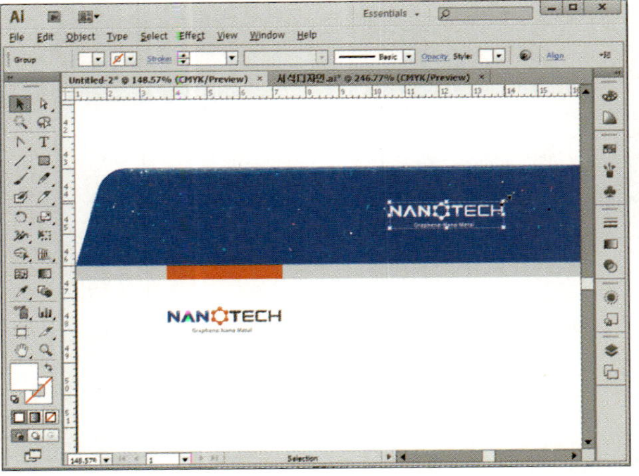

42 봉투를 붙이는 날개 부분에는 심벌마크를 복사한 다음 흰색을 적용하고, 크기를 조절하여 중앙에 배치합니다.

일러스트레이터 CS6

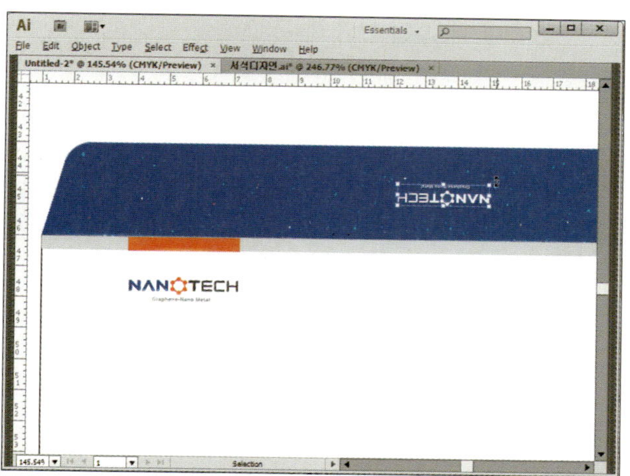

43 크기가 조정되었으면 반대로 접히는 부분이므로 180° 회전시킵니다. 바운딩 박스를 이용하여 회전시키면 됩니다.

44 그림과 같이 심벌마크 밑에는 주소와 기업의 정보를 입력합니다. 주소는 여러분들의 주소 또는 명함에 사용된 주소로 입력합니다. 서체는 고딕계열의 7pt 정도로 입력하고, K60 색상을 적용합니다.

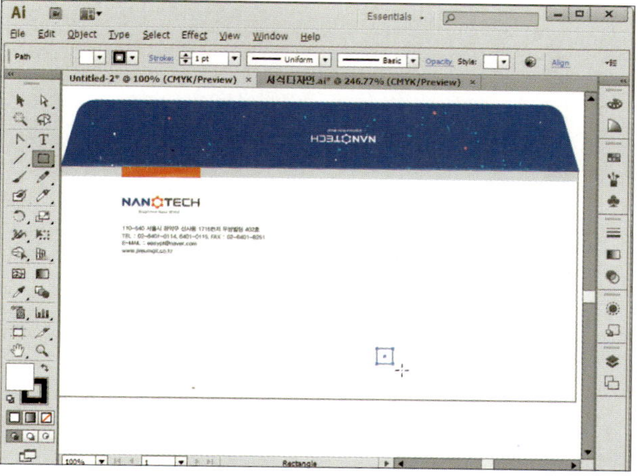

45 상대방의 우편번호를 기재할 공간은 사각형 툴을 이용하여 정사각형을 만듭니다.

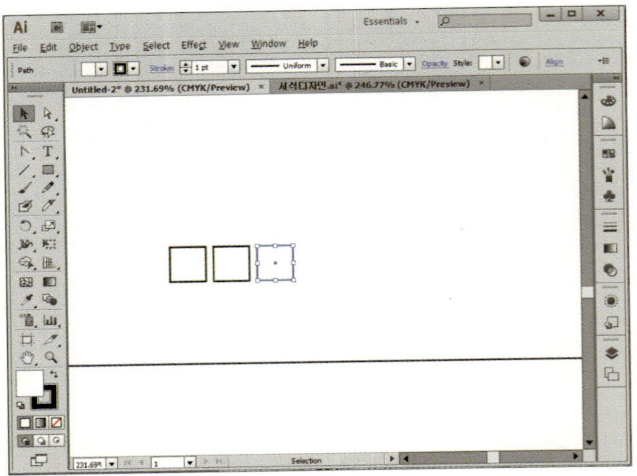

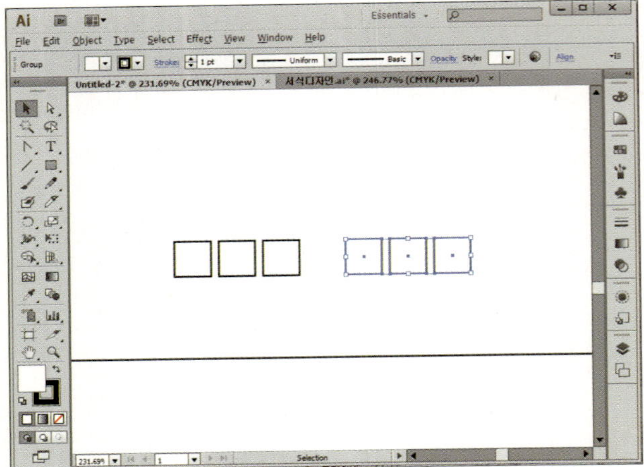

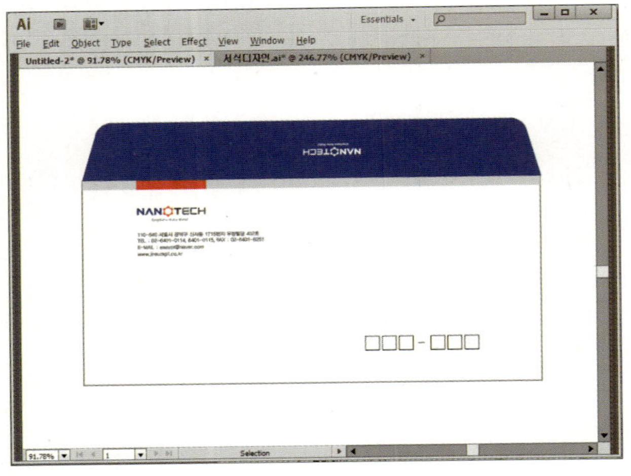

326

일러스트레이터 CS6

46 반복된 모양은 선택 툴로 [Alt]+[Shift]를 누르고, 우측으로 드래그하여 복사본을 만든 다음 [Ctrl]+[D]를 누르면 앞서 적용된 복사 이동 기능이 반복되어 실행됩니다.

다단복제 기능
이전 단계에서 적용한 편집 기능은 다단복제 기능으로 빠르게 적용할 수 있습니다. 일정한 간격으로 오브젝트를 복사 또는 회전시킬 때 편리합니다. 단축 기능으로 [Ctrl]+[D]를 눌러서 실행할 수 있습니다.

47 세 개의 박스가 만들어 졌으면 모두 선택한 다음 선택 툴로 복사본을 만들어 나타냅니다.

48 가운데 부분은 선 툴로 라인을 만들어 우편번호 입력 공간을 완성합니다. 이렇게 해서 업무용 소봉투 작업은 마무리 되었습니다. 대봉투, 명함, 프레젠테이션 서식 등에도 기업의 CI에서 규정된 색상과 그래픽 요소를 바탕으로 디자인의 통일감을 나타내어 다양한 결과물로 적용할 수 있다는 점 기억해 두시기 바랍니다.

 **실전문제**

1. 업무용 대봉투를 제작해 보세요.

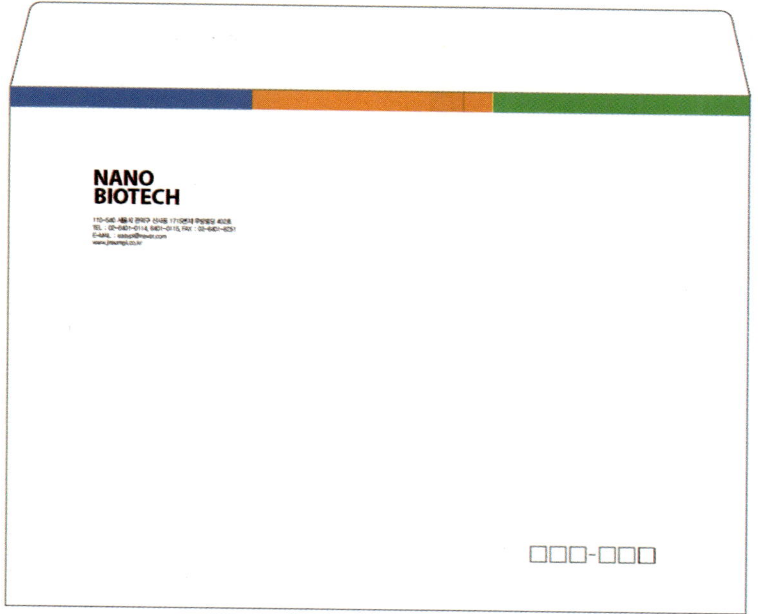

▲ 완성 파일 : Artwork〉서식디자인(실전문제).ai

힌트

① 사각형 툴로 33.5cm×24cm 크기의 사각형을 만듭니다.

② 봉투가 닫히는 날개 부분은 사각형 도형과 둥근 모서리 효과로 나타냅니다.

③ 봉투 상단에는 분할 면을 만들고, 그림처럼 색상을 적용합니다.

④ 로고타입과 기업의 주소를 입력합니다.

⑤ 우편 번호를 기입할 박스를 만들어 완성합니다.

2. 기업의 심벌 마크를 활용하여 소봉투와 레터헤드를 제작해 보세요.

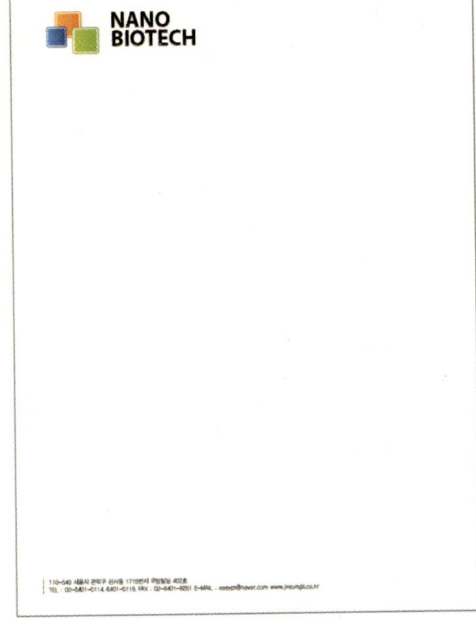

▲ 완성 파일 : Artwork〉서식디자인(실전문제).ai

힌트

① 가로 23cm, 세로 10.5cm 크기의 소봉투 규격을 사각형 툴로 만듭니다.

② '서식디자인로고.ai' 파일에 포함된 심벌과 로고타입을 이용하여 앞면을 디자인 합니다. 로고를 제외한 심벌은 크기를 확대하고, 회전시켜 사각형 안쪽으로 보일 수 있도록 마스크를 적용합니다.

③ 로고타입을 배치하고, 주소와 기업의 정보를 문자 툴로 입력하세요.

④ 우편 번호를 기입할 박스를 만들어 소봉투를 완성합니다.

⑤ 레터헤드를 나타낼 A4 크기의 사각형을 만듭니다.

⑥ 심벌마크를 복사한 다음 적당한 위치에 크기와 위치를 조절합니다.

⑦ 분할 면을 만들고, 기업의 주소와 정보를 입력해 보세요.

3. 다음 서식을 제작해 보세요.

◀ 완성 파일 : Artwork/서식디자인(실전문제).ai

힌트

① 둥근 모서리 사각형 툴을 이용하여 A4 크기의 기본 형태를 나타내고, 면 색상으로 C50, Y100을 적용합니다.

② 레터헤드 앞면을 디자인하기 위해서 심범마크를 구성하는 흰색 테두리를 복사한 다음 크기를 조절하여 배치합니다. 복사본을 만들어 그림과 같이 겹쳐진 모양을 구성해 보세요.

③ 모양이 조정되었으면 Transparency 패널에서 오브젝트에 투명도를 적용하여 배경에 비추어진 모습을 나타냅니다.

④ 심벌과 로고타입을 복사한 다음 로고 타입의 색상과 크기를 조절하여 중앙에 배치하세요.

⑤ 좌측 하단에 접혀진 모습을 나타내기 위해서 나이프 툴로 오브젝트를 분할한 다음 회전 툴로 안쪽으로 접혀진 모양을 나타냅니다.

⑥ 접혀진 부분은 뒷면 색상으로 나타내기 위해서 밝은 회색의 면 색상을 적용하여 디자인을 완성합니다.

18

청첩장 만들기

모던한 스타일의

이번 작업과정은 개인이나 기업의 행사가 있을 때 제작하는 청첩장, 초대장을 제작해 보는 시간입니다. 소중한 시간을 함께해 달라는 감사의 글을 보내는 것이므로 성의 있게 제작되어야 하며 고급스러움과 상징성 있게 제작되어야 합니다. 청첩장은 일생에 한번 뿐인 소중한 시간을 축복과 감사의 마음을 담아 전달해야 합니다. 기성품을 사용해도 되지만 행사에 맞는 별도의 디자인과 아이디어가 담긴 디자인으로 전하면 더욱 뜻 깊은 자리로 빛낼 수 있을 것입니다. 작업을 진행하면서 청첩장과 같은 초청을 위한 편집물을 제작하기 위한 일러스트레이터의 활용 기법을 익히시기 바랍니다.

■ 제작 포인트

패턴의 등록과 적용, 대칭된 모양 만들기, 패스의 편집, 블렌드 기능으로 반복되는 오브젝트 만들기, 오브젝트 합성하기, 마스크 기능, 문자 속성 조정하기

 완성물 미리보기

▲ 완성 파일 : Artwork/초대장디자인.ai

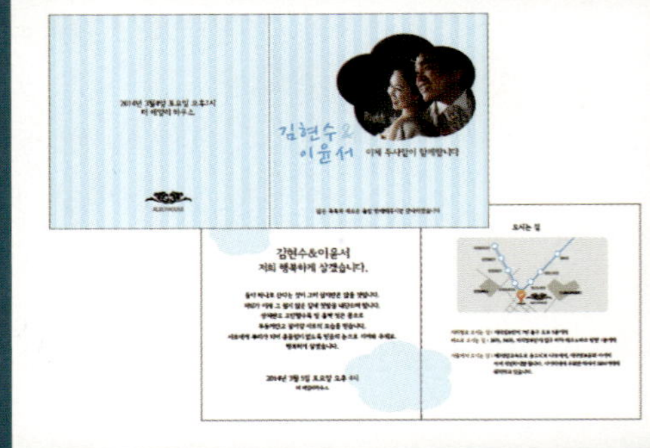

▲ 완성 파일 : Artwork/초대장디자인.ai

직접 해보기

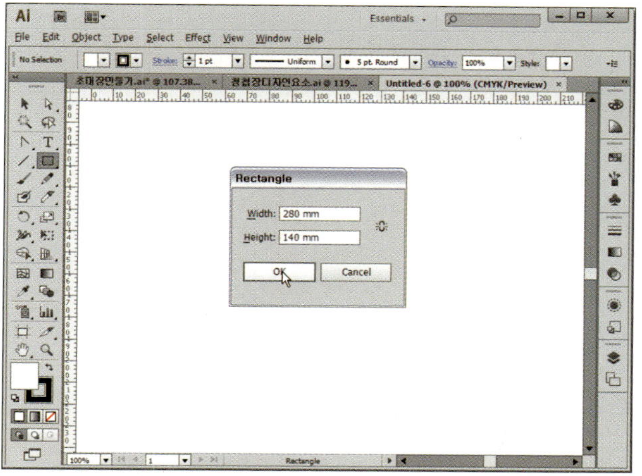

01 청첩장의 크기는 종류나 특성별로 다양하게 제작되고 있습니다. 작업에서는 일반적인 크기로 제작해 봅니다. 사각형 툴로 화면을 클릭하여 가로 280mm, 세로 140mm 크기의 사각형을 만듭니다.

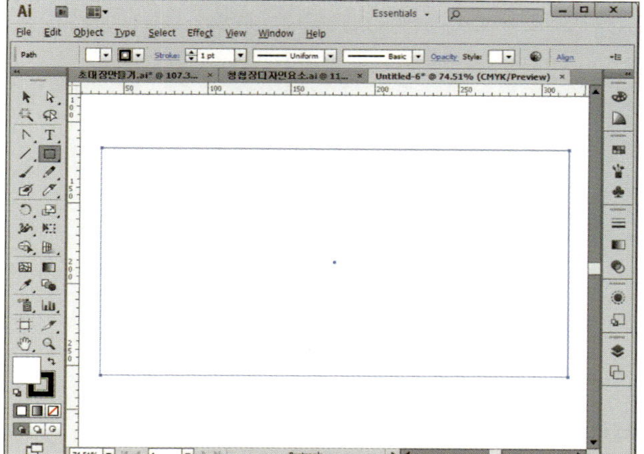

02 중간 부분이 접혀 가로로 펼쳐지는 청첩장 모양으로 도안할 것입니다.

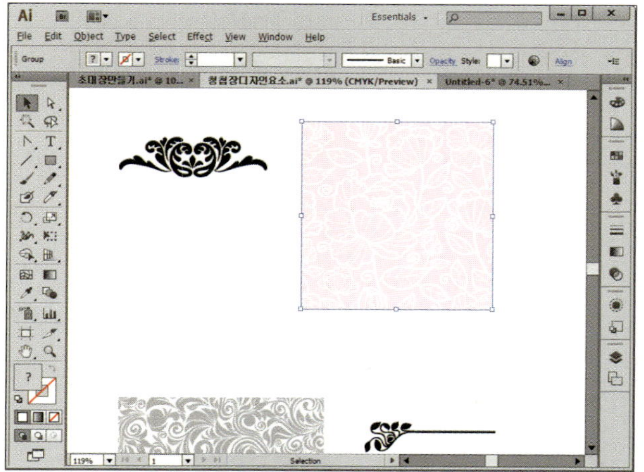

03 Source 폴더 안의 '청첩장디자인요소.ai' 파일을 열고, 주어진 문양을 패턴으로 적용시켜 보겠습니다. 소스 파일에서 문양을 선택하고, Ctrl + C 를 눌러서 복사합니다.

Illustrator CS6

일러스트레이터 CS6

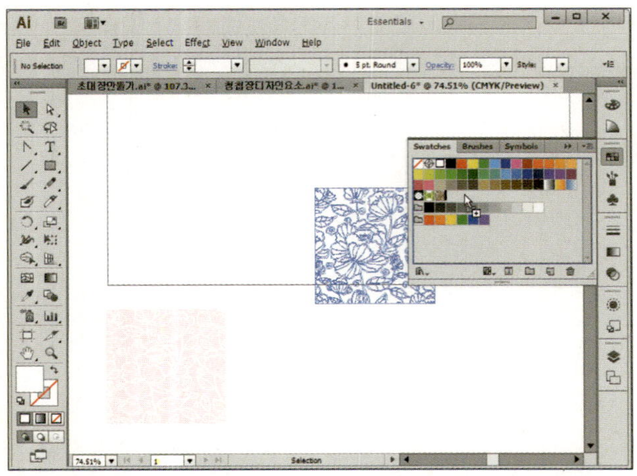

04 작업 도큐먼트로 이동한 다음 `Ctrl` +`V`를 눌러서 복사본을 붙여넣기 합니다. 스와치 패널을 열고, 드래그 앤 드롭으로 패턴 등록을 합니다.

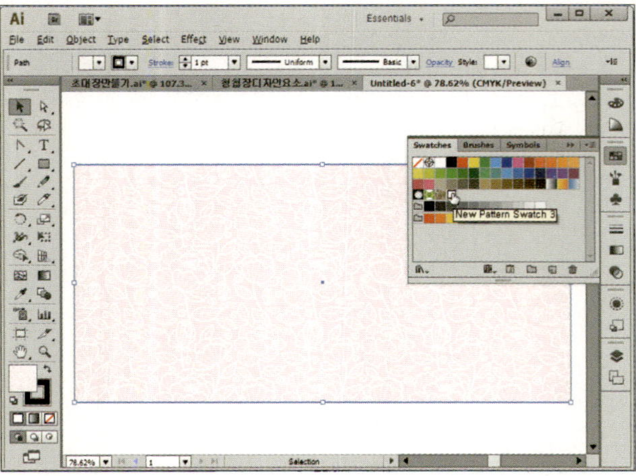

05 그러면 사각형을 선택한 후 스와치 패널에 등록된 패턴을 클릭합니다. 반복되는 문양의 패턴으로 배경이미지가 만들어집니다.

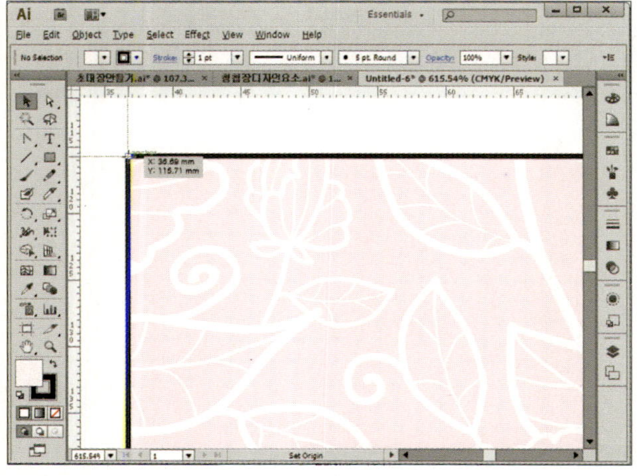

06 중앙 부분에 접히는 부분을 표시하기 위해서 안내선을 추가하고, 칼선을 만들어 보겠습니다. 먼저 `Ctrl`+`R`을 눌러서 눈금자를 열고, 사각형 좌측 상단 모서리에 맞추어 눈금자의 0 점을 맞춥니다. 좌측 상단의 눈금 안에서 오브젝트 모서리로 드래그 합니다. 눈금선의 0 점이 사각형 모서리 위치에 맞추어 조정됩니다.

손바닥 툴로 확대된 도큐먼트를 이동한 다음 눈금자 140mm 지점에 맞추어 세로 방향의 안내선을 만듭니다.

칼선 만들기

칼선은 인쇄물에서 접혀지는 부분에 홈을 내는 기준선을 말합니다. 즉 브로슈어, 초대장, 표지 등 두께감이 있는 용지를 정확한 모양으로 접을 수 있도록 칼선을 작업에 추가하게 됩니다.

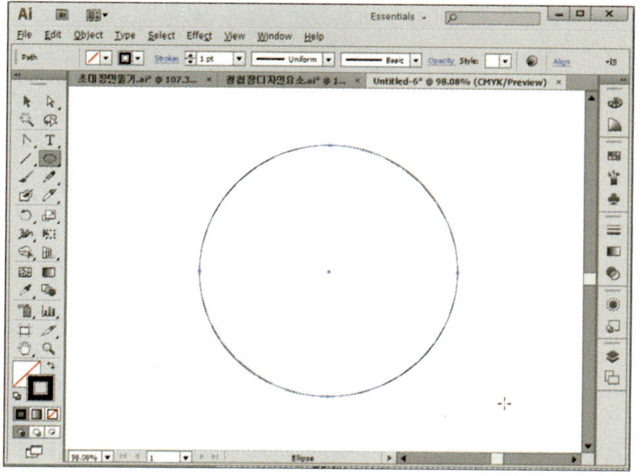

그런 다음 선 툴을 이용하여 세로의 선을 만듭니다.

청첩장 앞면에는 하트 모양으로 이미지를 나타낸 다음 안내 문구를 넣어 마무리 할 것입니다. 하트 모양을 만들어 보겠습니다. 원형 툴로 선 속성의 정원을 그립니다.

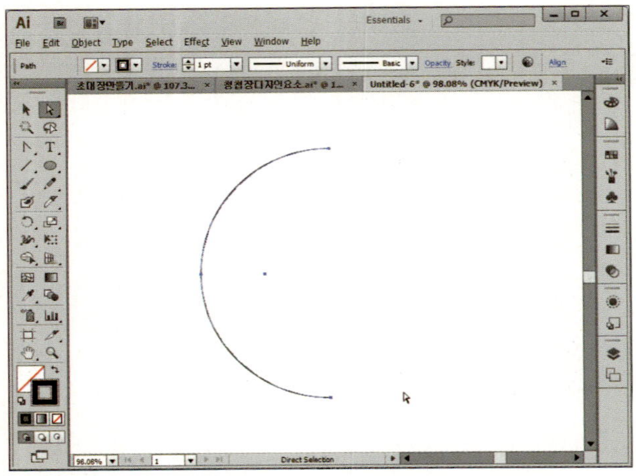

10 하트의 한쪽 모양을 조정하여 나타낸 다음 대칭된 모양은 복사본으로 나타내는 것이 효과적입니다. 먼저 직접 선택 툴로 우측 포인트를 선택한 다음 Delete를 눌러서 삭제합니다. 반원 크기의 열린 패스가 만들어 집니다.

11 좌측 가운데 포인트를 선택하고, 위쪽으로 이동시킵니다. 그런 다음 아래쪽 포인트를 클릭하고, 방향선을 움직여 모양을 조정합니다.

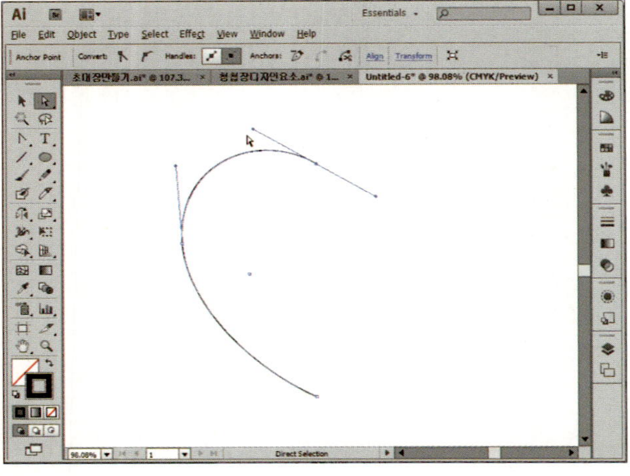

12 계속해서 상단의 포인트를 선택한 후 포인트의 위치와 방향선을 움직여서 하트의 반쪽 모양을 만들어 보세요. 그림과 같이 자연스러운 하트 모양이 나타날 수 있도록 포인트와 방향선 모양을 조정합니다.

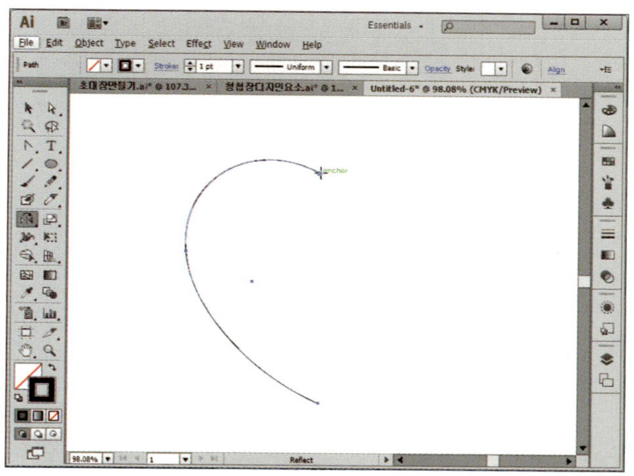

13 자연스러운 모양이 만들어 졌으면 반사 툴로 대칭된 모양의 복사본을 만듭니다. 이때는 우측 포인트를 기준으로 정확히 반전된 모양을 나타냅니다. Ctrl + U 를 눌러서 스마트 가이드 기능을 활성화 합니다. 반사 툴을 지정한 다음 Alt 를 누르고 오브젝트 우측 포인트를 클릭합니다. 스마트 가이드 기능으로 앵커 포인트에 마우스를 놓으면 자동으로 안내표시가 나오며 자석처럼 달라붙기 됩니다.

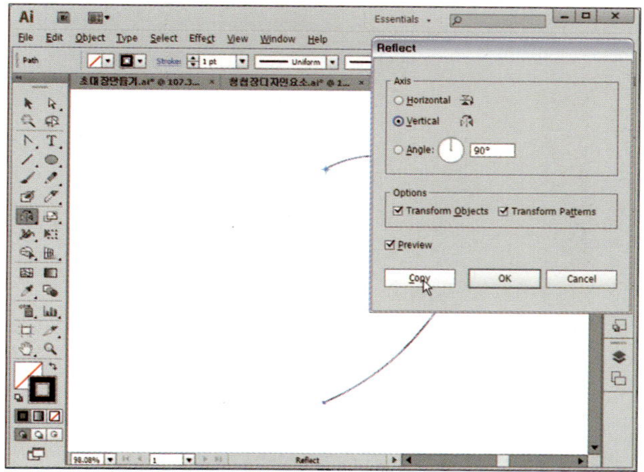

14 대화창에서 수직축으로 설정하고 Copy 버튼을 클릭합니다. 그러면 원본의 반대편에 복사본이 만들어지게 됩니다.

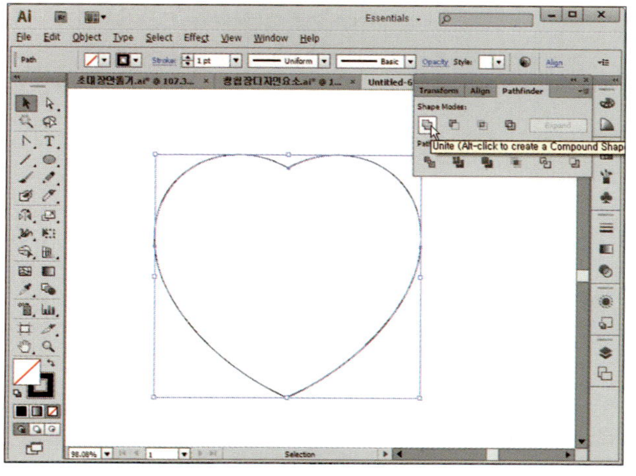

15 각각의 오브젝트는 패스파인더 기능으로 합쳐줍니다. 패스파인더 패널을 열고, Unite 버튼을 클릭합니다. 두 개의 오브젝트가 하나의 도형으로 합쳐집니다.

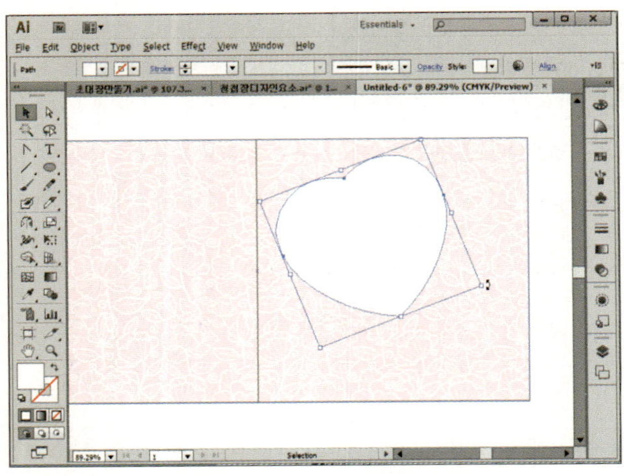

16 오브젝트의 속성은 면으로 나타낸 다음 흰색을 적용합니다. 그런 다음 청첩장 앞면에 배치하고, 크기와 위치를 조절합니다. 하트 모양 안쪽으로 이미지와 테두리를 나타낼 것입니다. 모양이 조정되었으면 마스크를 적용하기 위해서 복사본을 만들어 놓습니다. Ctrl + C 를 눌러서 복사합니다.

17 소스로 사용할 이미지를 불러옵니다. [File]-[Place]를 실행합니다.

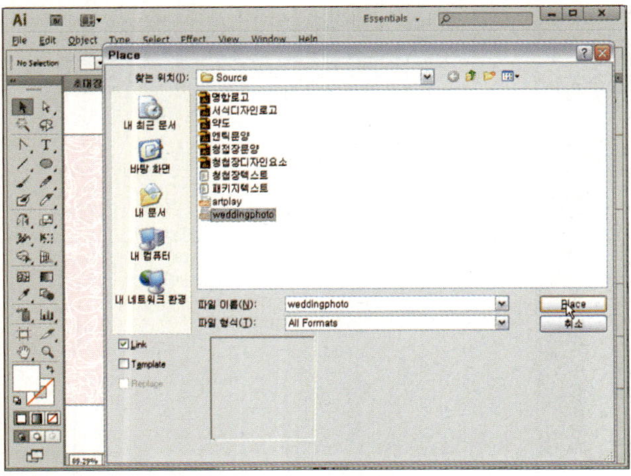

18 Source 폴더 안의 'weddingphoto.jpg'를 불러옵니다.

일러스트레이터 CS6

19 작업 도큐먼트에 이미지가 열립니다. 이미지의 위치를 하트 모양 위쪽으로 배치합니다.

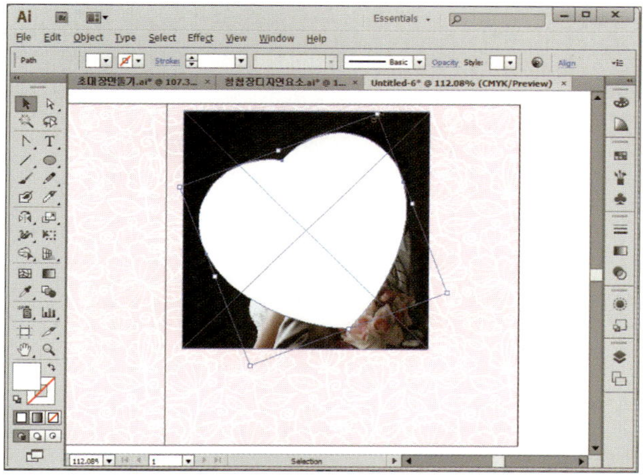

20 이제 앞서 복사한 하트 모양을 Ctrl +F를 눌러서 제자리에 복사본을 만들고, Alt +Shift를 누르고 모서리 조절점을 안쪽으로 드래그하여 조금만 축소시킵니다.

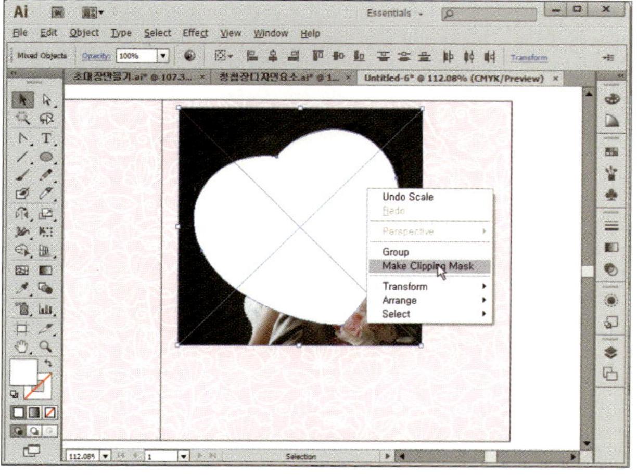

21 하트 모양과 이미지를 함께 선택한 후 마우스 우측 버튼을 클릭하여 Make Clipping Mask를 실행합니다.

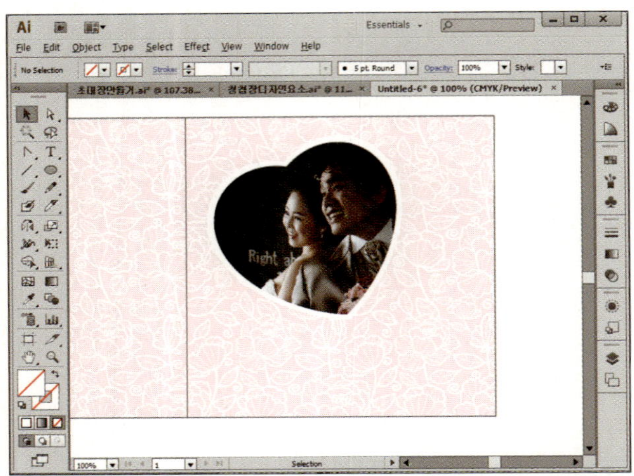

일러스트레이터 CS6

22 하트 모양 안쪽으로 이미지가 보이며 밑에 놓인 하트 모양으로 테두리 효과가 만들어 졌습니다.

23 이제 문자 툴로 안내 문구를 입력합니다. 청첩장의 내용은 실제 결혼하는 본인들의 의견을 따르고, 어른분들이 더 많이 보기 때문에 글자가 너무 작거나 장난식의 문구는 삼가야 합니다. 글꼴은 청첩장의 성격에 맞춥니다. 이름과 시간, 장소 전하는 메시지를 입력하고, 우측으로 정렬하여 색상을 적용합니다.

24 뒷면에는 간단한 메시지를 입력하고, 청첩장디자인소스 파일에서 심벌마크를 복사한 다음 크기를 조절하여 배치합니다.

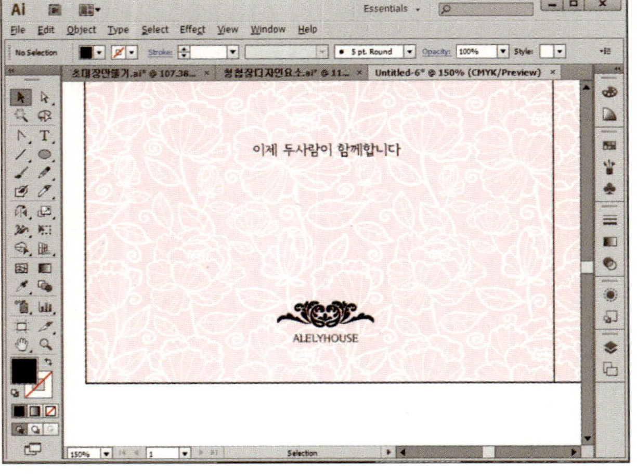

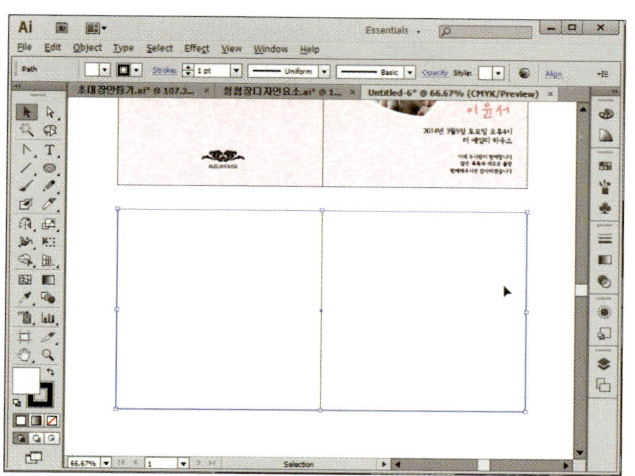

25 이제 청첩장 안쪽 면을 작업합니다. 패턴이 적용된 사각형과 가운데 선을 선택하고, [Alt]+[Shift]를 누르고 드래그하여 복사본을 만듭니다. 안쪽 면은 흰색 바탕에 문양으로 도안하기 위해서 패턴이 적용된 면은 흰색으로 적용합니다.

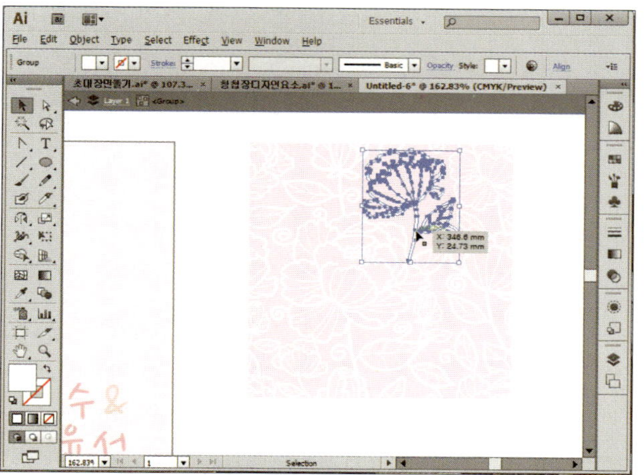

26 패턴으로 적용한 오브젝트의 문양을 복사한 다음 소스로 활용할 것입니다. 패턴 문양은 개별적인 오브젝트들이 그룹으로 적용되어 있습니다. 문양을 더블 클릭해서 Isolation 모드로 전환합니다. 선택 툴로 그림의 오브젝트를 선택하고, [Ctrl]+[C]를 눌러서 복사합니다.

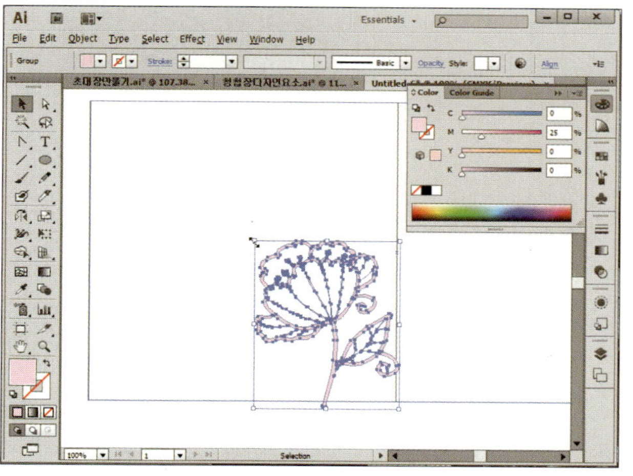

27 복사한 오브젝트는 [Ctrl]+[V]를 눌러서 붙여넣기하고, M25 색상을 적용합니다. 그런 다음 안쪽 면에 크기를 조정하여 배치합니다.

28 대칭된 모양의 복사본을 만들고, 크기와 위치를 조절합니다. 이때는 반사 툴로 복사본을 만들고, 크기와 각도를 조정하여 그림과 같이 배치합니다.

29 사각형을 벗어난 부분은 안쪽으로만 보일 수 있도록 마스크를 적용합니다. 사각형 툴을 선택하고, 오브젝트의 외곽선에 맞추어 직사각형을 추가합니다. 이때는 오브젝트의 선택을 쉽게 할 수 있도록 면과 선의 속성을 None으로 지정한 다음 작업하는 것이 효과적입니다.

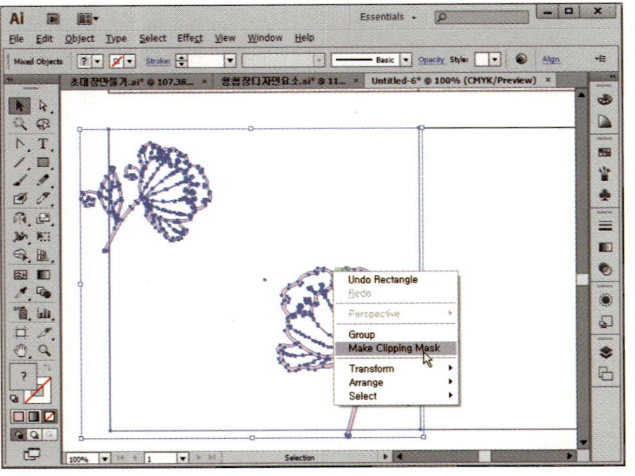

30 이제 사각형 밑에 놓인 두 개의 문양을 함께 선택하고, Make Clipping Mask 명령을 적용합니다.

31 문양이 청첩장 안쪽으로 보일 수 있도록 작업한 것입니다.

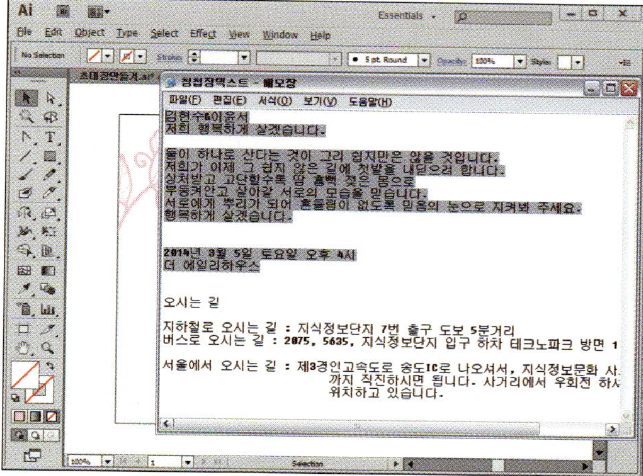

32 그런 다음 청첩장의 내용을 입력합니다. 청첩장에 기입되어야 할 내용은 Source 폴더 '청첩장텍스트.txt' 파일에서 문구를 복사하여 작성합니다.

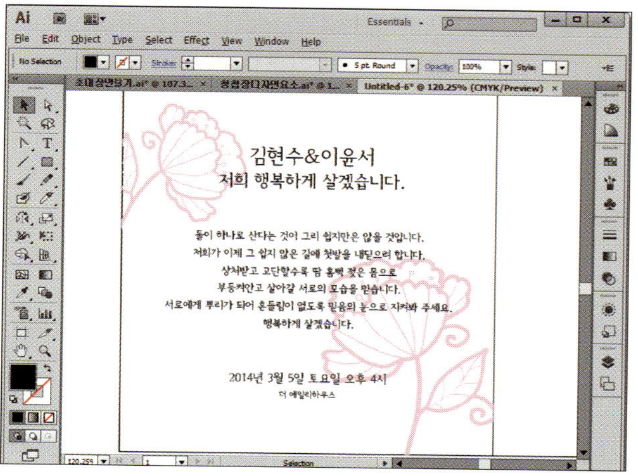

33 입력된 문구는 글꼴과 속성을 변경하고, 중앙 정렬로 나타냅니다. 청첩장이 펼쳐졌을 때의 첫 번째 면의 디자인과 내용이 작성된 것입니다.

341

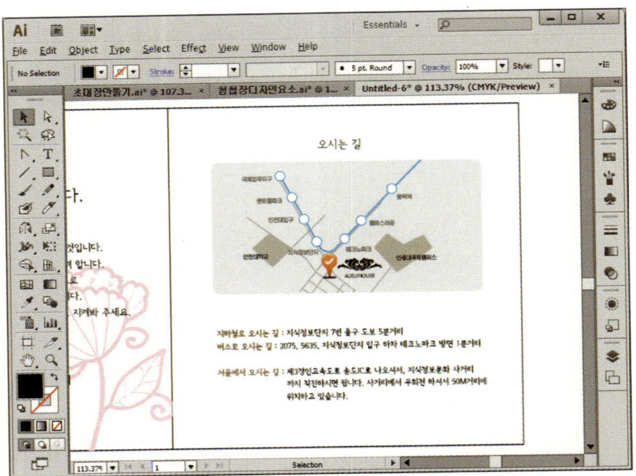

34 우측면에는 약도와 찾아오는 방법을 안내하는 문구로 작성합니다. 청첩장디자인요소 파일의 약도를 이용하고, 텍스트 파일의 안내문구를 복사한 다음 글꼴과 속성을 조정합니다. 이렇게 해서 패턴과 문양을 활용한 청첩장디자인이 완성되었습니다. 작업 파일은 인쇄소에서 용지와 제작 기간을 고려하여 제작되어야 하며, 경비도 고려해야 할 것입니다.

35 이번에는 스트라이프 스타일과 구름 문양이 적용된 청첩장으로 응용해서 작업을 진행해 보겠습니다. 청첩장의 기본 형태를 복사한 다음 C15 색상을 적용합니다.

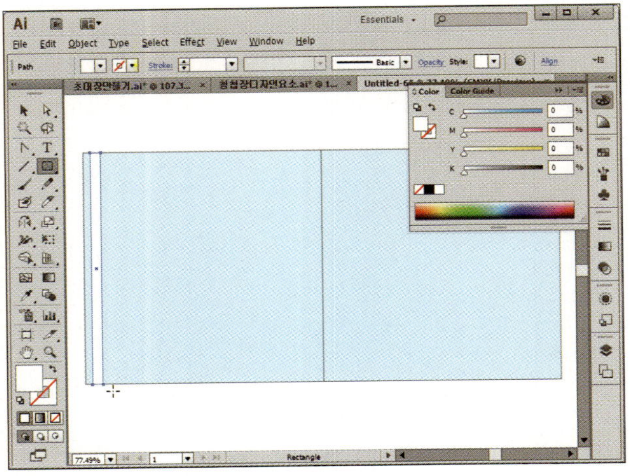

36 반복된 선 모양을 나타낼 때에는 블렌드 기능이나 다단 복제 기능을 이용하면 편리합니다. 사각형 툴을 선택하고, 큰 사각형 좌측 상단 부분에 새로운 사각형을 그립니다. 사각형은 흰색 면 속성으로 나타냅니다.

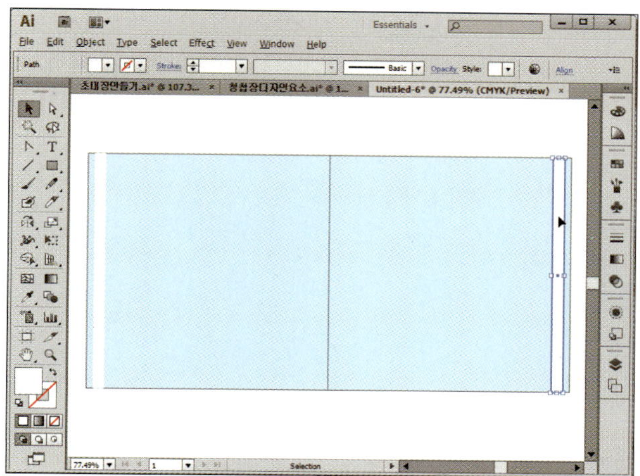

37 이제 사각형을 선택 툴로 [Alt] +[Shift]를 누르고 우측으로 드래그하여 복사본을 만듭니다. 복사한 오브젝트의 위치는 좌측의 여백과 동일하게 합니다.

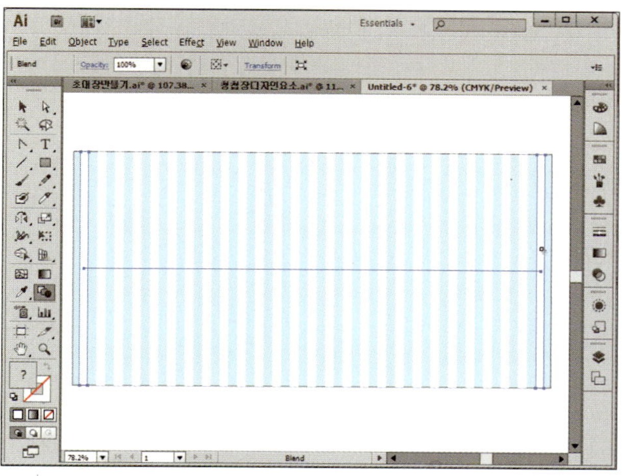

38 블렌드 툴을 더블클릭합니다. 대화창이 열리면 블렌드 간격으로 Specified Steps 항목을 지정하고, 중간 단계의 개수로 25를 입력합니다.

강의노트

블렌드 기능

블렌드 기능은 오브젝트나 색상의 변형으로 주로 사용되지만 일정한 범위 내에서 중간 단계의 오브젝트를 만들 때도 편리하게 사용됩니다.

39 블렌드 설정 값이 적용되었으면 두 개의 사각형 오브젝트를 각각 클릭합니다. 두 개의 오브젝트 사이에 중간 단계가 입력된 수치만큼 자동으로 생성됩니다.

강의노트

라인효과

스트라이프와 같은 반복되는 선으로 문양을 만들 때는 두 개의 색상을 사용합니다. 이 때 두 색의 차이를 크게 하지 않는 것이 고급스럽게 보인답니다.

Illustrator CS6

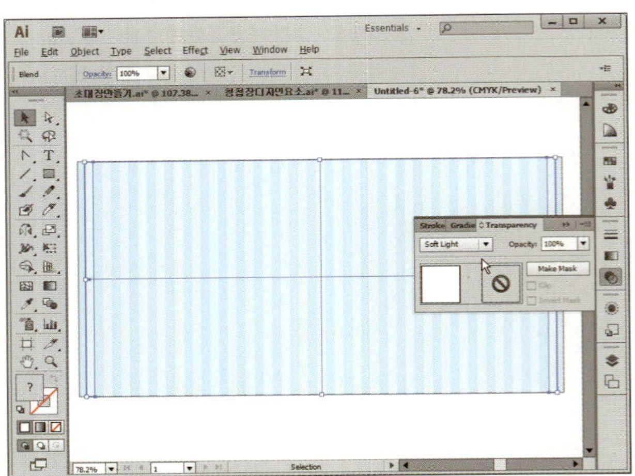

40 흰색의 스트라이프 문양은 배경색에 자연스럽게 비춰지도록 합성합니다. Transparency 패널을 열고, 블렌드 모드로 Soft Light를 적용합니다. 배경색이 비춰지는 모양이 만들어 집니다.

41 이번에는 구름 모양으로 마스크를 적용할 오브젝트를 만들어 봅니다. 원형 툴로 타원 오브젝트 여러 개로 구름 모양을 만든 다음 패스파인더 패널을 이용하여 합쳐줍니다.

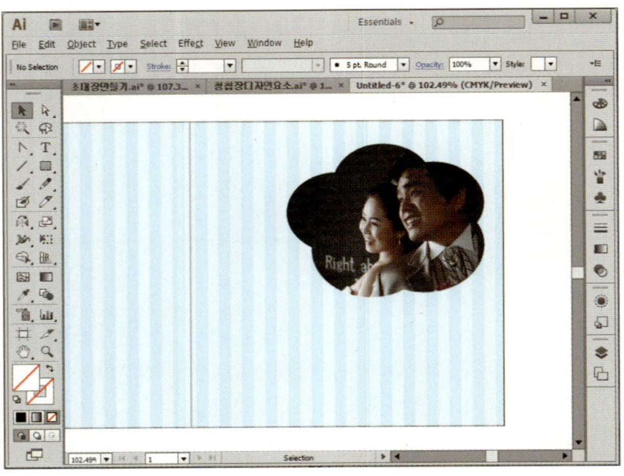

42 Source 폴더 안의 이미지를 불러와서 구름 문양과 겹쳐 놓습니다. 구름 오브젝트 앞쪽에 놓인 이미지는 Ctrl + [명령으로 오브젝트 뒤쪽으로 이동시키고, 마스크 기능을 적용하세요.

일러스트레이터 CS6

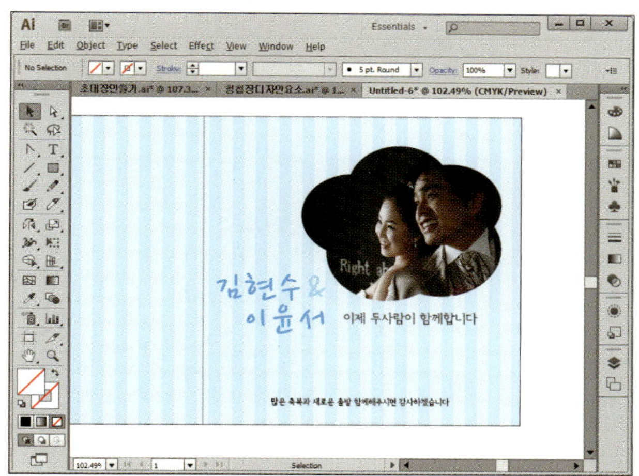

43 청첩장 앞면에는 신랑 신부의 이름과 간단한 메시지를 입력합니다.

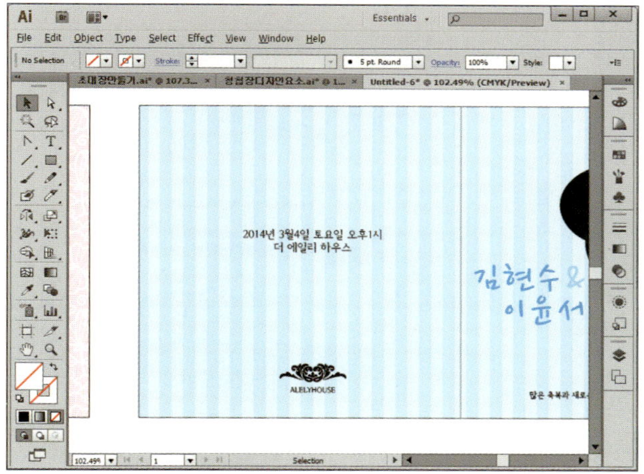

44 뒷면에는 행사 시간과 장소를 알리는 글과 결혼식장 심벌을 활용하여 꾸며보세요.

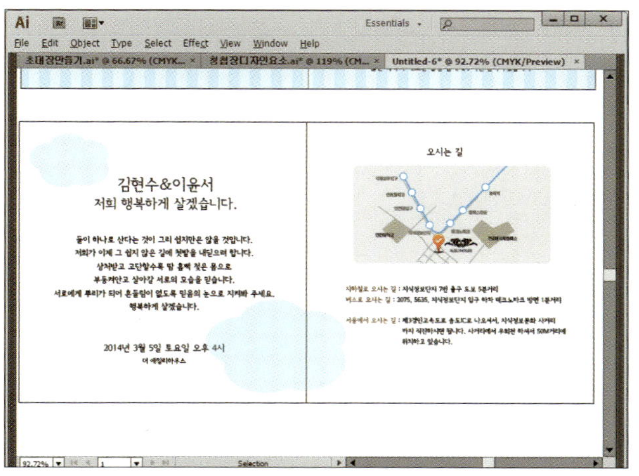

45 청첩장 안쪽 면을 나타낼 사각형 도형을 복사하고 흰색 면과 검정색 선 속성으로 나타냅니다. 마스크에 사용된 구름 문양을 그래픽 소스로 활용하여 기본 화면을 만들고, 문구와 약도를 넣어 완성합니다. 이렇게 해서 문양이 다른 두 개의 청첩장을 만들어 보았습니다. 서식 디자인에서 만들어본 봉투 디자인을 응용하면 청첩장과 어울리는 봉투 디자인도 제작할 수 있을 것입니다.

Illustrator CS6

 **실전문제**

1. 고급스러운 초대장 이미지를 만들어 보세요.

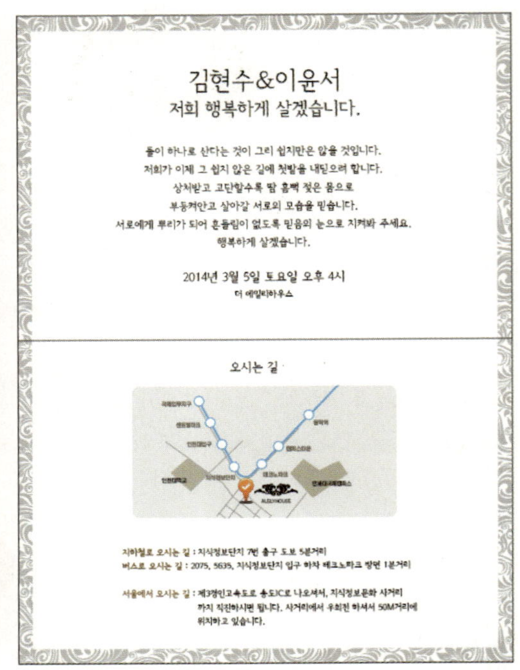

▲ 완성 파일 : Artwork〉초대장디자인(실전문제).ai

힌트

① 사각형 툴로 180cm×240cm 크기의 사각형으로 기본 형태를 만들고, 중앙에 접히는 부분을 선으로 표시합니다.

② 스트라이프 문양은 블렌드 기능으로 제작해 보세요.

③ 분할 면을 만들고, 금색의 그라디언트 효과를 적용하기 위해서 색상을 편집합니다.

④ 소스파일의 심벌과 문양으로 도안을 만들고, 초대 문구를 입력합니다.

⑤ 내지는 사각형과 중앙의 선을 복사한 다음 면에 소스파일의 문양을 패턴으로 적용합니다.

⑥ 안에는 흰색 면을 사각형 툴로 새롭게 추가합니다.

⑦ 청첩장 기재 내용을 작성하고, 약도와 안내 문구를 넣어 완성합니다.

2. 주어진 소스를 활용하여 응용형 디자인을 만들어 보세요.

▲ 완성 파일 : Artwork〉초대장디자인(실전문제).ai

힌트

① 가로 280mm, 세로 140mm 크기의 사각형으로 2단 접지 형태의 펼쳐진 면을 나타냅니다.

② 면에는 C100 색상을 적용합니다.

③ 소스파일에서 문양을 복사하고, 그림처럼 배치합니다. 문양에는 C70, M15 색상을 적용하고, Transparency 패널에서 Multiply 블렌드 모드로 적용합니다.

④ 청접장의 문구와 심벌마크를 이용하여 도안을 완성합니다.

⑤ 회색톤의 청접장은 주어진 문양을 배경 K20, 문양 K30으로 색상을 조정한 다음 패턴으로 적용시켜 펼쳐진 면을 만듭니다.

⑥ 청접장의 문구와 심벌마크를 이용하여 도안을 완성합니다.

행사를 전달하는 현수막 디자인

현수막은 회사나 단체 등에서 행사, 이벤트용으로 많이 사용되고 있는 사인물 입니다. 현수막은 행사 기획용이나 이벤트 시즌 때에 단기간으로 사용되고 있으며 옥외 현수막 디자인을 할 때는 특히 문자요소를 정확히 표현하여 가독성을 나타내야 합니다. 또한 행사의 분위기를 나타낼 수 있는 디자인 요소를 추가하여 행사의 성격을 명확히 전달할 수 있는 디자인이 필요합니다. 그러면 작업을 진행하면서 현수막 디자인에 대한 이해와 제작 방법을 익혀 보시기 바랍니다.

■ 제작 포인트

도형 툴 응용하기, 펜 툴, 회전 툴, STROKE 패널, Outline Stroke, 문자 툴, 패스파인더 기능 적용하기, 다단복제 기능, Align 기능

 완성물 미리보기

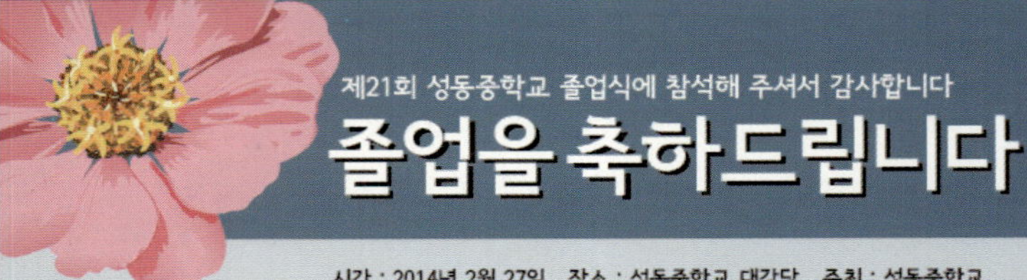

▲ 완성 파일 : Artwork/현수막디자인.ai

직접 해보기

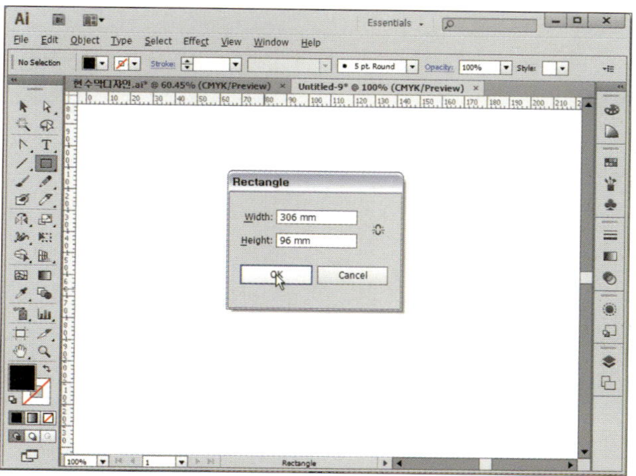

01 대부분의 현수막은 사각 형태로 인쇄되어 제작됩니다. 현수막을 제작할 때에는 기본 형태를 정비례로 만들어 디자인을 적용하면 됩니다. 작업에서는 가로 3m, 세로 0.9m 크기로 작업할 것입니다. 1/10이 되는 크기로 사각형을 만들고 작업을 진행합니다. 사각형 툴을 도큐먼트에 클릭합니다. 대화창에는 재단을 위해서 여백을 포함한 크기를 입력합니다. 306mm×96mm으로 입력합니다.

02 정비례로 기본 형태가 만들어 졌으면 3mm 안쪽으로 재단선을 표시할 안내선을 표시할 것입니다. [Ctrl]+[R]을 눌러서 눈금자를 나타냅니다.

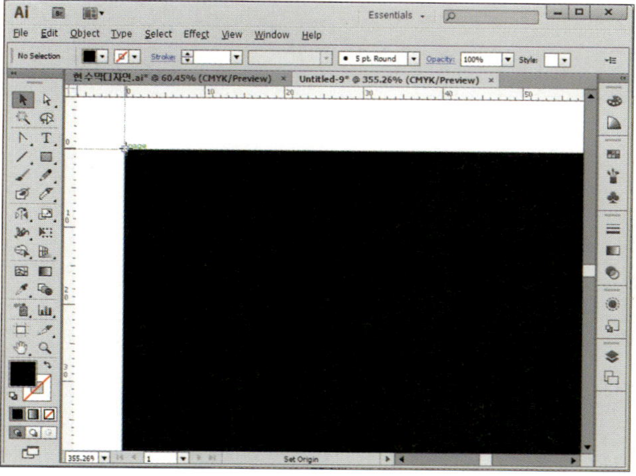

03 3mm 안쪽으로 안내선을 표시하기 위해서 사각형 모서리를 확대합니다. 눈금자의 0 점을 오브젝트 모서리에 맞추어 조정해야 합니다. 눈금자 모서리 안쪽에서 드래그하여 오브젝트의 앵커 포인트에 맞춥니다. 0 점이 오브젝트를 기준으로 조정됩니다.

Illustrator CS6

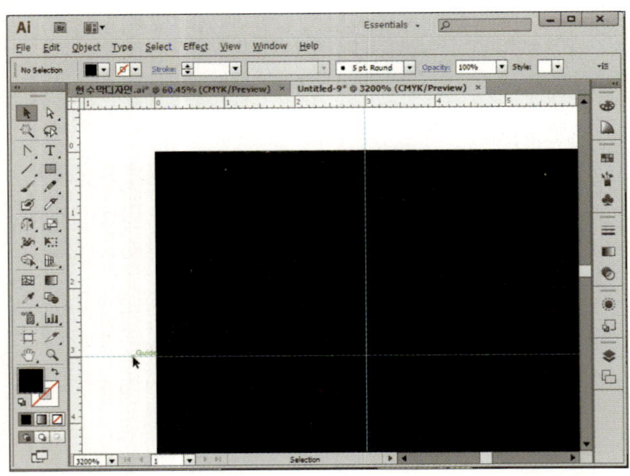

04 그러면 3mm 안쪽으로 세로와 가로 방향의 안내선을 그림과 같이 배치합니다.

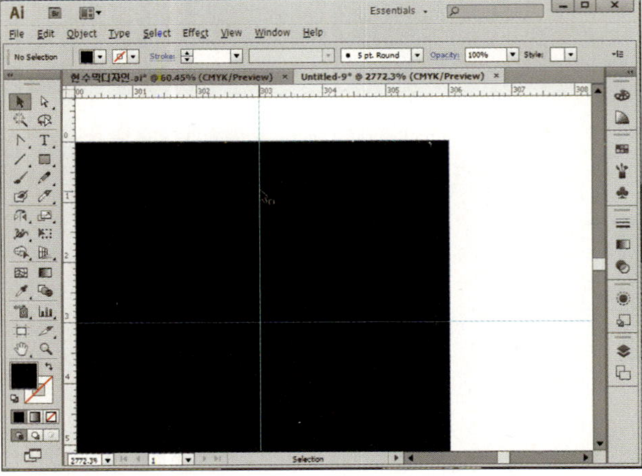

05 오브젝트 우측 면이 보이도록 도큐먼트를 이동시킨 다음 3mm 안쪽으로 세로 방향의 안내선을 추가합니다.

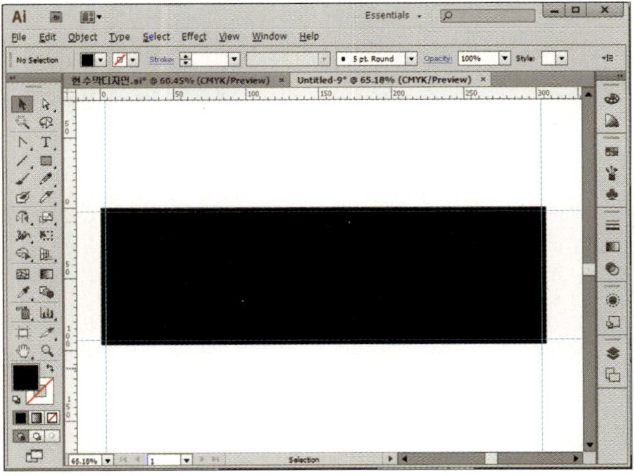

06 다시 밑면 3mm 안쪽으로 안내선을 추가합니다.

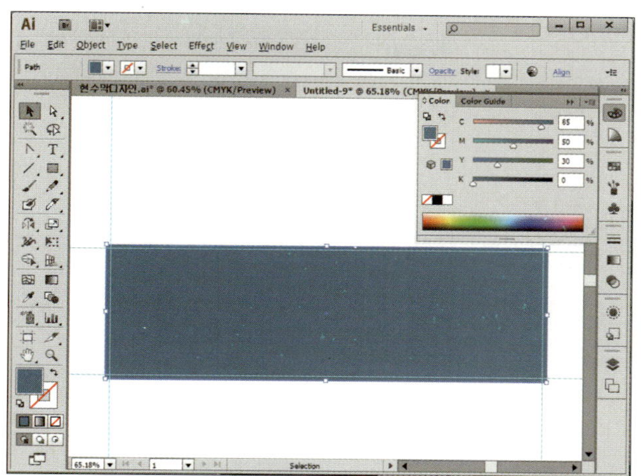

07 안내선이 만들어 졌으면 C85, M50, Y30 색상을 적용합니다.

08 현수막을 두 개의 톤으로 만들기 위해서 나이프 툴을 이용하여 하단 부분을 Alt + Shift 를 누르고 드래그하여 분할 면을 만듭니다.

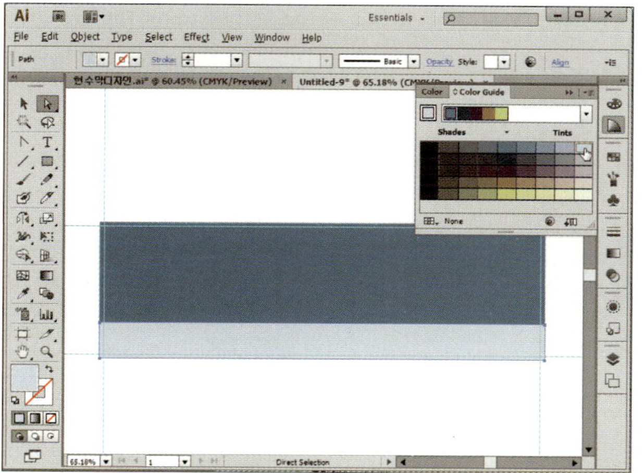

09 하단 부분은 상단 색상보다 밝은 톤으로 적용합니다. 이때는 색상 안내 패널을 열고, 밝은 색상 톤을 클릭하면 조화로운 색을 빠르게 적용할 수 있습니다.

351

Illustrator CS6

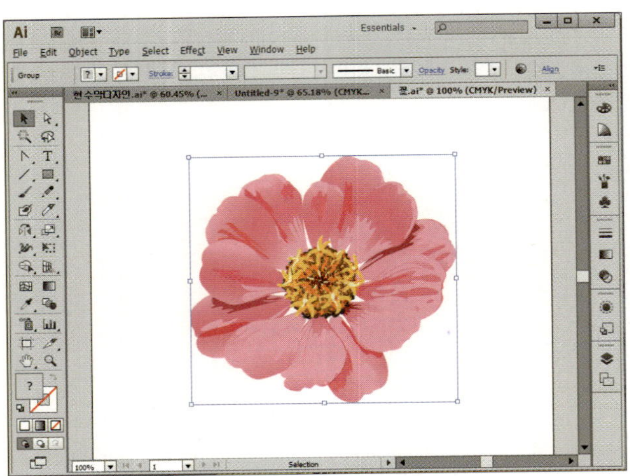

10 그래픽 요소로 적용할 오브젝트를 불러옵니다. Source 폴더 안의 '꽃.ai' 파일을 불러옵니다. 꽃 오브젝트를 선택 한 다음 Ctrl +C를 눌러서 복사합니다.

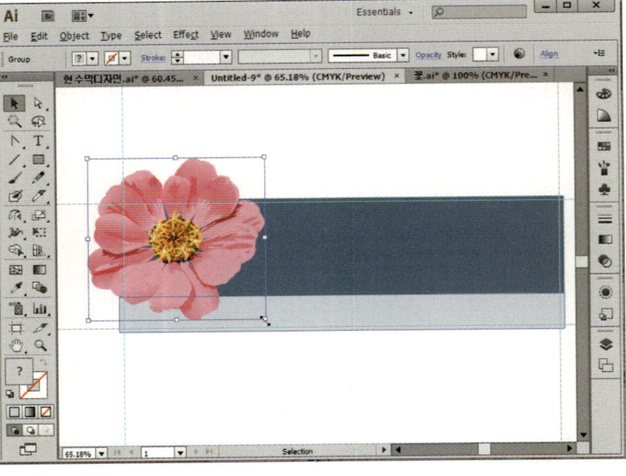

11 작업 도큐먼트로 이동한 다음 Ctrl +V를 눌러서 붙여넣기 한 후 크기와 위치를 조절합니다.

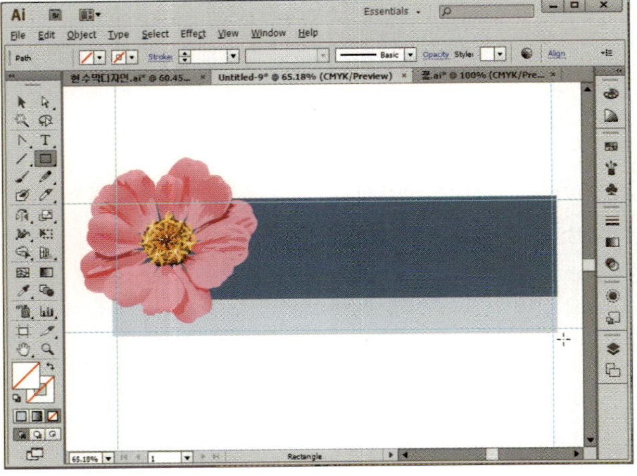

12 사각형 오브젝트를 벗어난 부분을 숨기기 위해서 마스크를 적용합니다. 사각형 크기에 맞춰서 면과 선의 속성으로 None이 지정된 오브젝트를 추가합니다. 이때는 사각형 외곽 크기에 정확히 맞추기 위해서 Ctrl +U를 눌러서 스마트 가이드 기능을 활성화 한 다음 작업하면 편리합니다.

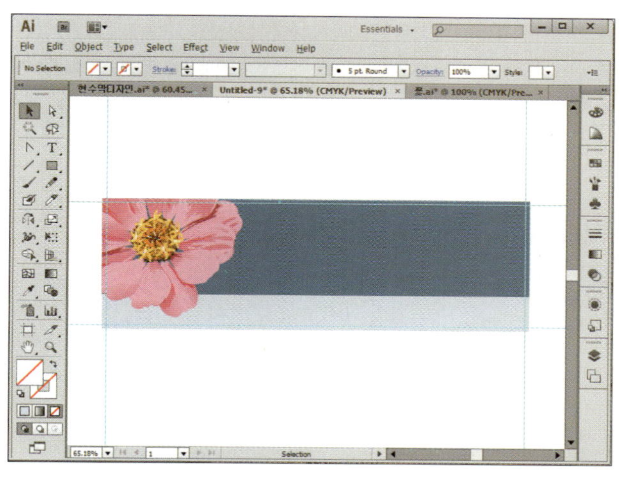

13 그러면 꽃 모양과 함께 선택한 다음 마우스 우측 버튼을 클릭하고, Make Clipping Mask를 적용합니다.

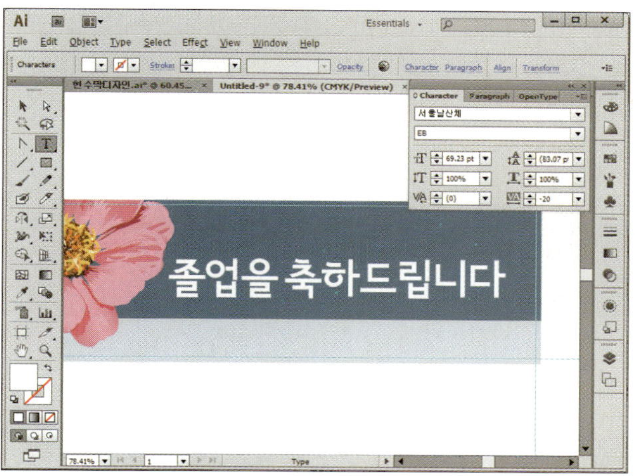

14 현수막에 사용될 문구를 입력할 차례입니다. 현수막에서 가장 두드러지는 문자는 글꼴의 선택이 매우 중요합니다. 행사의 성격에 맞는 글꼴을 신중히 결정하여 사용하는 것이 바람직할 것입니다. 작업에서는 "서울남산체 EB"를 사용하였습니다. 문자를 입력한 다음 크기와 자간을 조정합니다.

15 문자를 부각시키기 위해서 헤드라인 문자를 Ctrl + C, Ctrl + F를 눌러서 제자리에 복사본을 만듭니다. 문자의 색상은 검정색으로 적용합니다.

Illustrator CS6

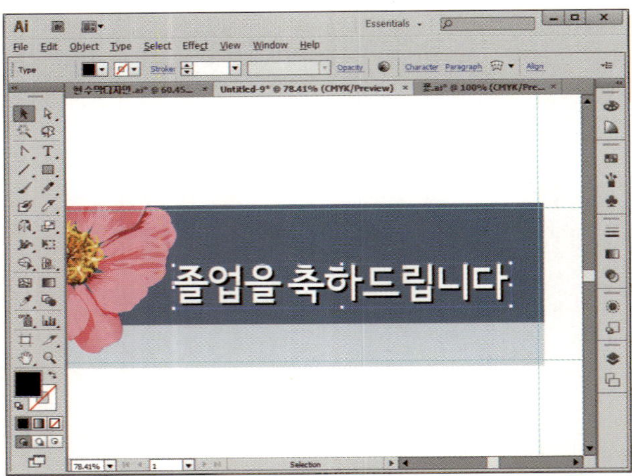

16 앞쪽에 놓인 문자는 Ctrl + [를 눌러서 뒤로 이동시킨 다음 방향키로 우측 하단 부분으로 이동시킵니다. 그림자 모양이 만들어지면서 입체감이 표현됩니다.

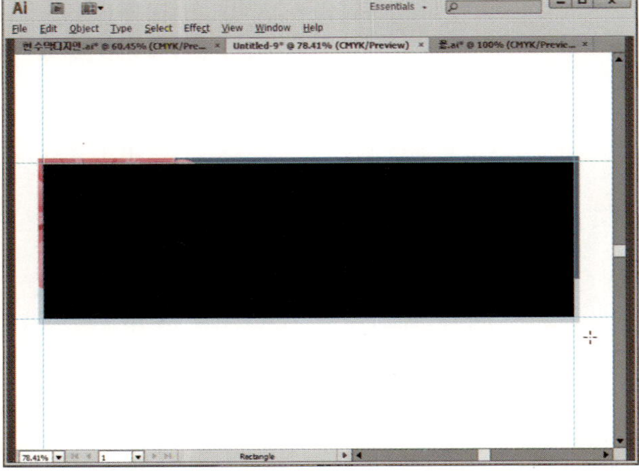

17 헤드라인 위쪽에는 보조 문구를 입력한 다음 흰색을 적용하고, 하단 부분에는 일시, 장소, 주최 등의 내용을 위치시키고, 크기를 조절하고, 검은색을 적용합니다.

18 현수막 작업이 마무리 되었으면 안내선에 맞추어 재단선을 표시합니다. 사각형 툴로 안내선에 맞추어 사각형을 그립니다.

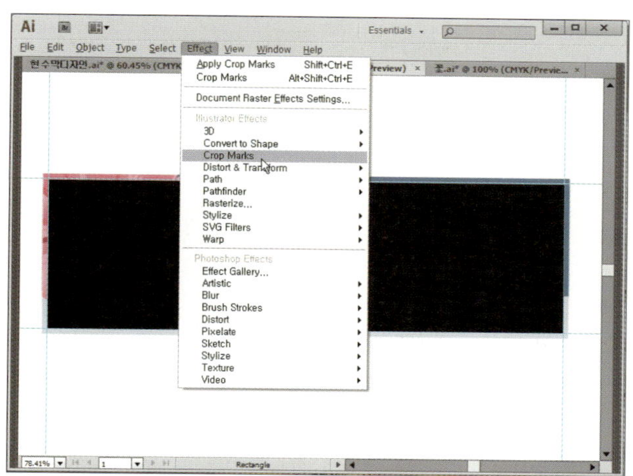

19 사각형은 재단선으로 나타낼 것입니다. [Effect]-[Crop Marks] 명령을 적용합니다.

20 사각형이 재단선으로 표시됩니다. 그러면 실제 인쇄되어 재단선을 기준으로 이미지 안쪽을 잘라낸 다면 깨끗한 경계면을 나타낼 수 있게 되는 것입니다.

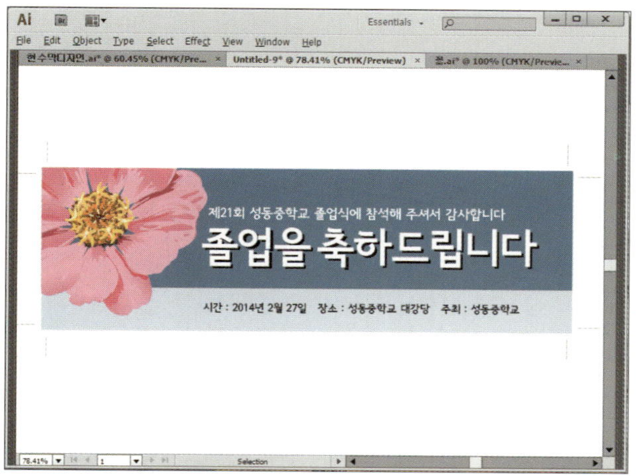

21 이렇게 해서 가로형 현수막이 완성되었습니다.

실전문제

현수막의 제작 과정에 대해 잘 알아보셨나요. 제작된 현수막은 실사 출력이나 나염 인쇄를 통하여 대형 출력물로 작업됩니다. 이렇게 출력 범위가 큰 디자인 작업에서는 해상도에 상관없이 깨끗한 출력물을 얻어낼 수 있는 벡터 방식의 응용프로그램을 이용해서 작업해야만 이미지의 손상 없이 좋은 결과물을 얻을 수 있다는 점 기억하세요.

실전 문제는 주어진 그림을 바탕으로 여러분들 스스로 작도해 보는 시간입니다. 앞서 학습한 기능들을 충분히 습득하셨다면 어렵지 않게 작업할 수 있을 꺼라 생각됩니다. 여러분이 작업한 파일을 완성된 결과물과 비교해 보고, 참고하여 작업을 진행해 보세요.

1. 개패형 현수막을 디자인해 보세요.

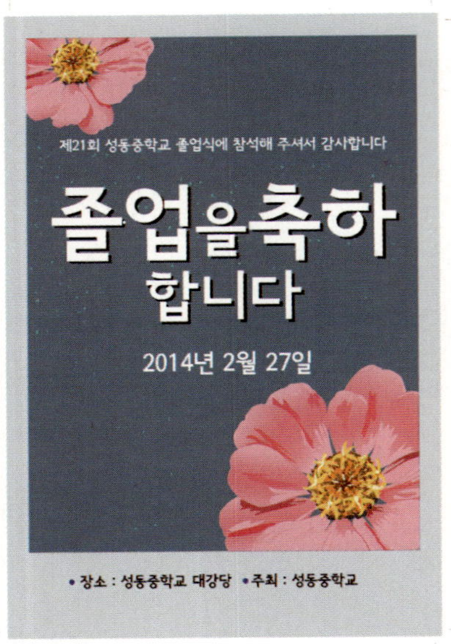

◀ 완성 파일 : Artwork〉현수막디자인(실전문제).ai

힌트

① 여백을 포함한 206mm×306mm 사각형으로 기본 형태를 만들고, 색상을 적용합니다.

② 만들어진 사각형은 복사본을 만들고, C85, M50, Y30 색상을 적용합니다. 사각형은 축소한 다음 위치를 조절합니다.

③ 소스 파일을 이용하여 대칭된 문양을 나타내고, 사각형 안쪽으로 보일 수 있도록 마스크를 적용합니다.

④ 헤드라인을 입력하고, 중앙 정렬이 되도록 배치한 다음 복사본을 만들어 그림자를 표현합니다.

⑤ 행사의 정보들을 추가로 입력합니다.

⑥ 3mm 안쪽으로 재단선을 표시해 보세요.

2. 곡선을 활용한 현수막을 디자인해 보세요.

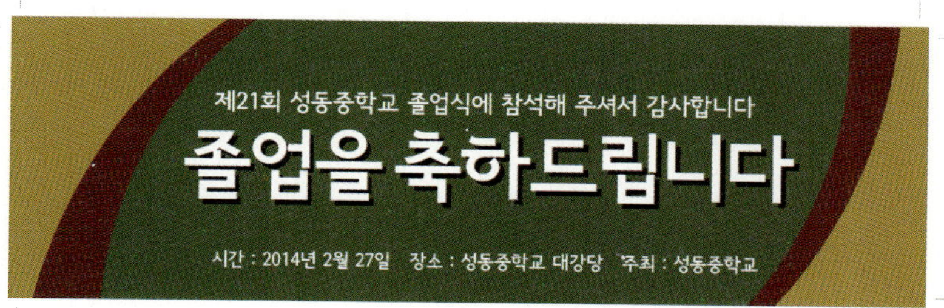

▲ 완성 파일 : Artwork〉현수막디자인(실전문제).ai

힌트

① 가로 현수막은 여백을 포함한 306mm×96mm으로 기본 모양을 만듭니다. 면에는 C90, M30, Y100, K25 색상을 적용합니다.

② 펜 툴을 이용하여 곡선의 분할 면을 추가하고, 짙은 밤색으로 적용합니다. 겹쳐진 모양은 분할 면을 복사한 다음패스를 조정하여 나타내고, 색상을 변경합니다.

③ 한쪽 곡선의 분할 면이 만들어 졌으면 반대편 모양은 복사본을 만들고 회전시켜 만듭니다.

④ 곡선은 사각형 안쪽으로 보일 수 있도록 마스크를 적용하세요.

⑤ 헤드라인을 입력하고, 중앙 정렬이 되도록 배치한 다음 복사본을 만들어 그림자를 표현합니다.

⑥ 행사의 정보를 추가로 입력하고, 재단선을 표기하여 완성합니다.

20

계절의 분위기를 연출하는 배너 디자인

배너 디자인은 깃발 형식의 제작물로서 대외적으로 행사를 홍보하고, 알리는 것을 목적으로 합니다. 기본적으로 이미지, 심벌마크, 캐릭터, 로고타입 등으로 구성되어 계절이나 행사의 성격을 잘 표현할 수 있도록 디자인되어야 합니다. 백화점이나 상점 등에서 매 계절마다 홍보용으로 부착되는 배너 형식의 사인물을 많이 보셨을 텐데요. 기업의 이미지와 소비자의 시선을 끌어 구매 의욕을 높일 수 있도록 제작되어야 합니다. 그러면 학습 과정을 통해 크리스마스 분위기가 물씬 풍기는 계절용 배너 디자인을 제작해 보며 일러스트레이터 활용 능력을 키워보세요.

■ 제작 포인트

배너 디자인의 이해, 마스크 기능으로 이미지 합성하기, 심벌의 등록과 활용, 심벌 편집하기, 비트맵이미지에서 오브젝트 추출하기, 문자 툴로 로고만들기, 블렌드 모드로 합성하기

 완성물 미리보기

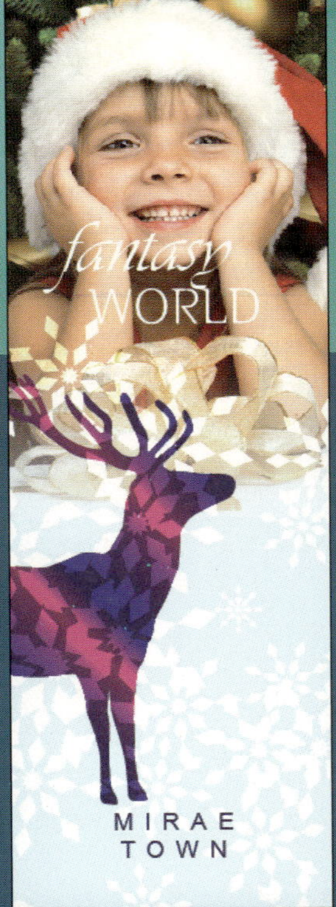

◀ 완성 파일 : Artwork/배너디자인.ai

직접 해보기

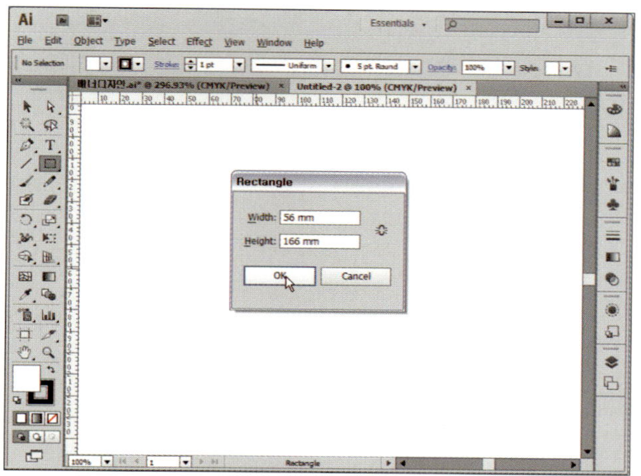

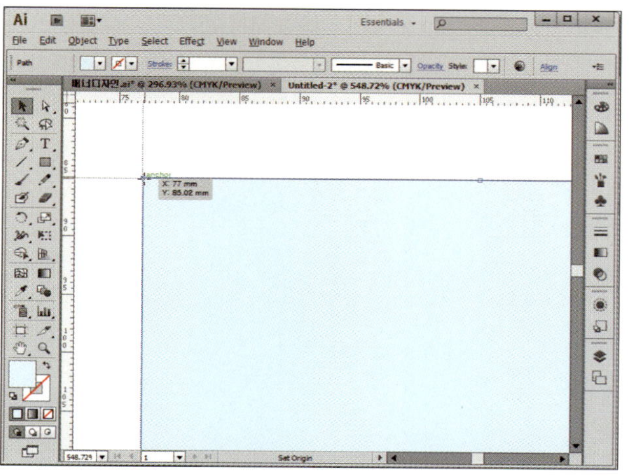

01 배너의 형태는 사각형, 원형, 다각형 등 여러 형태로 제작될 수 있습니다. 작업에서는 대표적인 깃발 형태의 사각형 배너를 제작해 볼 것입니다. 세로 1.6m, 가로 0.5m 크기의 배너를 제작할 것입니다. 이때는 실제 크기보다 여분을 두어 제작해서 재단시 경계면이 깨끗이 보일 수 있도록 작업 크기를 설정하는 것이 중요합니다. 사각형 툴로 도큐먼트에 클릭한 다음 1/10 크기로 여백을 포함한 도형을 만듭니다. 대화창에 가로 56mm, 세로 166mm로 입력하여 오브젝트를 만듭니다.

02 사각형은 면 속성으로 나타내고, C10 색상을 적용합니다.

강의노트

색상의 사용

색상을 사용할 때는 각각의 색이 상징하거나 연상되는 것을 구체화시키는 것이 바람직합니다. 즉, 계절에 어울리는 색을 사용할 때는 봄은 연두와 노랑, 여름은 빨강과 파랑, 가을은 밤색과 보라, 겨울은 차가운 푸른색이나 흰색 등으로 각 색을 보았을 때 연상되거나 상징되는 색채학적인 지식을 적용하면 보다 효과적인 결과물을 만들 수 있답니다.

03 3mm 안쪽으로 안내선을 표시하기 위해서 눈금자의 0 점을 조정합니다. 도큐먼트를 확대한 다음 눈금자 모서리에서 드래그하여 오브젝트 모서리로 이동하여 마우스를 놓습니다. 눈금자의 0 점이 조정됩니다.

Illustrator CS6

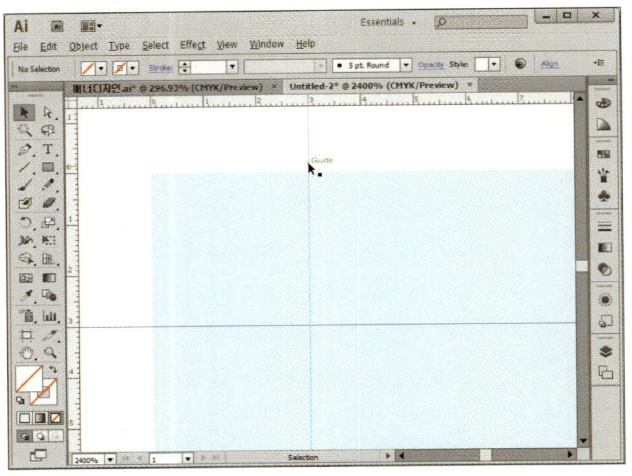

일러스트레이터 CS6

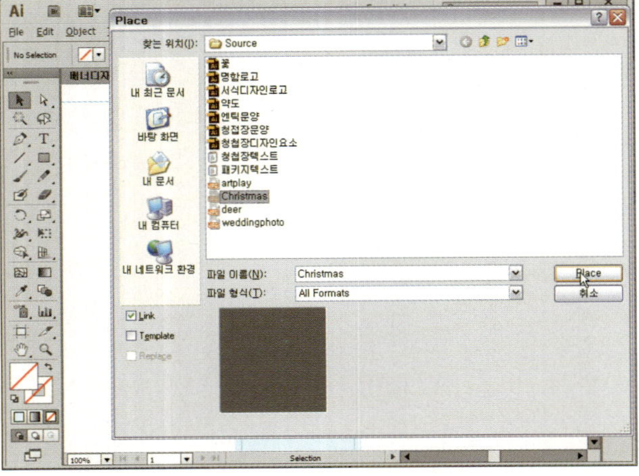

04 눈금자에서 도큐먼트로 드래그하여 사각형 3mm 안쪽으로 안내선을 표시합니다.

05 네 개의 면 3mm 안쪽으로 안내선을 위치시키면 됩니다.

06 이번 베너 디자인은 크리스마스 시즌을 알리는 내용입니다. 크리스마스 이미지를 디자인에 적용시켜 보겠습니다. [File]-[Place] 명령으로 Source 폴더 안의 'Christmas.jpg'를 불러옵니다.

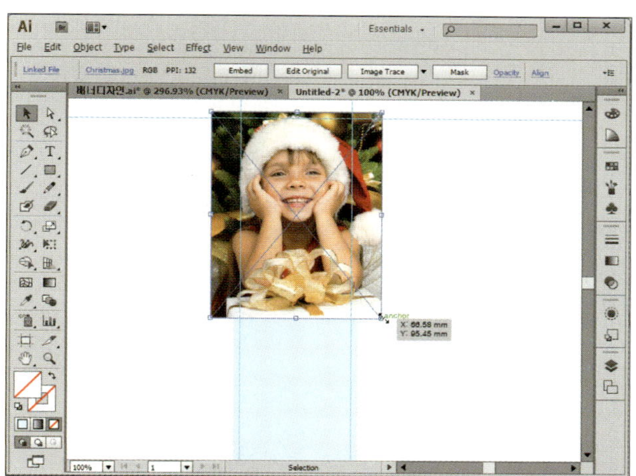

07 이미지를 사각형 위쪽 면에 맞추어 배치한 다음 크기를 적당히 조정합니다. 안내선 안쪽으로 보여질 이미지 부분을 고려하며 축소시키면 됩니다.

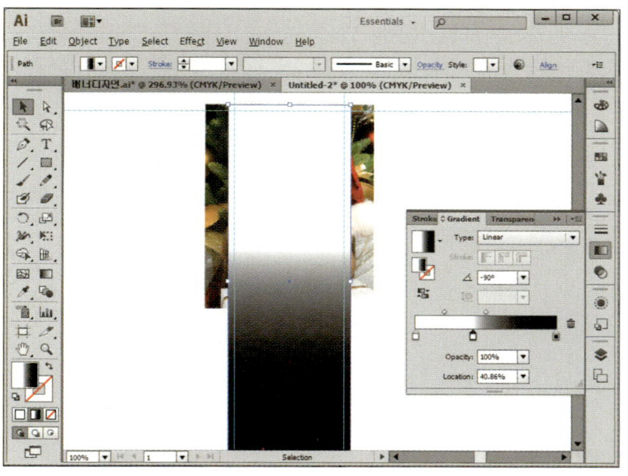

08 이미지는 배경과 자연스럽게 이어지도록 마스크를 적용시켜 보겠습니다. 사각형을 복사한 다음 Ctrl + F 를 복사본을 만듭니다.

강의노트

그라디언트 마스크

그라디언트를 이용한 마스크는 이미지 경계를 점차 흐리게 나타낼 수 있답니다. 즉 그라디언트의 흑과 백의 중간 단계인 회색 음영의 농도에 따라서 점차 보이거나 흐려지게 표현할 수 있는 마스크 기법입니다.

09 마스크는 흑과 백의 음영에 따라 보이는 농도를 조절할 수 있습니다. 그러면 그라디언트 패널을 열고, Linear 그라디언트를 적용한 후 방향을 −90° 적용합니다. 슬라이드 흰색 영역은 100% 보이게 됩니다. 흰색영역을 넓히기 위해서 슬라이드 중간 부분을 클릭하여 새로운 슬라이드를 추가하고, 흰색으로 적용합니다. 중간의 흰색 슬라이드와 검정색 슬라이드 사이의 조절점을 좌측으로 드래그하여 그림과 같이 영역을 조정하세요.

Illustrator CS6

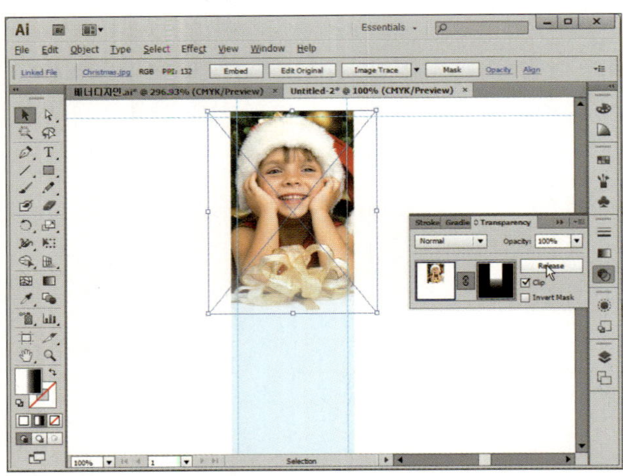

10 그라디언트가 적용된 오브젝트와 이미지를 함께 선택하고, Transparency 패널의 Mask 버튼을 클릭하세요. 그 결과 사각형 안쪽으로 마스크가 적용되면서 검정색 영역으로 갈수록 자연스럽게 흐려지는 마스크 효과가 적용됩니다.

11 이번에는 눈꽃을 상징하는 오브젝트를 디자인해 보겠습니다. 사각형 툴을 지정하고, Shift와 함께 드래그하여 정사각형을 그립니다.

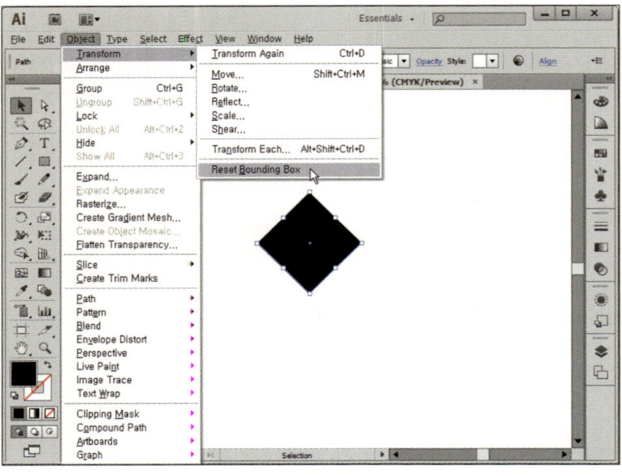

12 바운딩 박스를 이용하여 45° 방향으로 회전시키세요. 그런 다음 가로 폭을 줄이기 위해서 바운딩 박스를 초기화 합니다. [Object]-[Transform]-[Reset Bounding Box]를 실행합니다. 바인딩 박스가 초기화 되어 마름모골 도형에 정사각형 모양으로 조정되어 나타납니다.

일러스트레이터 CS6

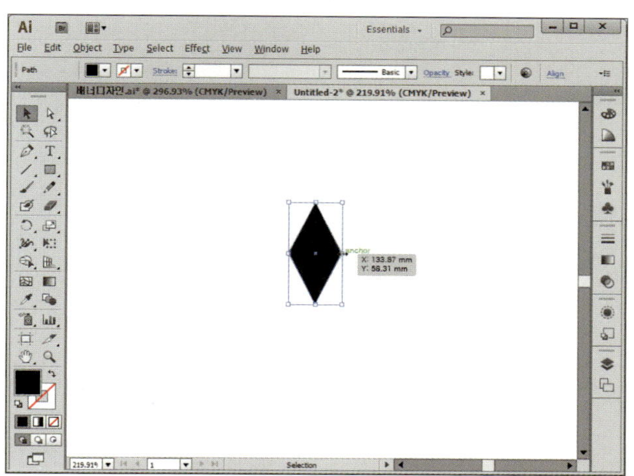

13 이 제 가운데 조절점을 드래그하여 오브젝트의 가로 폭을 줄입니다.

Reset Bounding Box

오브젝트를 회전하여 각도를 조정하면 바운딩 박스도 함께 회전됩니다. 변형된 모양을 수직, 수평 축으로 모양을 조정해 할 때는 바운딩 박스를 초기화 시켜 작업하는 것이 편리합니다. [Object]-[Transform]-[Reset Bounding Box] 명령으로 바운딩 박스를 초기화 시킬 수 있습니다.

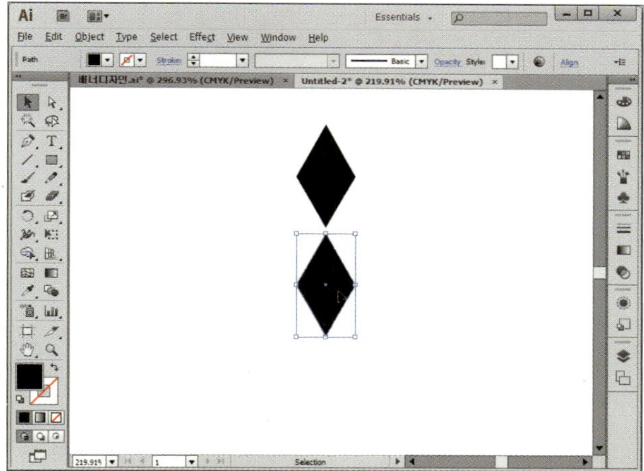

14 기본 도형이 만들어 졌으면 반복된 형태로 복사본을 만듭니다. 선택 툴로 Alt + Shift 를 누르고 밑으로 드래그하여 복사본을 만듭니다.

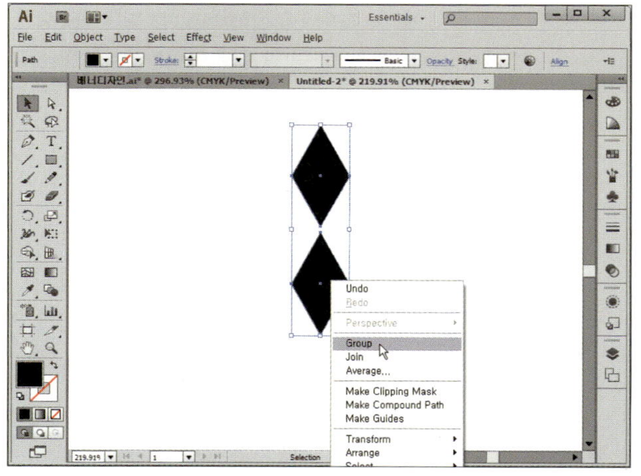

15 날개 부분은 회전 복사하여 반복된 모양을 나타낼 것이므로 오브젝트를 그룹으로 지정합니다.

Illustrator CS6

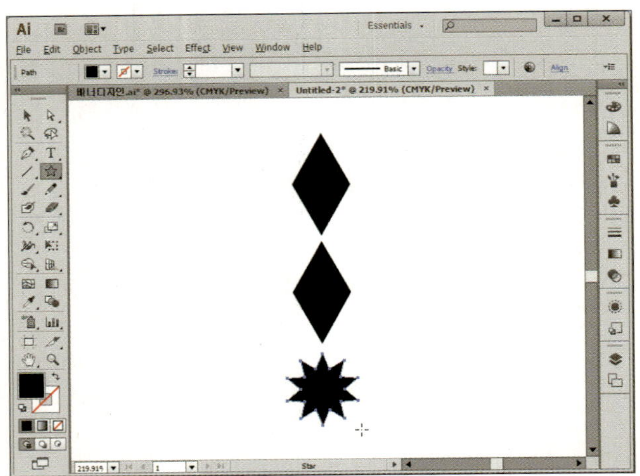

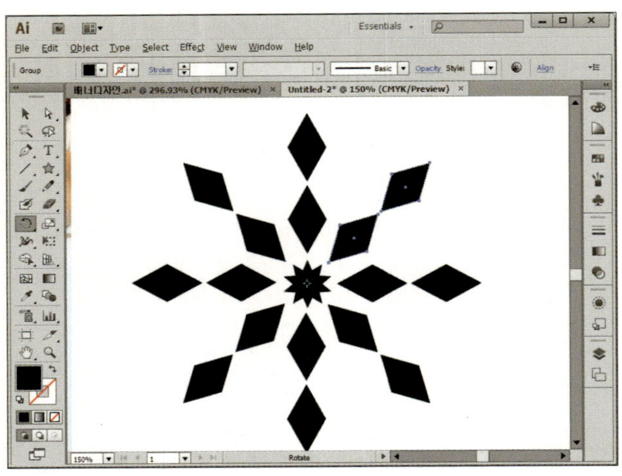

16 눈꽃 중앙 부분은 별 모양으로 표현합니다. 별형 툴을 선택하고, 도큐먼트에 드래그 한 상태에서 ↑ 방향키를 누르면 꼭짓점의 개수가 늘어납니다. 그림과 같은 모양이 되도록 조절한 다음 Shift 를 누르고 드래그하여 정비례로 별 모양을 만듭니다.

17 날개 부분은 별 모양 중심점을 기준으로 회전 복사합니다. 회전 툴을 지정한 다음 Alt 를 누르고 별 중앙을 클릭합니다. 대화창이 열리면 회전 각도를 45°으로 지정한 다음 Copy 버튼을 클릭합니다.

회전 복사
회전 복사를 할 경우에는 360°에서 만들고자 하는 오브젝트의 개수로 나눈 값을 회전 값으로 지정하여 만들면 됩니다.

18 날개가 360° 방향으로 회전되어 적용되도록 Ctrl + D 를 눌러서 반복된 모양을 만듭니다.

다단복제 기능
다단복제 기능은 앞서 적용한 변형 기능을 반복해서 적용할 때에 사용합니다. 즉 동일한 간격, 각도, 크기로 복사본을 반복해서 나타낼 때 사용하면 편리합니다. 단축 기능으로 Ctrl + D 를 눌러서 실행합니다.

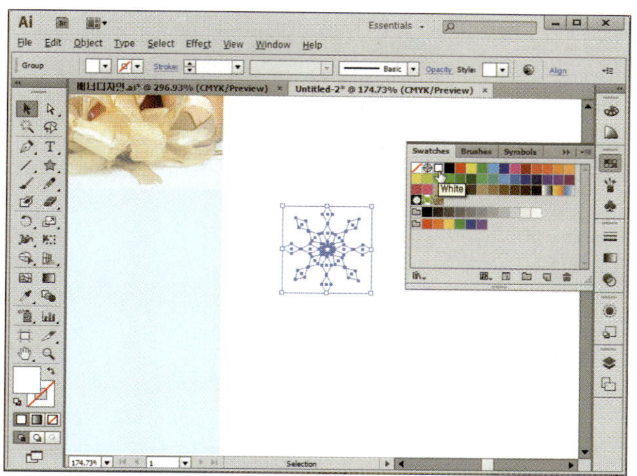

19 눈꽃 모양이 만들어 졌으면 흰색으로 지정합니다.

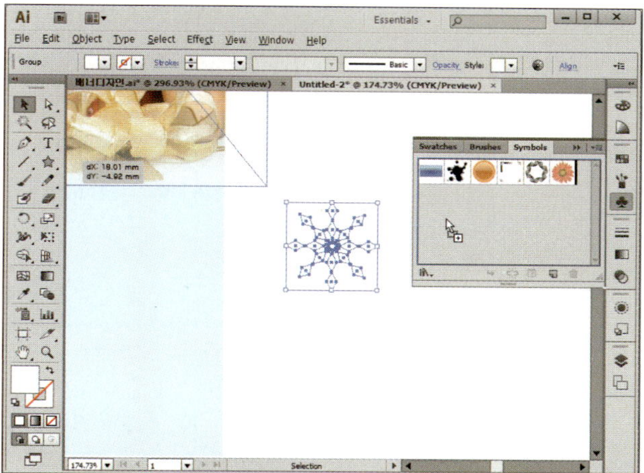

20 눈꽃은 심벌로 등록한 다음 자유로운 모양으로 베너에 적용시켜 보겠습니다. 심벌 패널을 열고, 드래그 앤 드롭하여 등록합니다.

강의노트

심벌 기능

심벌은 하나의 오브젝트를 반복적으로 사용할 때 편리한 기능이며, 하나의 오브젝트 용량으로 인식하게 됩니다.

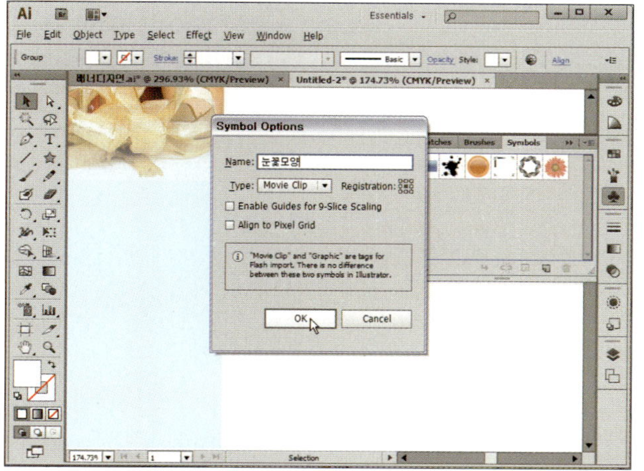

21 대화창이 열리면 심벌의 이름을 입력하고, 무비클립 형태로 등록합니다.

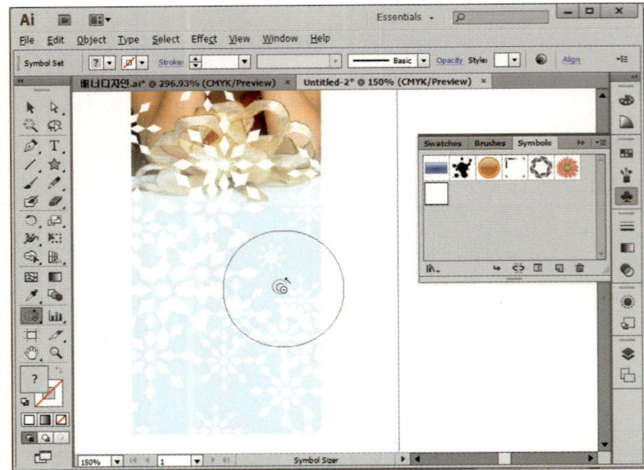

22 심벌을 배너 위쪽으로 이동시킨 다음 심벌 스프레이 툴을 지정합니다. 마우스를 누른 상태로 드래그하거나 부분적으로 클릭하면 무비클립 안쪽으로 심벌이 뿌려집니다. 배너 안쪽에 적당히 채워지도록 만드세요.

심벌의 뿌려지는 양 조절

심벌이 뿌려지는 양을 조절하기 위해서는 스프레이어 툴을 더블 클릭하여 Intensity 항목의 수치를 조절하거나 단축 기능을 적용합니다. Ctrl +] 를 누르면 뿌려지는 양이 많아지고, Ctrl + [를 누르면 양이 적어지게 됩니다.

23 심벌의 크기를 조정합니다. 심벌 크기 조절 툴을 선택한 다음 크기를 확대할 부분을 누르면 자동으로 확대됩니다. 반대로 축소하려 한다면 Alt 를 누르고 심벌을 클릭하거나 드래그하면 됩니다.

심벌 기능 활용하기

심벌 크기 조절 툴을 사용할 때 Alt 를 누르면서 드래그하면 축소시킬 수 있으면 Shift 를 누르면서 드래그하면 심벌이 삭제됩니다.

24 계속해서 심벌을 회전시켜 봅니다. 심볼 회전 툴을 선택하고, 마우스로 드래그하면 드래그 한 방향으로 심벌이 회전됩니다.

일러스트레이터 CS6

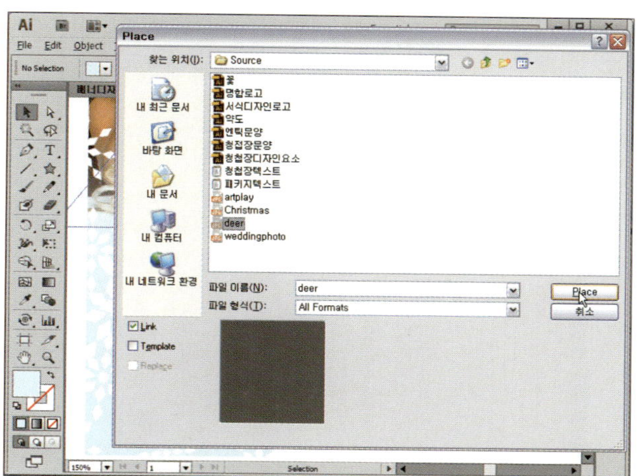

25 심벌 모양이 조정되었으면 사슴 이미지를 일러스트레이터에 활용하기 위해 불러옵니다. [File]–[Place] 명령으로 Source 폴더 안의 'deer.jpg'를 불러옵니다.

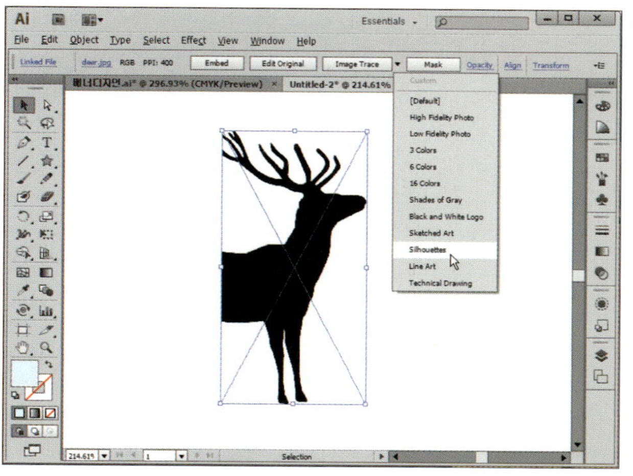

26 사슴이미지는 검정색 실루엣 형태의 비트맵 이미지를 나타내고 있습니다. 이미지의 검정 부분을 벡터 오브젝트로 변환하여 작업에 활용할 것입니다.

27 이미지가 선택된 상태에서 컨트롤 패널의 Image Trace 목록에서 Silhouettes을 적용합니다.

이미지 트레이스(Image Trace)
이미지 트레이스(Image Trace) 기능을 이용하면 비트맵 이미지에서 외과선을 따낼 수 있습니다. 즉 벡터 오브젝트로 변환할 수 있습니다.

Illustrator CS6

28 그런 다음 Expand 버튼을 클릭해 보세요. 검정 부분과 흰색 배경이 벡터 오브젝트로 변경됩니다.

29 검정 면과 흰색 배경이 그룹으로 지정되어 있습니다. 마우스 우측 버튼을 클릭해서 Ungroup 명령을 적용합니다.

30 그룹이 해제되면 사슴 부분만 선택하여 베너 위쪽으로 이동시키고, 크기를 조절합니다.

일러스트레이터 CS6

겨울 느낌을 표현하기 위해서 보라색 계열의 차가운 톤으로 그라디언트를 적용할 것입니다. 그라디언트 패널을 열고, Linear 그라디언트를 적용합니다.

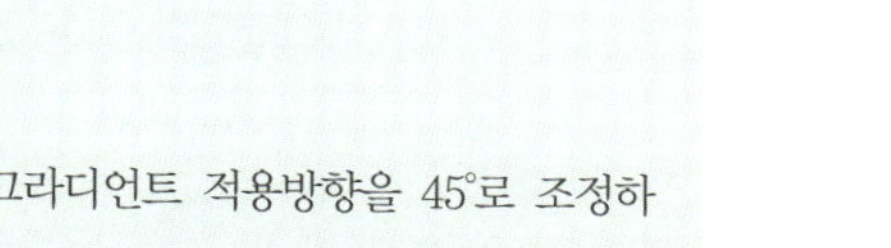

그라디언트 적용방향을 45°로 조정하고, 왼쪽 슬라이드의 색상은 짙은 보라색을 적용합니다.

다시 적당한 위치에 슬라이드를 추가하고, 분홍 계열로 색을 추가합니다.

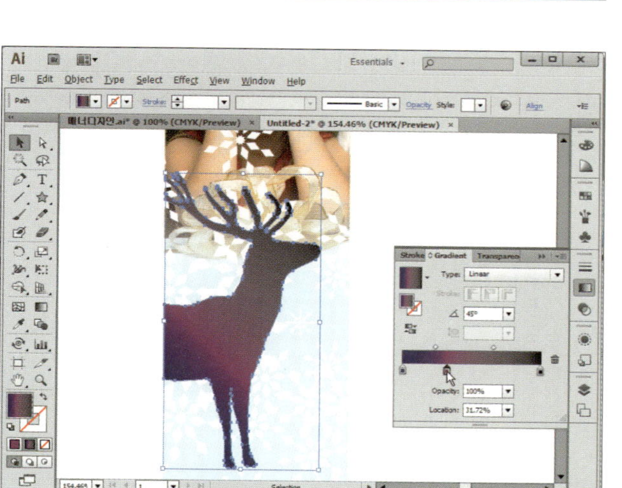

34 계속해서 슬라이드를 추가해가면 반복된 색상으로 나타내세요. 동일한 색상 사이에 색상이 조절된 그라디언트를 적용하는 것입니다.

35 그림과 같은 색상이 되도록 슬라이드를 추가하고 색상을 조정합니다.

36 심벌 앞쪽에 놓인 사슴은 뒤로 이동시킨 다음 블렌드 모드를 적용하여 앞쪽 문양을 합성할 것입니다. Ctrl+[를 실행하여 심벌 뒤쪽으로 이동시킵니다.

37 눈꽃 심벌을 선택하고, Transparency 패널에서 블렌드 모드로 Overlay를 적용합니다. 밑에 놓인 사슴과 배경이미지에 밝게 비춰지는 합성 효과를 표현할 수 있습니다.

38 로고타입으로 베너를 완성시켜 봅니다. 영문 체는 글꼴을 다양하게 적용시켜 보고, 세련된 모양으로 나타내어 보세요. 작업에서 "fantasy"는 Vivaldi Italic체를 "WORLD"는 서울한 강체로 적용했습니다.

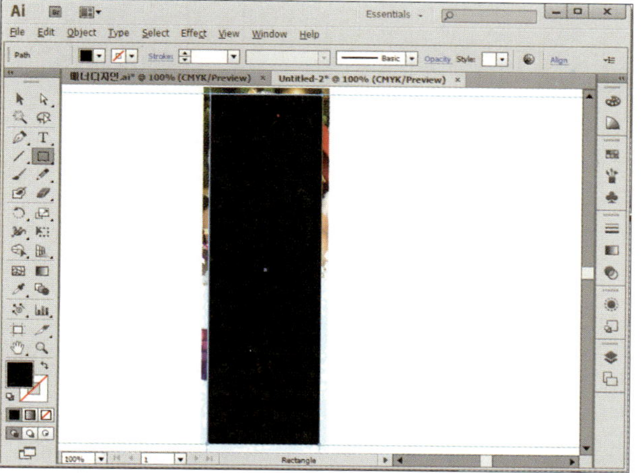

그러면 작업 마무리 단계로 안내선 여백 안내선에 맞추어 재단선을 표시합니다. 사각형 툴로 안내선 안쪽으로 사각형을 그립니다.

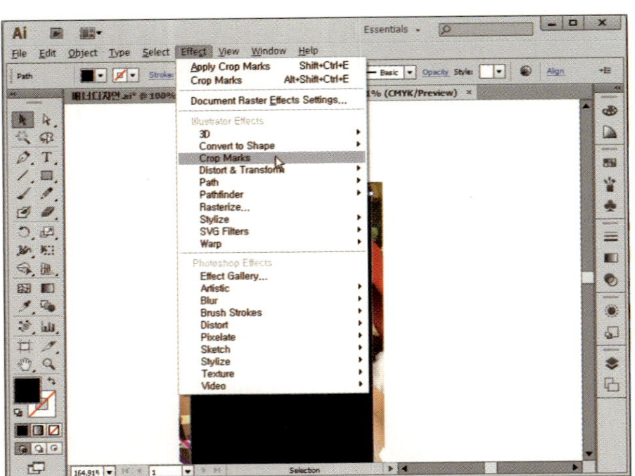

40 [Effect]-[Crop Marks]를 실행합니다.

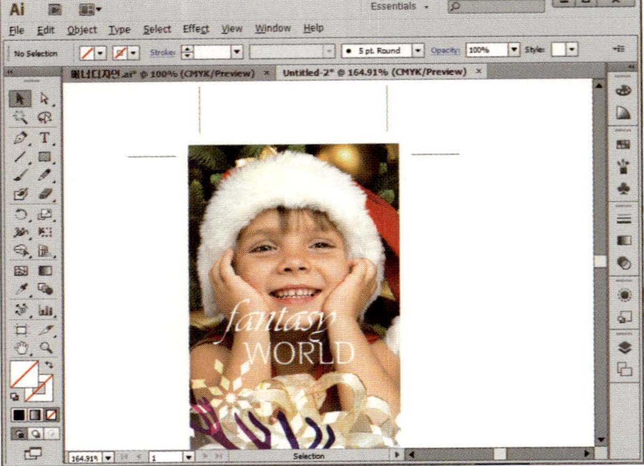

41 오브젝트의 속성이 None으로 지정되면 외곽에 재단선이 표시됩니다. 재단선이 만들어 졌으면 Ctrl + 2 를 눌러서 잠궈 놓습니다.

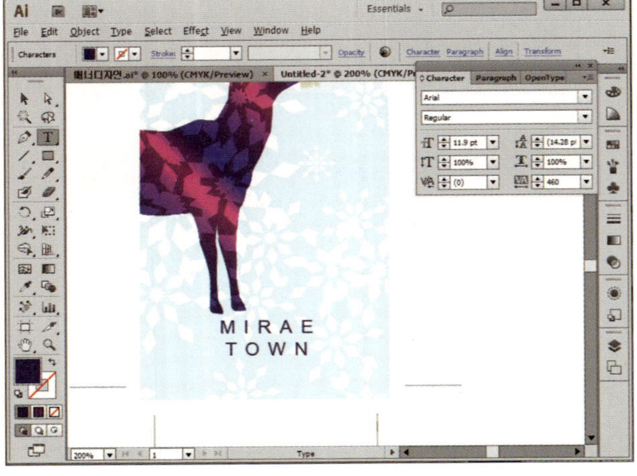

42 베너 밑 부분에는 행사를 주최하는 백화점이나 쇼핑몰의 로고를 입력해서 작업을 마무리합니다.

43 배너 디자인이 만들어졌습니다. 배경 색상이나 크리스마스를 상징하는 여러 가지 오브젝트들로 새로운 배너 모양으로 디자인에 적용해 볼 수 있겠죠. 다양한 응용된 모양을 시안으로 작성하고, 적합한 안을 선정하여 수정 보완을 거쳐 인쇄 제작에 들어가게 된답니다.

 **실전문제**

베너 디자인 작업은 재미있으셨는지요. 단순한 프레임 안에서도 디자이너의 감각이 발휘되어야 멋진 결과물을 만들어 낼 수 있습니다. 행사의 목적과 계절, 유행하는 스타일 등을 작업에 적절히 반영하여 내용적인 요소와 조형적인 요소를 잘 표현해 내는 것이 중요합니다. 그러면 실전 문제는 주어진 소스를 바탕으로 여러분들이 가이드를 따라서 직접 제작해 보시기 바랍니다.

1. 크리스마스 시즌을 알리는 베너를 디자인해 보세요.

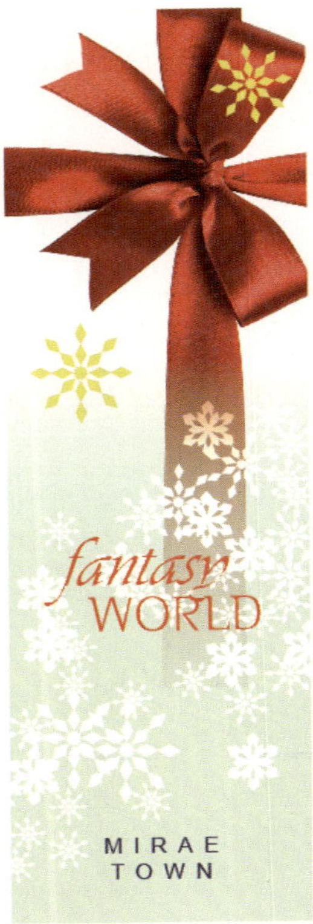

◀ 완성 파일 : Artwork〉베너디자인(실전문제).ai

힌트

① 사각형 툴로 베너의 기본 형태를 만듭니다. 작업에서는 여백을 포함한 가로 56mm, 세로 166mm 크기로 제작되었습니다.

② 밝은 연두색 계열로 면의 색상을 적용합니다.

③ Source 폴더 안의 'gift.jpg' 이미지를 불러오고 사각형 안쪽으로 자연스럽게 보일 수 있도록 그라디언트 마스크를 적용하세요.

④ 다양한 모양의 눈꽃을 만들어 보고, 배경과 합성합니다.

⑤ 로고타입으로 이벤트 문구와 백화점 이름을 입력하세요.

2. 패턴과 반복되는 로고타입으로 백화점의 이벤트 베너를 디자인해 보세요.

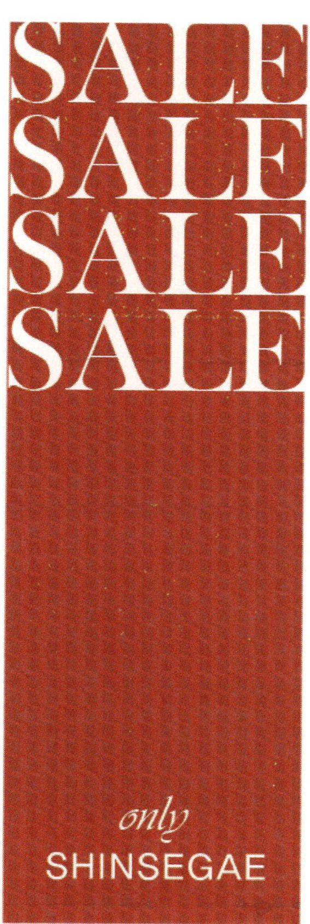

◀ 완성 파일 : Artwork〉베너디자인(실전문제).ai

힌트

① 사각형 툴로 베너의 기본 형태를 만듭니다. 작업에서는 여백을 포함한 가로 56mm, 세로 166mm 크기로 제작되었습니다.

② 붉은 색상으로 기본 색상을 나타냅니다.

③ Source 폴더 안의 '베너디자인요소.ai' 파일에서 오브젝트를 패턴으로 등록한 다음 붉은 면 앞쪽에 적용하고, 투명도를 조정합니다.

④ 문자 툴로 "SALE" 문구를 반복해서 나타냅니다.

⑤ 보조 문구와 백화점 로고를 입력해서 완성하세요.

리플렛 디자인

기업의 이미지를 알리는

리플렛은 쉽게 말해 팜플렛이라고 생각하시면 됩니다. 기업이나 축제, 박람회, 공연 등 홍보하고자 하는 업체의 이미지와 정보를 담아서 디자인되는 편집물을 말합니다. 브로슈어나 카달로그 보다는 페이지수가 6페이지 이내에 작은 사이즈로 제작되는 간략한 소개 책자이며 보통 리플렛은 3단이나 4단으로 구성되어있는 경우가 많습니다. 작업에서는 기업의 이미지를 효과적으로 표현한 3단 리플렛의 제작 과정을 알아볼 것입니다. 기업의 이미지와 세이프를 활용한 표지디자인과 내지에는 그래픽 요소를 활용하여 화려하게 구성해 볼 것입니다.

■ 제작 포인트

곡선의 세이프 만들기, 그라디언트 적용과 편집, Place 기능, 마스크 적용하기, 문자의 입력과 속성, 안내선으로 면 분할하기, 리플렛 디자인의 이해

 완성물 미리보기

▲ 완성 파일 : Artwork/리플렛디자인.ai

직접 해보기

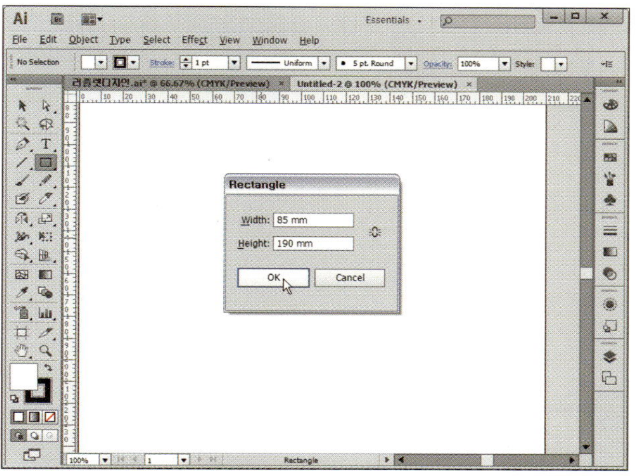

01 리플렛의 규격은 보통 3단 접지 형태로 자주 접할 수 있는 은행과 기업의 홍보용 리플렛의 모양이나 크기는 어느 정도 짐작하실 수는 있을 것입니다. 이때는 인쇄를 맞길 제작소에 자주 사용되는 규격을 문의하거나, 실제 제작된 결과물을 직접 측정하여 비슷한 범위 내에서 크기를 설정한 다음 작업을 진행하면 됩니다. 이번 작업에서는 가로 8.5cm, 세로 19cm 크기의 리플렛을 디자인해 보겠습니다. 사각형 툴을 선택하고 도큐먼트에 클릭합니다. 대화창에 가로 85mm, 세로 190mm를 입력하고 OK를 클릭합니다.

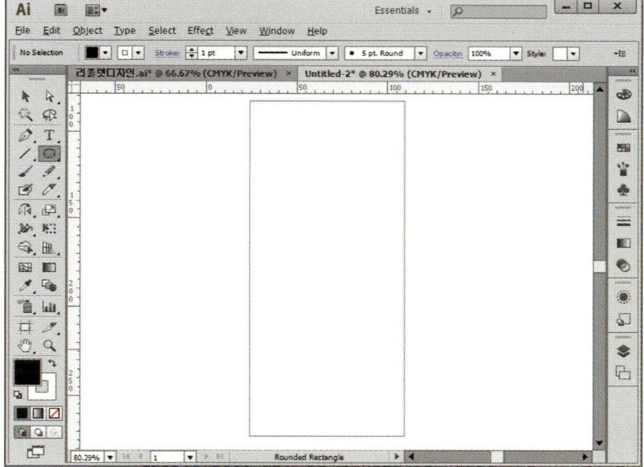

02 표지 디자인을 적용할 리플렛 모양이 실제크기로 만들어 졌습니다.

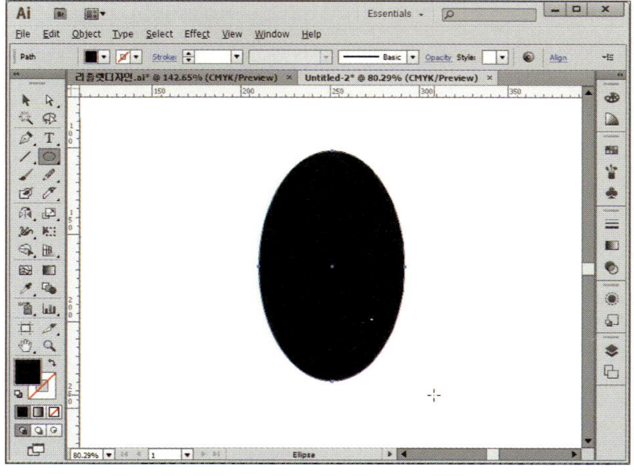

03 리플렛의 표지 디자인은 기업의 브랜드 이미지를 효과적으로 전달할 수 있는 모티브를 이용해서 도안하는 것이 좋습니다. "그린 바이오테크"라는 환경 친화적 기업 이미지에 적합한 나뭇잎 심벌을 디자인에 적용시킬 것입니다. 원형 툴을 이용하여 타원 오브젝트를 그립니다.

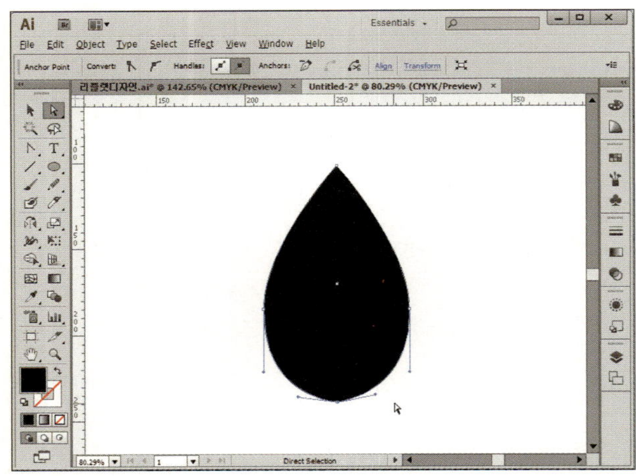

04 날렵한 모서리를 나타내기 위해서 방향점 전환 툴로 상단 포인트를 클릭합니다. 곡선의 방향선이 삭제되어 각진 모서리 모양이 만들어 집니다. 그런 다음 포인트와 방향선을 조절하여 나뭇잎 모양을 만듭니다. 모양이 만들어 졌으면 Ctrl + C 명령으로 클립보드에 복사본을 저장합니다. 복사본은 나중에 심벌의 테두리를 표현하는데 사용할 것입니다.

05 오브젝트에 분할 면을 만들고, 그라디언트 색상을 적용할 것입니다. 선 툴을 선택하고, Shift와 함께 수직 방향으로 드래그하여 분할 선을 만듭니다.

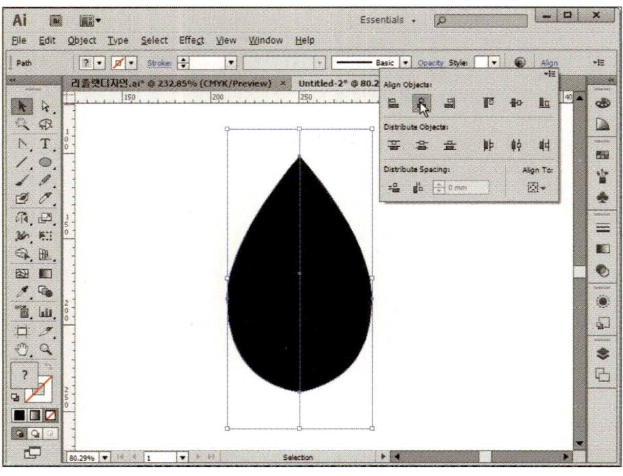

06 분할 선과 오브젝트를 함께 선택한 다음 컨트롤 패널의 Align 기능으로 중앙에 정렬 시킵니다. 오브젝트 가운데 분할 선이 정확히 위치하게 됩니다.

일러스트레이터 CS6

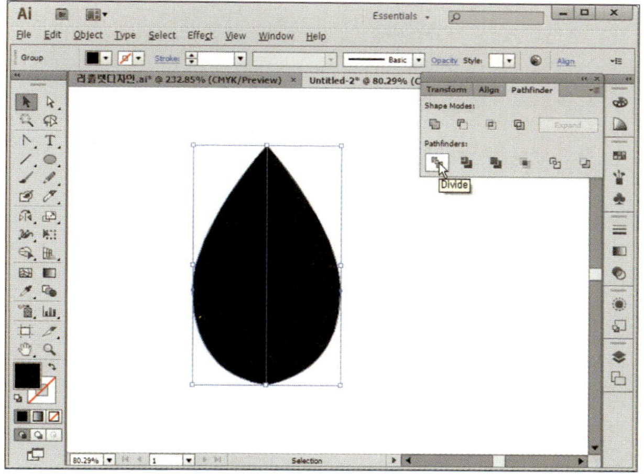

패스파인더 패널을 열고, Divide 버튼을 클릭합니다. 분할 선을 기준으로 면이 분리됩니다.

오브젝트의 속성

패스파인더 기능이 적용된 오브젝트는 그룹 속성이 지정됩니다. Divide 기능으로 분리된 오브젝트를 개별적으로 선택하려고 한다면 직접 선택 툴을 이용하거나 그룹을 해제한 다음 선택 작업을 해야 합니다.

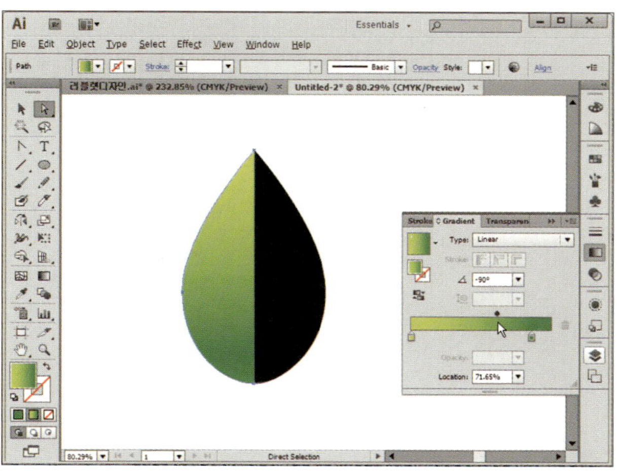

직접 선택 툴로 좌측 분할 면을 선택 합니다. 그라디언트 패널을 열고, Linear 그라디언트를 적용한 다음 −90° 방향으로 적용하세요. 그런 다음 각 슬라이드를 클릭해서 밝은 연두색에서 녹색으로 연결되도록 적용합니다.

색상 영역을 조정하는 슬라이더를 드래그하여 밝은 연두색 영역이 많이 보일 수 있도록 조정합니다.

일러스트레이터 CS6

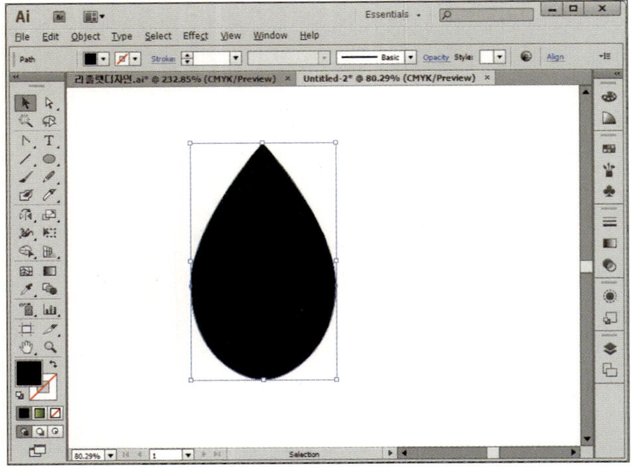

10 이번에는 직접 선택 툴로 우측 면을 선택한 다음 밝은 연두색에서 짙은 녹색 톤으로 적용되도록 그라디언트를 편집해 보세요.

11 짙은 녹색 영역이 많이 보일 수 있도록 그라디언트 영역 슬라이더를 좌측으로 드래그 합니다.

12 그라디언트가 적용되었으면 외곽에는 테두리를 나타낼 것입니다. Ctrl + F 를 눌러서 앞서 복사한 오브젝트를 제자리에 붙여 넣습니다.

13 다시 오브젝트에 그라디언트를 적용하고, 녹색에서 짙은 녹색으로 연결되도록 색상과 적용방향을 편집합니다.

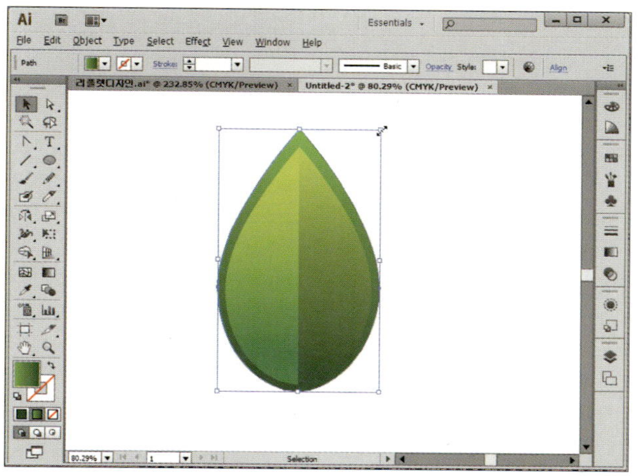

14 앞에 놓인 오브젝트는 Ctrl+Shift+[ ] 명령으로 뒤쪽으로 이동시킨 다음 Alt+Shift와 함께 바운딩 박스 모서리를 드래그하여 확대합니다. 그러면 그라디언트가 적용된 테두리 효과가 보이게 됩니다.

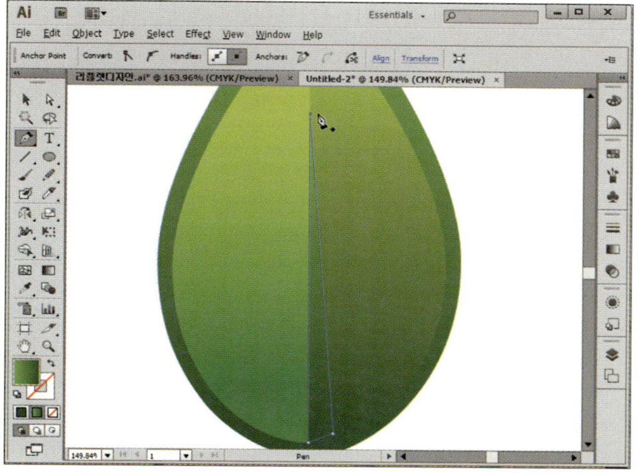

15 나뭇잎 안쪽에는 분할 면으로 세부 묘사를 합니다. 펜 툴을 이용해서 오브젝트 가운데 삼각형을 그립니다. 앞서 적용한 그라디언트 색상으로 채우시면 됩니다.

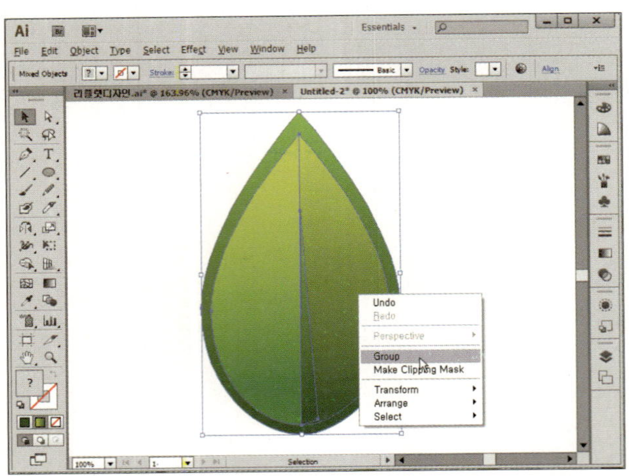

16 나뭇잎이 완성되었으면 작업된 오브젝트들을 모두 선택하고, 그룹으로 지정합니다.

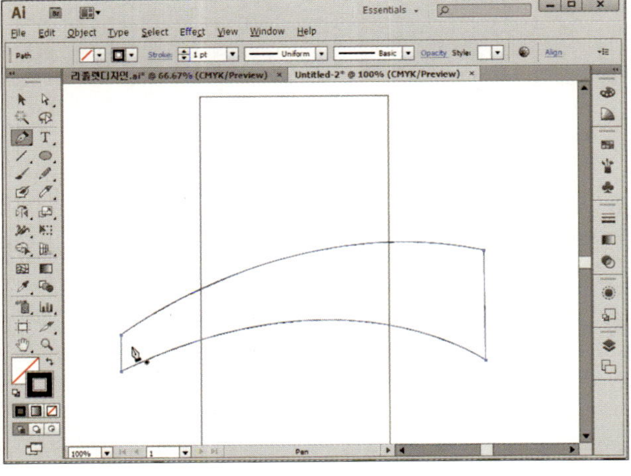

17 나뭇잎이 겹쳐진 모양으로 표현하기 위해서 복사본을 만든 다음 크기와 각도를 조정하여 그림과 같이 배치하세요.

18 표지에는 겹쳐진 곡선의 세이프로 분할 면을 나타낼 것입니다. 펜 툴을 지정한 다음 선 속성으로 나타냅니다. 그러면 다음 그림과 같이 곡선 형태로 구성된 면을 그립니다.

일러스트레이터 CS6

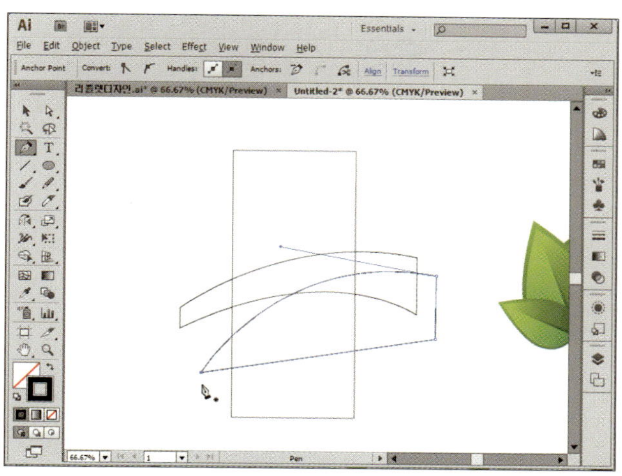

19 다시 곡선의 면으로 첫 번째 오브젝트와 겹쳐지도록 그립니다. 이때는 분할되어 보이는 영역의 크기를 고려해가며 모양을 조정합니다. 그림을 참고해서 모양을 그려보세요.

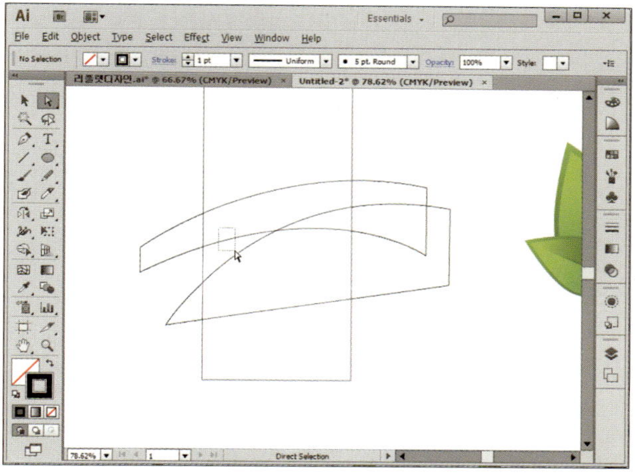

20 이제 겹쳐지지 않은 좌측 공간에도 분할 면을 나타내기 위해서 첫 번째 곡선 오브젝트의 밑면을 나타내는 패스를 직접 선택 툴로 선택합니다. 오브젝트의 패스가 선택되었으면 Ctrl+C, Ctrl+F를 눌러서 제자리에 붙여넣기 합니다.

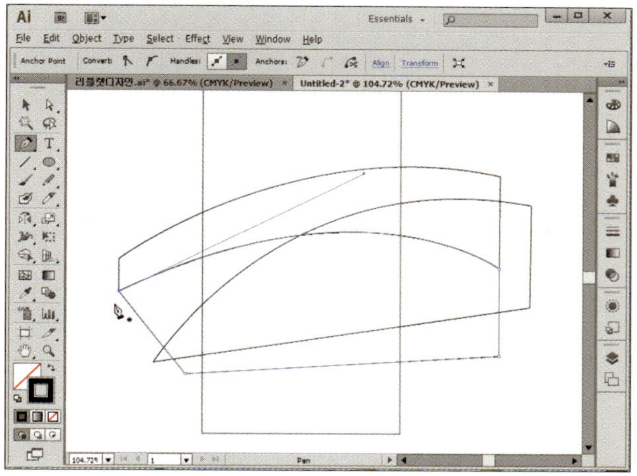

21 복사된 패스는 펜 툴로 포인트를 연결하여 그림과 같이 닫힌 도형으로 나타냅니다. 이렇게 해서 세 개의 분할 면을 나타낼 오브젝트가 만들어 졌습니다.

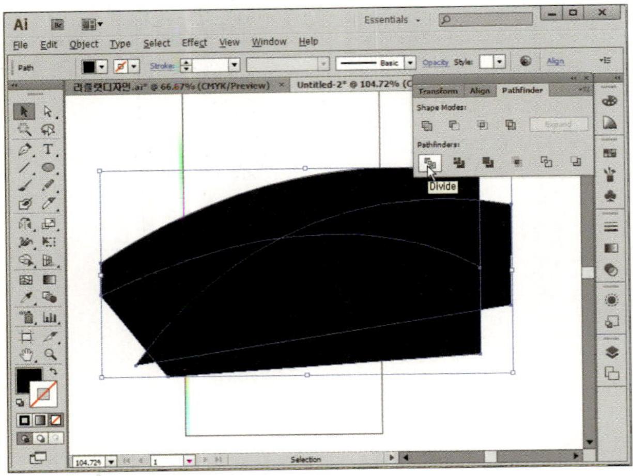

22 선 속성으로 만들어진 오브젝트는 모두 선택한 다음 면 속성으로 전환하고, 패스파인더 패널을 이용하여 Divide 기능으로 분리합니다.

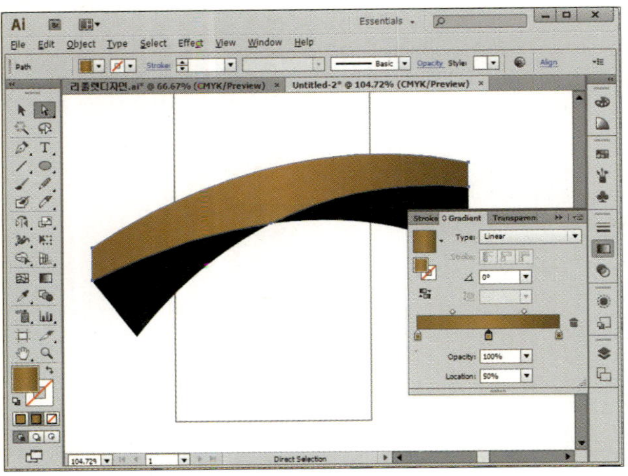

23 분리된 도형은 색상을 적용할 면을 남기고 선택하여 삭제합니다. 패스파인더 기능이 적용되어 그룹 속성을 나타내므로 직접 선택 툴로 불필요한 면을 선택하여 지우거나 오브젝트를 더블 클릭하여 Isolation 모드로 전환한 다음 분리된 개체를 선택하여 삭제하면 됩니다.

24 각 분할 면에는 그라디언트 색상을 적용합니다. 직접 선택 툴로 위쪽 면을 선택한 다음 그라디언트를 적용하고, 색상을 그림과 같이 적용해 보세요. 작업에 적용된 색상은 시작점과 끝점 슬라이드는 C20, M50, Y100, K20를 중간 슬라이드를 추가하고, C20, M50, Y100 으로 적용했습니다.

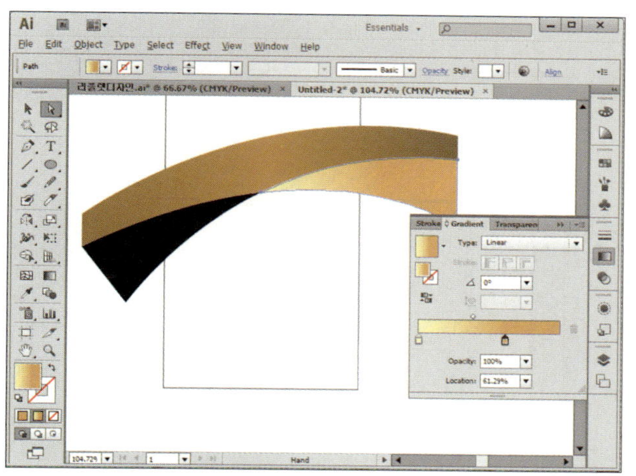

25 계속해서 우측면에는 Y50에서 C10, M40, Y90 으로 이어지는 그라디언트 색상을 적용합니다.

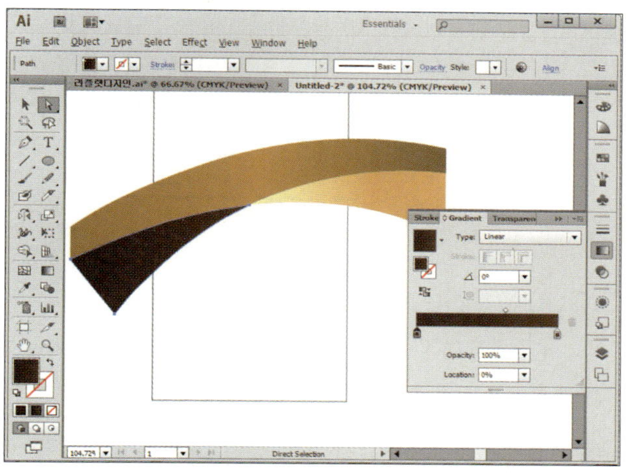

26 좌측면에는 C50, M70, Y80, K70에서 C40, M70, Y100, K50 으로 이어지는 그라디언트를 적용합니다. 각 분할 면에 어두운 톤, 중간 톤, 밝은 톤을 유사한 색상으로 조합한 것입니다.

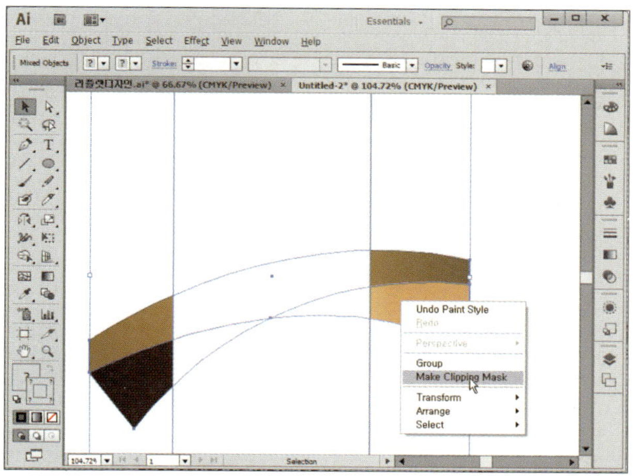

27 분할 면은 사각형 안쪽으로 보이도록 마스크를 적용합니다. 사각형을 선택하고, Ctrl + C Ctrl + F 를 눌러서 복사본을 만듭니다. 사각형과 곡선 세이프를 함께 선택하고, 마우스 우측 버튼을 누르고, Make Clipping Mask를 적용합니다.

Illustrator CS6

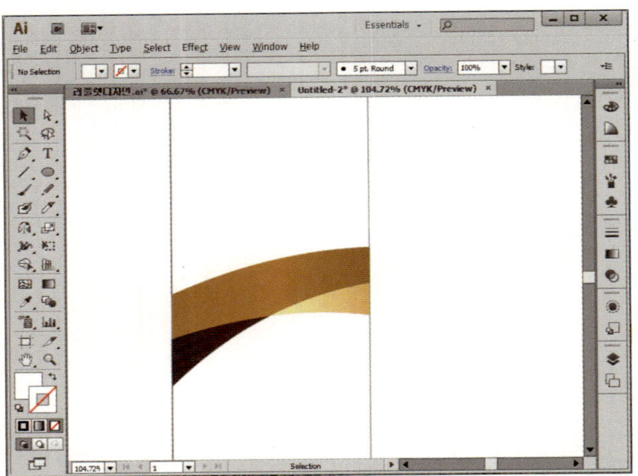

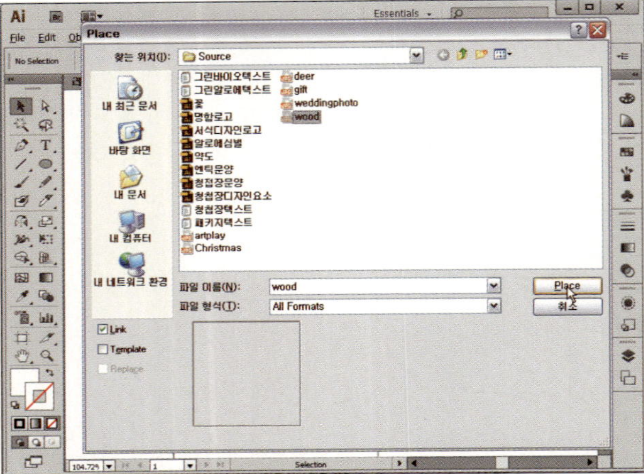

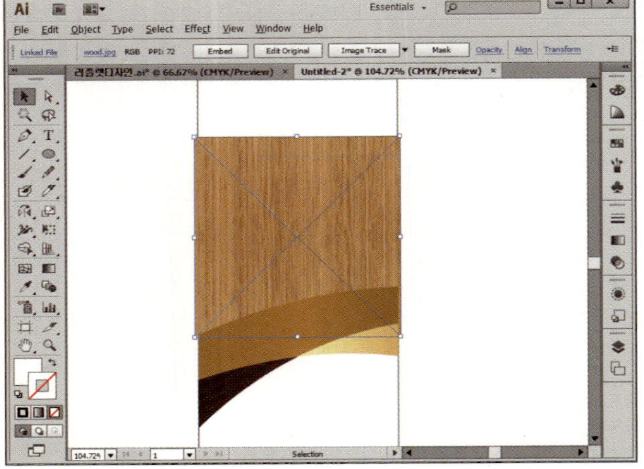

28 리플렛 안쪽으로 셰이프가 적용됩니다.

29 셰이프 위쪽에는 나무 이미지 스킨으로 분할 면을 만들어 보겠습니다. [File]-[Place] 명령으로 Source 폴더 안의 'wood.jpg'를 불러옵니다.

30 나뭇결을 나타내는 스킨 이미지가 열리면 위치를 조정한 다음 Ctrl + [를 눌러서 셰이프 밑으로 이동시킵니다.

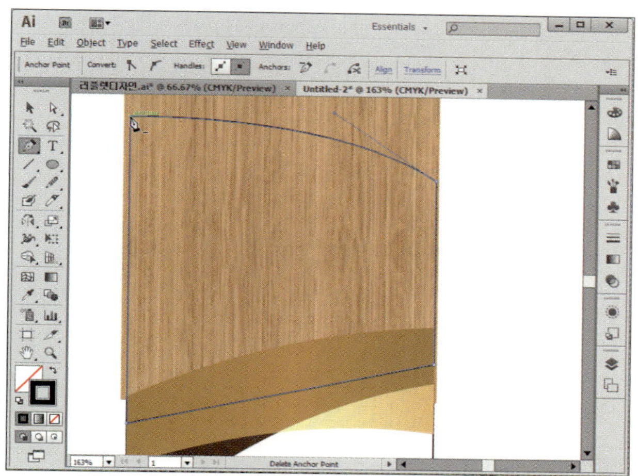

31 나뭇결 위쪽 면은 곡선의 모양으로 나타낼 것입니다. 곡선 모양의 도형을 만들어 마스크를 적용합니다. 펜 툴을 이용하여 그림과 같이 도형의 모양을 그립니다. 이때는 사각형 측면과 동일한 폭으로 패스를 만들기 위해서 Ctrl +U 명령으로 스마트 가이드 기능을 활성화 한 다음 작업합니다.

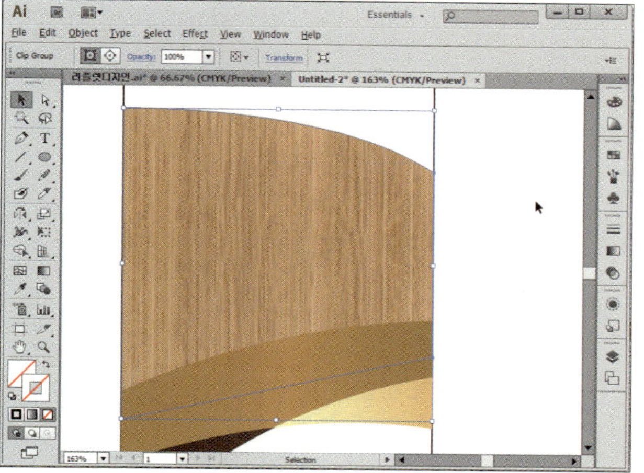

32 그러면 작업된 도형과 이미지를 함께 선택한 후 마우스 우측 버튼을 클릭하여 Make Clipping Mask를 적용합니다.

33 곡선의 위쪽 면이 만들어지고, 리플렛 가로 폭과 동일한 크기로 마스크가 적용됩니다.

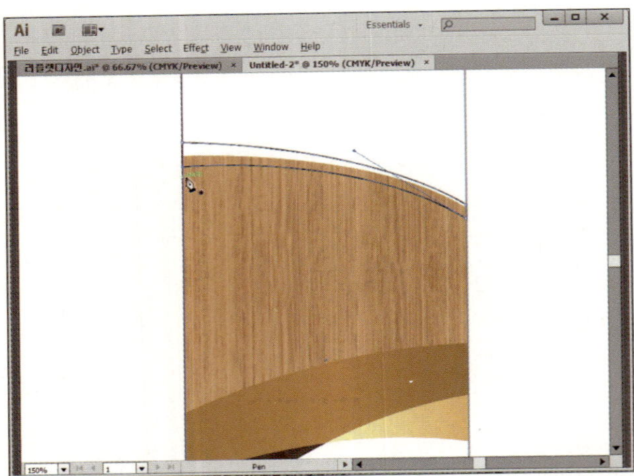

34 다시 위쪽의 분할 면을 만들기 위해서 펜 툴로 곡선 세이프 모양을 만들고, 면 속성을 적용합니다.

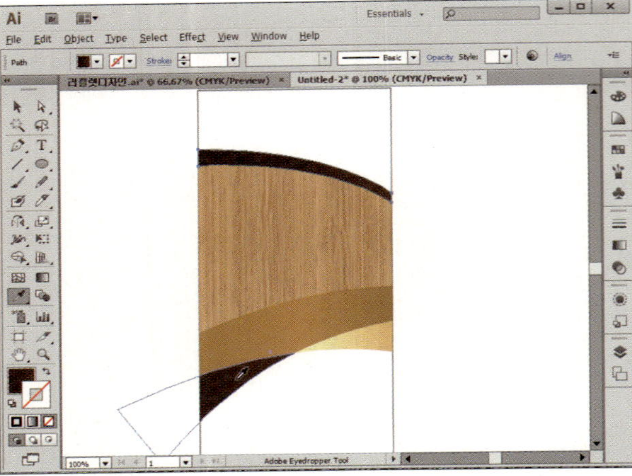

35 세이프 색상은 아래쪽에 적용된 짙은 밤색 그라디언트를 스포이드 툴로 추출하여 적용시키세요.

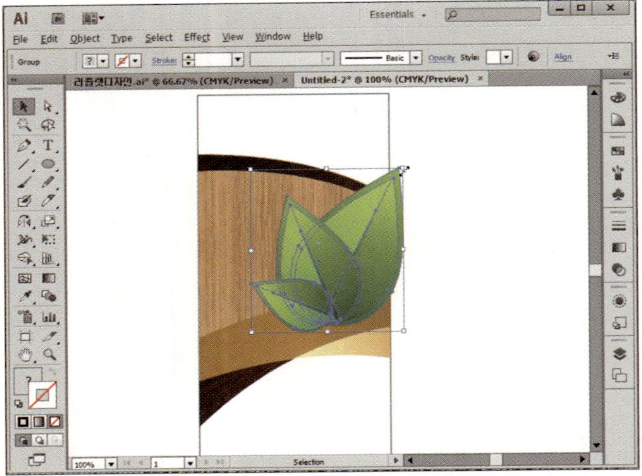

36 작업된 심벌을 리플렛 위쪽으로 이동시키고, 크기를 조절합니다.

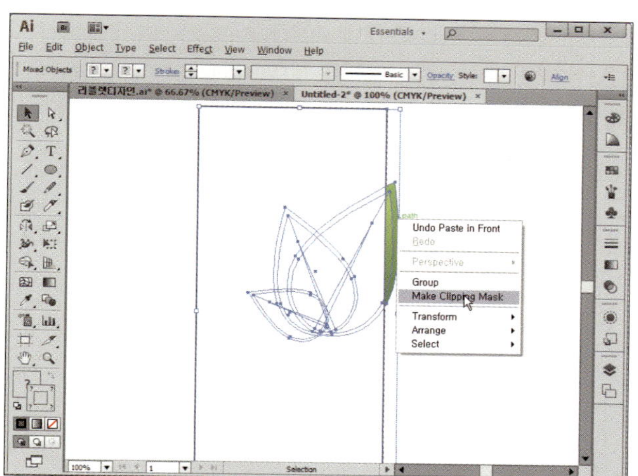

37 심벌도 리플렛 안쪽으로 보일 수 있도록 마스크를 적용합니다. 리플렛 외곽선을 나타내는 사각형 오브젝트를 복사한 다음 제자리에 붙여 넣습니다. 사각형과 심벌을 함께 선택하고, 마스크를 적용합니다.

38 마스크가 적용되었으면 세이프 밑으로 이동시키기 위해서 Ctrl + [를 실행합니다.

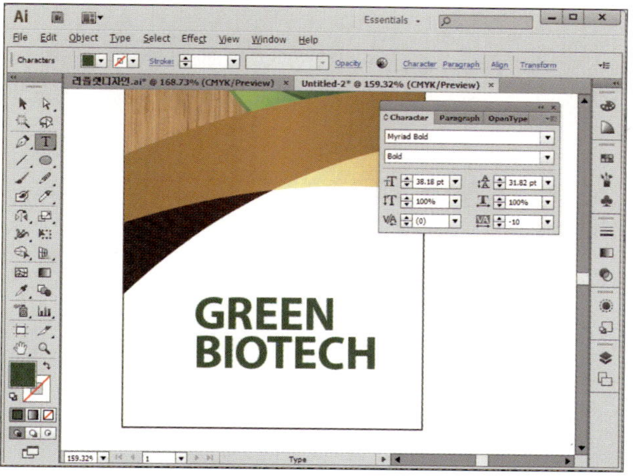

39 표지에는 회사로고와 슬로건을 입력하여 디자인을 완성합니다. "GREEN BIOTECH"를 입력하고 문자 패널에서 'Myriad' 서체와 Bold 속성을 지정합니다. 로고타입의 색상은 진한 녹색 톤으로 적용하세요.

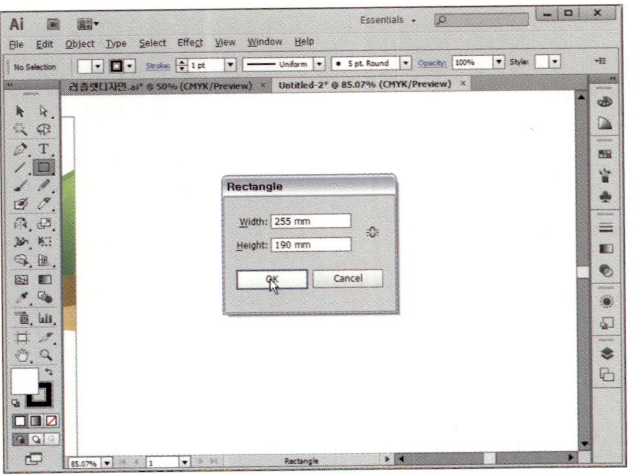

일러스트레이터 CS6

40 다시 문자 툴을 도큐먼트에 클릭한 다음 회사의 슬로건에 해당하는 "Nature, Future Herein Venture" 라는 문구를 입력합니다. 서체의 굵기는 Regular를 사용합니다. 그림과 같이 두 줄로 입력한 다음 로고타입 위쪽으로 위치시킵니다.

41 표지 디자인이 완성되었으면 [Ctrl]+[0]을 눌러서 도큐먼트에 맞게 크기를 조정한 다음 세부적으로 그래픽 요소, 로고의 위치를 조정하여 안정적인 모양으로 배치합니다.

강의노트

리플렛 제작 과정

일러스테레이터로 제작된 편집물은 출력소에서 CMYK 판을 출력하고, 인쇄과정을 거치게 됩니다. 인쇄된 결과물은 재단과 접지, 코팅 등의 과정을 거쳐서 최종 결과물로 만들어 지게 되는 것입니다.

42 이번에는 3단으로 구성된 내지의 펼쳐진 모양을 디자인해 보겠습니다. 한단의 가로 폭이 8.5cm로 제작되었으므로 3단으로 구성할 때는 25.5cm로 내지를 디자인합니다. 그러면 사각형 툴을 도큐먼트에 클릭하고, 가로 255mm, 세로 190mm로 사각형을 만듭니다.

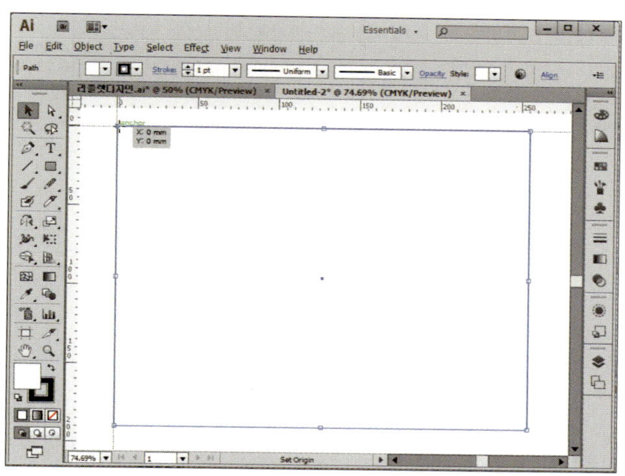

43 접지되는 부분에 칼 선을 나타내기 위해서 면을 분할하는 안내선을 만들 것입니다. [Ctrl]+[R]을 눌러서 눈금자를 열고, 눈금자의 0점을 오브젝트에 맞추어 조정합니다.

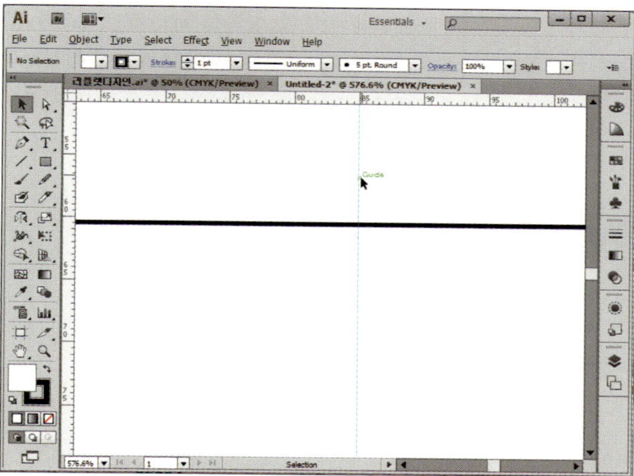

44 그러면 도큐먼트를 확대하고, 85mm 맞추어 안내선을 표시합니다.

Illustrator CS6

45 [Space Bar]를 누르면 손바닥 툴로 전환됩니다. 확대된 도큐먼트를 좌측으로 드래그하고 170mm에 안내선을 추가합니다. 접지되는 부분에 세 개의 안내선을 표시한 것입니다.

일러스트레이터 CS6

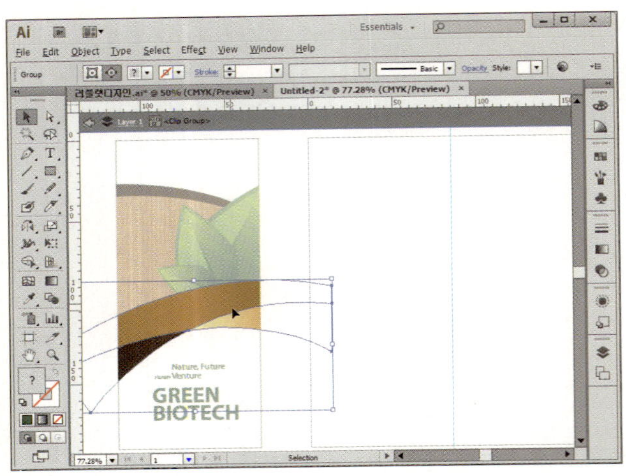

46 내지는 전면에 이미지로 채워진 모습으로 디자인 할 것입니다. 표지에 사용된 세이프를 복사하여 소스로 활용합니다. 마스크가 적용된 세이프를 더블 클릭합니다. Isolation 모드로 전환됩니다. 세이프를 선택하고, Ctrl+C를 눌러서 복사합니다.

47 도큐먼트 빈 공간을 클릭해서 Isolation 모드를 해지하고, 복사 한 세이프는 Ctrl+V를 눌러서 붙여 넣습니다. 그런 다음 세이프를 확대하여 모양을 채웁니다. 정비례로 확대해야 하므로 Shift와 함께 모서리 조절점을 드래그 합니다.

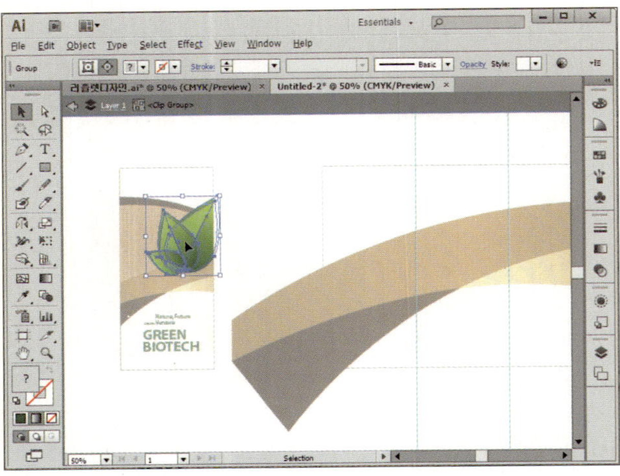

48 세이프 앞쪽에는 심벌을 확대하여 나타낼 것입니다. 표지에 마스크가 적용된 심벌을 선택하기 위해서 마스크가 적용된 심벌을 더블 클릭하여 Isolation 모드로 전환하고, 심벌을 선택 복사합니다.

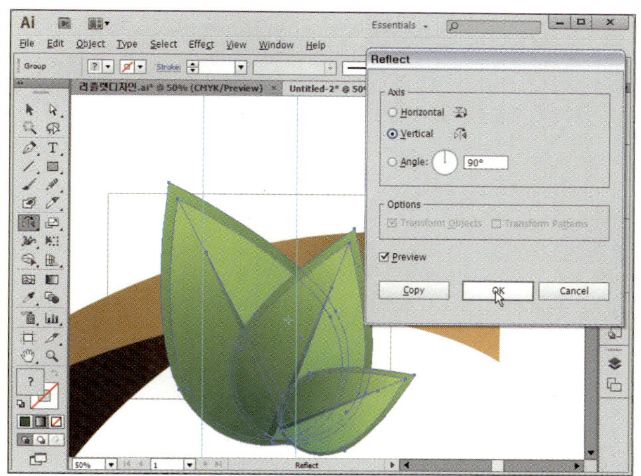

49 다시 도큐먼트에 붙여넣기 합니다. 심벌을 내지에 채워져 보이도록 크기를 확대합니다. 심벌은 큰 나뭇잎이 좌측으로 배치되면 안정적으로 보일 것 같습니다. 심벌을 반사 툴을 이용하여 수직축으로 반전시킵니다.

50 그러면 바운딩 박스를 조절하여 그림과 같이 회전하고 위치를 조정합니다.

Illustrator CS6

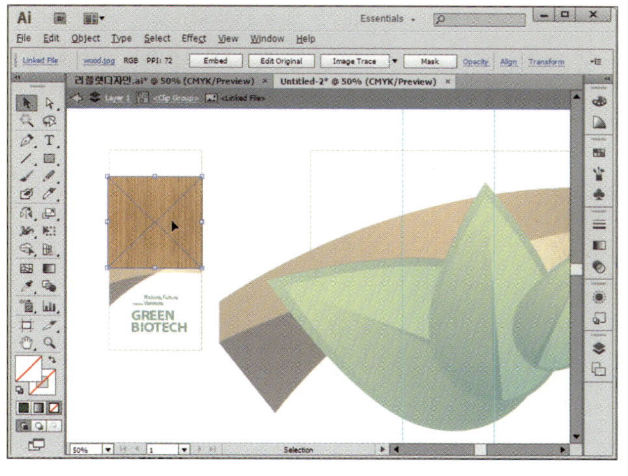

51 나무 스킨으로 내지의 빈 공간을 채울 것입니다. 마스크가 적용된 나무 이미지를 더블 클릭해서 Isolation으로 전환하고, 이미지를 복사합니다.

일러스트레이터 CS6

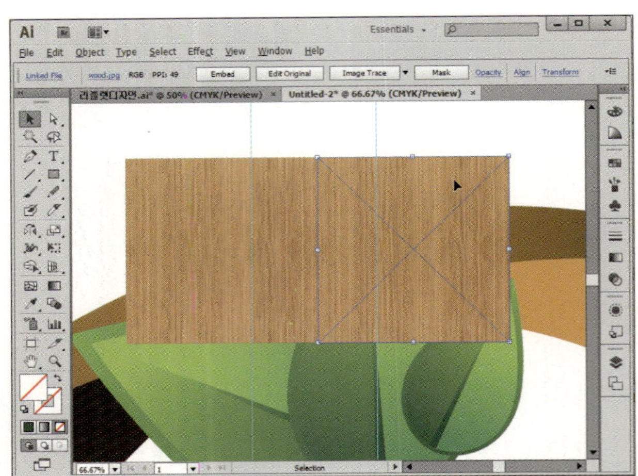

53 복사된 이미지를 붙여넣기 하고, 내지 안쪽 모서리에 맞추어 위치를 조정합니다. 우측의 빈 공간은 이미지를 복사하여 채웁니다. 선택 툴로 `Alt`+`Shift`를 누르고 드래그하여 복사본을 만듭니다.

54 이제 두 개의 나무 스킨 이미지를 함께 선택한 다음 `Ctrl`+`[`를 눌러서 세이프 뒤쪽에 놓이도록 조정합니다.

55 리플렛 우측 상단에는 곡선 면으로 디자인을 추가합니다. 펜 툴을 이용하여 그림과 같이 곡선의 면을 나타낸 다음 세이프에 적용된 그라디언트 색상을 적용합니다.

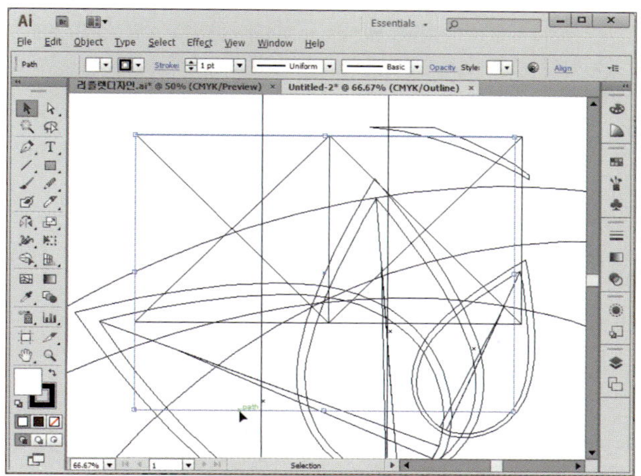

56 그래픽 요소들로 내지 전면이 채워졌으면 사각형 안쪽으로 모양을 나타내야 합니다. 확대된 오브젝트들로 리플렛 외곽선을 나타내는 사각형을 선택하기가 쉽지 않습니다. Ctrl+Y를 눌러서 Outline 모드로 전환하고, 사각형을 선택한 다음 복사합니다.

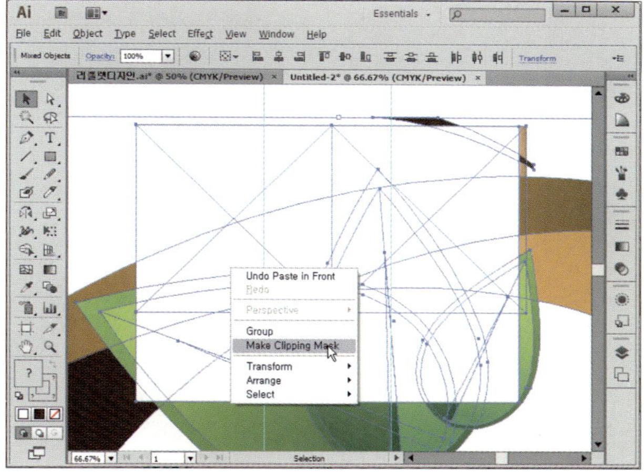

57 그러면 Ctrl+F를 눌러서 제자리에 붙여넣기 하세요. 앞쪽에 놓인 오브젝트 안쪽으로 요소들이 보일 수 있도록 마스크를 적용합니다. 선택 툴로 내지를 구성하는 요소를 모두 선택한 다음 Make Clipping Mask를 적용하세요.

58 그 결과 사각형 안쪽으로 깨끗이 정리되어 보입니다. 마스크가 적용된 오브젝트의 배치가 어색하다면 Isolation 모드로 전환한 뒤 위치를 세밀하게 조정하여 나타냅니다.

395

Illustrator CS6

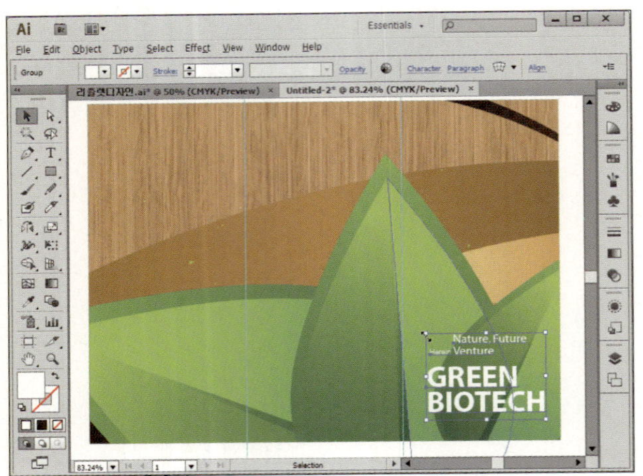

59　내지를 구성하는 문자 요소를 입력하여 디자인을 완성합니다. 표지에 적용된 로고와 슬로건을 복사한 다음 내지의 마지막 페이지에 적용합니다. 복사본을 이용하여 그림과 같이 크기와 위치를 조정한 다음 흰색으로 적용합니다.

60　펼쳐진 우측 면에는 기업을 홍보하는 문구를 작성합니다. 문자 툴로 내용이 입력될 영역을 드래그하여 문자 영역을 나타냅니다. [File]-[Place] 명령으로 Source 폴더 안의 '그린바이오텍스트.txt' 파일을 불러옵니다. 지정된 문자 영역 안쪽으로 작성된 홍보 문구가 입력됩니다. 그러면 명조 계열의 서체를 적용하고, 박스 안쪽으로 적당한 크기로 조정한 다음 단락 사이의 간격을 조정합니다.

일러스트레이터 CS6

실전문제

이번 작업 과정은 어떠셨나요? 리플렛 디자인의 제작 과정과 디자인 활용 방법에 대해 재미있게 학습해 보셨는지요. 리플렛 뿐만 아니라 여러 접지 또는 재본 형태의 디자인 과정도 크게 다르지 않답니다. 제작에 적합한 판형으로 기본 형태를 나타내고, 세이프, 이미지, 심벌과 로고 등으로 템플릿을 구성한 다음 내용을 작성하게 되는 것이지요.

실전 문제는 주어진 그림을 바탕으로 여러분들 스스로 작도해 보는 시간입니다. 앞서 학습한 기능들을 충분히 습득하셨다면 어렵지 않게 작업할 수 있을 꺼라 생각됩니다. 여러분이 작업한 파일을 완성된 결과물과 비교해 보고, 참고하여 작업을 진행해 보세요.

1. 그린바이오테크의 새로운 리플렛 디자인을 만들어 봅니다.

▲ 완성 파일 : Artwork〉리플렛디자인(실전문제).ai

힌트

① 가로 8.5cm, 세로 19cm 크기의 형태로 사각형을 만듭니다.

② 곡선의 세이프를 나타내기 위해서 겹쳐진 면들로 모양을 구성하고, 패스파인더 기능으로 분리해 보세요.

③ 분리된 오브젝트의 각 면에는 그림을 참고하여 비슷한 느낌으로 그라디언트 색상을 적용시켜 봅니다.

④ 세이프 위쪽에는 녹색 면으로 채우고, 로고타입과 슬로건을 나타냅니다.

⑤ 내지의 펼쳐진 크기를 사각형 도형으로 만듭니다.

⑥ 표지에 적용된 세이프를 활용하여 내지 하단을 채운다음 그림과 같이 모양을 조정해 보세요.

⑦ 확대된 세이프는 사각형 안쪽으로 보이도록 마스크를 적용합니다.

⑧ Source 폴더 안의 'butterfly.jpg' 이미지로 내지에 디자인을 추가합니다.

⑨ 표지에 적용된 로고와 슬로건을 추가하고, 내용을 작성하여 완성시켜 보세요.

광고디자인 만들기

세이프를 활용한

이번 작업에서는 신문이나 잡지, 포스터 등의 광고용 디자인을 만들어 보겠습니다. 광고디자인은 광고 매체나 게시되는 장소의 특성에 따라 다양한 크기로 제작될 수 있으면 제품이나 행사의 특성을 잘 표현한 디자인으로 소비자의 관심과 메시지를 전달 할 수 있습니다. 일러스트레이터의 구성요소들로 제작된 광고디자인은 해상도와 상관없이 다양한 판형의 결과물에 빠르게 적용할 수 있는 장점이 있습니다. 편집물, 서식디자인, 웹페이지, 모바일 등에 빠르게 적용할 수 있는 것이지요. 작업을 진행해 보면서 광고디자인을 위한 일러스트레이터의 활용기법을 알아보겠습니다.

■ 제작 포인트
그라디언트 마스크, 패스 문자 툴의 응용, 라벨디자인, 곡선의 세이프 만들기, 문자의 속성과 편집

완성물 미리보기

▲ 완성 파일 : Artwork/광고디자인.ai

직접 해보기

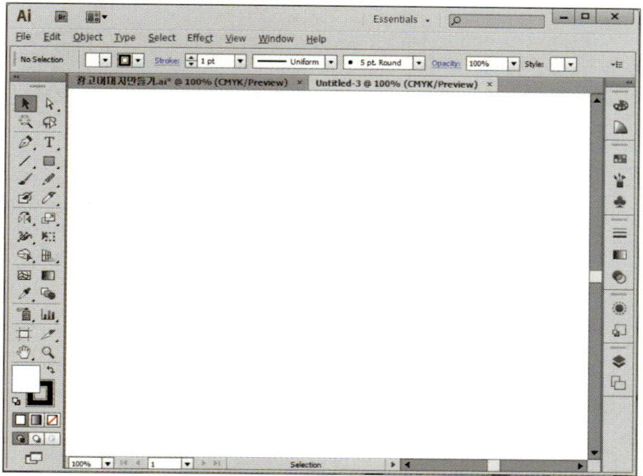

01 이번 시간에는 제품의 홍보를 위한 A4 크기의 광고이미지를 디자인 해보겠습니다. [File] 메뉴의 [New] 명령으로 새로운 도큐먼트를 만듭니다.

02 기업의 심벌마크를 활용하여 엠블럼을 디자인하고, 광고디자인에 활용할 것입니다. [File]-[Open] 명령으로 Source 폴더 안의 '알로에심벌.ai'를 불러옵니다.

03 알로에 이미지를 사실적으로 도안한 심벌이 열립니다. 오브젝트에 그림자를 나타내고, 엠블럼 디자인을 만들 것입니다.

Illustrator CS6

일러스트레이터 CS6

04 복사본을 만들어 그림자를 나타내도록 하겠습니다. 반사 툴을 선택하고, 오브젝트 밑면을 Alt 를 누르고 클릭합니다.

05 옵션 대화창이 열리면 수평축으로 복사본을 만듭니다.

06 그림자 오브젝트는 투명도와 밑 부분이 자연스럽게 흐려지는 효과를 적용하기 위해서 그라디언트 오브젝트로 마스크를 적용합니다. 사각형 툴로 그라디언트 색상을 적용할 오브젝트를 추가합니다.

07 그라디언트 패널을 열고, Linear 그라디언트를 지정한 다음 −90° 방향으로 적용합니다. 이제 그림과 같이 시작점 슬라이더는 짙은 회색 끝점은 검은색을 적용한 다음 검은색 영역의 범위를 넓게 조정하세요.

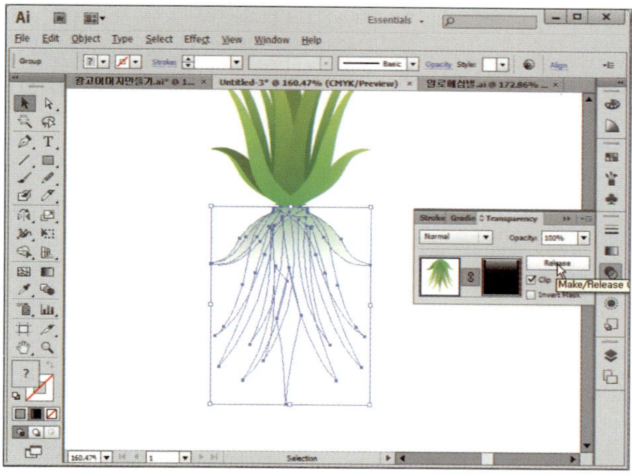

08 도형과 심벌을 함께 선택하고, 마스크 패널에서 Mask 버튼을 클릭합니다. 그 결과 그림자가 흐리게 적용되면서 밑으로 갈수록 사라지는 효과가 만들어 집니다.

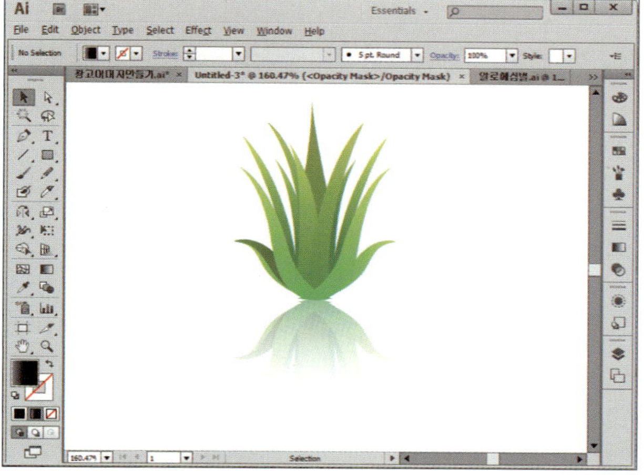

09 적용된 마스크 영역은 그라디언트 패널을 열고, 그라디언트 색상과 영역 조정 슬라이더를 움직여 자연스러운 그림자가 적용되도록 조정하면 됩니다.

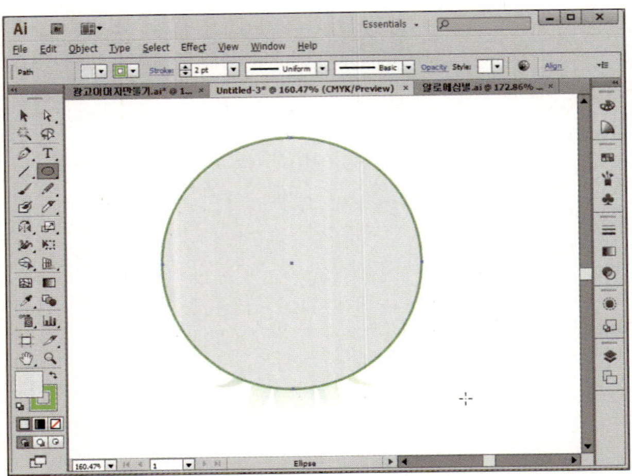

10 원형 엠블럼을 디자인 합니다. 원형 툴로 정원 오브젝트를 만들고, 밝은 회색으로 면 색상을 적용합니다. 계속해서 선 속성을 지정한 다음 연두색 색상을 적용하고, 두께를 나타내세요.

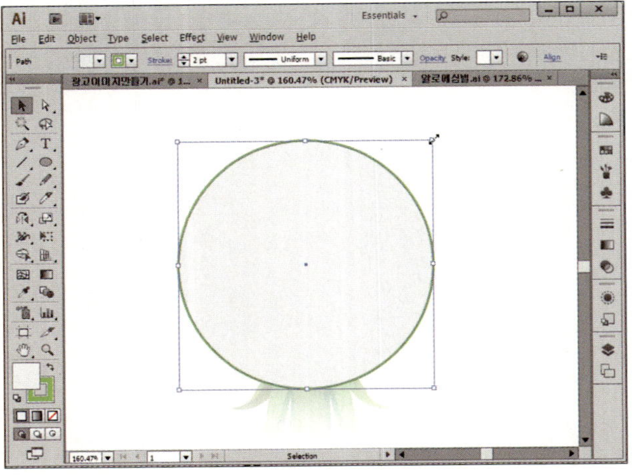

11 알로에 심벌 위쪽에 놓인 오브젝트는 Ctrl + Shift + [명령으로 뒤쪽으로 이동시킨 다음 적당한 크기로 조정합니다.

12 원 테두리를 따라서 흐르는 문구를 입력할 것입니다. 정원 오브젝트를 선택한 다음 Ctrl + C Ctrl + F 를 눌러서 복사본을 만든 다음 크기를 확대합니다. 원 중심점을 기준으로 확대해야 하므로 Alt + Shift 와 함께 모서리를 드래그 합니다.

일러스트레이터 CS6

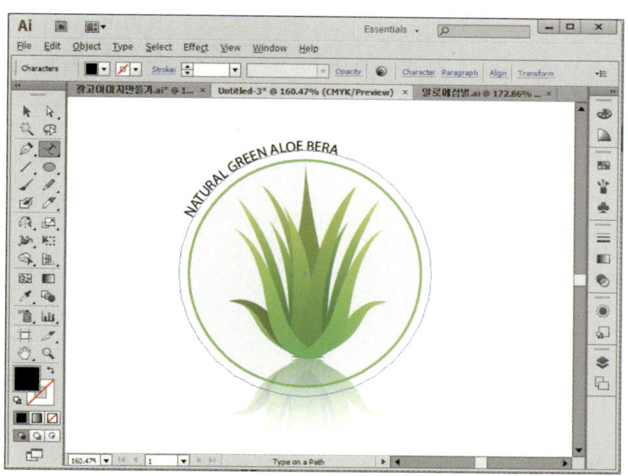

13 그러면 패스 문자 툴을 선택하고, 원의 경계선을 클릭합니다. 문자 편집 상태로 전환되면 "NATURAL GREEN ALOE BERA" 문구를 영문 고딕체로 입력합니다. 작업에서는 Myriad 서체, Bold 속성을 적용했습니다.

14 입력된 문자에 블록을 지정한 다음 적당한 크기로 조정합니다.

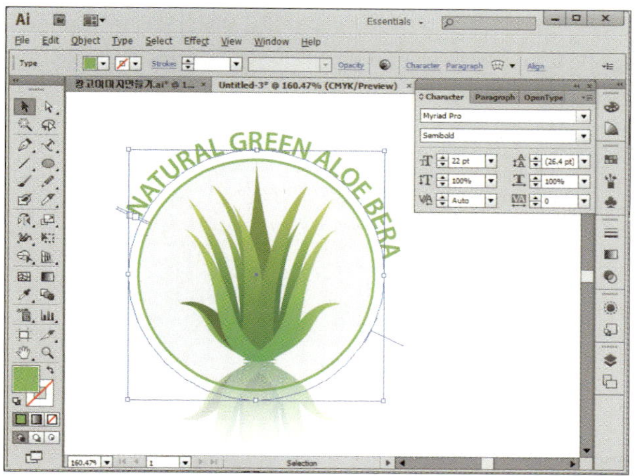

15 크기가 조정되었으면 연두색을 적용합니다.

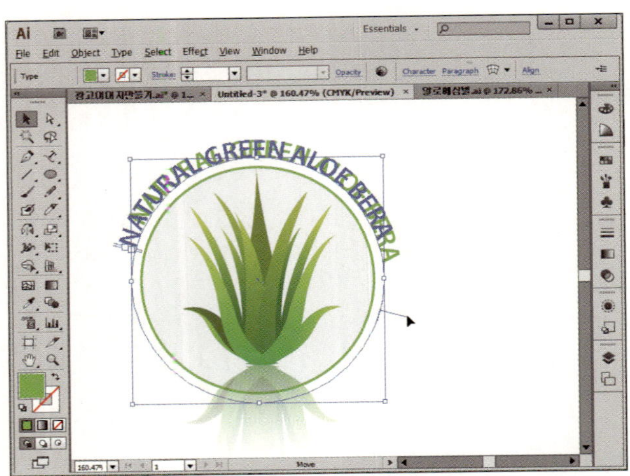

16 문구의 시작 부분을 조정하기 위해서 선택 툴을 지정합니다. 문자의 시작과 끝나는 부분을 나타내는 괄호가 표시됩니다. 그러면 끝점의 괄호를 움직여서 시작점의 위치를 조정합니다.

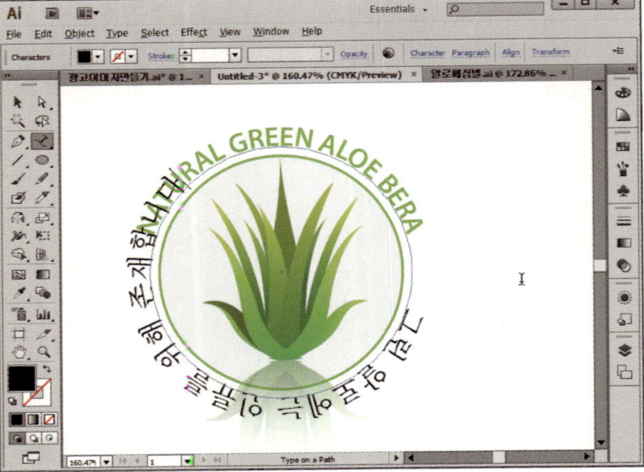

17 이번에는 하단에 슬로건을 입력하기 위해서 다시 오브젝트를 붙여넣기 합니다. 클립보드에 저장된 복사본을 Ctrl + F 를 눌러서 붙여 넣습니다. 패스 문자 툴로 원 경계를 클릭한 다음 "그린 알로에는 인류를 위해 존재합니다"로 문구를 입력합니다.

18 문자의 속성을 변경합니다. 작은 문자 크기로 조정하고, 서체를 변경합니다.

19 입력된 문자의 입력방향과 시작점을 조정합니다. 선택 툴로 끝점 괄호를 원 안쪽으로 천천히 드래그 합니다. 문자의 입력방향이 뒤집히게 되어 원 안쪽으로 배치됩니다. 마우스를 클릭한 상태에서 시작점의 위치를 조정할 수 있습니다.

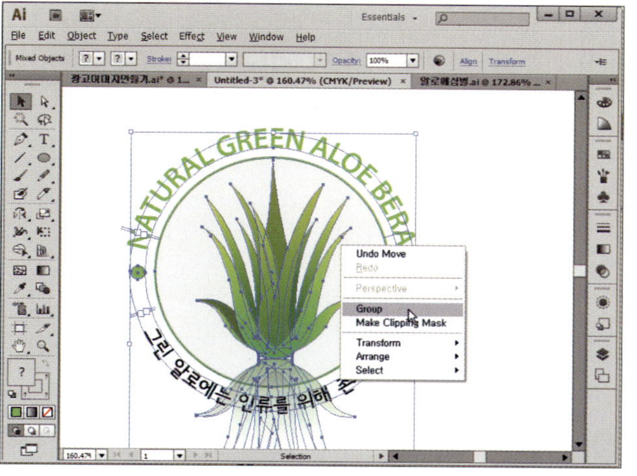

20 엠블럼 테두리 중간 부분에는 원 오브젝트로 상하 구분 점을 나타냅니다.

21 엠블럼이 완성되었으면 작업된 오브젝트들을 그룹으로 지정합니다.

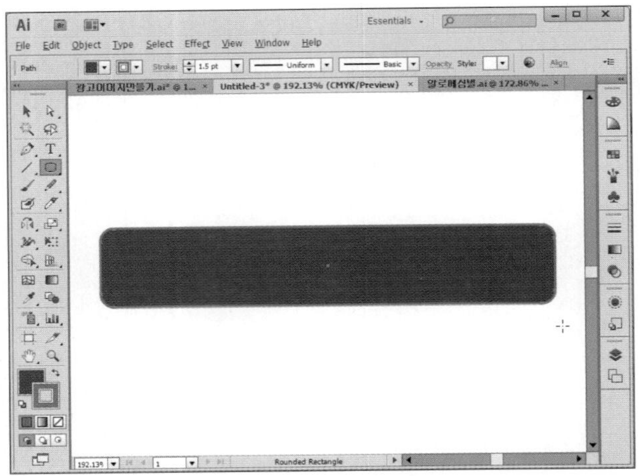

22 광고이미지의 헤드라인은 라벨 형식으로 디자인할 것입니다. 둥근 사각형 툴로 모서리의 반경을 조정하여 오브젝트를 만들고, 어두운 녹색과 연두색으로 면과 선의 색상을 적용합니다. 작업에서는 면 색상으로 C70 M45 Y100 K45를 선에는 C70 M30 Y100 K25 색상을 적용하고, 1.5pt 두께로 선 속성을 나타냈습니다.

23 테두리 선은 면 안쪽으로 점선 스타일로 나타낼 것입니다. Appearance 패널을 열고, 선 속성을 선택합니다. 그런 다음 패널 하단의 Add New Effect 아이콘을 클릭합니다.

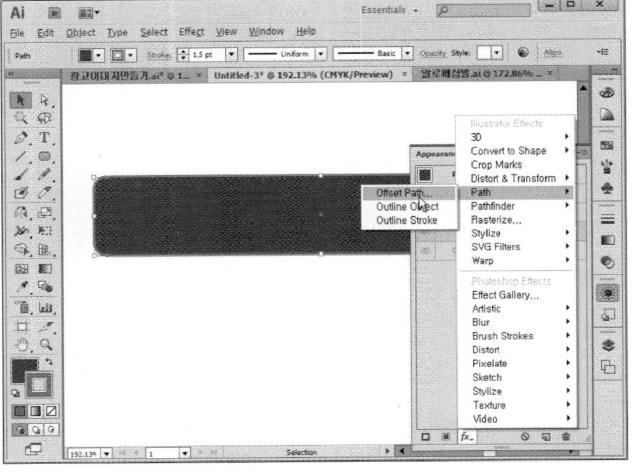

24 팝업 메뉴에서 [Path]-[Offset Path] 명령을 적용합니다.

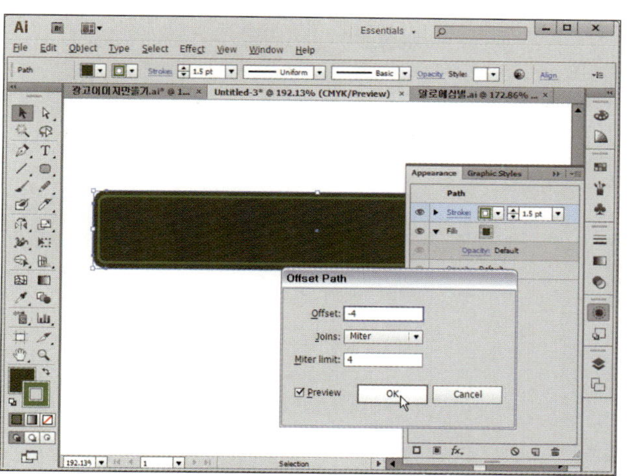

25 옵션 대화창이 열리면 안쪽으로 이동할 거리를 지정 합니다. Offset 항목에 −4 를 입력합니다. 그 결과 외곽선이 4px 안쪽으로 이동됩니다.

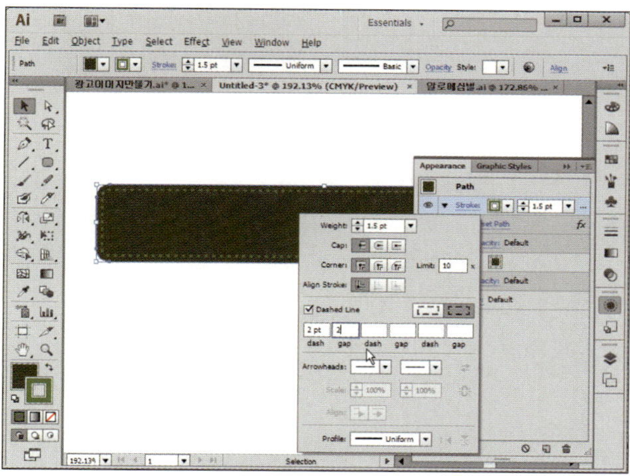

26 이제 점선 스타일을 적용하기 위해서 선 속성의 Stroke를 클릭합니다. 옵션 창이 열리면 Dashed Line 항목을 선택하고, 점선과 여백의 폭을 지정합니다. 지정된 수치로 점선 스타일이 만들어 집니다.

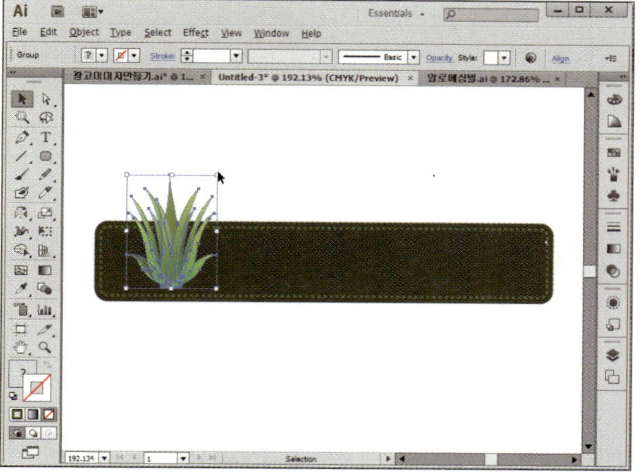

27 라벨의 박스 모양이 만들어 졌으면 심벌을 복사한 다음 라벨 위쪽에 크기와 위치를 조절합니다.

28 광고 제목 글과 보조 문구를 그림과 같이 입력해 보세요. 작업에서는 서울한강체 Bold 속성으로 제목 글을 입력하고, 보조 문구를 나타내었습니다.

 강의노트

오브젝트의 기본속성

일러스트레이터를 실행하게 되면 기본적으로 흰색 면과 검정색 선 속성으로 오브젝트를 나타냅니다. 편집 작업 도중에 빠르게 기본 속성을 나타낼 때에는 D 키를 누르면 흰색 면과 검정색 선으로 전환됩니다.

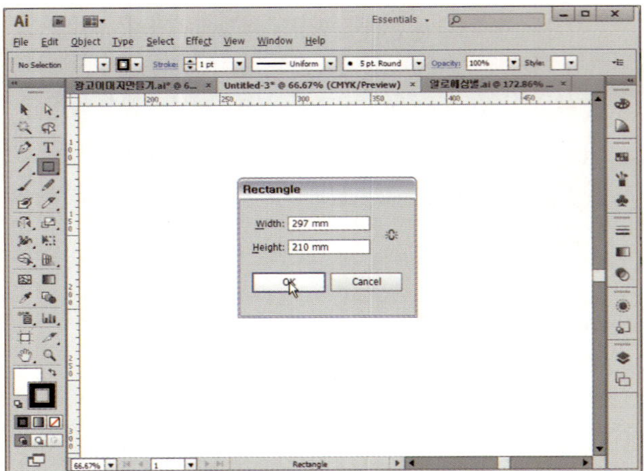

29 이제 광고이미지 디자인에 적용할 소스를 만들었으면 A4 크기로 디자인을 구성할 것입니다. 사각형 툴을 도큐먼트에 클릭하여 가로 297mm, 세로 210mm 크기의 오브젝트를 만듭니다. 이때는 흰색 면과 검은색 선이 적용된 기본 속성으로 나타냅니다.

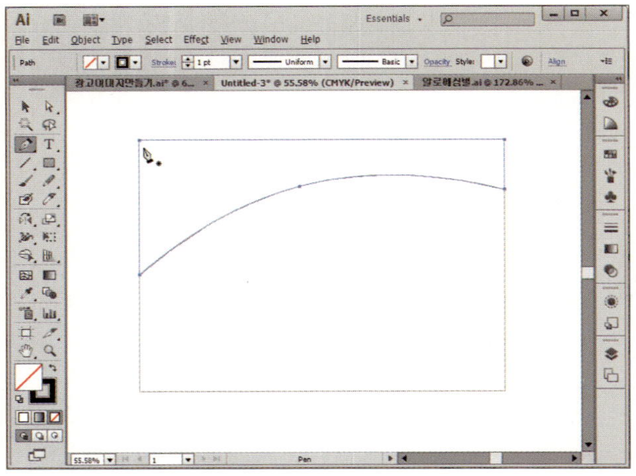

30 곡선으로 세이프를 만들어 디자인에 적용할 것입니다. 펜 툴을 지정하고, 선 속성으로 곡선의 분할 면을 그립니다. Ctrl + U 를 눌러서 스마트 가이드 기능으로 작업하면 외곽 모양에 맞추어 분할 면을 정확히 그릴 수 있습니다.

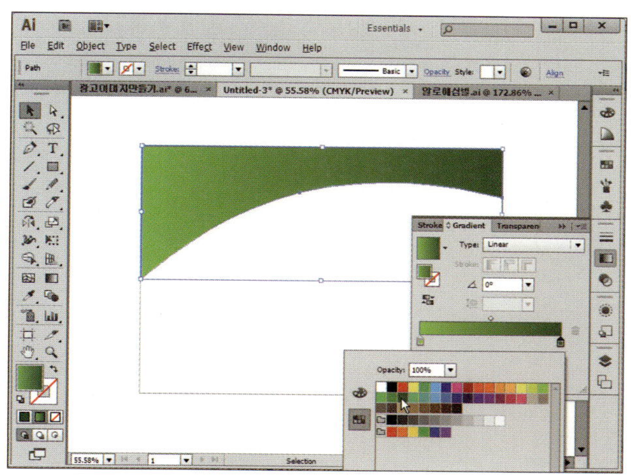

31 선 속성의 오브젝트는 면 속성으로 나타내고, 그림과 같이 그라디언트 색상을 적용합니다. 그라디언트 색상은 알로에 이미지와 자연을 상징하는 녹색 톤으로 적용하여 통일감을 나타냅니다.

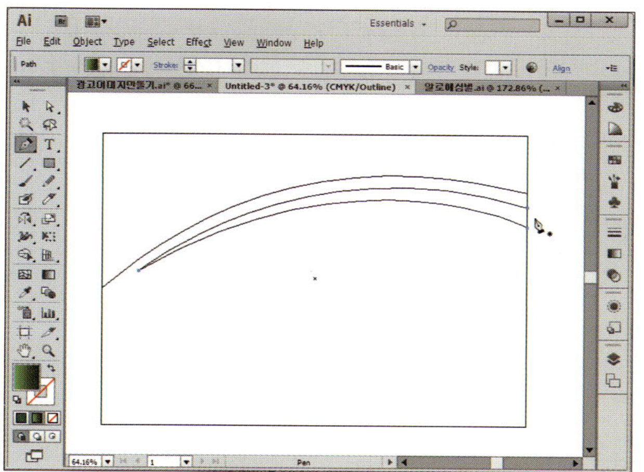

32 안쪽에 곡선의 분할 면을 추가합니다. 현재 그라디언트 속성이 적용되어 있으므로, [Ctrl]+[Y]를 눌러서 Outline 모드로 전환한 다음 그림을 참고하여 곡선의 모양을 세밀하게 그립니다.

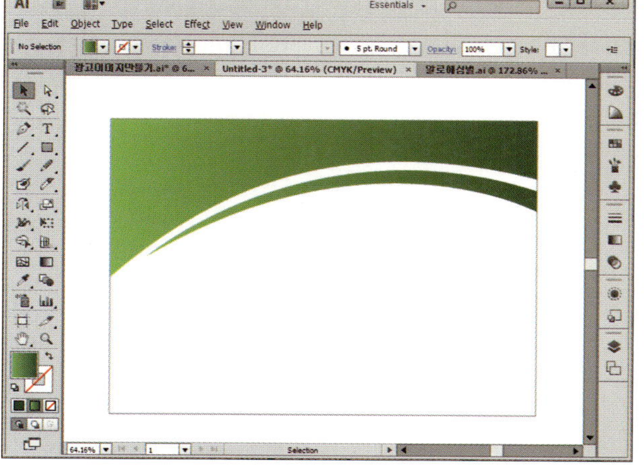

33 곡선의 면이 추가되었으면 [Ctrl]+[Y]를 눌러서 Preview 상태에서 곡선의 모양과 위치를 다시 한번 조정합니다.

Illustrator CS6

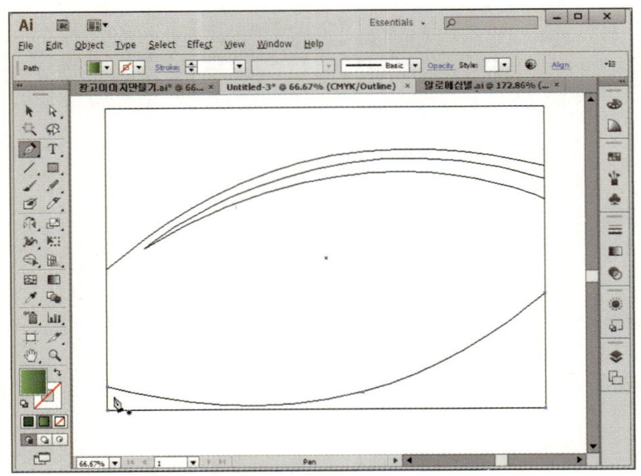

34 계속해서 곡선의 아래쪽 면을 추가로 그립니다. Outline 모드로 전환하고, 곡선의 세이프를 그림과 같이 나타냅니다.

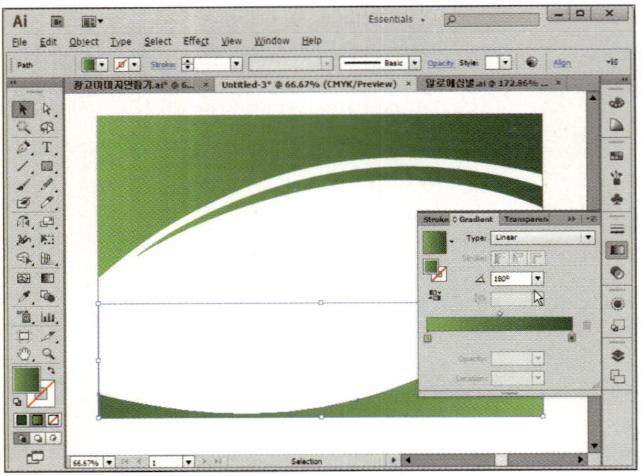

35 세이프에 적용된 그라디언트 방향을 변경합니다. 그라디언트 패널을 열고, 180° 방향으로 적용합니다.

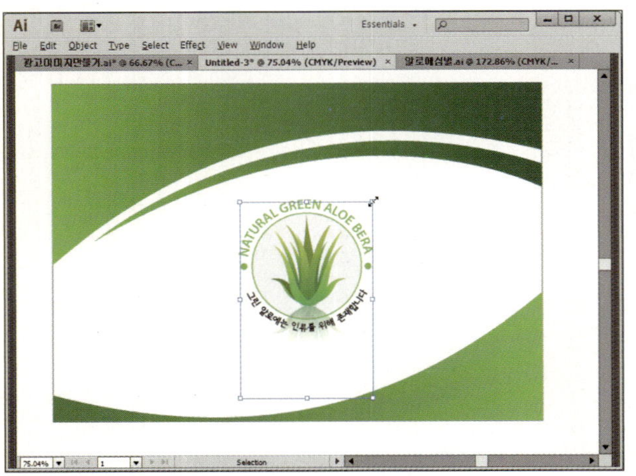

36 세이프로 구성된 배경이미지가 만들어졌으면 엠블럼을 가운데 배치하고, 크기를 적당히 조정합니다. 이때는 정비례로 크기를 조정해야 합니다.

37 다시 라벨 오브젝트로 배경이미지 위에 놓일 수 있도록 Ctrl+Shift+] 를 눌러서 앞쪽으로 이동시킨 다음 크기와 위치를 조절하세요.

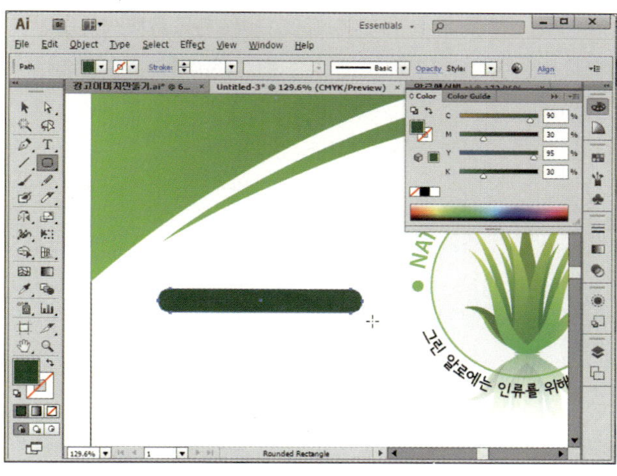

38 세부 내용을 나타내는 소제목 바를 만들 차례입니다. 둥근 사각형 툴로 모서리가 반원 형태가 되도록 범위를 조정하여 제목 바를 그리고 C90 M30 Y95 K30으로 색상을 적용합니다.

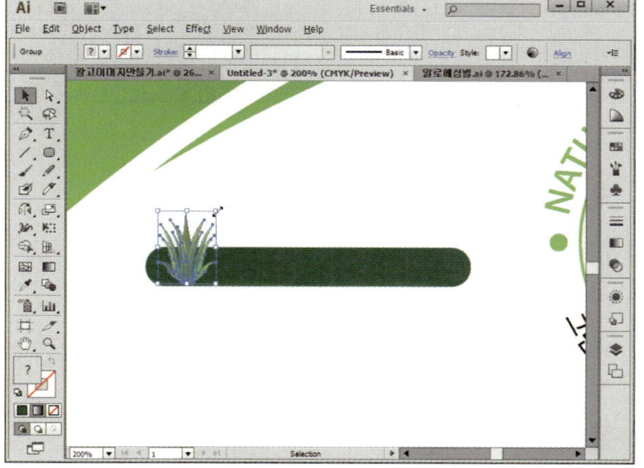

39 제목 바 앞에는 심벌 복사본을 나타내고, 크기를 조정합니다.

40 제복 바에는 소제목을 입력하고, 문자 속성을 변경합니다.

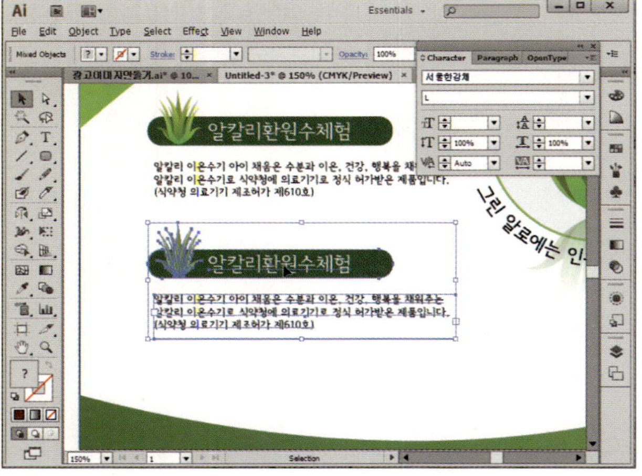

41 문자 툴로 드래그하여 문자 영역을 지정한 다음 Souce 폴더 안의 '그린알로에 텍스트.txt' 파일에 작성된 내용으로 세부 내용을 작성하고, 문자 속성을 조정합니다.

42 이제 동일한 구성으로 세부 내용을 나타내기 위해서 제목 바와 작성된 문구를 함께 선택하고, Alt + Shift 를 누르고 드래그하여 복사본을 만듭니다.

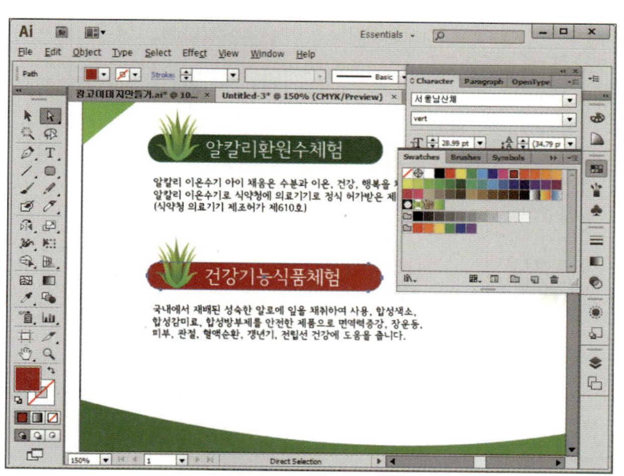

43 제목 바의 색상을 변경하고, 텍스트 파일에서 두 번째 안내 내용으로 작성합니다.

44 동일한 과정으로 네 개의 세부 내용을 전하는 제목 바와 문구로 본문을 구성합니다.

45 제목 글을 나타내는 라벨 밑에는 핵심 문구를 입력합니다.

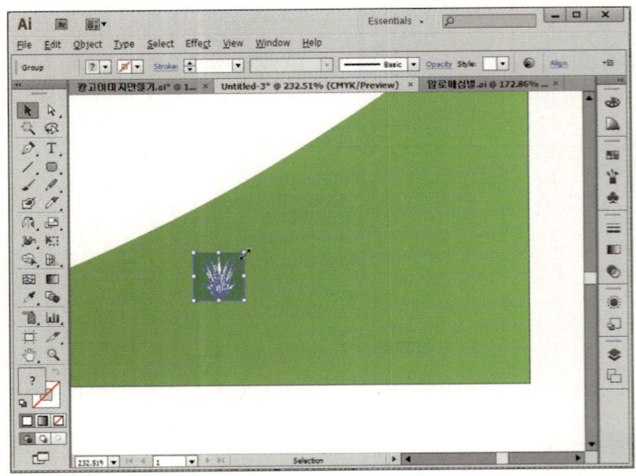

46 광고이미지 우측 하단에는 기업의 심벌과 로고타입 주소 등으로 디자인을 완성합니다. 기업의 로고는 '알로에심벌.ai' 파일에서 로고를 복사한 다음 작업 도큐먼트에 크기와 위치를 조절합니다.

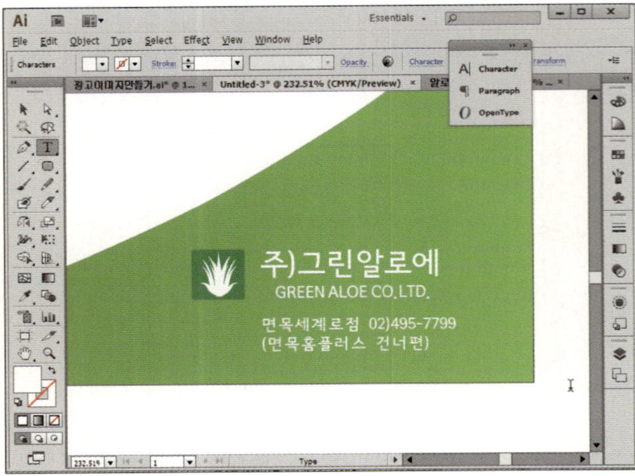

47 로고타입은 한글서체로 "주)그린알로에 GREEN ALOE CO.LTD."으로 글줄을 바꿔 입력한 다음 문자 속성을 변경합니다. 로고타입 밑으로 장소와 연락처를 나타낼 문구를 입력합니다.

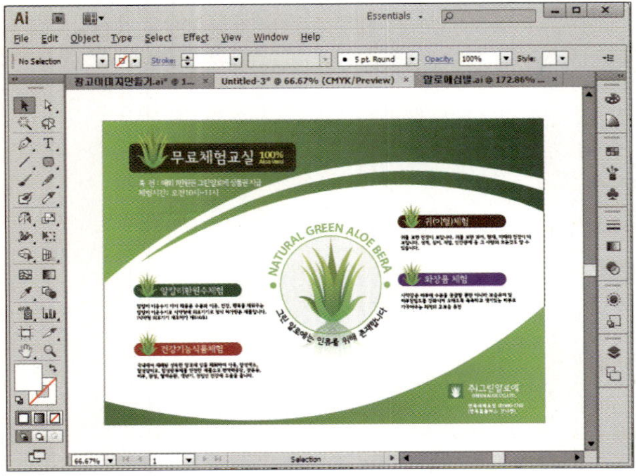

48 이렇게 해서 모든 작업이 마무리 되었습니다. 일러스트레이터로 도안된 심벌과 세이프를 활용한 광고디자인이 작성된 것입니다. 이렇게 제작된 결과물은 문자의 속성을 오브젝트로 변경하거나 PDF 문서로 변환하여 인쇄소에서 출력과 인쇄과정을 거쳐 전단지 형식, 신문, 잡지 광고, 포스터 등의 제작물로 소비자에게 정보를 전달하게 된답니다.

실전문제

광고 디자인 작업 과정을 잘 이해하셨나요? 광고 디자인에는 배경을 나타내는 템플릿과 메인이미지 헤드라인, 심벌을 소제목 바 등으로 레이아웃을 구성하고, 내용을 전하게 됩니다. 광고를 대표하는 이미지를 적용하고 가독성을 고려한 타이포디자인과 기업의 이미지를 알리는 컬러의 적용으로 소비자들에게 정보를 제공하고, 시선을 끌 수 있도록 디자인 되어야 한답니다. 실전 문제는 주어진 그림을 바탕으로 여러분들 스스로 작도해 보는 시간입니다. 앞서 학습한 기능들을 충분히 습득하셨다면 어렵지 않게 작업할 수 있을 꺼라 생각됩니다. 여러분이 작업한 파일을 완성된 결과물과 비교해 보고, 참고하여 작업을 진행해 보세요.

1. A4 크기의 세로형 광고 전단 디자인을 만들어 보세요.

◀ 완성 파일 : Artwork〉광고디자인(실전문제).ai

힌트

① 가로 210mm, 세로 297mm 크기로 기본 형태를 만들고, 면에는 C85, M10, Y100, K10 색상을 적용합니다.

② 배경과 실사 이미지를 합성하기 위해서, Source 폴더 안의 "green.jpg" 이미지를 Place 기능으로 불러옵니다.

③ 이미지는 하단에 배치하고, 그라디언트 마스크 기능으로 배경과 자연스럽게 이어지도록 작업합니다.

④ 알로에 심벌을 활용하여 메인 그래픽 요소를 나타내고, 헤드라인은 라벨 형식으로 디자인 합니다.

⑤ 둥근 사각형 툴과 원을 이용하여 소제목 바를 만들고, 소제목과 내용을 작성합니다.

⑥ 광고 전단 하단에는 회사 로고와 로고타입 안내 문구를 입력하여 디자인을 완성시켜 보세요.

일러스트레이터 CS6

OkOkOk | 알찬예제로 배우는 시리즈

만든 사람들	OkOkOk 알찬예제로 배우는 일러스트레이터 CS6

· 저자 : 우석진, 이승환,
   최재혁(신구대학교)
· 기획 : 정보산업부
· 편집 : 정보산업부

2013년 10월 10일 초판 1쇄 발행
2019년 3월 20일 초판 7쇄 인쇄
2019년 3월 30일 초판 7쇄 발행

펴낸곳 : (주)교학사
펴낸이 : 양진오
지은이 : 우석진, 이승환, 최재혁
주　소 : (공장) 서울특별시 금천구 가산디지털1로 42 (가산동)
　　　　 (사무소) 서울특별시 마포구 마포대로14길 4 (공덕동)
전　화 : 02-707-5310(편집)
팩　스 : 02-707-5316(편집), 02-839-2728(영업)
등　록 : 1962년 6월 26일 〈18-7〉

교학사 홈페이지 주소
http://www.kyohak.co.kr